U0922571

吴兴年鉴

WUXING YEARBOOK

(2019)

吴兴区地方志办公室 编

方志出版社
Publishing House of Local Records

图书在版编目（CIP）数据

吴兴年鉴.2019 / 吴兴区地方志办公室编.-- 北京：方志出版社，2020.8

ISBN 978-7-5144-4301-1

Ⅰ.①吴… Ⅱ.①吴… Ⅲ.①区（城市）- 湖州 -2019- 年鉴 Ⅳ.①Z525.54

中国版本图书馆 CIP 数据核字（2020）第 168930 号

吴兴年鉴（2019）

编　　者：吴兴区地方志办公室
责任编辑：朱　姝

出 版 者：方志出版社
地址　北京市朝阳区潘家园东里 9 号（国家方志馆 4 层）
邮编　100021
网址　www.fzph.org
发　　行：方志出版社图书经销中心
电话（010）67110500
经　　销：各地新华书店
印　　刷：湖州新天地印刷有限公司

开　　本：889×1194　1/16
印　　张：26.50
字　　数：786 千字
版　　次：2020 年 8 月第 1 版　2020 年 8 月第 1 次印刷
印　　数：001 ～ 220 册

ISBN 978-7-5144-4301-1　**定价：**280.00 元

11 月 15 日，省委副书记、省长袁家军（左三）到吴兴区久立集团股份有限公司调研

（吴兴新闻传媒分中心 提供）

5 月 4 日，市委书记马晓晖（前左二）到吴兴区太湖溇港检查防汛工作

（吴兴新闻传媒分中心 提供）

2 月 19 日，市委副书记、市长钱三雄（左三）到织里镇棉布城警务站督查烟花爆竹“双禁”工作

（吴兴新闻传媒分中心 提供）

10 月 25 日，市人大常委会主任胡菁菁（前右二）到浙江三一装备有限公司调研污染防治攻坚战工作

（吴兴新闻传媒分中心 提供）

5 月 28 日，市政协主席杨建新（前右二）到八里店镇调研美丽乡村工作

（吴兴新闻传媒分中心 提供）

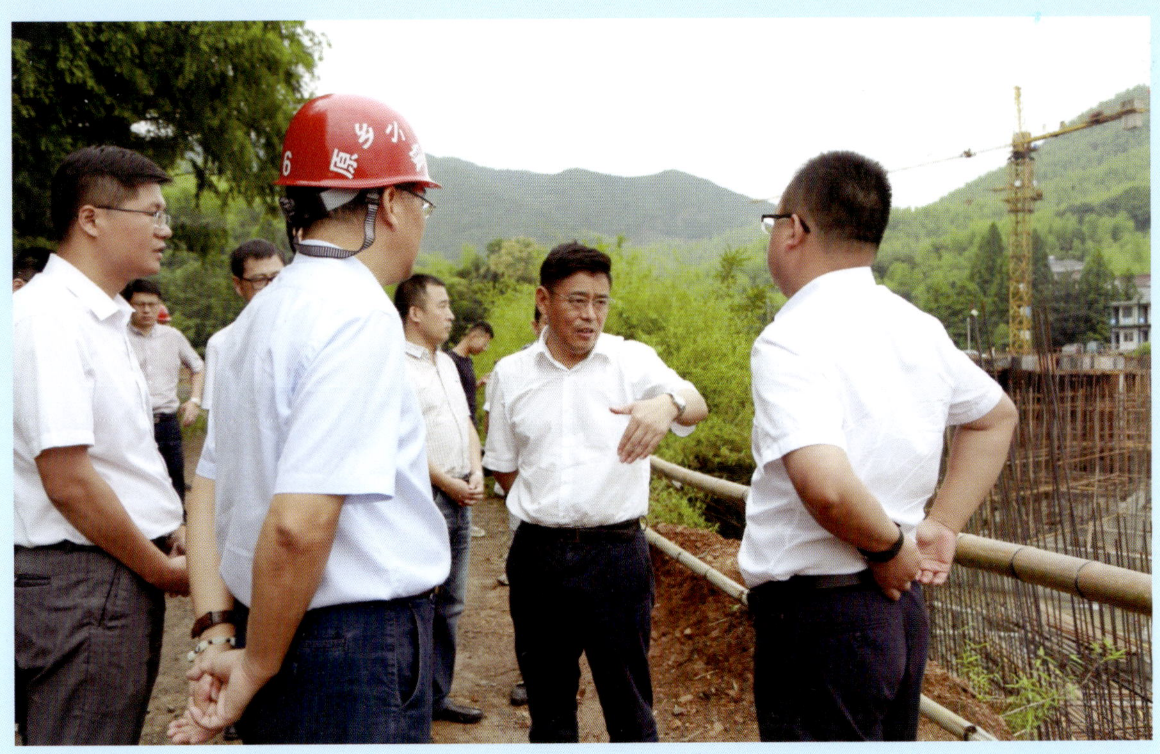

6 月 22 日，区委书记吴智勇（右二）到妙西镇调研旅游项目

（吴兴新闻传媒分中心 提供）

6 月 26 日，区委副书记、区长陈江（前右二）调研民生实事项目

（吴兴新闻传媒分中心 提供）

9 月 27 日，区人大常委会主任吴旭（前右二）到环渚街道开展安全生产检查工作

（吴兴新闻传媒分中心 提供）

6月26日，区政协主席潘华（右一）到埭溪镇上强村调研垃圾分类工作

（吴兴新闻传媒分中心 提供）

12月21日，区委副书记、区委政法委书记娄显杰（右一）到东林镇调研美丽乡村建设工作

（吴兴新闻传媒分中心 提供）

重要事件：

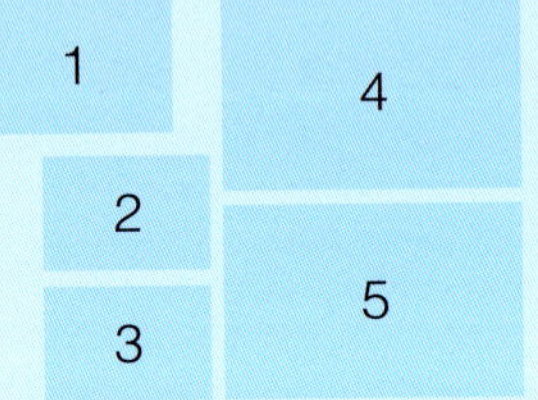

1. 2月22日，全区机关干部大会暨深入开展“争当排头兵 实干大比拼”活动推进会
2. 3月30日，2018年吴兴区一季度引进项目集中签约仪式
3. 4月13日，湖州市重大项目集中开工活动暨游侠电动汽车零部件项目开工仪式

4–5. 5月11日，吴兴区第四届运动会开幕式

（吴兴新闻传媒分中心 提供）

幸福家园

1	4
2	
3	5

1-4. 5月23日-24日，区委书记吴智勇赴青川县开展扶贫协作和对口支援工作

5. 5月29日，湖东街道成立仪式

（吴兴新闻传媒分中心 提供）

中国共产党
湖州市吴兴区
湖东街道工作委员会

1–3. 6月24日，北京吴兴商会成立大会暨吴兴区投资发展推介会

4. 7月7日，“探访蚕桑足迹 寻找丝绸之源”吴兴丝绸文化旅游节开幕

5. 8月10日，浙江省第十六届运动会火炬在吴兴区传递仪式

（吴兴新闻传媒分中心 提供）

探访蚕桑足迹·寻找丝绸之源
吴兴丝绸文化旅游节

浙江省第十六届运动会火炬传递
湖州·吴兴区

1 4
2 5
3

1–3. 12月20日，区四套班子领导读书会赴苏州考察

4–5. 3月23日，中国(吴兴)首届水果番茄节暨水果番茄4.0时代高峰论坛现场

（吴兴新闻传媒分中心 提供）

中国(吴兴)首届水果番茄节
开启水果番茄4.0时代

番の语™品牌2018战略合作伙伴签约仪式
加盟产业联盟签约
湖州水果番茄产业联盟会长
湖州吴兴巨农生态家庭农场
湖州戴家港生态农业发展有限公司
湖州织里黄通家庭农场

1
3
4
2
5

1-2. 5 月 20 日，中国美妆小镇第一届国际玫瑰文化节开幕仪式现场

3-5. 8 月 17 日，吴兴区庆祝首个中国医师节暨卫生计生“最美人物”颁奖晚会现场

（吴兴新闻传媒分中心 提供）

仁心仁术 护佑健康
主办：中共吴兴区委 吴兴区人民政府
承办：吴兴区文明办 吴兴区卫生和计划生育局
协办：吴兴区医学会 吴兴区计划生育协会

最美护士
陈丽平 吴兴区人民医院
沈丽芳 仁皇山滨湖街道社区卫生服务中心
月河飞英街道社区卫生服务中心
章丽敏 吴兴区东林镇卫生院
吴兴区道场乡卫生院
张淑华 吴兴区八里店镇卫生院

最美计生人

7 月 15 日，首届太湖溇港龙舟赛开赛

（吴兴新闻传媒分中心 提供）

9 月 17 日，第四届化妆品行业领袖峰会开幕仪式现场

（吴兴新闻传媒分中心 提供）

10 月 19 日，“中国美妆小镇”在法国举办招商推介会

（吴兴新闻传媒分中心 提供）

10 月 27 日，第三届世界乡村旅游大会现场

（吴兴新闻传媒分中心 提供）

吴兴风光

东部新城——EBD

（吴兴新闻传媒分中心　提供）

吴兴区文体中心

（吴兴新闻传媒分中心　提供）

西山漾湿地公园（国家级）

（吴兴新闻传媒分中心　提供）

高新区杨溇村

（吴兴新闻传媒分中心　提供）

织里镇富民路大转盘

（吴兴新闻传媒分中心 提供）

八里店镇丝绸小镇（西山漾）

（吴兴新闻传媒分中心 提供）

道场乡道场山多宝塔

（道场乡 提供）

妙西镇原乡小镇

（吴兴新闻传媒分中心 提供）

埭溪镇老虎潭水库

（吴兴新闻传媒分中心 提供）

东林镇东林集镇

（吴兴新闻传媒分中心 提供）

编 辑 说 明

一、《吴兴年鉴（2019）》以马克思列宁主义、毛泽东思想、邓小平理论、“三个代表”重要思想、科学发展观、习近平新时代中国特色社会主义思想为指导，坚持辩证唯物主义和历史唯物主义的立场、观点和方法，全面、系统地记述吴兴区行政区域中2018年自然、政治、经济、文化和社会等各方面的情况，记载吴兴区改革开放和现代化建设的历史进程。力求内容丰富翔实，为宣传吴兴、总结吴兴、研究吴兴、建设吴兴提供必要的服务。

二、《吴兴年鉴（2019）》采用分类法编辑，主体部分采用类目、分目、条目三个结构层次，以条目为记载资料的基本单位。

三、《吴兴年鉴（2019）》共设24个类目，包括特载、大事记、区情总述、政党·政权、群众团体、农村经济、工业经济、经济管理与监督、商贸·服务业、对外开放·旅游、城乡建设·环境保护·交通·通信、财政·税务、金融业、法治、军事、科学技术、教育、文化·卫生·体育·广电、社会·民生、产业园区·高新区·乡镇·街道、人物·名录、统计资料、文件选编、光荣榜。

四、《吴兴年鉴（2019）》凡涉及区内国民经济和社会发展全局性的数据，均以区统计局的数据为准。为尊重撰稿部门的意见，条目中保留由撰稿部门提供的数据。数据若有出入，均以“统计资料”所刊数据为准。

《吴兴年鉴（2019）》编纂委员会

《吴兴年鉴（2019）》编辑部

目 录

第一篇 特载

第二篇 大事记

第三篇 区情总述

第四篇　政党·政权

第五篇　群众团体

第六篇　农村经济

第七篇　工业经济

第八篇　经济管理与监督

第九篇 商贸 · 服务业

第十篇 对外开放 · 旅游

第十一篇 城乡建设 · 环境保护 · 交通 · 通信

第十二篇　财政·税务

第十三篇　金融业

第十四篇　法　治

第十五篇　军　事

第十六篇 科学技术

第十七篇 教 育

第十八篇 文化·卫生·体育·广电

第十九篇　社会·民生

第二十篇 产业园区·高新区·乡镇·街道

第二十一篇 人物·名录

第二十二篇 统计资料

第二十三篇 文件选编

第二十四篇　光荣榜

第一篇　特　载

坚定发展信心　保持战略定力　奋力推进吴兴高质量赶超发展

——在区委四届六次全体（扩大）会议上的报告

中共湖州市吴兴区委书记　吴智勇

2019 年 1 月 28 日

下面，我代表区委常委会向大会作工作报告。

一、立足新的历史起点，高质量赶超发展态势良好

2018 年，是吴兴建区十五周年。在省、市委的正确领导下，全区上下深入学习贯彻习近平新时代中国特色社会主义思想，全面落实省委“八八战略”再深化、改革开放再出发决策部署，全力推进市委“一四六十”工作体系，坚定不移按照区第四次党代会确定的目标任务，坚持一张蓝图绘到底，坚持加压奋进负重前行，呈现出高质量赶超发展的良好态势。预计实现地区生产总值 551 亿元、增长 8.2%；财政总收入 67.25 亿元、增长 22.15%，其中地方财政收入 40.96 亿元、增长 21.86%。入围全国综合实力百强区、绿色发展百强区、投资潜力百强区、科技创新百强区、新型城镇化质量百强区，首次实现百强区榜单“大满贯”。

1. 致力转型升级，发展质效持续向好。全力打造高新区和吴兴经济开发区 2 个“万亩千亿大平台”，完成平台拓展 10505 亩，基础设施投入 7.69 亿元。创新“8+8”大格局精准招商模式，引进哈工大机器人等项目 186 个，计划总投资 911 亿元；新认定市“大好高”项目 48 个，其中工业“大好高”项目 23 个。强化外资集聚，实现合同外资 5.47 亿美元，实到外资 2.37 亿美元。两次承办全省扩大有效投资重大项目集中开工仪式，带动省市县（区）长项目开工 12 个，列入省重点建设项目 23 个。坚持抓大活小，列入省重大产业项目计划数量全省第一，新增小微企业和个转企数量全市第一，首次入围全省“企业上云”十强县区和省服务业强区试点。坚持破立并举，整治“低散乱”企业 3913 家，规模以上工业企业绿色工厂覆盖率 52%，高新区获评国家级绿色园区。加快破解要素瓶颈，新增土地指标 4924 亩，消化“批而未供”用地 6481 亩，完成“供而未用”整改处置 1183 亩，盘活低效工业用地 3965 亩；拓宽企业融资渠道，完成企业挂牌 18 家、股改 31 家，新增直接融资 161 亿元。

2. 致力改革创新，内生动力持续增强。精心筹备实施全区机构改革，各项工作扎实稳妥推进。深入推进“最多跑一次”改革，实现“最多跑一次”事项 496 项，其中“零上门”和“一证通办”事项占比均实现过半。全力抓好涉企改革，在全省首创小微企业园区“标准房”制度，获省小微企业园建设提升实施主体综合评价第一名；“标准地”和工业项目审批“最多 100 天”实现全覆盖；完成 2378 家企业亩产效益综合评价，亩均税收同比增长 72.9%。坚持扩大开放，区产投集团在上海成立专业股权融资基金，纺织服装出口基地被认定为国家级外贸转型升级基地，全区进出口增长29.2%、首次入围全省县区十强。举办世界乡村旅游大会，大会永久会址落户吴兴，西山漾景区通过AAAA旅游级景区创建，实现旅游总收入232.6亿元、增长24.6%。文创产业持续高速增长，以良好的发展势头获省3000万元文化产业发展专项资金支持。全面开展综合交通建设大会战，65个重点交通项目完成投资31亿元，高铁湖州东站及新城综合开发规划建设正式启动。坚持创新引领，培育国家高新技术企业19家、省科技型中小企业89家，企业R&D占比全市第一。着力提升创新平台能级，新增国家级博士后工作站1家，省级重点企业研究院1家、院士专家工作站2家，新认定市级众创空间17家。加大高端人才引育力度，自主培育省海外工程师8名，入选“南太湖精英计划”项目54个，招引来吴兴大学生及各类人才1.72万人。

3. 致力统筹协调，城乡环境持续优化。深化全国文明城市建设，中心城区街道精细化管理全面铺开，“一十百千万”工程成效明显，顺利通过省城市文明程度指数测评。3528户城中村改造拆迁、980户农村C级危房治理任务全面完成。第二批7个小城镇环境综合整治对象全部通过省级验收。织里镇获全省小城市培育试点考核第一名，并作为全省唯一乡镇获批国家第三批新型城镇化标准化试点。统筹打好全域环境整治组合拳，完成违建拆除360万平方米，拆后利用率超95%；$PM_{2.5}$均值37微克/立方米，同比下降15.9%；66个小区、近8万户居民实现生活垃圾精准分类；完成渔业养殖尾水治理6.35万亩，创建市级美丽河道200条，成为全省首个国家渔业健康养殖示范县。41.5件中央环保督察信访件和6个督察反馈问题全部办结销号，10件长江经济带生态环保审计反馈问题整改完成9件，饮用水水源地专项督查反馈问题全面整改完成。制定实施乡村振兴战略五年行动方案，创建美丽乡村8个、精品村4个、示范乡镇2个，列入全省农业绿色发展先行区创建名单，创成省农产品质量放心县，获评全省唯一的国家现代农业产业园，“两山”转化通道逐步拓宽，“美丽树”逐渐结出了“美丽果”。

4. 致力优质均衡，民生福祉持续提升。坚持以人民为中心的发展思想，把服务和保障民生作为优先选项，十大民生实事全部高质量完成，全区民生支出30.65亿元、占财政总支出的78%以上，城镇居民人均可支配收入、农村居民人均可支配收入同比分别增长8.8%和9%。全力冲刺省教育基本现代化区创建，中小学新生班额多年来首次全部控制在限额以下，新入选省特级教师数量全市第一，获评全省首批艺术教育实验区。创新打造城市健康服务联盟，中心城区基层医疗机构总业务量实现翻番，家门口就能看病、能看好病逐渐成为常态。圆满完成省第十六届全运会承办任务，获金牌数创历史新高，湖东街道章家埭社区入选全国体育智慧社区试点。社会服务保障均衡普惠，新建幸福邻里中心10个、示范型养老服务照料中心6个，构建覆盖广泛的“中央食堂+微孝餐吧”老年人助餐服务体系，环渚街道列入国家智慧健康养老应用试点示范街道，全区城乡基本养老保险参保率93.92%，基本医疗保险参保率99.78%，城镇登记失业率2.33%。着力打造更安全、更和谐的社会环境，实现第五届世界互联网大会、联合国地理信息大会“五个不发生”，“四梁八柱”平安建设体系、枫桥经验“六大工程”建设和扫黑除恶专项斗争成效明显。深化“三治”融合，不断推动矛盾纠纷多元化解、“四个平台”和全科网格建设，基本实现“微事不出格、小事不出村、大事不出镇”。创新开展局长驻村助力消薄机制，60个集体经营性收入30万元以下村实现摘帽。全面实施青川县“十大援助工程”，两地互动日趋紧密。

5. 致力民主法治，发展合力持续凝聚。支持和保证人大依法行使监督权、决定权、任免权，建立覆盖全区的议政会制度，民生实事项目人大票决制被《人民日报》、新华社、焦点访谈等专题报道，基层民主政治建设“五个同步”做法入选首届“浙江人大工作与时俱进奖”。充分发挥人民政协作为协商民主重要渠道和专门协商机构作用，健全完善“三长制”面对面协商体系，“开放出题、招标领题”调研方式得到全国政协肯定。积极回应群众对公平正义的更高期待，支持并保障法院、检察院依法独立行使审判权、检察权，政府行政执法体制改革、政务公开工作走向深入，顺利通过省市“七五”普法中期检查，连续三年获评省创建法治县区工作示范单位。支持各民主党派、工商联和无党派人士建言献策，积极做好港澳台侨、民族宗教、新阶层人士等各领域统战工作，相继成立北京、上海和粤港澳大湾区吴兴商会。深入推进群团改革，促进工青妇、科协、残联、关工委等群团组织围绕中心建功立业。强化党管武装，区、镇、村三级退役军人服务中心（站）全部建成。老干部、人防、档案工作与时俱进，取得新进展。区咨询委正式成立。

6. 致力管党治党，党的建设持续增强。深入学习贯彻落实习近平新时代中国特色社会主义思想和党的十九大精神，努力建设干部清正、政府清廉、政治清明、社会清朗的清廉吴兴，推动政治生态持续向好。守正创新做好新时代宣传思想工作，进一步丰富理论学习中心组等学习载体的形式和内涵，引导党员干部增强“四个意识”、坚定“四个自信”、做到“两个维护”。广泛宣传改革开放 40 年以来吴兴的生动实践，树立共同的理想信念和精神追求，织里镇作为全国唯一乡镇入选中宣部“壮阔东方潮 奋进新时代——改革开放 40 年”集中宣传报道点。把抓上级党委重大决策部署作为基层最大的讲政治，高度重视铁军队伍打造，持续弘扬吴兴干部“五不”精神，选派 131 名干部一线锤炼攻坚，“靠前站、马上办、讲实效”工作作风成为吴兴干部最醒目的标签，涌现出“老兵警长”陈建如等一批先进典型。深入推进全国街道服务管理创新实验区建设，在全省率先完成街道行政管理体制改革，构建街道“大工委”和社区“大党委”区域党建新格局。“村账镇管最多跑一次”改革做法全省推广。严明党的政治纪律和政治规矩，层层压实管党治党政治责任。严肃查处违反中央八项规定精神问题 31 起 39 人次，防止“四风”问题反弹回潮。健全“四个全覆盖”监督体系，深入开展政治巡察，完成农村基层作风巡查、集中整治形式主义官僚主义行动、领导干部违规房产交易和违规借贷专项治理。全面开展党员纪律教育和公职人员廉政教育，坚持抓早抓小，运用监督执纪“第一种形态”占比达 70.6%。始终保持高压态势，立案查处违纪违法案件 138 件，给予党纪政务处分 135 人。

建区十五年，一部奋斗史。一张蓝图绘到底的接续努力，让吴兴成为支撑全市高质量赶超发展的“重要一柱”，提升湖州中心城市能级的“核心一翼”，向着实现区第四次党代会提出的“打造增长极、提高首位度、争当排头兵”目标又迈出了坚实的一大步。在此，我代表区委常委会，向奋战在全区各条战线上的广大党员干部群众表示衷心的感谢，并致以崇高的敬意！

二、坚定信心、保持定力，继续沿着高质量赶超发展道路奋勇前行

2019 年，是中华人民共和国成立 70 周年，是决胜全面建成小康社会的关键之年，也是实现吴兴高质量赶超发展至关重要的一年。区委常委会认为，新一年的吴兴航船要在百舸争流中奋勇争先，加快推进高质量赶超发展，就必须不断加强党的领导，坚决贯彻落实中央和省市重大决策部署，始终坚定发展信心、保持战略定力，持续加压奋进、负重前行。

1. 辩证看待当前的“危”与“机”。危中有机，风险与机遇往往是相互依存和动态变化的。我们要牢固树立风险意识、底线意识，清醒地认识到当前吴兴面临的平台打造和基础设施建设中“政府投”向“市场投”转变还没有突破，乡村旅游、先进制造业领域具有重大引领力的项目相对缺乏，个别已落地的重大项目推进缓慢，转型升级压力较大、亩产效益不高等主要问题。同时，更要充分认清形势、把握大势，深刻领会“我国发展处于并将长期处于重要战略机遇期”的科学判断，看到吴兴这几年打下的良好发展基础和发展势头，善于找到并抓住问题背后所蕴含的机遇，科学把握好“变”与“不变”的关系，牢牢抓住新一轮科技革命和产业变革、改革开放走深走实、扩大国内市场、长三角一体化上升为国家战略的新机遇，牢牢抓住国际环境和国内条件变化的倒逼机遇，善于化危为机、转危为安，蹚出一条具有时代特征、契合吴兴实际的高质量赶超发展之路。

2. 始终保持对标看齐加压奋进的工作态势。我们要进一步增强向中央和省市重大决策部署对标看齐的主动性，善于用新发展理念指导实践、以新发展要求落实工作，着力解决一批一直想解决却没有解决的瓶颈性问题，高标准落实一批群众看得见、摸得着、获得感强的民生实事，集中力量办好一批事关吴兴长远发展的大事要事。新的一年，特别是要着力落实好市委“一四六十”工作体系，打好十大专项行动攻坚战，以市委对吴兴提出的“四提升四争先”要求为目标，全力打造生态环境、营商环境、人才环境、社会环境最优区，带动经济指标快速增长和产业结构持续优化。

3. 切实增强发展信心、保持战略定力。信心比黄金宝贵。回望过去，我们在省市的关心支持和自身的不懈努力下，多数经济指标增速在全省、全市处于领跑位置，发展的态势向好、后劲十足。展望未来，吴兴作为中心城区、主城区，必将成为全市融入长三角一体化、上海同城化都市圈等一系列重大战略的主力军，享受更多政策红利，承接更多资源倾斜。因此，我们一定要保持战略定力，集中精力办好自己的事情，做到高质量赶超发展的方向不变，“打造增长极、提高首位度、争当排头兵”的定位不变，“跳起来摘桃子”的决心不变，以统筹精准的工作方法、干在实处的工作举措和一抓到底的工作韧劲，把“报表写在大地上”，让“吴兴因我而不同”，创造无愧于时代、无愧于人民、无愧于历史的新业绩。

2019 年，我们的指导思想是：高举习近平新时代中国特色社会主义思想伟大旗帜，认真学习贯彻党的十九大和省市委全会精神，坚定“八八战略”再深化、改革开放再出发主题，全面落实市委“一四六十”工作体系，牢牢锁定“打造增长极、提高首位度、争当排头兵”总定位，坚持稳中求进总基调，坚持新发展理念，以具有吴兴特色的十大专项行动为主抓手，继续打好三大攻坚战，统筹推进稳增长、促改革、调结构、惠民生、防风险等各项工作，推动全区经济社会实现高质量赶超发展，全国综合实力百强区排名争先进位，以优异成绩向中华人民共和国成立 70 周年献礼。

我们的工作目标是：地区生产总值增长 8%、力争 8.5%；财政总收入增长 12%、力争 18%，其中地方财政收入增长 10%、力争 16%；固定资产投资增长 12%、力争 15%；研发经费支出占比 2.55%；合同外资 5 亿美元以上，实到外资 2.15 亿美元以上；社会消费品零售总额增长 9%、力争 10%；城镇居民人均可支配收入和农村居民人均可支配收入分别增长 8% 和 8.5% 以上；节能减排降碳完成省市下达任务。

具体做好十个方面的工作：

一是坚持主动担当，打好城市能级提升攻坚战。把促进产城融合作为提升城市能级的重要路径，持续推进东部一体化，实现大东部与中心城区的衔接融合。同时，还要全面完成小城镇环境综合整治三年工作任务，强化产业导入与长效管理，力争将小城镇打造成为城乡融合发展的枢纽节点。要全域落实环卫一体化，实现城市生活垃圾总量“零增长”、农村生活垃圾分类处理全覆盖。中心城区要加快全国街道服务管理创新实验区建设，全面贯彻落实《湖州市文明行为促进条例》，推进精细化管理，着力打造更高水平文明城市，继续打造“湖城中央·最美风光”品牌；大力发展楼宇经济，促进新经济新业态持续活跃，推动各街道实现差异化发展,争创省服务业强区。东部新城要聚焦产城人文融合发展，积极探索多规融合，不断优化全域公共配套，攻坚克难推进项目落地建设，保持“塔吊林立”的形象，持续唱响“湖城向东看”；加快“南拓”“北融”“东联”“西接”全域城市化的步伐，着力形成区域联动、功能互补、优势叠加的一体化发展新局面。织里镇要以国家新型城镇化标准化试点等“三大试点”为龙头，强化工作协同整合，加快推动城市有机更新，实现全国百强镇继续提档进位，让“一个镇”更像“一座城”；坚持新兴产业培育与传统产业改造提升两手抓，加快发展以万邦德、东尼电子等为代表的智能制造、电子信息产业，确保童装上市企业园、中国童装学院等“五大工程”建设初见成效。

二是坚持量质并举，打好产业质效突破攻坚战。持续提升“2+3”主平台能级，确保 2 个“万亩千亿大平台”拓展提升 6000 亩、力争 8000 亩，丝绸小镇加快项目建设及产业入驻，美妆小镇产业集聚能力进一步提升，原乡小镇发展特点更加鲜明。强化精准招商，引进 10 亿元或 1 亿美元以上项目 10 个，其中 50 亿元以上项目 2 个、百亿级工业项目实现新突破；新认定市“大好高”项目 42 个以上，“金象”“金牛”企业 4 家以上。聚焦重点项目开竣工，确保亿元以上独立供地工业项目 50 个，省市县（区）长项目、上年度签约项目落地率均达 70% 以上。坚定不移推动制造业高质量发展，培育打造高端制造业集群，加快先进制造业与现代服务业深度融合。扎实推进“亩均论英雄”改革，着力推进“散乱污”企业处置和工业园区整治提升，力争规上工业企业绿色工厂占比超 80%，亩均税收同比提升 20% 以上。持续打好“五未”土地整治攻坚战，盘活低效工业用地 2000 亩以上。

三是坚持长短共建，打好全域环境治理攻坚战。深化“污水零直排区”建设，深入开展美丽

河湖创建，全域完成渔业养殖尾水治理，力争再夺“大禹鼎”。加强违法建筑长效治理防控机制建设，持续保持治违拆违高压态势，确保卫片执法处置到位、新增违建“零容忍”。高质量打赢“蓝天保卫战”，严格落实工地扬尘管理“7个100%”、道路“五定”保洁等制度，持续保持$PM_{2.5}$浓度、空气优良率“一降一升”良好态势。健全土壤污染防治工作体系，确保污染地块安全利用率92%以上，危险废物全部实现无害化处置。持续深化矿山综合治理，在产矿山全部符合国家绿色矿山标准。

四是坚持内外统一，打好重大战略融入攻坚战。积极参与“一带一路”建设，着力打造长三角一体化协同发展示范地。落实更高水平的对外开放政策，构建多点联动的开放型经济，加快培育跨境电商产业集群，打造高质量外资集聚区，确保外贸出口增长6%以上。聚焦长三角一体化、宁杭生态经济发展带、沪湖发展廊道重大战略机遇，主动融入省“四大”发展战略和南太湖新区建设，推动平台互接、产业互融、要素互补，提升吴兴整体发展协调性。继续打好综合交通建设大会战，积极开展万里美丽交通经济走廊和“四好农村路”建设，推动湖山大道、高铁新城等重点项目尽快落地见效。

五是坚持集聚发展，打好科技创新加速攻坚战。锁定数字经济“一号工程”，深入实施领军企业雄鹰计划，加大人工智能、大数据、云计算等行业龙头企业招引，加快打造以总部自由港、多媒体产业园为核心的数字经济大平台，带动提升吴兴科技人才走廊辨识度。更加突出企业创新主体地位，鼓励、引导、支持企业加大创新投入力度，创成省级以上企业研发平台10家以上，培育国家高新技术企业25家，省科技型中小企业100家、双高优势企业25家以上，入围省首台（套）产品、优秀工业新产品4项以上。全面落实人才新政，新建各类众创空间10家以上，入选“南太湖精英计划”项目不少于50个，新引进大学生及各类人才1.5万人。

六是坚持改革推动，打好营商环境优化攻坚战。持续深化“最多跑一次”改革，加快政府数字化转型和业务流程再造，所有工业用地和工业项目“标准地＋承诺制”均达到100%，一般企业投资项目开工前审批“最多100天、力争30天”和企业开办全流程“一件事”一日办结做到全覆盖，全面实现“无证明办事”和“移动办事”。统筹抓好小微企业园区“标准房”、商业“标准地”出让、工业用地配套集聚建设、“投贷奖”联动等多项重点改革，加速解决科技型中小企业发展问题、融资难问题。持续深化“问难帮困稳增长”专项行动，全面落实涉企35条减负政策，切实减轻企业负担，推动民营经济做大做强做优。持续深化投融资改革，加快国有企业市场化转型，推动国有资本与社会资本良性互动。探索实施包容审慎的监管制度，推行“超时默认”“容缺办理”等工作机制，全力打造优化营商环境示范区。

七是坚持“两山”引领，打好乡村振兴示范攻坚战。依托国家现代农业产业园，构建“一带一轴三区三园”发展格局，推动农业“1+3”主导产业提档升级、农商文旅融合发展。积极培育壮大新型农业经营主体，新引进市定“大好高”项目10个以上，创建农业精品休闲园5个以上，培育市级农业龙头企业5家以上。全力争创省级美丽乡村示范县，加快滨湖溇港、104国道、妙新线三条美丽乡村示范带建设，实现美丽乡村宜创村全覆盖。大手笔推进以东林镇为重点的全域土地综合整治工作，确保3个试点项目顺利推进、初见成效。深化农业农村改革，积极探索农创空间发展、金融支农强农、农村土地盘活等领域创新，建立农民持续增收带动机制，全面消除经营性收入30万元以下薄弱村。加快全域旅游发展，推动海亮国际康养小镇、江南影视城、两山一城等重大项目开工建设，确保南郊风景区取得实质性突破，世界丝绸之源旅游度假区成为省级旅游度假区，继续推进西塞山旅游度假区争创国家级，乡村旅游产业逐渐成长为吴兴发展的支柱产业。

八是坚持上下联动，打好平安夺鼎冲刺攻坚战。完善基层社会稳定“一体两翼”工作体系，突出重点领域、重点行业全覆盖排查，切实做好各级两会、第六届世界互联网大会等各类重大会议活动维稳安保工作。深入推进“无信访积案县区”创建，严格落实源头治理管控、积案化解攻坚等专项行动，确保重大不稳定因素发现得早、控制得住、化解得了。扎实开展“护卫平安”行动，持续保持扫黑除恶高压态势。以“一月一整治”攻坚为主抓手，切实加强安全生产、食品药品等各领域风险排查治理，确保人民群众生命财产安全。不断夯实平安建设基层基础，高标准建设平安实训基地和沈家本法治文化景区，高水平运行乡镇（街道）综治工作中心和片区网格机制，高起点发布吴兴平安指数，打造“枫桥经验”吴兴升级版。

九是坚持为民导向，打好民生福祉改善攻坚战。积极顺应人民群众对美好生活的新期待，不断提升人民群众获得感、幸福感。办好人民满意的教育，持续提升信息化水平，落实好小学课后托管工作，新（扩）建中小学12所，创成省教育基本现代化区。持续深化医药卫生体制改革，全力建设区域医共体，提升城市健康服务联盟水平，全区主要健康指标高于全市平均。大力发展群众性体育事业，积极推进全国体育智慧社区试点，争创省级体育现代化区。高标准建设城市书房2家，农村文化礼堂、幸福邻里中心各10个。支持朝阳街道、环渚街道创建国家智慧健康养老应用试点示范街道，城乡社区养老服务照料中心全部实现社会化运作。持续加大就业创业扶持力度，城镇登记失业率控制在3.5%以内。深入实施全民参保计划，推进社会救助精准化，做到应保尽保、救急救难。大力发展红十字、残疾人、慈善等事业。

十是坚持实干实效，打好干部绩效比拼攻坚战。坚持把改革发展稳定的第一线作为干部成长的“磨刀石”和“试金石”，大力弘扬“五不”铁军精神，以“三服务”活动为主线，持续深化领导干部“六联”机制、局长驻村机制，深入开展以“破难题、办实事、树标杆”为主要内容的百项重点工作攻坚，着力加强年轻干部培养选拔，全力打造一支“敢打硬仗、能打胜仗”的吴兴铁军队伍。围绕“五好五强”标准，突出实干实绩导向，在全区上下形成崇尚实干、埋头苦干的良好风气。不断完善干部考核评价机制，加强日常监督管理，动真碰硬推动干部能上能下。完善干部激励和容错免责机制，旗帜鲜明地支持改革者、保护干事者、褒奖担当者，形成组织为干部担当、干部为事业担当的浓厚氛围。

三、持之以恒深化清廉吴兴建设，为创造一流业绩、实现更大跨越提供坚强保障

1. 全面提升党委领导力。始终坚持党对一切工作的领导，进一步发挥党委统揽全局、协调各方的核心作用，支持人大、政府、政协和监察委、法院、检察院依法依章履行职能、开展工作、发挥作用。进一步巩固发展最广泛的爱国统一战线，以最大公约数画出最大同心圆。切实增强工青妇、科协、残联、关工委等群团组织的政治性、先进性和群众性，不断开创工作新局面。落实党管武装政治责任，全面加强退役军人服务保障，努力提高军民融合发展的层次和水平。不断推动老干部、咨询委、人防、档案等工作迈上新台阶。

2. 全面提升思想政治建设引领力。不断强化党的政治建设，推动“两学一做”学习教育常态化制度化，扎实开展“不忘初心、牢记使命”主题教育。发挥区委理论学习中心组示范带动作用，完善基层宣讲网络、提升宣讲品牌，把学习习近平新时代中国特色社会主义思想和党的十九大精神不断引向深入。牢牢把握意识形态工作主动权，巩固壮大主流思想舆论，营造清朗有序的网络空间。着力推动新时代文明实践中心建设，确保群众在哪里，文明实践中心就延伸到哪里，更好地打通宣传群众、教育群众、服务群众的“最后一公里”。积极培育和践行社会主义核心价值观，深入实施中心城区“一十百千万”和乡风文明“双百双千双万”工程。紧盯中华人民共和国成立70周年重要节点，统筹区内外媒体资源，着力讲好吴兴故事、传递吴兴声音。

3. 全面提升基层党组织战斗力。着力提高基层党建质量，完善街道“大工委”、社区“大党委”运行机制，创新农村新社区组织管理，探索异地党组织、党员组织生活“双轨制”。建强基层战斗堡垒，实现130个行政村全面晋位、7个乡镇（街道）整乡提升，全面助力乡村振兴。强化卫计、教育、律师事务所等三大行业系统党建，提升标准化规范化水平。加快建设2个党建综合体和5条特色示范带，辐射推动区域“两新”党组织整体提升。探索村社干部履职“鉴定”办法，并着力选拔培育一批35周岁以下优秀人才，为2020年村级组织换届打好基础。

4. 全面提升作风建设持久力。坚决贯彻落实习近平总书记重要批示精神，高标准落实中央八项规定和实施细则精神，严查深挖隐形变异“四风”新动向，密切关注形式主义、官僚主义新表现，打好作风建设持久战。着力发挥村居廉情驿站作用，深化扶贫领域腐败和作风问题专项治理，坚决查处涉黑涉恶“保护伞”问题，严厉整治群

众身边的不正之风和腐败问题。深入开展党章党规党纪专题教育，大力弘扬“靠前站、马上办、讲实效”工作作风，最大限度调动党员干部干事创业的积极性。

5. 全面提升拒腐防变免疫力。深入践行“两个维护”，压紧压实管党治党政治责任，强化政治生态分析研判。加强党对反腐败工作的统一领导，全力支持纪检监察机关聚焦主责主业，始终保持惩治腐败高压态势，巩固发展反腐败斗争压倒性胜利。进一步推进纪检监察体制改革，充分整合纪律、监察、巡察和派驻“四个全覆盖”监督资源，运用好“四种形态”特别是“第一种形态”，强化党员纪律教育和公职人员廉政教育，努力营造山清水秀的政治生态。

同志们，让我们高举习近平新时代中国特色社会主义思想伟大旗帜，坚定发展信心、保持战略定力，奋力推进吴兴高质量赶超发展，为决胜全面建成小康社会、以优异成绩向中华人民共和国成立70周年献礼而不懈奋斗！

湖州市吴兴区人民代表大会常务委员会工作报告

——在湖州市吴兴区第四届人民代表大会第三次会议上

湖州市吴兴区人大常委会主任　吴　旭

2019 年 2 月 28 日

一、2018 年的主要工作

2018 年，是贯彻党的十九大精神的开局之年，也是吴兴建区十五周年。一年来，在中共吴兴区委的坚强领导下，区人大常委会以习近平新时代中国特色社会主义思想、特别是坚持和完善人民代表大会制度“十个坚持”的重要思想为指导，践行“五同”理念，紧紧依靠全体代表，依法认真履职，有效推动吴兴经济社会发展和民主法制建设。全年共召开常委会会议 8 次、主任会议 12 次，审议专项报告 23 项，作出决议决定和审议意见 25 项，组织执法检查、专项视察和调研活动 90 余次，依法任免国家机关工作人员 53 人次。民生实事项目代表票决制，被《人民日报》、新华社等中央媒体集中报道，并在央视《焦点访谈》专题播出；街道议政会，被人民网、《人民代表报》《浙江日报》等 70 余家媒体同步报道；“五个同步”推进民生实事项目代表票决制和民主参与式预算审查监督，作为全市唯一区县入围首届浙江人大与时俱进奖。

（一）忠诚履职，坚决落实党委重大决策。牢固树立“四个意识”，把坚持党的领导贯穿人大工作全过程。

1. 落实上级文件精神靠前站。及时贯彻中央和省、市委关于基层人大“管好政府钱袋子”的文件精神，协助区委出台国有资产报告制度、人大预算审查监督重点向支出预算和政策拓展等意见，并首次审议政府国有资产管理情况综合报告和专项报告。根据省、市人大统一部署和区委关于建立街道议政会的意见，在朝阳街道率先试点，首创“微信直播 + 现场问政”模式，被省人大向全省推广。高新区和各街道实现议政会制度全覆盖，产生议政会成员 685 名、提出意见建议 239 条，直播收看累计超 10 万人次，为加强街道基层民主建设做出了探索。

2. 贯彻区委决策部署马上办。认真贯彻区委践行“两山”理念的重大决策，在区四届人大二次会议上及时作出《关于高举伟大旗帜依法监督助推在全市践行“两山”理念新征程中争当排头兵的决定》，切实把区委决策转化为全区人民共同意志。根据区委关于机构改革的统一部署要求，完善拟任人员任前法律考试、供职发言、宪法宣誓等制度，从法治和组织上为全区深化机构改革提供有力保障。

3. 参与助推中心工作讲实效。围绕市、区委“十大专项行动”“八大行动”，既参与其中干在火线、又牵头分工督在一线，常委会领导带领 10 个监督小组，实施专题监督，牵头“八大行动”季度考核督查，扎实开展“大调研大走访大抓落实”活动。同时，发动各级代表参与助推“双禁”“禁摩”“消薄”、特色小镇建设、困难企业帮扶、文明城市复评等中心工作。

（二）创新履职，有效推动人大与时俱进。把创新作为增强基层人大活力的主攻方向，多项创新试点走在省、市前列。

1. 深化票决制工作有影响。在环渚、爱山、龙溪三个街道试点基础上，依托议政会，在全市率先实现街道民生实事项目议决制全覆盖。通过代表视察、常委会专题审议、综合评估和满意度测评，助推十大民生实事项目全部高质量完成。组织 2019 年市、区、乡镇街道三级民生实事项目征集工作，开展主题接待活动 48 次，征集到的 510 条项目建议同步移交各级政府。

2. 试点预算绩效监督有突破。在全市率先试点预算绩效监督，遴选河道清淤、美丽乡村建设两项专项资金作为监督重点，专题审议绩效评价报告，推动政府从依法用财向有效用财转变。出台预算绩效监督试行办法，创新“建机制、定重点、明流程、扩民主、重运用”的“五步法”，为全

市推广积累了经验。民主参与式预算审查向街道和部门拓展，推动预算编制更科学。

3. 落实环境报告制度有速度。对照省、市人大“到2020年实现乡镇环境报告制度全覆盖”的要求，自加压力、提高标杆，在区四届人大二次会议上首次听取区政府的环境报告的基础上，在全市率先实现区、乡镇街道两级环境报告制度的全覆盖，推动环境保护目标和责任落实。

4. 建设智慧人大平台有成果。稳步推进“八大创新项目”，无纸化会议系统建成启用，“吴兴人大”手机APP履职新平台正式上线；人大监督系统与财政专线实现“一网通”，现代农业智慧监督系统成功接入；规范性文件联网审查系统有效运行，完成备案审查28件，人大信息化、科学化水平不断提升。

（三）依法履职，全力助推经济赶超发展。瞄准影响和制约吴兴发展的关键领域，开展精准监督。

1. 促进经济转型升级。密切关注宏观经济，开展“十三五”规划中期评估审查，推动规划有效实施。围绕特色小镇发展，以“师院智库+委室组团”的协作机制，深入调研审议，提出三大类9条建议。开展绿色制造专项视察，提出注重评价分析、加快产业培育等建议，为区委、区政府科学决策提供有益参考。调研台资企业和项目，督促《省台胞投资保障条例》落实到位。

2. 促进财政规范管理。认真审议预算编制、执行、调整、决算等工作，督促政府进一步规范预决算。创新审计查出问题清单式跟踪机制，常委会专题审议整改落实情况，问题整改单位列席，有力推动人大审计监督向实质性监督迈进。高度关注政府债务化解，听取政府专题报告，开展乡镇调研督查，严格监管政府投资项目，督促打好防范化解重大风险攻坚战。

3. 促进乡村振兴战略。开展农业供给侧改革、太湖溇港国家水利风景区建设、农业文化遗产和森林资源保护等调研，组织农业大好高项目引建专项督查，全力助推乡村振兴战略。开展专项视察和执法检查，全力保障农产品质量安全。调研农合联“三位一体”、农村土地“三权分置”改革情况，助推改革举措落地。召开美丽乡村建设代表问政会，合力补齐工作短板。

（四）为民履职，积极回应群众重大关切。坚持以人民为中心的发展思想，把改善民生作为工作的出发点和落脚点。

1. 助推民情热点领域。采取“明察+暗访”形式，组织童装消防安全整治专项督查，助推“宿舍革命”“智慧消防”。联动开展《省社会养老服务促进条例》实施情况执法检查，调研助推全国智慧养老应用试点示范建设。对“最多跑一次”改革、学前教育、城市精细化管理、校园安全、“健康吴兴”、基层文体设施建设等开展调研视察，在更广泛的领域回应群众期盼。

2. 助推生态文明建设。围绕巩固文明城市成果，对中心城区、重点乡镇开展精准监督防反弹。组织各级代表联动开展矿山复绿、大气污染防治、城市内河水质提升、渔业养殖尾水治理、固废污染防治“一法一条例”、生态资源红线监管和土地节约集约利用等专项监督，举办“生态文明日”立法宣传，进一步助力生态文明先行示范区建设。

3. 助推民主法制建设。开展新一轮政府部门一把手述职测评、法检“两官”履职评议，强化干部任后监督。深化“百名代表听百案”活动，共开展听案活动13次，提出意见建议80余条。专题审议公益诉讼工作，作出《关于支持区检察院开展公益诉讼工作的决定》。组织200余名各级代表参与信访“最多跑一次”改革，助推解决信访及社会稳定问题30余起。同时，配合市人大《文明行为促进条例》《美丽乡村建设条例》等立法调研，开展电梯安全、市容环卫等条例实施情况的执法检查。

（五）高效履职，充分激发代表主体作用。始终紧抓代表主体，创新载体、丰富活动，多措并举强化代表作用发挥。

1. 履职提升有新形式。围绕“顺应时代要求、争当优秀代表”主题，举办首届吴兴人大代表论坛，为代表提供相互学习、共同提高的新平台。组织96名代表列席区人大常委会会议，650人次代表参加各类监督活动，让代表更好地知政、议政、督政。组织第二批20名在吴市代表述职评议、区和乡镇两级215名代表向选民述职，切实增强履职意识。

2. 阵地打造有新提升。成功创建五星级代表联络站达31家，并在区法检“两院”建成全省首家代表联络站。坚持“建用并举、以用为主”，出台深化完善各级人大代表进站接待选民的实施意见，组织2481人次代表每周、每半月、每月进站接待选民2654名，18名市、区领导干部代表带头开展接待活动，共印发《民情通报》387期，交办建议843件，解决率62.5%。

3. 主题活动有新成效。深化“履职作表率、代表在行动”主题实践活动，持续开展百分竞赛，进一步激发代表履职活力。联动开展“五进五访五查”等活动，建立代表每年对联系群众走访一次、座谈一次、慰问一次的“三个一”机制，各级代表走访群众1.2万余户，收集反馈民情966条。

4. 建议督办有新机制。完善区领导领办、督办重点代表建议件机制，赴市开发区、度假区现场交办代表建议，形成工作合力。区四届人大二次会议代表提出的81件建议在法定期限内全部办理完毕，代表满意度100%，解决率达85%。

（六）从严履职，加强人大机关自身建设。重党建、带队伍、树形象，全力打造“两个机关”。

1. 建制度强规矩。毫不动摇坚持党对人大工作的领导，出台《区人大常委会党组向区委请示报告重大事项的实施办法》，并坚持每年一次全面工作报告、每月一次重点工作安排报告。建立区人大常委会党组每月传达区委常委会会议精神制度，新组建区人大机关党组，学习、讨论、决定等制度逐步健全。

2. 重学习提素质。推进“两学一做”制度化常态化，严格落实“三会一课”、主题党日等制度，及时传达学习贯彻习总书记坚持和完善人大制度的重要思想，广泛宣传吴兴改革开放40年生动实践。首次组织常委会组成人员、乡镇街道人大主席主任赴复旦大学培训，开阔眼界思路、提升履职水平。

3. 抓党风树形象。严格落实全面从严治党主体责任，深入开展“党纪教育一刻钟”，定期研究党风廉政建设工作，实行谈心谈话等机制，切实增强拒腐防变能力，推动人大政治生态持续向好。认真履行“一岗双责”，坚决贯彻落实中央八项规定精神和省、市、区委有关纪律要求，树立人大良好形象。

各位代表，常委会一年来工作所取得的成效，离不开区委的坚强领导，离不开全体代表和常委会组成人员的共同努力，离不开区政府、政协、监委、“两院”及开发区、度假区的大力支持，离不开高新区、乡镇街道和区级各部门的积极配合，离不开全区人民、社会各界的充分信任。在此，我谨代表区人大常委会，向所有关心和支持人大工作的同志们，表示衷心的感谢和崇高的敬意！

回顾一年来的工作，我们也清醒地认识到存在着不足：讨论决定重大事项的机制有待进一步完善，审议意见的跟踪落实力度有待进一步加大，代表履职保障有待进一步强化，基层人大组织机制有待进一步探索。对这些问题，我们将高度重视，认真研究解决。

二、2019年的主要任务

2019年，是中华人民共和国成立70周年，是全面建成小康社会关键之年，也是地方人大设立常委会40周年。面对新形势新任务，区人大常委会工作的指导思想是：高举习近平新时代中国特色社会主义思想伟大旗帜，以习总书记关于坚持和完善人民代表大会制度的重要思想为引领，深入学习贯彻党的十九大和省、市、区委全会精神，牢牢锁定“打造增长极、提高首位度、争当排头兵”总定位，践行“五同”理念，依法高效履职，服务改革发展，强化民主法治，为推动吴兴高质量赶超发展做出新的贡献。重点做好以下五方面工作。

1. 以更强的担当，学深悟透重要思想。坚持把学习贯彻习总书记坚持和完善人民代表大会制度的重要思想作为首要政治任务，自觉践行“两个维护”。以迎接、学习、贯彻省委人大工作会议为契机，协助区委召开人大工作会议，出台专门意见，谋划提出加强和改进新时代吴兴人大工作的思路举措。开展地方人大设立常委会40周年纪念活动，通过组织一轮宣讲宣传、举办一场研讨论坛、征求一批意见建议、提升一批履职阵地、总结一批经验做法、评选一批创新项目“六个一”活动，让习总书记关于人大制度的重要思想更加深入人心。

2. 以更大的力度，服务助推中心大局。专题监督“十大专项行动”攻坚战，开展“服务企业、服务群众、服务基层”活动，全力推动区委重大决策部署落到实处。一是聚焦经济升级。围绕民营经济高质量发展，开展“百名代表访百企助帮扶”活动，就加强企业金融支持、“亩产论英雄”改革进行调研审议，对特色小镇发展审议意见落实情况回头看，助推产业质效突破、重大战略融入、营商环境优化三大攻坚战。调研审议科创平台发展，开展科技成果转化“一法两条例”实施情况执法检查，助推科技创新加速攻坚战。二是聚焦生态文明。就“污水零直排区”创建、严守生态红线、环境状况和环境保护目标完成等情况进行调研审议，开展大气污染防治“一法一条例”实施情况执法检查，对中央环保督察反馈问题整改落实情况回头看，助推全域环境治理攻坚战。三是聚焦城乡建设。就中心城区提质、织里国家试点、东部新城提速等行动进行调研审议，助推城市能级提升攻坚战。就美丽乡村建设、村级集体经济壮大、农合联为农服务、国家现代农业产业园建设等情况进行调研审议，对太湖溇港风景区建设审议意见落实情况回头看，助推乡村振兴示范攻坚战。四是聚焦社会民生。就食品安全、医疗保障、物业管理等情况进行调研审议，联动开展《省学前教育条例》实施情况执法检查和审议意见落实情况回头看，助推民生福祉改善攻坚战。听取审议区监委专项工作报告，深化“百名代表听百案”活动，就依法行政、扫黑除恶、安全生产等工作进行调研视察，对公益诉讼审议意见落实情况回头看，助推平安夺鼎冲刺攻坚战。

3. 以更实的举措，盯紧督牢关键领域。一是盯紧大额财。以部门预算规范化、民主预算扩面化、绩效预算常态化、审计监督清单化、在线监督实时化等“五化”为载体，构建民主预算、透明预算、绩效预算“三位一体”的预算监督体系。加强政府债务审查监督，完善政府投资项目管理、国有资产管理报告制度，助推防范化解地方政府隐性债务专项行动取得实效。二是盯紧地方法。配合市人大立法调研，联动对文明行为促进、美丽乡村建设等条例实施情况进行专题监督和执法检查。三是盯紧关键人。持续加强任后监督，深化政府部门一把手和法检“两官”述职评议工作，切实增强任命干部的法治意识和责任意识。四是盯紧重大事。完善讨论决定重大事项制度机制，深化区、乡镇民生实事项目代表票决制和街道议决制，加强项目进度、资金使用、质量效果的跟踪监督，确保实事办好、好事办实。

4. 以更优的保障，支持推动代表履职。一是打造高质量的履职阵地。实现全区五星级代表联络站的全覆盖，着力探索“一站一品”，确保联络站建得好、更要用得好。加快智慧监督平台功能融合，建成区人大代表联络服务中心，构建线上线下立体化的代表监督体系。二是开展高质量的代表活动。结合“履职作表率、代表在行动”主题实践活动，联动开展深化“最多跑一次”改革主题监督活动，强化百分竞赛，激发代表活力。围绕城市精细化管理、管好政府钱袋子等代表和群众关切的主题，召开代表问政会。三是强化高质量的建议督办。完善培训指导、会前视察机制，提高代表议案建议质量。改进办理方式，强化督办合力，完善评价反馈机制，积极开展代表建议解决情况回头看。探索加强开发区、度假区代表建议和民生实事项目联动交办机制，不断提高办理质效。

5. 以更高的标准，从严从实抓好自身。一是加强党的建设。认真开展“不忘初心、牢记使命”主题教育，充分发挥区人大常委会党组的领导核心作用，压紧压实管党治党政治责任，强化思想政治教育，打好作风建设持久战，锻造过硬的人大队伍。二是加强能力建设。持续打造“书香人大”，建立健全会前学法、集体学习、人大干部论坛等制度，不断增强宪法和法律意识，提升依法履职的能力水平。三是加强组织建设。以机构改革为契机，进一步优化人大机构设置，依法设立调整有关专门委员会。加强对高新区、乡镇街道人大的指导，形成联动合力，切实提升全区人大工作水平。

各位代表，新时代标注新方位，新思想引领新征程。让我们更加紧密地团结在以习近平同志为核心的党中央周围，在区委的坚强领导下，不忘初心、牢记使命，恪尽职守、奋力前行，努力谱写新时代吴兴人大工作新篇章，以优异成绩向中华人民共和国成立70周年献礼！

政府工作报告

——在湖州市吴兴区第四届人民代表大会第三次会议上

湖州市吴兴区人民政府区长　陈　江

2019年2月28日

一、2018年主要工作

2018年，是吴兴建区十五周年。一年来，面对艰巨繁重的改革发展稳定任务，我们坚持以习近平新时代中国特色社会主义思想和党的十九大精神为指引，在市委、市政府和区委的坚强领导下，在区人大、区政协等各方面的监督和支持下，紧紧依靠全区人民，坚定不移抓好"八大行动"，统筹推进经济社会发展，较好地完成了区四届人大二次会议确定的主要目标任务，高质量赶超发展迈出坚实步伐。实现地区生产总值761亿元，增长8.4%；财政总收入116.6亿元，其中地方财政收入70亿元，分别增长22.78%和24.97%；城镇、农村居民人均可支配收入分别达到55996元和32693元，增长9%和9.1%。各项主要经济指标继续保持全市领先。由区人大代表票决产生的十方面民生实事高质量完成。获评省级以上荣誉试点46项。入围全国综合实力百强区、绿色发展百强区、投资潜力百强区、科技创新百强区、新型城镇化质量百强区。获全市区县综合考核一等奖，实现"五连冠"。

（一）经济发展稳中有进

项目双进卓有成效。创新"8+8"大格局精准招商模式，引进"两山一城"、哈工大机器人等项目186个，计划总投资911亿元，其中10亿元以上项目21个、50亿元以上项目4个；新认定市"大好高"项目48个，其中工业"大好高"项目23个。两次承办全省扩大有效投资重大项目集中开工仪式，带动省市县（区）长项目开工12个；列入省重点建设项目23个；列入省重大产业项目计划数14个，居全省县（区）第一。高新区和吴兴经济开发区"双万亩千亿大平台"拓展提升空间1.05万亩，完成基础设施投入7.7亿元。

转型升级步伐加快。持之以恒优化产业结构，一二三产业比例达3.7 ∶ 39.2 ∶ 57.1。以绿色智造为引领，大力推进产业质效提升，规上工业增加值增长11.2%，列全市第一，其中战略性新兴产业、高新技术产业、装备制造业分别增长16.3%、9.3%和11%。改造提升传统制造业，整治"低散乱"企业3913家，规上工业企业绿色工厂覆盖率达52%，高新区获评国家级绿色园区。实现社会消费品零售总额370.8亿元，增长10.1%。入围省服务业强区试点，综合评价排名全省第6位。获评全省企业上云"十强"县区，在全省数字经济发展综合评价中居第18位、全市第一。加快发展全域旅游，世界乡村旅游大会在妙西成功举办，大会永久会址将落户吴兴，西山漾景区通过AAAA旅游级景区创建评估，全区旅游总收入达243亿元，实现跨越式增长。

企业帮扶扎实推进。坚持把稳预期、提信心摆在企业帮扶的突出位置，走进全区60家重点骨干企业、331家规上企业开展"问难帮困稳增长"专项行动，排摸解决问题205个。加大降成本力度，减轻企业负担16.8亿元。有效管控企业资金链、担保链、上市公司股权质押等风险，银行不良贷款率降至0.68%。大力培育多层次市场主体，完成企业挂牌18家、股改31家。全区新增直接融资161亿元。坚定不移培大育强，"金象金牛"企业达4家、"瞪羚"企业达26家，入围中国民企制造业500强企业4家，税收超亿元企业从6家增加到12家。开展质量提升行动，获批国家级标准化项目3项、"浙江制造"标准9项，2个产品获全国首批绿色产品认证，3个产品获省装备制造业重点领域首台（套）奖励。

（二）改革创新持续深化

"最多跑一次"改革攻坚突破。以开创性思维、突破性举措推进"最多跑一次"改革，"跑一次"事项覆盖率达100%，其中"零上门"比例达50.5%，"一证通办"率达69.4%，群众办事更加方便。全面抓好涉企改革，首创小微企业

园区“标准房”制度，获全省小微企业园建设提升实施主体综合评价第一名。新建小微园区47.3万平方米，新增小微企业3708家、“个转企”519家，均列全市第一，完成“小升规”72家。工业平台“标准地＋承诺制”和工业项目审批“最多100天”实现全覆盖。实现涉企证照由市场监管部门通办，常态化企业开办时间压缩至3个工作日，新登记注册企业4284家。下大力气打破政府部门之间的“信息孤岛”，逐步实现“让数据多跑路、让群众少跑腿”。

要素配置效率明显提升。着力推进“亩均论英雄”改革，完成2378家企业亩产效益综合评价，规上工业企业亩均税收较上一年度实现20%以上增长。全面开展“五未”土地处置专项行动，消化“批而未供”土地6481亩，完成“供而未用”整改处置1183亩，盘活低效工业用地3965亩，新增土地指标4924亩，保障了235个项目落地。切实用好“坡地村镇”点状供地政策，承办全省生态“坡地村镇”建设现场会。以东林镇为试点，启动农村全域土地综合整治工作。积极引导金融资本服务实体经济，在全省首创“绿色园区贷”助推转型升级，全区新增银行贷款73亿元；政府产业引导基金投资项目21个，撬动社会资本12.2亿元。

创新动力持续增强。坚持创新引领，不断加大高层次、高技能人才引育力度。入选“南太湖精英计划”项目54个，自主培育省“海外工程师”8名，招引大学生及各类人才1.72万人，创历史新高。新增国家级博士后工作站1家、省级重点研究院1家、院士专家工作站2家，新认定市级众创空间17家、累计达25家，均列全市第一。新增国家高新技术企业19家、省科技型中小企业89家，企业研究与试验发展经费支出占主营业务收入比全市第一。发明专利申请量3061件，增长121%；完成技术交易额6.5亿元，增长35.4%。政产学研合作、地校合作持续深化。

开放融入不断加快。积极对接“一带一路”，主动参与长三角一体化、省“四大”建设和G60科创走廊建设，不断拓展开放的格局和空间。区产投集团在上海成立专业股权融资基金，纺织服装出口基地被认定为国家级外贸转型升级基地。强化外资集聚，实现合同外资5.47亿美元、实到外资2.37亿美元。完成进出口总额114.7亿元，其中出口87.6亿元，分别增长27.5%和18.3%，进出口增长全省排名第14位、上升了40位，居全市第一。服务贸易总额达18.9亿元，增长24.8%。相继成立北京、上海和粤港澳大湾区吴兴商会。全面开展交通建设大会战，65个重点交通项目完成投资31亿元。高铁湖州东站规划正式启动。

（三）城乡面貌明显改善

城市能级加速提升。聚焦聚力东部新城建设，开工项目39个，完成投资102亿元；丝绸小镇产业板块启动建设，区文体中心投入运营，产城人文资源要素加快集聚，“湖城向东看”效应不断显现。深入推进织里小城市培育，织里文体中心、北大培文学校等加快建设，获全省小城市培育试点考核第一名，入围全国第三批新型城镇化标准化试点，作为改革开放40周年中宣部选取的唯一乡镇级典型获中央媒体集中报道。持续提升中心城区品质，完成城中村改造拆迁3528户，全面启动4个老旧小区征收，慈感寺区块完成综合改造。切实强化城市精细化管理，打赢烟花爆竹“双禁”、中心城区部分区域摩托车禁行等攻坚战，规范犬类管理，网格化、路长制、门前“三包”、志愿者服务等组合拳进一步形成，顺利通过省城市文明程度指数测评。湖东街道挂牌成立。

乡村振兴势头良好。制定实施乡村振兴战略五年行动方案，创建美丽乡村9个、精品村4个、示范乡镇2个，创建A级以上景区村庄31个。大力发展现代农业，获评国家现代农业产业园，列入全省农业绿色发展先行区创建名单，创成省农产品质量放心县（区）和全省首个国家渔业健康养殖示范县（区）。加快农村基础设施建设，完成农村公厕改造255座，新改建“四好农村路”45.8公里。第二批7个小城镇环境综合整治全部通过省级验收，4个获评省级样板。潞村“丝路之源”等田园综合体项目加快建设。全面深化农村土地制度改革，107个村完成农村土地承包经营权确权登记颁证。

生态治理有力有效。持续改善生态环境，全力补齐污染防治领域短板。$PM_{2.5}$平均浓度每立方米37微克，下降15.9%。大力推进“污水零直排区”创建，实施渔业养殖尾水治理6.35万亩，创建市级美丽河道200条。15个区控以上断面水质达到或优于Ⅲ类，交接断面考核优秀。全面推进

“无违建区”创建，完成拆违360万平方米，拆后利用率超95%。66个小区、8万户居民实现生活垃圾精准分类。完成废弃矿山治理200万平方米，完成苕溪绿道建设28公里。中央环保督察、长江经济带生态环保审计、饮用水水源地专项督查等反馈问题全面整改完成。

（四）民生福祉日益增进

脱贫帮扶扎实推进。把稳就业作为关键性举措，全年新增城镇就业2.9万人，登记失业率控制在2.33%。深入实施村级集体经济三年强村计划和低收入农户增收计划，新增60个年集体经营性收入达到30万元以上村，低收入农户人均可支配收入增长12.8%。全面深化东西部扶贫协作、对口支援等工作，大力实施青川县“十大援助工程”，投入帮扶资金3300万元，带动2793名贫困人口脱贫；积极助力云和县村级集体经济和低收入农户增收。

社会保障稳步提升。深入实施全民参保计划，全区城乡基本养老保险参保率和基本医疗保险参保率分别达93.9%和99.8%。养老服务体系更加完善，每千名老人拥有养老床位增加到39张，免费为11.6万名60周岁以上老人购买意外伤害保险，建成幸福邻里中心10个。环渚街道列入国家智慧健康养老应用试点示范街道。980户农村C级危房治理任务全面完成。在全市率先实施低保户“一户一档”管理。妇女、儿童、慈善等事业加快发展，残疾预防和康复服务切实加强。

社会事业发展更加协调。全力争创省教育基本现代化区，中小学新生班额首次全部控制在限额以下，小学生放学后校内托管服务启动实施，新入选省特级教师数量全市第一，获评全省首批艺术教育实验区，成功创建省示范学习型城市。全面完成中心城区社区卫生服务体系三年建设任务，创新打造城市健康服务联盟，中心城区基层医疗机构总业务量实现翻番，高分通过全国基层中医药工作先进示范单位复评。新建城市书房3家、农村文化礼堂16个，小西街文创街区开街。完成小康体育村提升工程20个，新建各类便民体育设施场地15个。章家埭村入选全国体育智慧社区试点。圆满完成第十六届省运会承办任务，获金牌数创历史新高。区、镇、村三级退役军人服务机构全部建成。外事、档案、民族、宗教等事业进一步加强。

平安建设成效明显。创新发展“枫桥经验”，不断深化“四梁八柱”平安建设体系，“基层治理四平台”持续完善，构建网格538个。顺利通过省市“七五”普法中期督查，公共法律服务站点实现镇、村全覆盖。加强安全生产，强化消防、食品药品、交通等安全风险管控，有效处置各类突发事件。生产安全、火灾事故起数分别下降37.8%和10.4%。全面开展扫黑除恶专项斗争，摧毁黑恶势力犯罪团伙57个，抓获犯罪嫌疑人442名。平安吴兴建设有望实现“七连冠”。

（五）政府治理不断优化

纪律规矩更加严明。学懂弄通做实习近平新时代中国特色社会主义思想，树牢“四个意识”，坚定“四个自信”，坚决做到“两个维护”。坚定不移推进全面从严治党，严格落实中央八项规定及其实施细则精神，积极助推清廉吴兴建设，大力支持纪检监察机关开展工作，政府系统党风廉政建设进一步强化。建立完善政府性工程、重点招商引资项目内审机制，推动审计监督全覆盖。加强财政资金监管，建立国有资产情况向人大常委会报告制度，政府性资金、资产使用绩效进一步提高。打好“控总量、降成本、展期限、盘资产、去风险”化债组合拳，政府性债务率严格控制在绿色安全区内。

法治建设更加强化。有序推进政府机构改革。深化综合执法体制、行政复议体制和执法监督机制改革，行政执法规范化水平全面提升，连续三年获评省创建法治县（区）工作示范单位。推进依法科学决策，建立政府重大行政决策出台前向人大报告、同政协协商制度，广泛听取各方面对政府工作的意见建议，政务公开工作走向深入。办结区人大代表建议81件、政协委员提案88件。区咨询委正式成立。

实干氛围更加浓厚。全面实施“两强三提高”行动，深入开展“拉长补短助赶超、争先进位当排头”专项调研活动，围绕“八大行动”和区委、区政府确定的100件重大事项，区政府常务会议定期听取进展情况汇报，建立通报制度和问责机制，有效倒逼工作推进。强化政府部门服务意识和效能意识，建立基层向部门交办、部门间会办事项“马上办”机制，常规工作实现2天内办理并反馈。实施政府数字化转型工程，加快推进“掌上办事”“掌上办公”。

各位代表！过去的一年，外部环境发生深刻变化，风险挑战明显增多，但我们信心没有动摇、工作更加奋进，高质量赶超发展态势强劲、领跑全市。以上所有成绩的取得，是市委、市政府和区委正确领导的结果，是市级部门、开发区和度假区关心支持的结果，是全区人民同心同向、奋力拼搏的结果。在此，我代表区人民政府，向包括全体人大代表、政协委员、离退休老同志在内的全区人民，向各民主党派、工商联、人民团体和社会各界人士，向驻吴人民解放军和武警部队官兵，向所有关心和支持吴兴发展的海内外朋友，表示衷心的感谢，致以崇高的敬意！

我们清醒地认识到，当前经济社会发展和政府工作中还存在不少问题和短板，主要体现在：发展质量和效益还不够高，具有引领性龙头型的高端制造业项目还不够多，新兴产业规模化和传统产业高新化步伐不够快，转型升级压力较大；国有企业市场化转型和竞争力提升力度还不够，民营企业和实体经济面临困难增多，发展中的空间、土地、资金等要素瓶颈制约日趋严重；生态环境和民生领域短板仍然不少，空气、水环境质量不高，群众对教育、医疗、养老等还有不满意的地方；社会治理还有薄弱环节，安全稳定的风险隐患仍然不少；少数政府工作人员担当精神不足，创新意识不强，动真碰硬的决心不大，违法违纪案件还时有发生。对此，我们一定要以对事业和群众高度负责的态度，采取有力措施，切实加以解决。

二、2019 年工作安排

2019 年是中华人民共和国成立 70 周年，是决胜全面建成小康社会的关键之年，也是实现吴兴高质量赶超发展至关重要的一年。根据区委四届六次全会精神，今年政府工作的指导思想是：高举习近平新时代中国特色社会主义思想伟大旗帜，认真学习贯彻党的十九大和省市区委全会精神，坚定“八八战略”再深化、改革开放再出发主题，加快融入长三角一体化，全面落实市委“一四六十”工作体系，牢牢锁定“打造增长极、提高首位度、争当排头兵”总定位，坚持稳中求进总基调，坚持新发展理念，以具有吴兴特色的十大专项行动为主抓手，继续打好三大攻坚战，统筹推进稳增长、促改革、调结构、惠民生、防风险等各项工作，推动全区经济社会实现高质量赶超发展，全国综合实力百强区排名争先进位，以优异成绩迎接中华人民共和国成立 70 周年。

建议今年全区经济社会发展的主要预期目标为：地区生产总值增长 8%；财政总收入增长 12%，其中地方财政收入增长 10%；固定资产投资增长 12%；研究与试验发展经费支出相当于地区生产总值的比例达到 2.55%；社会消费品零售总额增长 9%；城镇、农村居民人均可支配收入分别增长 8% 和 8.5%；节能减排降碳完成省市下达任务。

按照上述总体要求和预期目标，在今年政府工作中，必须牢牢把握以下五条原则：

一是把“四个争先”作为目标取向。始终坚持“跳起来摘桃子”的决心，拉高标杆、加压奋进，围绕市委对吴兴提出的“四个提升”“四个争先”要求，以“100 分才是及格分”的标准争一流、争赶超、争晋位，以“人一我十、穷尽一切办法”的劲头加满油、拉满弓、使满劲，坚定不移“打造增长极、提高首位度、争当排头兵”，努力成为支撑全市高质量赶超发展的“重要一柱”、提升湖州中心城市能级的“核心一翼”。

二是把防范风险作为战略取向。始终坚持底线思维，辩证地看待当前的形势，既要增强忧患意识，健全风险防控体系，提高驾驭风险本领，把各类风险隐患管控在属地、消除在萌芽、处置在未发；又要保持战略定力，把应对风险挑战作为解决自身问题的机遇，担难不怯、担责不推、担险不畏，下大力气打掉拦路虎、搬走绊脚石、开辟新境界。

三是把质量效益作为发展取向。始终坚持新发展理念，全面实施数字新政、科技新政、人才新政、亩产新政、生态文明新政，全力打好高质量发展组合拳，充分激发市场、企业、大众的活力，着力提升区域、产业、品牌的竞争力，全面促进信息、科技、人才的现代化，不断实现我区经济提质增效升级。

四是把民生改善作为价值取向。始终坚持以人民为中心的发展思想，把保障和改善民生作为一切工作的出发点和落脚点，时刻放在心头、扛在肩上，从群众牵肠挂肚的事情干起，从群众牢骚抱怨的事情改起，做到群众之事件件有答复、事事有着落，真正让群众有获得感、幸福感、安全感。

五是把实干实效作为工作取向。始终坚持大干实事、大抓落实的工作导向，把“三服务”贯穿全年，以“开门纳谏、反复打磨、精准路径”的工作方法，切实解决好制约发展的要事难事；以“走进基层、走进一线、走进矛盾”的工作态度，用脚步丈量民情，用实干推动落实，把报表写在大地上；以“靠前站、马上办、讲实效”的工作作风，展现吴兴铁军“因我不同”的精神风貌。

重点要抓好以下六个方面工作：

（一）着力优化制度环境，在推进重大改革上取得新突破

将“最多跑一次”改革进行到底。全力打破技术壁垒，推进信息孤岛全打通、数据资源全共享、网上办事全开通，加快实现“无证明办事”“掌上办事”“掌上办公”。探索审批服务限时提速办结制，政务服务大厅审批服务整体提速30%以上，中介服务提速30%以上，企业投资项目工程建设审批材料力争全省最少，一般企业投资项目开工前审批“最多90天、力争30天”实现全覆盖，企业常态化开办时间从3个工作日压缩至“6小时办结”。实施包容审慎的监管制度，推行“超时默认”“容缺办理”等工作机制，强化事中事后监管，确保放得更活、管得更好、服务更优。

旗帜鲜明支持民营企业发展。全面落实中央和省市区促进民营经济发展的政策措施，减轻企业各类负担18亿元以上。持续深化“问难帮困稳增长”专项行动，完善政企常态化沟通与帮扶机制，实行企业帮扶“白名单”制度，探索建立纾困帮扶基金，切实化解民营企业流动性风险、上市公司股权质押风险等问题。深化金融机构支持地方经济发展机制，推广“绿色园区贷”金融创新模式，实现规模翻番。加快绿色中小企业公共服务平台建设，开展“投贷奖”联动探索，推动解决小微企业融资难、融资贵问题。完善梯度培育机制，力争新增“金象金牛”企业4家以上、“瞪羚”企业16家以上，完成“个转企”200家以上、“小升规”50家以上，新增小微企业2000家以上。推进“凤凰行动”，大力实施企业股改上市和并购重组“五年倍增行动”计划，鼓励绿色企业积极探索科创板，力争完成股改20家、挂牌上市12家。

提升对外开放水平。主动融入“一带一路”、宁杭生态经济发展带、G60科创走廊、省“四大”建设等战略，全力推动平台互接、产业互融、要素互补。抢抓长三角区域一体化发展上升为国家战略的机遇，启动高铁湖州东站建设，在上海建立吴兴全球招商中心，在杭州未来科技城发展“飞地经济”，全面掀起接轨沪杭的热潮。大力推进吴兴省级国际产业合作园建设。全力打造高质量外资集聚先行区，完成合同外资5亿美元以上、实到外资2亿美元以上。认真做好外事、侨务、对台等工作。

破解发展要素制约。深化“五未”土地处置专项行动，确保消化“批而未供”土地2000亩，盘活存量建设用地1000亩，城镇低效用地再开发500亩。着力实施农村全域土地综合整治，确保3个试点项目顺利推进。所有工业用地和工业项目“标准地＋承诺制”均达到100%，启动商业服务业“标准地”试点。深化“亩均论英雄”改革，用好差别化政策，完成68家重点工业低效企业整治提升，出清“僵尸企业”10家，工业亩均税收提高20%以上。完善PPP、政府产业基金、专项基金等运作模式，健全政策性融资担保体系，更大力度整合社会资金，破解发展中的资金难题。

（二）着力提升发展质效，在加快新旧动能转换上取得新突破

全力推进制造业高质量发展。坚持项目双进“一号工程”不动摇，强化精准招商，引进10亿元或1亿美元以上项目10个，其中50亿元以上项目2个、百亿级工业项目实现新突破；新认定市“大好高”项目42个以上。聚焦重点项目开竣工，确保亿元以上独立供地工业项目开工50个，省市县（区）长项目、上年度签约项目落地率均达70%以上。大力提升“2+2”主平台能级，确保高新区和吴兴经济开发区拓展提升6000亩、力争8000亩，丝绸小镇加快项目建设及产业入驻，美妆小镇成为外资集聚示范地。紧盯金属新材、现代纺织等传统优势产业，以及童装、铝合金等特色产业集群，实施20个改造升级项目，全力推动传统产业高新化。深化小微企业园区“标准房”改革，新建小微企业园50万方，整治“低散乱”企业及作坊500家，淘汰20家以上企业落后产能。大力推动产业绿色化发展，实施20个以上绿色项目，力争绿色工厂星级企业占规上工业企业的比重超80%。

大力发展以数字经济为核心的新经济。坚持

数字产业化、产业数字化，力争数字经济核心产业增加值增长10%以上。深入实施领军企业雄鹰计划，加大人工智能、集成电路及高端元器件、大数据、云计算等行业龙头企业招引力度，加快打造以总部自由港、多媒体产业园、吴兴科创园等为核心的数字经济大平台，把吴兴科技人才走廊品牌逐步打响。做大做强新能源汽车及关键零部件、物流装备、电子信息等新兴特色产业，增强未来产业竞争主动权。实施百项智能制造重点计划，新增工业互联网平台5个、上云企业1000家，打造智能车间和数字工厂10家。促进服务业重点领域高质量发展，加快发展新零售、跨境电商、智慧旅游、共享经济等新业态、新模式。

积极打造科技人才新高地。鼓励、引导、支持企业加大创新投入，创成省级以上企业研发平台10家以上，培育国家高新技术企业20家以上、省科技型中小企业80家以上，入围省首台（套）产品、优秀工业新产品4项以上。全面落实人才新政，新建各类众创空间10家以上，入选“南太湖精英计划”项目不少于50个，新引进大学生及各类人才1.8万人。大力发展楼宇经济，力争税收超千万元楼宇达到15幢以上。持续深化地校合作，与大院名校共建创新载体4家以上。推动军民深度融合发展，引进更多国防科技项目落户。

（三）着力补齐突出短板，在打好三大攻坚战上取得新突破

打好污染防治攻坚战。严格落实工地扬尘管理“7个100%”、道路“五定”保洁等制度，对30家涉挥发性有机物重点企业实施全过程监控，实现“散乱污”企业动态清零，持续保持$PM_{2.5}$浓度、空气优良率“一降一升”良好态势。全面推进“污水零直排区”建设，完成4个乡镇的创建任务，加快推进4个污水处理厂项目建设。全域完成渔业养殖尾水治理，力争再夺“大禹鼎”。健全土壤污染防治工作体系，确保污染地块安全利用率达到92%以上，危险废物全部实现无害化处置。全面落实环卫一体化，实现城市生活垃圾总量“零增长”、农村生活垃圾分类处理水平全面提升。

打好防范化解重大风险攻坚战。完善企业债务风险分类帮扶机制，加大银行机构不良贷款处置核销力度，不良贷款率低于全市平均。深入开展互联网金融风险整治专项行动，严厉打击各类非法金融活动，织密金融风险防控的“天罗地网”。加快区属国有企业集团转型步伐，着力实现“政府投”向“市场投”转变。严控政府性投资项目，坚决遏制隐性债务增量，妥善化解隐性债务存量，确保完成年度化债任务。

打好精准脱贫攻坚战。持续促进农民增收，全面消除年集体经营性收入30万元以下欠发达村，低收入农户增收10%以上。加快多元化社会救助体系建设，拓展支出型贫困保障范围。扎实做好东西部扶贫协作和对口支援工作，重点深化对青川县资金帮扶、产业合作、劳务协作、人才支援，加快打造吴兴—云和“千企结千村、消灭薄弱村”升级版，提高受援地群众获得感。

（四）着力增强城市能级，在推动城乡有机更新上取得新突破

不断提升城市规划建设管理水平。加快“南拓”“北融”“东联”“西接”步伐，积极主动融入南太湖新区建设，推动东部新城核心区与高新区、织里镇、环渚街道、湖东街道无缝对接，形成区域联通、功能互补、优势叠加的一体化发展新局面。聚焦产城人文融合发展，扎实推进丝绸小镇等42个重点项目建设，全面加速东部崛起。深入推进织里镇国家新型城镇化标准化试点，加快童装上市企业园、中国童装学院等项目建设，实现全国百强镇提档进位。道场乡、妙西镇组团打造国家级旅游度假区，埭溪镇、东林镇统筹建设省级经济技术开发区。深化全国街道服务管理创新实验区建设，推动各街道实现差异化、特色化发展；加快推进中心城区老旧居住区征收与改造；全面贯彻《湖州市文明行为促进条例》，努力破解小区物业管理难题，大力提升精细化管理水平，持续唱响“湖城中央•最美风光”品牌。

高标准建设乡村振兴示范区。加快建设国家现代农业产业园，推动农业“1+3”主导产业提档升级。积极培育壮大新型农业经营主体，新引进市定农业“大好高”项目10个以上，创建农业精品休闲园5个以上，培育市级农业龙头企业5家以上。精心打造“吴上兴鲜”区域农产品品牌，大力发展农村电商。加快滨湖溇港、104国道、妙新线三条示范带建设，实现美丽乡村宜创村全覆盖，争创省级美丽乡村示范县（区）。以世界乡村旅游大会永久会址建设为契机，加快发展“江

南山水、吴兴特色”乡村旅游，推动海亮国际康养等重大项目开工建设，世界丝绸之源争创省级旅游度假区，南郊风景区取得实质性突破。深化农业农村改革，完善协同推进经济高质量发展和生态环境高水平保护的体制机制，进一步拓宽“两山”转化的通道。加强违法建筑长效治理防控机制建设，做到新增违建“零容忍”，坚决打好“大棚房”问题清理整治行动歼灭战，力争创成“无违建区”。

加快打造综合交通大通道。深入实施五年百亿“综合交通建设大会战”，全力推进沪苏湖、湖州至杭州西高铁项目。积极保障申嘉湖高速西延、杭宁高速拓宽等工程建设，加快推进湖山大道、104国道改建等项目。高质量建设“四好农村路”，全力打通断头路，全面消除准四级公路，彻底整治四、五类桥梁，努力打造133公里美丽经济交通走廊吴兴范本。

（五）着力改善社会民生，在增强群众获得感幸福感安全感上取得新突破

坚持就业增收富民。以更高质量更充分就业为目标，着力破解就业结构性矛盾，城镇调查失业率、登记失业率分别控制在5%和3.5%以内。完善就业失业预警监测系统，加强就业困难人员帮扶。积极构建和谐劳动关系，争创“无欠薪”区。突出创业带动就业，持续加大扶持力度，切实提高居民收入。继续实施全民参保计划，深化社保、医保惠企便民改革，完善多层次社会保障体系。

坚持公共服务惠民。打造“优学吴兴”教育品牌，实施学前教育补短提升工程，全面推行小学生放学后校内托管服务，确保所有有刚性需求的学生家庭享受该项服务。推进校外培训机构专项治理，实施13个学校建设工程项目，加快发展职业教育，创成省教育基本现代化区。加快推进健康吴兴建设，持续提升医疗、医保、医药三医联动水平，深化区域医共体建设。大力发展群众性体育事业，积极推进全国体育智慧社区试点，争创省级体育现代化区。加快发展老龄事业和养老产业，促进医养融合发展，新建示范型乡镇（街道）居家养老服务中心4个、幸福邻里中心10个。积极引入知名高校、高端医疗、高端养老资源，鼓励支持社会力量、社会资源办学、办医。高水平建设文化吴兴，区图书馆、区文化馆基本建成，新建“城市书房”2家、农村文化礼堂10个。全面加强退役军人服务保障。推进社会救助精准化，大力发展红十字、残疾人、慈善等事业。

坚持平安建设安民。完善基层社会治理“一体两翼”工作体系，健全社会矛盾源头预防和多元化解综合机制，确保“平安指数”保持全省前列。扎实开展“扫黑除恶攻坚年”活动，深挖彻查黑恶势力“关系网”“保护伞”。依法惩治盗抢骗、黄赌毒等违法犯罪活动，依法打击电信诈骗等网络犯罪行为。牢固树立“不出事再出彩”的理念，切实加强安全生产风险排查治理，全面推广“厨房革命”“宿舍革命”，整治各类餐饮单位1600家以上，完成省食品安全区创建，全面完成三人以上居住出租房消防安全整治和滚动排查治理，确保人民群众生命财产安全。加大全民普法和平安宣传力度，高标准建设平安实训基地和沈家本法治文化景区。扎实做好民族、宗教等工作。

各位代表！解决民生问题、办好民生实事是政府最大的政绩。区政府高度重视为民办实事工作，经过前期广泛征集、深入论证、反复征求意见，共梳理了十二项民生实事候选项目，累计实施资金达5.45亿元，提请本次大会票决确定十项。民生实事项目确定后，我们将严格督查问效，狠抓推进落实，确保把实事办好、好事办实。

（六）着力加强自身建设，在打造对党忠诚人民满意的有为政府上取得新突破

提高站位，做忠诚的表率。把习近平新时代中国特色社会主义思想内化于心、外化于行，树牢“四个意识”，坚定“四个自信”，坚决做到“两个维护”，不折不扣落实好中央、省市和区委各项决策部署，确保政令畅通、令行禁止。深入推进“两学一做”学习教育常态化制度化，开展“不忘初心、牢记使命”主题教育，始终做到对党忠诚。发扬斗争精神，提高斗争本领，营造政府系统风清气正的政治生态，为改革发展提供坚强的政治保证。

优化效能，做实干的表率。全面完成政府机构改革，提升机构运行管理水平。大力推进政府数字化转型，系统性、数字化重塑政府工作流程，深入实施基层到部门、部门间办事“最多跑一次”改革，努力为基层减负减压，推进治理体系和治理能力现代化。全面深化“三服务”活动，理清细化“问题清单”“责任清单”和“落实清单”，真正做到哪里困难多就去哪里服务，哪里问题

突出就到哪里服务。深入实施“两强三提高”建设行动计划，完善抓落实的指标体系、工作体系、政策体系和评价体系，清单式、项目化、责任制推进工作，确保政府工作说一件、干一件、成一件。

依法诚信，做秉公的表率。自觉接受人大依法监督和政协民主监督，主动接受司法监督、社会监督、舆论监督，加强政府内部层级监督和审计监督。规范行政决策程序，坚持“开门听建议”、依法作决策，提高人大代表建议和政协委员提案办理满意率，确保政府工作说到做到。深化政务信息公开，让政府权力在阳光下运行。严格公正文明执法，不断增强公职人员法治意识和依法履职能力，形成“干事不徇私、办事不求人”的社会氛围。

守住底线，做清廉的表率。始终把纪律和规矩挺在前面，驰而不息纠正“四风”，坚决破除形式主义、官僚主义，持续推进精文简会。突出公共资源交易、工程招投标等重点领域，加大细查严管重罚力度，坚决堵牢制度漏洞，守牢廉政底线，持续推动清廉吴兴建设。坚持政府过“紧日子”、让群众和企业过“好日子”，提高财政资金使用绩效，勤俭节约办一切事情，把更多的资金用于保障和改善民生。

各位代表！新时代是追梦者的时代。我们生逢其时，唯有奔跑，才能成就梦想；唯有奋斗，才能不负其时。让我们更加紧密地团结在以习近平同志为核心的党中央周围，高举习近平新时代中国特色社会主义思想伟大旗帜，在中共吴兴区委的坚强领导下，与时间赛跑，用实干逐梦，为决胜全面建成小康社会、以优异成绩向中华人民共和国成立70周年献礼而不懈奋斗！

中国人民政治协商会议
第三届湖州市吴兴区委员会常务委员会
工 作 报 告

——在政协第三届湖州市吴兴区委员会第三次会议上

湖州市吴兴区政协主席　潘　华

2019 年 2 月 27 日

一、2018 年工作回顾

2018 年是全面贯彻落实中共十九大精神的开局之年，也是政协工作提质增效、积极作为的重要一年。一年来，区政协常委会在中共吴兴区委的坚强领导和市政协的精心指导下，深入学习贯彻习近平新时代中国特色社会主义思想，按照“维护核心、围绕中心、突出重心、凝聚人心”的工作思路，认真履行政治协商、民主监督、参政议政三大职能，积极打造“同心、有为、和谐、活力”政协，圆满完成区政协三届二次会议确定的各项目标任务，为加快建设“生态吴兴、经济强区、科技新城、幸福家园”做出了积极贡献。

（一）坚持政治统领强定力，打造同心政协

一年来，区政协常委会始终坚持党对政协工作的领导，坚定正确的政治方向，坚决做到“两个维护”，切实把区委的重大决策和工作部署贯彻落实到政协的全部工作中去。

1. 切实增强政治定力。坚持把理论学习放在首位，特别是把学习贯彻中共十九大精神和习近平新时代中国特色社会主义思想摆在突出位置。制定出台《区政协关于加强学习的决定》，建立健全学习长效机制。一年来共召开政协党组和主席会议 16 次、常委会议 4 次，通过学思践悟，融会贯通，引导和教育委员增强“四个意识”，坚定“四个自信”，夯实团结奋斗的共同思想政治基础。

2. 始终坚持党的领导。坚定不移把政协工作置于区委坚强领导之下，坚决扛起实现党对政协领导的重大政治责任。认真贯彻中央和省、市关于加强新时代政协系统党的建设的部署要求，首次召开全区政协系统党的建设工作座谈会，协助中共吴兴区委制定关于加强新时代人民政协党的建设工作的意见，制定落实重点任务细化实施方案，以党的建设统领政协各项工作。树立“一线”意识，主动融入全区改革发展大局，区政协领导班子成员分别担任美妆小镇管委会主任以及高新产业集聚行动、“八大行动”督查等 7 个领导小组副组长或副总指挥，做到“靠前站、马上办、讲实效”。

3. 准确把握性质定位。准确把握新时代人民政协作为协商民主重要渠道和专门协商机构的性质、定位，深入开展习近平总书记关于加强和改进人民政协工作的重要思想学习研讨活动。通过学习原文、查找差距、加强改进，在领导班子、专委会、机关三个层面，召开 4 次专题学习交流会。区政协党组和主席会议成员带头学习研究、带头交流发言、带头撰写理论文章，自觉把学习贯彻政协理论同履职实际结合起来，严格依照宪法法律和新的《中国人民政治协商会议章程》履行职能。

（二）围绕改革发展增助力，打造有为政协

一年来，区政协常委会始终紧紧围绕改革发展大局，倾政协之力，展政协之长，尽政协之责，在服务大局中留下政协鲜明印记、彰显政协独特价值。

1. 聚焦热点，政治协商“商”在需要时。坚持有事好商量，遇事多商量。以“三长制”协商议政体系为依托，充分发挥县区政协专门协商机构作用。在区委、区政府，区级部门，乡镇（街道）三个层面，紧贴党委政府重大决策部署和中心工作，聚焦改革创新、经济发展、项目建设、乡村振兴、民生改善、社会治理等重点工作，定期与委员面对面协商议政。全年就区委全委会报告、农村土地“三集中”改革、低丘缓坡项目规划管理等议题，分别开展了 3 次“区委书记、区长与委员”面对面专题协商。围绕“区域农产品品牌建设”“农村污水长效治理”“纺织服装业转型

发展”“民办幼儿园健康发展”“禁毒工作”等议题，组织专委会和界别，与区政府分管领导和相关部门开展了5次对口协商。围绕与基层发展、百姓民生密切相关的“美丽乡村、治水拆违、平安建设、垃圾分类”等议题，组织高新区、乡镇（街道）党委书记、镇长（主任）与辖区委员面对面一线协商52场次。通过“三长制”协商议政，实现了协商民主在全区的多层次、宽领域、广覆盖。

2. 瞄准重点，民主监督“督”在关键处。始终把党委政府重大决策的贯彻落实情况作为民主监督着力点，继续巩固完善“20+9+2”三级民主监督体系。紧盯全面深化改革、美丽乡村建设和民生关键小事等方面问题，20个基层政协工作联络组分别组织高新区、乡镇（街道）辖区委员对“小城镇改造”“三改一拆”“五水共治”等重点工作开展跟踪监督。9名区政协领导班子成员带队对“中央环保督察信访件反馈问题整改”重点区域开展联动监督。组建两个派驻民主监督小组，围绕“小微企业创业园建设”和“水产养殖尾水处理”，由区政协两位副主席带队，分别进驻区发改委和农林局，开展重点提案督办。积极参与省政协组织的“城乡生活垃圾分类处理”三级政协联动专项集体民主监督活动，突出7个创建省级高标准垃圾分类示范小区，深入一线助力“垃圾革命”，与党政一道督在一线、干在一起。

3. 把握难点，参政议政“议”在点子上。围绕民生热点问题，精准聚焦、持续发力，尽帮扶之责，办惠民之事。建立健全提案办理工作链，深入实施提案办理“五心”工作法。认真开展重点提案“四方协商＋民主评议”活动，在常委会上对区发改委、科技局等13个部门提案办理情况逐个评议，促进提案转化落实。区政协三届二次全体会议以来，审查立案提案88件，实现办复率100%、委员满意率100%。把反映社情民意贯穿于政协履职全过程，一年来向各级党委政府反映社情民意信息78件，其中被省政协录用18件，市政协录用27件，《建议将湖羊作为“扶贫羊”“团结羊”在全国部分省区推广》等3件信息获得省级领导批示肯定。在全省政协第十次反映社情民意信息工作会议上，我区作了“把握特点，发挥优势，发出新时代政协‘好声音’”的经验交流。积极协助党委政府多做雪中送炭的好事实事，先后针对医养结合、文化市场规范管理、乡风文明移风易俗等议题，组织开展调研视察26次、参加委员380余人次，提出意见建议160余条，助推惠民利民措施落实到位，让人民群众享有更多获得感和幸福感。

（三）发挥统战功能聚合力，打造和谐政协

一年来，区政协常委会始终坚持统战是第一功能、团结是第一主题，着力发挥政协大团结、大联合的独特优势，画好共促吴兴发展的最大同心圆。

1. 增进更深共识。政协因团结而生，依团结而存。以共同纪念“五一口号”发布70周年、改革开放40周年等活动为契机，党派合作进一步深化，朋友圈持续扩大。积极推动建言资政和凝聚共识双向发力，通过举办中共十九大精神专题学习会、新修订《政协章程》专题会等行之有效的方式途径，努力把党的主张转化为各民主党派、无党派人士、民族宗教人士以及各人民团体的共识共为。利用信息调研、课题协商、界别活动等，组织政协委员到全区发展一线专题视察，让委员们充分感受到党委政府重大决策的效力、全区广大干部群众的努力以及吴兴高质量赶超发展的潜力，强信心、聚民心、筑同心。

2. 汇聚更强力量。切实保障各界别协商参政权利，进一步营造畅所欲言、理性有度的良好协商氛围。深入开展政协委员助推信访“最多跑一次”改革活动，积极协助党委政府协调关系、化解矛盾。会同统战部门，组织开展旅港同乡新春团拜会、旅台同乡中秋团拜会、留美家长联谊会等活动，积极开展归国留学生创业创新服务，进一步密切与港澳台同胞和海外侨胞的联系联谊。加强与省内外政协横向联系，接待吉林白山浑江区等100多批次区外政协来吴兴考察。支持政协之友社、陆羽茶文化研究会开展活动，做好老干部服务工作，为吴兴发展增添正能量。

3. 扩大更广影响。深入挖掘吴兴历史人文底蕴，编撰出版《走读清远吴兴》第二辑“名贤名人名刹系列”，协助做好《浙江文化印记》一书组稿工作和湖州文史纪念改革开放40周年吴兴部分征稿工作。积极运用报刊、电视、网络以及“吴兴政协”微信公众号等媒体平台，及时报道政协重要会议、重大活动和履职亮点成效。“吴兴区政协探索委员参与调研活动新模式”等20篇特色亮点工作报道，在国家和省级媒体刊登。区政协重点调研成果——“以农村土地‘三集中’改革推动乡村振兴的路径研究”，先后在国家农业农村部、省政协、省农办、省国土厅有关刊物上全文刊发。持续开展“六送下乡”为民服务活动，全市政协系统“六送下乡”集中服务仪式在我区织里镇成功启动，累计开展上门义诊、农技指导、法律维权、艺术表演等各类服务活动20余场次，政协组织在基层的影响力进一步扩大。

（四）强化自身建设提能力，打造活力政协

一年来，区政协常委会始终按照“懂政协、会协商、善议政”“守纪律、讲规矩、重品行”的要求，切实加强政协委员和机关队伍建设，为履行政协三大职能提供坚强保障。

1. 积极发挥委员的主体作用。一枝独秀不是春，百花齐放春满园。持续开展“争当排头兵，实干大比拼，岗位建功、为民建言”活动，广大委员在吴兴发展的广阔舞台上，努力奔跑，勇于追梦。涌现出了埭溪医院院长方红斌、珀莱雅化妆品股份有限公司湖州分公司总经理王建荣、湖州盘古文创有限公司总经理蒋晓锋、浙江绿维环境股份有限公司董事长俞忠力等一批委员典型。《吴兴新闻》《吴兴时讯》“委员风采”栏目连续报道了湖州锐格物流科技有限公司总经理倪志和、湖州乐通新材料科技有限公司副总经理谭诗礼、区疾控中心副主任技师于利英等20名委员的岗位建功先进事迹。积极搭建委员履职平台，持续开展开放式“招标”调研活动。全年由委员自主出题120个，领办结题71个，《关于加快发展吴兴体育产业的调研思考》等16篇调研报告被评为年度优秀报告，部分转化为大会发言和提案。该做法在全省习近平总书记关于加强和改进人民政协工作的重要思想专题理论研讨会上，作为全省四个县区代表之一作了经验交流，得到全国政协刘奇葆副主席和省政协葛慧君主席肯定。注重履职能力提升，分类开展学习培训，与上海交大成功合作举办政协委员能力提升专题培训班。严格落实委员履职考核制度，实施“100+N”量化考核体系，组织开展优秀提案、优秀社情民意信息员、优秀调研报告“三优”评比活动，委员履职意识不断提升。

2. 注重发挥专委会、界别、联络组的联动作用。加强分工协作，构建形成“专委会牵头、界别小组主体、联络组协同”的联动履职格局。切实加强对专委会工作的领导指导，落实区政协党组会议、主席会议定期研究专委会工作制度和专委会定期报告工作制度，实现专委会履职有计划、有预算、有内容、有成果的“四有”目标。积极发挥界别特色优势，进一步提升织里镇、埭溪医院等4个“委员之家”的功能，组织开展“界别活动周”活动；在妙西镇龙山村“谷堆乡创”开展“界别活动室”试点，提升界别活动效果。在区委重视下及时配齐配强基层政协工作联络组负责人，在每年政协工作计划中同步指导基层联络组确定选题，充分发挥基层联络组联系、组织、保障作用，促进基层政协工作与党政工作同频共振。

3. 充分发挥机关的服务保障作用。积极创建“学习型、研究型、服务型”政协机关，全面推进“两学一做”学习教育常态化制度化。健全党的组织设置，及时组建政协机关党组，合理划分党小组。扎实开展每月主题党日活动，认真落实“三会一课”和党员领导双重组织生活等制度，不断加强机关党支部标准化建设。积极推进区政协机关职能综合协调优化，扎实开展“活力政协”系列活动，创设中青年干部“学思论坛”，加快年轻干部成长。区政协机关干部积极参与精准招商、群租房消防安全整治、村级集体经济“消薄”等中心工作，靠前服务。积极履行全面从严治党“主体责任”和“一岗双责”，支持派驻纪检监察组开展工作，锲而不舍营造风清气正的履职氛围。

各位委员，同志们！人心是最大的政治，共识是奋进的动力。回首过去一年，区委区、政府高度重视、大力支持区政协履职工作，区委常委会2次专题听取政协工作汇报；区委、区政府主要领导先后3次出席区政协会议并作重要讲话，并阅批有关政协履职成果；区委、区政府领导带头领办督办重点提案15件；每年以区委办公室文件印发区委、区政府区政协年度协商计划，这是对区政协工作的高度重视和有力鞭策，是对区政协委员的充分信任和极大鼓舞。

各位委员，同志们！过去一年区政协所取得的成绩，是坚持中国共产党领导的多党合作和政治协商制度的结果，是中共吴兴区委坚强领导的结果，是区人大、区政府、湖州经济技术开发区和太湖旅游度假区管委会大力支持的结果，是广大政协委员共同努力、政协工作者主动作为和社会各界积极参与的结果。在此，我代表三届区政

协常委会表示衷心的感谢！

成绩来之不易，使命任重道远。在肯定成绩的同时，我们应当清醒地认识到实践中还存在的差距和不足，主要有：少数委员主体作用发挥还不够明显，协商议政质量仍有待提高，提案办理实效还需要强化，界别特色优势还有待提升。常委会将在今后工作中认真研究，切实加以改进。

二、2019 年主要工作任务

2019 年是中华人民共和国成立 70 周年，是决胜全面建成小康社会关键之年，人民政协也将迎来 70 周年华诞。因此，做好 2019 年的政协工作意义重大，必须更加崇尚学习、加强学习，更加崇尚创新、勇于创新，更加崇尚团结、增进团结。2019 年全区政协工作的总体要求是：高举习近平新时代中国特色社会主义思想伟大旗帜，全面贯彻落实中共十九大精神和省市区党代会、区委四届六次全会决策部署，始终坚持党对政协工作的领导，牢牢把握团结和民主两大主题，围绕提质增效主线，认真履行政治协商、民主监督、参政议政职能，深入打造“同心、有为、和谐、活力”政协，积极助推吴兴特色“十大专项行动”，以党建大加强、思想大武装、队伍大建设，促进政协工作质效大提升，为推动全区经济社会实现高质量赶超发展、全国综合实力百强区排名争先进位贡献力量。

（一）加强党建引领，坚定政协履职提质增效的政治方向

牢牢把握政协之“政”是政治之政，旗帜鲜明讲政治是政协的内在要求。党兴则政协兴，党强则政协强。自觉把政协系统党建工作抓起来、抓上去、抓到底，以党建工作引领履职担当。一是充分发挥政协党组的领导示范作用。政协党组必须牢固确立“抓好政协各项工作必须首先抓好政协党建工作”的理念，担负起党的建设重大政治责任，切实发挥把方向、管大局、保落实的重要作用。严格执行重大事项向区委请示报告制度，自觉在党的领导下谋划事业发展、制定工作措施、推动工作落实，确保把党中央大政方针和省、市、区委决策部署不折不扣贯彻落实到政协全部工作之中。围绕全省“服务企业服务群众服务基层”活动部署要求，建立健全领导班子成员联系专委会、界别、常委、基层联络组、民主党派、企业委员的联党建、联业务“双六联”制度，重点围绕民营企业发展，了解新情况、总结新经验、发现新问题、研究新对策，为推进“三服务”做出政协应有贡献。二是充分发挥机关党组的统筹推动作用。机关在政协工作中处于中枢地位，从组织结构、职责功能和作用发挥上，全方位加强机关党组建设。同步建立健全议事决策、学习教育等制度，规范党内政治生活。按照“融入履职抓党建、抓好党建促履职”的理念，将政协机关党建工作融入履职实践，做到与业务工作同谋划、同部署、同落实。三是充分发挥党支部的战斗堡垒作用。树立党的一切工作到支部的鲜明导向，在机关内按照“提三力、争三强”的要求，全面推进机关“六好”党支部建设，规范落实“三会一课”、主题党日等制度。在委员中按照“专委会＋界别”的模式，组建专委会临时党支部和界别党员活动小组，实现“支部建在专委会、委员凝聚党旗下”，促进党的组织对党员委员全覆盖、党的工作对政协委员全覆盖。四是充分发挥中共党员的先锋模范作用。在政协组织中的中共党员，必须时刻牢记自己的第一身份是共产党员，第一职责是为党工作。积极探索建立党员常委履职建言点评制度、党员委员参加双重组织生活制度、党员委员考核排名及通报制度、党员委员联系党外委员制度，引导党员委员模范做到带头遵守各项纪律、带头深入调查研究、带头参加协商讨论、带头撰写政协提案、带头结交党外朋友“五个带头”，以党员委员先锋模范作用带动提升政协整体工作质量。

（二）加强理论武装，凝聚政协履职提质增效的广泛合力

牢牢把握加强思想政治引领、广泛凝聚共识这一政协履职的中心环节，推动建言资政和凝聚共识双向发力。进一步促进吴兴各党派、团体、各界人士大团结大联合，树牢“四个意识”，坚定“四个自信”，坚决做到“两个维护”，切实增进“四个认同”。一是把握重点内容。把学习习近平新时代中国特色社会主义思想和习近平关于加强和改进人民政协工作的重要思想，作为当前政协统一思想、凝聚共识的首要任务。围绕国家法律法规、中央和省市区各级党委政府的重大决策部署和政协工作业务，加强履职业务学习。围绕当前社会政治、经济、文化、生态、科技等方面的前沿学科，加强新形势新知识学习。二是完善组织

体系。分层分类推进“大学习”活动，建立健全“政协党组—界别—政协委员”“政协机关党组—机关党支部—机关干部”两大学习组织体系。以迎接人民政协成立70周年为主题，开展系列活动。结合区政协常委会议，开设“同心论坛”，增进委员之间的交流、交融。与国内知名高校合作，继续办好委员履职能力培训班。深入开展委员“推荐一本好书”活动，营造重视读书、坚持学习、乐于分享的浓厚氛围。各界别和各基层政协工作联络组也要有主题、有针对性地开展系列学习活动。三是健全工作机制。在政协系统各层面建立习近平新时代中国特色社会主义思想学习座谈会制度，区政协党组带头学习，全年安排4次专题研讨活动。进一步健全完善与各民主党派、无党派人士、民族宗教人士以及各人民团体的合作共事机制，营造多党合作的良好氛围。

（三）加强建言资政，拓展政协履职提质增效的平台载体

牢牢把握“人民政协处于凝心聚力第一线、决策咨询第一线、协商民主第一线、国家治理第一线，是党和国家一线工作的重要组成部分”这一新定位，充分发挥人民政协作为协商民主重要渠道和专门协商机构的独特作用，积极打造政协工作精品。一是持续开展开放式“招标”调研。坚持问题导向选好题、求真导向摸准情、效果导向谋对策，在政协机关中组织实施“1+5”课题调研，确定“吴兴区贯彻融入长三角一体化战略的对策建议”作为2019年重点课题；各专委会分别围绕“盘活闲置农房”“发展休闲观光农业”“省级体育现代化区创建”“工会组织建设及作用发挥”“加大饮用水源保护”等5个课题，形成调研报告。在委员中持续开展开放式“招标”调研，通过委员自主出题、领题、做题，形成高质量的委员调研。二是探索创新“请你来协商”协商民主平台。按照省政协“请你来协商”协商民主平台建设要求，坚持常态性、层次性、专业性、统战性，不断拓宽完善吴兴“三长制”面对面协商体系。重点围绕政府公共政策和公共财政，积极推进“事前协商”。围绕区委全委会报告和区政协重点调研课题，开展区党政主要领导与委员面对面专题协商。围绕“实施乡村振兴战略五年行动方案”等切口小、专业性强、涉及面广的议题，开展党政部门主要负责人与委员面对面对口协商。围绕基层经济发展和民生问题，开展高新区、各乡镇（街道）党委书记、乡镇长（主任）与辖区委员面对面一线协商。每个基层政协工作联络组全年安排不少于4次民主协商和民主监督活动，推动协商民主广泛、多层、制度化发展。三是巩固完善“20+9+2”三级民主监督体系。把握广泛性和属地性，深入开展协商式民主监督。20个乡镇（街道）政协工作联络组（含吴兴区、湖州经济技术开发区、太湖旅游度假区），分别对辖区内重点工作开展跟踪监督。选择一个乡镇探索试点对区级部门派驻站所的评议监督。9名区政协领导班子成员带队建立重点民主监督小组，围绕区委、区政府重点工作安排，与所联系乡镇（街道）辖区政协委员开展联动监督。选择2个重点提案成立专题民主监督小组，进驻相关部门开展重点监督。探索推进公共财政领域民主监督，提升监督实效。四是建立健全提案办理“链式”运作机制。秉持“数量是热情、质量是生命”的导向，引导委员在深入调研的基础上提交更高质量的提案。深入实施提案办理预审、交办、督办、考核、答复等“十项制度”，制定出台“提高提案工作质量”“提案审查细则”“优秀提案评选细则”等文件，提高提案办理实效。五是深入挖掘“吴兴文史”特色。发挥政协文史“存史、资政、团结、育人”作用，充分挖掘赵孟頫、沈家本等吴兴名人文化底蕴，编撰出版《走读清远吴兴》文史丛书第三辑，全面开展历史文化遗迹村落影像资料收集保存工作，讲好吴兴故事，展现吴兴气韵。

（四）加强自身建设，彰显政协履职提质增效的整体形象

牢牢把握“新时代的政协工作，既要积极助推经济高质量发展，也要自身实现高质量发展”的内在要求，进一步适应全面深化改革新形势，建设“懂政协、会协商、善议政”“守纪律、讲规矩、重品行”的政协委员队伍和机关干部队伍。一是全面开展“岗位建功、为民建言”活动。区政协领导班子成员带头树立“一线”意识，主动融入全区改革发展“十大专项行动”。注重发挥政协委员界别引领和行业带动作用，健全完善《委员履职管理办法》，激发委员高质量完成“委员作业”。大力选树榜样，遴选一批优秀委员岗位建功先进事迹，在媒体上广泛宣传，弘扬正能量。二是探索实施“三比四看”界别履职竞赛机制。

切实把发挥界别作用作为履行政协职能的重要环节，以界别为单位，开展以“比学习、比活动、比实效，看调研报告、看提案、看社情民意信息、看大会发言质量”为主要内容的界别履职竞赛，引导和组织界别积极开展协商议政活动，充分体现政协界别特色。三是持续推进“学习型、研究型、创新型、服务型”机关建设。大力弘扬政协和合文化、协商文化、兼容文化与求实文化，积极开展“不忘初心、牢记使命”主题教育，持续深化“两学一做”学习教育，努力建设新时代模范机关。深入开展“活力政协”建设，实施“导师帮带”等制度，健全完善“中青年干部论坛”等载体。严格落实党风廉政建设各项制度，健全会议、调研、视察等制度，营造干净干事良好氛围。四是切实加强反映社情民意信息工作。进一步优化队伍、健全机制、完善保障，举政协系统全体之力，努力营造各条线、各界别有精品信息的良好氛围。继续加大对外宣传力度，密切与新闻媒体联系沟通，办好区政协网站和微信公众号，充分展现政协履职成果。

各位委员、同志们！团结就是力量，奋斗就有收获。让我们更加紧密地团结在以习近平同志为核心的中共中央周围，在中共吴兴区委的坚强领导下，同心同德，群策群力，以建言资政和凝聚共识的积极成果，为推进吴兴高质量赶超发展做出新贡献！

关于湖州市吴兴区 2018 年国民经济和社会发展计划执行情况及 2019 年国民经济和社会发展计划草案的报告

——在湖州市吴兴区第四届人民代表大会第三次会议上

湖州南太湖产业集聚区吴兴分区管委会主任　吴兴区发改经信局局长　杨元江

2019 年 2 月 28 日

一、2018 年国民经济和社会发展计划执行情况

2018 年是全面贯彻党的十九大精神的开局之年，也是实施“十三五”规划承前启后的关键之年。在区委的正确领导下，在区人大、区政协的监督支持下，全区上下深入学习贯彻习近平新时代中国特色社会主义思想，以“八八战略”为指引，全面落实市委“一四六十”工作体系，扎实开展区委十大专项行动，坚持稳中求进总基调，坚持高质量发展理念，凝心聚力，砥砺奋进，全区经济运行稳中有进，社会发展和谐稳定，成功列入全国综合实力百强区、全国绿色发展百强区、全国投资潜力百强区、全国科技创新百强区、全国新型城镇化质量百强区，首次实现百强区榜单“大满贯”。区四届人大二次会议确定的指标中，固定资产投资指标未能达到预期目标（全市排名第二），浙商回归资金指标省统计局不对外公布，其余指标如期完成（见表 1-1）。

2018 年国民经济与社会发展有关指标完成情况一览表

表 1-1

指标属性	指标名称	人代会目标	完成情况		
			增幅	绝对值	评价
预期性指标	地区生产总值 *	8%	8.4%	761 亿元	完成
	财政总收入 *	8%	22.8%	117 亿元	完成
	其中：地方财政收入 *	8%	25.0%	70 亿元	完成
	全社会研究与试验发展经费支出占生产总值的比例	2.5%	2.5%		完成
	固定资产投资 *	12%	8.3%	—	未完成（全市第二）
	社会消费品零售总额	9%	10.1%	371 亿元	完成
	合同外资	2.85 亿美元	5.47 亿美元		完成
预期性指标	实到外资（亿美元）	1.8 亿美元	2.37 亿美元		完成
	浙商回归资金（亿元）*	30 亿元	—		未公布
	城镇居民人均可支配收入	8% 以上	9.0%	55996 元	完成
	农村居民人均可支配收入	8.5% 以上	9.1%	32693 元	完成

续表 1-1

指标属性	指标名称	人代会目标	完成情况		
			增幅	绝对值	评价
约束性指标	万元 GDP 综合能耗下降率	完成市下达目标	完成市下达目标		完成
	化学需氧量削减率				完成
	二氧化硫削减率				完成
	氮氧化物削减率				完成
	氨氮削减率				完成
	城镇登记失业率	≤3.5%	2.33%		完成
	新增城镇就业数	1 万人	2.9 万人		完成

说明：吴兴区地区生产总值达 547 亿元，同比增长 8.3%；吴兴区财政总收入 67 亿元，同比增长 22.1%；吴兴区地方财政收入 41 亿元，同比增长 21.9%；由于政府投资能力下降导致公共基础设施项目投资规模有较明显的下降、产业（制造业）统计口径调整等原因，固定资产投资增幅低于预期，但增幅仍居全市前列；浙商回归资金指标数据省统计局不对外公布

2018 年全区经济社会发展主要取得以下成效：

（一）产业发展不断加快，综合实力进一步提升。一是工业经济提质发展。全区规模工业增加值同比增长 11.2%，比年度目标增幅高出 2.7 个百分点，高于全市面上 1.9 个百分点，高于全省面上 3.9 个百分点，呈现“好于预期、高于全省、领先湖州”的态势。结构持续优化，战略性新兴产业、装备制造业、高新技术产业增加值分别同比增长 16.3%、11.0%、9.3%，分别列全市第一、第二、第四，占比分别达 45.4%、29.5%、52.0%。质量效益显著提升，规模以上工业企业主营业务收入、工业利税、工业利润分别同比增长 28.3%、17.4%、14.3%，分别列全市第一、第一、第三。创新动力不断增强，完成规上工业新产品产值 270 亿元，同比增长 26.1%，产值增幅高于全区面上 2.4 个百分点。二是服务业稳步发展。实现服务业增加值 312 亿元，同比增长 8.3%，占 GDP 比重达到 57.1%，对 GDP 增长贡献率为 53.8%。位列 2018 年省服务业强县区综合考评 I 类第六名（共 26 个县区），首次跻身浙江省服务业强县（市、区）试点。13 个项目列入省服务业重大项目，列全省各县区第一；7 个项目列入市服务业“大好高”项目，居全市前列；23 个项目列入市“双百”项目，列全市第一。三是现代农业提速发展。全面深化“乡村振兴”战略，强化新型经营主体培育提升，引进市定农业“大好高”项目 8 个，推进美果汇等 10 个农业“大好高”续建项目，完成投资额 4.99 亿元，农业增加值同比增长 3.2%，农村居民可支配收入同比增长 9.0%。成功争创国家现代农业产业园、国家渔业健康养殖示范县、省农产品质量安全放心县、省农业绿色发展先行区。

（二）项目引建不断推进，发展后劲进一步增强。一是持续推进“项目双进”行动。狠抓项目招引，创新“8+8”大格局精准招商模式，引进哈工大机器人等项目 186 个，计划总投资 911 亿元；新认定市“大好高”项目 48 个，其中工业“大好高”项目 23 个。狠抓项目推进，两次承办全省扩大有效投资重大项目集中开工仪式；万邦德等 21 个项目列入省市县（区）长项目，省、市清单开工率分别实现 100%、78.6%，均列全市第一；23 个项目列入省重点建设项目，居全市前列；60 个实施类重点工业项目全部开工，竣工 29 个。二是持续推进“双万”平台打造。全力推进吴兴高新产业和吴兴经济开发区两大万亩大平台建设，基础配套逐步完善，平台承载能力不断提升。全年完成平台拓展提升面积 10505 亩，拆迁 1969 户，基础设施累计投入 7.7 亿元。高新区工兴大道、南太湖大道北延；织里腾飞路、湖织大道拓宽；埭溪临港区域道路、小羊山路、创业路等项目有序推进。三是持续强化要素保障。新增土地指标4924亩，其中新凤鸣三期等14个项目列入省重大产业项目，列入数居全省各县区第一，省奖励或预拨土地1423亩；消化“批而未供”用地6481亩，完成“供而未用”整改处置1183亩，盘活处置“用而未尽”“建而未投”“投而未达标”用地3965亩。拓宽企业融资渠道，完成企业挂牌18家、股改31家，新增直接融资161亿元。加大高端人才引育力度，自主培育省海外工程师8名。

（三）转型升级不断深入，发展质效进一步提升。一是发展新经济新技术。实施数字经济“一号工程”，推进智能制造，成功获评企业上云全省十强县区，新增久鼎电子等3家工信部两化贯标试点，力聚热水机等4家企业列入2018年省级工业互联网平台，珀莱雅等25个项目列入2018年市两化融合重点项目计划，均列全市第一。坚持创新引领，成功培育大东吴绿家木业等19家国家高新技术企业、美浓材料等89家省科技型中小企业、三一装备等4家省级企业技术中心、金洲管道等9家市级企业技术中心，完成省级工业新产品备案352只。二是推进绿色发展。高新区获评国家级绿色园区，新增国家级绿色工厂5家，国家级绿色设计产品2个，规上工业企业星级以上绿色工厂覆盖率达到52.3%。淘汰落后产能企业10家，腾出用能空间1.3万吨标煤，淘汰整治“低散乱”企业（作坊）3913家。深化传统产业改造提升，制定出台童装、铝合金两大传统行业高新化实施方案，现代纺织、金属新材两大传统产业实现工业总产值272.34亿元，占全区总产值的52.1%。三是增强企业活力。培育多层次市场主体，万邦德新材入围中国民企制造业500强，认定美欣达等4家“金象金牛”企业，爱诺药业获评省级“隐形冠军”，认定德宏电子等3家省级服务型制造业示范企业。开展“问难帮困稳增长”专项活动，走进全区60家重点骨干企业、331家规上企业，排摸解决问题92个。落实减轻企业负担、为企业减负10.2亿元。

（四）重点改革不断深化，发展活力进一步激发。一是推进“最多跑一次”改革。深化“放管服”，“最多跑一次”改革再升级，“最多跑一次”事项覆盖率100%，其中“零上门”比例50.5%，“一证通办”率69.4%。首创“三双一库”举措，企业投资项目审批领域全面推行“标准地＋承诺制＋一窗服务”；商事登记制度改革加快，106项事项完成证照通办窗口设置；便民服务领域改革加快，不动产交易登记业务在全市率先实现60分钟取证。二是推进涉企改革。深化“亩均论英雄改革”，以企业分类评价结果为依据，建立健全差别化用地、用能等制度体系，已完成全区所有用地工业企业“亩产效益”综合评价，2017年度全区亩均税收12.1万元/亩，较上年度提高72.9%。全省首创小微企业园区建设管理“标准房”制度改革，以综合评价排名第一的成绩列入浙江省2019年小微企业园区建设管理提升试点县区。三是推进城市能级提升。东部新城建设不断加快，高铁湖州东站及新城综合开发规划建设正式启动，新设立吴兴区湖东街道办事处，开展“东部新城提速行动”，丝绸小镇等产业项目快速推进，文体中心、西湖漾幼儿园等项目投入运营。织里镇获全省小城市培育试点考核第一名，并作为全省唯一乡镇入围全国第三批新型城镇化标准化试点项目名单。全国文明城市建设深化，中心城区街道精细化管理全面铺开，“一十百千万”工程成效明显，顺利通过省城市文明程度指数测评。

（五）开放水平不断提高，区域优势进一步释放。一是加快融入长三角一体化。紧抓长三角一体化战略上升国家战略重大契机，全力打造接沪融杭联通苏皖的开放型区域合作经济，组织130多家次企业参加各类境内外展会，共引进上海产业项目22个，总投资148亿元，其中工业项目14个，计划总投资86.6亿元；举办2018吴兴产业上海推介会暨G60科创走廊产业对接会；在上海成立专业股权融资基金。二是积极扩大对外开放。完成进出口总额114.7亿元，其中出口87.6亿元，分别增长27.5%和18.3%，进出口增长全省排名提升40位。成功招引外资项目24个，其中总投资超亿美元项目3个，认定市外资“大好高”项目10个，列全市第一。吴兴区纺织服装出口基地被认定为国家级外贸转型升级基地。全年对外开放工作列全市第一。举办第三届世界乡村旅游大会，大会永久会址落户吴兴。三是深度开展对口支援合作。四套班子领导多次带队赴青川推进东西部扶贫工程，签订了《吴兴区与青

川县携手奔小康结对帮扶协议》，启动了东西部扶贫“十大工程”，计划内援助资金3000万，援建项目28个，计划外援助资金600.25万，带动青川县2793个贫困人口脱贫。

（六）社会事业不断发展，民生福祉进一步改善。一是社会治理全面提升。着力打造更安全、更和谐的社会环境，实现世界互联网大会、地理信息大会“五个不发生”，扫黑除恶专项斗争、枫桥经验“六大工程”建设成效明显，连续三年获评省创建法治县区工作示范单位，实现平安吴兴六连冠。深化乡村善治，不断推动矛盾纠纷多元化解、“四个平台”和全科网格建设，基本实现“微事不出格、小事不出村、大事不出镇”。二是社会保障体系全面完善。全区城乡居民基本养老保险参保10.4万人，参保率实现93.9%；基本医疗保险参保人数31.24万人，参保率实现99.8%。发放灵活就业困难人员社保补贴852.1万余元，企业稳岗补贴980.9万余元。创新开展“局长驻村”助力消薄机制，51个集体经营性收入30万元以下村实现摘帽。三是民生工程全面提质。十大民生实事全部高质量完成，全区民生支出30.65亿元，占财政总支出的78.96%。健全基层文化阵地，新建农村文化礼堂16个，推进区图书馆、区文化馆建设完成初装。优化教育资源配置，吴兴实验小学等5所新（扩）建学校完成建设并投入使用。创新开展市健康服务联盟，中心城基层医疗机构总业务量同比实现翻倍增长，环渚街道列入国家智慧健康养老示范街道。扩大体育设施覆盖面，吴兴区文体中心正式投入使用，圆满完成省第十六届全运会承办任务，获金牌数创历史新高。

二、2019年经济形势预判

从国际环境看，国际货币基金组织将2019年世界经济增长预期由3.9%下调至3.7%，世界经济增长动能有所削弱，面临的不确定因素增多，特别是中美贸易战的持续不确定，下行风险加大，美国等发达经济体增长将持续放缓，新兴经济体的外部压力较2018年有所减少，增长会有所恢复。

从国内环境看，我国改革开放历经40年，各项改革举措不断推进，三驾马车协同发力，经济平稳发展的基础持续稳固。中央经济工作会议提出的“五个坚持”“六个稳”为2019年经济发展保驾护航，我国发展仍处于并将长期处于重要战略机遇期，但经济运行“稳中有变”“变中有忧”，下行压力依旧存在。

从区内环境看，我区综合实力不断增强，首次实现全国百强区榜单“大满贯”。长三角区域一体化上升国家战略、湖州市纳入上海同城化都市圈、高铁湖州东站落户吴兴区东部新城，将助推吴兴搭乘新一轮一体化发展快车。全区机构改革深入推进，“湖城向东看”战略不断深化，高新区、吴兴经济开发区和西塞山旅游度假区等省级平台提质发展，现代纺织、金属新材等传统产业改造提升力度加大，智能装备、数字经济、休闲旅游、健康时尚四大新兴产业发展势头强劲，“最多跑一次”“亩均论英雄”等改革不断加快，将为我区引领赶超发展提供强大动力。

同时，我们也看到发展中仍面临着一些挑战和困难：一是带动力强的大项目不够多，集聚科技、人才等创新要素的能力还不强；二是经济下行压力仍然存在，基础设施建设的短板仍比较突出，要素制约不断加剧；三是发展民生事业等方面与群众的新期待还有差距，部分群众增收创收的渠道还不够多、不够宽；四是周边县区较快增长态势，竞争压力日益加大。总体判断，2019年宏观经济环境总体向好，但不确定因素仍然较多，机遇与挑战并存。

三、2019年国民经济和社会发展主要预期目标建议

根据经济发展环境分析，按照“积极稳妥、切实可行”原则，按照与经济发展客观规律相符合、与资源环境承载能力相吻合、各项指标之间相匹配、与周边县区发展态势相适应等要求，建议2019年全区主要经济指标初步安排和工作任务，详见表1-2。

2019 年吴兴区国民经济和社会发展主要预期目标一览表

表 1-2

属性	指标名称	2019 年建议目标
预期性指标	地区生产总值	8%
	财政总收入	12%
	其中：地方财政收入	10%
	全社会研究与试验发展经费支出占生产总值的比例	2.55%
	固定资产投资	12%
	社会消费品零售总额	9%
	外贸出口总额	6%

提出上述主要预期目标依据如下：

1. 关于地区生产总值。主要考虑：一是与经济发展规律相吻合，目前我国经济正处于平稳增长期，预计 2019 年吴兴区经济增长速度将略快于 2018 年。二是在工作目标上自我加压，2019 年是实施“十三五”规划的关键一年，我区要在“十三五”时期“着力打造增长极、提高首位度”，实现高质量全面引领赶超发展、高水平全面建成小康社会，在确保完成人代会目标的同时，要充分考虑周边地区发展的竞争态势，自我加压。

2. 关于财政收入。由于中美经贸摩擦影响逐步显现，房地产行业降温迹象明显、市场具有较强不确定性，减税降费政策效应进一步释放等因素，2019 年财政收入运行面临的不确定性增加。同时，我区新兴财源基础比较薄弱，新产业对财政增长的拉动作用短期内还不明显，传统产业转型升级任务繁重，尚需要一个过程，财政收入保持较快增长压力不小。

3. 关于固定资产投资。主要考虑：一是重大基础设施补短板投资等宏观政策将进一步有效拉动固定资产投资。二是服务业投资已成为增长主力，东部新城、特色小镇建设进一步加快，人口、产业不断集聚，将吸引更多的投资。三是从区重点工业项目安排情况看，初步排定 2019 年全区重点工业项目 100 项，项目储备充足。

4. 关于居民收入指标。近年我区经济实现较快发展，城乡居民的收入保持较快增长。强农惠农政策力度不断加大，城乡社会保障面逐渐扩大、教育医疗等基本公共服务均等化的投入持续加大，这些都将为稳步提高城乡居民收入提供有利条件。

5. 关于约束性指标。节能减排作为约束性指标，是高质量赶超发展的必然要求，是经济转型升级的倒逼力量，必须根据省市下达任务，建立长效机制，确保完成。万元生产总值能耗、万元生产总值二氧化碳排放量、氮氧化物排放量、氨氮排放总量、化学需氧量、二氧化硫排放量按市下达的任务执行。

四、2019 年国民经济和社会发展的主要任务和措施

2019 年是中华人民共和国成立 70 周年，又是决胜全面建成小康社会的关键一年。做好今年全区国民经济和社会发展计划意义重大，总体思路是：高举习近平新时代中国特色社会主义思想伟大旗帜，全面贯彻党的十九大和省市区全会精神，坚定“八八战略”再深化、改革开放再出发主题，全面落实市委“一四六十”工作体系，坚持稳中求进总基调，坚持新发展理念，坚持推动高质量发展，以十大专项行动为主要抓手，统筹推进稳增长、促改革、调结构、惠民生、防风险等工作，在全市践行“两山”理念新征程中，着力“打造增长极、提高首位度、争当排头兵”。

按照以上思路，2019 年工作要深刻理解中央、省市作出的重大论断，结合吴兴实际，正确认识

一个判断，把握一个机遇，坚持一个主题。正确认识“我国发展仍处于并将长期处于重要战略机遇期”的科学判断，坚定发展信心。深刻领会“我国发展仍处于并将长期处于重要战略机遇期”的科学判断，立足吴兴区良好的发展基础，清醒认识存在问题，坚定发展信心、保持战略定力，持续加压奋进、化危为机、转危为安。把握深度融入长三角一体化的战略机遇，深化改革开放。吴兴区是湖州的城市客厅，享有长三角中心腹地的区域优势，面临长三角一体化这个重大战略机遇，要把改革大旗举得更高，开放步伐迈得更快，全方位融入长三角更高质量一体化发展。坚持高质量赶超的发展主题，注重效益优先。高质量赶超发展，是大势所趋、发展所需、民心所盼，要继续围绕这一发展主题，以奋发有为的高超姿态、永争第一的超常举措，跑出更快、更好、更优的改革发展“加速度”。具体抓好以下六个方面工作：

（一）聚焦增后劲，着力推进项目引建和平台打造。一是狠抓项目招引及落地。深入开展“产业质效突破”行动，牢牢把握项目招引精准度、项目落地匹配度以及项目产出质量，打好招商提质的攻坚战，全年引进总投资10亿元或1亿美元以上项目10个，其中50亿元以上项目2个、百亿级工业项目实现新突破。全面推进2019年“五个一批”项目建设的滚动管理，全年实现亿元以上工业项目新开工50个。扎实开展以省市县（区）长项目为核心的谋划盯引，实现省市县（区）长项目工程两张清单落地率均在70%以上。二是加快“双万亩”平台打造。以“五未”土地处置和“亩均论英雄”改革为抓手，推进“低散乱”企业（作坊）处置，推动工业园区整治提升，加快平台空间腾换和土地“二次开发”。2019年工业平台拓展提升6090亩；实现权证用地面积20亩以上且亩均税收3万元以下重点工业低效企业整治帮扶提升完成率达80%以上。三是加大要素保障力度。开展“五未”土地处置专项行动和“标准地”模式扩面，确保2019年盘活低效工业用地1000亩，引进项目亩均投资强度达到400万元/亩。强化绿色企业扶持，进一步拓展“绿贷通”融资平台，探索“绿融通”资本项目对接平台，深化绿色金融“投贷奖”联动试点。强化人才引进，引育“南太湖精英计划”项目50个、大学生和其他各类人才1.7万人以上。

（二）聚焦提质效，着力推进产业升级和构建现代产业体系。一是提升发展先进制造业。以“数字经济”一号工程为引领，加速数字产业化、产业数字化、企业智能化，实施百项智能制造重点计划，打造工业互联网平台5个、数字车间和智能工厂10个、新增企业上云1000家，力争全区数字经济核心产业主营业务收入增速11%以上、总量突破80亿元，两化融合发展指数达到85以上。加速绿色制造体系建设，实施20个以上绿色项目，推进星级以上绿色工厂认定，2019年绿色工厂星级企业占规上企业比重达到80%。二是大力发展现代服务业。深入推进服务业强区建设，紧抓省、市服务业重点项目，推动服务业项目落地出实效，力争认定市服务业“大好高”项目5个以上。着力企业培育，突出服务业龙头骨干企业示范带动，力争全年新增培育规模服务业企业35家以上。开展服务业重点行业“亩均论英雄”评价，探索服务业用地“标准地”改革，加快中心城区街道服务业提质发展。三是加快发展现代农业。依托国家现代农业产业园，构建“一带一轴三区三园”发展格局，重点发展“粮油、水产、果蔬、湖羊”四大绿色主导产业，实现产值20亿元。积极培育壮大新型农业经营主体，新引进市农业“大好高”10个以上，培育市级农业龙头企业5家以上。稳定粮食生产，确保粮食播种面积稳定在23.4万亩，粮食总产稳定在12万吨以上。

（三）聚焦新动能，着力推进民营经济发展和创新创业。一是支持民营经济。出台《关于进一步减轻企业负担促进民营经济高质量发展的若干意见》等政策，进一步降低企业税费负担、加大企业转型升级支持、降低企业运营成本、激发民营经济活力，力争2019年减轻企业负担10亿元以上。开展“营商环境优化”专项行动，打造国内一流、省内示范的创新创业高地。二是实施创新驱动战略。强化企业技术创新和科技投入的主体地位，力争2019年创建省、市级以上企业技术中心10家以上，完成省级工业新产品备案280项以上，规上工业新产品产值率40%以上。强化科创研发平台打造，新建省级以上技术中心、研发中心、研究院10家以上，各类众创空间10家以上。三是加大企业培育。以“双金”企业、区“50强”企业为重点，培育一批创新能力强、品牌效益好、税收贡献大的行业龙头企业，力争2019年纳税超亿元企业达到10家以上，股改企业20家，挂牌上市企业12家。实施“专精特新”中小企业培育行动，力争2019年创建省、市级“隐形冠军”企业3家以上，省创新型示范中小企业2家以上，实现“小升规”50家以上。

（四）聚焦激活力，着力推进改革落地和扩大开放。一是深化“最多跑一次”改革。政务服务大厅扩大融合主题板块“无差别全科受理”，实现全区政务服务高频事项“一证”“一窗”“一网”“一城”四个通办全覆盖。全面落实企业投资项目审批流程再造，所有工业用地和工业项目“标准地＋承诺制”达100%。全面推行涉企证照市场监管通办•承诺准营制改革，削减部门涉企证照事项50%以上，通办事项全流程网上办理，实现准入即准营。二是深化经济体制改革。深入开展“亩均论英雄”改革，完善“亩均论英雄”大数据平台和人工智能分析平台模块建设，启动2018年度工业企业“亩产效益”综合分类综合评价，力争工业亩均税收同比增长20%以上。深入开展“标准房”制度改革，助推小微企业园区高质量发展，加快全区在建及拟建的10个小微企业园建设，力争实现小微企业园区新开工项目4个以上，竣工项目3个以上，新增建筑面积30万平方米以上。三是深度融入重大战略。积极参与“一带一路”建设，加快打造跨境电商产业集群，外贸出口增长6%以上；落实更高水平的对外开放政策，实现合同外资5亿美元以上，实到外资2亿美元以上。加快融入长三角一体化，主动融入浙江省“四大”建设，推动平台互接、产业互融、要素互补，提升吴兴整体发展协调性。大力实施“五年百亿综合交通大会战”，积极开展万里美丽交通经济走廊建设，推动湖山大道、高铁新城等重点项目尽快落地见效。

（五）聚焦齐发展，着力推进城乡一体化和新型城镇化。一是推进乡村振兴战略。践行绿色兴农，推动绿色渔业发展，强化畜牧生态养殖整治，加快滨湖溇港、104国道、妙新线三条美丽乡村示范带建设，升级打造“水乡慢生活”休闲旅游观光带。优化乡村环境，推进人居环境综合治理、农业面源污染治理及生态屏障建设。深化局长驻村工作机制，消除经营性收入30万元以下欠发达村23个。二是推进东部新城建设。聚焦产城人文融合发展，积极探索多规融合，不断优化全域公共配套与精细化管理，实现东部新城全域城市化；加快“南拓”“北融”“东联”步伐，推动东部新城与高新区、织里镇、湖东街道无缝对接，着力形成区域联动、功能互补、优势叠加的一体化发展新局面。三是推进新型城镇化。织里镇以国家新型城镇化标准化试点、省级小城市培育等“三大试点”为龙头，强化工作协同整合，推动城市有机更新，完善功能配套，全力冲刺全国百强镇前60名。推进特色小镇培育，提升丝绸小镇产业投资比重，加大美妆小镇固定资产投入，加快原乡蝴蝶小镇长三角蝴蝶中心和长三角原乡风情养生基地打造。

（六）聚焦惠民生，着力推进环境建设和民生供给。一是加快打造美丽吴兴。深化“污水零直排区”建设，全域完成渔业养殖尾水治理，力争再夺“大禹鼎”。高质量打赢“蓝天保卫战”，严格落实工地扬尘管理“7个100%”、道路“五定”保洁、渣土车“三化”管理等制度，确保$PM_{2.5}$浓度、空气优良率“一降一升”。健全土壤污染防治工作体系，确保污染地块安全利用率达到92%以上。二是加强民生服务供给。联动推进基本公共服务均等化、幸福民生建设工程等行动。确保区图书馆、区文化馆建成投入使用，新建3个“城市书房”；推进13个校园新（扩）改工程，创成省教育基本现代化区；深化医药卫生体制改革，建设区域医共体，新建示范型养老服务照料中心4个，城乡社区养老服务照料中心全部实现社会化运作；积极推进湖东街道章家埭社区全国体育智慧社区试点工作，建成20个小康体育提升村。深化东西部扶贫工程，强化产业合作、人才交流、劳务协作，搭建政府、企业、社会三位一体扶贫格局。三是加强平安建设。完善“一体两翼三网”社会稳定工作体系，切实做好各级两会、中华人民共和国成立70周年庆典活动、第六届世界互联网大会等各类重大会议活动维稳安保工作。深入推进“无信访积案县（区）”创建，确保重大不稳定因素全年存量化解80%以上、增量化解95%以上、稳控率100%；推进“护卫平安”行动，持续保持扫黑除恶高压态势。

各位代表，做好2019年经济社会发展各项工作，任务艰巨，意义重大。在中共吴兴区委的领导下，在区人大及区政协的监督支持下，勠力同心、锐意进取，扎扎实实做好经济社会发展各项工作，加快实现“生态吴兴、经济强区、科技新城、幸福家园”，顺利完成国民经济和社会发展各项目标和任务而努力奋斗！

关于湖州市吴兴区2018年预算执行情况及2019年预算草案的报告

——在湖州市吴兴区第四届人民代表大会第三次会议上

吴兴区财政局局长　杨卫华

2019年2月28日

一、2018年预算执行情况

2018年，在区委、区政府的正确领导和区人大、区政协的监督指导下，全区各级政府部门以习近平新时代中国特色社会主义思想为指导，全面贯彻党的十九大和区四届人大二次会议决议精神，严格落实预算法，紧紧围绕区委、区政府的中心工作和重点工作任务，谋实事、出实招、求实效、防风险，有效实施积极的财政政策，全区和区本级财政预算执行情况良好，有力地促进全区经济社会平稳健康发展。

（一）一般公共预算执行情况

1. 收入预算执行情况

全区实现财政总收入672467万元，比上年增长22.2%，完成调整预期数的101.1%，其中一般公共预算收入409586万元，比上年增长21.9%，完成调整预期数的101.6%，主要收入科目执行情况如下图：

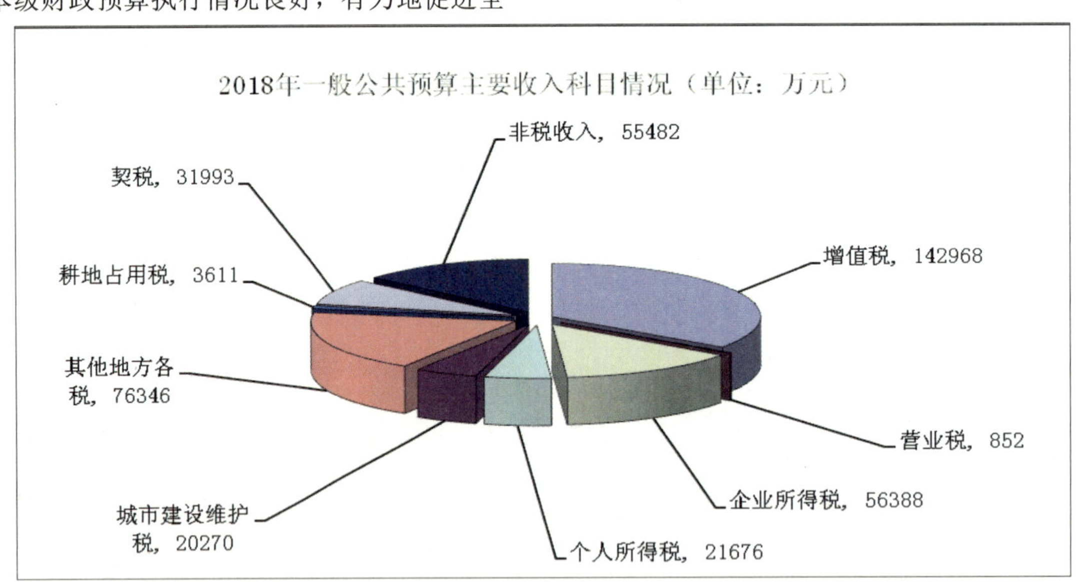

2. 支出预算执行情况

区四届人大二次会议批准的2018年一般公共预算支出为357596万元（包括省、市转移支付），区四届人大常委会第13次会议批准调整预算数362952万元，实际执行数为388123万元（其中债务付息和发行费支出12870万元，城中村改造工程政府购买服务16395万元），同口径完成调整预算的102.4%，剔除吴兴和织里公安下划、城中城改造工程政府购买服务等不可比因素，按可比口径计算比上年增长12.7%。主要支出科目执行情况如下图：

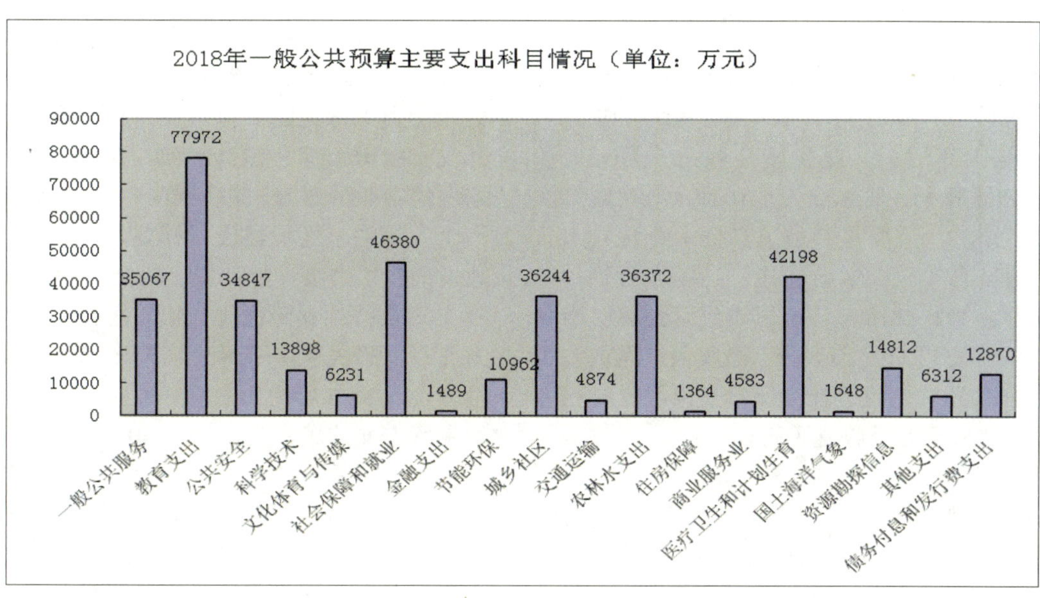

2018年度按照现行市对区财政体制计算，加上上级各项补助、统筹政府性基金和国有资本财力，积极盘活存量等，收支相抵，预计实现财政收支基本平衡。由于市对区体制结算尚有一个过程，最终平衡结果待决算会审后再向区人大常委会专题报告。

（二）政府性基金预算执行情况

区四届人大二次会议批准的2018年政府性基金收入预算696918万元，区四届人大常委会第13次会议批准调整预算数776388万元，实际执行数为1095403万元，同口径比上年增长39.6%，同口径完成调整预算的109.6%，主要是国有土地使用权出让收入统计口径调整，年初预算和调整预算时国有土地使用权出让收入按扣减上缴省、市专项计提后统计，现按市财政要求，按国有土地使用权出让收入统计，上缴省、市专项作为上解支出反映。其中：省市专项补助收入133815万元；国有土地使用权出让收入803353万元，非税收入缴库收入3475万元；上年专项补助收入结转94688万元；调入资金972万元（主要是债券利息及发行费调入）；债务转贷收入59100万元。

2018年政府性基金支出预算637818万元，区四届人大常委会第13次会议批准调整预算数694696万元，实际执行数为1054747万元（含列入城中村改造工程项目政府购买服务，2018年购买服务费用列支17962万元），同口径比上年增长57.4%，同口径完成调整预算的116.7%，其中：城乡社区支出713205万元（主要是：国有土地使用权出让收入根据属地原则返还各乡镇和区属国有公司的支出713050万元，农业土地开发资金支出155万元），社会保障和就业1209万元，专项债务付息和发行费支出9222万元，彩票事务支出3148万元，其他支出22625万元（主要是土地开发、耕地保护和水利建设等省市专项转移支付）；上解支出244238万元（国有土地使用权出让收入中省、市专项计提上解）；专项债务还本支出61100万元。根据项目完成进度，政府性基金结转下年支出40656万元。

（三）社会保险基金预算执行情况

区四届人大二次会议批准的2018年社会保险基金收入预算68210万元，实际社会保险基金收入执行数为73334万元，比上年增长19.7%，完成年初预算的107.5%。其中：保险费和缴费收入27267万元、财政补助和补贴45365万元、利息收入702万元。2018年社会保险基金支出预算59625万元，实际执行数为67038万元，比上年增长12.4%，完成年初预算的102.9%。其中：社会保险待遇支出62548万元。收支相抵，本年收支结余6296万元，累计结余25395万元（主要是城乡居民基本养老保险个人缴费结余和大学生基本医疗保险基金收支结余）。

（四）国有资本经营预算执行情况

区四届人大二次会议批准的2018年国有资本经营预算收入374万元，实际执行数为119万元，主要是国有股权、股份转让收入9万元；国有控股公司股利、股息收入110万元，完成年初预算的31.8%，主要是其他国有资本经营收入255万元因吴兴实验中学新迁建，当年度亏损，未能按预算上缴。2018年国有资本经营预算支出374万元，实际支出119万元（因上缴收入未完成），调入一般公共预算，用于社会保障支出。收支相抵，国有资本经营预算收支平衡。

（五）地方政府债务情况

2018年，经省财政厅核定，区人大常委会批准，全区地方政府债务限额为78.02亿元，比2017年增加5.696亿元，其中一般债务43.88亿元，占比56.24%；专项债务34.14亿元，占比43.76%。

2018年经省财政厅核准，我区截至2014年年底为政府公益性项目举借且确需财政资金偿还的存量或有债务5.91亿元转化为政府债务，由省政府发行地方政府债券予以置换。截至2018年年末，全区地方政府债务余额为76.79亿元，其中一般债务42.86亿元，占比55.81%；专项债务33.93亿元，占比44.19%。

（六）落实区人大预算决议有关情况

1.认真研究落实区四届人大二次会议有关决议

一是高质量组织收入。坚持高质量发展的目标，牢固树立新发展理念，积极发挥财政牵头协调组织收入职能作用，与税务、国土等部门密切合作、相互联动，实事求是制定年度收入目标，扎实推进各项组织收入工作。认真落实减税降费政策，巩固涉企行政事业性收费项目“零收费”成果，在保护实体经济良好运行的前提下，合理把握收入力度、进度和节奏，使财政收入与本地区GDP、城乡居民收入等经济指标相匹配、相协调，实现质与量的双提升。

二是助推重点领域改革。加大重点改革财政支持力度，设立1亿元专项资金，支持智能装备、信息经济、健康时尚、金属新材、现代纺织五大领域，助推“中国制造2025”试点示范建设，支持国家绿色金融改革创新试验区建设。安排人才和科技专项资金1.3亿元，加大对来吴兴优秀人才在就业、创业、租房、购房等方面的补助和补贴，推进科技创新加速行动，积极打造创新创业平台，推进创新成果转化应用。统筹各级资金3.6亿元全力支持美丽乡村建设，合力推进农业综合开发省级田园综合体试点项目建设，成功创建国家现代农业产业园。围绕我区“治水、治违、治气、治土”等生态环境建设目标要求，加大生态文明建设的投入力度，累计安排资金2.2亿元。

三是持续保障民生支出。坚持尽力而为、量力而行保障民生，不断夯实财政对民生支出的保障力度，2018年用于教育、农业、水利、社保、卫生等方面的民生支出达到30.6亿元，新增财力的79%用于民生支出，有力地保障了各领域民生工程和民生事实的推进实施，确保我区经济社会持续稳定发展。安排7303万元保障义务教育免教科书、学生接送车、教育营养券、学前教育扶持和校园综合改造等各项政策的执行。安排3203万元支持养老服务业发展，推动养老服务体系建设。安排3.4亿元用于城中村改造政府购买服务，扩大保障性安居工程群众受益面。安排3349万元用于农村公路维修专项资金，建立区重点交通建设政府基金，助推“四好农村路”建设。安排2380万元落实集体经济薄弱村三年行动，消除全区51个经济薄弱村。并通过财政预算安排、专项沉淀资金盘活、带动社会资金等方式筹措对口帮扶青川县专项资金5614万元，出台《吴兴区对口帮扶青川县专项资金管理暂行办法》，实现我区东西部扶贫协作“十大工程”落到实处。

四是防范化解债务风险。认真贯彻落实中央、省、市关于防范化解地方政府性债务风险的要求，区委常委会、区政府常务会分别三次专题研究部署债务工作，印发《关于进一步做好防范化解政府性债务风险工作的实施意见》，制定《乡镇“关闸门”工作方案实施细则》，切实防范风险。严格政府性债务管理，压实主体责任，严格落实乡镇“关闸门”工作，关闸的乡镇债务较“关闸”日债务下降21.5%。严格实行政府投资项目联审制度，2018年对在建和新建项目计划进行全面清理审核，共核减40个项目，压缩资金69.5亿元。加大做地出地力度，多渠道筹措资金偿还到期债务。按土地出让收入的10%计提区偿债风险准备金，专项用于防范债务风险。全面摸排处置有效资产，2018年处置资产3.52亿元，用于偿债。完成或有债务转化置换债券5.91亿元。加快与区城投集团对历史政府公益性项目梳理审核，涉及重点建设项目62个，子项目2967个。

五是推进财政各项改革。构建制度框架，规范和加强政府产业基金的运作与管理，出台《吴兴区产业基金管理办法》，成立5个政府产业基金，基金总规模13亿元，到位资金5.64亿元，累计对外投资项目21个，总投资4.46亿元。积极推进环卫一体化、东部新城污水处理厂二期2个总投8亿元PPP项目，其中东部新城污水处理厂二期项目已列入省第四批政府和社会资本合作（PPP）推荐项目。加快“政采云”平台运用。借力“政采云”平台，进一步深化政务服务改革，加强政府采购业务培训，以政府采购“一次都不用跑”为目标，努力为采购单位提供高效服务、努力使“政采云”平台成为网上政府“淘宝”。2018年我区政府采购金额7.8亿元，节约资金0.69亿元，资金节约率8.9%。深化“最多跑一次”改革。推进政府职能转变，实现群众与企业办事不用跑，上门对预算单位业务服务指导。扎实开展预算单位“上门服务至少一次”。围绕“推进改革、服务大局、提升形象”目标，主动上门到预算单位开展服务，2018年上门服务乡镇、街道和区级部门40家，专业辅导117次，服务230余人次，逐渐发展成为具有财政特色的服务品牌。认真落实会计事项办理“最多跑一次”。会计代理记账机构执业资格审批和年度报备实现网上业务办理“零”上门，“零”跑事项达100%，真正让服务对象满意。优化统一公共支付平台的建设和应用。打造线上线下一体化收缴新型政务服务模式，2018年，统一公共支付平台收涉及单位58家，全区20.9万人次通过该平台缴款，涉及资金11418万元。

六是加强财政内部管理。完善内控制度体系建设。建立8个专项制度，细化内控操作办法和13项业务操作规程，健全完善“1+8+X”制度体系，有效防范和化解财政风险，促进财政管理规范化和科学化。指导推进乡镇财政规范化建设，提升乡镇财政科学化、精细化管理水平，2018年织里镇财政局和道场乡财政所被省厅认定为规范化财政所。切实做好绩效评价管理。按照“全过程、全融合、全覆盖”绩效管理改革的新要求，进一步明确专项资金使用范围，对区级专项资金在20万元以上或新增项目资金10万元以上的部门，在编制预算同时，申报预算绩效目标，跟踪项目预算执行情况与绩效进度，提升资金使用效率。严格国有资产管理处置。建立国有资产管理情况向人大报告制度，完善资产管理信息系统，上线全省统一“资产云”平台。

2. 认真办理人大代表建议

在区四届人大二次会议上，人大代表提出财政预算相关的建议主办件1件。根据会议精神，区财政局认真承办人大代表建议，按时办结，满意率达到100%。主办件是张新华等代表提出的《关于解决政府采购平台上同等质量商品价格明显过高的建议》，在办理过程中，与代表面对面，详细解读政策，所提问题及建议已经解决和列入计划解决的达到100%，代表对办理结果表示非常满意。

在肯定成绩的同时，我们也清醒地看到，在财政运行中还存在一些突出矛盾，财政工作和自身建设还存在一些问题和短板。主要有：一是在经济新常态下，保持收入持续稳定增长压力较大，同时，各领域加强财政保障和扶持力度有了更大的期待，财政收支平衡压力进一步加大。二是资金使用绩效有待提高，在政府购买服务、信息化建设、课题经费管理等方面还存在重复建设，重复购买，闲置浪费、低效使用等问题。三是正确处理防风险和促发展的关系，一方面要严控隐性债务增量，减少隐性债务存量，防范化解风险；一方面要避免在建工程资金链断裂，全力保障地方建设发展的资金需求。这些问题和短板，我们需高度重视，通过深化改革、创新机制、完善制度、强化管理等措施加以解决。

二、2019年预算收支安排（草案）

2019年，是中华人民共和国成立70周年，是高水平全面建成小康社会的关键之年，也是吴兴高质量赶超发展的重要一年。经济形势分析：从收入来看，一方面国内经济发展基本平稳，长三角一体化、宁杭生态经济带发展、上海同城化都市圈和全省大湾区大花园大通道大都市区建设等重大战略实施，给我区带来了极大的发展机遇，全区经济总体呈现稳中向好的高质量发展态势。另一方面，中美经贸摩擦影响逐步显现，部分企业经营困难，房地产市场具有较大不确定性，财政收入增长基础还不稳固，再加上实施积极的财政政策、推进更大规模减税降费，将带来新的政策性减少。从支出来看，一方面要保工资、保运转、保基本民生，一方面要保障区里重大建设，支出压力很大，财政收支紧平衡的特征更加明显。

（一）2019年财政预算编制的指导思想

根据2019年度我区经济社会发展目标，结合对财政经济形势的分析和预测，2019年财政预算安排的指导思想是：全面贯彻习近平新时代中国特色社会主义思想和党的十九大精神，紧紧围绕“打造增长极、提高首位度、争当排头兵”总定位，坚持稳中求进总基调，坚持高质量发展方向，聚焦聚力区委、区政府重大决策部署，主动对标集中财力办大事政策体系，将财政制度和改革成果标准化、程序化，增加制度刚性，提高财政管理能力和水平，以财政新作为持续推动全区经济社会平稳健康发展。

（二）一般公共预算（草案）

1. 收入预期

2019年财政总收入预期753195万元，比上年增长12%；其中一般公共预算收入450545万元，比上年增长10%，主要收入科目情况如下图：

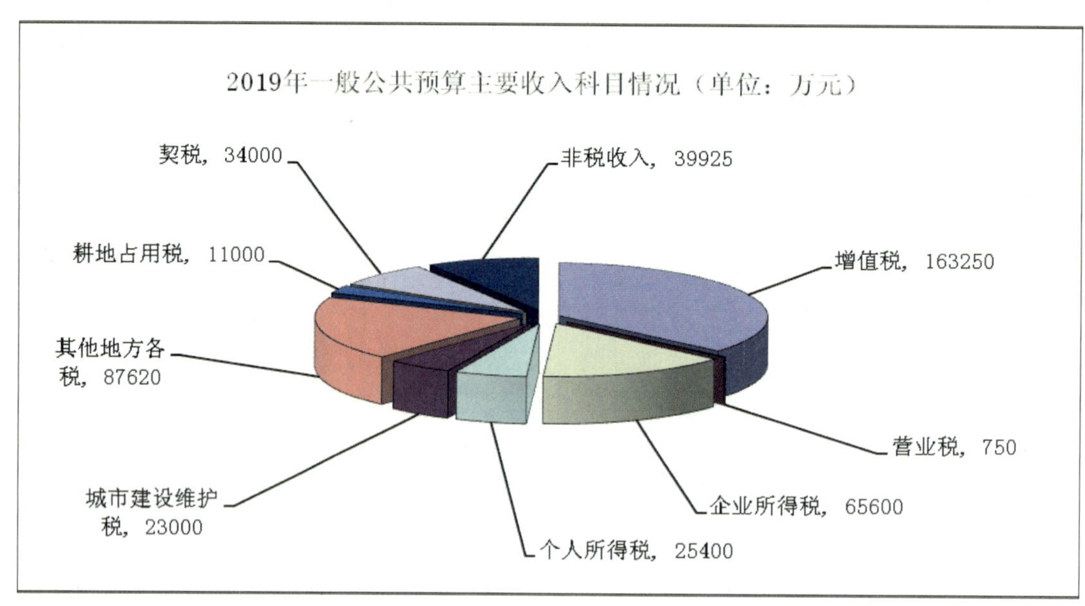

2. 支出预算

按上述预期收入水平与结构，根据现行市对区的财政体制，在考虑省、市转移支付等相关因素后，预计全区2019年一般公共预算可用财力为408306万元，其中：上年结转专项收入25035万元（按项目实施进度及指标到达时间必须结转下年的省市专项转移支付）；预估省、市专项转移支付补助63000万元；预计体制内可用财力320065万元；国有资本经营调入206万元。相应安排2019年全区一般公共预算支出408306万元，同口径比上年执行数增长9.8%。主要支出科目安排情况如下图：

（三）政府性基金预算（草案）

拟安排2019年政府性基金收入预算为555823万元，比上年下降49.44%（主要是预计商住用地出让减少），主要收入项目：省市专项补助收入58000万元；国有土地使用权出让收入326400万元；非税收入缴库收入2800万元；上年专项收入结转44674万元；调入资金38949万元（主要是专项债务还本额调入）；债务转贷收入85000万元。

相应安排2019年政府性基金支出预算为555823万元（含列入城中村改造工程项目政府购买服务，2019年购买服务费用列支21488万元），主要支出项目是：城乡社区支出300200万元；社会保障和就业支出1230万元；其他支出32759万元（主要是彩票事务、专项债务利息和纳入部门预算政府性基金支出）；上解支出97920万元；专项债务还本支出123714万元。

（四）社会保险基金预算（草案）

根据市对区财政体制，预计2019年全区社会保险基金收入73881万元，其中：保险费和缴费收入28316万元、财政补助和补贴收入44784万元、利息收入781万元。2019年社会保险基

金支出70324万元，其中：社会保险待遇支出64403万元。收支相抵，本年收支结余3557万元。

（五）国有资本经营预算（草案）

预计2019年国有资本经营预算收入515万元，其中：利润收入428万元；其他国有资本经营收入87万元。国有资本经营预算支出515万元，其中：国有企业资本注入309万元；调出资金206万元，主要是将国有资本经营收益30%154.5万元调入一般公共预算，用于社会保障支出；10%51.5万元用于化解债务。收支相抵，国有资本经营预算收支平衡。

（六）2019年地方政府债务预算管理

2019年地方政府债务到期还本202234万元，其中：一般债务163520万元，专项债务38714万元。根据财政部、省财政厅有关规定，我区已对2019年到期政府债券申请再融资债券201000万元，其中：一般债务163000万元，专项债务38000万元，分别列入一般公共预算、政府性基金预算管理。新增棚改专项债47000万元，募投项目为高新区农房改造（城中村）项目一期（新增）。后续新增限额待省财政厅下达后，依法编制调整预算（草案）并提交区人大常委会审议批准。

（七）区级政府投资项目预算管理

2019年区本级500万元以上政府投资项目预算安排10.91亿元，主要是政府性基金预算安排10.36亿元、其他资金0.55亿元（主要是上级补助资金和单位自有资金等）。共安排项目34个，其中：在建项目12个、新建项目22个。根据湖发改投资〔2018〕270号文件要求已上报市级联审小组。

2019年区本级500万元以下政府投资项目预算安排2.24亿元，主要是一般公共预算安排0.40亿元、政府性基金预算安排1.32亿元、其他资金0.52亿元（主要是上级补助资金和单位自有资金等）。共安排项目115个，其中：在建项目7个、新建项目108个。

（八）2019年财政工作的主要措施

1.组织好收入，完善收入管理体系

一是做好“加法”。积极落实各项财政、金融扶持政策，创造优良投资环境，加快培育经济发展新动能，打造新的税收增长点；加强外来建筑、私房出租等零星税源社会化征管，构建与完善组织收入征管模式，财政收入保持科学有序增长。二是做好“减法”。全面落实减轻企业负担各项政策，以结构性减税来换取企业更多的获得感，“放水养鱼”涵养税源，让企业能轻装上阵、放手发展。三是做好“乘法”。由收入预算向绩效预算导向转型，在积极财政政策发力下，减收叠加增支，加大财政引导力度，充分利用财政资金的杠杆效应，引导经济结构调整，鼓励创新创业，激发市场主体活力，促进经济可持续发展。

2.编制好预算，推进预算制度改革

坚持政府过紧日子，勤俭办一切事业，严格控制、压减一般性支出。严格按照“保运转、保民生、保化债、保续建、保重点”顺序来安排支出预算。注重预算编制的完整性和科学性，进一步完善基本支出定额标准体系，加快推进项目支出定额标准体系建设，全面推进预算执行均衡化管理，探索建立预算编制与执行对比分析制度。进一步加强预算执行管理，预算执行期间原则上除自然灾害等突发事件可动用预备费解决外，一般不追加安排支出。继续深化专项资金管理，依托信息化管理平台，推进项目库建设，对入库项目必须有明确的立项依据、项目用途、实施期限和绩效目标等，健全项目预算审核机制，促进专项资金发挥效益。着力补齐结果应用、绩效监控和绩效问责三块短板，建立健全预算安排与绩效目标、资金使用效果挂钩的激励约束机制。进一步推进部门预决算公开和“三公经费”公开，努力打造“阳光财政”。

3.控制好风险，防范化解隐性债务

一是加强债务源头控制。持续加强政府性债务管理，严格落实主体责任，严格政府投资项目审批，继续关紧乡镇闸门，确保全区政府性债务总量只减不增。二是对标对表落实隐性债务化解。敦促各主体思想上高度重视，通过统筹财力、盘活资产、节约支出筹集资金偿债，攻坚克难奋力推进，确保化债计划落实到位。三是加快国有企业转型升级步伐。坚持按照省“四条标准”，在前期工作基础上，明确政府承担的存量公益性项目金额，厘清政府投入的资金、资产情况，并根据市里的统一安排做好市场化转型相关工作。四是持续推进投融资改革。充分发挥产业基金引导作用，加大力度改造运营并通过PPP模式建设，打破原有政府主导的投资模式，由政府投向市场投转变，扶持两大国企集团改革发展，提升区城投集团信用评级至 AA+，增强企业融资能力降低融资成本，促进经济健康发展。

4. 监督好国企，加快推进市场化转型

扶持两大国企集团改革发展，进一步明晰政府和国有企业职责，盘活存量资产，实现优质资产注入，推动国有资本重点向两大集团集中，优化国有资本配置，实施两大集团内部再优化、再重组，推动国企之间资源整合。瞄准战略性新兴产业，规范 PPP、政府购买服务、政府产业基金、专项建设基金，推进产业资本和金融资本互动的产融一体化发展，做大投融资平台。抓紧相关国资管理制度建设、完善法人治理机构、强化企业财务监督、扎实推进企业负责人经营业绩考核与薪酬管理。落实国企重要信息公开、国有企业国有资产管理情况专项报告的要求，实现上报单位全覆盖。继续推动国有企业股改工作，根据区股份制改革推进方案和工作计划，对区属国有企业二级及以下目标企业实施股份制改造。

5. 落实好绩效，全面实施绩效管理

按照《关于全面推进预算绩效管理的实施意见》文件精神，修订《吴兴区财政支出绩效评价实施意见》《吴兴区财政支出绩效评价实施办法》，从制度上要求全面实施预算绩效管理，将预算绩效管理表嵌入预算编制系统，以“一表式”完成绩效目标、绩效自评填报，实现项目支出绩效目标管理“全覆盖”。我区作为全省推进部门整体绩效预算改革 11 个试点地区之一，根据方案积极探索制定符合本区实际的部门整体绩效预算改革方案，2019 年选取可量化指标的区级部门进行试点。在绩效评价结果应用上，进一步强化问题通报、公开和整改落实机制。将部门绩效自评的相关情况在一定范围内予以通报，对绩效自评及抽查中绩效较差的部门逐一反馈，提出整改意见，督促整改落实。

各位代表，2019 年财政工作责任重大，使命光荣。我们将在区委、区政府的坚强领导下，在区人大、区政协的监督指导下，认真执行区人大的各项决议和要求，埋头苦干，奋发有为，积极推进各项财政改革，努力完成全年财政预算任务，以优异成绩迎接中华人民共和国成立 70 周年！

湖州市吴兴区人民法院工作报告

——在湖州市吴兴区第四届人民代表大会第三次会议上

湖州市吴兴区人民法院代院长 陈 静

2019年2月28日

2018年主要工作

2018年以来，区法院在区委的领导、区人大及其常委会的监督和上级法院的指导下，在区政府、区政协及社会各界的关心支持下，深入贯彻落实党的十九大精神，始终坚持司法为民、公正司法工作主线，忠实履行宪法法律赋予的职责，各项工作取得新进展。全年共新收各类案件19584件，办结19542件，同比分别上升14.2%和15.6%，员额法官年人均结案407件，同比增长40件，收结案数、法官人均结案量均居全市第一。主要办案质量、效率、效果指标均在合理区间内运行，继续保持在全省法院前列，并在2018年市中院对基层法院的考核中荣获优胜奖。

一、不忘初心，捍卫社会公平正义

立足执法办案第一要务，不断提升各项审判质效，努力让人民群众在每一个司法案件中感受到公平正义。

依法惩治刑事犯罪。审结刑事案件1130件，同比下降6.5%，判处罪犯1788人。深入开展扫黑除恶专项斗争，与侦查、公诉机关共建常态化协调机制，依法从严从快审理，打击黑恶势力嚣张气焰。审结危害公共安全、故意伤害等严重刑事案件348件，维护群众生命安全。审结集资诈骗、非法吸收公众存款等涉众型犯罪案件47件，维护群众财产安全。审结危害食品、药品安全等关系民生的犯罪案件18件，保障群众安居乐业。审结区监察委移送的职务犯罪案件2件，形成法治反腐合力。坚持宽严相济、罚当其罪，依法对450名被告人宣告缓刑。

妥善化解民事纠纷。审结民商事案件10682件，同比上升18.8%。深化家事审判方式和工作机制改革，审结婚姻、继承等家事纠纷632件，制定6部改革文件，设立婚调委工作站，助力修复家庭伦理关系，获得市中院院长批示肯定。坚持“房住不炒”定位，审结涉房地产案件351件，促进房地产市场健康发展。全力维护国防利益，妥善办理涉军停偿案件18件，保障军地双方当事人合法权益。支持市场经济发展，审结买卖合同纠纷等2252件，促进市场要素有序流转。支持务工人员依法维权讨薪，审结追索劳动报酬等案件408件，维护弱势群体利益。

监督支持依法行政。连续三年承担集中管辖县域行政案件职责，审结德清、长兴、安吉辖区行政案件207件，同比上升95.3%。推动行政机关负责人出庭应诉，行政机关负责人出庭应诉率达97.8%，有效解决“告官不见官”问题。保护行政相对人合法权益，依法判处行政机关败诉案件11件，占全部判决案件的16.9%。推动行政争议实质性化解，实体化运作市行政争议调解中心吴兴分中心，共化解行政争议61件，占比超32%。深化司法与行政良性互动，召开府院联席会议，发布行政审判白皮书，助推“法治吴兴”建设，获得区长批示肯定。

二、融入中心，护航改革发展大局

践行新发展理念，充分发挥审判职能，为加快建设“生态吴兴、经济强区、科技新城、幸福家园”提供强有力的司法保障。

服务“经济强区”建设。深入开展“争当排头兵 实干大比拼”活动，精准服务重点工作，获得区委书记批示肯定。推进“僵尸企业”破产处置，推动区政府出台企业破产协调处置办法，审结破产案件5件，盘活不良资产7.9亿元。依法保障民营经济健康发展，坚决防止超标的、超范围财产保全，最大限度降低对涉案民营企业的负面效应。平等保护各类合法产权，审结股东出资、所有权确认等案件35件1.2亿元，审结各类知识产权纠纷134件，从严惩处侵权行为。注重防范和化解金融风险，审结各类金融案件2289件16亿元，有效维护金融生态安全。

助推“生态吴兴”建设。大力加强环境资源

审判工作，争当践行“两山”理念排头兵。严惩污染环境、破坏资源等犯罪，审结环境资源犯罪案件2件，判处罪犯4人，判处实刑率75%。贯彻生态修复司法理念，采取补植、复绿等方式修复环境，护美绿水青山。在西塞山旅游度假区设立生态环境保护与司法实践基地，深化环境资源审判实效，提升群众环保理念。助力绿色金融改革创新试验区建设，出台服务保障意见及实施方案，开辟立审执快速通道，服务绿色产业发展。

参与社会综合治理。妥善处理城市化建设进程中的涉案纠纷，办理行政机关申请强制搬迁、拆除违法建筑案件150件，准予执行率96%。以进山村、进景区等形式开展巡回审判223次，促进乡村法治建设，服务乡村振兴战略。延伸少年审判工作，开展校园模拟法庭、回访帮教等活动，保障未成年人健康成长。畅通申诉信访渠道，处理来信来访132件次，院领导带头化解信访积案20件，用法治化方式解决群众合法诉求。加大司法救助力度，为当事人办理缓、减、免交诉讼费30.9万元，发放司法救助金48.6万元，彰显司法人文关怀。

三、勠力同心，决胜执行攻坚破难

紧盯基本解决执行难时刻表，坚决破除实现公平正义的最后一道藩篱。全年共执结案件7351件，执行到位金额10.5亿元。

凝聚攻坚破难合力。健全综合治理执行难大格局，推动执行工作纳入全区综合考核和平安考核，形成执行破难的强大合力。推动区委政法委牵头召开全区决胜基本解决执行难会议，进一步深化法院与各单位联动协调。举全院之力支持基本解决执行难工作，院党组定期听取专题汇报，院领导包案化解疑难复杂案件，带头攻坚；抽调25人到执行局工作，全面充实执行力量；建立以员额法官为主导、辅助人员分工协作的团队化、集约化工作模式，为提高执行效率提供有力组织保障。

狠抓执行实效提升。牢牢抓住腾房难这个“牛鼻子”，开展集中腾房行动12次，强制腾房251套，其中，针对被执行人湖州绿韵生物科技有限公司厂房的强制腾房行动，被人民网等58家媒体直播报道，反响强烈。总结提炼强制腾房“八步战法”，作为浙江经验，通过最高法院“执行大讲堂”向全国推广。加大财产查控力度，冻结款项2.4亿元，查封房产521处、车辆2128辆。强化信用惩戒，曝光失信被执行人1800人，限制高消费8955人。严厉打击拒执行为，司法拘留607人，罚款1385次；推动公检法建立打击拒执犯罪联席制度，移送涉嫌拒执犯罪22起31人，已判决8起8人，营造铁腕执行强大声势。

健全执行长效机制。发挥执行指挥中心中枢作用，对82个执行流程节点进行动态监控，工作经验被《人民法院报》刊发推广。完善执行案款管理，将执行款全部纳入“一人一案一账号”案款管理系统，实现收付全程留痕。加强终结本次执行案件管理，严格规范报结案流程，专人从严把握结案标准。建立集中接待和院领导接访制度，加强执行信访案件办理，及时查纠问题。与保险机构共建“司法救助保险”制度，增加执行救助额度30万元，加大对“执行不能”案件中生活困难当事人的救助力度。

四、聚焦民心，践行司法为民宗旨

深刻认识社会主要矛盾发生历史性变化对法院工作带来的影响，努力增强群众的司法获得感和对美好生活的新期待。

大力建设“智慧法院”。升级改造诉讼服务中心，新增人脸识别、智慧便民服务等设备和平台，实现“一站式、多渠道、综合性”的高效诉讼服务。推进电子卷宗随案同步生成和“E键送达”的深度应用，优化法官工作模式，减少事务性工作。在全市率先推行刑事案件“E出庭”方式，实现审判、公诉机关和被告人等诉讼各方异地远程参与诉讼活动，提升审判效率。全面建成证人室，利用信息技术手段，保护证人出庭作证。打造智慧警务模式，全力推行网上调警和远程庭审，有效缓解警力不足。

积极推进多元解纷。大力引导诉前调解，全年诉前化解纠纷1774件，诉前纠纷化解率同比上升10.5%。充分发挥区矛调中心派驻法庭作用，化解物业纠纷等400余件，调处成功率98%以上。在八里店镇成立全市首个法院指导人民调解服务所，打造新时代“枫桥经验”。推广在线矛盾纠纷多元化解（ODR）平台，引导调解案件5020件，调解成功率98.8%。推进律师调解试点工作，与区司法局共同聘请24名优秀律师调解员轮流驻点法院，为群众提供无偿法律服务。与区市场监管局、区消保委共建消费纠纷多元化解机制，开

展消费纠纷诉前化解工作。

全面深化司法改革。推进“六大改革创新项目”，有效带动全院工作。坚持院庭长办案常态化，院庭长共办结案件6271件，同比上升13%。持续深化繁简分流，健全完善11个简案团队，实行民商事案件均衡分案，促进纠纷高效化解，民商事案件简易程序适用率81.6%，民事调撤率65.1%。深入推进以审判为中心的刑事诉讼制度改革，累计通知侦查人员等5类37人次出庭作证，实现证人类型全覆盖；开展刑事案件律师辩护全覆盖试点工作，有效保障被告人辩护权利；会同区公安局等5家单位建立轻微刑事案件快速办理机制，推进“刑拘直诉”快捷办案模式。

五、秉持匠心，锻造吴兴法院铁军

牢牢把握习近平总书记“五个过硬”的总要求，强化政治统领，不断加强法院队伍的正规化、专业化和职业化建设。

强化思想政治建设。坚持“抓党建带队建”的工作思路，构建“一庭一支部”的党建网络，增强支部战斗堡垒功能。将党建工作纳入岗位目标管理，做到党建目标与审判目标同步计划、同步实施、同步考核。深入企业、乡村等开展结对服务，打造“服务经济发展、服务重点工作、服务人民群众、服务党员发展”的党建品牌。坚持和完善“三会一课”制度，组织开展升旗仪式、重温入党誓词、参观红色教育基地等活动，不断增强队伍的党性修养。全年共获得市级以上集体荣誉11项、个人荣誉33项。

加强法院文化建设。以建设学习型法院为驱动，夯实干警能力基础。强化调研工作，全年共在市级以上期刊发表调研文章22篇，获奖10篇，居全市基层法院首位。2名干警入选全市首批审判业务专家。自主研发手机在线学习平台“致远微学院”，方便干警自我充电。建成全国首个“沈家本文化园”，全方位展示吴兴名人沈家本的思想品质，鼓励干警争当沈家本式精英法官。近日，沈家本文化园被命名为省级法治宣传教育基地。成功承办全省法院文化建设座谈会，作为全省唯一的基层法院获评“全国法院文化建设先进单位”。

狠抓党风廉政建设。认真履行党风廉政建设主体责任和监督责任，以强化问责为抓手，促进“两个责任”落地生根。丰富廉政教育载体，建立廉政主题文化群，定期组织观看廉政主题教育片，发送廉政短信，时刻督促干警端正言行。积极配合省高院司法巡查，抓好整改落实，改进司法作风，提振队伍形象。运用监督执纪“四种形态”，狠抓庭审、诉讼服务中心和人民法庭“三大窗口”纪律作风整顿，共开展各类巡查72次，通报17人次，将纪律和规矩挺在前面。

法院公正司法离不开人大和社会各界的监督。一年来，我们认真贯彻区人大及其常委会的各项决议、决定，及时汇报工作，坦诚接受监督。积极配合区人大常委会开展法官履职评议工作。深入开展“百名代表听百案”等活动，主动邀请代表委员视察法院、旁听庭审、参与执行，让代表委员“零距离”体验司法，亲历法院的发展与进步。全面落实人民陪审员制度改革，人民陪审员参与审理案件2058件，普通程序案件陪审率达100%。广泛接受群众监督，邀请社会公众、在校学生等近500人走进法院、监督司法。

各位代表，过去一年法院工作取得的成绩和荣誉，是区委正确领导，区人大及其常委会有力监督，区政府、区政协及社会各界关心帮助的结果。在此，我代表区人民法院，向一直以来关心、支持和帮助法院工作的各位代表、委员和社会各界人士表示衷心的感谢和崇高的敬意！

在肯定成绩的同时，我们也清醒地认识到，法院工作还存在不少问题和困难：一是法院工作与人民群众的司法需求仍存在差距，法官司法能力水平有待进一步提高；二是执行规范化建设仍有短板，执行破难长效机制有待进一步健全；三是一些综合配套改革举措尚未完全落地，司法改革有待进一步深化；四是收案量仍保持高位运行，案多人少矛盾依然突出，多元解纷工作有待进一步探索。对于这些问题和困难，我们将切实采取有效措施，认真加以解决。

2019年工作安排

2019年，是中华人民共和国成立70周年，也是决胜全面建成小康社会、开启全面建设社会主义现代化国家新征程的关键之年。区人民法院的总体工作思路是：高举习近平新时代中国特色社会主义思想伟大旗帜，全面贯彻党的十九大和中央政法工作会议精神，围绕“努力让人民群众在每一个司法案件中感受到公平正义”的总体要求，以争创“全国模范法院”为目标，忠实履行审判职能，积极服务保障大局，深入推进司法改革，全面加强队伍建设，勇当新时代司法为民、公正司法的排头兵，为实现吴兴高质量赶超发展提供更加有力的司法保障。

加强政治建设，在依法履职上更进一步。持续深入学习贯彻习近平新时代中国特色社会主义思想，开展"正风肃纪、争创模范"主题实践活动，确保队伍清正廉洁、积极向上。结合内设机构改革，健全完善基层党组织设置。始终坚持从严治党、从严治院，将政治督查、司法巡查和问责追责有机结合，完善党支部考核评价机制和党建工作体系。切实在政治能力、履职能力、担当作为上有新提升，推动审判执行工作实现新发展。

聚焦中心工作，在服务大局上更进一步。紧紧围绕区委总体决策部署，依法妥善审理好中心工作推进中发生的各类矛盾纠纷。推动扫黑除恶专项斗争深入开展。积极参与"服务企业服务群众服务基层"活动。继续抓好"僵尸企业"处置工作，健全"执转破"案件简易审理流程，规范"僵尸企业"退出机制。强化涉金融债权案件审理执行，保障绿色金融健康发展。积极延伸环境资源审判职能，探索公益诉讼流程，继续深化旅游巡回审判庭建设，助力打造"生态吴兴"。

狠抓执法办案，在司法为民上更进一步。完善简案快办机制和简案识别标准，简化办案流程和诉讼文书。打好多元解纷组合拳，实现辖区乡镇指导人民调解服务所全覆盖，打通线下和线上调解平台，整合多方资源，形成从源头化解矛盾纠纷的工作合力。建立线下业务培训和专业法官会议，线上学习竞赛相结合的学习体系，着力提升司法水平。进一步健全执行长效机制，不断提升人民群众的司法获得感。

勇于改革创新，在自身建设上更进一步。全面深化司法改革，完善新型审判团队建设，严格落实权力责任清单。进一步优化人民法庭布局。加强"智慧法院"建设，积极推广移动微法院等网上办案模式。以"星级诉讼服务中心"和法庭"一庭一品"建设为抓手，加快诉讼服务提档升级。着手院史馆和廉政文化馆建设，丰富法院文化建设吴兴样本。自觉接受人大、政协、检察机关和社会各界监督，不断推动法院工作健康发展。

各位代表，新时代赋予新使命，新征程谱写新篇章。在新的一年里，区法院将在区委的坚强领导下，在区人大及其常委会的有力监督和区政府、区政协及社会各界的关心支持下，忠实履行宪法法律赋予的职责，不忘初心、干在实处、走在前列、勇立潮头，为实现吴兴高质量赶超发展、高水平全面建成小康社会做出新的更大的贡献！

湖州市吴兴区人民检察院工作报告

——在湖州市吴兴区第四届人民代表大会第三次会议上

吴兴区人民检察院检察长　戴立新

2019 年 2 月 28 日

2018 年主要工作

2018 年，在区委和上级院的正确领导下，在区人大及其常委会的有力监督下，在政协和社会各界的关心支持下，区检察院高举习近平新时代中国特色社会主义思想伟大旗帜，全面贯彻党的十九大、十九届历次全会精神和省市区委全会精神，忠实履行宪法法律赋予的职责，实干担当、砥砺奋进，努力为吴兴经济社会发展提供有力的司法保障，各项检察工作取得新成效。

一、积极融入全区发展新格局，努力提供优质检察保障

全力服务中心工作。积极参与全区“争当排头兵、实干大比拼”活动，聚力聚焦全区“八大行动”，制定并实施保障和促进工作意见，致力于打造良好的社会环境、法治环境和服务环境，获区委主要领导批示肯定。区院被评为“争当排头兵、实干大比拼”活动先进集体。助力打好“三大攻坚战”，积极参与互联网金融风险专项整治，依法打击电信网络诈骗、P2P 非法集资、网络传销、“套路贷”等犯罪，批捕 84 人，起诉 102 人。办理的周某甲、周某乙骗取贷款案获评全省金融检察优秀案件。践行“两山”理念，服务美丽吴兴建设，持续开展破坏环境资源犯罪专项立案监督，建议行政机关移送涉嫌犯罪案件 6 件，监督侦查机关立案侦查 8 人。1 名干警被评为全市“最美环保人”。

依法惩治刑事犯罪。批准逮捕各类刑事案件 496 件 734 人，审查起诉 996 件 1523 人，捕诉办案总量列全市首位。严格证据标准，贯彻宽严相济刑事政策，不批捕 197 人，不起诉 170 人。提高政治站位，加强组织发动，强化打击力度，深入开展“扫黑除恶”专项斗争，共审查逮捕涉黑涉恶案件 10 件 56 人，起诉 11 件 57 人。办理了省扫黑办督办的以丁某某为首的 25 人涉嫌敲诈勒索、非法拘禁、寻衅滋事、聚众斗殴、容留他人吸毒一案及市检察院交办、省扫黑办督办的池某某等人涉嫌敲诈勒索、寻衅滋事案等重大涉黑涉恶案件。主动融入反腐败工作大局，审查监察委移送的职务犯罪案件 5 人，均已起诉。办理了嘉兴市质量技术监督局原党委书记、局长沈某某滥用职权、受贿案等处级领导干部犯罪大要案，为反腐败斗争贡献“吴兴检察力量”。

助力优化营商环境。深化亲清检企关系，联合湖州职业技术学院、工商联共同举办首届“织里童装产业创新发展法治论坛”，成立讲师团，邀请企业座谈，为推进织里童装产业转型升级，保障非公企业在法治框架内健康发展提供智力支持和司法服务。严厉打击各类侵犯民营企业和企业家合法权益的犯罪，依法办理徐某等人合同诈骗案，获评全省服务非公经济优秀案件。坚持审慎善意原则，对涉企案件可捕可不捕的不捕，可诉可不诉的不诉，共作出不起诉决定 10 人，不批捕 13 人，让民营企业安心谋发展。

着力促进社会治理。贯彻“捕人少、治安好”的枫桥经验，对情节轻微、社会危险性较小的犯罪嫌疑人少捕慎诉。联合法院、公安及司法局出台办法，积极探索对符合条件的轻微刑事案件实行快速办理。加强未成年人司法保护，着力打造“保护性司法、修复性救助、社会化帮教、多元化普法、专业型办案、活力型团队”——“六位一体”检爱“绿立方”工作品牌。对 33 名涉罪的未成年人开展观护帮教，对 14 名未成年被害人开展“一站式”取证、心理疏导。参与创建“春燕工作室”被列为全省检察机关践行新时代“枫桥经验”示范基地。积极探索集中办理涉未刑执、民行检察业务试点，推进“家事审判监督”的全省试点工作。拓展司法救助范围，联合香飘飘集团建立“检爱飘香”未检关爱基金，结对帮扶一名遭遗弃的患病女婴，该案例获评全省检察机关未成年人司法保护精品案例。有效维护社会稳定，

建立健全检察环节预防和化解社会矛盾机制，把办案与化解风险、追赃挽损、维护稳定结合起来。积极参与区矛盾纠纷化解中心工作，全年未发生涉检去省进京上访事件。受理控告申诉线索33件，接待群众来访83批134人，办理刑事申诉案件4件。强化重要节点风险防范和把控，维护社会稳定。区院被评为“湖州市社会治安综合治理先进集体”。

二、牢固树立司法办案新理念，努力提升法律监督质效

强化侦查监督。对应当立案而不立案的，督促立案6人，对不应当立案而立案的，督促撤案1人。对应当起诉而未移送起诉的，追加起诉12人，经法院判决，4人被判三年以上有期徒刑。纠正侦查活动违法27件。办理的张某等人涉嫌敲诈勒索案被评为全省侦查监督精品案例，王某某等人组织领导传销活动案被评为全省立案监督优秀案例。重视加强与公安机关的配合，在区公安分局挂牌设立检察官办公室，相关做法在全省做经验交流。坚持提前介入重大案件，引导公安侦查。例如，提前介入一起跨越浙苏两省、持续时间两年半之久、涉案金额超百万元的“路霸”案件，对涉案的7人均作出批准逮捕决定，对1名涉案人员要求侦查机关立案，并深挖该案背后的腐败问题，建议侦查机关将涉案人员移交监察委处理，实现监督与配合相统一。

强化审判监督。审查刑事、民事、行政判决、裁定1653件，对裁判准确而涉案人申诉的案件，认真开展释法说理，促成息诉罢访，维护审判权威；对认为确有错误的裁判，提起抗诉3件，法院均已改判。发出再审检察建议3件，已采纳1件。检察长列席法院审判委员会会议，对重大疑难复杂案件——“沈某某、莫某某滥用职权、受贿案”的审理发表检察意见。

强化执行监督。重点监督刑事执行不规范以及民事案件“执行不到位”等问题。办理财产刑监督案件7件。依法开展社区矫正检察监督，监督收监执行6人，监督指定居所监视居住3人。共受理羁押必要性审查案件121件，经审查立案75件，变更强制措施26件。刑执部被省检察院荣记集体二等功。

三、充分履行公益诉讼新职能，努力当好公共利益代表

打造公益损害与诉讼违法监督平台。认真贯彻上级院部署，将公益诉讼作为“一把手”工程来抓，作为推进法治政府建设、全面深化改革的重点任务强力推进。积极争取区委、人大、政府和政协的支持，区委、区政府联合出台意见，区人大作出决定，支持检察机关提起公益诉讼。成立公益损害与诉讼违法举报中心，与信访部门建立“12345”政府阳光热线信息数据共享机制，受理公益损害与诉讼违法线索170条，通过检察监督纠正35件。立足政检联席会议机制，加强与环保、国土及纪委监委的沟通联系，办理全省首例由纪委监委移送线索的公益诉讼案件。为修复受损生态，在全市率先设立公益诉讼专项基金，已有7.3万元公益基金直接用于林地复绿。区院分管领导获评全省检察机关公益诉讼工作一周年成绩突出个人。

加强生态环境领域公益诉讼。积极践行“两山”理念，护卫“绿水青山”，重点办理生态环境和资源保护领域公益诉讼案件55件。针对牙科诊所未获许可，直接将未经处理的医疗废水排入城镇管网造成水体污染的情况，发出诉前检察建议，督促50家存在此类问题的牙科诊所及时整改，以达到办理一案、治理一片的生态效应。对湖州市病死害动物处置中心有限公司违法掩埋处置大量病死害动物尸体，造成大银山周边生态环境严重损害一案提起刑事附带民事公益诉讼，依法追究生态修复和损害赔偿责任。

加强食品药品安全领域公益诉讼。开展“保障千家万户舌尖上的安全”检察公益诉讼专项监督活动，共办理食品药品领域公益诉讼案件23件，发出诉前检察建议均得到整改回复。针对外卖平台网络餐饮服务存在的问题发出检察建议，推动市场监督管理部门加强对网络外卖服务的监管。

加强国有财产保护和国有土地使用权出让领域公益诉讼。共办理这两类领域公益诉讼案件3件，均已整改并回复。成功办理一起区纪委监委移送的因怠于履行审核义务导致财政专项资金违规发放的行政公益诉讼案件，向有关部门发出诉前检察建议，督促依法履行行政职责，及时追缴违规发放的贷款贴息和风险补偿金。

四、加快释放 司法改革新动能，努力打造过硬检察队伍

推进检察改革落地落实。全面落实司法责任制，入额院领导直接办理各类案件248件，其中杀人、抢劫等重大疑难复杂案件54件。充实办案力量，完成首批28名司法雇员招录。探索建立新刑诉法背景下检察机关审前主导机制，深入开展诉前会议试点，针对重大疑难复杂或罪名有争议、涉及证据及程序问题的案件启动诉前会议32次。办理的顾某抢劫案通过诉前会议改变案件定性，取得了良好的社会效果，获赠“诉前会议兼听则明、检察职能机制创新”的锦旗。大力加强智慧检务建设，建成远程提审和开庭指挥系统及量刑建议辅助系统，提升办案技术含量，提高办案质效。推进“12309”检察服务中心建设，完善服务大厅线上线下服务功能，以第一名的成绩获评全市“最美窗口”。牵头政法部门“一体化办案系统”建设和应用，推动公、检、法网上协同办案1506件，“一体化”办案工作考核位列全市第一。

提升检察干警综合素质。以党建为引领，常态化开展“两学一做”学习教育，学习习近平新时代中国特色社会主义思想，组织干警赴南湖学习红船精神，开展宪法宣誓，落实意识形态工作制，促使干警牢固树立“四个意识”，坚定“四个自信”，做到“两个维护”坚持全面从严治检，严格执行中央防止干预司法“三个规定”。制定我院干警政治品德思想道德高线和工作纪律生活作风底线，创新开展“规范党内政治生活”活动和对内设部门的巡回执纪检查工作。全年，无违纪违法事件发生，区院被评为全市检察机关党风廉政建设先进集体。涌现出“全省新时代万名好党员”“全省政法系统先进个人”“全市人民满意政法干警”“吴兴好人”等一批先进典型。坚持人才兴检战略，组织干警学习修改后刑事诉讼法、人民检察院组织法、最高检指导案例。积极开展理论调研，举办2期“西山论道”理论研讨活动，邀请业务专家交流授课。加强岗位练兵，打造每月一赛“匠心公诉”平台，邀请律师、兄弟院检察官开展论辩。5名干警获评全市公诉、未检业务竞赛标兵和全市优秀公诉人。

主动接受人大和社会各界监督。进一步增强人大监督意识，认真接受人大对员额检察官履职评议，向区人大常委会专题汇报检察工作。及时办理人大提出的意见和建议，主动走访人大代表，邀请人大代表参加检察开放日、个案公开审查听证等活动，以手机报形式每月发送一期“吴检微讯”，编发代表委员专刊，建设全省检察机关首家人大代表联络站，打造检察机关接受监督之所、联络代表之家、共同履职之地、法制宣传之寓。自觉接受民主监督，向政协、民主党派、工商联和无党派人士通报检察工作。自觉接受监察委监督和法院、公安机关制约。自觉接受律师监督，认真听取律师意见。加强检察宣传，编发微信175期，微博451期，在省级以上媒体发表新闻稿件24篇，讲好检察故事，回应社会关切。向社会发布2017年未检工作白皮书，获区四套班子主要领导批示肯定。

各位代表，2018年是吴兴检察事业发展史上不平凡的一年。检察工作得到了区委的坚强领导，人大的有力监督，政府、政协和社会各界的大力支持。在此，我代表区检察院表示诚挚的敬意和衷心的感谢！

同时，我们也清醒地认识到，工作中还存在一些短板和问题：服务大局的针对性和有效性还需增强；法律监督工作离党和人民群众的要求还存在差距；队伍能力素质与内设机构改革、新的检察职能的要求还不相适应；信息科技与检察工作的融合度还不够高；案多人少矛盾依然突出。对此，我们将认真研究，加以解决。

2019年主要任务

2019年是中华人民共和国成立70周年，我区全面赶超发展的关键之年。区检察院将高举习近平新时代中国特色社会主义思想伟大旗帜，深入学习贯彻党的十九大及历次全会精神、习近平总书记对检察工作的重要指示精神，坚持“深化法律监督，彰显司法权威，维护公平正义”工作主线，继续以“打造模范院、提高首位度、争当排头兵”为目标，以法律监督强化年、文明创建落实年、检察改革深化年、智慧检察推进年、队伍建设加强年——“五个年活动”为抓手，全面深化检察改革，不断强化法律监督，从严加强队伍建设，推进吴兴检察工作向更高水平发展。

重点做好以下工作：

一是深度融入大局，保障改革发展稳定。精

准服务打好“三大攻坚战”，落实加强产权司法保护、生态环境司法保护等工作，保障绿水青山就是金山银山。积极参与金融风险化解工作，依法妥善办理网络犯罪案件，护航市场经济健康发展。深化扫黑除恶专项斗争，严惩黑恶势力，重拳“破网打伞”。推进新时代“枫桥经验”“六大工程”，进一步强化检察环节“一站式”服务，抓好“12309”检察服务中心建设，建立起线上线下一体化服务平台，实现检察环节“最多跑一次”提档升级。

二是聚焦主责主业，增强法律监督权威。进一步推进以办案为中心的法律监督工作，加强公益损害与诉讼违法举报中心建设，探索建立调查机制，做好公益诉讼。充分发挥检察官办公室作用，加快探索重大监督事项“案件化”办理模式，推进诉前会议试点，落实认罪认罚从宽制度下量刑建议工作，着力构建新刑诉法框架内审前主导工作机制，做优刑事检察。发挥基层检察院主体作用，加强对民商事审判、执行和虚假诉讼的监督及对行政诉讼、行政非诉执行的监督，做强民事行政检察。

三是深化检察改革，打造吴检品牌。全面落实司法责任制，深化内设机构改革，优化职能配置，实行“捕诉一体”。主动适应监察委员会工作模式，完善工作衔接机制，增强反腐败斗争合力。深化以审判为中心的诉讼制度改革，推动构建新型检警、检法、检律关系，共同维护司法公正和法治权威。加强未成年人检察工作，搭建涉罪未成年人社会观护体系，巩固深化未检“绿立方”品牌。加快推进检察信息化建设，进一步完善远程会商、远程开庭、远程提审等远程办案系统，深化智能语音识别系统及智能辅助办案系统运用。积极推进全省“一体化”办案系统应用，构造“吴检云”大数据库，提高检察工作智能化水平。

四是强化队伍建设，锻造吴检铁军。坚持把思想政治建设摆在首位，认真开展“不忘初心 牢记使命”主题教育。坚持全面从严治检，贯彻落实中央八项规定，强化检察职业道德教育，锻造忠诚干净担当的检察铁军。巩固深化司法改革成果，构建以检察官为核心的专业化办案团队，统筹加强检察官、检察辅助人员、司法行政人员队伍建设。以“西山论道”和“匠心公诉”为平台，构建集学习交流、业务比拼、才艺展示、人文关怀为一体的吴检文化阵地和体现时代气息、富有“吴检”特色的文化品牌，争创全国检察机关文化建设示范院及全国文明单位。

各位代表，新时代标明新方向，新使命呼唤新作为。区检察院将在区委和上级检察院的领导下，在区人大及其常委会的监督下，认真落实本次会议决议，深化法律监督，维护司法公正，强化队伍建设，奋力谱写新时代“品质检察”新篇章，为吴兴加快建设“生态吴兴、经济强区、科技新城、幸福家园”贡献更多检察力量！

第二篇　大事记

1月

1日，“欲与‘东吴国际’试比高——2018全国新年登高健身大会湖州（吴兴）分会”在东吴国际广场西塔举行。

2日，妙西镇妙山村入选浙江省首批“休闲旅游示范村”。

4日，副市长卢跃东到吴兴区检查银瑞小商品市场搬迁关闭工作。

6日，副市长闵云出席吴兴实验中学新校园启用仪式。

9日，市人大常委会党组副书记、副主任董立新到吴兴农商银行调研绿色金融改革工作。

10日，市委副书记、政法委书记陈浩到吴兴区督查平安综治和意识形态工作，实地考察龙泉街道平安健康聚乐部、吴兴区矛盾纠纷多元化解飞英街道分中心。

11日，吴兴区委四届三次全体（扩大）会议召开。

是日，湖州吴兴城市投资发展集团有限公司和产业投资发展集团有限公司正式挂牌成立。

是日，吴兴“金农之星”草莓荣获2017年省精品草莓金奖。

12日，吴兴区埭溪镇芳山村获得第三批省级“森林人家”称号。

是日，“心相聚 成大器”——2018年吴兴区青年企业家协会全体会议顺利举行。

13日，第四届中国·菰城文化旅游节、吴兴溇港文化暨天下湖品狂购节在织里镇义皋村开幕，省旅游局副局长许澎，副市长卢跃东等人参加。

14日，湖州原乡假日小镇实业有限公司、吴兴区织里镇义皋村两家单位获得“浙江省生态文化基地”称号。

15日，市委副书记、市长钱三雄，市委常委、常务副市长高屹到吴兴区对浙北大酒店进行“双禁”工作检查。

16日，副市长卢跃东赴织里镇调研中国童装设计中心、湖州名邦服饰有限公司、晟舍集镇、新世界农贸市场、利济文化公园。

是日，吴兴区移沿山湿地公园成功创建为市级湿地公园。

17日，副市长施根宝到吴兴区调研现代农业发展2018年工作思路，实地调研东林镇病死动物收集点、泉庆村渔业尾水处理建设现场。

是日，由吴兴区禁毒办联合分局公关办拍摄的禁毒题材微电影《糖》，荣获“首届全国禁毒微视频摄影大赛”微视频组“优秀奖”。

18日，市委副书记、市长钱三雄，市委副书记、政法委书记陈浩到吴兴区调研童装企业整治情况。

22日，市委常委、组织部部长干武东到吴兴区实地调研织里镇中国童装设计中心，沿途查看织里老街拆迁现场、调研东尼电子产业园、织里镇晓河村，调研埭溪镇湖州乐通新材料科技有限公司。

25日，市人大常委会副主任喻运鑫到吴兴区督查“双禁”工作开展情况，视察织里镇童装市场、河西社区、中心幼儿园、工商银行织里支行，八里店镇前村社区等地。

29日，市委常委、常务副市长高屹到吴兴区检查中心城老旧小区抗雪除雪情况，实地查看红丰西村、潮音新村、茅安前、塔下街、市陌二社区等地。

2月

1日，吴兴区获省农村生活污水治理设施运维管理考核优秀县区。

5日，市政协副主席高东到吴兴区履职大钱港“河长制”，实地查看湖师院排污口、湖职院排污口、城北污水处理厂排污口等。

6日，市政协副主席高东到吴兴区调研湖羊生产和粮油、瓜果蔬菜等特色生态农业，实地考察锋盛家庭农场、尹家圩粮油植保农机专业合作社、吴兴金农生态农业发展有限公司等。

是日，市政协副主席钟鸣、市政协社法委主任杜方林到吴兴区龙泉街道调研居民小区物业管理情况。

7日，市人大常委会副主任胡国荣到吴兴区调研智慧养老试点工作，实地调研南太湖居家养老中心、湖州绿康老年康复护理院等地。

8日，吴兴区成立浙江省首支卫生计生行政执法中队。

9日，副省长陈伟俊到吴兴区白鱼潭农贸市场、浙北超市米兰店、老恒和酿造有限公司实地检查春节期间食品安全工作。

是日，市人大常委会主任胡菁菁到吴兴区走访慰问困难群众。

是日，吴兴区法院首次将巡回审判车开进山村，在埭溪镇庄上村公开开庭审理了一起赡养纠纷案件。

12日，市委副书记、政法委书记陈浩到吴兴区检查安全生产工作，实地检查杭州大厦特种设备及商贸流通、湖州小商品城商贸流通、湖州汽车东站春运和川气东输湖州门站城市运行情况。

15日，市委常委、常务副市长高屹到吴兴区督查“双禁”工作，实地检查妙西镇马建兴副食品超市烟花爆竹销售点、妙西镇渡善村烟花爆竹销售点、道场乡施家桥烟花爆竹销售点等地。

16日，市委书记马晓晖到吴兴区开展春节慰问，走访新奥燃气。

是日，市委常委、公安局局长夏文星到吴兴区龙泉派出所、爱山派出所看望慰问值班人员。

19日，市委副书记、市长钱三雄到织里镇督查烟花爆竹“双禁”工作。先后到振兴街道东湾兜社区和棉布城警务站，实地督查“双禁”工作开展情况。

21日，浙江省企业减负担降成本专项调研组到吴兴区调研企业减负工作。

22日，吴兴区召开机关干部大会暨深入开展“争当排头兵 实干大比拼”活动推进会。

27日，省委宣传部副部长唐中祥到吴兴区考察小西街文化创意街区。

是日，吴兴璞心家庭农场登上中央电视台《舌尖上的中国3》节目。

28日，市委书记马晓晖，市委常委、常务副市长高屹，市委常委、秘书长蔡旭昶到吴兴区调研经济建设工作，实地调研浙江东尼电子股份有限公司、织里镇行政服务中心、湖州丝绸小镇西山漾片区。

3月

3日，中国工程院“绿色制造发展战略研究”课题组教授钱旭红、屈贤明到吴兴区调研“中国制造2025”城市试点示范情况及“绿色制造”的基本现状。

是日，2018吴兴西塞山文化旅游节暨湖州中国原乡小镇开园仪式在原乡小镇景区举行。

6日，省委宣传部副部长、省文明办主任黄明辉到吴兴区龙泉街道学士府社区调研指导社区文明建设工作。

是日，市政协主席杨建新到吴兴区爱山街道开展“加强居民小区物业管理”专题座谈调研。

是日，农业部“百乡万村”调研组首站入驻八里店镇移沿山村，并以《铆足干劲 要做产业兴旺样板村》为题，在《农民日报》“百乡万村调查”专栏作为开篇报道。

是日，省爱国卫生发展中心专家组到吴兴区调研指导国家卫生镇创建工作。

7 日，市委常委、秘书长蔡旭昶到吴兴区调研 2018 年工业开门红活动，实地调研埭溪镇绿色新材股份有限公司、天地之光电池制造有限公司、珀莱雅化妆品股份有限公司。

8 日，省委常委、政法委书记王昌荣到吴兴区调研平安考核工作，实地调研市刑事诉讼涉案财物管理中心。

是日，副省长王文序到吴兴区调研科技工作，实地调研吴兴区湖州七幸众创空间。

是日，市人大常委会主任胡菁菁、市人大常委会副主任喻运鑫到吴兴区调研地方立法和监督执行工作，实地调研织里镇人大代表中心联络站。

是日，浙江省卫生计生委副主任马伟杭到吴兴区调研医疗服务价格调整与中心城区医联体建设工作。

13 日，市委书记马晓晖，市委常委、组织部部长干武东，市委常委、秘书长蔡旭昶到吴兴区调研组织工作，实地调研爱山街道龙庭社区、久立特材公司党建工作和人力资源服务产业园。

14 日，市政协主席杨建新到吴兴区调研工业“开门红”情况。

15 日，市委书记马晓晖，市委常委、秘书长蔡旭昶，副市长杨六顺到吴兴区调研城乡建设工作，实地调研环渚街道邵家墩村及瑶台村城中村改造工作、埭溪镇美妆小镇规划建设工作、珀莱雅公司和埭溪镇小城镇环境综合整治工作。

是日，市政协副主席魏明到吴兴区开展“加强普惠性幼儿园建设”专题协商座谈会。

19-20 日，吴兴区举办 2018 年“海外院士专家吴兴行”活动。

22 日，2018 年全市旅游项目暨村庄景区化推进现场会在吴兴区妙西镇原乡小镇召开。

22-23 日，农业部生态总站农产品产地环境评价中心主任黄宏坤、中宣部对外新闻局新闻发布处处长寿小丽到吴兴区八里店镇考察农业展示厅。

23 日，省水利厅河湖管护体制机制创新试点工作验收组到吴兴区验收河湖管护创新试点工作。

是日，吴兴区举办中国 (吴兴) 首届水果番茄节暨水果番茄 4.0 时代高峰论坛。

29 日，吴兴区荣获浙江省 2017 年度“平安区”称号。

4 月

2 日，中国红十字会党组副书记、副会长郭长江到吴兴区调研红十字会基层组织建设工作。

是日，市委书记马晓晖一行到原乡小镇景区考察“六重”项目进展情况。

3 日，市委书记马晓晖，市委副书记、市长钱三雄等市、区四套班子领导在高新区参加全省扩大有效投资重大项目集中开工仪式（湖州）暨游侠电动汽车零部件项目开工仪式。

4 日，市委书记马晓晖，市委常委、秘书长蔡旭昶，副市长杨六顺到吴兴区调研城市配套服务设施建设情况，实地调研中心城区核心商贸区建设情况，小西街、状元街历史街区建设情况，南郊风景区建设情况。

是日，市政协主席杨建新到吴兴区开展“能不能抓住长三角一体化重大机遇，在激烈的区域竞争中实现赶超和崛起”专题调研。

8 日，市委书记马晓晖，市委常委、秘书长蔡旭昶，副市长杨六顺到吴兴区开展“提标杆、破难题、助赶超”调研，实地调研吴兴区文体中心、区府路跨长湖申线大桥项目建设情况。

10 日，吴兴区召开全区“最多跑一次”改革向基层延伸工作部署会议。

15 日，市委副书记、市长钱三雄到吴兴区调研湖州云计算产业园发展有限公司智慧云计算产业园项目、老恒和酿造有限公司古法酿造生态生产基地项目、浙江东尼电子股份有限公司超微细电子信息产业园项目建设情况。

16日，市委常委、纪委书记、监委主任梁雪冬到吴兴区开展“提标杆、破难题、助赶超”专项调研暨“听民声、访民情、助力清廉乡村建设”大调研活动，实地调研走访爱山街道安定书院社区、上下塘社区、湖州文创中心产业园、东林镇泉庆村、泉益村。

是日，全省2018年国家安全教育日反恐宣传活动在吴兴区爱山广场举行。

17日，省高级人民法院院长李占国到吴兴区人民法院调研。

19日，市人大常委会副主任沈志华到吴兴区开展民生实事领域“提标杆、破难题、助赶超”专项调研，实地调研爱山街道龙庭社区、红丰西村老年服务中心、区养老服务照料中心、朝阳街道北齐巷社区。

是日，吴兴区成立湖州市首个驻人民法院“律师调解工作室”。

20-22日，吴兴区举办吴兴陆羽茶文化节暨第二届全国茶道哲学高峰论坛。

23日，市委书记马晓晖，市委副书记、政法委书记陈浩，市委常委、公安局局长夏文星，市委常委、秘书长蔡旭昶到吴兴区调研平安湖州创建工作，实地调研吴兴区矛盾纠纷多元化解中心及吴兴区社会治理综合信息指挥中心、龙泉街道全科网格建设及社会组织参与社会治理工作、湖州市平安实训基地、湖州（吴兴）安全生产监控服务中心、“智慧用电”监控平台。

24日，市委书记马晓晖到吴兴区公共法律服务中心调研。

26日，省人大常委会党组副书记、副主任李卫宁到吴兴区开展《浙江省华侨权益保护条例》立法调研。

27日，市委书记马晓晖等市四套班子领导参加市“四新”主题实践比看活动，到吴兴区实地考察新风鸣二期、区文体中心。

是日，水利部宣传教育中心水情教育处处长邵自平率队到吴兴区考察溇港文化。

5月

2日，市委书记马晓晖，市委常委、秘书长蔡旭昶，副市长卢跃东到吴兴区调研旅游工作，实地调研西塞山前度假木屋、慧心谷庄园、驾云山休闲观光园。

3日，市委书记马晓晖，市委副书记、政法委书记陈浩，市委常委、秘书长蔡旭昶到吴兴区实地调研金农生态农业发展有限公司、尹家圩粮油植保农机专业合作社、锋盛家庭农场。

4日，市委书记马晓晖，市委常委、秘书长蔡旭昶到吴兴区检查防汛工作，实地检查环湖大堤及罗溇水闸、太湖溇港文化展示馆。

7日，副市长施根宝到吴兴区召开全市渔业绿色发展工作第三次例会暨劣V类水防反弹、污染源普查工作会议，实地考察高新区杨溇村、织里镇伍浦村、孟乡港村养殖尾水治理点。

8日，国务院妇儿工委办主任王卫国一行到吴兴区调研全国妇女儿童发展纲要执行情况。

10日，市委副书记、市长钱三雄到道场乡红里山村调研防汛工作。

是日，市人大常委会主任胡菁菁，市人大常委会副主任沈志华到吴兴区开展医养结合改革推进调研，实地调研市社会福利中心、湖州交通医院、湖州绿康老年康复护理院、红丰老年服务中心、八里店镇社区卫生服务中心、道场乡社会福利中心。

是日，国家信访局投诉受理办公室副主任高海宾、省信访局副局长王宏等一行到吴兴区检查信访基础业务规范化工作。

11日，民政部基层政权和社区建设司司长陈越良一行到吴兴区爱山街道龙庭社区调研全国街道服务管理创新实验区建设情况。

14日，山东省政协副主席唐洲雁、浙江省政协民族宗教委员会副主任赵宏、湖州市政协副主席钟鸣到吴兴区考察“创新监管模式，鼓励‘四新经济’加快发展”，基层宗教治理等方面的工作情况，实地考察浙江东尼电子股份有限公司。

是日，副市长闵云到吴兴区调研织里镇公共

文化建设，实地调研织里镇利济文化公园、凌濛初纪念馆、晟舍村盘珠漾公园、织里镇科技文化中心。

15日，市委副书记、市长钱三雄，副市长闵云到吴兴区调研民生工作，实地调研小西街城市书房、调研吴兴区残疾人综合服务中心、湖州市红十字应急救护学院、湖东小学建设项目现场、浙北医学中心建设项目现场。

16日，省人大常委会副主任史济锡一行到吴兴区调研实施乡村振兴战略相关工作。

是日，市委常委、纪委书记、监委主任梁雪冬到东林镇调研清廉乡村建设工作。

是日，市委常委、宣传部部长范庆瑜到吴兴区调研中心城区农贸市场、社区管理情况。

是日，湖州市农村水利工作暨水库山塘病险清零工作推进会在吴兴区召开。

19日，安徽省人大常委会副主任刘明波到吴兴区考察太湖治理工作，实地考察西山漾国家城市湿地公园、杨溇村美丽乡村建设、义皋溇港文化。

20日，中国美妆小镇第一届国际玫瑰文化节在埭溪镇四季玫瑰庄园开幕。

是日，吴兴区残疾儿童康复中心成立。

21日，副市长项乐民到吴兴区调研安全生产工作，实地调研中海油金洲管道有限公司安全生产工作、“智慧用电”工作。

是日，市政协副主席叶理中到吴兴区视察南横塘水环境综合整治情况，实地视察西山漾景区内清淤情况（西山漾大桥）、诸墓圩区建设和绿道工程建设情况等。

是日，市政协副主席高东、竺鸰到吴兴区开展“全力推进滨湖一体化，加快建设南太湖绿色发展新区”专题调研。

22日，副市长施根宝陪同全国集中式饮用水水源地环境保护专项行动督查组到吴兴区督查，实地督查湖州中环水务、吴兴顶峰建筑五金厂、大冲竹木制品厂、茂生竹木制品厂。

是日，湖州市城市精细化管理工作推进会在织里镇召开。

23日，市人大常委会副主任喻运鑫到吴兴区开展固废污染防治“一法一条例”专项执法检查。

23-26日，区委书记吴智勇带队赴四川省、重庆市对接对口支援工作。

24日，全国党媒社长总编“绿水青山就是金山银山”理念诞生地湖州行暨中国报业“绿映神州”湖州论坛在湖州举行。

28日，市委副书记、市长钱三雄调研吴兴区衍宇包材、绮丽华美妆、东尼电子、永昌电机等10个工业项目。

29日，市委常委、纪委书记、监委主任梁雪冬到吴兴区月河街道社区卫生服务中心调研基层党支部建设、责任医生签约服务等工作。

是日，吴兴区湖东街道挂牌成立。

31日-6月2日，吴兴区在匈牙利首都布达佩斯举办首个国外童装专业展。

6月

5日，市委常委、统战部部长、湖州南太湖产业集聚区党工委书记李上葵到吴兴区考察湖州南太湖产业集聚区吴兴分区，实地考察湖州一力电子项目、浙江精星物流装备项目、先登高科有限公司、老恒和酿造有限公司。

是日，市人大常委会党组副书记、副主任董立新到吴兴区织里镇实地调研座谈债务情况。

是日，副市长项乐民到吴兴区调研工业、金融及科技工作，实地调研湖州七幸众创空间、砂洗城“园区贷”、中节能环保产业园项目。

7日，市委常委、组织部部长干武东到吴兴区调研党建和人才工作，实地调研环渚街道梦工场党群服务中心、美欣达集团有限公司党建工作和人才工作。

9日，妙西陆羽古道、天字古道在“2018长三角古道旅游大会”上入选2018“长三角十大古道”，入选数在长三角所有县区中排名第一。

11日，国务院办公厅“强化职业教育助力乡村振兴”调研组到吴兴区考察第五届全国文明村镇代表。

是日，吴兴区公安分局召开“家园卫队”专业队品牌媒体推介会暨“2018•3•31”特大贩毒案新闻通报会。

12 日，副市长施根宝到吴兴区督导环保问题整改，实地调研湖州金泰科技有限公司、高新区灵粮项目工地、东林镇东林桥南塊、喷水织机行业整治。

13 日，市委书记马晓晖，市委常委、秘书长蔡旭昶，副市长卢跃东到吴兴区调研企业，实地调研华祥（中国）高纤有限公司、浙江三一装备有限公司、老恒和酿造有限公司、先登高科电气有限公司、美欣达集团有限公司。

14 日，省政协副主席、省国土资源厅厅长陈铁雄到吴兴区考察“批而未供、建而未投、用而未尽”项目，实地考察高新区湖州风神领航物流公司、浙江威图机械公司，八里店镇浙江万马智造产业园。

15 日，市人大常委会副主任曹德平到吴兴区调研民族宗教工作，实地调研利济寺工作情况、织里镇中心代表联络站开展情况。

是日，吴兴区“安全生产月”宣传咨询日活动启动暨“最美安全卫士”颁奖仪式举行。

21 日，湖州市“提升市民文明素质，建设更高水平文明城市”工作推进会在吴兴区举行。

25 日，农业农村部农机化司副巡视员王家忠率农业农村部农机化司与财政部农业司联合调研组到吴兴区进行考察调研。

27 日，省信访局副局长邵根宝一行到吴兴区开展信访工作大调研大督查。

是日，市委副书记、政法委书记陈浩到吴兴区“七一”走访慰问白鱼潭社区困难党员裘建乔、都市家园社区困难党员张林。

28 日，市委书记马晓晖，市委常委、秘书长蔡旭昶到吴兴区“七一”慰问爱山街道友谊西区困难党员章旭民。

是日，吴兴区二季度引进项目集中签约仪式在区行政中心举行，共有 29 个项目签约，总投资 153.3 亿元。

29 日，吴兴区人民检察院公益损害与诉讼违法举报中心暨 12309 检察服务中心挂牌成立。

7月

2 日，市委常委、湖州军分区司令员江宏勋到吴兴区人武部检查工作，赴八里店镇移沿山村调研民兵党支部建设。

3 日，省委书记车俊对八里店镇报告文学《领袖与村庄》的创作作出重要批示。

4 日，市委书记马晓晖，市委常委、秘书长蔡旭昶，副市长卢跃东到吴兴区调研国资工作，实地调研湖州国际乡村旅游度假精品示范区妙喜茶源景区项目、市北污水处理项目、中小微智能制造产业园。

5 日，吴兴区举办首届“吴兴人大代表论坛”。

7 日，吴兴区中医药学会正式成立。

10 日，吴兴区国家现代农业产业园成功列入 2018 年国家现代农业产业园创建名单。

是日，湖州八里店镇“丝绸小镇”西山漾景区通过 AAAA 级景区景观质量评价。

11 日，共青团浙江省委副书记周苏红调研吴兴青创、基层团建工作。

12 日，浙江省法院文化建设座谈会在吴兴区人民法院召开。

是日，吴兴区在江苏南京召开的全国街道服务管理创新交流会上被授牌“首批全国街道服务管理创新实验区”。

是日，道场乡红里山村等 4 个村获省级美丽宜居示范村称号。

13 日，市委书记马晓晖，市委常委、宣传部部长范庆瑜，市委常委、秘书长蔡旭昶到吴兴区织里镇调研，实地调研湖州今童王制衣有限公司、万邦德集团股份有限公司、利济文化公园、织里童装生产示范园区、织里老街整治、东盛社区管委会、中国织里童装设计中心。

15 日，市委副书记、市长钱三雄，副市长施根宝到吴兴区调研农业农村工作，实地调研埭溪镇老虎潭水库、四季玫瑰庄园。

是日，副市长杨六顺到龙泉街道调研摩托车

禁行工作。

是日，首届太湖溇港龙舟赛在高新区东桥村开赛。

16日，市委书记马晓晖等市四套班子领导参加市“四新”主题实践比看活动，到吴兴区实地考察湖州金洲管道科技股份有限公司临港产业园二期项目、湖州枫叶国际学校。

是日，市人大常委会党组副书记、副主任董立新到吴兴区调研基层人大工作，实地调研龙泉街道、八里店镇人大工作。

18日，中共湖州市吴兴区委巡察工作领导小组办公室成立。

20日，“国家税务总局湖州市吴兴区税务局”挂牌。

21日，市委副书记、市长钱三雄，副市长施根宝到吴兴区履职“河长制”。

27日，吴兴区人民调解员协会成立暨第一次会员代表大会召开。

30日，市中级人民法院对“1995•11•29”织里晟舍特大抢劫杀人案进行公开宣判。

31日，吴兴区八里店镇移沿山休闲农业观光园入选国家级休闲农业和乡村旅游精品推介名单。

8月

1日，吴兴区在全市率先试点“对外支付企税银网络直通车”，推进对外支付跨部门“最多跑一次”。

是日，吴兴区高新区消防综合应急救援队揭牌成立。

7日，市政协党组副书记、副主席李建平，市政协副主席方新旗到吴兴区调研人才引育工作，实地考察浙江东尼电子股份有限公司、浙江安点科技有限公司、吴兴梦工场。

8日，吴兴特种金属管道特色产业基地顺利通过国家复核。

10日，浙江省第十六届运动会在吴兴区举行火炬传递仪式。

是日，吴兴籍运动员张嘉文获得浙江省第十六届运动会男子丁组体操个人全能冠军。这是湖州从1995年组建男子体操队以来获得的第一枚省运会金牌。

11日，副市长项乐民到吴兴区开展“问难帮困稳增长”专项调研，实地调研万邦德新材股份有限公司、浙江贝盛光伏股份有限公司等。

是日，吴兴区首个省级团队科技特派员项目通过验收。

12日，市委副书记、市长钱三雄到吴兴区调研蜀山路路面环境情况、南塘漾社区周边环境情况、海上湾周边西山漾绿化维护情况、金冶集团门口路面交通情况。

13日，市委书记马晓晖、副市长杨六顺到吴兴区调研治矿工作，实地调研东林镇新开元碎石有限公司矿山码头、废水处理系统、加工车间、办公区，康诚石矿开采区边开采边治理、废水和尾矿处理系统，调研埭溪镇“两路两侧”板庄山生态修复治理项目和美妆小镇矿地利用。

14日，市委副书记、市长钱三雄，副市长杨六顺到吴兴区调研全省城镇低效用地再开发现场会筹备工作，实地调研浙江敏盛汽车有限公司项目、小西街改造项目。

15日，市委副书记、市长钱三雄，副市长项乐民到吴兴区检查消防安全隐患区域和单位，实地检查朝阳街道车站路一服公寓出租房情况、龙溪南路沿街店面及沈金法出租房情况，爱山街道观凤商厦消防安全情况。

16日，市政协副主席钟鸣到吴兴区调研“最多跑一次”改革工作，考察区政务服务大厅。

17日，市委常委、组织部部长干武东到吴兴区调研城市基层党建工作，实地调研城图广场党建综合体、东吴国际党群活动中心。

是日，市人大常委会党组副书记、副主任董立新到吴兴区企业开展“问难帮困稳增长”调研活动，实地调研美欣达集团有限公司、浙江东尼电子股份有限公司、湖州珍贝羊绒制品有限公司。

是日，吴兴区举办首届中国医师节暨卫生计生“最美人物”颁奖晚会。

18日，国家卫生健康委卫生发展研究中心专家组一行到吴兴区调研国家基本公共卫生服务项目。

20日，市政协主席杨建新到吴兴区走访调研企业，实地走访浙江德瑞摩擦材料、老娘舅餐饮。

21日，市委书记马晓晖，副市长闵云到吴兴区调研文化工作，实地调研飞英塔、子城城墙遗址、聚星103文创园、王一品斋笔庄。

是日，吴兴区在东吴开元名都酒店开元厅举办“壮阔东方潮　奋进新时代——庆祝改革开放40年”织里镇集中采访座谈会。

21-23日，“壮阔东方潮 奋进新时代——庆祝改革开放40年”大型主题采访活动走进织里镇，各大电视、电台、报纸、网站等陆续播放和刊登报道86篇，相关文章获转载累计2980篇。

22日，省司法厅厅长马柏伟一行到吴兴区矛盾纠纷调解中心调研。

是日，省委政研室经济处处长胡金生考察八里店镇现代农业公共服务中心、尹家圩植保农机合作社、独市古村落、金农瓜果、碧桂园滨湖城。

23日，省委政法委副书记朱晨一行到吴兴区公安分局爱山派出所调研指导。

是日，妙西镇稍康村、关山村被评定为省AAA级景区村庄。

24日，第二届中国吴兴“海创杯”创业大赛暨首届南太湖人工智能创新创业大赛启动仪式在杭州举行。

是日，吴兴区人民检察院在吴兴区公安分局正式挂牌设立检察官办公室。

25日，市委副书记、市长钱三雄，副市长项乐民一行到吴兴区调研工业新开工和技改项目。

是日，“一带一路”中国吴兴与发展中国家乒乓球国际交流赛在吴兴区文体中心举行。

27日，副省长、公安厅厅长王双全到湖州市区合署反恐维稳作战中心、织里公安分局织南派出所、区公安分局CIC情指联勤中心、爱山派出所等地视察。

是日，由吴兴区牵头起草的全国首个生态度假庄园质量等级划分与评定标准《生态度假庄园质量等级划分与评定》市级地方标准顺利通过专家评审。

28日，吴兴产业投资发展集团有限公司下属子公司湖州吴兴民间融资服务中心有限公司正式开业。

29日，副市长施根宝到吴兴区调研八里店南片农业农村工作，实地调研弘鑫水产项目建设现场、香水莲种植基地、梦田园项目建设现场。

是日，吴兴区人民检察院在吴兴区国土分局正式挂牌设立检察官办公室。

30日，湖州市生态度假庄园建设推进现场会在妙西镇慧心谷庄园召开。副市长卢跃东，市政府副秘书长陆利明，市旅游发展委员会党委书记、主任干永福参加。慧心谷庄园和原乡庄园被纳入首批生态度假庄园培育创建名单。

是日，湖州市蔬菜“机器换人”现场会在吴兴区召开。

是日，湖州市首家经民政局正式注册登记的产业联盟——吴兴区智能装备产业知识产权联盟正式成立，首批会员企业37家。

31日，市委副书记、政法委书记陈浩到吴兴区参加“七五”普法依法治理工作情况汇报会。

9月

3日，市人大常委会党组副书记、副主任董立新到吴兴区监督市“十三五”规划纲要中涉及吴兴区的部分重点项目，实地考察老恒和酿造产业基地项目、东尼电子数据线项目、吴兴区文体中心建设项目。

4日，市委书记马晓晖、副市长项乐民到吴兴区调研科技创新工作，实地调研湖州七幸众创空间、浙江德宏汽车电子电器股份有限公司。

是日，市委副书记、市长钱三雄到吴兴区考察小微科技产业园、众创空间，考察高新区佳业天成众创空间、高新科创园一期、湖州多媒体产业园、中节能（湖州）节能环保产业园（一期南区）项目，爱山街道聚星103众创空间，朝阳街道小西街众创空间。

是日，吴兴区在2018年浙江省全民健身浙西片区运动会上获得2个“团体二等奖”、4个单项“一等奖”、12个单项“二等奖”。

5日，市委常委、公安局局长夏文星到中国邮政集团公司湖州市分公司视察“警医邮”项目。

6日，上海市政协副主席金兴明到吴兴区考察八里店南片管委会、尹家圩植保农机合作社、金农瓜果。

是日，市委书记马晓晖、副市长闵云到湖州四中教育集团、湖州市月河小学教育集团、湖州市实验幼儿园开展教师节走访慰问、调研教育工作。

是日，省人大常委会副秘书长、办公厅主任宋建勋到高新区人大代表中心联络站调研指导工作。

是日，市人大常委会副主任喻运鑫到吴兴区开展《湖州市美丽乡村建设管理条例》立法调研。

8日，吴兴区第34个教师节庆祝表彰大会暨第五届“吴教之声”文艺汇演在湖州大剧院举行。

8-9日，2018年“南非院士专家吴兴行”活动在吴兴区举行。

10日，“湖州市吴兴区八里店镇路村社科普及基地”被评为浙江省省级社科普及基地。

11日，市委常委、公安局局长夏文星到吴兴区巡查河道。

12日，市人大常委会主任胡菁菁、市人大常委会副主任张兰新到吴兴区调研朝阳街道和龙泉街道人大代表联络站，看望省人大代表。

是日，市政协副主席魏明到吴兴区开展“发挥签约医生机制，落实健康扶贫措施”专题调研活动，实地考察妙西镇五星社区、南埠社区卫生服务站。

13日，浙江省生态“坡地村镇”建设现场会在吴兴区举行。省政协副主席、省国土资源厅厅长陈铁雄，副厅长张国斌参加。

16日，吴兴区飞英消防新站建成并正式投入执勤。

17日，省信访局信访督查专员汪芬一行到吴兴区督查信访工作责任制落实情况、信访矛盾化解攻坚等工作。

是日，湖州市首个乡镇不动产登记受理点在织里镇正式揭牌。

是日，第四届化妆品行业领袖峰会在埭溪镇开幕。

18日，市委书记马晓晖、市人大常委会主任胡菁菁、市人大常委会副主任张兰新到吴兴区织里镇中心代表联络站开展主题接待活动，实地考察利济文化公园内代表联络站。

是日，全国人大代表、民建中央委员、全国脱贫攻坚奖评审委员会副主任委员、安徽省农业科学院副院长赵皖平一行到吴兴调研养老服务工作情况。

20日，副省长、公安厅厅长王双全到吴兴区开展省“七五”普法中期检查督导。

22-25日，2018年“南非CSIR专家吴兴行”活动在吴兴区举办。

25日，市委书记马晓晖、副市长闵云到吴兴区调研卫生工作，实地调研月河飞英社区卫生服务中心、市妇幼保健院、市第一医院改扩建项目建设情况、浙北明州医院、中心血站劳动路献血屋无偿献血工作、市中心医院医疗卫生服务领域“最多跑一次”改革推进等情况。

27日，市人大常委会副主任胡国荣到吴兴区调研智慧养老试点工作。

是日，市政协副主席竺鸰到道场乡城南实验学校参加“同心•同在阳光下”——民盟农村教育烛光行动启动仪式。

是日，滁州市政协副主席、市人防主任、市民革主委苏虹到吴兴区考察生态文明建设示范创建工作，实地考察东林镇新开元石矿、中节能（湖州）节能环保产业园、西山漾水系治理。

28日，省残联党组书记、理事长蔡国春到吴兴区调研残疾人工作。

是日，全市综合行政执法系统“非接触性”执法试点工作推进会在吴兴区综合行政执法局召开。

29日，省民政厅党组成员、人事处处长陈家耀到八里店镇检查指导退役军人服务站工作。

10月

10日，市政协副主席、市总工会主席钟鸣到吴兴调研指导联合工会组建工作。

14日，波兰国家矿山局局长亚当·米瑞克、副局长克日什托夫·克劳尔到吴兴区考察矿山安全生产工作。

15日，市委常委、公安局局长夏文星到吴兴区督查犬类管理工作，实地检查杭州虹泰宠物医院湖州分院免疫接种点、莲花庄路湖州市动物保健公司免疫接种点、都市家园社区登记点、碧浪湖社区登记点。

16日，市委书记马晓晖等市四套班子领导参加全市县区“互看互学互比”活动，到吴兴区考察慧心谷绿奢度假山庄项目、绮丽华美妆制品（湖州）有限公司项目。

是日，吴兴区成功举办首届丝路论坛开幕仪式暨“一带一路”纺织服装商贸流通峰会启动仪式，副市长施根宝参加。

17日，吴兴区举办2018年经贸科技洽谈会。市委副书记、市长钱三雄，副市长卢跃东参加。

是日，市政协党组副书记、副主席李建平到吴兴区参加首届丝路论坛-改革开放40年中国纺织工业发展历程活动。

18日，省总工会副主席张卫华、省总工会劳动和经济技术部副部长严俊到吴兴区调研中美贸易摩擦对企业影响以及吴兴区产业工人队伍建设情况。

19日，省扩大有效投资重大项目集中开工仪式（湖州）暨万邦德绿色制造生产基地项目开工活动在湖州市吴兴区织里镇举行。市委书记马晓晖，市委副书记、市长钱三雄等市、区四套班子领导出席。

是日，吴兴区埭溪镇“中国美妆小镇”在法国举办招商推介会。

23日，全市反恐怖防范标准化建设现场会在吴兴区举行，市委常委、公安局局长夏文星参加。

是日，吴兴区召开湖羊产业农合联成立大会。

26日，市委副书记、市长钱三雄到吴兴区调研工业新开工项目，实地调研浙江瑞真物流有限公司浙江瑞真汽车备件产业园二期、浙江万马海振光电科技有限公司智能智造产业园等项目。

是日，湖州市生活垃圾分类工作现场推进会在吴兴区龙泉街道华丰一社区召开，市委常委、常务副市长杨六顺到现场指导。

27日，第三届世界乡村旅游大会在吴兴区举行，市委副书记、市长钱三雄出席。

28日，第三届世界乡村旅游大会暨“一带一路”世界乡村旅游湖州亚太峰会在吴兴区妙西镇举行，文化和旅游部党组成员、故宫博物院院长单霁翔，副省长王文序，市委书记马晓晖，市委副书记、市长钱三雄，市委常委、常务副市长杨六顺出席。

是日，第三届世界乡村旅游大会暨吴兴·织里太湖溇港文化旅游节在吴兴区织里镇义皋村举办。

是日，沙特阿拉伯战略研究中心主席欧马尔，沙特经济和规划部经济顾问萨利赫，沙特标准、度量和质量机构综合服务司司长叶海亚，沙特阿拉伯战略研究中心国际交流专员拉尼姆，湖州“一带一路”沿线阿拉伯国家文化和旅游推广人刘奕鑫一行到织里镇考察童装产业。

30日，省委常委、组织部部长黄建发到吴兴区调研基层党建，实地调研久立集团、织里童装设计中心、晓河村。

31日，全国人大常委会委员、环资委副主任委员窦树华等领导到龙泉街道华丰社区调研垃圾精准分类工作。

11月

2日，市人大常委会副主任沈志华到吴兴区调研人大工作、科技创新加速活动等工作，实地考察织里镇倍格曼新材料股份有限公司、九鼎电子有限公司，高新区七幸科技企业孵化园。

是日，吴兴区“首届联合国世界地理信息大会维稳安保暨重大活动安保月动员部署大会”召开。

5日，中共吴兴区委重新制定《中国共产党湖州市吴兴区第四届委员会巡察工作规划》，首次将行政村（社区）纳入区委政治巡察全覆盖范围。

是日，湖州老恒和酿造有限公司成功创建省级重点农业企业研究院，实现吴兴区零的突破。

6日，市太湖局局长马建华到道场乡调研水云绿道项目提升工程推进情况。

7日，市委副书记、市长钱三雄到吴兴区调研御梵化妆品、新凤鸣二期、金洲管道、东尼电子、永昌电机、英锋机器人、旭派克科技、一力电子等8个工业项目推进情况。

9日，吴兴区通过农业农村部渔业健康养殖示范县验收。

是日，第二届中国吴兴“海创杯”创业大赛暨首届南太湖人工智能创新创业大赛总决赛和“创业吴‘芯’•智造未来”数字经济人才高峰论坛在吴兴区举行，省工业和信息化研究院书记、院长兰建平出席。

9-11日，区委副书记、区长陈江，区人大常委会主任吴旭，区委常委、统战部部长宋建方，区人大常委会副主任杨华林，副区长王青一行带领企业家赴四川省广元市青川县对接东西部扶贫协作工作。

11日，市政协主席杨建新到湖州南太湖产业集聚区调研吴兴杨渎桥至南浔菱湖公路（湖山大道）工程。

是日，2018年浙江省（湖州•吴兴）第四届国际大力士挑战赛在吴兴区举行。

12日，浙江省食品小作坊“区域集中”整治提升现场会在吴兴区召开。

14日，市政协主席杨建新到吴兴区道场乡调研浮玉花园二期、三期精细化管理，东苕溪沿岸湖山大道、水云绿道重点工程，菰城村美丽乡村、吴沈门全域整治项目，城南小城镇环境整治。

15日，省委副书记、省长袁家军到吴兴区调研民营企业，实地调研浙江三一装备有限公司、浙江久立集团股份有限公司。

是日，吴兴区纺织服装基地被正式认定为国家级外贸转型升级基地。

16日，市委副书记、市长钱三雄，副市长蒋伟峰到吴兴区调研大气污染防治工作，实地调研环渚街道浙江台洋纺织科技有限公司印染定型机废气VOCs治理、八里店镇大家漾山府施工工地建筑工地扬尘治理、高新区先登高科电气有限公司废气VOCs治理。

是日，省委宣传部副部长、省文明办主任黄明辉调研爱山街道安定书院社区好人馆和科普馆。

是日，省委组织部副部长胡旭阳带领省第六督查组到吴兴区开展第二轮督查，实地查看道场乡施家桥集镇、红里山村，妙新线。

是日，省总工会基层工作部部长杨宝明到埭溪镇调研特色小镇工会改革试点工作。

17日，沈家本法治文化研讨会暨全国首座沈家本文化园开园活动在吴兴区人民法院举行。最高法院、中国法学会、中国社科院、省高院相关领导，北京大学、中国人民大学、中国政法大学等6所国内知名高校的领导和专家学者，沈家本后人沈厚铎、蔡小雪、汪冬等出席活动。

19日，湖州市第一例远程出庭案件在吴兴区人民检察院进行。吴兴区人民法院首次使用“e出庭”方式开庭审理一起刑事案件，通过即时视频通讯设备，在全市率先实现法院、检察院、被告人、辩护人等诉讼参与各方异地远程参与诉讼活动。

20日，织里镇义皋村获国家级“美丽宜居示范村称号”，道场乡菰城村获省级“美丽宜居示范村”称号。

21日，市委书记马晓晖，市委常委、常务副市长杨六顺到吴兴区调研“智慧城市建设”工作，实地调研多媒体产业园德利迅达湖州云计算中心。

22日，浙江省统计局党组副书记、副局长、巡视员竺园到吴兴区督查《关于深化统计管理体制改革提高统计数据真实性的意见》《统计违纪违法责任人处分处理建议办法》《防范和惩治统计造假、弄虚作假督察工作规定》和我省《关于深化统计管理体制改革加强统计工作的实施意见》的贯彻落实情况。

是日，市人大常委会副主任胡国荣到吴兴区调研人大工作，赴埭溪镇红旗村人大代表联络站召开座谈会，调研木叶夏精品民宿、大冲村消薄工作。

24日，吴兴强农家庭农场、湖州织里旭勤家庭农场、吴兴蕾蕾家庭农场、吴兴孙氏家庭农场、吴兴老公家庭农场5家家庭农场被认定为省级示范性家庭农场。

26日，市政协主席杨建新调研吴兴区政协2018年履职情况和2019年工作思路。

是日，省委政法委副书记朱恒毅到八里店镇考察综合治理工作。

27日，中国红十字会党组成员、副会长王汝鹏一行到吴兴区调研红十字工作。

29日，市政协副主席、市总工会主席钟鸣到吴兴区调研产业工人队伍建设。

12月

1日，市委副书记、市长钱三雄，副市长蒋伟峰、许继清到吴兴区调研农业工作，实地调研吴兴蕾蕾家庭农场、市农科院试验示范基地、梦田源城市农业总部经济产业园、吴兴金农生态农业科技有限公司、吴兴常绿现代农业发展有限公司。

3日，副市长蒋伟峰到吴兴区履职“河长制”，赴西山漾、汤溇港巡河，调研义皋溇及溇港文化馆。

5日，市人大常委会主任胡菁菁到吴兴区实地调研江南影视城项目一期。

是日，市委常委、组织部部长徐仲仪到吴兴区调研组织工作，实地调研飞英街道余家漾社区、浙江久立特材科技股份有限公司、湖州人力资源产业园。

是日，副市长施根宝到吴兴区调研旅游工作，实地调研泊心湾民宿、谷堆乡创、慧心谷绿奢度假村。

6日，市人大常委会主任胡菁菁到吴兴区调研大气污染防治工作。

是日，吴兴区列入浙江省农业农村厅第三批省级农产品质量安全放心县名单。

6-9日，吴兴区供销社组织农企参加2018浙江（南京）名特优新农产品展销会。

14日，吴兴区高新区杨溇村被评定为湖州市2018年第三批省AAA景区村庄。

是日，吴兴区民主党派活动中心暨浙江省社会主义学院、吴兴区委统战部合作共建基地揭牌。

19日，市委书记马晓晖等市四套班子领导参加全市县区“互看互学互比”活动，到吴兴区考察织里镇义皋村美丽乡村精品村、湖州庙港人太湖蟹千亩水产园。

21日，水利部宣传教育中心副主任孙平国、中国科协科普活动中心科普活动处处长李挺率队到吴兴区验收全国第三批水情教育基地太湖溇港文化展示馆。

是日，2018吴兴•上海产业融合座谈会在上海成功举行。

22日，中国信息通信研究院院长刘多到吴兴区调研企业信息化建设。

27日，“2018吴商家乡行”活动在吴兴区举行，来自北京、上海、粤港澳大湾区吴兴商会的30多名吴商代表参加活动，召开座谈交流会并进行项目签约。

28日，副市长施根宝到吴兴区调研招商引资工作，实地调研走访美妆小镇检测研发中心项目、化妆品科技孵化器项目、韩佛化妆品项目。

第三篇 区情总述

·概 况·

【行政区划和沿革】2003年1月10日，撤销城区、南浔、菱湖3个派出区，设立吴兴、南浔2个市属行政区。吴兴区辖乡、镇、街道15个，包括织里、八里店、埭溪、东林、妙西、杨家埠6个镇，环渚、道场、白雀3个乡，月河、朝阳、爱山、飞英、龙泉、凤凰6个街道。其中凤凰街道、杨家埠镇和白雀乡受市政府委托，由湖州市经济技术开发区管理。2006年8月设立康山街道，委托经济技术开发区管理。2009年8月，白雀乡撤乡建街道，以申苏浙皖高速公路为界，南部划为仁皇山街道，北部划为滨湖街道。2012年12月，撤销环渚乡建制，设立环渚街道和南太湖高新技术开发区。2018年5月，设立湖东街道。现辖南太湖高新技术开发区；织里、八里店、妙西、埭溪、东林5个镇；道场乡；环渚、湖东、月河、朝阳、爱山、飞英、龙泉7个街道。

（凌 夫）

【地理位置】吴兴区地处北纬30°37′至30°57′，东经119°51′至120°29′之间，总面积为862.7229平方公里。位于浙江北部、太湖南岸，东临上海，南接杭州，西近南京，北隔太湖与苏州、无锡相望，地处长三角经济圈、环杭州湾产业带和环太湖经济圈的腹地，经济产业发达，商贸市场繁荣，是承接杭州湾、长三角各地区经济架构重组、产业链延伸、技术资金溢出和产业梯度转移的重要平台。

【地形地貌】全区有“五山一水四分田”之称，属太湖流域长江三角洲经济区。吴兴地势自西南向东北倾斜，西部为天目山余脉，群山连绵、林木葱郁、风景优美，矿藏、山泉、旅游资源丰富；东部为长江三角洲冲积平原，土壤肥沃、河渠似网、鱼塘棋布，一派典型江南水乡风光，是著名的“鱼米之乡、丝绸之府、文化之邦”，也是湖州市粮油、蚕茧、淡水鱼、笋竹等农副产品的重要产区。

（区自然资源和规划分局供稿）

【气候】2018年，湖州市天气气候复杂多变，出现了大到暴雪、低温冰冻、暴雨、台风、强对流和秋冬连阴雨等恶劣天气，给工农业生产和人民生活造成一定不利影响。2018年，湖州市年降水量1496.8毫米、年雨日158天、年日照时数1819.1小时，均接近常年；年平均气温17.6℃，比常年偏高1.2℃，与2017年持平，为自1956年有气象记录以来平均气温最高的年份之一。

1月下旬至2月上旬，出现大到暴雪、持续低温冰冻，给工农业生产及人民生活带来严重影响。3月、4月冷空气活跃，带来强降雨、强降温、雷暴、大风等恶劣天气。5月中旬出现大范围高温，极端最高气温破纪录。6月20日入梅，7月9日出梅，梅雨期间共出现3次集中降水过程。7月中旬至8月，5个台风带来暴雨大风天气，对水利、交通、电力、农林业、旅游业带来不利影响。7月至9月强对流多发，带来暴雨、雷暴、冰雹、大风等恶劣天气。11月底至12月初连续大雾，交通受阻。11月、12月出现了长连阴雨（雪）寡照天气，严重影响秋收冬种。

（市气象局供稿）

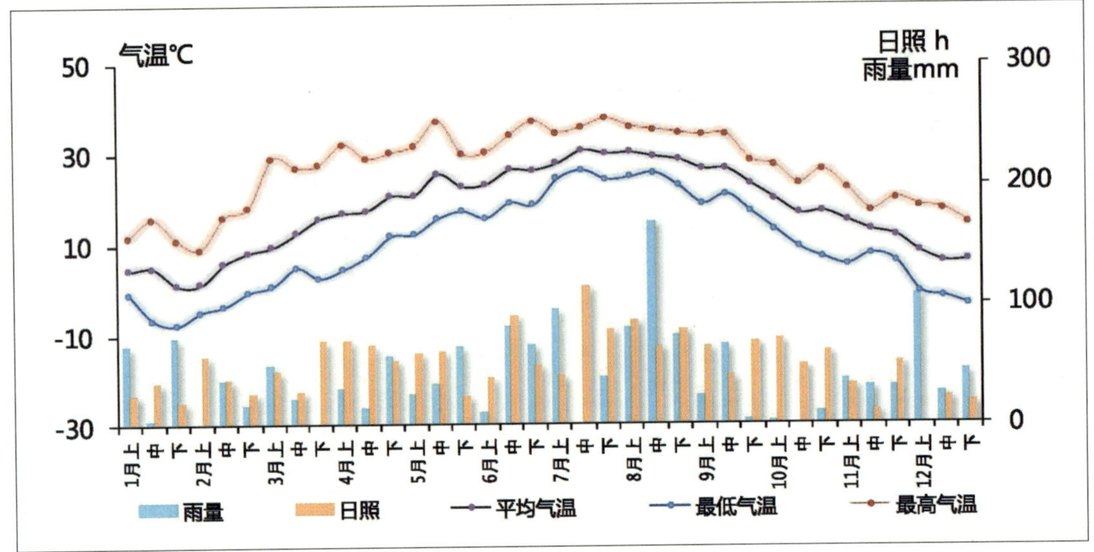

图 3-1 2018 年湖州本站逐旬气温、日照及雨量示意图

【人口】 全区年末户籍人口 45.10 万人，其中男性 22.14 万人、女性 22.96 万人，分别占总人口的 49.1% 和 50.9%；乡村人口 21.08 万人，城镇人口 24.02 万人，分别占总人口的 46.7% 和 53.3%；全年出生人口 4002 人，死亡人口 3442 人，全区自然增长人口为 560 人。18 岁以下人口数为 6.51 万人，18~34 周岁人口数为 9.05 万人，35~59 周岁人口数为 17.48 万人，60 岁及以上人口数为 12.07 万人，分别占总人口的 14.4%、20.0%、38.8%、26.8%。

（杨海丽）

【矿产资源】 区内已查明矿产 13 种，包括非金属矿产资源 8 种，金属矿产 4 种，水气矿产 1 种。构成特点是：建材及黏土类非金属矿产资源较丰富，金属矿产短缺，水气矿产尚有潜力。其中建筑石料矿产 5 种，资源丰富，资源潜力很大，火山岩类建筑石料主要分布在东林、埭溪等地，花岗岩类建筑石料主要分布在埭溪、妙西等地，沉积岩类建筑石料主要分布在妙西等地。部分区域石料质量良好，初步形成以新开元、康诚等矿山为主的沥青路面用精品石料、高铁用精品石料及高等级普通混凝土骨料生产基地，精品石料产值明显高于一般普通建筑石料。区内建筑石料矿产为主采矿种，共有持证矿山 7 家，初步形成国家级、省级和市级绿色矿山全覆盖，全年建筑石料开采总量约为 1500 万吨。

（区自然资源和规划分局供稿）

【环境】 根据湖州市环境空气质量自动监测站自动监测统计结果和湖州市环境监测站监测数据显示：全年，吴兴区环境空气质量优良率（AQI 指数法评价）为 64.3%，$PM_{2.5}$ 日均浓度为 37μg/m^3，同比下降 15.9%；全年地表水符合Ⅲ类水质标准以上的断面占 100%，水质状况为优。全年区域环境噪声平均声级为 52.0 分贝，同比下降 1.7 分贝。

（章陈力）

【交通】 吴兴区位于浙江北部、太湖南岸，东距上海 150 公里，南接杭州 86 公里，西连南京 230 公里，北隔太湖，与苏州、无锡相望，地处长三角经济圈、环杭州湾产业带和环太湖经济圈的腹地，交通发达。杭宁高铁、宣杭铁路穿城而过，湖苏沪高铁即将开工；G25 杭宁高速公路贯穿南北，G50 申苏浙皖高速公路、S12 申嘉湖高速公路横卧东西，104 国道、318 国道、306 省道并辔而行、贯通全境，基本形成长三角核心城市（上海、杭州、南京、苏州）1 小时交通圈。长湖申航线历史悠久、内通外达、风光绮丽，被誉为东方的“莱茵河”。全区现有农村公路 685.34 公里，其中县道 150.43 公里、乡道 133 公里、村道约 401.91 公里。

（湛晨斌）

【旅游】 吴兴地处长三角地理中心，素有“鱼米之乡、丝绸之府、文化之邦”的美誉。拥有“世

界丝绸之源”“陆羽《茶经》故里”“世界灌溉工程遗产”等一系列靓丽的文化名片。主要有西塞山旅游度假区、原乡小镇、移沿山景区、丝绸小镇（西山漾景区）、菰城景区、钱山漾景区等旅游平台。紧紧围绕“绿水青山就是金山银山”的发展理念，以“全域旅游深化行动”为主抓手，聚焦“丝茶原乡，山水吴兴”旅游品牌，全力推进平台建设、项目双进、产业培育、宣传营销等各项工作，全区旅游呈现出蓬勃发展的良好态势，全区接待国内外游客2637.75万人次，同比增长28.42%，实现旅游总收入243.31亿元，同比增长29.56%，增长率位列全市前列。

（区旅发委供稿）

·经　济·

【第一产业】主导产业稳步发展，经济效益保持良好态势。全区种植业、渔业、林业等主导产业经济收入呈稳定增长态势。全年实现农林牧渔业总产值32.18亿元，农民人均可支配收入32693元，增长9.1%。主要呈现以下四大特点：一是粮食面积稳中有增，经济作物结构进一步调整。全区春季农作物播种面积合计11.52万亩，春粮面积4.47万亩，与上一年基本持平，其中大（小）麦种植面积3.48万亩，增加0.16万亩；蚕豌豆种植0.77万亩，增加0.18万亩；油菜种植面积3.08万亩，与上一年基本持平；瓜果蔬菜种植面积3.2万亩，增加0.2万亩；绿肥和饲料草等种植面积0.5万亩，增加0.1万亩。晚稻播种面积实现12.4万亩，“甬优538”“春优927”等优良高产新品种和“嘉禾218”优质米品种种植面积比例进一步扩大。以粮食高产创建为契机，大力推广应用粮食主导品种和先进实用技术，努力提高单产，落实百亩方，切实提高粮食生产能力，增强农民的种粮积极性。茶叶、水果、蔬菜等经济作物种植总面积达14.8万亩，茶叶产量、产值基本保持稳定。二是弘扬蚕丝文化，注重蚕业综合开发。随着产业结构的调整，蚕桑产业传统的种桑养蚕模式已经不适应现代农业发展的要求。如何利用湖州蚕丝文化品牌，开拓蚕业综合开发市场是蚕桑产业走出困境的唯一途径，也是蚕桑产业在转型中稳步前行。打造规模化养蚕示范基地。基地建于2011年，投产桑园面积600多亩。该基地已成为全省乃至全国独树一帜的规模化养蚕基地。基地继续加强对外合作繁育雄蚕种，开展桑—菜农作模式、桑技等综合利用，以不断提高经济效益。打造成以蚕丝业为主的古村落。位于吴兴区八里店镇潞村古村落的钱山漾遗址出土的残绢片和丝织品是我国和世界迄今为止发现最早的蚕丝织品，距今有4700多年，以料例证明了中国世界丝绸文化教育的发祥地，因此被认定为“世界丝绸之源”。2018年开始潞村启动“古村落风貌整体改造方案工程”，通过保护修缮，打造成以蚕丝业为主的养蚕采茧、钱山漾文化展示厅、绣坊等农文旅融合的特色乡村旅游目的地，让千年古村落焕发出新的活力。在积极开展新桑、蚕品种推广和新技术推广的同时探索蚕桑综合开发应用，开展桑园冬闲时间作蔬菜和桑叶茶开发，鼓励相关企业和家庭农场种植果桑进行综合利用和休闲采摘。三是畜牧业结构优化调整，畜牧业总体上下滑较大。受畜产品市场价格、农业水环境治理、中央环保督查以及动疫情等因素影响，生猪、水禽大幅度下降，湖羊、肉鸡、蛋鸡有较大幅度增长。全区肉类总产量1.2366万吨，同比减少28.22%，牧业产值3.26亿元，减少23.7%。生猪存栏3.0579万头，同比减少3.61%，生猪出栏6.1508万头，减少21.55%。家禽总存栏221.3116万羽，同比增加143.74%，家禽出栏455.2642万羽，同比减少31.34%，其中肉鸡存栏165.27万羽，同比增加171.8%，蛋鸡存栏42.36%，同比增加101.21%。湖羊生产保持稳定略有增加，存栏4.5536万只，同比增加10.79%，出栏4.5947万只，同比增加1.48%。四是渔业生产加快发展，养殖效益和产值实现双增。吴兴区渔业，以建设优质、高效、生态安全渔业为抓手，着力推进现代渔业园区建设，加快渔业转型升级，现代绿色渔业发展取得新成果。养殖面积、水产品产量和产值继续增长。虽然水产品养殖成本增加，饲料和人工工资上涨，常规鱼价格仍稳中有升。全区省级水产园共16个（主导产业5个，精品园11个），面积27170亩（主导产业22780亩，精品园4390亩）。水产品总产量78725吨，比上年增加5294吨，同比增长7.21%；全年渔业经济总产值188003万元，比上年增加14208万元，同比增长8.18%。

（区农业农村局供稿）

【第二产业】2018年是全面深入贯彻落实中共十九大精神的开局之年，也是实施“十三五”规划承前启后的关键之年。吴兴区不断深化供给侧结构性改革，推动工业转型升级，工业经济呈现态势向好、质效提升、结构趋优、转型加快的良好势头，为迈向高质量发展夯实了基础。全区完成规上工业总产值523.09亿元，同比增长22.4%；规上工业增加值93.02亿元，同比增长11.2%；实现利税45.13亿元，同比增长17.4%；完成战略性新兴产业、高新技术产业、装备制造业增加值42.25亿元、48.33亿元、27.45亿元，同比分别增长16.3%、9.3%、11%。获得国家级、省级荣誉或取得领先31项。试点创建方面，湖州现代物流装备高新技术产业园区获评国家级绿色园区；荣获全省2017年度经济和信息化工作优秀县（市、区）；新增列入浙江省服务业强县（市、区）试点地区；在全省率先探索“标准房”制度改革，《湖州市吴兴区探索“标准房”机制推动小微企业园高效健康发展》专报信息获得高兴夫副省长批示肯定；以第一名成绩入围浙江省小微企业园建设提升实施主体；列入全省“企业上云”十强县区，全市第一；2017年绿色智能制造区域评价列全市第一；智能物流装备行业列入2018年省工业和信息化领域（行业）试点示范；物流装备产业列入2018年省级经信领域试点示范；织里镇荣获2017年度省级小城市培育试点年度考核第一名；万邦德新材入围省级制造业百强企业。深入推进创新平台培育计划，扎实推进各级企业技术中心、研发中心、研究院建设，加快构建企业创新体系。成功申报市级企业技术中心9个（栋梁铝业、锐格物流等），省级企业技术中心3个（新凤鸣、东尼电子、久鼎电子），完成省级工业新产品备案300多只，完成2018年度首台（套）产品认定3只（振兴阿祥、日创电机等）、省优秀工业新产品3项（东尼电子、久立特材等）。依托“南太湖精英计划”，积极构建“产业链引才”模式，吴兴区全年“南太湖精英计划”长短期领军人才项目共入围16名，其中具有海外学历和经历的8名。加快培育“金象金牛”大企业，做好企业投资项目跟踪、服务和督促。美欣达、大东吴、新凤鸣被认定为湖州市2018年度“金象”企业，华祥被认定为湖州市2018年度“金牛”企业。组织先登高科、德马科技等13位企业家赴日本参加精细化管理培训；组织三一装备、老恒和、爱诺药业等40家企业赴清华大学参加数字经济与企业投融资专题研修班；成功申报省级创新型示范中小企业3家（宝鸿新材、锐格物流等），省级服务型制造示范企业3家（德宏电子、德马工业等）。积极培育“专精特新”中小微企业，成功入围全省新上规企业“创业之星”5家（宜可欧、斯科能等）。加大“小升规”企业发展扶持力度，2018年完成工业企业“小升规”72家。切实减轻企业负担，累计减轻企业负担近16.84亿元。锁定数字经济核心领域，围绕集成电路、智能网联汽车、高端电子线、云计算、软件研发等重点，依托两个万亩大平台、EBD总部自由港、多媒体产业园等载体，强化项目招引，建立跟踪“续建、新开工、前期招引”三个一批的数字经济重大项目库，加强服务。突出企业培育、政策扶持，积极打造两化融合示范区、信息经济先行区。列入全省“企业上云”十强县区，全市第一；信息经济综合指数达到105.2，列全市第一；两化融合总指数达到84.39，列全市第一；每季开展企业家、管理团队、技术团队培训，举办各类培训35期，培训经营管理及专业技术人才2800人次以上。

（沈婧莹）

【第三产业】2018年，全区实现服务业增加值312.44亿元，同比增长8.3%；服务业增加值占GDP比重达57.1%，较上年同期提高0.3个百分点；服务业增加值对GDP增长的贡献率达到53.8%，拉动GDP增长4.5个百分点。13个项目列入省服务业重大项目计划，列全省第一；23个项目列入市服务业“双百”项目计划，列全市第一；新认定海亮国际康养小镇养老板块项目等市服务业“大好高”项目7个（其中10亿元以上项目1个），居全市第二。根据省发改委2018年浙江省服务业强县（市、区）培育综合评价结果，吴兴位列26个Ⅰ类地区第六名，排名较2015年提升3位以上，且超越3个首批试点县区，获通报表扬，正式跻身第二批省服务业强县（市、区）试点地区行列，强区建设取得突破。

（沈婧莹）

【固定资产投资】坚持把加快重大工业项目建设作为重中之重，围绕省市区重点项目，扎实开展“大项目落地见效”行动，坚持项目为王、工业为先、质量为纲、精准为要，全力推进全区产业转型升级和提质增效，全区固定资产投资发展总体实现平稳增长。

固定资产投资运行总体良好，主要呈现以下特点：一是主要指标完成良好。全区固定资产投资在中美贸易摩擦等宏观背景下保持平稳增长，同比增长 8.2%，民间投资作为增长的主力，快于全部固定资产投资，增幅达到 20.1%。二是三产服务业项目投资增速明显，达到 13%。中心城区、东部新城及省级小城市一批重点城市综合体项目的加快建设对固定资产投资拉动作用显著，特别是房地产投资，增幅达到 60.2%。究其原因是由于东部新城逐渐兴起，在各项配套基本打造完成的前提下，城市副中心功能逐步打造，集聚效应逐步体现，高铁新城概念带动板块活力提升。三是重点项目支撑有力。以省、市、县（区）长项目工程为核心，开展重大项目谋划盯引，创造项目落地条件，实现落地率达到 80%。重点项目实现新突破，以省重点、市重点、市定大好高、区重点四张项目清单为重点，全面梳理项目推进状态，以滚动项目推进狠抓工业投资增长，开展“五个一批”的层进式项目推进，新开工工业项目达到 52 个。

所做主要工作及成效。一是大力推动项目“双进”。项目谋划取得成效，以省市县（区）长项目工程为核心，开展重大项目谋划盯引，以方案设计、施工图设计、桩基进场、统计入库等节点为主攻方向，创造项目落地条件，实现落地率达到 80%，确保完成省市下达的目标，列全市前列。重点项目实现新突破，以省重点、市重点、市定大好高、区重点四张项目清单为重点，全面梳理项目推进状态，以滚动项目推进狠抓工业投资增长，开展“五个一批”的层进式项目推进。重大项目带动氛围，2018 年以来，吴兴区省、市重点项目在继续保持全市领先，万邦德等两个项目成为省集中开工湖州分会场主项目，进一步营造加快项目建设的浓厚氛围。项目推进比拼激烈，狠抓督察比看，2018 年吴兴区对 98 个重点工业项目和两批安排指标项目开展了四个季度的航拍督察，建立有效的比拼机制，倒逼高新区、各乡镇街道加大项目推进力度。二是持续强化要素保障。土地要素破解成效显著，坚持“对上争取、对内挖潜”，全力做好项目用地要素保障工作，通过提前谋划、提前对接、提前准备，继续发挥好吴兴区在省重大产业项目申报工作中经验，2018 年第一批，吴兴区万邦德等项目列入省重大产业项目，其中万邦德项目列入特别重大项目。通过狠抓工业投入和技改投入，评定为省工业及技改一等奖，获得奖励指标 120 亩。深入开展“五未”低效用地整治，通过现场走访，绘制全域“后三未”低效用地坐标图，明确一地一策的处置路径。资金争取保持高效，2018 年吴兴区久立海底缆、东部污水处理厂 2 个项目分别取得中央资金 3090 万元、2300 万元，进一步加大技改的对接支持力度。三是“最多跑一次”改革持续深化。狠抓制度体系建设，承诺制、标准地、重大平台工业项目准入等重要的政策文件迅速出台，省级以上重大平台“五评”提前完成，为“最多跑一次”改革和标准地体系建立奠定基础。狠抓改革创新，实现了审批流程的重塑再造，全面保障了“最多 100 天”的实现率到年底前达到 100%。狠抓“标准地 + 承诺制”全覆盖，依托重大平台工业项目准入管理办法全面推进“标准地”全覆盖，按照省考核口径保持 100%，依托承诺制改革和一窗服务机制引导业主充分利用改革成果实现承诺制常态化。狠抓代办队伍的提升，建立专业代办队伍，不断提升代办业务水平，代办员人均代办项目 10 个以上。

（陈　力）

【经济体制改革】产业结构不断优化升级，新旧动能转换步伐加快，“三二一”产业结构进一步巩固。服务业增加值增速持续快于工业增加值，三次产业结构由 2017 年的 3.8 ∶ 42.2 ∶ 54 优化为 3.7 ∶ 39.2 ∶ 57.1，对经济增长的贡献率达到 53.8%，拉动 GDP 增长 4.5 个百分点。

（戚绮霞）

【科技创新】2018 年，吴兴区坚持创新引领发展理念，着重在优化“双创”生态、培育创新主体、推动产学研合作等方面创新办法、重点推进，成功入选全国科技创新百强区和省科技创新改革联系点。坚持完善机制，努力优化创新创业生态。研究出台《关于进一步加快推进众创空间发展的实施意见》、吴兴科技人才新政等政策，逐步完善人才培育引进、创业项目孵化、科技企业培育、知识产权创造等全方位的创新政策驱动体系，定期研究分析吴兴科技创新工作面临的机遇与挑战，明确目标任务，聚乡镇部门合力，全力优化创新创业生态，推动全区创新驱动战略深入贯彻实施。坚持创新驱动，着力推进高新产业发展。充分挖掘科技企业培育资源，对高科技含量的中小企业加大支持力度，指导企业加快创新步伐。全年新认定省级科技型企业89家、高新技术企业19家，新培育“瞪羚”企业26家，7家“双高”企业上市挂牌。全区高新技术产业增加值占比达51.95%，高新技术产业投资增幅58.5%，增速位居全市第一。大力引育一批适应吴兴区优势产业发展需要的高层次领军人才，新引进科技人才项目51个，新认定市级领军型创新团队4家。坚持载体建设，全面提升创新平台能力。积极挖掘政府投资建设为主体的众创空间资源，走访调研企业排摸民营众创空间建设需求，双管齐下全力推进众创空间建设。17家众创空间顺利通过市级认定，数量居全市第一，众创空间建设工作得到上级领导的批示肯定。加大对省级企业研究院及省、市级高企研发（技术）中心、院士专家工作站等载体建设扶持力度，新认定市级高企研发中心11家，省级研发中心9家、省级研究院2家、省重点农业企业研究院1家；成功培育省级院士专家工作站2家、市级2家。现代物流装备高新园区始终坚持高端化引育、高水平创新、高层次合作，发展态势强劲，顺利通过省厅考核。区内特色产业基地对企业的吸引力和集聚力不断增强，高新技术产业集群进一步壮大，国家级特种金属管道特色产业基地顺利通过复评。为助力织里童装二次腾飞，积极指导做好童装产业创新综合服务体申报工作，成功列入省级培育。坚持需求导向，有效推动政产学研合作。深入对接浙大、浙工大、农科院等省内外高校和科研机构，联合举办系列科技人才对接会。积极配合举办市政产学研合作大会，参与项目达16项，其中亿元项目3项。积极引导企业进行技术研发，已备案的技术合作、开发、咨询、服务等合作协议达到36项，已认定技术合同交易额达6.5亿元。推进企业技术成果专利化，加大和优化专利创造支持力度，共开展发明专利实施项目42项，实现发明专利产业化产值1.2亿元。坚持持续创新，深入实施知识产权战略。成立由区内三一装备任会长单位的吴兴区智能装备产业知识产权联盟，全区37家会员企业加入联盟，为进一步提升行业知识产权保护意识及自我维权能力奠定基础。与乡镇街道共同谋划全区发明专利提升工作，重视协同推进、强化考核督查，加大专利创造、维护力度。全区专利申请6604件，其中发明专利申请3223件，同比增长94.27%；专利授权2534件，同比增长26.76%；每万人发明专利拥有量达34.77件，增幅50.39%，高于全市平均增幅近20个点。三一装备成功创建国家知识产权优势企业，鸿昌铝业、积微电子等5家企业成功创建省专利示范企业，新增市专利示范企业8家，同时成功培育一批专利超百件企业。坚持民生为本，不断提升科技惠民水平。加快农业企业研发水平提升，加速涉农科技成果转化已成为吴兴国家农高园区发展的重要武器。老恒和成功认定省级农业重点企业研究院，实现吴兴区农业企业重点研究院零的突破，成功立项省级农业科技型企业3家、省级企业研发中心2家。农业众创空间阵地建设成效斐然，新认定市级众创田园2家，玲珑湾认定为省级农业“星创天地”。加强防震减灾社会宣教工作，切实做好“防灾减灾日”及宣传周等防震减灾科普宣传工作，发放灾害防御科普宣教材料2000多册，组织学校开展地震应急演练，新建防震减灾科普教育基地5家。

（沈方林）

【对外经济】 吴兴区对外经济企稳向好。利用外资态势良好，全区新批准外商投资企业23家，增资企业15家，减资企业2家，经省商务厅审核认定外商投资企业分公司到资4家，累计合同外资54683万美元，完成市年度目标的109.4%，列全市第三位；实到外资23743万美元，完成市年度目标110.4%，列全市第二位。对外贸易增长较快，全年完成进出口额1146526万元，同比增长27.5%，其中出口876060万元，同比增长18.3%，进口270466万元，同比增长70.3%。全区新增进出口企业主体62家，新增进出口额179021万元，有进出口实绩的外贸企业330家，其中进出口超百万美元的企业168家，超千万美元的企业37家。外经合作稳步推进，全区新备案境外投资项目7个，其中增资项目1个，完成境外中方投资额2669.5万美元；完成外经营业额

2678.3万美元，列全市第二位。

（区商务局供稿）

【主要经济指标】全区实现地区生产总值（GDP）547.26亿元，按可比价计算，比上年增长8.3%。分产业看，第一产业增加值20.28亿元，增长2.9%；第二产业增加值214.54亿元，其中工业增加值183.59亿元，分别增长9.0%和11.2%；第三产业增加值312.44亿元，增长8.3%。分产业结构看，一、二、三产结构为3.7∶39.2∶57.1，经济结构继续优化。人均生产总值120822元（按户籍人口计算），增长8.9%，折合18258美元。实现公共财政预算总收入67.25亿元，增长22.1%，其中地方一般预算收入40.96亿元，增长21.9%，地方财政税收收入35.41亿元，增长22.9%。规模以上工业增加值增长11.2%，规模以上工业总产值增长22.4%。固定资产投资增长8.3%，其中，第一产业投资增长324.7%；第二产业投资下降7.4%；第三产业投资增长13.0%，其中房地产投资增长60.2%。实现社会消费品零售总额370.82亿元，增长10.1%，外贸进出口总额114.65亿元，增长27.5%，其中出口87.61亿元，增长18.3%。城镇居民人均可支配收入55996元，增长9.0%，农村居民人均可支配收入32693元，增长9.1%，农村增速领先城镇，城乡收入比进一步缩小。

（杨海丽）

·政　治·

【党建工作】以习近平新时代中国特色社会主义思想为指引，以组织体系建设为重点，严格贯彻落实全国、全省、全市组织工作会议精神，深化“全领域建强，全区域提升”，扎实推动基层党组织“提三力　争三强”，即“提高组织力、战斗力、凝聚力，争创党建强、发展强、服务强”，努力开创吴兴区基层党建工作新局面。聚力聚焦组织力，巩固更加坚强有力的领导核心。扎实推进“双整”工作，新培育市级先锋示范村11个，评选产生区级先锋示范村（社）19个，完成11个后进村社党组织整转提升。开展“六好党支部”建设，将基层党建细分为农村、社区、非公企业、社会组织、机关、公立和民办学校、公立和民办医院、国企、退休党支部等11个领域，按照“班子建设好、党员管理好、组织生活好、基础工作好、作用发挥好、工作创新好”标准，分别制定考评细则，建立起基层党组织标准化体系。大力推进党建示范带（群）建设，新打造义皋村、枫叶国际学校、妙西镇党群服务中心、余家漾社区、城图广场城市党建综合体等涵盖不同领域的红色阵地新标杆25个，推动滨湖党建示范带、产城融合党建示范带、生态旅游党建示范带、产业发展党建示范带、“同心共治”城市党建示范群共5条示范带（群）壮大成型，绘就吴兴区“红色地图”，示范带动效应进一步凸显。严管厚爱齐发力，锻造更加担当有为的基层铁军。突出实绩导向，坚持选拔、培养、管理、激励、监督“五位一体”举措，持续推行亮晒比拼、村社干部集中办公、负面言行清单、“三项承诺”固定公示、导师帮带等做法，连续召开“走学比看”现场会3次，现场检验村社书记能力水平。大力推动能上能下，结合村和社区组织届中“回头看”，调整村社“两委”干部15名，其中党组织书记8名。建立“四色”民情服务机制，推动村社干部开展常态化走访，根据群众生产生活实际按“色”划分为红、黄、绿、蓝“四色”人群，按照“一户一档”建立“四色”民情档案室，创新民情“四走”服务载体，开辟民情“回音壁”，发放党群联系卡，把脉居民需求，对症开展服务。全区共排摸出红色转化群体3259人，黄色帮扶群体7955人，绿色资源群体5338人，蓝色放心群体452373人，累计走访居民群众8.5万户，收集意见建议8235条，解决难题1356个，化解各类矛盾纠纷1105件。积极选树政治素质好、团结协调好、工作业绩好、群众口碑好、作风形象好的“五好型”“领头羊”，新培育市区美丽乡村建设优秀带头人8人，市“最美社区书记”4人，以激励促干劲，引导村社干部在乡村振兴、基层治理中发挥好主力军作用。对标对表新要求，打造更加互联互动的城市党建。牢牢把握全国城市基层党建示范市和全国街道服务管理创新实验区建设契机，完成街道体制机制改革，构建“6+3+3”内部架构，即党政机关设置6大综合性办公室，分别为党政综合办公室（人大工委办公室）、党建工作办公室、综合信息指挥室、社会事务管理办公室、城市管理办公室、社会治安综合治理办公室；归并整合街道事业单位，综合设置3个事业单位，分别为党群服务中心（便民服务中心）、经济发展服务中心、公共安全监督管理中心；刚性设置3个区级职能部门派驻机构，分别是司法所、综合行政执法中队、市场监管所。深化街道“大工委”和社区“大党委”运行机制，下发指导性意见，63个城市社区共吸纳113名来自市区单位党组织负责人员担任兼职委员，有效整合了辖区力量，切实增强了社区党组织的领导权和统筹力。创新“一盟两会”做法，在街道、社区全面建立党建服务联盟，建立三张清单，由街道社区党组织牵头定期召开共建联席会议，商讨解决区域内重点难点问题，做到事务联办、工作联商、服务联推、难题联破。2018年以来，联盟成员单位共计领办服务项目325个，累计解决各类民生需求215个。建立物业公司联合会和业主委员会联合会，吸纳辖区18家物业公司代表和20个小区业委会主任代表，由街道党工委全面统筹、有序推进物业工作。深化“三联”机制，大力推动力量、人员向基层倾斜，形成区级部门联社区、街道和社区干部联网格、党员联居民的包片联户模式，并在“三务”（党务、村务、财务）公开栏公示服务承诺和走访情况，全面落实联系责任。加大保障力度，区财政核拨申请城市基层党建专项经费350万元，用于提升社区服务阵地。针对老旧小区配套用房分散、服务功能分散等问题，积极协调市级有关单位，通过用房产权转移、分散用房集中置换等方式解决了月河街道马军巷社区、朝阳街道红丰社区、爱山街道龙庭社区等14个社区办公用房不足的问题，新增办公面积8200平方米。投资2000万元，联合市城投集团在中心城市商圈启动建设1.2万平方米，集党建展厅、城市书房、24小时自助政务服务等功能于一体的城市党建综合体，建成市中心红色新地标。

（邱聪颖）

【民主监督】 根据监督法对经常性监督工作的要求和区人大常委会2018年工作要点的安排，按照紧贴中心、依法监督、突出重点、讲求实效的原则，围绕事关经济发展、生态文明、民生改善、民主法治等重大问题，在广泛征求各方面意见的基础上，提出2018年区人大常委会监督工作计划。

听取和审议“一府一委两院”的专项工作报告。一是听取和审议区政府关于切实加强安全生产工作情况的报告。在4月份召开的常委会会议上进行。二是听取和审议区政府关于大气污染防治“一法一条例”执行情况的报告，在4月份召开的常委会会议上进行。三是听取和审议区政府关于大学生聚引工作情况的报告，在6月份召开的常委会会议上进行。四是听取和审议区政府关于促进民营经济高质量发展情况的报告，在6月份召开的常委会会议上进行。五是听取和审议区政府关于社会组织建设有关情况的报告，在8月份召开的常委会会议上进行。六是听取和审议区政府政情报告，在8月份召开的常委会会议上进行。七是听取和审议区政府关于全区科创平台发展情况的报告，在8月份召开的常委会会议上进行。八是听取和审议区政府关于半年度环境状况和环境保护目标完成情况的报告，在8月份召开的常委会会议上进行。九是听取和审议区政府关于壮大村级集体经济、加快推进乡村振兴的报告，在8月份召开的常委会会议上进行。十是听取和审议区政府关于区四届人大三次会议代表建议、意见办理情况的报告，在12月份召开的常委会会议上进行。十一是听取和审议区监察委员会专项工作报告，在12月份召开的常委会会议上进行。十二是听取和审议区政府关于民生实事项目完成情况的报告，并组织满意度测评，在12月份召开的常委会会议上进行。

审查和批准决算，听取和审议计划、预算执行情况及审计工作、国有资产管理情况的报告。一是听取和审议2018年度财政决算报告，在6月份召开的常委会会议上进行。二是听取和审议2018年度区本级预算执行和其他财政收支审计报告，在6月份召开的常委会会议上进行。三是听取和审议2019年上半年国民经济和社会发展计划执行情况报告，在8月份召开的常委会会议上进行。四是听取和审议2019年上半年财政预算执行情况报告，在8月份召开的常委会会议上进行。五是听取和审议2019年区本级政府债务限额的报告，在8月份召开的常委会会议上进行。六是听取和审议财政专项资金绩效评价报告，在8月份召开的常委会会议上进行。七是视情听取和审议2019年预算调整报告，在10月份召开的常委会会议上进行。八是听取和审议2018年国有资产管理情况的报告（书面）、2018年行政事业单位国有资产管理情况的报告，在10月份召

开的常委会会议上进行。九是听取和审议2018年度区本级预算执行和其他财政收支审计整改情况的报告，在12月份召开的常委会会议上进行。

检查法律法规贯彻实施情况。一是全市人大联动开展《湖州市文明行为促进条例》实施情况执法检查，贯穿全年。由监察和司法（法制）委员会负责组织落实。二是全市人大联动开展大气污染防治“一法一条例”实施情况执法检查，在3月份进行检查。由城建环资工委负责组织落实。三是全省人大联动开展《浙江省学前教育条例》实施情况执法检查，在7月进行检查。由教科文卫工委负责组织落实。四是全省人大联动开展《中华人民共和国安全生产法》（以下简称《安全生产法》）实施情况执法检查，在9月份进行检查，由社会建设委员会负责组织落实。四是全市人大联动开展《湖州市美丽乡村建设条例》实施情况执法检查，在11月份进行检查，由农工委负责组织落实。五是开展规范性文件备案审查。根据监督法有关规定和《湖州市吴兴区人大常委会规范性文件备案审查办法》，切实做好规范性文件备案审查工作，强化法律监督，维护法制统一。对列入2018年监督工作计划的项目，各责任委室要按照常委会的要求，精心组织、依法履职、扎实工作、务求实效，确保各项监督工作如期顺利完成。根据工作需要，可对监督议题和审议时间作适当调整。

（沈欢欢）

【依法行政】依法全面履行政府职能。全面推进“最多跑一次”改革标准化、规范化，加强事项标准化管理，群众和企业到政府办事事项均已实现“最多跑一次”，其中“零上门”比例达50.5%。深入推进“互联网+政务服务”，加快推进政务服务规范化建设。推进行政决策科学民主法治。落实重大行政决策程序规则的要求，加强对决策承办和执行情况的检查、督促、考核。全年对33件区政府行政规范性进行合法性审查，确保区政府重大决策的合法性。开展行政规范性文件清理11件，规范性文件备案审查9件。推进政府法律顾问制度建设，累计聘请法律顾问28人。开展区政府法律顾问定点服务遴选入围公开招标，选取10家律师事务所作为入库单位。坚持严格规范公正文明执法。落实行政执法全过程记录、重大行政执法决定法制审核、行政执法信息公示三项制度。规范由区政府审批的行政执法决定事项39项，提高审核效率、保证审核质量。行执法机关执法全过程记录工作有效开展，以综合行政执法为试点，独创性地将“互联网公证”证据采集服务机制引入到综合执法领域，得到市政府及上级业务主管部门的一致认可。做好行政执法证件管理，新增行政执法人员90人。全面履行行政复议法定职责，全年办理行政复议案件39件。全面推进政务公开，完善重点领域信息公开目录体系建设。

（区司法局供稿）

【政法综治】紧紧围绕省委、省政府深化“八八战略”和市委、市政府“一四六十”总体部署，深化“四新”主题实践，始终坚持平安吴兴“七连冠”目标不动摇，以“七大行动”（中心工作护航行动、反恐防暴强化行动、平安创建提升行动、矛盾化解攻坚行动、社会治理创新行动、阳光司法深化行动、队伍建设提质行动）为主载体、主抓手，加压奋进、负重前行，为全区经济社会健康发展和人民群众安居乐业提供了强有力保障。

一是“平安吴兴”建设。不断深化“四梁八柱”平安建设体系，平安实训基地接待省内外兄弟单位55批1000余人参观学习。健全完善矛盾纠纷多元化解机制，区矛盾纠纷多元化解中心受理矛盾纠纷1400余起，办理法律援助案件850件，在线平台调处417件，新建分中心调解室、工作站11个。深入推进“十百千万”平安示范工程建设（10家“平安示范农贸市场”、100家“平安示范校园”、1000家“平安示范企业”、10000家“平安示范家庭”），首批“平安示范村”创建工作推进顺利，平安健康“聚”乐部建设形成示范效应。推进枫桥经验“六大工程”建设（全科网格建设规范提升工程、自治法治德治“三治融合”基层社会治理体系建设推广工程、社会组织参与社会治理规范提升工程、“互联网+”社会治理深化提升工程、社会心理服务体系建设推广工程、流动人口服务管理提升工程），合理规划46个管理片区、538个网格，实现“微事不出格、小事不出村、大事不出镇”；“春燕”工作室被列为全省检察机关践行新时代“枫桥经验”示范基地。完成“雪亮工程”8700余路视频探头、600余套人脸识别系统新建接入工作，区社区矫正中心投入运行。

二是维护社会稳定。坚持总体国家安全观，深化国家安全人民防线建设和反间谍专项斗争，结合“4•15”“11•1”全民国家安全教育日，实现国家安全教育宣传全覆盖。坚决守牢政治安全底线，严打邪教人员活动，打击成效位居全市前列。圆满完成“两节”（元旦、春节）、各级两会、德清世界地信大会等重大活动维稳安保工作。深化领导包案制度，2 件省挂牌督办案件完成清零，8 件市挂牌督办案件化解 7 件，33 件区领导包案重大不稳定因素化解 29 件，72 件存量不稳定问题化解 69 件，妥善处置各类重大不稳定因素 90 余件。强势推进重点领域、重点行业隐患整治，累计排查各类隐患风险点 7862 处、整改 6952 处，全区未发生较大以上公共安全事故。

三是强化服务民生。持续开展“护卫平安”“守青山护绿水”专项行动，为“四新”主题实践推进、“八大行动”攻坚、“双禁”工作等提供坚强政法保障。举行服务非公经济法律论坛，开展“打造最佳营商环境”专项法律服务，打造公共法律服务品牌。加大“僵尸企业”司法处置力度，清理债务总额 5.33 亿元。着力破解执行难问题，全年执结案件 7351 件，同期执结率超 100%，执行破难工作经验在全国推广。着力解决群众反响强烈、最急最怨的问题，查破非法吸收公众存款、恶意逃废债等违法犯罪案件 23 起，涉工程建设领域的刑事案件 9 起，“黄赌毒”刑事案件 47 起，食药环案件 17 起，通信网络诈骗案件 120 余起。强势推进扫黑除恶专项斗争，破获案件 190 起，摧毁团伙 57 个，刑事打处 442 人，打击成效位居全市前列。

四是促进公平正义。全面贯彻落实司法责任制改革、诉讼制度改革要求，积极稳妥推进内设机构改革，完成员额法官、检察官遴选以及首批司法雇员招录工作。成立“12309”检察服务中心，在全市率先设立公益诉讼专项基金，办理全省首例由区纪委区监委移送线索的公益诉讼案件。扎实做好“一体化办案系统”试点推广工作，逮捕、起诉、审判三项协同比例均达到 90% 以上。强化办案监督，累计发出检察建议 80 件，监督执行各类案件 159 件。开展刑事案件律师辩护全覆盖试点工作，确保法律援助对犯罪嫌疑人、被告人的诉讼权利保护。创新视音频管理系统，实现执法办案全覆盖、实时性、可回溯监督管理。不断深化司法救助规范化建设，实施司法救助 30 件、发放救助资金 80 万元。顺利通过省市“七五普法”中期检查。

五是提升队伍素质。深入学习贯彻习近平新时代中国特色社会主义思想和中共十九大精神，结合区委“靠前站、马上办、讲实效”大比拼活动，在全区政法系统开展向陈建如、吴康康学习活动，特别是公安 110 名援德警力驻扎防区，充分展示吴兴铁军风采。建成全国首个“沈家本文化园”，开展各类讲座培训 80 余场，推动政法干警职业素养和专业素质双提升。扎实推进全面从严治党，实现党纪教育常态化。在全体政法干部的共同努力下，全区政法系统获评市级及以上荣誉 100 余项。市对区平安考核再获第一，区委政法委获评世界地信大会集体三等功、人民满意政法单位，区法院获评全国法院文化建设先进单位、全省政法系统先进集体，区检察院获评省检察系统集体二等功，八里店镇司法所林新法被评为全国人民调解工作先进个人，区公安分局获评人民满意政法单位、杨美怡等荣立二等功。

（周新冰）

【信访工作】 区信访工作在区委、区政府的正确领导下、在省市信访部门的关心指导下，深入贯彻落实中共十九大、习近平新时代中国特色社会主义思想和各级信访工作会议精神，坚持以群众工作为统揽，以落实信访工作责任制为契机，积极推进信访工作制度改革，全力推进依法及时就地化解信访问题，确保吴兴区信访各项工作平稳有序推进。全年，共受理群众来信来访 530 件（批）次，与上年同比下降 6.69%；其中来信 225 件次，同比下降 0.44%；来区上访 305 批 1294 人次，同比批次下降 10.82%，人次下降 15.15%；其中，集体访 72 批 918 人次，批次与去年同期持平，人次下降 12.74%；当月到市集体访 50 批 743 人次，同比批次下降 18.03%，人次下降 35.78%；当月到省集体访 5 批 30 人次，同比批次上升 400.00%，人次上升 328.57%；当月进京上访 75 批 93 人次，同比批次上升 5.63%，人次上升 24%。另外，收到各类网上信访 1071 件，同比下降 4.5%，其中重要网名留言 14 件。

抓责任制落实，完善信访工作责任。以深入贯彻落实中央、省、市信访工作责任制为契机，

完善信访工作各项责任。一是领导重视落实责任。区委、区政府高度重视信访工作，紧抓信访工作责任的贯彻落实，定期听取区信访局负责人相关信访工作情况汇报；通过政法书记例会、信访联席会议等形式，交流分析、研究解决本地突出信访问题。区委常委会、区政府常务会议、“一把手”会议等就区领导接访、包案，全国两会、地信大会、互联网大会等重要时段信访维稳，信访工作规范化检查，市信访工作会议精神落实传达等相关工作进行专题研究，共5次。二是签责任书压实责任。年初，区委、区政府与13个乡镇街道、16个区级部门签订信访工作目标管理责任书58份，建立目标明确、责任具体、措施有力的信访工作责任体系，将信访工作责任压实到基层，落实到个人。全区上下形成信访工作人人有任务、个个有责任的齐抓共管的局面。三是考核通报强化责任。建立和完善情况考核通报制度，以今日来访、要情通报、督查通报、领导批示专报等载体，及时通报信访相关情况。全年共编发《今日来访》123期、《信访情况通报》17期。

抓项目化管理，明确权责管出成效。年初，对全区信访业务进行了全面梳理及分析统筹，根据各条线分工、业务性质等不同特点，共梳理出“源头治理管控行动、积案化解攻坚行动、非访打击整治行动、热线办理提质行动、信访改革专项行动、“三无”（无进京非正常上访、无去省集体访和到市群访、无因信访问题处理不到位引发的极端恶性事件和舆论负面炒作）乡镇创建行动，通过项目化管理整合了初信初访、重点人员稳控、积案化解、“最多跑一次改革”等多项重点，优化各业务条线资源配置，提高各方面工作效率。一抓源头治理，最大限度地防止矛盾纠纷越级上行。一方面，强化排查稳控。不间断排查信访重点对象、高危老访户、利益群体重点人员信息，对全国两会、地信大会、世界互联网大会期间排查出的重点人员、重点群体严格落实包案领导，成立稳控小组，采取“一对一”“多对一”等方式实时掌握上访人员动向。另一方面，严格初信初访。以首办责任为重点，严格内部化解办理责任，做到初次信访“日日清、周周审、月月结”，确保矛盾不聚焦、不上行。全年初信初访化解率达98%以上。二抓积案化解，最大限度地破解各类疑难复杂信访积案。年初，根据区信访联席办制定下发的《吴兴区历年遗留信访积案清仓见底大排查大化解活动方案》，深入摸排各个领域的不稳定因素和留存积案210余件，集中筛选15件确定为历史积案。通过借力领导包案，发挥联席会议协调作用，人民调解参与信访积案化解等途径，推进积案化解工作落到实处。三抓热线办理，最大限度地提高人民群众满意度。区热线办除了抓好平台日常运行各项工作外，重点通过狠抓系统督查、现场督办、考核通报等工作，同时，以领导接听为抓手推进重复工单、疑难工单及群众反映较多问题的处理。全年完成区领导接听热线12次，累计接听群众来电约105件；联合阿奇说新闻对乡镇、街道及相关区级部门累计开展现场督办44次；发挥“两代表一委员”在热线办理中的协调、监督作用，推进群众重复投诉的复杂疑难投诉处理；联合区检察院在全市率先出台《关于建立12345政府阳光热线信息数据共享协作机制的意见》，进一步强化对行政机关依法履职的监督。四抓信访改革，最大限度地推动信访问题尽快解决。信访“最多跑一次”改革在织里镇、道场乡开展试点研究的基础上，在全区各乡镇街道已全面实施。区信访局出台《吴兴区信访“最多跑一次”改革实施意见》，区人大、区政协均出台助推信访“最多跑一次”改革工作方案，助推信访改革落地见效。五抓非访打击，最大限度地树立依法有序理性信访导向。严格执行公安部及省公检法等部门相关依法打击非访治理专项意见，依法加大违法信访打击力度，对进京非正常上访、集体访、闹访缠访重点对象，主动协调、配合司法机关专案经营，加大教育力度。全年共处置各类重点信访人员24人次（含教育训诫、拘留），对3次进京非访人员已进行追刑处理。六抓“三无”创建，进一步规范信访工作秩序。把“三无”乡镇创建纳入信访工作年度考核范畴，以创建为契机，进一步压实基层工作责任，规范信访工作秩序。

抓规范化管理，促使信访工作有效推进。一是规范各项制度。健全信访局局领导班子会议、中层以上干部会议、基层信访工作会议等例会制度；建立信访干部培训、领导联系乡镇等工作制度；规范各科室各项业务工作制度。二是规范领导接访。健全区领导带头接访、科局级领导驻村下访、乡镇领导随时接访、联村干部上门走访的常态化工作机制，做到接访下访无缝隙、全覆盖。根据省信访局“每位区领导每月均需到信访接待场所值守接访”的要求，及时制定区领导接访及科级局领导陪同接访计划，每月通过媒体公布，方便群众“点名就诊”。全年区领导共接待来访群众50批214人次（其中区委、区政府主要领导接访23批69人次）。三是规范信访业务办理。以信访基础业务规范化检查为契机，对2017年以来的所有信访件进行自查、逐案把关，并实时监督高新区、各乡镇街道、区级部门规范程度、办理质量，逐件建立自查台账，列出问题清单、明确责任清单、落实整改措施，逐一进行整改。四是规范信息预警报送。规范信访信息的预防、预测和预警机制，加强各类情报信息收集研判工作，坚持“零报告”制度。根据《关于加强信访不稳定因素排查和信息报送工作的通知》要求，高新区、各乡镇街道落实专人负责，做到每日“一排查、一报告、一汇总”，特别是在重要节点和敏感时期，做到急事争报、特事特报。

抓联动化管理，实现信访工作一盘棋。一是全面联动。畅通信访渠道，规范信访事项网上受理、交（转）办、办理、答复等环节制度、职责。同时，通过培训、辅导等方式，确保各乡镇街道、信访签约部门系统操作员熟练掌握使用技巧，实现信访业务全面网上流转。二是上下联动。充分发挥“四个”平台、手机短信、政务网的作用，将信息深入到各个网格、片区、各个企业，特别是对涉企纠纷、民间借贷、劳资纠纷等以往信息预警的空白区和盲点，加强摸排，及时上报。三是部门联动。继续建立与政法、公安、交通部门配合协调长效机制，通过高科技信息手段，在第一时间掌握信访人苗头性、前瞻性、预警性信息，为及时处置赢得时间。

抓队伍化管理，夯实信访基层基础。一是强化业务培训。以全省统一政务咨询投诉举报平台应用和信访事项提速规范办理为重点，以集中培训、专题研讨交流等多种形式，系统组织各级分层分类培训。2018年又将培训力量下沉，开展针对街道信访工作人员以及下属社区主任、社区干部的业务培训，累计已培训5次，近120人次。二是加强横向交流。选派一批素质好、文化高、有发展潜力的年轻干部，通过上挂、下派、外派等方式安排实践锻炼，进一步提升干部素质能力。2018年以来，累计安排信访干部上挂、下派交流锻炼10人次以上。三是推进作风提升。以深入贯彻学习中共十九大和习近平新时代思想为引领，继续开展“两学一做”学习教育活动，进一步完善“三会一课”制度；结合信访督查专项行动，积极推行党员信访干部带头强化化解信访矛盾工作合力的新模式，充分发挥党员干部先锋模范作用。

（陈芬芬）

【纪检监察】 全区共运用“四种形态”462人次，第一种至第四种形态分别占比70.6%、21%、2.8%、5.6%，“倒金字塔”分布结构愈发明显。严把党风廉政意见回复关，共审核干部提拔调整、评先评优等232批次2304人次，提出意见91条。开展“党纪教育一刻钟”活动462场，1.6万余人次接受教育，主动上交礼金礼卡礼券折合人民币25万元。建立职务犯罪案件庭审旁听制度，70余名干部旁听庭审3起案件，组织1390名村干部到市警示教育基地接受教育。共开展正风肃纪明察暗访32次，查处违反中央八项规定精神问题31起，处理党员干部39人次，其中党纪政务处分14人次，通报曝光9起14人次。全区共查处形式主义、官僚主义问题5起，处理18人，其中党纪政务处分12人。共巡察党组织14个，延伸巡察行政村15个，发现问题199个，移交问题线索4个，约谈被巡察党组织负责人10名。处置党员干部涉黑涉恶腐败和充当“保护伞”问题线索3件，党纪政务处分和组织处理14人。共受理纪检监察信访举报269件次，其中实名举报42件次。健全问题线索全覆盖双向移送机制，共处置问题线索473件。坚持精准发现、精准惩处、精准施治，共立案138件，其中自办案件31件，同比上升158.3%；党纪政务处分135人，其中乡科级7人。共对8名被调查人员采取留置措施，对8名公职人员给予政务处分。进一步强化派驻机构监察职能，各派驻机构处置问题线索38件次。积极推动监察网络向基层延伸，全区（含开发区、度假区）19个乡镇（街道）全部设立监察办公室，与乡镇（街道）纪（工）委合署办公，任命监察办公室人员96名。

（傅一力）

【行政体制改革】 政府机构改革。一是稳步推进党政机构改革。认真开展机构改革相关调

研工作，对现有党政机构、政府派出机构、市级部门派驻机构设置以及人员编制、内设机构、领导职数等情况进行全面梳理排摸，确保底数清、情况明、预判准。重点对住建交通、农林、文体、卫计等市区职能关系比较复杂的部门进行深入调研分析，形成《吴兴区党政机构改革调研报告》。根据《深化党和国家机构改革方案》内容，认真梳理涉改部门职能调整情况，共梳理出区级部门拟调整职责109条，形成拟调职责清单、事业单位承担行政职能清单。成立以区委书记为组长的深化机构改革协调小组，明确各相关部门工作责任，组建机构改革专班，按照《浙江省市县机构改革总体意见》精神，认真起草《吴兴区机构改革方案》《关于深化管理体制改革加快服务型乡镇政府建设的实施意见》和《关于深化乡镇机构改革的指导意见》，研究制定《区深化机构改革工作计划》《区深化机构改革协调小组成员单位职责分工》《区深化机构改革工作专班职责分工与人员安排》等文件方案，为推进机构改革打下坚实基础。二是统筹实施中心城区街道体制改革。按照“把街道工作重心转移到‘一建三公’上来，把街道服务经济发展的重点转移到服务辖区企业项目、优化投资营商环境、促进城市经济发展上来”的要求，明确街道主要履行党的建设、统筹区域发展、组织公共服务、实施综合管理、统筹专业管理、领导基层自治、维护安全稳定、动员社会参与等8项职能。按照“精简、统一、效能”的原则，街道党政机关统一设置党政综合办公室（人大工委办公室）、党建工作办公室、综合信息指挥室、社会事务管理办公室、城市管理办公室、社会治安综合治理办公室6大综合性办公室和党群服务中心（便民服务中心）、经济发展服务中心、公共安全监督管理中心3家事业单位，有效强化了街道的管理服务功能。结合街道规模、特点和实际工作需要，通过“统筹考虑、盘活存量”方式，共核增中心城区五个街道25名事业编制和25名编外用工名额，切实缓解街道人员编制紧缺压力。

（区编委办供稿）

【行政审批制度改革】 加快“最多跑一次”改革。紧紧围绕省市部署要求，扎实推进“最多跑一次”改革，根据省“八统一”指导目录，加强事项标准化管理，对线上线下办事指南进行全面统一和动态更新。全区26个区级部门共梳理出497项群众和企业到政府办事事项，其中“最多跑一次”事项496项，除1项为法律法规对办事程序有特别规定的事项外，所有办事事项均已实现“最多跑一次”。

加快重点领域改革。加快企业投资项目开工前审批“最多跑一次、最多100天”改革，全面推行“标准地＋承诺制＋一窗服务”，编制“吴兴区工业项目全流程审批再造图”，全面推进投资项目在线审批监管平台2.0版应用。创新小微园区“标准房”制度，得到省政府肯定并在全省推广。加快工程建设领域项目审批制度改革，着力破解施工图审难题，引进2家图审单位入驻政务服务大厅。加快商事登记制度改革，制定出台区涉企证照市场监管通办•承诺准营制实施方案，完成证照通办窗口设置，推进工商登记全程电子化平台全面应用，实现企业开办3个工作日内完成。

【便民服务领域改革】 不动产交易登记业务在全市率先实现60分钟取证，并实现与水电气联动办理，全市首个乡镇不动产登记受理点在织里镇挂牌。卫计制定医疗服务“最多跑一次”实施方案，启动“健康联盟”行动计划，被列入全省“健康浙江”政务服务平台试点。人力社保、市场监管不断深化政银合作，加强银行代办点建设，推行“同城通办”业务，真正让群众和企业得实惠。

（区府办供稿）

【财政体制改革】 完善政府预算体系，实行全口径预算管理，将政府全部收支都纳入预算管理；加大重点改革支持力度，围绕智能装备、信息经济、健康时尚、金属新材、现代纺织五大领域，助推“中国制造2025”试点示范建设；注重示范项目引领，不断规范PPP项目，对已纳入省级政府和社会资本合作（PPP）推荐项目库的项目加强管理；推进吴兴区国有企业改革，建立现代企业制度，完善国有资产管理体制，提高国有资本配置绩效，做强做优做大国有企业，不断增强国有经济活力、控制力、影响力和抗风险能力，促进经济社会持续健康发展，在组建湖州吴兴城市投资发展集团有限公司和湖州吴兴产业投资发展集团有限公司基础上，完善法人治理结构，加快市场化转型，进一步提升两大集团服务重大基础设施建设、战略性新兴产业发展的能力。

（汪云飞）

【民主党派】吴兴区现有民革、民盟、民建、民进、农工党、九三学社等6个民主党派，党派成员371名。民革区基层委共有党员53人；民盟区基层委共有盟员60人；民建区基层委共有会员83人；民进区基层委共有会员74人；农工党区基层委共有党员47人；九三学社区基层委共有社员54人。

【群众团体】区工商联（总商会）成立于2003年10月，2018年有会员2602人，其中执委以上企业家111人，下属基层商会20家，其中乡镇、街道商会8个，上海、北京、粤港澳大湾区吴兴商会等在外吴兴商会3个，温州平阳、江西安义、绍兴诸暨、金华兰溪、安徽蒙城、湖南临湘商会等异地商会6个，织里童装商会、区电子商务商会等行业商会2个，观凤商城市场商会1个。

浙江美欣达集团有限公司董事长单建明担任区工商联（总商会）主席。

区党外知识分子联谊会成立于2010年9月，由全区各界有影响的党外知识分子代表人士组成，是具有统战性、知识性和民间性的社会团体组织。现有会员134名，有教育、文化、卫生、农业、科技、经济、新闻工作者和新社会阶层等各界人士。区党外知识分子联谊会会长由区政协委员工作委员会主任张丽英兼任。

区归侨侨眷联合会成立于2005年，是由归侨、侨眷组成的人民团体，是党和政府联系广大归侨、侨眷和海外侨胞的桥梁和纽带。区归侨侨眷联合会主席由钱凯担任。

区台胞台属联谊会成立于2005年，是由吴兴区去台人员的眷属、台属（资）企业中的大陆经营管理者、陆资入岛企业代表及从事对台工作的有关人士自愿组成的社团组织。2018年9月26日吴兴区第三次台属联谊会会员大会召开，会议通过朱文潮担任新一届区台胞台属联谊会会长。

（方佳琪）

·文 化·

【精神文明建设】重点实施“一十百千万”项目建设，下发《实施“一十百千万”项目 建设更高水平文明城市实施方案》，新建文明示范商圈1个、文明示范街区10条、小区“道德广场”105个、文明示范楼道1200个、文明家庭10500户，成功承办全市“提升市民文明素质，建设更高水平文明城市”现场推进会，全力打造文明城市升级版。完善文明创建“清单式定题、责任化落实、周期性督考、显性化亮晒”机制，下发交办单55张，整改问题3200余个，半年度文明指数测评获全市第一。以宣传贯彻《湖州市文明行为促进条例》为抓手，组织开展“文明湖州 幸福共享”文明大舞台进社区活动11场。启动乡风文明“双百双千双万”项目建设，全力打造道场乡乡风文明示范带。深入实施小城镇文明行动，埭溪镇获评全省小城镇文明行动优秀乡镇。深化社区“道德门诊”建设，编印《大德至爱促和谐—“道德门诊”工作实例》，“道德门诊”工作经验做法在中宣部举办的社会主义核心价值观宣传教育工作培训班上作交流发言。创新季评“吴兴好人”，共表彰2018年一、二、三季度“吴兴好人”33名。3人当选“浙江好人”，3人当选“湖州好人”，1户家庭当选2018年度全国“最美家庭”，2户家庭当选2017年度浙江省百户“最美浙江人·最美家庭”。建成全省首家社区好人馆，探索推出省级以上文明村的“文明助农贷”“好人有记载、好人有传承、好人有好报”的价值理念进一步具体化。承办全市家园志愿服务活动启动仪式和全市“进文化车间 觅奋斗初心”活动启动仪式。全力推动42所中小学校区级文明校园创建，下发《吴兴区关于进一步深化文明校园建设的实施意见》。广泛开展“开学第一课、毕业加一课”“童心向党歌咏”“向国旗敬礼”等主题实践活动。做好市“新时代好少年”和优秀童谣评比推荐工作，3人当选市“新时代好少年”，3首童谣获评市优秀童谣一等奖。扎实推进大学生暑期服务“春泥计划”活动，共组织69名大学生服务15个行政村。

【舆论引导】着力提升新闻服务发展职能，围绕“八大行动”，挖掘推介乡村振兴、“最多

跑一次”、“标准房”等吴兴做法经验，不断打响吴兴发展品牌。全年国家级发稿500余篇，省市级媒体发稿1000余篇。主动参与湖州生态文明建设典型经验集中采访，围绕改革开放40周年节点，精心策划中宣部“壮阔东方潮奋进新时代—改革开放40年”织里样本集中采访活动。两次活动共在人民日报、新华社等19家媒体相继在头版推出原创稿件100余篇。其中《求是》《人民日报》《新闻联播》《焦点访谈》《光明日报》《经济日报》等主流媒体刊发头版重点稿件40余篇（条）。做好第三届世界乡村旅游大会、第二届全国茶道哲学高峰论坛、吴兴经贸科技洽谈会等重大活动氛围营造，先后邀请各级媒体记者通过报、台、网、端等多种途径，持续打响丝绸、茶旅、美妆、溇港等吴兴特色品牌。充分发挥新闻舆论引领导向作用，针对“双禁”“禁摩”、城市精细化管理、湖州市文明条例实施等工作，运用“爱上吴兴”新媒体平台，主动发声、积极引导。全年区属媒体平台累计发布新闻稿件1400余篇，刊发公益广告90余期。认真落实《党委（党组）网络意识形态工作责任制实施细则》，开展意识形态工作责任制专项督查，推动网络意识形态责任落实。坚持党管媒体原则，与全区313个网站（论坛）、微博、微信主办单位签订《网络安全责任书》。完成“项目投资审计管理系统”“政府门户网站”网站安全漏洞整改，加大对“南太湖”“大织里”等22个自媒体账号监管力度，确保本地网络平台信息发布有序。建立完善全网监测系统，先后联合公安网警行政拘留7人，教育训诫26人。以吴兴融媒体建设为契机，积极拓展网络平台，组建视频团队，新增视频、直播、H5、版面视频业务，在“抖音”“快手”“微视”等平台累计制作发送视频60余期，阅读量突破1000万人次。做强做优“爱上吴兴”网络媒体矩阵，政务双微获得2018年度浙江省金舆奖优秀政务发布、浙江省政务发布第三名。全面落实中共十九届三中全会、上海进博会、首届联合国世界地理信息大会等特殊时间节点舆情监测机制，累计监测各类涉吴负面信息100余起，属地（部门）回复反馈率100%，督促解决网民反映的实际问题76个，网民满意率达95.8%；妥善处置“市区禁摩引发部分群体不满”“埭溪镇上强村违建厂房”“富力城工地生活区偷排污水”等重要网络舆情20余起，全年编写网络舆情信息、舆情分析专报38期，其中《“禁摩”舆情专报》获湖州市委书记马晓晖批示肯定。

（王晨建）

【“争当排头兵　实干大比拼”活动】制定下发《2018年吴兴区委理论学习中心组学习计划》，举办“吴兴论坛”专题讲座7场，编发“讲习参考”学习资料9期，完成《2017年区委理论学习中心组论文集》汇编。强化乡科级理论学习中心组学习，制定《吴兴区党委（党组）理论学习中心组学习实施细则》及《党委（党组）理论学习中心组文件汇编》，全面汰换“党政干部学习网”书籍280本。持续推进“争当排头兵 实干大比拼”活动，全区共申报“讲实效”事项146件，办结“马上办”事项9件，开设“践行‘八八战略’争当排头兵 实干大比拼”等主题专栏，播发电视新闻100余条，刊发文章150余篇。深化“153”村镇宣讲员网络，组织各类宣讲培训4场，挖掘培育区级“百姓宣讲名嘴”13人。组织开展“点赞新时代 奋斗新征程”系列宣讲活动，举办以“不忘初心 牢记使命”为主题的微型党课大赛和“我最喜爱的习总书记的一句话”主题宣讲大赛，2位优秀选手参加市微型党课大赛获二等奖；组织开展文艺宣讲作品征集活动，共征集作品126件。充分运用新媒体，制作宣讲微视频15个。开展“社科理论下基层”活动，邀请专家学者下基层宣讲26场。全力打造“小红砖”宣讲阵地，道场乡建成全市首个乡镇级讲习所。强化阵地保障，创建名嘴工作室13个。持续推进基层党校“六有”（有人管、有阵地、有经费、有载体、有活动、有氛围）规范化建设，乡镇街道实现全覆盖。积极打造网络宣讲阵地，开通“吴兴小红砖宣讲”微宣讲平台。

（王晨建）

【文化活动】高标准建成农村文化礼堂建设16个、乡镇文化广场2个、社区文化家园5个，广泛开展文化礼堂星级评定制和法人治理制，着力加强财政资金使用绩效，移沿山、章家埭两个农村文化礼堂被评为省级首批五星级文化礼堂。加大文化人才内育外联，搭建高水平人才申报省、市文化人才项目直通车。王一品斋笔庄总经理许剑锋入选省文联“新峰”人才培养计划；湖州风雷文化传媒等6家企业入选市第二批成长型文化企业，湖州文创中心、太德汇绿色环保印刷团队等入选市级宣传文化创新团队，“蒋华艺术工作室”入选市级领军人才工作室。贯彻落实省委书记车俊批示精神，着力推动报告文学《领袖与村庄》创作。设立区级文艺精品创作奖补资金，抓好小说、影视剧等文化精品创作生产，大力扶持院线电影《悍战》、数字电影《半影特工》等创作生产，6 部精品影视剧在央视六套黄金时段播映，2 部作品列入 2018 年市级文化精品创作扶持项目。编制《吴兴区文化产业发展（2019—2021）三年实施方案》和《吴兴区关于进一步加快文化产业发展的十条政策意见》，切实完善政策扶持机制。着力构建“4+3+N”文化产业发展平台体系，整合资源优势，成功入选全省 20 个文化产业发展竞争性资金补助县区。着力提升中心城区服务能级，盘活闲置办公楼宇 3 万平方米，湖州文创中心产业园、小西街文化创意街区获市推荐申报争创省重点园区。

（区文体局供稿）

【文化产业发展】探索文旅融合、互促共进的发展模式，有效促进了文化服务经济社会发展，助力乡村振兴、城市精细化管理、特色小镇建设，协办了第三届世界乡村旅游大会暨“一带一路”世界乡村旅游湖州亚太峰会、陆羽茶文化节暨第二届全国茶道哲学高峰论坛等重大活动。拓展文化产业承载平台，服务湖州文创中心产业园等项目的招引建设，文化产业新增大学生创业主体 15 家、吸引大学生到吴兴就业创业 203 人；搭建文化产业交流平台，推荐组织 5 家文化企业参展第十三届中国（义乌）文化产品交易会，湖州王一品斋笔庄获得工艺美术金奖，丝绸之路控股集团、湖州皮皮鲁创意文化企业获得工艺美术银奖。

（区文体局供稿）

·社　会·

【社会事业】教育。全区教育呈现良好发展态势。全区学前三年幼儿入园率达 99.4%，全区省等级幼儿园在园人数 27879 人，覆盖率达 100%；小学适龄儿童入学率 100%，小学升初中比例 100%。初中毕业生按时毕（结）业率 100%，初升高比例 99%。三残儿童入学率 99.5%，符合条件的新居民子女入学率 100%。9 所成人文化技术学校共开展各类培训 237809 人次。智慧校园环境建设持续推进，实现公办中小学、幼儿园万兆教育专网到校，校园无线覆盖率达 100%，交互式多媒体覆盖率 100%，32 所中小学配备录播教室，配备移动学习终端 2623 台。全区拓展性创新实验室和学科教室 59 个，机器人、3D 打印、无人机、工作坊等创客教室 22 个。

（陈　斌　施月良）

文体。2018 年，全区文化体育事业的进一步发展：文化服务中心有力有效，下乡活动有心有序，文化交流展示有声有色；文化阵地建设全面推进，艺术精品创作全力发展，文化遗产保护全新突破；文化市场审批实现“最多跑一次”，文化市场行政执法实现“全方位、全天候”，广电安全播出实现“零失误、零事故”；承办省运赛事做到安全和圆满兼备，举办区运盛事做到规模和水平共进，全民健身资源做到整合和创新互促，文体队伍建设做到固本和提能并进。工作专报得到湖州市政府副市长闵云、浙江省体育局副局长张亚东的批示肯定；有 4 项文化体育攻坚克难亮点工作在《全区“一把手”会议“讲实效”事项通报》上刊发；《四轮驱动　普及惠民　推动吴兴全民健身事业再上新台阶》在《湖州通讯》刊发；吴兴区文化体育工作成效分别得到央视一套、五套栏目，中央人民广播电台，浙江新闻联播，《浙江日报》，浙广传媒股份有限公司、新华网、人民网、中国广播网、浙江在线，《湖州日报》头版等多次宣传报道。

（区文体局供稿）

广电。吴兴广播电视中心，属湖州广播电视总台派出机构。自 2009 年起吴兴广电中心主要承担新闻宣传职能。吴兴广电中心开设有电视时政节目《吴兴新闻》、电视党建专栏《红扬吴兴》和“村村响”对农广播节目。

《吴兴新闻》。秉承“立足菰城本地，记录吴兴发展”的宗旨，围绕和服务区委、区政府中心工作，重点报道吴兴经济社会各个领域的重大事件及动态，生动展现吴兴人民在经济、政治、文化、社会、生态文明等方面建设时的精神风貌。2013 年 1 月 11 日，在吴兴区建区 10 周年之际，实行扩量改版，由原来每周三档增至每周五档。

《红扬吴兴》。创办于 2018 年 3 月，由吴

兴区委组织部和吴兴广电携手打造，是吴兴区首档党建电视专栏。栏目每月2档，旨在宣传吴兴深入学习贯彻中共十九大精神，适应党建工作新形势，打造党建宣传新阵地。

《红扬吴兴》寓意“红色动力激扬吴兴铁军争当排头兵”，分设《党建快讯》《不忘初心》《身边榜样》和《红色足迹》四个版块，坚持“大党建”宣传格局，全方位、多视角宣传吴兴党建成果，切实唱响吴兴党建好声音，进一步提升吴兴党建的影响力和美誉度；同时，栏目在不断提升节目质量，提高节目知名度，打响宣传品牌。

“村村响”对农广播。2009年7月1日，吴兴广电中心借助湖州广电总台的资源优势，正式开播“村村响”对农广播节目，对农村广播节目呼号为：“湖州人民广播电台吴兴区对农广播节目”。自办节目板块设置有《吴兴新闻》《王金法广播》《乡村风景线》《百姓生活》和《文艺万花筒》等。每天分早中晚3次播出，每天自办节目播出为150分钟。

2010年广电中心经实地考察调研后，专门推出覆盖吴兴全区的《王金法广播》，节目设立“老王讲时事”“老王说农事”“热线传递”和“专家务农”四个小板块。通过培育打造，《王金法广播》还获得2011—2012年度全市“机关党建工作十佳创新成果奖”；2015年广电中心对5档自办广播栏目的内容进行创新和调整，进一步强化节目定位，重点品牌栏目《王金法广播》增设“农时贴士”“政策解读”两个板块，丰富节目内容，提升信息服务能力。

（卢小媛）

卫生、医疗。坚持以人民健康为中心，不断优化区域医疗卫生服务体系。以健康吴兴建设为统领，制定《健康吴兴“2030”行动纲要》，成立区委、区政府健康吴兴建设领导小组，下设“健康吴兴”办公室，统筹推进各项工作和“健康浙江”考核。深化医药卫生体制综合改革，推动以人事薪酬制度和内部监管运行为主要内容的公立医院改革，确保医院可持续发展。创新探索市区医疗合作模式，在城区建设城市健康服务联盟，7家城市区卫生服务中心分别由湖州市中心医院和湖州市第一人民医院牵头帮扶，全年社区卫生服务中心门急诊总量同比增长25.08%；在乡镇持续推进“医联体”建设，充分巩固合作成效。探索医疗卫生服务领域“最多跑一次”改革，通过建设智慧支付、区域共享中心、远程会诊系统、分级诊疗等平台，实现区级医院分时段精准预约挂号率达90.2%，窗口排队时长人均减少10分钟。同时通过统一市级医院与基层医疗机构药品目录、智慧药房建设和基层慢性病门诊报销提标政策等，有效助推分级诊疗制度实施。加快发展基层中医药服务网络，顺利通过“全国基层中医药工作先进示范单位”国家级复评。加快医防融合，将家庭医生签约服务作为关键环节，重点覆盖十大类人群，2018年家庭医生规范签约率达31.67%，重点人群覆盖率达72.64%；推动社会心理服务体系建设，建立区级社会心理服务中心1个，镇级社会心理服务站20个和村级心理咨询室269个。启动创建健康县区建设，全年建设健康镇1家，健康村和健康社区26家，健康家庭449户，健康步道6条，健康公园1个。率先启动卫生计生行政执法体系改革，通过乡镇卫生计生行政执法中队融合基层平台有效发挥执法效能，获得全省唯一“社会成效先进单位”荣誉称号。积极开展无偿献血，完成无偿献血3564人次，献血量1148250毫升。加强全区卫生计生系统基层党组织建设，将乡镇（街道）医疗机构党组织纳入局党委统一管理，切实加强党对医疗卫生工作的全面领导。全面开展“清廉医院”建设，建立完善院务监督委员会。全区医疗卫生单位第一轮巡察实现全覆盖。

（吴梦希）

【社会领域改革】医药卫生体制改革。加快推动体制机制改革，深化以人事薪酬制度和内部监管运行为主要内容的公立医院改革，持续改善收支结构，严格控制医疗费用不合理增长，医疗总费用年度同比增长2.7%，均次门诊费用年度同比增长4.82%，均次住院费用年度同比下降3.17%，医疗服务收入（不含药品、卫生材料、检查、检验收入）占比54.31%，药占比29.97%，百元医疗收入（不含药品收入）消耗的卫生材料支出同比下降16.76%；启动以明确补偿渠道、完善补偿方式和加强资金监管为主要内容的基层医疗卫生机构补偿机制改革，力争激活基层机构内生动力。创新推动合作模式改革，在城市建设健康服务联盟，7家城市社区卫生服务中心分别由市一医院和市中心医院牵头帮扶，聘任7名市级医院管理骨干为中心副主任，承担院内管理、资源流动和双向转诊等职责，并在基层建立13个专家工作室、28个共建科室、1个康复分中心，每周落实市级医院高年资医生下沉坐诊46.25人次139小时，切实提升基层医疗服务能力。在乡镇持续开展医联体建设，充分巩固合作成效，其中埭溪中心卫生院在市一医院帮扶下，在全省同级医疗机构中率先建成内镜诊疗中心。加快医疗信息化建设，建设完善智慧支付、区域共享中心、远程会诊系统等一批信息化项目，基本搭建了基层“一站式”诊疗服务框架。主动服务健康产业发展，新增社会办医机构38家，形成与公立医疗机构优势互补、竞争共赢的良好格局。

（李　丽　吴梦希）

就业和社会保障体制改革。深化“破解招工难”三年行动计划，排定16项重点项目，实行项目化管理，保障本地企业用工。开辟“互联网+”招聘就业模式，在华数电视点播首页面正式开通《吴兴招聘》点播栏目，并开通华数直播专栏（7频道和500频道）专题发布企业推介信息。通过市场化运作，依托人才中介机构湖州鸿聚人力资源服务有限公司，在原市行政服务中心建立吴兴人力资源（人才）市场，每个月最后一周的周六在市场内举办招聘会，做到月月有专场、季季有综合的招聘模式。深入推进省级高质量就业村（社区）、大学生创业示范园、市级就业创业指导站创建活动，八里店镇诸墓村，湖东街道章家埭村，朝阳街道碧浪湖社区荣获省级高质量就业村（社区）荣誉称号，文创园荣获市级大学生创业示范园，妙西镇原乡小镇，八里店镇丝绸小镇被评定为市级就业创业指导站。以“最多跑一次”改革为抓手，出台《政银合作实施方案》，与吴兴农商银行签订合作协议，实施系统联网改造，梳理延伸银行服务网点办理社保高频民生事项，开展“政银合作”专项业务交流培训，将符合条件的银行网点打造成“社保服务分中心”，实现社保民生事项“就近办”；采取“4+1”窗口设置模式，在全市人社系统率先实行“无差别受理”，4个窗口受理所有最多跑一次事项，1个窗口受理所有“同城通办”事项，统一收件出件，实现“一次办结”，彻底解决针按条线“专窗”办理模式带来窗口“忙闲”不均、群众办事反复排队的问题；优化“最多跑一次”改革，打通11项事项五星全程网上办理、6项事项四星网上办理，合计占总事项的68%、一城通办18项，占总事项的72%、一窗通办25项，占总事项的100%，并在省定“八统一”优化表的基础上，减少材料18份，优化率达26.87%、缩减31个工作日，优化率达11.97%。

（施伟康　徐婷婷）

教育文化体制改革。全面推行招生政策改革，起始年级班额全部控制在指标内（小学45人，中学50人），成功实现“大班额”瘦身，中心城区小学平均班额43.3人，初中平均班额43.4人。出台《关于推进吴兴区中小学教师“区管校聘”工作的实施意见》，平稳推进“区管校聘”人事管理制度改革工作，真正实现教师资源“区域统筹”。进一步深化课程改革研究共同体建设，以“学本课堂”为抓手，成立“STEAM”课程领导小组，评选STEAM课程实验学校15所，湖师附小教育集团被确立为省级STEAM教育培育学校、中国教科院STEAM种子学校。编制《吴兴区教育局“最多跑一次”事项办事指南》，协调民政、市场监管等部门，持续推进减材料、减时间、减环节工作。“一件事”“一证通办”“一窗通办”和“一网通办”完成率达100%。实施“以美育人”工程，加强戏曲通识普及教育，举行艺术教育教师研修培训，成功创建省艺术教育实验区，获评省2018年“艺术节”优秀组织单位。

（陈　斌　施月良）

【城乡一体化】新农村建设。按照省、市农村工作的总体部署，以实施“美丽吴兴提升行动”“现代田园打造行动”两大行动为抓手，着力提升农村生态环境、人居环境和发展环境，积极探索经济发展、乡村振兴的新路子，吴兴区农业农村工作取得良好成效。一是深入推进美丽乡村创建。围绕“一村一品”“一村一景”“一村一韵”主题，全面挖掘村庄特色，推进“产村人”融合、“居业游”共进，发挥“产业、文化、旅游、社区”叠加功能，4个市级美丽乡村精品村验收村（菰城、妙山、龙山、南山）完成创建，4个市级美丽乡村精品村启动村（许漤、伍浦、庙兜、施家桥）已全面启动建设。完成9个市级美丽乡村（钱山下、后沈埠、东明、汤漤、上林、保健、泉心、东红、曙光）创建。高新区、埭溪镇通过省级美丽乡村示范乡镇创建。二是提升农村基础

设施建设水平。完成农村公厕改造255座，完成建设、改造提升农村公路32.4公里，农村饮水安全巩固提升人口数3万人，实施农村电网改造村数24个，农村无房户、危房户建房保障任务完成240户，采用多种模式完成农村危房治理改造980户，省级卫生乡镇已全覆盖。三是促进村增收民致富。大力促进村集体经济巩固壮大，消除年经营性收入30万元以下的薄弱村60个。积极组织开展新一轮低收入农户调查认定，全区新一轮认定低收入农户总户数2468户、总人数4995人。低收入农户人均可支配收入增幅达12.8%。

（何丹妮　朱　伟）

中心镇和小城镇培育。根据各乡镇发展目标和规划定位的趋同性，全面推进吴兴区全域规划、村庄布局规划、美妆小镇总体规划、西塞山省级旅游度假区7个地块的控制性详细规划等一批规划的编制和埭溪镇总体规划、妙西镇总体规划、东林镇总体规划及控制性详细规划等4个规划的修编工作。东部新城提速：以项目为主，高质量加快推进新城建设和管理，重点抓好小镇建设、配套完善、体制创新、管理提档、资产盘活、宣传营销、要素保障等方面的一体化建设，全年开工实施项目39个，完成投资102.65亿元。文体中心、奥奇梦工厂、西湖漾小学等项目投入运营，丝绸小镇打样中心、面辅料中心、企业微总部等产业项目快速推进，全力推进AAAA级旅游景区创建工作，高铁湖州东站落户东部新城，上实天澜湾、融创西山宸院等12个项目开盘开业。16户困难群众危旧房改造任务全面完成，同时对补助对象、申报程序、建设要求、补助标准等方面加强督导。全面推进16个小城镇环境综合整治，涉及项目390个、投资24.76亿元。2018年，7个小城镇通过省级考核验收，八里店镇、幻溇集镇、漾西集镇、后沈埠集镇被评为省级样板。

（区住建局供稿）

土地管理。统筹谋划土地矿产管理工作，全面提升国土资源管理水平，重点在资源配置、保护耕地、要素保障、节约集约、创新发展、生态建设上有所突破。全力争取要素资源保障。全区共取得用地指标3627亩，其中计划指标1089亩，农整挂钩指标1000亩，重大产业奖励指标399亩，重大产业项目预拨791亩、盘活指标348亩，有效地保障一批重点项目和“城中村”改造用地需求。扎实推进耕地保护。建设高标准农田1.2万亩，完成土地开发2956亩，旱地改水田229亩；实施农村土地综合整治1350亩，完成耕作层剥离再利用500亩。严格土地节约集约利用。完成低效用地再开发438亩，盘活存量建设用地1179亩，批而未供净下降1318亩，近五年平均供地率已达到77.3%，符合省、市对供地率达到70%以上的要求。切实提升服务保障。报请区政府出台《关于被征地农民参加社会保障实行“人地对应”的实施办法》，全年完成征地7173亩，落实参保4553人，支付征地款3.27亿元。完成农村无房户、危房户建房供地220户。完成不动产日常登记29891件，完成查解封登记8573件。深化执法“亮剑行动”。严格治理农村违法用地突出问题和违法开采矿产资源行为，共排摸发现农村违法用地突出问题16宗，面积63亩。通过逐宗明确整改措施、整改时限和责任人，共整改到位13宗，面积47亩，整改率为81.3%。开展矿山复绿行动，深化绿色矿山建设与提档升级，3家矿山已进入全国绿色矿山名录库，其余4家矿山已全部通过第三方评估验收并上报入库，全区绿色矿山建成率100%。两个省级矿地综合开发利用采矿权试点扎实推进。展开“除险安居”行动。全面完成已知13处地灾隐患点的处置及销号。扎实做好汛期地质灾害防控，2018年以来组织排查、巡查人员87组211人次，巡查地灾隐患点158点次。

（区自然资源和规划分局供稿）

农村经营管理。稳妥推进农村土地承包经营权确权登记颁证工作，顺利通过市对吴兴区农村土地承包经营权确权登记颁证工作综合验收。完善农村综合产权流转交易体系，积极推进农村集体资产、资源入农村产权交易中心交易，实现区镇交易互联互动，全年新增交易152宗，流转金额达到8634.5165万元。

（何丹妮　朱　伟）

【行政服务】行政审批服务。推进“无差别受理”。按照“1+5”模式对政务服务大厅综合窗口进行布局调整，设置投资项目审批、商事登记、不动产交易登记、社保医保服务、国地税服务5个主题板块综合窗口，对于其他办件量较小的窗口，统一整合为其他综合事务窗口，全部实现各主题板块内“无差别全科受理”。同时围绕“专科到全科”的目标制定计划，分批对窗口人员开展多次集中业务培训。加强规范化管理。按照“中心以外无权力”的要求，督促区级部门将全部办事事项进驻中心，新进驻区交警办事窗口和电力、华数、公交等公共服务单位。从严落实政务服务大厅窗口和工作人员管理考核办法，对现场监控系统进行全面改造，对窗口工作时间全程录音录像、可以回放切实加强日常考勤管理，加大奖惩考核。为进一步方便群众办事、减少等候时间，从5月1日起，区中心全部实行窗口中午不休制。破解部门间壁垒。成立区大数据管理中心，组建“最多跑一次”改革数据专班，集中力量攻坚部门数据归集、浙江政务服务网APP移动办、区级政务办事“四个通办”“一窗受理平台”综合系统应用等重点任务。深入推进实体办事大厅和网上办理的深度融合，在全市率先建成首个24小时自助政务服务区，面积400平方米，真正实现24小时的“不打烊”政务服务。打通最后一公里。按照“行政权力事项区镇受理同权、便民事项区镇村受理同权”的目标，梳理出向乡镇街道延伸办事事项144项，向村社区延伸43项。按照“一窗受理”向基层延伸的要求，统一设计全区乡镇街道便民服务中心优化改造方案，设置区块化综合受理窗口。将“最多跑一次”改革和“基层治理四平台”建设有机结合起来，在村社层面组建以村社区干部和网格员为主的代办队伍，切实打通服务群众“最后一公里”。

（区政务办供稿）

热线受理督办。全年共受理热线45053件，同比上升了13.6%，群众满意率98.5%，较上年同期上升近8个百分点，其他“三率”分别为按期告知率99.84%、按期受理率99.75%、按期答复率99.56%。

严把机制建设关，强化热线管理制度保障。根据政府阳光热线采用省统一投诉举报平台办理的新形势、新要求，及时调整考核机制和考核内容，重点针对按期受理率、按期答复率、满意率以及差错件等方面进行针对性考核，进一步健全督查考核体系。在考核方面，建立了针对乡镇、街道党政主要领导的重点工作月度考核制度，中心城区品质提升考核制度；针对区级部门层面，热线工作纳入了区“四新”综合考核、法制建设考核。在督查方面，针对每月热线办理情况，建立了月度督查通报机制；纳入全区“一把手”会议指标亮晒。建立从基层到部门、从分管领导到主要领导的全方位督查考核机制，切实强化了热线办理的制度保障。

严把基层基础关，强化热线办理力量保障。在工作力量上，针对吴兴区个别部门超期问题，专门安排2名工作人员针对每天即将到期的件，提前1天进行催办提醒；在业务提升上，分别对各网络单位培训工作人员开展操作系统及办理规范培训共3场60余人次；对社区基层开展专题讲座3场90余人次，有效提高基层热线工作人员业务水平。

严把责任落实关，强化热线办理责任落实。一方面，持续强化热线网络单位责任落实，强化考核通报结果应用，顺利完成对乡镇、街道前9个月考核工作，并将考核结果在区政府大厅进行公示；累计对全区所有网络成员单位办理结果全区通报7次，政法工作会议上通报1次，全区“一把手”会议通报1次，对各单位按期办理情况及群众满意率情况进行倒排名通报，进一步压实各单位主体责任。另一方面，通过向上借力，强化责任落实。8月份由分管区领导召开了全区热线工作督查通报会议，个别前期存在超期问题单位分管，在大会上作表态发言，明确对办理不力的单位实行分级约谈的工作要求。会上，区信访局联合区检察院出台了《关于建立12345政府阳光热线信息数据共享协作机制的意见》，该机制进一步创新了公益损害举报线索流转协作配合机制，强化了对行政机关依法履职的监督。

（陈芬芬）

【民生保障】社会救助。以贯彻落实《社会救助暂行办法》《浙江省社会救助条例》《浙江省最低生活保障办法》为契机，健全完善各项社会救助制度，完善社会救助窗口，推动社会救助工作的规范管理。全区共有在册低保2364户3689人（包括支出型贫困），其中城镇817户、1076人，农村1547户、2613人，城乡居民低保标准738元/月（2018年11月1日起，城乡低保标准调整到810元），全年发放保障金2985万余元。切实做好各类临时救助，全年发放各类临时救助资金131.47万元，惠及群众428人。加强防灾减灾宣传，区、乡镇（街道）、村（社区）三级应急预案体系逐渐完善，整体防灾减灾能力

得到提升，获评国家级减灾示范社区、省级减灾示范社区各2个。

社会福利。认真抓好养老福利机构建设，全区有各类养老机构16家，总床位数4733张，比上年增加410张，每千名老人拥有机构床位达39张。其中乡镇养老机构（农村敬老院、综合福利中心）8家，床位840张；民办养老机构8家，床位3893张。各类养老机构总入住老人1065人。全区共有“五保户”126人，集中供养126人，供养率达到100%。全区福利彩票共计完成销量5337.84万元。

（区民政局供稿）

“双拥”优抚安置。积极开展各类双拥共建活动，深入推进“三百两千”行动，加强基层双拥规范化建设。各项优抚政策得到妥善落实，认真做好优抚自然增长机制提标和发放。妥善做好退役士兵接收安置工作。

（区退役军人事务局供稿）

社会公共事务管理。落实惠民殡葬政策，安排殡葬四项基本服务费用250余万元，惠及全区3200余户家庭。落实乡村公益性墓地长效管理经费41余万元，乡村公益性骨灰堂建设补助经费105余万元。开展节地生态安葬工作，积极推进骨灰堂建设，乡村公益性墓地年检合格率100%。治理“两路两侧”“三沿五区”坟墓5000穴以上，生态葬法行政村覆盖率100%；已建乡村公益性公墓绿化覆盖率达到85%以上。做好清明节群众祭扫保障服务工作，围绕“文明祭扫，生态安葬”主题，发挥好村、社区的一线阵地作用，开拓微信公众号、政务微博、门户网站等多媒体平台，通过发放“文明祭扫”倡议书、开展“孝悌文化节、推行文化下村”、倡导“鲜花换火纸”等文明低碳的现代祭扫方式，促进群众增强文明祭扫意识。认真做好移民后扶工作，省核定吴兴区大中型水库移民后期扶持人数11595人，区核定78人，共计11673人，其中直补人口6938人，项目扶持4735人。做好直补资金发放工作，开展移民人口年度复核，当年共核减移民人口46人，其中死亡45人，行政事业单位在编在职1名，发放移民直补资金373.14万元，惠及移民6219人，全部纳入公共财政信息系统统一发放到个人。认真按要求做好2018年后扶项目申报、实施、验收和后续管理等工作；严格按程序管理和实施，坚持实事求是、科学管理、合理规划，积极协助和参与各村制度符合村组实际和广大移民意愿的后扶项目计划，及时向省移民办申报，组织和指导项目施工，监督工程质量，完成工程验收，督促做好工程后续使用和管理工作。2018年共安排各类项目22个，投入后期扶持项目资金1007.1万元，其中投入50万元以上的后扶项目占比超过41%，移民资金后扶项目安排率达到100%，资金支付率86%，资金检查内审面达到100%。认真做好区划与地名管理，成立湖东街道和调整八里店镇行政区划。全区新建富力城社区、汎港爱家社区、浮霞社区、光明御品社区；调整二里桥社区、湖东村社区。深入开展平安边界创建活动，平安创建创优率100%。完成全国第二次地名普查信息数据采集、录入工作，并通过国家验收。认真做好婚姻、收养登记，提升婚姻登记工作服务水平，全年办理婚姻登记8431对，其中办理结婚登记4636对，办理离婚登记2076对，办理补结1585对，办理补离134对，办理收养登记99件（其中解除1件），登记合格率100%。

（区民政局供稿）

社区与社会组织管理。以创建全国街道服务管理创新实验区为主线，提升社区服务为重点，加强基层基础为切入点，提高居民满意度和提升幸福感，加快推进幸福邻里中心建设，建成并运营10家幸福邻里中心。加大社会组织管理力度，全年新登记社会组织39家；创新社会组织评估机制，评估AAAAA级3家，AAAA级4家，AAA级8家，总体参评率达到96.10%；开展社会组织党建工作，建立党组织的社会组织56个（党委4个、党总支2个、党支部50个）。

（区民政局供稿）

民族宗教。据第六次人口普查统计，吴兴区共有36个少数民族，少数民族总人数为3801人，其中男性1001人，女性2800人。少数民族分布较为广泛，人数较多的有苗族592人、壮族729人、布依族436人、土家族412人、满族322人、回族294人、彝族198人、畲族198人、蒙古族119人、侗族72人、白族68人、瑶族53人、水族51人。2018年有道教、佛教、基督教三大宗教，有少量外来伊斯兰教信徒。经批准开放的宗教活动场所65处，其中道教28处、佛教29处、基督教8处。

全区人口中道、佛教信教人数3万人左右，约占总人数的5%；基督教3110人左右，约占总人数的0.5%。宗教团体4个，即区道教协会、佛教协会、基督教三自爱国运动会及基督教协会。现有登记认定备案的教职人员84人，其中道教教职人员14人，佛教教职人员67人，基督教教职人员3人，男性76人、女性8人，大专以上25人、占29.7%，60周岁以上30人、占35.7%。

（区委统战部供稿）

残疾人事业。区残联按照“抓重点、创亮点、攻难点”的工作思路，坚持服务更优化、保障更完善、工作更创新、作风更务实的理念。扎实开展各项工作。全面实施残疾人两项补贴，全年共2660名残疾人享受困难残疾人生活补贴，3350名残疾人享受重度残疾人护理补贴，共发放补贴1603万元；实施残疾人基本生活保障工程，为368名残疾人全额发放低保金、低保补助金375.5万元；为8331名残疾人购买意外伤害保险；15家残疾人服务机构参加机构综合责任保险；发放残疾学生及残疾人家庭子女助学补助、大学生学费住宿费减免补助、学前教育助学补助、残疾儿童少年特殊教育补助共272人、52.15万元；深入实施精准康复行动，提供残疾人基本康复服务6650人，辅助器具服务334人，基本康复服务率和辅具适配率均达到100%；为67人实施助听助行助明行动；与湖州澳洋康复医院合作，成立800平方米的吴兴区残疾儿童康复中心；为101名残疾儿童实施残疾儿童基本康复服务；为70户残疾人家庭实施无障碍设施进家庭活动；为760名精神残疾人开展免费送医送药，精神残疾人医疗康复救助153人次，投入资金共179万元；开展“辅具共享”便民服务行动，建立“辅具共享”租赁站点56个；全区13家工疗（庇护）机构残疾人辅助性就业（庇护照料）195人；加大残疾人事业宣传，开设“吴兴残联”微信公众号，飞英街道吉山四社区书记韩红霞荣获市“最美助残人”称号，妙西镇钱建英、吴兴区扬帆儿童康健园获得市“最美助残人”提名奖；举办吴兴区第四届残疾人运动会，选拔40名运动员参加湖州市第七届残疾人运动会，获得22金14银16铜的奖牌成绩，组队参加浙江省第十届残疾人运动会，获得3金3银2铜的奖牌成绩；开展特殊艺术走进农村文化礼堂演出7场；残疾人社区活动参与率达到84%。举办第二十八次全国助残日暨吴兴区残疾儿童康复中心揭牌仪式及文艺会演，开展以“赋予残疾人权力，确保包容与平等”为主题的省级无障碍社区创建宣传公益活动、第19次全国“爱耳日”宣传教育活动、第二十三个全国“爱眼日”活动、“残疾预防，从我做起”第二次全国残疾预防日活动，承办湖州市第35届国际盲人节、第61届国际聋人节“关爱聋人，让爱听得见”爱心义卖活动等形式多样的活动。

（慎　佳）

计划生育。认真贯彻《中华人民共和国人口与计划生育法》（以下简称《人口与计划生育法》）《浙江省人口与计划生育条例》等法律法规，稳妥实施“全面两孩”生育政策，扎实推进计划生育特殊家庭帮扶工作，切实加强出生人口性别比综合治理力度，不断推动孕前优生健康服务，有效夯实基层基础工作，深入开展公共场所母婴设施建设，持续深化流动人口计划生育基本公共服务均等化工作。全区上报出生人口3605人，出生人口性别比108.88，国家孕前优生健康检查项目目标人群覆盖率104.86%，建立三优服务指导中心11家，公共场所配备独立母婴室42家，全面落实计划生育特殊家庭三项制度，累计享受奖励扶助10383人，特别扶助697人，计生并发症扶助5人，落实扶助经费1562.938万元。

（顾国英）

老龄工作。认真抓好养老福利机构建设，全区有各类养老机构16家，总床位数4733张，比上年增加410张，每千名老人拥有机构床位达39张。其中乡镇养老机构（农村敬老院、综合福利中心）8家，床位840张；民办养老机构8家，床位3893张。各类养老机构总入住老人1065人。全区共有五保户126人，集中供养126人，供养率达到100%。

（区民政局供稿）

社保、医保。吴兴区（含开发区和度假区）参加城乡居民基本养老保险10.41万人，其中16~60周岁参保缴费人员4.27万人，60周岁以上享受待遇人员6.14万人，新增参保人员1974人，新增待遇享受人员2719人，完成参保扣款32095人，缴费到账金额1037.49万元，到账率96.8%。加强与市社保沟通，协同推进土保转职保工作，全区各乡镇（街道）办理审核土保转职

保5600人。全区城乡居民基本养老保险养老金支出17148.69万元（吴兴区14440.34万元，开发区1544.84万元，度假区1163.51万元），其中全区发放丧葬费792.77万元（吴兴区648.44万元、开发区93.36万元、度假区50.97万元）。开展医保医师选择性培训、内部业务稽核和外伤稽核，严格执行审核制度，对119家定点医疗机构进行不定期抽查，规范医保支付，维护医保基金安全。

（徐婷婷　汤惠丽）

基本医疗保障。根据《湖州市人民政府关于建立全市统一的城乡居民基本医疗保险制度的意见》《湖州市人力资源和社会保障局等四部门关于贯彻落实慢性病门诊医保政策有关事项的通知》和《湖州市人力资源和社会保障局等四部门关于进一步完善大病保险政策的通知》文件精神，贯彻落实城乡居民基本医疗保险政策和大病保险政策。下发《吴兴区人力资源和社会保障局关于开展医疗保险定点医疗机构专项检查的通知》进一步科学、合理使用医疗保险基金，提高基本医疗保险基金使用效率，保障参保人员基本医疗需求。全年基金支出34690.95万元，其中住院4.66万人次，支出22280.93万元；门诊大病5.58万人次，支出2160.63万元；门诊290.46万人次，支出7790.37万元；大病保险1.27万人次，支出1277.41万元；体检经费支出763.28万元；家庭医生签约费支出417.27万元。

（区人力社保局供稿）

·生　态·

【人民生活环境和质量】全区上下牢牢把握生态文明建设的内涵，坚持绿色发展的主线，在经济保持较快发展的基础上，全力打造"生态吴兴"，全区环境质量进一步改善，呈现稳中向好态势。全区15个区控以上地表水断面100%达到III类及以上水质，集中式饮用水水源地达标率保持100%；全区$PM_{2.5}$日均浓度37μg/m^3，同比下降15.9%；空气质量优良天数为227天，优良率为64.3%。首次获得大气污染防治工作"蓝天杯"。

（章陈力）

【城镇环境管理】2018年，区执法局全力巩固"全国文明城市创建"成果，扎实推进中心城区精细化管理，全域试点"非接触性"执法工作，全面完成数字城管二期建设，着力打造机关党建及家规家训示范点，有效落实乡镇（街道）基层治理"四个平台"建设（综治工作、市场监管、综合执法、便民服务共四个平台）。其间，实现油烟净化器安装率、使用率、清洗率达100%，签订餐厨垃圾协议2214家，餐饮业油烟投诉环比上年同期下降11.3%。依法惩治露天焚烧行为，制止露天焚烧68起，立案处罚15起。完成湖职院美食街和吴兴大道织里段餐饮污水"零直排"示范街创建，14个乡镇街道排水证办理635件。深入推进东部新城区域环卫一体化战略合作，强化路面抑尘，清扫车、洒水车、高炮喷雾车不间断循环作业，实现主要道路机扫率100%。始终坚持"新增为零、存量清零"，拆除违法建筑345.38万平方米，中心城区拆除违法建筑3.99万平方米。扎实推进16个整治乡镇55条道路达90.24公里的道乱占整治工作，八里店、漾西、幻溇和后沈埠获评"省级样板"称号，样板率达50%以上，位列全市前列。全力抓好犬类规范管理各项工作，完成犬只信息登记14476只，综合执法水平和群众满意度得到进一步提升。

（区综合执法局供稿）

【村庄环境整治】开展"美丽吴兴"推进工作，成立环境提升专项小组，对全区121个行政村，1000多个自然村的村庄环境长效管理、农村生活垃圾分类、农村生活污水运维管理等工作实现行政村全覆盖督查。采集问题照片1250多张，定点定位重点整治点位60余个，村庄环境显著提升。以PPP模式为导向，通过政府购买服务模式，引入标准化服务和管理体系，全面实施垃圾管理工作"一家企业管到底"的环卫作业新模式，实现环卫工作的城乡环卫一体化。

（区住建局供稿）

第四篇　政党·政权

·中国共产党湖州市吴兴区委员会·

【中共湖州市吴兴区委全会】 8月6日，区委召开区委四届四次全体（扩大）会议。会议深入学习贯彻党的十九大和习近平总书记对浙江工作的重要指示精神，认真落实省第十四次党代会、省委十四届三次全会和市第八次党代会、市委八届四次全会精神，回顾总结上半年工作，研究部署下半年任务，咬定目标再发力、加压奋进再赶超，全力谱写高质量发展吴兴篇章。区委书记吴智勇作工作报告，区委副书记、区长陈江作总结讲话。区委委员、候补委员；区纪委委员；不是区委委员的人大、政府、政协班子成员，人武部部长、政委；曾在区四套班子任职的老同志；高新区、各乡镇街道、区级各部门班子成员，区纪委、区监委派驻纪检监察组组长、副组长，驻织部门主要负责人，区级部门中层干部；民主党派负责人；重点骨干企业负责人代表和党代表参加会议。

【中共湖州市吴兴区委常委会】 1月8日，中共湖州市吴兴区委举行第24次常委会会议。会议由吴智勇主持。会议听取有关工作汇报，并作了研究。会议听取区委办关于区委四届三次全体（扩大）会议安排建议、工作报告起草及《中共湖州市吴兴区委关于高举习近平新时代中国特色社会主义思想伟大旗帜　在全市践行“两山”理念新征程中争当排头兵的决定》（以下简称《决定》）的情况汇报。会议原则同意区委办提交的会议安排、工作报告及《决定》。会议强调，一要进一步修改完善。要坚持高标准、高要求，根据会议讨论意见进一步完善《报告》和《决定》，文字再精炼、内容再到位，充分发挥《报告》催人奋进的作用。要做好与政府工作报告的衔接，确保思路上一脉相承，内容上协调统一。二要做深做细筹备工作。要严而又严、细而又细、实而又实做好会务安排、后勤保障、平安稳定等各项工作，确保大会圆满成功、取得实效。三要抓紧抓实当前工作。要借大会召开之机，进一步做好当前工作。年终冲刺收尾和“开门红”工作要紧而又紧，迎考工作要实而又细，下年工作部署要早而不乱。会议明确由朱剑梁牵头做好大会筹备工作。会议听取区财政局、区产投集团关于与上海国新张创合作成立湖州吴兴产业投资发展集团有限公司的情况汇报。会议原则同意区财政局和产投集团汇报的相关事宜。会议认为，与上海国新张创成立区产投集团是一项重大改革创新举措，充分体现“发展出题目、改革做文章”。会议强调，一要充分认识合作的重要性和必要性。该次合作是深化吴兴国企改革的重大创新举措，有利于壮大产投发展实力、完善集团内部管理机制、提升产投市场化经营的竞争力和品牌度。二要加快组建，深化合作。要加快注册，确保资产和资金早日到位。一方面要互惠互信，精诚合作，全力推进央地融合产业示范区建设；另一方面要加强监管，建立健全内部管理、风险防范等机制，确保国有资产保值增值。三要紧抓机遇，积极作为。要依托吴兴区平台空间优势和国新张创资本资源优势，在坚持依法依规、科学经营的前提下，因地制宜，创新方法，加快优势人才、资源和项目集聚，助推吴兴高质量赶超发展。会议开展了以“切实加强党的纪律建设”为主题的党性（纪）教育一刻钟。会议传达省委经济工作会议精神和市委八届三次全体（扩大）会议暨经济工作会议

精神。会议强调，要深入学习省、市会议精神，紧紧围绕高质量发展要求，按照区第四次党代会明确的奋斗目标和工作思路，坚持高质量与加速度并重，做实做细各项工作，真正使省、市决策部署在吴兴落地见效。会议传达了省委常委、宣传部部长葛慧君在全省新闻发布工作专题研讨班上的讲话精神。会议强调，要认真学习讲话精神，不断提升业务能力。会议审议通过了区委组织部关于2017年度市区“美丽乡村建设优秀带头人”推荐情况的汇报。会议还书面通报了关于全市城市基层党建工作推进会精神及吴兴区贯彻落实建议的情况汇报。

1月18日，中共湖州市吴兴区委举行第25次常委会会议。会议由吴智勇主持。会议听取有关工作汇报，并作了研究。会议听取了现代田园打造行动办公室关于现代田园打造行动2018年度推进计划的情况汇报。会议原则同意该推进计划，要求根据会议意见进一步修改完善。会议强调，一要正确定位。现代田园打造行动是乡村振兴战略的重要组成部分，是推动乡村振兴战略在吴兴落地生根的具体抓手和突破点，也是区委、区政府结合吴兴实际明确的阶段性重点工作，要坚持以乡村振兴战略为统领，将现代田园打造行动抓实抓具体。二要突出重点。要进一步突出重点区域和重点项目，明确时间表、路线图、责任人，力争早日成形见效。要注重农业品牌化发展和农产品品牌建设，强化农业项目规划，提升农业主体和产业层次，争创特色亮点。要创新思路，深化农村改革，大力推进农村电商发展和淘宝村建设，多渠道促进村级集体经济发展。三要统筹协调。要进一步建立健全统筹协调工作推进机制，做到职责清晰、分工明确、合力推进。要统筹整合高新区、织里镇、八里店镇和农林、旅游等区级部门资源力量，加快推进北片农旅融合园区建设。会议听取了全域旅游深化行动办公室关于全域旅游深化行动2018年度推进计划的情况汇报。会议原则同意该推进计划，要求根据会议意见进一步修改完善。会议强调，一要强化精品意识。要围绕高质量发展要求，将精品意识贯穿项目招引工作始终。要进一步提高旅游项目准入标准，注重项目运营能力，强化集约节约意识，聚力打造精品，提升板块层次，真正实现从“有没有”向“好不好”转变。二要突出落地运营。要将落地和投入运营作为2018年旅游项目工作重点，进一步完善开工建设、续建推进、竣工运营和储备报批项目清单。要突出重点，推动金盖山景区、海亮教育康养综合体、蓝城九天谷等重点项目落地和西塞山板块原乡小镇、长颈鹿庄园、慧心谷庄园等项目投入运营。三要重抓创建工作。要把国家级旅游度假区和国家AAAAA级旅游景区创建作为重中之重，积极争取国家级和省级荣誉，全力创品牌、造氛围。要以湖州新一轮总规修编为契机，加强对接，为重大旅游项目落地留足空间指标。四要加大营销推介。要以上海城市总规将湖州列入同城化都市圈为契机，坚持立足短期与着眼长期结合、点上突破与面上统筹结合，精准选择地域对象，全力抓好营销推介。要深入挖掘文化内涵，做好文化文章，讲好吴兴故事。五要完善工作机制。要依托市领导联系等各项机制，全力争取市级部门支持；要进一步深化重大项目区领导联系机制，完善旅发委牵头协调、乡镇街道主体狠抓落实、区级职能部门全力支持的工作格局，加快推进重大项目建成运营。会议听取了区中心城区提质行动办公室关于中心城区提质行动2018年度推进计划的情况汇报。会议原则同意该推进计划，要求根据会议意见进一步修改完善。会议强调，一要进一步细化任务分解。要科学完善分解街道与街道、街道与部门、部门与部门的指标任务，确保纵向横向高度融合。各街道要按照抓重破难创亮的要求，自我加压，进一步提炼、细化年度工作目标和重点亮点。二要进一步突出工作重点。要深入对接省、市目标要求，更加突出生活垃圾分类和烟花爆竹“双禁”等重点工作，确保取得实效。要高度重视物业管理工作，创新思路，出台具体举措，正向激励与反向倒逼两手齐抓，不断提升物业管理水平。要坚持自我加压与实事求是结合，科学设置财政总收入指标。三要进一步强化工作保障。要按照巩固扩大全国文明城市创建战果要求，结合全国街道管理服务创新实验区试点，强化幸福邻里中心和党建阵地等资源力量的有效整合。“一办五组”要加强力量保障，确保协同有为。会议听取了区府办关于《政府工作报告（征求意见稿）》的情况汇报。会议认为，区府办提交的政府工作报告前期准备充分，结构合理、内容到位，会议原则同意该工作报告，要求更加突出全年重大亮点工作，根据会议意见进一步修改完善。会议听取了区编委办关于《加强和规范区属国有企业机构编制和人力资源管理意见》的情况汇报。会议原则同意区编委办提交的意见，要求根据会议意见进一步修改完善。会议强调，要坚持规范性与灵活性结合，根据岗位需要和会议明确的原则，进一步做好细化工作。会议听取了区人力社保局关于《全面推进大学生就业创业的实施意见》的情况汇报。会议认为，出台进一步扶持大学生就业创业新十条政策是市委市政府加快赶超发展的精准举措，吴兴区根据市政策出台相应实施意见，体现了主城区的责任担当，也是吴兴实现高质量赶超发展的必要举措。会议强调，一要完善政策体系。要整合各类就业创业扶持政策，进一步完善《意见》配套政策和实施细则，确保严密规范。要高度关注《意见》实施情况，严格认定程序，加大兑现力度，加强督查跟踪，确保发挥实效。二要发挥企业作用。要注重发挥企业主体作用，引导、支持、激励企业建立健全人才培养机制，用发展平台吸引大学生、留住大学生；要进一步深化地校合作机制，充分利用湖师院和湖职院等高校资源优势，加强合作。三要加大宣传力度。要积极推动政策落地生根，多渠道宣传发动，尤其要深入高校和中介机构，加大面对面宣传力度，扩大政策的知晓率和惠及面。会议听取了区安委办关于2017年度安全生产目标责任制落实和2018年度工作思路的情况汇报。要深刻认识安全生产严峻形势，始终高度重视安全生产工作，按照既定的工作思路，抓好工作落实“最后一公里”，力争2018年安全生产考核争先进位。会议强调，一要完善安全生产考核体系。在区综合考核中，除发生较大事故一票否决外，将安全生产一般事故和过程性工作开展情况单列，并适当提高安全生产考核比重，进一步发挥考核“指挥棒”作用。二要严格落实安全生产责任。要层层传导压力，进一步压实工作责任。要严格落实企业主体责任，提高企业违法成本，严肃责任追究。要深化隐患排查，加强跟踪督办。要加大现代化信息技术投入，逐步实现“人防”向“技防”转变。三要加强安监干部队伍建设。要配强领导班子和干部队伍，在安监干部待遇保障、关心关爱上加大力度。安监干部要强化大局意识，敢于担当，服从安排。会议听取了区环保局关于吴兴区中央环保督察反馈问题整改方案的情况汇报。会议原则同意区环保局提交的整改方案，提出省、市高度重视中央环保督察反馈问题整改工作，要主动对接上级各项要求，严格按照责任分工，全面落实工作任务。会议开展党性（纪）教育一刻钟，传达学习《湖州市党委（党组）意识形态工作责任清单》和《湖州市党委（党组）意识形态工作责任制督查和责任追究实施办法》文件精神。会议书面通报关于2017年度区四套班子工作总结和工作实绩的情况汇报，关于区委政法工作会议安排建议方案的情况汇报，关于传达全国、全省组织部长会议精神及我区贯彻落实建议的情况汇报，关于吴兴区2017年国民经济和社会发展计划执行情况及2018年国民经济和社会发展计划草案的报告，关于吴兴区2017年预算执行情况及2018年预算草案的情况汇报，关于2018年度区级部门综合预算编制（“二下”方案）的情况汇报，关于出台《进一步加快推进众创空间发展实施意见》的情况汇报，关于《强化招商引资“一号工程”加快赶超发展十条意见》的情况汇报，关于吴兴区2017年环境质量状况与环境目标完成情况的汇报。会议还讨论了干部。

3月5日，中共湖州市吴兴区委举行第29次常委会会议。会议由吴智勇主持。会议听取了有关工作汇报，并作了研究。会议开展了党性（纪）教育一刻钟，听取了石一婷关于参加省委巡视工作体会的汇报。会议强调，一要压实责任。高新区、各乡镇街道和区级各部门要以省委巡视的标准与要求，一级一级抓给一级看，带动村（社）等基层单位全面落实各项要求，把全面从严治党融入各个环节、贯彻到各个方面。二要抓常、抓细、抓实。要把工作做在平时，把功夫下在平时，小处着手，细处着力，真正将工作做到位，随时准备接受省委巡视检查。三要举一反三。要以此次党性（纪）教育一刻钟为契机，主动学习借鉴，时刻保持警醒，对工作规范性深入开展自查、自省、自纠，发现问题及时整改。会议听取了区考核办关于2017年度市对县区考核吴兴区得失分的情况汇报。会议充分肯定了2017年吴兴区各项工作取得的成绩和考核工作，认为综合考核县区差距不断缩小，比拼更加激烈，要进一步强化争先进位意识，压实责任，全力做好2018年工作。会议强调，一要高度重视，贯穿全年。各单位“一把手”要高度重视考核工作，深入谋划，及早启动，切实发挥考核指挥棒作用，科学精准落实各项工作。二要自我加压，抓实工作。要锁定2018年考核“保二争一”目标，抓实工作。考核列第一、第二位的要毫不松懈，咬紧盯牢，继续保持排名靠前；列第三位、第四位的要加大工作力度，提升名次；列第五位的要全力补短板，实现进位。三要聚焦重点，突破难点。要充分运用考核评价结果，扬长避短，综合施策，一手抓特色亮点培育提升，一手抓薄弱环节攻坚突破，拉长补短增优势。四要精准对接，争取支持。要加强与市级责任部门沟通，提前对接、深入研究，主动参与考核办法制定，争取工作主动权。五要压力传导，任务分解。要细化考核任务，层层压实责任，因工作推进不力导致吴兴在县区综合考核中失分的乡镇街道和部门，要在常委会上作说明。区考核办要着力提升督查考核工作实效。六要强化内部考核，确保实效。要明确考核导向，不断完善区考核办法，提高区综合考核与市对区考核结果的匹配度。各单位要将考核任务完成与区委、区政府重点工作推进有机结合，以高度的责任感做好本职工作。会议听取了区委办关于区委、区政府领导和高新区、各乡镇街道、区级各部门“一把手”领办“破难题、办实事、树标杆”项目攻坚行动2017年度进展情况及2018年度安排，以及区领导联系乡镇（街道）等安排建议的情况汇报。会议认为，该项工作是贯彻落实上级决策部署的必然要求，是吴兴务实作风的具体体现，是区委、区政府抓工作落实行之有效的工作方法，也是领导干部率先垂范、一级做给一级看的重要载体，联系领导要进一步高度重视，真联系、真帮助、真担责，被联系主体要用好领导联系机制，主动反映问题，做到双向互动，真正发挥作用。

会议听取了区财政局关于进一步防范化解政府性债务风险的情况汇报。会议原则同意区财政局提交的实施意见，要求根据会议意见进一步修改完善。会议强调，一要清醒辩证看待政府性债务问题。要正确看待吴兴区政府性债务问题，既要看到政府性债务在推进吴兴赶超发展过程中的重要作用，也要清醒认识当前政府性债务问题存在的隐患和面临的压力，坚定信心决心，全力完成债务化解各项工作任务。二要精准高效落实各项债务化解工作。要通过科学运作土地、划清“跑道”、盘活资产、严格项目审批等多种手段，科学精准完成债务化解工作。三要高度重视乡镇“关闸门”及后续处理工作。各乡镇要高度重视“关闸门”工作，尽快形成细致完善的工作方案，原则上不得再新举借债务。四要改革创新，真正推动吴兴实现高质量赶超发展。要按照“保民生、保必需、保重点”要求，节约集约开展各项工作，严控政府性投资；要敏锐把握市场趋势，通过市场化投资、社会化运作的方式，积极推动非政府投资项目。会议听取了区政协党组关于中共湖州市吴兴区委、湖州市吴兴区人民政府、政协湖州市吴兴区委员会2018年度协商工作计划的情况汇报。会议原则同意该计划，要求根据会议意见修改完善后抓紧印发实施。会议强调，协商计划集政治协商、参政议政和民主监督职能于一体，要按照习近平总书记“有事多商量、有事好商量、有事会商量”的要求，深入开展调研，不折不扣落实工作计划，做到精准建言。

会议听取区食安办关于2017年食品安全工作及制定吴兴区党政同责实施办法的情况汇报。会议充分肯定了2017年吴兴区食品安全工作，认为出台党政同责实施办法是落实上级部署的必然要求，要高度重视，坚决贯彻落实。会议原则同意该办法，明确要参照市考核比重，进一步优化考核权重。要切实加强有关食品安全工作支持保障力度，夯实基层食安办规范化建设成果。会议强调，要发挥市场监管、农林等区级部门职能作用，落实高新区、各乡镇街道属地责任，形成齐抓共管的工作格局。要严格监督检查，加大违法行为打击力度，进一步提高群众满意度。会议听取了区编委办关于制定吴兴区政府雇员管理办法（试行）的情况汇报。常委会原则同意区编委办提交的管理办法（试行）。会议认为，出台政府雇员管理办法是坚持问题导向，进一步提高政府工作效能的重要举措，常委会原则同意该办法，要求根据会议意见修改完善后印发实施。会议强调，一要理顺关系，统筹管理。要厘清政府雇员、编外用工和国企用工三者之间的关系，区编委办、区人力社保局要加强统筹，统一管理。二要规范操作，公开透明。要坚持公开、平等、竞争、择优原则，严格规范各项招聘流程，主动接受社会和群众监督，确保公平公正。三要依需安排，精简节约。要根据全局性工作的特殊需要，从严从紧设置雇员岗位和数量，发挥政府雇员制度效用，严控行政运作成本。四要紧贴形势，注重衔接。要深入研究中共十九届三中全会审议通过的深化党和国家机构改革方案，主动顺应上级精神和部署要求，注重将政府雇员制度与机构改革新形势衔接，确保经得起检验。会议听取了区纪委关于传达省纪委十四届二次全会、市纪委八届二次全会精神和吴兴区贯彻建议的情况汇报。会议原则同意区纪委提交的会议方案和报告。会议强调，一要深入学习。要以该次常委会为契机，进一步加强省、市纪委全会精神传达学习，学深入、学彻底，确保会议精神传达到每名党员干部。二要贯彻落实。要将贯彻省、市纪委全会精神作为一项重要的政治任务，严格将各项要求落实到区纪委四届三次全会中去，落实到区纪检监察日常工作中去。三要扛起责任。要强化政治担当，切实扛起全面从严治党政治责任，推动吴兴区党风廉政工作取得新成效、再上新台阶。会议传达了中共十九届三中全会精神和市委书记马晓晖到吴兴区调研的讲话精神。会议对做好全国两会期间紧急情况报告以及确保一季度“开门红”提出了工作要求，并对马晓晖补选市八届人大代表有关情况作了说明。会议还书面通报了关于“吴兴好人”评选活动方案的情况汇报，关于吴兴区人大常委会2018年工作要点（草案）的情况汇报，关于政协湖州市吴兴区委员会2018年工作要点（草案）的情况汇报，关于2018年全区防范处理邪教工作要点的情况汇报，关于举办吴兴区第四届运动会有关情况的汇报。

4月12日，中共湖州市吴兴区委举行第31次常委会会议。会议由吴智勇主持。会议听取有关工作汇报，并作了研究。会议听取区考核办关于2018年度区级有关部门季度考核实施办法的情况汇报。会议原则同意该考核办法，要求根据会议意见进一步修改完善。会议强调，季度考核是吴兴整体考核体系中的重要一环，考核结果将按权重折算至综合考核，区级有关部门要高度重视，坚持工作为本，强化实干实效的导向，以实实在在的工作成效推动考核成绩提升。要积极对接市对区考核办法，统筹考虑战略性新兴产业、装备制造业增加值和矿山复绿等考核内容，切实提升考核工作的精准性、针对性。会议听取了区委宣传部关于2018年区委理论学习中心组学习计划的情况汇报。会议原则同意该学习计划，要求根据会议意见进一步修改完善。会议强调，一要高度重视。党委（党组）理论中心组学习制度既是建设学习型党组织的规定动作，也是深入推进“两学一做”学习教育常态化制度化的内在要求，更是推动具体工作的实际需求。区委理论学习中心组成员要充分认识加强学习的重要性和必要性，发挥示范和表率作用，主动学、深入学、系统学，不断提升自身理论素养和业务水平。二要实效导向。要把学习贯彻习近平新时代中国特色社会主义思想，作为理论学习中心组的首要任务强力推进。区委宣传部要结合实际工作，精心安排学习活动，确保学习形式多样、内容丰富、精准高效，不断提升全区党委（党组）理论学习中心组的学习质量和水平。三要层层落实。各级党委（党组）要切实承担起本地本单位干部理论学习的主体责任和领导责任，精心组织、抓好落实。区委宣传部、区委组织部要加强对各级党委（党组）中心组学习的指导，严格落实各项学习要求，定期开展督查检查，在全区形成重视学习、崇尚学习、坚持学习的浓厚氛围。会议听取了区纪委区监委关于市纪委对区委落实全面从严治党主体责任情况的评议意见反馈和区委整改方案建议的情况汇报。会议强调，一要坚定信心。2017年吴兴区落实全面从严治党主体责任工作有力度、有成效，要进一步坚定信心、振奋精神，全力抓好2018年度全面从严治党各项工作。二要高度重视。市纪委反馈的评议意见是区委落实全面从严治党主体责任情况的系统诊断，具有很强的针对性和指导性，要认真研究，对评议意见反映的问题保持高度警觉。三要抓好整改。区牵头领导要按照分工方案，抓好分管领域工作落实，切实履行好“一岗双责”；区级责任单位要进一步明确整改方案、细化整改举措，不折不扣完成整改任务；区委、区政府督查室要加强督查；区委常委会将适时听取专题汇报。四要以上率下。区委常委会要进一步提高政治站位，增强“四个意识”，以更高标准，带头落实全面从严治党主体责任，为全区作出表率。要层层压实全面从严治党责任，进一步营造风清气正、干事创业的良好氛围。会议听取了区委组织部关于确定2017年度区管领导干部年度考核等次建议方案的情况汇报。会议原则同意区委组织部提交的等次建议，强调考核等次是年度工作

成效的重要体现，要强化结果运用，进一步树立实干实效的工作导向。会议听取了区委组织部关于2017年吴兴区选人用人工作民主评议结果有关情况的汇报。会议强调，民主评议是吴兴区选人用人工作水平的重要体现，要继续保持风清气正的选人用人环境，高度重视市委组织部的反馈意见，清醒认识当前工作的问题短板，时刻保持对选人用人工作的警醒警觉。要按照“德才兼备，以德为先”的用人标准，坚持实绩导向、一线导向，从严把好选人用人关；要严格程序，强化管理，不断提升选人用人工作的制度化、规范化、科学化水平。会议听取了区矿治办关于矿山复绿攻坚行动的情况汇报。会议强调，矿山复绿是深入践行“两山”理念的重要举措，也是市委市政府明确的重点工作和硬性任务，各主体要高度重视，清醒认识吴兴区矿山治理现状，坚定信心决心，化压力为动力，不折不扣完成市定任务。要加强矿山复绿方案的科学性和可行性研究，创新思维方式，加强人财物保障，重点要在提高工作精准性、实效性上下功夫，因地制宜、综合施策，确保矿山复绿各项工作取得实效。会议开展了党性（纪）教育一刻钟，学习了《中华人民共和国宪法修正案》（2018年）部分内容解读。会议还书面通报了关于《吴兴区党委（党组）意识形态工作责任清单》和《吴兴区党委（党组）意识形态工作责任制督查和责任追究实施办法》的情况汇报，关于区委统战部、政法委、编委办、总工会、团区委、妇联、残联2017年工作总结和2018年工作安排的情况汇报，关于区法院、检察院、公安分局2017年工作总结和2018年工作安排的情况汇报。

5月9日，中共湖州市吴兴区委举行第32次常委会会议。会议由吴智勇主持。会议听取了有关工作汇报，并作了研究。会议听取了织里镇关于织里镇国有资本市场化改革重组的框架方案和相关情况的汇报。会议原则同意织里镇提交的框架方案，要求根据讨论意见进一步修改完善，并按照区政府常务会议和此次常委会意见抓好各项工作落实。会议强调，一要提高站位，拉高标杆。织里镇要强化大局意识、提高全局站位，以此次市场化改革为契机，主动提高标准，规范企业运作，进一步提升国有资本管理水平和使用绩效。二要严格标准，市场运作。织里镇要坚持市场化原则，严格按照省政府明确的四条市场化标准做好改革重组工作。区财政局要加强业务指导。三要研深落细，完善机制。要全面落实上级有关要求，进一步提升改革方案的规范性和精准性。要严格按干部管理权限，规范各项人事制度，充分调动企业干部职工的积极性。要建立健全绩效考核、薪酬管理等内部制度体系，提高资本运营效率，推动企业做大做强。会议听取了区编委办关于深化中心城区街道体制改革实施意见的情况汇报。会议原则同意该实施意见，要求根据会议意见进一步修改完善。会议强调，一要加强领导。各街道主要领导要强化责任落实，明确任务分工，加强统筹协调，及时研究解决改革过程中的矛盾和问题，不折不扣地将各项改革任务落到实处。二要稳步推进。中心城区街道体制改革工作时间紧、要求高、政策性强，区编委办要会同各街道，按照改革任务清单抓好组织实施，确保稳妥有序、程序到位，高质量完成改革任务，打造街道服务管理创新的“吴兴样板”。三要提升工作。要准确把握当前城市经济发展的新态势，积极培育城市新经济、新业态，促进城市经济发展。要以此次改革为契机，进一步提升街道工作水平，更好地为群众提供精准有效的服务和管理，不断提升群众满意度和获得感。会议听取了区治气办关于2018年吴兴区大气污染防治工作实施方案的情况汇报。会议强调，一要高度重视。湖州是“两山”理念发源地，市委市政府高度重视生态文明建设工作，吴兴区要从讲政治的高度，深刻认识生态文明建设的重要性，始终将治气工作放在重要位置，坚决杜绝重视不够和重视不持续问题，抓好工作落实。二要压实责任。要加强责任层级化管理，做到主要领导统筹兼顾亲自抓，分管领导集中精力具体抓，业务科室项目化专职抓。区治气办要做好牵头协调和业务指导工作；发改、住建、商务、环保、市场监管等部门要抓好分管领域治理工作；乡镇街道要履行好主体责任。三要从实从细。各个主体要强化底线思维，深入细致开展自查自纠，并实行清单化管理。要坚持问题导向，突出工地、矿山等重点区域和小锅炉整治、道路扬尘治理等重点领域，推动各项任务精准精细落地，确保整治实效。四要严肃问责。要坚持“谁污染谁治理”原则，加大污染企业督促整改和刚性执法力度。要层层压实工作责任，认真落实市委、市政府主要领导关于治水治气的批示精神，确保"事实有人管、人人有责任"落到实处。区委、区政府督查办和区级责任部门要分别对全区、分管领域治气工作开展常态化督查，对工作责任不落实、措施执行不到位、问题整改不彻底的要严肃问责。会议开展了党性（纪）教育一刻钟，对《中华人民共和国监察法》（以下简称《监察法》）进行了解读，对3月份全国查处违反中央八项规定精神问题进行了通报。会议通过了区纪委区监委关于建议给予部分党员干部党纪政务处分的情况汇报。会议还书面通报了关于制定进一步加快吴兴区文化产业发展十条政策意见的情况汇报。

5月16日，中共湖州市吴兴区委举行第33次常委会会议。会议由吴智勇主持。会议听取了有关工作汇报，并作了研究。会议开展了党性（纪）教育一刻钟，学习了习近平总书记在深入推动长江经济带发展座谈会上的重要讲话精神。会议强调，一要提高站位，深化认识。吴兴是长江经济带和长三角一体化的重要组成，要牢固树立"一盘棋"思想，坚决贯彻落实习近平总书记重要讲话精神，不折不扣抓好中央各项决策部署落实。二要联系实际，抓好落实。要把吴兴放到长江经济带和长三角一体化的大格局中去谋划，以"美丽吴兴"建设为主抓手，切实担负起生态环境保护重责，在全面完成中央环保督察整改任务的基础上，坚定不移推进全域低小散产业整治、美丽乡村建设和治水治气等工作。要进一步拓宽"两山"转换通道，加快推动吴兴实现高质量赶超发展。三要深刻领会，举一反三。要深入领会习近平总书记提出的"整体推进和重点突破、生态环境保护和经济发展、总体谋划和久久为功、破除旧动能和培育新动能、自身发展和协同发展"五对关系中蕴含的辩证思维和工作方法，谋深抓好吴兴各项工作。会议听取了区编委办关于湖东街道机构编制相关事项的情况汇报。会议认为，组建湖东街道是推动新型城市化和东部一体化发展的迫切需要，区编委办提交的机构编制设置方案符合省、市城市基层党建工作最新要求，符合中心城区街道体制改革实施意见精神，也符合湖东实际情况，会议原则同意该方案，要求根据区委常委会和区政府常务会议精神，积极稳妥推进湖东街道组建工作。会议讨论了干部。会议审议通过了关于共青团吴兴区第五届委员会人事安排的情况汇报。会议还书面通报了关于2018年全面深化法治吴兴建设工作要点和建设法治吴兴重点项目安排的情况汇报，关于传达全市学校党建工作现场推进会精神及吴兴区贯彻落实安排建议的情况汇报。

7月27日，中共湖州市吴兴区委举行第36次常委会会议。会议由吴智勇主持。会议听取了有关工作汇报，并作了研究。会议听取了区委办关于区委四届四次全体（扩大）会议安排建议、工作报告起草的情况汇报。会议原则同意该会议安排和工作报告，要求根据会议意见进一步修改完善。会议强调，一要提高政治站位。要深入学习研究习近平总书记对浙江工作的批示精神和省委十四届三次全会、市委八届四次全会精神，将上级部署要求充分体现到报告中、落实到工作中。二要精心组织会议。要更加深入细致做好会议筹备、后勤保障和平安稳定工作，确保会议圆满成功、取得实效。三要完善工作报告。报告要文风平实、内容精炼，指标数据要再核实，确保精准无误。全会明确的下半年工作任务要及早细化分解，并将责任落实到区级部门和乡镇（街道）。会议听取了区法院关于基本解决执行难工作的情况汇报。会议充分肯定了近年来区法院基本解执行难工作。会议强调，一要进一步提高政治站位。基本解决执行难是贯彻落实中共中央决策部署的具体举措，也是顺应群众呼声、形成诚实守信社会风气的有效途径，要强化全局意识，继续做好执行工作，为吴兴高质量赶超发展提供有力支撑。二要进一步深化全区联动机制。要深化对失信被执行人的联合惩戒机制，完善区级有关部门定期会商机制，形成以法院为主体，发改、金融、教育、综合执法等部门全力支持配合的全区联动大格局。要在经费、人员等方面加强工作保障。三要进一步加快社会诚信体系建设。要加大诚信正面典型和失信方面案例宣传力度，在全社会形成支持执行工作的浓厚氛围；要多措并举加快"信用吴兴"建设，加快构建符合吴兴区实际的信用制度，从源头上缓解执行难问题。会议听取了区安委办、区消防大队关于2018年上半年吴兴区安全生产工作、下半年工作打算和加强吴兴区消防应急救援队伍建设管理的情况汇报。会议强调，一要认清形势，高度重视。要严格落实《地方党政领导干部安全生产责任制规定》，特别是对照

2018年平安考核全省排名的更高要求，抓紧抓实各项工作。安全生产和消防工作形势严峻，要清醒认识，高度重视，强化底线意识，做深做细各项工作，确保平安稳定。二要建强队伍，强化监管责任落实。切实履行属地监管和行业部门的“三个必须”责任，各乡镇（街道）要立足工作实际，坚持专业化与整合性结合，统筹配好配强安监队伍，确保安全生产事有人干、责有人担。要切实抓好消防应急救援队伍建设管理。要加强安全生产工作保障力度。三要压实企业主体责任，加大违法查处力度。要把加大行政执法与刑事司法的追责力度作为压实企业主体责任的有效手段，依法依规打击各类违法行为，并加大典型案例宣传，形成震慑。四要打通安全生产“最后一公里”。要坚持实效导向，安全教育要落实到企业一线从业人员。安全监管要切实发挥村（社区）网格员作用，切实打通“最后一公里”。五要深入隐患排查，切实整改到位。要加强安全监管痕迹化管理，对各类安全隐患深查到底，落实隐患的“清单化”治理，做到心中有数。省、市挂牌隐患要严格按照时限要求，坚决整改到位。要加大“低散乱”企业整治力度，整改完成的要加强长效管理，严防反弹。会议听取了区纪委关于传达省纪委十四届三次全会精神及吴兴区贯彻落实建议的情况汇报和区纪委区监委关于《运用监督执纪“四种形态”实施办法》的情况汇报。会议强调，一要以高度的政治站位贯彻落实省市纪委全会精神。要深化认识全面从严治党永远在路上、越往后执纪越严的新常态，认真学习、深刻领会省市纪委全会精神，并将有关要求不折不扣落实到“清廉吴兴”建设各项工作中。二要以高度的思想统一推进运用监督执纪“四种形态”。要把运用“四种形态”，尤其是第一种形态作为关心关爱党员干部的必要手段，多“扯袖子”、多“咬耳朵”，锻造清廉干净的吴兴铁军队伍。三要以严格的自律自觉遵循党规党纪。领导干部要发挥率先垂范作用，带头模范遵守党章党规党纪。要以省委巡视工作的标准要求，规范做好日常各项工作。会议听取了区委宣传部关于《实施“一十百千万”项目 建设更高水平文明城市实施意见》的情况汇报。会议强调，一要深化认识。实施“一十百千万”项目是持续提升市民素质、打造文明城市升级版的重要路径，是社会治理的重要方面，也是“中心城区提质行动”的重要内容，要高度重视，加强领导，有序推进。二要整合创新。“一十百千万”是宣传文明工作的具体化、项目化、清单化，要强化载体整合，将项目与“中心城区提质行动”和精细化管理工作统筹融合，实现效益最大化。三要广泛宣传。要充分利用各类宣传阵地和载体，广泛宣传先进典型，切实提高群众知晓率和参与度。要注重总结提炼经验做法和特色亮点，加大对上宣传力度，打造城市名片。四要力求实效。要坚持实效导向，加大对该项目的督查考核力度，并完善项目建设晾晒比拼机制，确保工作成效。五要持续深化。要着眼长远，保持工作定力，持之以恒抓好“一十百千万”项目，并持续巩固深化工作成果，形成长效机制。会议听取了区发改委关于湖州至杭州西铁路吴兴段建设工作的情况汇报。会议强调，一要统一思想。湖杭高铁是国家和省重点工程，也是吴兴加快赶超发展的重大历史机遇，对于吴兴经济社会发展意义重大、影响深远，要统一思想，紧抓机遇，抓紧研究推进。二要完善机制。要建立领导小组，由陈江牵头，滕辉分管；要进一步强化区铁办工作职能，推动领导小组办公室实体化运作。三要合力推进。区铁办要统筹考虑、及早谋划，对照工作清单，推动任务逐项落地。妙西、埭溪、东林三个涉铁乡镇要落实属地管理责任，分清主次、服从大局，全力配合项目推进；区级有关部门要积极协调解决项目推进中的问题。会议听取了区旅发委关于第三届世界乡村旅游大会暨“一带一路”世界乡村旅游湖州亚太峰会总方案的情况汇报。会议认为，举办第三届世界乡村旅游大会对于进一步提高吴兴旅游知名度和美誉度意义重大。会议强调，要精心组织筹备会议，注重彰显吴兴特色和吴兴元素，确保会议高质量。要做好基础设施建设、活动宣传策划等前期工作，特别要以此次活动为契机，倒逼旅游项目加快推进。区委政法委要提前介入，加强对接，切实做好维稳安保工作。会议听取了区委组织部关于领导干部兼职专项督查工作的情况汇报。会议充分肯定了前期的工作成效。会议强调，要按照中央和省、市委的有关规定要求，坚决整改到位；要严肃纪律，巩固兼职清理成效，并进一步强化干部日常管理，确保常态长效。会议开展了党性（纪）教育一刻钟，学习解读了干部监督相关政策。会议书面通报了关于传达全国组织工作会议精神及吴兴区贯彻落实建议的情况汇报，关于2018年上半年吴兴区消防安全工作暨开展全区消防安全三年翻身仗工作情况的汇报，关于我区第四次经济普查工作的情况汇报，关于《实施全面两孩政策改革完善计划生育服务管理的实施意见》制定说明的情况汇报。会议还讨论了干部。

8月17日，中共湖州市吴兴区委举行第37次常委会会议。会议由吴智勇主持。会议听取了有关工作汇报，并作了研究。会议听取了区纪委区监委关于《2018年党风廉政建设和反腐败工作组织领导与责任分工》的情况汇报。会议强调，一要高度重视。明确责任分工是认真贯彻落实中央和省、市委党风廉政建设工作部署要求的重要载体和有效抓手，也是吴兴区一以贯之的惯例做法，要从思想上高度重视，严肃对待，确保到位。二要抓好落实。责任领导要将此次会议作为进一步抓实党风廉政责任分工的再提醒、再强调，逐项对照责任清单，落实好“一岗双责”，特别要抓好分管领域和分管干部的党风廉政建设，真正带好队伍，管好工作。三要加强指导。区纪委区监委要对具体工作及党风廉政工作开展的途径和抓手加强统筹指导，确保规范到位、取得实效。会议听取了区委宣传部关于中宣部组织媒体记者在织里镇开展“壮阔东方潮　奋进新时代——庆祝改革开放40年”大型主题采访活动的情况汇报。会议充分肯定了前期区委宣传部、织里镇等有关单位的谋划和准备工作。会议强调，一要高度重视，统一思想。该次大型主题采访层面高、规模大，也是宣传吴兴、推介吴兴、进一步扩大吴兴影响力和美誉度的重要契机，要充分认识该次活动的重大意义，做深做细各项工作。二要突出主线，精心组织。要认真梳理、精心提炼织里改革开放四十年发展成效和典型经验，特别是坚持以“八八战略”为统领，以改革的精神、改革的思维、改革的办法，持续推进产业转型、城乡发展、增收致富，实现产、城、人、文协同发展等方面的经验做法，充分彰显织里镇的全国样本意义。三要强化合力，确保成功。织里镇要全员到位，区级部门要力量下沉，合力确保各项工作高效有序。区级业务部门要积极参与，主动梳理和挖掘各自条线的经验做法；广电等部门要积极配合；社会治理、生态环境等工作要责任到人；政法、公安、信访等部门要确保平安稳定。会议明确，该项工作由陈建良牵头负责。会议听取区委组织部关于湖州市“最美社区书记”推选工作的情况汇报。会议审议通过了区委组织部提交的推选名单，强调要对照市委市政府“最美社区书记”评选要求，加快优秀社区书记培养，进一步提升吴兴区社区书记整体素质能力。会议听取了区纪委区监委关于《进一步加强全区党员纪律教育和公职人员廉政教育工作意见》的情况汇报。会议认为，加强廉政教育是抓好党风廉政建设的基础工作，也是落实《2018年党风廉政建设和反腐败工作组织领导与责任分工》的重要方面，会议原则同意该《意见》，要求抓紧发文，认真实施，确保形成良好的廉政氛围、取得实实在在的教育成效。会议开展了党性（纪）教育一刻钟，学习解读了社会信用体系建设。会议还书面通报了关于吴兴区贯彻落实市委市政府十大专项行动及2018年度推进计划的情况汇报。会议强调，制定实施推进计划，是贯彻落实市委八届四次全会精神和“一四六十”工作体系部署的实际需要，充分体现了吴兴区作为中心城区、主城区，服务全市大局的政治站位和责任担当。推进计划对照市委市政府十大专项行动，对吴兴区“八大行动”、区委、区政府重点工作和下半年百项重点工作任务进行有机整合，是进一步推动吴兴区各项工作的有效载体，各分管领导和有关单位要明确职能分工，强化责任落实，统筹抓好各项工作。

8月29日，中共湖州市吴兴区委举行第38次常委会会议。会议由吴智勇主持。会议听取了有关工作汇报，并作了研究。会议传达了市委常委会会议精神。会议强调，一要深入学习市委常委会会议精神，正确认识成绩与短板。市委常委会专题研究吴兴工作，是对近年来吴兴经济社会发展情况的一次全面把脉问诊，要充分认识此次会议的重大历史意义，进一步提高政治站位，学习好、领会好会议精神。要正确认识吴兴当前的发展状态和工作成绩，进一步增强发展信心；要客观冷静认清存在的短板问题，明晰目标和举措，确保各项工作再上新台阶。二要进一步拉高标杆，增强主城区的责任意识。要对照市委对吴兴的更高标准、更严要求，主动扛起主城区的历史使命和责任担当，以“跳起来摘桃子的”决心勇气，着力推进吴兴高质量赶超发展。当前，要牢牢锁

定年度各项目标任务，努力实现市对区综合考核“五连冠”。三要进一步强党建、带队伍、正风气。要把务实担当的干部队伍作为吴兴发展的重要优势，始终保持风清气正、干事创业的良好氛围，以“靠前站、马上办、讲实效”的工作作风，助力吴兴“打造增长极、提高首位度、争当排头兵”。四要全力推进十大专项行动。要对标对齐市委“十大专项行动”，将吴兴区的“八大行动”深化升级为“十大行动”，并将推进落实市委“十大专项行动”作为今后吴兴工作的主载体、主抓手。五要重视、落实好会议提出的具体问题。要认真研究落实市委常委会提出的要求和建议，明确时间表、责任人、路线图，深入研究谋划，全力抓好推进落实，为推进新时代湖州高质量赶超发展做出新的更大贡献。会议听取了区农林局关于吴兴区实施乡村振兴战略的情况汇报。会议认为，区农林局提交讨论的《乡村振兴战略五年行动计划》符合上级要求，紧密结合吴兴实际，常委会原则同意该计划，要求根据会议意见进一步修改完善后抓紧印发实施。会议强调，一要高度重视乡村振兴战略。乡村振兴是中共十九大提出的重大战略，是吴兴区高质量赶超发展的重要内容，也是吴兴“打造增长极、提高首位度、争当排头兵”的重要路径，要充分认识实施乡村振兴战略的重大意义，以高度的思想自觉和行动自觉抓好各项工作。二要深刻清醒认识当前工作。当前吴兴区美丽乡村推进、农村“四好”公路建设等工作仍然相对滞后，农业综合体建设、土地全域综合整治等工作尚未取得实质性突破，要深刻认识存在问题和严峻形势，着力补齐短板，实现弯道超车。三要深入谋划、因地制宜，切实推动方案实施。乡镇（街道）党（工）委“一把手”要将乡村振兴工作牢牢抓在手里，深入各村调研，认真研究消薄、美丽乡村建设、田园综合体建设、全域土地整治、基层党组织建设、村干部队伍建设等工作，因地制宜，逐项抓好落实；区级相关部门要严格对照方案，制定分管条线的具体举措，齐心协力推动工作落地；要把乡村振兴作为督查考核的重要方面，抓常抓细抓出成效。会议听取了区委巡察工作领导小组办公室关于区委巡察工作实施办法的情况汇报。会议认为，区委巡察办提交讨论的《办法》与省、市相关文件要求高度契合，与吴兴实际紧密结合，会议原则同意该办法，要求抓紧印发实施。会议强调，巡察组和巡察办要抓紧实体化运作，严格按照《办法》规定，规范开展巡察各项工作，切实加强区委巡察结果运用，真正发挥区委巡察的利剑作用。会议听取了区商务局、区城投集团关于第一届全球纺织时尚峰会活动暨2018年吴兴经贸科技洽谈会活动月方案的情况汇报。会议强调，一要注重把握活动质量。各责任单位要坚持量质并举、以质为先，进一步提高准入门槛，对签约项目、与会嘉宾等都要严格把关，以前期工作的高标准、高要求确保后期成效的高质量、高水平。二要严守各项规定要求。要坚持勤俭节约、高效办会，严格按照中央八项规定精神和相关纪律要求，做深做细前期工作，注重资金使用的规范性和程序性要求，加强资金监管和审计。三要合力做好筹备工作。要进一步排细方案，确保各个方案无缝对接。商务局、城投集团和各分活动责任单位要各负其责、密切配合，确保活动顺畅有序。要做好维稳安保工作，守牢平安稳定底线。会议听取区委政法委关于吴兴区深化全科网格建设工作意见的情况汇报。会议强调，深化全科网格建设、配备专职网格员是为进一步集中网格员精力、提升全科网格工作实效作出的重要部署，上级有要求，现实有需要，要坚持政策导向，上接天线、下接地气，结合现有资源，注重统筹整合，形成工作合力。要进一步健全管理考核和人员退出等机制，切实发挥网格作用。会议听取区卫计局关于进一步加强新形势下卫生计生系统党的建设工作实施意见的情况汇报。会议认为，加强新形势下卫生计生系统党建是坚持党建引领，全面加强卫计系统队伍建设的必然要求，区卫计局提交讨论的《意见》既符合上级要求，又切实可行、紧密结合吴兴实际，常委会原则同意。会议强调，要压实责任，进一步突出“清廉吴兴”建设，加强卫计系统党群服务中心和党建阵地建设，将上级要求及早贯彻到位，将《意见》部署全面落实到位。会议开展了党性（纪）教育一刻钟，陈建良传达了习近平总书记在全国宣传思想工作会议上的讲话精神和全省宣传文化系统专题读书会精神，朱剑梁对进一步加强干部选拔任用和日常管理监督工作作了说明，张国英对银川永宁县党政“一把手”因中央环保发督察整改不担当、不碰硬被免职有关情况作了通报。会议书面通报了关于传达全省组织工作会议精神及吴兴区贯彻落实建议的情况汇报，关于2019年度区级部门综合预算编制方案的情况汇报，关于健康浙江考核的情况汇报。会议还讨论了干部。

10月13日，中共湖州市吴兴区委举行第39次常委会会议。会议由吴智勇主持。会议听取了有关工作汇报，并作了研究。会议开展了党性（纪）教育一刻钟，传达学习《关于贯彻落实习近平总书记重要指示精神集中整治形式主义、官僚主义的工作意见》、《中国共产党纪律处分条例》学习要求、《中共浙江省纪委关于开展领导干部违规房产交易专项治理工作的通知》相关要求和全国教育大会精神。会议强调，要深刻认识基层形式主义、官僚主义的根源，把倡导实干实效作为基层整治形式主义、官僚主义的着力点，坚持问题导向、实效导向和群众路线，进一步发扬吴兴干部务实的工作作风。《条例》实施体现了中共中央全面从严治党越往后执纪越严的坚定决心，要深刻认识监督执纪对象的广泛化和工作的常态化，把学习、贯彻、践行《条例》作为一项重要政治任务和加强党性锻炼、提升党性修养的重要途径，提高思想认识，严肃认真对待，不存侥幸心理。领导干部要带头学习落实，认认真真干事、坦坦荡荡做人，坚决不触底线，不碰红线。党员领导干部之间要相互监督、相互提醒，营造风清气正的干事氛围。区委办要及时安排理论中心组学习活动，专题学习《条例》内容。开展领导干部违规房产交易专项治理是中共中央全面从严治党的具体体现，全区领导干部要统一思想、高度重视，认真对待，如实填报。要严格对照要求，做好自查自纠。区纪委要落实好牵头责任，严格按照省、市要求，做好专项治理谋划、部署、推进各项工作。习近平总书记在全国教育大会上的重要讲话，对当前和今后一个时期的教育工作作出了重大部署，要把深入学习贯彻习近平总书记重要讲话精神作为一项重要政治任务，结合吴兴实际，以争创省教育现代化区为主线，在全面加强党对教育工作的领导、深化教育改革创新、全面提升育人品质、加强教师队伍建设等工作中将中共中央总书记习近平系列重要讲话精神贯穿始终。要加强宣传，引导全区教育工作者学深悟透，并落实到教育工作中去。会议听取了区委政法委关于传达全省扫黑除恶专项斗争督导工作视频部署会会议精神及吴兴区相关工作开展情况的汇报。会议强调，一要进一步统一思想认识。开展扫黑除恶专项斗争，是以习近平同志为核心的中共中央作出的重大决策，是对人民群众美好生活的最直接、最有力回应，是践行以人民为中心发展思想的生动体现，也是保障经济社会发展、夯实基层政权的关键之举、治本之策。要进一步提高政治站位，真正将思想和行动统一到中共中央和省、市委决策部署上来，主要领导要主动研究部署，常态化推进。二要进一步拉高工作标杆。要在前期扫黑除恶工作成效基础上，严格按照中央和省、市委关于扫黑除恶专项斗争的各项部署要求，进一步拉高标杆、提高标准，结合中心工作推进扫黑除恶，确保群众满意。三要进一步加大工作力度。要把迎接督导与纵深推进扫黑除恶有机结合，政法、公安、纪检、组织、市场监管等区级部门和乡镇（街道）要加强配合协作，做到信息共享、工作协调。要制定内容精准、方式多样的宣传方案，新闻宣传与社会宣传并重，进一步强化宣传氛围，提升群众知晓率与参与度。要把线索排摸作为扫黑除恶的突破口，进一步加大力度，注重发挥群众作用，做到全面深入彻底。四要进一步突出工作重点。要牢固树立“除恶务尽”理念，突出征地拆迁、招投标管理、工程领域管理、把持基层政权等重点领域，深挖严查、从重从严，依法惩治。会议听取了区纪委区监委关于规范村干部廉洁履职行为暂行办法的情况汇报。会议认为，出台《暂行办法》是清廉吴兴、清廉乡村建设的具体举措，会议原则同意该《暂行办法》，要求根据会议意见进一步修改完善后抓紧下发实施。会议强调，高新区、各乡镇街道要强化党风廉政建设“两个责任”落实，进一步加强村级班子队伍建设，切实提升村级组织凝聚力战斗力。要坚持教育在前，进一步加强村干部的党风党纪和廉洁自律教育。要切实发挥廉情意见箱和清廉驿站作用，让群众监督在全面从严治党中发挥更大作用。要坚持抓早抓小，准确运用好监督执纪“四种形态”，以严明的纪律推进全面从严治党。会议听取了区农林局关于巩固壮大村级集体经济发展的情况汇报。会议强调，一要统一思想，提高站位。巩固壮大村级集体经济、消除集体经济欠发达村是低收入群体增收的有效手段，是吴兴区因地制宜落实中央精准

脱贫攻坚战部署要求的现实举措，也是加强基层党建、夯实基层基础的必然要求，要深刻认识该项工作的重要性和复杂性，进一步提高政治站位，扎扎实实做好工作。二要加强领导，明确责任。要将消除欠发达村工作纳入党委书记抓基层党建重要内容，纳入乡镇重点工作月度考核、年度综合考核、领导班子和领导干部实绩考核。要进一步落实结对联系集体经济欠发达村工作责任，主动研究谋划，真正帮扶协调。三要创新方法，统筹协调。要拓宽消除集体经济欠发达村工作路径，通过大力发展村级物业经济等方式，推动村级集体经济多元化发展。四要细化举措，狠抓落实。要深入调研各村村情实际和资源禀赋，认真分析切实可行的发展路径，因地制宜、一村一策，制定精准具体的工作举措，确保落实到位。会议听取了区委组织部关于村级集体经济“三年强村”结对安排和深化“局长驻村”工作机制的情况汇报。会议强调，一要深化认识。联村结对和局长驻村是落实乡村振兴战略、深化基层治理、强化基层基础的现实需要，是密切联系群众的具体体现，也是条块衔接、力量下沉、在一线锤炼干部的有效举措，要充分认识该项工作的必要性和重要性，发扬铁军精神，主动担当作为。二要压实责任。驻村局长要强化政治担当，在做好条线工作的基础上，切实担起宣传党的政策、指导基层党建、掌握村情民意、化解矛盾纠纷、助推乡村振兴等工作职责，擦亮吴兴“局长驻点工作室”品牌。三要主动对接。驻村局长和联村领导要整合部门、乡镇（街道）资源，发挥牵头协调作用。乡镇和部门要加强对接，确保上下统一、形成合力。四要强化纪律。要强化组织纪律，讲政治、讲大局，自觉服从组织安排，切实到岗到位、发挥实效。要强化廉洁纪律和生活纪律，发挥示范带头作用，树立吴兴领导干部良好形象。会议听取了区委组织部关于加强新时代城市基层党建工作实施方案的情况汇报。会议强调，一要高度重视。吴兴区是湖州的中心城区、主城区，也是首批三个全国街道服务管理创新实验区之一，加强城市基层党建工作意义重大，要高度重视，务实推进。二要统筹推进。要正确理解加强党建与推进工作的关系，坚持党建引领，在基层通过强化党的力量、健全组织体系、提高执政能力等方式，推进经济发展、民生实事、社会治理等各项工作落地见效，坚决防止“两张皮”。三要典型引领。各街道要根据自身特色亮点，进一步挖掘、深化、创新党建典型和示范，以点带面，全面加强城市基层党建工作。四要整合资源。要按照统筹理念，整合各条线资源和功能，解决好党建公园、党建广场、党群服务中心建设等具体问题。要加强与城市集团等市级部门对接，争取支持，借势借力做好工作。要加大党建阵地建设和党建工作保障。会议听取了区委办关于十三届省委第三巡视组反馈意见整改落实的情况汇报。会议强调，一要进一步统一思想。省委巡视组反馈意见整改落实是一项重要政治任务，要把巡视整改作为全面加强吴兴区党风廉政建设的重要契机，高度重视整改过程中发现的问题，扎扎实实做好后续工作。二要开展回头看。要在全面完成整改任务的基础上，进一步拉高标杆，逐一开展回头看，做深做细工作，实现整改工作常态化、整改成果长效化。三要推动区委巡察工作规范化、制度化。要进一步规范区委巡察工作领导小组、巡察办和巡察组日常运行，不断完善区委巡察工作制度。要强化巡察结果运用，发现问题、及时整改。四要以省委巡视的标准开展各项工作。要深刻认识省委巡视的重要作用，主动对标省委巡视标准和要求，正视问题、明确方向、坚定步伐、积极整改，真正通过省委巡视进一步提升吴兴各项工作规范化水平。五要加快推进清廉吴兴建设。要切实增强全区各级党组织管党治党的责任意识，以优良党风政风带动民风社风持续好转。会议听取了区农林局关于吴兴区创建国家现代农业产业园的情况汇报。会议认为，获批创建国家现代农业产业园是历届区委区政府工作成效的直接体现，做好创建工作是进一步擦亮吴兴现代农业金字招牌的必然要求，常委会专题研究该项工作很有必要，会议原则同意该《创建方案》，要求严格按照方案要求抓好落实。会议强调，要进一步理顺关系，围绕农商旅文融合发展目标，以高新区、八里店为主平台，将创建的国家现代农业产业园作为农业发展的主载体和农业“大好高”项目引进、农业龙头企业培育的主战场，用足用好国家政策和各类资金。要进一步深化体制机制创新，积极探索农业标准地、生态种养殖等新模式。属地和区级有关部门要高度重视农业基础设施和公共服务体系建设。会议听取了区委老干部局关于进一步加强和改进离退休干部工作实施意见的情况汇报。会议认为，近年来，中央和省、市委高度重视离退休干部工作，要深刻认识做好离退休干部的重要性，主动适应新形势、新要求，认真贯彻上级精神。会议原则同意该《实施意见》。会议强调，区委老干部局要积极组织各单位学习、落实《实施意见》；乡镇（街道）和区级部门按照《实施意见》部署要求，对照职责分工表，突出离退休干部活动阵地建设等重点，合力抓好工作落实。会议听取了区纪委区监委关于传达全省强化基层权力监督、社会共建清廉浙江大促进推进会精神及吴兴区贯彻建议的情况汇报。会议强调，要进一步提高政治站位，统一思想认识，找准职责定位，强化责任落实。要把清廉吴兴建设作为坚持“两个维护”的具体举措，摆到区委、区政府的中心大局中来推进，着力打造吴兴政治上的“绿水青山”。要建立清单，压实责任，清廉文化由区委宣传部牵头，清廉机关由区级机关党工委牵头，清廉学校由区教育局牵头，清廉医院由区卫计局牵头，清廉村居由区农办和区民政局牵头，清廉企业由区国资办和区工商联牵头，以点带面、多方协作抓好落实，形成推动清廉吴兴建设的强大合力。会议还书面通报了关于2018年党（工）委（党组）意识形态工作责任制半年度专题督查的情况汇报，关于中国共产党湖州市吴兴区第四届委员会巡察工作规划的情况汇报，关于《中共湖州市吴兴区委关于建立区人民政府向区人大常委会报告国有资产管理情况制度的意见（审议稿）》《中共湖州市吴兴区委办公室印发〈关于推进人大预算审查监督重点向支出预算和政策拓展的实施意见〉的通知（审议稿）》的情况汇报，关于吴兴区国民经济和社会发展第十三个五年规划纲要中期评估报告的情况汇报，关于传达全市组织工作会议精神及吴兴区贯彻落实建议的情况汇报，关于传达全省医共体建设现场推进会精神及吴兴区贯彻落实建议的情况汇报。

11月13日，中共湖州市吴兴区委举行第40次常委会会议。会议由吴智勇主持。会议听取了有关工作汇报，并作了研究。会议传达了省委第二巡视组巡视湖州市情况反馈会会议精神。会议强调，一要高度重视，提高政治站位。巡视制度是党内监督的一项重要制度，要深刻领会中央和省委开展巡视工作的重大意义和重要作用，认真学习省委巡视组反馈会精神和工作要求，真正将省委巡视作为提升吴兴区管党治党水平的重要契机，进一步强化责任担当，自觉强化党性锻炼和党性洗礼，以高度的政治自觉、思想自觉和行动自觉做好各项工作。二要举一反三，深化自查自纠。要主动认领吴兴区的问题，高标准抓好整改。各单位都要把自己摆进去，充分借鉴运用省委对市委的巡视结果，认真研究共性问题，对标对表，举一反三，做好自查自纠工作。三要拉高标杆，自觉规范各项工作。要自觉将省委巡视的工作要求贯彻落实到日常工作中去，进一步提升吴兴各项工作规范化水平。要坚定不移开展清廉吴兴、清廉乡村建设，以更严的标准、更实的作风，推动吴兴实现更高质量发展。会议听取了区考核办关于2018年度市对区考核自评的情况汇报。会议强调，一要进一步统一思想。综合考核是市委、市政府对县区一年工作的全面评价，也是县区精准落实上级决策部署的主要依据。近年来县区之间的考核比拼愈加激烈，要牢牢锁定“保二争一”和“五连冠”目标，强化危机意识，正视考核压力，推动考核任务全面完成。二要进一步排摸问题。要认真对照前期区考核办梳理的问题清单，逐项抓好整改落实，着力补齐工作短板。要动态开展问题排摸，发现问题及时整改到位。各单位要做好本条线问题排摸，并同步注重其他考核指标中相关的工作任务，避免问题遗漏。三要进一步夯实举措。要压实责任，部门和乡镇主要领导要真正重视，加强配合协调。责任部门要工作具体化，落实推进要到事、到点、到人；要主动对接、经常对接、精准对接，实时掌握考核动态和排名情况。区考核办要继续做好督查跟进工作。会议听取了区国土分局、东林镇关于吴兴区全域土地综合整治、生态修复工作和东林镇土地全域综合整治实施方案的情况汇报。会议原则同意该实施方案，要求根据会议意见修改完善后抓紧发文实施。会议强调，一要统一思想，坚定苦干实干的信心决心。全域土地综合整治是区委、区政府推动区域可持续发展的具体工作谋划，是实施乡村振兴战略的重要内容，是推动转型升级、加快区域发展的重大举措，也是一项实实在在的惠民工程，事关全局、事关长远、事关群众切身利益，要深刻认识该项工作的重要性和复杂性，下定决心、充满信心，主动担当、提前谋划，做好打大仗硬

仗持久仗的充分准备。二要坚持工作要求，提升项目综合效益。要坚持高标准、高要求推进东林全域土地综合整治，围绕“争创全省领先”的目标，确保项目综合效益最大化。要达到土地节约集约利用、产业空间布局合理、基础设施建设完善、江南水乡特色彰显等整治效果，确保经得起历史检验和群众检验。三要深化前期工作，统筹各项规划和政策。全域土地整治是一项系统工程，涉及面广，工作难度大，要做深做细前期工作，对整治的总体谋划和布局安排要做到心中有数，尤其要高度重视产业规划，用足用好上级政策。四要理清工作机制，压实工作责任。区分管领导要强化领导责任；区级各部门要大力支持；东林镇要切实担负起主体责任，以村为项目主体，重点抓好资金保障和具体工作；派驻工作组要把整治工作作为接受组织考验、加强一线锤炼的重要途径，理顺与乡镇主体的工作关系，做到真帮忙、有成效。五要创新工作方法，破解各种难题。要强化改革创新的思维模式和方式办法，全力破解资金保障、土地征迁、产业发展等各种难题。六要积极稳妥推进，确保和谐稳定。要加大宣传引导和政策解释力度，做深做透群众思想工作，最大程度争取群众理解、支持、参与，确保和谐稳定。会议听取了区旅发委关于传达全市加快打造滨湖旅游城市大会精神及吴兴区贯彻落实建议的情况汇报。会议认为，2018 年吴兴区成功举办第三届世界乡村旅游大会，旅游工作取得明显成效，值得充分肯定。常委会专题研究全市加快打造滨湖旅游城市大会精神是贯彻落实上级部署的必然要求，下年要继续将全域旅游作为区委、区政府的重点工作，将市会议精神落实到吴兴区的旅游专项行动中去，全力开创吴兴旅游工作新局面。会议听取了区财政局关于吴兴区开展防范化解地方隐性债务风险专项行动的情况汇报。会议强调，一要党政同责。要按照党政同责的要求，进一步提高政治站位，强化大局意识、担当意识、责任意识，同心同力做好化解工作。二要两手齐抓。要坚定信心决心，既要确保 2018 年化债任务全面完成、不新增违规债务，又要大力发展各项事业，推动吴兴高质量赶超发展。三要强化落实。要严格遵守上级规定，区财政局要负总责，区城投集团和高新区、织里镇等乡镇要加强协作配合，合力抓好具体工作落实。要牢固树立过“紧日子”的思想，科学编制下年的财政预算。四要创新方法。要积极适应新形势、新要求，主动转变观念，多想新办法、多想好办法，推动相关工作市场化转型，加快“政府投”向“市场投”转变。会议听取了区委法治办关于传达《〈中共中央关于加强党内法规制度建设的意见〉贯彻落实情况的督查报告》精神及吴兴区党内法规制度建设工作开展的情况汇报。会议强调，要提高站位、深化认识，认真贯彻落实习近平总书记关于党内法规制度建设的重要指示和上级党内法规工作会议精神。要突出重点、强化落实，对上级的党内法规和规范性文件，认真制定配套制度。要健全机制、确保实效，进一步加强党内法规制度学习教育，建立健全党内法规制度执行监督工作机制。会议听取了区编委办关于传达全省机构改革动员大会精神及吴兴区贯彻落实建议的情况汇报。会议强调，机构改革是自上而下的重大改革任务，思路清晰、内容明确，要统一思想，讲政治，守纪律，顾大局，认真学习全省机构改革动员大会精神，严格对照上级标准要求，科学制定改革方案。要耐心细致做好干部思想工作，确保思想不乱、队伍不散、工作不松。会议开展了党性（纪）教育一刻钟，通报了中央纪委国家监委公开曝光的五起涉黑涉恶腐败和“保护伞”典型案例。会议强调，一要思想认识再提高。扫黑除恶是一项重要的政治任务，也是优化发展环境的重大举措，要深刻认识中央和省、市委扫黑除恶的坚定信心决心，认真学习中纪委曝光的五起案例，深入分析原因，深刻吸取教训。二要线索排摸再深入。区扫黑办要牵头各成员单位和乡镇（街道），认真对照典型案例和上级工作要求，继续深入工程建设、征地拆迁等重点领域，围绕打架斗殴、强迫交易等重点违法行为，组织开展全方位、立体化、无死角排摸，实时跟踪管控，及时发现苗头问题，及时打击处理。三要措施手段再严格。要坚持“严打”方针和“稳、准、狠”原则，加大协作配合力度。对黑恶分子，要用足用好现行法律法规，从重、从快、从严处罚。对重大涉黑涉恶案件，区检察院、法院要提前介入。四要长效治理再创新。要依托村（社区）、基层网格等基层组织，积极探索构建防范控制黑恶势力产生、发展的长效机制，以打黑除恶工作带动各类突出治安问题的解决，推进“平安吴兴”建设向纵深发展。会议书面通报了关于传达全国省市网络安全和信息化工作会议精神及吴兴区贯彻落实建议的情况汇报，关于传达全省宣传思想工作会议精神的情况汇报，关于吴兴区党委（党组）理论学习中心组学习实施细则的情况汇报，关于进一步把社会主义核心价值观融入法治吴兴建设实施意见的情况汇报，关于制订吴兴区人民政府咨询委员会工作规则等制度的情况汇报，关于吴兴区对口帮扶青川县专项资金管理暂行办法的情况汇报，关于2018年度吴兴区“争当排头兵 实干大比拼”活动先进集体和先进个人表彰方案的情况汇报。会议还讨论了干部工作。

11月30日，中共湖州市吴兴区委举行第41次常委会会议。会议由吴智勇主持。会议听取了有关工作汇报，并作了研究。会议开展了党性（纪）教育一刻钟，传达学习中共中央办公厅印发《关于规范党政领导干部接受国际奖励和国内民间奖励的意见（试行）》［以下简称《意见（试行）》］的通知。会议强调，中办《意见（试行）》是中共中央全面加强党政领导干部管理的又一重要规范性制度，各级领导干部要提高思想认识，严格执行有关要求，主动申报奖励情况，自觉接受组织监督、群众监督和舆论监督，切实维护党委政府良好形象。会议传达了全国人大、省人大深入学习贯彻习近平总书记关于坚持和完善人民代表大会制度重要思想交流（座谈）会精神及吴兴区贯彻建议。会议强调，要深入传达学习习近平总书记重要讲话精神，广泛组织动员，在全区各级人大及人大代表中兴起学习热潮，并抓好贯彻落实。要以习近平总书记重要讲话精神为指引，科学精准谋划2019年区人大工作思路。会议明确，该工作由吴旭牵头调研、谋划、落实。会议传达学习了习近平总书记分别在同全国总工会、全国妇联新一届领导班子成员集体谈话时的讲话精神。会议强调，习近平总书记重要讲话，站在党和国家发展大局的战略高度，深刻阐明了一系列方向性、根本性、战略性问题，是指导新时代工会工作和妇联工作的根本遵循。全区各级各部门特别是工会和妇联组织要认真学习贯彻习近平总书记重要讲话精神，并落实到2019年工作谋划中去。要强化政治引领，不断增强工会组织、妇联组织的政治性、先进性和群众性。党委政府要切实关心支持工会、妇联工作，加强要素保障。会议传达学习了习近平总书记在首届中国国际进口博览会上的主旨演讲的重要精神。会议强调，习近平总书记在首届中国国际进口博览会开幕式上的主旨演讲，向全世界展现了中国推进改革开放的鲜明立场和坚定决心。要深入领会习近平主旨演讲精神，以首届中国国际进口博览会为契机，坚定不移全面扩大对外开放，坚定不移持续优化营商环境。要依托“吴兴经济开发区、高新区、中韩国际产业合作园”三大省级外资主平台，加快招引更多高质量外资项目，不断提升对外开放水平，为吴兴高质量赶超发展注入更多动力。会议传达学习了习近平总书记致第五届世界互联网大会贺信的重要精神。会议强调，要认真学习总书记关于互联网发展的重要论述，立足吴兴产业发展实际，用好世界互联网大会的红利，壮大做强互联网产业，吸引更多互联网企业、项目、人才落户吴兴，推动数字经济与一二三产深度融合，努力把吴兴打造成为先进制造业和数字经济发展的高地。会议传达学习了李克强总理致联合国世界地理信息大会贺信的重要精神。会议强调，要认真学习、深刻领会李克强总理致联合国世界地理信息大会贺信精神，把握机遇，结合吴兴实际用好世界地理信息大会成果，大力发展信息经济等新兴产业，加快吴兴智慧经济发展和智慧城市建设步伐。会议传达学习了习近平总书记在民营企业座谈会上的重要讲话精神及车俊、袁家军在浙江省非公有制经济人士新时代优秀中国特色社会主义事业建设者表彰大会上的讲话摘要。会议强调，要认真贯彻习近平总书记在民营企业座谈会上的重要讲话精神，落实好车俊、袁家军关于非公经济发展工作要求，坚持吴兴区重视、关心、支持民营企业和非公经济发展的优良传统，进一步强化“店小二”意识，用好市场化手段，依法依规全力帮扶民营企业。要正确处理企业帮扶和腾笼换鸟、市场出清、产业转型的关系，引导企业创新发展。会议传达学习了《贯彻落实〈关于防范和惩治统计造假有关情况的通报〉精神的通知》。会议强调，要认真组织学习《通知》，以通报的典型统计违法案件为警醒，举一反三，引以为戒，认真开展梳理自查，发现问题，及时整改到位。要把中央关于提高统计数据质量、发挥统计作用的要求贯彻到高新区、各乡镇街道和区级有关部门统计工作全过程，建立健全机关各项

制度，防止和杜绝统计数据造假。会议通报了中央生态环保督察组通报两起“回头看”典型案例及吴兴区下一步“回头看”工作要求。会议强调，要认真学习研究，吸取案例教训，进一步提高认识、统一思想。要按照“乡镇（街道）自查、区级部门指导、区整改小组督查”的要求，进一步压实工作责任，对已完成整改的问题开展回头看。要不降标准、不搞变通、倒排进度，确保12月底前完成整改。要依托网格力量，进一步深化完善生态环境保护重点工作协调等机制，不断放大督察整改的积极效应。会议通报了中央纪委公开曝光的六起形式主义、官僚主义典型问题。会议强调，要深入分析形式主义、官僚主义产生的原因，认真吸取教训，主动对照自省，进一步弘扬吴兴干部“五不”（辛苦不心苦、流汗不流泪、压力不压抑、干事不出事、掉肉不掉队）铁军精神和“靠前站、马上办、讲实效”的工作作风，激励全区领导干部担当作为、干事创业。会议传达学习了车俊在深化“千万工程”建设美丽浙江推进大会上的讲话摘要。会议强调，要深入践行“两山”理念，围绕省委、省政府美丽浙江工作部署，提高站位、拉高标杆，高标准落实美丽吴兴建设各项目标任务，打造“千万工程”升级版，全力争当全省生态文明建设排头兵。要倡导党员干部带头，积极鼓励社会力量参与，共同推进美丽乡村建设。会议听取了区委宣传部关于2018年度吴兴区网络舆情分析报告的情况汇报。会议强调，一要进一步重视网络舆情工作。做好网络舆情管控工作是提高政治站位、与时俱进的具体体现，是政治任务、上级要求，也是实际需要，要统一思想，不断强化担当意识、责任意识，坚决守好网络阵地。二要进一步强化舆情监测。要立足网络舆情的时效性，进一步压实各级责任，运用科技等多种手段，提高网络舆情处置能力。三要进一步强化正面引导。要加强党委政府工作的常态化宣传，积极引导群众理性发声。要及时组织回应网络舆情，压缩谎言谣言和负面舆论的空间。四要进一步突出工作重点。要进一步强化政治意识，坚决打击各类网络违法行为。要主动接受网络监督，拓宽群众诉求表达渠道，倒逼党委政府各项工作提升。高新区、各乡镇街道要聚焦群众关心的热点焦点问题，依法依规做好征地拆迁等工作，确保经得起检验。五要进一步强化线上线下联动。网络舆情工作是一项系统工程，要充分发挥基层网格作用，加强基层干部网络舆情处置能力教育培训，不断提升业务水平。会议听取了区发改委关于吴兴区东西部扶贫协作工作的情况汇报。会议强调，一要提高政治站位。东西部扶贫协作事关国家长治久安，是一项严肃的政治任务，要强化政治意识和大局意识，将该项工作牢牢抓在手里，以极高的政治站位、严肃的政治纪律推进扶贫协作各项指标任务全面完成。二要正确认识当前工作形势。要高度重视吴兴区扶贫协作工作在全省、全市的排名位次，认真分析原因，发扬优势、查找差距，提高标准、加强对接，不断提升工作精准化和科学化水平。三要抓好既定工作落实。区级责任部门要按照东西部扶贫协作主要指标分解表和常委会讨论意见，不折不扣落实到位，发现问题要及时向区分管领导汇报。要加强过程管理，提升工作规范化水平。四要切实加大工作力度。要深入研究，整合社会资源推进扶贫协作，尤其要用好乡镇（街道）资源，确保规定动作到位、特色工作争先。要依托吴兴区童装等产业优势，加快“扶贫车间”等各项产业扶贫工作。会议强调，扶贫协作工作由潘永锋、杨元江牵头，结合实际情况抓好落实。会议听取了区府办关于传达全市打造现代智慧城市暨政府数字化转型动员大会精神及吴兴区贯彻落实建议的情况汇报。会议认为，打造现代智慧城市是湖州“六个城市”建设的重要内容，常委会专题研究该项工作既是及时传达学习市动员大会精神，也是专题部署吴兴区智慧城市建设工作，很有必要。会议强调，一要强化市区联动。要立足吴兴区中心城区特殊性，明确吴兴区职能边界和具体任务，按照市规划设计和统一部署，稳步推动工作落实。要坚持节约集约，整合资金投入，杜绝重复建设，最大限度发挥财政资金效用。二要加快数据共享。要巩固“最多跑一次”改革数据共享成果，加大力度推进系统入云和数据归集共享，着力打破技术壁垒和信息孤岛，真正实现互联互通。要坚持问题导向、群众诉求导向，加快建设一批智慧医疗、智慧交通、智慧教育等智慧城市应用项目，不断提升群众获得感、幸福感。三要加快政府数字化建设。要深化电子政务建设，大力推行无纸化办公，积极打造开放透明高效的“网上政府”。要用好政府雇员制度，加大专业技术人员选聘力度。四要大力发展大数据产业。要强化智慧城市产业化建设理念，立足吴兴区产业基础优势，加快大数据、云计算等数字经济核心产业集聚，重点要打造一批产城融合、数字政府示范项目。五要建立完善机构。要以机构改革为契机，结合市委市政府要求和吴兴实际，建立领导小组，提升市、区协同联动水平。要选好实施主体，选优配强干部队伍，统筹区大数据中心管理运作。会议听取了区委组织部关于组建区退役军人事务工作组的情况汇报。会议强调，中央和省、市高度重视退役军人事务工作，要严格按照上级要求，加强人员配备，加大工作力度，确保平稳过渡。会议明确，该工作由娄显杰牵头负责，唐于建任工作组常务副组长。会议听取了区人力社保局关于吴兴区事业单位公开选聘高层次人才实施办法的情况汇报。常委会原则同意该《实施办法》，要求根据会议意见抓好落实。会议强调，要进一步统一思想，以机构改革为契机，加快优秀年轻干部培养使用，不断优化领导干部队伍结构。要严格选人用人标准，通过公务员招考、公开遴选等方式拓宽优秀年轻干部选任渠道，切实加强人才储备。会议听取了区编委办关于招聘中小学（幼儿园）教师的情况汇报。会议指出，近年来，随着中心城区人口不断集聚，吴兴区中小学生源不断增加、新（扩）建学校不断增多，教师用编需求急剧增长，教师编制限制与教育现代化区创建、教育事业发展等矛盾日趋突出，招聘教师的现实需求亟待解决。前期，区委区政府和区级相关部门做了大量工作，积极向上对接争取了一部分编制，同时加大内部资源盘活整合，有效缓解了教师资源不足问题，但与中心城市发展的速度和群众需求仍有较大差距。会议认为，教育事关国家发展、事关千家万户，是最大的民生工程、民心工程。要牢固树立以人民为中心的发展理念，强化为民担当情怀，在确保全区学校班级能够正常开课的底线下，从严控制数量，合理新增教师招聘，确保下学年能够正常开学。会议强调，要继续积极主动向上汇报沟通、反应情况，市区合力、多措并举，统筹解决中小学教师编制问题。要按照“科学规划、合理编班、强化调控、探索创新”的原则，通过返聘退休教师、整合统筹教师资源等方法，不断调优结构、内部盘活，切实缓解编制紧张、教师不足问题。会议观看了纪律教育专题片。会议还书面通报了关于传达学习纪念毛泽东同志批示学习推广“枫桥经验”55周年暨习近平总书记指示坚持发展“枫桥经验”15周年大会精神及吴兴区贯彻落实建议的情况汇报，关于2018年度吴兴区档案工作情况及2019年度工作思路的情况汇报。

12月8日，中共湖州市吴兴区委举行第42次常委会会议。会议由吴智勇主持。会议听取了有关工作汇报，并作了研究。会议开展了党性（纪）教育一刻钟，传达学习了严把标准公正用人拓宽视野激励干部 造就忠诚干净担当的高素质干部队伍——习近平总书记在中共中央政治局第十次集体学习时的重要讲话精神。会议强调，习近平总书记重要讲话放眼当下、以史为鉴，充分体现了习近平总书记开阔的眼界胸怀和丰富的战略思维，对新时代加强干部队伍建设具有重要现实意义。各级各部门要进一步深入学习领会精神，全面贯彻新时代党的组织路线，努力造就一支忠诚干净担当的高素质干部队伍，为吴兴高质量赶超发展提供坚强组织保障。要把学习习近平总书记重要讲话精神与贯彻落实全国组织工作会议精神相结合，与下一步全区机构改革工作相结合，切实做好新一轮干部选拔任用调整。要进一步学深学透精神，引导党员干部正确对待机构改革中的进退留转，做到思想不乱、队伍不散、工作不断。要大力发扬吴兴干部“五不”铁军精神和“靠前站、马上办、讲实效”的工作作风，全力以赴提速冲刺，确保实现“全年红”。会议听取了区编委办关于吴兴区机构改革方案的情况汇报。会议认为，机构改革政策性强、业务性强、指导性强，区编委办提交的改革方案与上级要求契合度高，会议原则同意该方案，要求根据会议意见进一步研究完善后抓紧上报。会议强调，机构改革是中央明确的一项重要政治任务，要切实统一思想认识，讲政治、顾大局，坚定坚决、不折不扣执行到位。要与上级要求无缝对接，严格程序要求，严守工作纪律，严谨细致操作，积极稳妥抓好每个步骤和环节。区级领导和涉改部门负责人要带好队伍，确保人心不散、队伍不乱、工作不走样。会议明确，由朱剑梁牵头做好领导干部配备等工作。会议听取区编委办关于深化管理体制改革加快服务型乡镇政府建设的情况汇报和关于深化乡镇机构改革的情况汇报。会议原则同意《实施意见》和《指

导方案》。会议强调，一要统一思想，提高站位。该次机构改革力度大、要求高，时间紧、任务重，要进一步提高政治站位，严格对标对齐上级要求，以高度的政治自觉和强烈的责任担当抓好乡镇机构改革。二要落实责任，统筹推进。要统筹抓好区机构改革和乡镇机构改革，同推进、同落实。乡镇党委书记要落实好乡镇机构改革第一责任人责任，攻坚克难，一个节点一个节点、一个环节一个环节抓好落实。三要严明纪律，工作不乱。要统筹推进日常工作和改革工作，将纪律要求贯穿整个机构改革始终，确保人心不散、队伍不乱、工作不走样。区纪委区监委要加强干部监督。

【中共湖州市吴兴区委重要文件目录索引】

2018年吴兴区委重要文件一览表

表 4-1

序号	文　号	文 件 标 题	发布日期
1	吴委发〔2018〕1 号	关于高举习近平新时代中国特色社会主义思想伟大旗帜 在全市践行“两山”理念新征程中争当排头兵的决定	2018-01-18
2	吴委发〔2018〕2 号	关于建立两会临时党委及组成人员的通知	2018-01-31
3	吴委发〔2018〕3 号	关于 2017 年度高新区、各乡镇街道和区级部门综合考核结果的通报	2018-02-11
4	吴委发〔2018〕5 号	关于印发《2018 年区委区政府工作要点》的通知	2018-02-22
5	吴委发〔2018〕6 号	关于表扬 2017 年度吴兴区平安（综治）工作先进集体和先进个人的通报	2018-02-22
6	吴委发〔2018〕7 号	关于表扬 2017 年度“美丽乡村建设优秀带头人”先进典型的通报	2018-03-15
7	吴委发〔2018〕8 号	关于进一步做好防范化解政府性债务风险工作的实施意见	2018-05-12
8	吴委发〔2018〕10 号	关于进一步加快吴兴文化产业发展的十条政策意见	2018-06-04
9	吴委发〔2018〕11 号	关于印发《吴兴区中央环境保护督察反馈问题整改方案》和《吴兴区中央环境保护督察反馈问题举一反三整改清单》的通知	2018-06-22
10	吴委发〔2018〕13 号	关于印发《中国共产党湖州市吴兴区街道工作委员会工作规则（试行）》的通知	2018-06-26
11	吴委发〔2018〕14 号	关于印发《中共湖州市吴兴区委法律顾问工作规则》的通知	2018-07-18
12	吴委发〔2018〕15 号	关于转发《中共湖州市吴兴区人大常委会党组关于推行街道议政会制度的实施意见》的通知	2018-07-23
13	吴委发〔2018〕16 号	关于认真学习贯彻习近平总书记重要指示精神的通知	2018-07-24
14	吴委发〔2018〕17 号	关于印发《“健康吴兴 2030”行动纲要》的通知	2018-08-01
15	吴委发〔2018〕19 号	关于 2017 年度公务员奖励的通报	2018-08-15
16	吴委发〔2018〕20 号	关于支持检察机关依法开展公益诉讼工作的意见	2018-08-15
17	吴委发〔2018〕21 号	关于实施全年两孩政策改革完善计划生育服务管理的实施意见	2018-08-17
18	吴委发〔2018〕22 号	关于印发《吴兴区实施乡村振兴战略五年行动方案（2018—2022 年）》的通知	2018-08-20
19	吴委发〔2018〕23 号	关于印发《中国共产党湖州市吴兴区委员会巡察工作实施办法》的通知	2018-09-10
20	吴委发〔2018〕24 号	关于印发《加强新时代城市基层党建工作实施方案》的通知	2018-09-23

续表4-1

序号	文 号	文 件 标 题	发布日期
21	吴委发〔2018〕25 号	关于建立区人民政府向区人大常委会报告国有资产管理情况制度的意见	2018-10-19
22	吴委发〔2018〕26 号	关于认真学习宣传贯彻《中国共产党纪律处分条例》的通知	2018-11-02
23	吴委发〔2018〕27 号	关于调整区委常委分工的通知	2018-11-03
24	吴委发〔2018〕28 号	关于深化城乡社区建设加强和完善城乡社区治理的实施意见	2018-11-27
25	吴委发〔2018〕29 号	关于表彰 2018 年度吴兴区“争当排头兵 实干大比拼”活动先进集体和先进个人的通报	2018-12-20
26	吴委发〔2018〕30 号	关于表扬 2018 年度“吴兴好人”的通报	2019-02-03
27	吴委办〔2018〕1 号	关于印发《吴兴区创建全国街道服务管理创新试验区实施方案》的通知	2018-01-26
28	吴委办〔2018〕2 号	关于印发《〈中共湖州市吴兴区委关于建设清廉吴兴的实施办法〉重要工作任务分工方案》的通知	2018-01-30
29	吴委办〔2018〕3 号	关于 2018 年度继续开展“争当排头兵 实干大比拼”活动的实施意见	2018-02-03
30	吴委办〔2018〕4 号	关于公布 2017 年度信访工作考核结果的通报	2018-02-09
31	吴委办〔2018〕5 号	关于印发《“项目双进见效行动”2018 年度推进计划》的通知	2018-03-09
32	吴委办〔2018〕6 号	关于印发《“高新产业集聚行动”2018 年度推进计划》的通知	2018-03-19
33	吴委办〔2018〕7 号	关于印发《“美丽吴兴提升行动”2018 年度推进计划》的通知	2018-03-04
34	吴委办〔2018〕8 号	关于印发《“现代田园打造行动”2018 年度推进计划》的通知	2018-02-23
35	吴委办〔2018〕9 号	关于印发《“全域旅游深化行动”2018 年度推进计划》的通知	2018-03-08
36	吴委办〔2018〕10 号	关于印发《“中心城区提质行动”2018 年度推进计划》的通知	2018-03-21
37	吴委办〔2018〕11 号	关于印发《“织里国家试点行动”2018 年度推进计划》的通知	2018-03-21
38	吴委办〔2018〕12 号	关于印发《“东部新城提速行动”2018 年度推进计划》的通知	2018-03-12
39	吴委办〔2018〕13 号	印发《关于建设清廉乡村的实施办法》的通知	2018-02-28
40	吴委办〔2018〕14 号	关于 2017 年度“美丽吴兴”建设工作考核优胜单位的通报	2018-03-04
41	吴委办〔2018〕15 号	关于印发《2018 年度高新区、各乡镇街道和环渚街道主要领导重点工作月度考核办法》的通知	2018-03-04
42	吴委办〔2018〕16 号	关于印发《2018 年度中心城区各街道主要领导重点工作月度考核办法》的通知	2018-03-06
43	吴委办〔2018〕17 号	关于印发《吴兴区渔业养殖尾水治理工作专项行动发放》的通知	2018-03-12
44	吴委办〔2018〕18 号	关于印发《中共湖州市吴兴区委 湖州市吴兴区人民政府 政协湖州市吴兴区委员会 2018 年度协商工作计划》的通知	2018-03-20

续表4-1

序号	文 号	文 件 标 题	发布日期
45	吴委办〔2018〕19号	关于印发《吴兴区食品安全党政同责实施办法》的通知	2018-03-20
46	吴委办〔2018〕20号	关于印发《2018年吴兴区委理论学习中心组学习计划》的通知	2018-04-18
47	吴委办〔2018〕21号	关于印发《2018年度党政信息工作考核办法》的通知	2018-04-26
48	吴委办〔2018〕22号	关于印发《2018年度区级有关部门季度考核实施办法》的通知	2018-05-08
49	吴委办〔2018〕23号	关于深化中心城区街道体制改革的实施意见	2018-05-18
50	吴委办〔2018〕25号	关于印发《吴兴区生活垃圾分类实施方案》的通知	2018-06-08
51	吴委办〔2018〕26号	关于印发《2018年吴兴区大气污染防治工作实施方案》的通知	2018-06-08
52	吴委办〔2018〕27号	关于印发《吴兴区综合交通建设大会战行动方案（2017-2021年）》的通知	2018-06-08
53	吴委办〔2018〕28号	关于印发《吴兴区全面推行湖长制实施方案》的通知	2018-06-27
54	吴委办〔2018〕29号	关于印发《吴兴区2018年“五水共治”工作实施方案》的通知	2018-06-27
55	吴委办〔2018〕30号	关于印发《2018年度高新区、各乡镇街道和部门主要领导重点工作月度考核办法》的通知	2018-06-30
56	吴委办〔2018〕31号	关于印发《吴兴区“六重”清单2018年度推进计划》的通知	2018-07-03
57	吴委办〔2018〕32号	关于印发《2018年吴兴区普法依法治理工作要点》的通知	2018-07-06
58	吴委办〔2018〕33号	关于印发《中共湖州市吴兴区委巡察工作领导小组办公室主要职责内设机构和人员编制规定》的通知	2018-07-18
59	吴委办〔2018〕34号	关于印发《吴兴区高质量优化人才创业环境高水平提升区域创新能力若干意见》的通知	2018-08-06
60	吴委办〔2018〕35号	关于进一步完善“谁执法谁普法”普法责任制的实施意见	2018-08-13
61	吴委办〔2018〕36号	关于印发《2018年度区级部门重点工作目标和日常工作目标》的通知	2018-08-22
62	吴委办〔2018〕37号	关于印发《2018年度综合考核工作有关专项考核细则》的通知	2018-08-27
63	吴委办〔2018〕38号	关于印发《实施“一十百千万”项目 建设更高水平文明城市实施方案》的通知	2018-08-27
64	吴委办〔2018〕39号	关于印发《吴兴区2018年度党风廉政建设和反腐败工作组织领导与责任分工》的通知	2018-08-27
65	吴委办〔2018〕40号	关于印发《2018全面深化法治吴兴建设工作要点》和《2018年建设法治吴兴重点项目表》	2018-08-27
66	吴委办〔2018〕41号	关于进一步加强全区党员纪律教育和公职人员廉政教育工作的意见	2018-08-31
67	吴委办〔2018〕42号	关于印发《运用监督执行“四种形态”实施办法（试行）》的通知	2018-08-31
68	吴委办〔2018〕43号	关于进一步加强新形势下卫生计生系统党的建设工作的实施意见（试行）	2018-09-08

续表 4-1

序号	文号	文件标题	发布日期
69	吴委办〔2018〕44 号	关于印发《市委十大专项行动吴兴区 2018 年度推进计划》的通知	2018-09-14
70	吴委办〔2018〕45 号	关于印发吴兴区深入推进对口支援与助力对口地区脱贫攻坚的实施意见	2018-09-14
71	吴委办〔2018〕46 号	关于印发《吴兴区高水平推进农村人居环境提升三年行动方案（2018—2020 年）》的通知	2018-09-20
72	吴委办〔2018〕47 号	关于在全区开展向陈建如同志学习的通知	2018-10-17
73	吴委办〔2018〕49 号	印发《关于推进人大预算审查监督重点向支出预算和政策拓展实施意见》的通知	2018-11-07
74	吴委办〔2018〕50 号	印发《关于进一步加强和改进离退休干部工作实施意见》的通知	2018-11-16
75	吴委办〔2018〕51 号	关于巩固壮大村级集体经济发展的实施意见	2018-11-20
76	吴委办〔2018〕52 号	关于印发《吴兴区党委（党组）理论学习中心组学习实施细则》的通知	2018-12-04
77	吴委办〔2018〕53 号	关于进一步把社会主义核心价值观融入法治吴兴建设的实施意见	2018-12-07
78	吴委办〔2018〕54 号	关于实施第二轮“整乡提升、百村晋位”专项行动的实施意见	2018-12-10
79	吴委办〔2018〕55 号	印发《加强项目化精细管理高质量建设清廉吴兴三年行动方案（2019—2021）》的通知	2018-12-18

·中国共产党湖州市吴兴区委员会纪律检查委员会·

【纪委全委会议】 1 月 25 日，区纪委召开四届四次全体会议，区委书记吴智勇出席会议并讲话，区委副书记、区长陈江主持会议。市纪委有关领导；区委副书记娄显杰等区四套班子相关领导；区人民法院院长，区人民检察院检察长，区人武部部长、政委；区纪委委员；高新区、乡镇（街道）党政主要负责人；区级部门党政主要负责人；乡镇（街道）纪委书记、副书记；区纪委派驻纪检组组长、副组长；区纪委、区监委机关中层干部等参加会议。

会议指出，2018 年是全面贯彻中共十九大精神的开局之年，区委深入贯彻习近平新时代中国特色社会主义思想，以上率下带领全区各级党组织坚决扛起管党治党政治责任，全面推进清廉吴兴建设，持续净化党内政治生态，全面从严治党取得明显成效。全区各级纪检监察组织在市纪委市监委和区委的坚强领导下，以推动清廉吴兴建设为主线，坚持稳中求进工作总基调，忠实履行党章和宪法赋予的职责，强化监督执纪问责和监督调查处置，各项工作稳中有进、稳中有升、稳中有效，呈现高质量发展的良好态势。

会议强调，2018 年是改革开放 40 周年，也是党的纪律检查机关恢复重建 40 周年。这 40 年，是经济社会发展取得辉煌成就的 40 年，也是纪检监察工作取得巨大成绩的 40 年。从改革开放初期的拨乱反正、端正党风、严肃党纪，到发展社会主义市场经济条件下探索构建教育、制度、监督、改革、纠风、惩治并举的反腐倡廉防范体系，再到新时代提出的干部清正、政府清廉、政治清明、社会清朗目标，纪检监察工作始终与时代发展同奋进、与改革开放共命运，形成了宝贵经验。2018 年也是吴兴建区 15 周年，吴兴纪检监察工作伴随吴兴改革发展，职责定位更加清晰、思路

举措更加精准、治理效能更加彰显、机制制度更加成熟，取得了长足进展。成绩来之不易，经验弥足珍贵，必须倍加珍惜。回望昨天，书写的每一笔都是新起点；展望明天，迈出的每一步都是再出发。我们要不忘初心、牢记使命，在继承中发展，在创新中深化，奋力实现新时代纪检监察工作高质量发展。

会议要求，全区纪检监察队伍要更加紧密团结在以习近平同志为核心的中共中央周围，在市纪委、市监委和区委的坚强领导下，不忘初心、不辱使命，再开新局、再创佳绩，奋力实现新时代吴兴纪检监察工作高质量发展，为吴兴高质量赶超发展做出新的更大贡献！

会上，吴智勇、陈江分别与高新区、各乡镇街道党政主要负责人签订2018年度党风廉政建设责任书。会议还通过区委常委、区纪委书记、区监委主任张国英代表区纪委常委会作的区纪委四届四次全会工作报告。

【督查】严明政治纪律和政治规矩，深化“1+4+N”工作机制，以三大攻坚战、“最多跑一次”改革、护航民营经济发展等为重点，强化监督检查，确保政令畅通。加强对全面从严治党主体责任落实情况的监督，协助区委开展重点检查和当面评议，推动落实主体责任。对职务犯罪案件“一案双查”“两个责任”落实不到位等进行责任追究，共问责党员干部22人次。加强对清廉吴兴建设推进情况的监督，推行项目化精细管理，统筹推进清廉机关、清廉乡村、清廉学校、清廉医院、清廉企业、清廉文化建设。按照“一季一评、半年中评、年底总评”要求，开展政治生态建设动态评估，为各单位各部门政治生态建设状况精准画像。

【纪律建设】出台运用监督执纪“四种形态”实施办法，加强问题线索集中管理、动态更新和集体会商，综合运用谈话函询、组织处理、纪律处分等方式分类处置，全区共运用“四种形态”462人次，第一种至第四种形态分别占比70.6%、21%、2.8%、5.6%，“倒金字塔”分布结构愈发明显。以事实为依据，精准把握政策界限，为57名党员干部澄清了问题。整合监督力量，开展日常监督、联动监督、巡回监督，构建“三位一体”工作机制。严把党风廉政意见回复关，共审核干部提拔调整、评先评优等232批次2304人次，提出意见91条。建立职务犯罪案件庭审旁听制度，70余名干部旁听庭审3起案件，组织1390名村干部到市警示教育基地接受教育。

【作风建设】高标准落实中央八项规定和区委实施细则精神，紧盯元旦春节、五一端午、中秋国庆等重要节点，驰而不息纠“四风”、转作风、树新风，共开展正风肃纪明察暗访32次，查处违反中央八项规定精神问题31起，处理党员干部39人次，其中党纪政务处分14人次，通报曝光9起14人次。开展领导干部违规房产交易和违规借贷、违规发放津贴补贴、“小金库”等专项治理，重申纪律规定，严禁违规发放津贴补贴、奖金福利。大力开展形式主义、官僚主义集中整治，强化执纪问责，全区共查处形式主义、官僚主义问题5起，处理18人，其中党纪政务处分12人。

【政治巡察】全面贯彻中央巡视工作方针，修订区委五年巡察工作规划和区委巡察工作实施办法，制定区委巡察工作领导小组、区委巡察办、区委巡察组三项工作规则及关于巡察成果运用的暂行办法，推进巡察工作制度化、规范化。设立党委巡察办，选优配强巡察工作专职力量。坚守政治巡察定位，聚焦“六个围绕、一个加强”，完成三轮巡察，共巡察党组织14个，延伸巡察行政村15个，发现问题199个，移交问题线索4个，约谈被巡察党组织负责人10名。

【清廉乡村建设】开展“十百千”大调研活动，召开强化基层公权力监督、社会共建清廉吴兴现场推进会，出台规范村干部廉洁履职行为暂行办法，探索推行村级非生产性开支村级公务卡结算制度，促进基层公权力运行制度化、公开化、规范化。把清廉乡村建设同基层治理紧密结合，创新“A+B”推磨互查工作法，实现对全区所有行政村的农村基层作风巡查全覆盖。

【扫黑除恶】开展扫黑除恶专项斗争，与政法机关建立协作机制，处置党员干部涉黑涉恶腐败和充当“保护伞”问题线索3件，党纪政务处分和组织处理14人。

【执纪办案工作】发挥信访主渠道作用，共受理纪检监察信访举报269件次，其中实名举报42件次。健全问题线索全覆盖双向移送机制，共处置问题线索473件。坚持精准发现、精准惩处、精准施治，共立案138件，其中自办案件31件，同比上升158.3%；党纪政务处分135人，其中乡科级7人。加大追逃防逃工作力度，制定追逃防逃应急处置预案。完善办案安全责任体系，严格规范各类调查措施特别是留置措施的使用，确保安全文明办案。加强案件审理工作，优化案件质量“双评”机制，继续保持无错案、无申诉复查案件。严格执行处分决定，切实维护严肃性和权威性。做好办案“后半篇文章”，健全“四会两报告一书”机制，综合效果有效提升。

【体制改革】严格执行监察法，绘制监察业务运行流程图，健全日常监督、线索处置、审查调查、案件审理、移送司法等监察工作程序，完善与检察、公安、审计等单位的协作配合机制，强化纪法贯通、法法衔接。加强对公职人员依法履职、秉公用权、廉洁从政从业及道德操守等情况的监察监督，共对8名被调查人员采取留置措施，对8名公职人员给予政务处分。进一步强化派驻机构监察职能，各派驻机构处置问题线索38件次。积极推动监察网络向基层延伸，全区（含开发区、度假区）19个乡镇（街道）全部设立监察办公室，与乡镇（街道）纪（工）委合署办公，任命监察办公室人员96名，配套完善工作制度，推动机构、人员、职能“三到位”。在各行政村（社区）率先建立村居廉情驿站，形成区、镇、村三级监察网络。

【反腐倡廉宣传】出台进一步加强全区党员纪律教育和公职人员廉政教育工作的意见，开展“党纪教育一刻钟”活动462场，1.6万余人次接受教育，党员干部廉洁自律意识不断增强，主动上交礼金、礼卡、礼券折合人民币25万元。

【扶贫领域专项治理】开展扶贫领域腐败和作风问题专项治理，全区共查处问题3起，处理7人。强化东西部扶贫协作和对口支援领域监督执纪问责工作，为脱贫攻坚保驾护航。

（傅一力）

【区纪委重要文件目录索引】

2018年吴兴区纪委重要文件一览表

表4-2

序号	文 号	文 件 标 题	发布日期
1	吴纪办〔2018〕2号	关于印发《区纪委区监委派驻机构干部和乡镇（街道）专职纪检监察干部办理有关具体事项的规定》的通知	2018-01-08
2	吴纪办〔2018〕3号	关于全区纪检监察系统学习宣传贯彻《习近平谈治国理政》第二卷的通知	2018-01-12
3	吴纪办〔2018〕7号	关于开展“十百千”大调研活动的通知	2018-04-04
4	吴纪办〔2018〕9号	关于印发《关于开展2018年至2020年扶贫领域腐败和作风问题专项治理工作方案》的通知	2018-04-26
5	吴纪办〔2018〕10号	关于印发《吴兴区建设政治过硬、本领高强纪检监察干部队伍三年（2018—2020年）行动计划》的通知	2018-04-28
6	吴纪办〔2018〕14号	中共吴兴区纪委监委办公室关于印发《2018年区纪委区监委领导信访包案安排》的通知	2018-06-05
7	吴纪办〔2018〕18号	关于开展全区纪检监察系统“大学习大培训大调研大比拼”活动的实施方案	2018-06-14
8	吴纪办〔2018〕21号	关于印发《吴兴区职务犯罪案件庭审旁听制度（试行）》的通知	2018-07-20
9	吴纪办〔2018〕22号	关于印发《关于强化“八有”要求高质量落实省纪委“八大行动”为建设清廉吴兴提供坚强政治和纪律保证的实施办法》的通知	2018-08-10
10	吴纪办〔2018〕23号	关于建立全区村居廉情驿站的通知	2018-08-13
11	吴纪办〔2018〕24号	关于规范使用纪律检查建议和监察建议的通知	2018-08-13

续表 4-2

序号	文 号	文件标题	发布日期
12	吴纪办〔2018〕31 号	关于开展重点信访问题"季度攻坚"集中化解活动的通知	2018-10-08
13	吴纪办〔2018〕33 号	关于印发《关于集中整治形式主义、官僚主义的行动方案》的通知	2018-10-17
14	吴纪办〔2018〕34 号	关于印发《关于强化我区东西部扶贫协作和对口支援领域监督执纪问责工作实施方案》的通知	2018-10-17
15	吴纪办〔2018〕38 号	关于印发《吴兴区 2018 年度纪检监察信访举报工作考核办法》的通知	2018-11-01
16	吴纪办〔2018〕39 号	关于印发《吴兴区纪委监委受处分人员回访教育实施办法（试行）》的通知	2018-11-08
17	吴纪办〔2018〕40 号	关于印发《区纪委监委机关政府采购内部控制管理制度》的通知	2018-11-16
18	吴纪〔2018〕3 号	中共吴兴区纪委关于进一步开展中央八项定精神落实情况监督检查工作的方案	2018-01-18
19	吴纪〔2018〕15 号	关于开展 2018 年度农村基层作风巡查工作的通知	2018-03-29
20	吴纪〔2018〕24 号	关于进一步完善区纪委机关与区审计局问题线索移交工作机制的补充意见	2018-05-31
21	吴纪〔2018〕55 号	关于印发《吴兴区规范村干部廉洁履职行为暂行办法》的通知	2018-11-06
22	吴纪〔2018〕64 号	中共湖州市吴兴区纪委中共青川县纪委关于印发《协同推进扶贫协作监督执纪问责工作机制》的通知	2018-11-08
23	吴纪〔2018〕82 号	关于开展"小金库"专项治理工作的通知	2018-12-10
24	吴纪〔2018〕86 号	关于区纪委监委机关与区金融办建立涉金融违纪违法案件和线索快速通报移送处置机制的意见	2018-12-05
25	吴纪发〔2018〕2 号	关于印发《家规家训"六进"活动实施方案》的通知	2018-04-02
26	吴纪发〔2018〕3 号	中共湖州市吴兴区纪委关于开展领导干部违规房产交易专项治理工作的通知	2018-10-08
27	吴纪发〔2018〕4 号	中共湖州市吴兴区纪委湖州市吴兴区财政局关于印发《关于对吴兴区国有资产管理开展专项监督检查的方案》的通知	2018-10-12
28	吴监办〔2018〕1 号	关于印发《吴兴区监察委员会派出乡镇（街道）监察办公室设置及职责、权限（试行）》等制度的通知	2018-11-30
29	吴纪便〔2018〕7 号	吴兴区纪委区监委关于在扫黑除恶专项斗争中强化监督执纪问责的工作计划	2018-07-25

·湖州市吴兴区人民代表大会·

【区四届人大二次会议】 区四届人大二次会议于 2018 年 2 月 2—4 日举行。会议应到代表 249 名，实到代表 245 名，列席人员 200 名，并邀请 10 名公民旁听会议。会议的指导思想是：高举习近平新时代中国特色社会主义思想伟大旗帜，全面贯彻落实中共十九大、中共十九届二中全会和省、市、区委全会精神，践行"五同"理念，依法高效履职、助推改革发展、强化民主法治，为全面发力高质量赶超发展，加快建设"生态吴兴、经济强区、科技新城、幸福家园"，在全市践行"两山"理念新征程中争当排头兵做出更大贡献。会议的主要议程是：（1）听取和审查湖州市吴兴区人民政府工作报告；（2）审查、批准湖州市吴兴区2017年国民经济和社会发展计划执行情况的报告及2018年国民经济和社会发展计划；（3）审查、批准湖州市吴兴区2017年预算执行情况的报告及2018年预算；（4）听取和审查湖州市吴兴区人民代表大会常务委员会工作报告；（5）听取和审查湖州市吴兴区人民法院工作报告；（6）听取和审查湖州市吴兴区人民检察院工作报告；（7）票决2018年度湖州市吴兴区人民政府民生实事项目；（8）审查湖州市吴兴区人民政府关于环境状况和环境保护目标完成情况的报告；（9）审议通过《关于高举伟大旗帜　依法监督助推　在全市践行“两山”理念新征程中争当排头兵的决定》。

【区四届人大常委会第7~13次会议】区四届人大常委会2018年共举行常委会7次，听取和审议23项议题，作出25项决议、决定：第7次会议于2月4日举行。会议的主要议程是：审议有关补选市人大代表事项和有关人事任免事项；第8次会议于3月2日举行。会议的主要议程是：审议湖州市吴兴区人大常委会2018年工作要点（草案）和有关补选市八届人大代表事项，审议关于许可对区四届人大代表李金贵依法采取强制措施的议案；第9次会议于4月25日举行。会议的主要议程是：听取和审议区人民政府关于烟花爆竹“双禁”工作推进情况的报告、区人民政府关于生态文明体制改革和美丽吴兴建设情况的报告和区人民政府关于生产服务、供销服务、信用服务“三位一体”建设情况的报告，审查和批准区人民政府关于2018年度500万元以下政府投资项目计划（草案）的报告，审议有关人事任免事项；第10次会议于6月22日举行。会议的主要议程是：听取和审议区人民政府关于2017年度财政决算的报告和区人民政府关于2017年度区本级预算执行和其他财政收支审计的报告，审议通过湖州市吴兴区组织宪法宣誓实施细则（修订草案），审议有关人事任职事项；第11次会议于8月29日举行。会议的主要议程是：听取和审议区人民政府政情通报、区人民政府关于2018年上半年国民经济和社会发展计划执行情况的报告（书面）、区人民政府关于2018年上半年财政预算执行情况的报告（书面）、区人民政府关于环境状况和环境保护目标进展情况的报告（书面）、区人民政府关于特色小镇发展情况的报告、区人大常委会关于关于全区特色小镇发展情况的调研报告（书面）、区人民政府关于学前教育发展情况的报告和区人大常委会关于全区学前教育发展情况调研报告（书面），审查和批准区人民政府关于2018年度第一批500万元以上和第二批500万元以下政府投资项目计划的报告（草案），审议有关区四届人大代表辞职事项和有关人事任免事项；第12次会议于11月12日举行。会议的主要议程是：开展区人民政府工作部门主要负责人述职测评和员额法官、员额检察官履职评议，听取和审议区人民政府关于国民经济和社会发展情况第十三个五年规划纲要中期评估情况的报告、区人民政府关于2018年区政府债务限额的议案及说明、区人民政府关于太湖溇港国家水利风景区建设情况的报告和区人民检察院关于开展公益诉讼工作推进情况的报告，审议区人大常委会关于支持区人民检察院开展公益诉讼工作的决定（草案）、区人大常委会关于预算绩效监督的试行办法（草案）、关于接受周文霞辞去湖州市吴兴区人民法院院长职务的议案，决定湖州市吴兴区人民法院代理院长，审议有关人事任免事项、有关区四届人大代表辞职的事项和有关补选区四届人大代表的事项；第13次会议于12月28日举行。会议的主要议程是：听取和审议区人民政府关于2018年区政府民生实事项目完成情况的报告，并开展满意度测评，听取和审议区人大常委会关于2018年度区政府民生实事项目完成情况的评估报告（书面），审议和批准区人民政府关于2018年度吴兴区调整预算的报告，听取和审议区人民政府关于吴兴区2017年度企业国有资产管理情况的专项报告、区人民政府关于2017年度国有资产管理情况的综合报告（书面）、区人民政府关于吴兴区本级2017年度预算执行及其他财政财务收支审计查明问题整改情况的报告和区人民政府关于吴兴区四届人大二次会议代表建议办理落实情况的报告，审议关于接受周文霞、朱宏伟辞去市八届人大代表职务的议案、关于接受沈旭荣辞去区四届人大代表职务的议案、关于许可对区四届人大代表蔡顺山依法采取强制措施的议案、有关人事任免议案和有关补选市人大代表事项，开展部分在吴市人大代表述职评价。

【创新工作】把创新作为增强基层人大活力

的主攻方向，多项创新试点走在省、市前列。深化票决制工作有影响。在环渚、爱山、龙溪三个街道试点基础上，依托议政会，在全市率先实现街道民生实事项目议决制全覆盖。通过代表视察、常委会专题审议、综合评估和满意度测评，助推十大民生实事项目全部高质量完成。组织2019年市、区、乡镇街道三级民生实事项目征集工作，开展主题接待活动48次，征集到的510条项目建议同步移交各级政府。试点预算绩效监督有突破。在全市率先试点预算绩效监督，遴选河道清淤、美丽乡村建设两项专项资金作为监督重点，专题审议绩效评价报告，推动政府从依法用财向有效用财转变。出台预算绩效监督试行办法，创新"建机制、定重点、明流程、扩民主、重运用"的"五步法"，为全市推广积累了经验。民主参与式预算审查向街道和部门拓展，推动预算编制更科学。落实环境报告制度有速度。对照省、市人大"到2020年实现乡镇环境报告制度全覆盖"的要求，自加压力、提高标杆，在区四届人大二次会议上首次听取区政府的环境报告的基础上，在全市率先实现区、乡镇街道两级环境报告制度的全覆盖，推动环境保护目标和责任落实。建设智慧人大平台有成果。稳步推进"八大创新项目"，无纸化会议系统建成启用，"吴兴人大"手机APP履职新平台正式上线；人大监督系统与财政专线实现"一网通"，现代农业智慧监督系统成功接入；规范性文件联网审查系统有效运行，完成备案审查28件，人大信息化、科学化水平不断提升。

【监督工作】　瞄准影响和制约吴兴发展的关键领域，开展精准监督。促进经济转型升级。密切关注宏观经济，开展"十三五"规划中期评估审查，推动规划有效实施。围绕特色小镇发展，以"师院智库＋委室组团"的协作机制，深入调研审议，提出三大类9条建议。开展绿色制造专项视察，提出注重评价分析、加快产业培育等建议，为区委、区政府科学决策提供有益参考。调研台资企业和项目，督促《省台胞投资保障条例》落实到位。促进财政规范管理。认真审议预算编制、执行、调整、决算等工作，督促政府进一步规范预决算。创新审计查出问题清单式跟踪机制，常委会专题审议整改落实情况，问题整改单位列席，有力推动人大审计监督向实质性监督迈进。高度关注政府债务化解，听取政府专题报告，开展乡镇调研督查，严格监管政府投资项目，督促打好防范化解重大风险攻坚战。促进乡村振兴战略。开展农业供给侧改革、太湖溇港国家水利风景区建设、农业文化遗产和森林资源保护等调研，组织农业大好高项目引建专项督查，全力助推乡村振兴战略。开展专项视察和执法检查，全力保障农产品质量安全。调研农合联"三位一体"、农村土地"三权分置"改革情况，助推改革举措落地。召开美丽乡村建设代表问政会，合力补齐工作短板。

【人大代表工作】　高效履职，充分激发代表主体作用。始终紧抓代表主体，创新载体、丰富活动，多措并举强化代表作用发挥。一是履职提升有新形式。围绕"顺应时代要求、争当优秀代表"主题，举办首届吴兴人大代表论坛，为代表提供相互学习、共同提高的新平台。组织96名代表列席区人大常委会会议，650人次代表参加各类监督活动，让代表更好地知政、议政、督政。组织第二批20名在吴市代表述职评议、区和乡镇两级215名代表向选民述职，切实增强履职意识。二是阵地打造有新提升。成功创建五星级代表联络站达31家，并在区院、检察院建成全省首家代表联络站。坚持"建用并举、以用为主"，出台深化完善各级人大代表进站接待选民的实施意见，组织2481人次代表每周、每半月、每月进站接待选民2654名，18名市、区领导干部代表带头开展接待活动，共印发《民情通报》387期，交办建议843件，解决率62.5%。三是主题活动有新成效。深化"履职作表率、代表在行动"主题实践活动，持续开展百分竞赛，进一步激发代表履职活力。联动开展"五进五访五查"等活动，建立代表每年对联系群众走访一次、座谈一次、慰问一次的"三个一"机制，各级代表走访群众1.2万余户，收集反馈民情966条。四是建议督办有新机制。完善区领导领办、督办重点代表建议件机制，赴市开发区、度假区现场交办代表建议，形成工作合力。区四届人大二次会议代表提出的81件建议在法定期限内全部办理完毕，代表满意度100%，解决率达85%。

（沈欢欢）

【区人大重要文件目录索引】

2018 年吴兴区人大重要文件一览表

表 4-3

序号	文 号	文 件 标 题	发布日期
1	吴人大〔2018〕2 号	湖州市吴兴区人大常委会关于同意撤销有关批复文件的决定	2018-01-08
2	吴人大〔2018〕6 号	湖州市吴兴区人民代表大会常务委员会关于许可对区四届人大代表李金贵依法采取强制措施的决定	2018-03-02
3	吴人大〔2018〕7 号	湖州市吴兴区人民代表大会常务委员会关于撤销有关批复文件的决定	2018-04-23
4	吴人大〔2018〕8 号	湖州市吴兴区人民代表大会常务委员会关于批准吴兴区 2018 年度 500 万元以下政府投资项目计划的决定	2018-04-25
5	吴人大〔2018〕12 号	湖州市吴兴区组织宪法宣誓实施细则	2018-06-22
6	吴人大〔2018〕13 号	湖州市吴兴区人民代表大会常务委员会关于批准吴兴区 2017 年度财政预算的决定	2018-06-22
7	吴人大〔2018〕15 号	湖州市吴兴区人民代表大会常务委员会关于批准吴兴区 2018 年度 500 万元以上和第二批 500 万元以下政府投资项目计划的决定	2018-08-29
8	吴人大〔2018〕16 号	湖州市吴兴区人民代表大会常务委员会关于接受彭建国辞去区四届人大代表职务的决定	2018-08-29
9	吴人大〔2018〕18 号	关于印发《关于全区学前教育发展情况的调研报告》的通知	2018-08-31
10	吴人大〔2018〕20 号	湖州市吴兴区人民代表大会常务委员会关于接受周文霞辞去湖州市吴兴区人民法院院长职务的决定	2018-11-12
11	吴人大〔2018〕21 号	湖州市吴兴区人民代表大会常务委员会关于接受周文霞等辞去区四届人大代表职务的决定	2018-11-12
12	吴人大〔2018〕22 号	湖州市吴兴区人民代表大会常务委员会关于在部分选区补选或选举区四届人大代表的决定	2018-11-12
13	吴人大〔2018〕23 号	湖州市吴兴区人民代表大会常务委员会关于陈静代理湖州市吴兴区人民法院院长职务的决定	2018-11-12
14	吴人大〔2018〕25 号	湖州市吴兴区人民代表大会常务委员会关于批准《湖州市吴兴区人民政府关于提请审议批准 2018 年吴兴区政府债务限额的议案》的决议	2018-11-12
15	吴人大〔2018〕26 号	湖州市吴兴区人民代表大会常务委员会关于预算绩效监督的试行办法	2018-11-12
16	吴人大〔2018〕28 号	湖州市吴兴区人民代表大会常务委员会关于支持区人民检察院开展公益诉讼工作的决定	2018-11-12
17	吴人大〔2018〕32 号	湖州市吴兴区人民代表大会常务委员会关于接受周文霞、朱宏伟辞去市八届人大代表职务的决定	2018-12-28
18	吴人大〔2018〕33 号	湖州市吴兴区人民代表大会常务委员会关于接受沈旭荣辞去区四届人大代表职务的决定	2018-12-28
19	吴人大〔2018〕37 号	湖州市吴兴区人民代表大会常务委员会关于批准调整吴兴区 2018 年度财政支出预算的决定	2018-12-28

·湖州市吴兴区人民政府·

【区政府全体会议】3月24日，区政府召开2018年区政府全体会议。区委副书记、区长陈江出席会议并讲话。会议围绕区委四届三次全会和区四届人大二次会议确定的目标任务，立足“打造增长极、提高首位度、争当排头兵”总定位，确保圆满完成全年政府系统各项工作；同时部署了政府系统自身建设和人大代表议案建议、政协委员提案办理工作，努力打造对党忠诚、人民满意的有为政府。

会议指出，做好“两案”办理，是政府接受人大依法监督、政协民主监督的基本要求，也是政府的法定职责，依法行政的重要内容。要强化责任抓办理，继续实行区政府领导领办制和承办单位“一把手”负责制；提高质量抓办理，要在问题解决上下真功夫，不断提高代表委员的满意率；严格督查抓办理，要切实加强日常督查、集中督查和跟踪督查，真正以“两案”办理来提升政府工作实效。

会议强调，强谋划关键要做到善谋。要善学，通过学习习近平新时代中国特色社会主义思想，形成自己的格局，要靠前站，积极学习业务、精通业务；要善思，政府部门要善于转变思维，形成市场化社会化思维、抓重点思维、集聚精准思维、系统思维和法治思维；要善定，做到定向、定位和定心定力，要联系实际，找准定位，坚持一张蓝图干到底，为全市提供吴兴样本；要善断，既不能乱断，也不能优柔寡断，要进行科学决断。

会议提出，强执行关键要做到实干。既要勇于抢，又要善于盯；既要务实抓，又要创新抓；既要破难题，又要作示范；既要干成事，又要不出事。政府部门要在区委的坚强领导下，在区人大、区政协以及各方面的监督和支持下，绝不懈怠，靠前精准，团结奋进，为加快建设“生态吴兴、经济强区、科技新城、幸福家园”，在全市践行“两山”理念新征程中争当排头兵做出新的贡献。

【区政府常务会议】全年区政府共召开13次常务会议。

1月13日，举行第11次常务会议。会议研究关于2017年度安全生产目标责任制落实和2018年度工作思路的情况；关于《全面推进大学生就业创业的实施意见》的情况；关于吴兴区中央环保督察反馈问题整改方案的情况；关于省教育现代化区创建工作的情况；关于吴兴区森林资源二类调查成果及下一步工作的情况；关于病死动物无害化处置完善落实情况；关于《政府工作报告（征求意见稿）》的情况；关于全区公办幼儿园和普惠性民办幼儿园保教费收费标准调整方案的情况；关于制定出台《进一步加快推进众创空间发展的实施意见》的情况；关于加强和规范区属国有企业机构编制和人力资源管理的意见的情况；关于《强化招商引资“一号工程”加快赶超发展的十条意见》的情况；关于湖州市吴兴区2017年国民经济和社会发展计划执行情况及2018年国民经济和社会发展计划草案的报告（书面）；关于湖州市吴兴区2017年预算执行情况及2018年预算草案的情况（书面）；关于2018年度区级部门综合预算编制（“二下”方案）的情况（书面）；关于吴兴区2017年环境状况与环境目标完成的情况（书面）；关于吴兴区2017年消防安全形势分析和2018年工作思路的情况（书面）。

1月26日，举行第12次常务会议。会议研究关于企业投资项目承诺报备制改革实施细则的情况；关于企业投资项目“标准地”模式实施方案的情况；关于小微企业园入园标准的情况；关于企业投资项目“一窗服务”实施方案的情况；关于重大平台项目准入管理实施细则的情况；关于2018年全区改革与发展大会主要议程及各项考核结果的情况；关于吴兴区发展学前教育第三轮行动计划的情况（书面）；关于2018年春节期间慰问活动和经费安排的情况汇报（书面）。

2月11日，举行第13次常务会议。会议研究关于2017年食品安全工作及制定吴兴区党政同责实施办法的情况；关于吴兴区第四届运动会方案的情况；关于进一步防范化解政府性债务风险的情况；关于制定《吴兴区政府雇员管理办法（试行）》的情况；关于深入实施乡村振兴战略加快发展都市型现代农业的若干政策意见的情况（书面）。

3月17日，举行第14次常务会议。会议研究关于深化中心城区街道管理体制改革的实施意见的情况；关于吴兴区耕地保护工作的情况；关于矿山复绿攻坚行动的情况；关于吴兴区“区镇长项目工程”实施方案和2018年政府投资项目年度立项计划的情况；关于《吴兴区推进企业上市和并购重组“五年倍增行动”计划（2017—2021）》的情况；传达学习2018年度全市法治政府建设暨政务公开工作部署会精神（书面）；关于《湖州现代物流装备高新区“区域环评＋环境标准”改革实施方案》的情况（书面）；关于吴兴美妆小镇和浙江吴兴经济开发区埭溪分区“区域环评＋环境标准”改革实施方案的情况（书面）。

4月14日，举行第15次常务会议。会议研究关于吴兴陆羽茶文化节暨第二届全国茶道哲学高峰论坛活动的情况；关于一季度安全生产（消防）工作情况及开展企业安全生产主体责任履行情况专项检查的情况；关于吴兴区第二次全国污染源普查工作的情况；关于2018年吴兴区大气污染防治工作实施方案的情况；关于制定进一步加快吴兴区文化产业发展十条政策意见的情况；关于对全区县道公路安全隐患排查及处置建议的情况；关于织里镇国有资本市场化改革重组的框架方案和相关情况；关于中华人民共和国宪法修正案解读（书面）；关于进一步加强“地沟油”综合治理工作实施意见的情况（书面）。

5月19日，举行第16次常务会议。会议研究关于吴兴区2018年“五水共治”工作实施方案的情况；关于吴兴区城市书房项目的情况；关于实行小微企业园区建设管理“标准房”制度指导意见的情况；关于修订吴兴区政府投资项目审计监督实施办法及进一步完善竣工结算审计工作的情况；关于出台《进一步完善我区“坡地村镇”项目建设管理工作的实施细则（试行）》的情况；关于吴兴区乡镇“关闸门”工作方案实施细则的情况；关于区属国有企业负责人经营业绩考核与薪酬管理暂行办法的情况；关于《吴兴区高质量优化人才创业环境 高水平提升区域创新能力的若干意见》的情况；关于湖东街道机构编制相关事项的情况；关于烟花爆竹“双禁”工作的情况；关于吴兴区对口支援、对口合作、东西扶贫和山海协作工作的情况（书面）；关于吴兴区“六重”工作2018年推进计划的情况（书面）；关于加强统计规范化建设服务高质量发展的情况（书面）；关于编制《吴兴区养殖水域滩涂规划》的情况（书面）；关于《2018年度吴兴区开放型经济工作考核办法》的情况（书面）；关于全区安全生产月活动筹备的情况（书面）；关于全面推行“湖长制”的情况（书面）。

6月23日，举行第17次常务会议。会议研究关于全区1—5月经济社会主要指标完成情况及确保“半年红”工作打算的情况；关于《吴兴区推进企业分类综合评价 深化“亩均论英雄”改革的实施意见》的情况；关于浙江省第十六届运动会吴兴区筹备工作的情况；关于吴兴区污水设施建管整改提升有关工作的情况；关于吴兴区安保检查站建设的情况；关于组建吴兴区人民政府咨询委员会建议方案的情况；关于吴兴区“污水零直排区”建设行动方案的情况；关于生态环境部到吴兴督查集中式饮用水水源地环境保护工作的情况；关于2018年度行政规范性文件评估清理工作的情况（书面）；关于2018年度法治政府建设工作要点的情况（书面）；关于《湖州市吴兴区2017年度财政决算草案的报告》的情况（书面）；关于《健康吴兴2030行动纲要》编制的情况。

7月21日，举行第18次常务会议。会议研究关于2018年上半年全区安全生产工作暨开展安全生产宣传教育“七进”活动示范创建工作情况和关于加强吴兴区消防应急救援队伍建设管理的情况；关于吴兴区殡葬领域突出问题专项整治行动的情况；关于工业企业天然气保供差别化政策的情况；关于湖州至杭州西铁路吴兴段建设工作的情况；关于第三届世界乡村旅游大会暨“一带一路”世界乡村旅游湖州亚太峰会总方案的情况；关于《吴兴区进一步支持和鼓励开放型经济发展十条政策》的情况；关于我区2018年民生实事项目进展的情况（书面）；关于吴兴区中心城区禁摩区域禁行工作实施方案的情况（书面）；关于吴兴区第四次经济普查工作的情况（书面）；关于吴兴区涉企证照由市场监管部门通办实施意见的情况（书面）；关于《实施全面两孩政策改革完善计划生育服务管理的实施意见》的情况（书面）；关于我区2018年上半年消防安全工作暨开展全区消防安全三年翻身仗工作的情况（书面）。

8月25日，举行第19次常务会议。会议研究关于吴兴区生态环保重点任务的情况；关于《吴兴区深化全科网格建设工作意见》的情况；关于2017年度吴兴区工业企业“亩产效益”分类综合

评价工作及差别化政策的情况；关于2018年吴兴区“省市县（区）长项目工程”的情况；关于吴兴区“六重”工作2018年考核指标分解的情况；关于全区工程项目招标范围及限额标准调整的情况；关于吴兴区消防行政执法委托工作方案的情况；关于第一届全球纺织时尚峰会活动暨2018年吴兴经贸科技洽谈会活动月方案的情况；关于吴兴区美丽经济交通走廊建设方案的情况；关于宣杭铁路公路跨铁路桥梁改建与维修工程项目的情况；关于健康浙江考核的情况；关于《2018年吴兴区“中国制造2025”试点示范城市建设年度推进计划》的情况（书面）；关于律师制度改革的情况（书面）；关于2019年度区级部门综合预算编制方案的情况（书面）；关于吴兴区2017年粮食安全责任制落实情况及2018年工作思路的情况（书面）；关于进一步加强新形势下卫生计生系统党的建设工作实施意见的情况（书面）。

9月30日，举行第20次常务会议。会议研究关于吴兴区违法用地的情况；关于吴兴区物联网智慧安防小区建设的情况；关于吴兴区“巩固壮大村级集体经济发展”的情况；关于吴兴区创建国家现代农业产业园的情况；关于加快培育中心城区新经济新业态的十二条政策意见的情况；关于吴兴区建立中心城街道税收征管奖励机制的情况；关于进一步加强和改进离退休干部工作实施意见的情况；关于全省医共体建设现场推进会精神及我区贯彻落实建议的情况；关于2018年度吴兴区法治政府建设（依法行政）考核评价工作方案的情况（书面）；关于《吴兴区深化“亩均论英雄”改革 加快工业低效企业整治提升三年行动计划（2018—2020年）》的情况（书面）；关于吴兴区国民经济和社会发展第十三个五年规划纲要中期评估报告的情况（书面）；关于吴兴区旅游品牌“宣传口号和logo”征集的情况（书面）；关于《吴兴区基层医疗卫生机构补偿机制改革实施方案》编制的情况（书面）。

11月3日，举行第21次常务会议。会议研究关于三季度全区安全生产工作情况和下一步工作安排的情况；关于吴兴区深化“散乱污”企业整治专项行动的情况；关于吴兴区违法建设防控工作责任制清单等四部规范性文件的情况；关于湖杭高铁、104国道新改建工程等省市重点交通工程的情况；关于吴兴区和东林镇土地全域综合整治实施方案的情况；关于吴兴区冲刺四季度确保“全年红”指标分析及下一步打算的情况；关于吴兴区开展防范化解地方政府隐性债务风险专项行动的情况；关于吴兴区社区矫正社会工作者队伍建设的情况；关于吴兴区“两强三提高”建设行动计划实施方案的情况（书面）；关于制订《吴兴区人民政府咨询委员会工作规则》等制度的情况（书面）；关于吴兴区对口帮扶青川县专项资金管理暂行办法的情况（书面）；关于《吴兴区“林长制”工作实施方案》编制的情况（书面）。

12月1日，举行第22次常务会议。会议研究关于大气污染防治工作的情况；关于“最多跑一次改革”工作的情况；关于大棚房整治工作的情况；关于2017年度企业国有资产管理的情况；关于东西部扶贫协作工作的情况（书面）；关于农家乐资金管理办法的情况（书面）；关于被征地农民参加社会保障实行“人地对应”实施办法的情况（书面）；关于吴兴区2017年度国有资产管理的情况（书面）；关于部分村要求暂缓农村土地承包经营权确权登记颁证和不确权的情况（书面）。

12月22日，举行第23次常务会议。会议研究关于2019年500万元以上政府投资项目立项计划、落实“六大举措”推动民营经济稳定健康发展的实施方案和进一步减轻企业负担促进民营经济高质量发展的若干意见的情况；关于2019年全区经济社会发展预期目标安排建议的情况；关于吴兴区“厨房革命”三年行动（2018—2020年）的情况；关于2017年度区本级预算执行及其他财政财务收支审计查明问题整改的情况；关于加强新增建设用地指标统筹管理切实提高工业用地出让最低限价的情况；关于调整吴兴产业投资发展集团有限公司股权结构的情况；关于吴兴区农村饮用水达标提标行动计划（2018–2020年）的情况；关于全国教育大会精神及我区贯彻落实建议的情况（书面）；关于加强小区物业管理工作的情况（书面）；关于开展全区元旦春节食品安全百日大整治行动的情况（书面）。

【区政府专题会议】 全年区政府召开如下专题会议。关于湖州市小商品城运营发展资金补助的专题会议；关于申苏浙皖高速湖州出口特大型LED屏建设招标相关事宜的专题会议；关于区科创中心和总部自由港相关事宜的会议；关于湖

州灵粮儿童生态小镇规划建筑设计方案评审的会议；关于明确有关行政法律责任主体的专题会议；关于吴兴区埭溪镇美妆小镇小羊山场平工程采矿权有关事项的专题会议；关于达仕科技等三家企业入驻吴兴EBD总部自由港有关事宜的专题会议；关于妙西镇长劲鹿庄园项目推进的专题会议；关于吴兴南山颐养园“坡地村镇”试点项目方案调整有关事项的专题会议；关于湖州海亮国际康养小镇项目推进的专题会议；关于湖州市垃圾飞灰无害化处置资源化利用项目选址论证报告评审会议；关于协调解决湖州金泰科技股份有限公司遗留问题的专题会议；关于浙江欧莱格装饰材料科技有限公司相关事宜的专题会议；关于湖州国际工业设计中心2017年度运行工作专题会议；吴兴区规划委员会2018年第2次会议；吴兴区规划委员会2018年第1次会议；关于协调解决浙江佳成科技创业园有限公司项目有关事宜的专题会议；关于湖州天奴纺织有限公司相关事宜的会议；吴兴区2018年度第一批建设用地项目联审会议；关于吴兴区文体中心场馆建设运营事宜的专题会议；关于加快推进妙西慧心谷白酒文化艺术馆建设的专题会议；吴兴区规划委员会2018年第3次会议；关于妙西镇军民融合生态旅游区等4个控制性详细规划评审的专题会议；关于吴兴区文体中心体育馆承办省运会有关事宜的专题会议；吴兴区规划2018年第4次会议；关于东部新城一体化发展相关事宜的专题会议；关于区级机关医务室建设的专题会议；吴兴区规划委员会2018年第5次会议；关于湖州市50000吨/年垃圾飞灰无害化处置资源化利用项目基建有关事项的专题协调会议；关于进一步加快项目建设工作的会议；关于湖州丝绸小镇（西山漾景区）创建国家AAAA级旅游景区合作项目设计咨询单位的专题会议；关于织里镇三汤线大洋其桥应急抢修事宜的专题会议；关于明确湖东街道成立运行有关事项的专题会议；关于协调解决湖州胜隆物资石油有限公司上市推进有关事宜的会议；关于协调解决湖州浩瀚混凝土制品有限公司年产10万吨沥青混凝土项目土地问题的会议；关于万马智勇制造产业园产权办理相关事宜的专题会议；关于协调月河街道文苑社区党建阵地房屋有关维修建设的专题会议；关于协调解决区科技创业投资有限公司角溪漾地块土地合法化的专题会议；关于加快办理湖州汇联电子商务有限公司部分房屋不动产权证登记及抵押工作的会议；关于加快妙西镇项目推进和度假区创建有关事项的专题会议；关于“湖城向东”房地产推介展示会暨第四届西山漾彩跑嘉年华筹备工作的专题会议；关于南部山林生态休闲旅游带指挥部运作的专题会议；关于协调解决高新区污水泵站移位建设招投标事宜的专题会议；湖州协调解决湖州中联机械制造有限公司车间不动产登记积理的会议；关于全力做好全区重点建设预拌混凝土供应保障工作的专题会议；关于采购蓝藻打捞机械船相关事宜的专题协调会议；关于加快中跃化纤有限公司项目三期建设工作的会议；关于东部新区污水处理厂二期初步设计及施工图、盆景园艺小镇与潞村片区田园综合体概念规划及建筑方案设计单位邀请招投标的专题会议；关于区城投、产投两大集团相关事宜的专题会议；关于月河街道吉山南区危房加固改造有关事项协调的专题；关于区城投集团成立有关公司和收购有关公司事项的专题会议；关于原家强铝业项目地块分割出让相关事宜的会议；关于协调解决美凯商务综合体装修相关事宜的会议；关于协调解决湖州蜀山年医养中心项目相关审批办证手续的专题会议；吴兴区2018年度第四批建设用地项目联审会议；关于八里店镇2018年乌山集镇城中村改造工作专题会议；关于浙江缔科新技术发展有限公司总部自由港项目协议及有关政策措施支持事宜的专题会议；关于筹备第三届世界乡村旅游大会加快提升西塞山旅游度假区基础设施项目建设的专题会议；吴兴区2018年度第五批建设用地项目联审会议；关于吴兴两山农林合作社联合社相关事宜专题协调会议；吴兴区规划委员会2018年第6次会议；关于协调解决湖州吴兴超启商业保理有限公司相关事宜的专题会议；吴兴区2018年度第六批建设用地项目联审会议；关于织里镇万谦漾治理提升工作专题会议；关于吴兴区道场乡护塔岭废弃矿二期土地复垦项目有关事项的专题会议；关于妥善解决金泰科技股份有限公司职工劳动关系解除补偿事宜的专题会议；关于织里镇机动车停放服务收费事宜的专题会议；关于楂树坞坡地村庄项目总布市政配套工程招投标相关事宜专题会议；关于湖杭高铁工程隧道建设多余砂石料处置有关事项的专题会议；关于埭溪镇东红矿区和东

林镇南山矿区2个废弃矿山治理有关事项的专题会议；关于吴兴西塞山省级旅游度假区总体规划的评审会议；关于西塞山旅游度假区部分旅游项目办证的专题会议；关于进一步明确吴兴南太湖科技项目资产划转有关事项的专题会议；关于织里镇万谦漾治理第二次专题会议；关于省级田园综合体物联网农业生态循环养殖样板区建设的专题协调会议；关于进一步加快项目建设工作的会议；关于确定飞英电商（含跨境）多媒体产业园合作发展的专题会议；关于进一步明确吴兴区文体中心场馆划分等有关事宜的专题会议；关于2018年度第六批省级历史文化村落保护利用重点村吴兴区道场菰城村规划评审会议；关于龙泉街道幸福邻里中心建设项目调整专题会议；关于西塞山旅游度假区原乡镇慧心谷办证的专题会议；关于协调解决浙江方明塑胶管道有限公司等企业相关事宜的会议；吴兴区规划委员会2018年第7次会议；关于月河街道幸福邻里中心建设项目调整专题协调会议；关于妙西镇申嘉湖高速西延妙西段南侧边坡治理复绿工程和埭溪镇美妆小镇杨山坞废弃矿治理场平工程有关事项的专题会议；吴兴区2018年度第七批建设用地项目联审会议；吴兴区2018年度第八批建设用地项目联审会议；吴兴区规划委员会2018年第8次会议；关于湖州枫叶国际学校、丝绸小镇丝织技艺非遗博览园及花海房建配套等项目相关事宜的专题会议；关于2018年度第一批区服务业项目政策享受审查工作的专题会议；关于吴兴区2018年度第一批电子商务发展专项资金政策兑现审查工作的专题会议；关于协调解决浙江鸿昌铝业有限公司等企业房屋不动产权证办理相关事宜的专题会议；关于八里店镇老年食堂项目专题会议；关于协调织里镇北农村公园等项目违法用地查处工作的专题会议；关于协调解决湖州老恒和酿造有限公司临时资金周转的专题会议；关于达仕科技项目入驻总部自由港有关事宜的专题会议；关于华祥、新凤鸣成立销售公司政策支持事宜专题会议；关于东部新区热力管网规划有关事宜的专题会议；关于明确企业依法办理税款缓缓手续后相关问题的专题会议；关于中兴大道110kV升前村线12#-20#段迁改工程等项目工程量变更的专题会议；关于埭溪镇美妆小镇杨山坞废弃矿治理场平工程相关问题专题协调会议；关于吴兴区2018年度第九批建设用地项目联审会会议；关于区产投集团与张创元祐公司签订备忘录的专题会议；关于2018年度吴兴区旅游发展专项资金审查工作的专题会议；关于吴兴区2018年度第二批电子商务发展专项资金政策兑现审查工作的专题会议；关于区政府与区总工会联席会议；关于吴兴区公共卫生中心搬迁运行事宜的专题会议；关于吴兴区2018年度第十批建设用地项目联审会议；关于吴兴区2018年度第十一批建设用地项目联审会议；关于协调解决浙江晶日照明科技有限公司等企业房屋不动产权证办理相关事宜的专题会议；关于部分新建中心城学校（校区）教职工享受乡镇工作补贴的专题会议；关于协调解决老恒和古法酿造生态生产基地项目热力管网工程有关事宜的会议；关于八里店镇紫金桥村被倾倒污泥造成环境污染事件处置工作有关事宜的专题协调会议；关于哈工大机器人集团吴兴（湖州）产业基地开办补贴的专题会议；关于协调解决吴兴区城投集团发行项目收益债相关审批办证手续的专题会议。

【人大代表建议和政协提案办理工作】 在区四届人大二次会议上收到建议、意见81件；在区政协三届一次会议上收到提案88件。169件“两案”中关于经济建设30件、城建交通19件、农业农村25件、社会发展78件、其他17件，办理工作涉及53个承办单位。经过3个月办理，实现了办理速度快、问题解决好、办理效果好的目标。代表、委员对答复表示满意、基本满意的169件，满意率达100%。问题已解决或基本解决142件，解决率达84%；列入解决计划23件，占比13.6%；暂缓解决3件，占比1.8%；供参考1件，占比0.6%。

【民生实事项目】 一是大气治理方面，完成6个乡镇空气自动站建设并已实现所有监测数据公开。完成220家涉挥发性有机物“散乱污”企业整治。二是城乡治水方面，实施饮用水提标改造工程，完成高新区、妙西镇、埭溪镇、东林镇居民供水改造共2994户。新建城镇污水配套管网41.05公里，完成管网清淤198.4公里，分别完成年度任务的164.2%和198%。三是食品安全方面，3家放心农贸市场通过省政府考核验收，完成年度任务的150%。2家“放心肉菜示范超市”完成验收；完成食堂升级改造B级升A级10家，完成年度任务的125%。全区学校食堂（含等级幼儿园）量化等级全部达到B级及以上。四是教育设施方面，太湖幼儿园等11所学校竣工并投入使用。启动教学电脑升级改造项目，新增师生教学用电脑1793台。五是医疗卫生方面，“两癌”免费检查1.73万人，完成年度任务的102%；65岁以上老年人免费体检5.26万人，完成年度任务的116.8%；3家卫生院和10个服务站完成改扩建；母婴设施建设25家，完成年度任务的166.7%；红十字救护普及培训157期、1.55万人，完成年度任务的103.5%。六是养老服务方面，全区60周岁以上老年人意外伤害险政府购买实现全覆盖，全区参保老人11.56万人；完成10个幸福邻里中心建设。七是就业创业方面，帮扶“4050”农村剩余劳动力转移就业，共涉及4152人，完成年度任务的138.4%；完成招引大学生及各类人才到吴兴就业创业1.72万人，完成年度任务的114.7%，新增大学生创业主体1861家，完成年度任务的413.6%。八是交通出行方面，完成农村公路等级提升10.1公里、大中修20.83公里、危桥维修改造5座；新增港湾式停靠站10个，新增优化公交线路39条，新增公共停车位1185个；打通城乡断头路5条。九是住房保障方面，新开工保障性住房3211套。十是环境提升方面，79个城市社区实现垃圾分类全覆盖，城市单位全面实行垃圾强制分类；107个村实现垃圾分类宜建村全覆盖，24个垃圾分类收集示范村高标准开展；完成茶园林业生态修复4547亩。

【区政府重要文件目录索引】

吴兴区人民政府发文：

1月：《关于授予2017年度招商引资项目引荐奖的通知》《关于表扬2017年度招商引资工作先进单位、先进个人的通知》《关于印发吴兴区产业基金管理办法的通知》《关于印发吴兴区“享受教育特殊津贴人才”评选及管理办法（修订）的通知（以此为准）》。

2月：《关于2017年度经济发展工作考核结果的通报》《关于强化招商引资“一号工程”加快赶超发展的十条意见》。

3月：《关于2017年度农业农村工作考核优胜单位的通报》《关于印发深入实施乡村振兴战略加快发展都市型现代农业若干政策意见（试行）的通知》《关于印发吴兴区促进现代渔业绿色发展三年行动计划的通知》。

5月：《关于印发吴兴区中心城市精细化管理实施方案的通知》《关于对吴康康、沈立见义勇为行为嘉奖的决定》《关于公布第二批“享受教育特殊津贴人才”名单的通知》《关于开展第三次全区土地调查的通知》《关于开展第四次经济普查的通知》。

6月：《关于公布2018年行政规范性文件评估清理结果的通知》。

7月：《关于进一步完善政府投资项目竣工结算审计工作的意见》《关于推进企业分类综合评价 深化“亩均论英雄”改革的实施意见》《吴兴区人民政府关于区长、副区长分工调整的通知》《关于印发吴兴区进一步支持和鼓励开放型经济发展十条政策的通知》。

8月：《吴兴区人民政府关于成立区政府咨询委员会的通知》。

9月：《吴兴区人民政府关于撤销有关文件和协议的通知》。

11月：《吴兴区人民政府关于印发政府“两强三提高”建设行动计划（2018—2022年）实施方案的通知》。

12月：《关于吴兴区人民政府与青川县人民政府合作招商行动方案的通知》。

吴兴区人民政府办公室发文：

1月：《关于成立长江经济带生态环境保护审计吴兴区协调小组及专项工作组的通知》《关于印发吴兴区行政复议工作规范化建设试行方案的通知》《关于2017年度吴兴区金融机构考核情况的通报》《转发湖州市人民政府办公室关于公布湖州市2018年度政府集中采购目录及标准的通知》《关于进一步加快推进众创空间发展的实施意见》。

2月：《关于全面推进大学生就业创业的实施意见》《关于印发吴兴区企业投资项目承诺报备制改革试点实施方案（试行）的通知》《关于印发吴兴区加强小微企业园区建设管理十条意见的通知》《关于印发吴兴区企业投资项目“标准地”模式实施方案的通知》《关于印发吴兴区重点水域冬春死亡动物防控行动实施方案的通知》《关于加强和规范区属国有企业机构编制和人力资源管理的意见》《关于印发吴兴区发展学前教育第

三轮行动计划（2017—2020年）的通知》《吴兴区人民政府办公室关于印发〈政府工作报告〉的通知》《关于印发吴兴区节能环保产业发展三年行动计划（2017—2019年）的通知》《关于举办吴兴区第四届运动会的通知》《关于印发吴兴区2018年安全生产（消防）工作目标责任考核办法的通知》《关于印发吴兴区“智慧安全”惠民项目建设三年行动计划方案的通知》。

3月：《关于下达2018年度各乡镇住房公积金制度扩面工作目标任务的通知》《关于印发〈吴兴区政府雇员管理办法（试行）〉的通知》《关于印发2018年度吴兴区政府常务会议学法计划的通知》《关于印发2018年政府工作报告重点工作责任分解的通知》《关于印发吴兴区2017年度土地矿产卫片执法监督检查工作实施方案的通知》《关于印发吴兴区政府质量奖评定管理办法（2018年修订）的通知》。

4月：《关于印发吴兴区“僵尸企业”处置和“两链”风险化解工作实施方案的通知》《关于印发吴兴区中心城市单位生活垃圾强制分类实施方案的通知》《关于印发吴兴区推进商事登记制度改革实施方案的通知》《关于开展2018年度行政规范性文件专项清理工作的通知》《关于进一步加强“地沟油”综合治理工作的实施意见》《关于印发吴兴区推进企业上市和并购重组“五年倍增行动”计划（2017—2021年）的通知》《关于印发吴兴区第二次全国污染源普查实施方案的通知》《关于2018年区“两案”办理责任分解的通知》《关于印发吴兴区矿山复绿攻坚行动实施方案的通知》《关于印发2018年无偿献血工作要点的通知》。

5月：《关于进一步加快吴兴区服务业发展二十条政策意见（修订）的通知》《关于印发吴兴区安全生产监督管理“压责任强执法防事故”行动方案的通知》《关于印发2018年吴兴区“最多跑一次”改革工作要点的通知》《关于印发2018年吴兴区服务业发展工作推进计划的通知》《关于印发吴兴区网络市场监管联席会议工作规则的通知》《关于2018年度区重点“两案”领导领办责任分解的通知》《关于印发吴兴区实施烟花爆竹全域“双禁”工作方案的通知》《吴兴区人民政府办公室关于印发吴兴区开展中小学生校外培训机构专项治理行动方案的通知》《关于印发2018年度吴兴区开放型经济工作考核办法的通知》。

6月：《关于进一步完善“坡地村镇”项目建设管理工作实施细则（试行）的通知》《关于建立吴兴区安全生产领域执法联动协作机制的通知》《关于印发吴兴区实行小微企业园区建设管理“标准房”制度指导意见的通知》《关于印发吴兴区实行小微企业园区建设管理“标准房”制度改革实施方案的通知》《关于印发乡镇“关闸门”工作方案实施细则的通知》《关于印发2018年度吴兴区地质灾害防治方案的通知》《关于印发吴兴区重大平台工业项目准入管理办法（试行）的通知》《关于印发规范被征地农民转职保相关程序的通知》《关于成立湖州至杭州西铁路吴兴段领导小组及工作组的通知》《关于印发2018年度法治政府建设工作要点的通知》《关于印发吴兴区食品安全事故应急预案的通知》《吴兴区人民政府办公室关于印发加强流动人口管理服务工作若干意见的通知》。

7月：《关于开展涉及产权保护的行政规范性文件清理工作的通知》《关于印发2018年吴兴区政务公开工作要点的通知》《关于印发2018年度吴兴区政务公开工作考核细则的通知》《关于印发吴兴区“小微企业三年成长计划”（2018—2020年）的通知》《关于调整区政府办公室领导班子成员分工的通知》《关于印发吴兴区中心城区摩托车区域禁行工作实施方案的通知》《吴兴区人民政府办公室关于印发吴兴区污水设施建管整改提升工作方案的通知》《吴兴区人民政府办公室关于印发吴兴区殡葬领域突出问题专项整治行动方案的通知》。

8月：《关于印发吴兴区工业企业天然气差别化保供暂行管理办法的通知》《关于印发吴兴区全面治理企业拖欠工资问题实施意见及配套性文件的通知》《关于印发吴兴区2018年“企业上云”行动计划的通知》《吴兴区人民政府办公室关于加强全区消防应急救援队伍建设管理的意见》《吴兴区人民政府办公室关于实行差别化政策 促进企业转型升级的实施意见》《吴兴区人民政府办公室关于公布2017年度全区工业企业“亩产效益”分类综合评价结果的通知》《吴兴区人民政府办公室关于吴兴区中医药事业发展三年行动计划（2018—2020年）的通知》。

9月：《吴兴区人民政府办公室关于印发吴兴区涉企证照由市场监管部门通办的实施方案（试行）的通知》《吴兴区人民政府办公室关于印发2018年吴兴区智能制造推进计划的通知》《吴兴区人民政府办公室关于印发吴兴区2018年“中国制造2025”试点示范建设年度推进计划的通知》《吴兴区人民政府办公室关于印发吴兴区2018年大气污染防治工作“蓝天杯”考核办法的通知》《吴兴区人民政府办公室关于开展2018年度行政执法案卷评查工作的通知》《吴兴区人民政府办公室关于印发吴兴区试点开展医养结合工作实施方案的通知》《吴兴区人民政府办公室关于印发吴兴区工程项目招标范围及限额标准调整方案的通知》《吴兴区人民政府办公室关于印发吴兴区限额以下工程交易操作办法的通知》《吴兴区人民政府办公室关于做好城乡居民基本养老保险费和城乡居民基本医疗保险费征管职责划转工作的通知》。

10月：《吴兴区人民政府办公室关于进一步推进吴兴区企业投资工业项目“标准地+承诺制”、“最多100天”改革的实施意见》《吴兴区人民政府办公室关于开展2018年度法治政府建设（依法行政）考核评价工作的通知》《吴兴区人民政府办公室关于建立吴兴区工程建设项目全流程全覆盖审批制度改革工作领导小组的通知》《吴兴区人民政府办公室关于开展全区重要经济事项规范性内审自查及整改工作的通知》《吴兴区人民政府办公室关于印发吴兴区美丽经济交通走廊建设方案的通知》《吴兴区人民政府办公室关于印发2018年吴兴区建设交通领域工地扬尘治理百日攻坚行动工作方案的通知》。

11月：《吴兴区人民政府办公室关于印发吴兴区“林长制”工作实施方案的通知》《关于印发吴兴区深化“亩均论英雄”改革加快工业低效企业整治提升三年行动计划（201—2020年）的通知》《吴兴区人民政府办公室关于建立吴兴区P2P网络借贷风险应对工作领导小组的通知》《关于开展亩均税收3万元以下重点工业低效企业整治帮扶提升的通知》《关于印发吴兴区高质量建设“四好农村路”助推乡村振兴战略三年行动实施方案》《吴兴区人民政府办公室关于印发吴兴区深化“散乱污”企业整治专项行动实施方案的通知》

12月：《吴兴区人民政府办公室关于印发〈吴兴区职业病防治规划（2018—2020年）〉的通知》《吴兴区人民政府办公室关于印发吴兴区对口帮扶青川县专项资金管理暂行办法的通知》。

（区府办供稿）

·政协湖州市吴兴区委员会·

【区政协全体会议】 2月1—4日，举行中国人民政治协商会议第三届湖州市吴兴区委员会第二次会议。听取和审议政协第三届湖州市吴兴区委员会常务委员会工作报告；听取和审议政协第三届湖州市吴兴区委员会常务委员会关于三届一次会议以来提案工作情况的报告；列席湖州市吴兴区第四届人民代表大会第二次会议；审议通过政协第三届湖州市吴兴区委员会第二次会议提案收集初审情况的报告；审议通过政协第三届湖州市吴兴区委员会第二次会议决议。审议通过主席潘华代表政协第三届湖州市吴兴区委员会常务委员会所作的工作报告；副主席束明德代表政协第三届湖州市吴兴区委员会常务委员会所作的提案工作情况报告。听取并讨论区长陈江所作的政府工作报告及其他报告。

【区政协常委会】 1月15日，区政协主席潘华召开区政协三届第四次常委会议。会议审议通过《关于召开中国人民政治协商会议第三届湖州市吴兴区委员会第二次会议的决定（草案）》；审议通过《中国人民政治协商会议第三届湖州市吴兴区委员会第二次会议议程（草案）》；审议通过《中国人民政治协商会议第三届湖州市吴兴区委员会第二次会议日程（草案）》；审议通过《中国人民政治协商会议第三届湖州市吴兴区委员会常务委员会工作报告（草案）》；审议通过《中国人民政治协商会议湖州市吴兴区第三届委员会常务委员会关于三届一次会议以来提案工作情况的报告（草案）》；审议通过区政协三届二次大会各类建议名单（草案）审议通过各类先进名单（草案）和有关人事事项。

9月19日，区政协主席潘华召开区政协三届第七次常委会议。会议听取区委办关于区委四届四次全委会报告（征求意见稿）起草情况的说明；

对三届二次提案办理进展情况作了通报。

10月22日，区政协主席潘华召开区政协三届第八次常委会议。会议通报吴兴区政协三届二次会议提案办理落实情况；评议2018年重点提案办理落实情况；审议通过区政协关于加强学习的通知；审议通过高新区、乡镇街道政协工作联络组负责人调整名单。

【调查研究和民主监督】 选择“全面深化农村综合改革 奋力推动乡村振兴走在前列的对策研究”重点调研课题，通过组织座谈、实地视察、外出学习、会议协商等形式开展调研，形成调研报告和《建议案》供党委政府决策参考，得到区委主要领导批示肯定。深化开放式“招标”调研活动，委员自主出题120个，领办结题71个，《关于加快发展吴兴体育产业的调研思考》等16篇调研报告被评为年度优秀报告，部分转化为大会发言和提案。巩固“20+9+2”民主监督体系，20个基层政协工作联络组分别组织高新区、乡镇（街道）辖区委员对“小城镇改造”“三改一拆”“五水共治”等重点工作开展跟踪监督。9名区政协领导班子成员带队对“中央环保督察信访件反馈问题整改”重点区域开展联动监督。组建两个派驻民主监督小组，围绕“小微企业创业园建设”和“水产养殖尾水处理”，由区政协两位副主席带队，分别进驻区发改委和农林局，开展重点提案督办，助推全区重点工作改进落实。

【协商民主】 在区委、区政府，区级部门，乡镇（街道）三个层面，紧贴党委政府重大决策部署和中心工作，聚焦改革创新、经济发展、项目建设、乡村振兴、民生改善、社会治理等重点工作，定期与委员面对面协商议政。全年就区委全委会报告、农村土地“三集中”改革、低丘缓坡项目规划管理等议题，分别开展3次“区委书记、区长与委员”面对面专题协商。围绕“区域农产品品牌建设”“农村污水长效治理”“纺织服装业转型发展”“民办幼儿园健康发展”“禁毒工作”等议题，组织专委会和界别，与区政府分管领导和相关部门开展了5次对口协商。围绕与基层发展、百姓民生密切相关的“美丽乡村、治水拆违、平安建设、垃圾分类”等议题，组织高新区、乡镇（街道）党委书记、镇长（主任）与辖区委员面对面一线协商52场次。通过“三长制”协商议政，实现协商民主在全区的多层次、宽领域、广覆盖。

【大会发言、提案和社情民意工作】 建立健全提案办理工作链，开展重点提案“四方协商+民主评议”活动，在常委会上对区发改委、科技局等13个部门提案办理情况逐个评议，促进提案转化落实。三届二次会议以来审查立案的88件提案，办复率及委员满意率均达100%。把反映社情民意贯穿于政协履职全过程，向各级党委政府反映社情民意信息78件，其中被省政协录用18件，市政协录用27件，《建议将湖羊作为“扶贫羊”“团结羊”在全国部分省区推广》等3件信息获得省级领导批示肯定。

（焦晨康）

【区政协重要文件目录索引】

2018年吴兴区政协重要文件一览表

表4-4

序号	文 号	文 件 标 题	发布日期
1	吴政协〔2018〕1号	关于通报2017年度优秀提案、优秀社情民意信息员和优秀开放式调研报告的决定	2018-01-18
2	吴政协〔2018〕3号	政协第三届湖州市吴兴区委员会关于增补、辞去委员的决定	2018-01-18
3	吴政协办〔2018〕5号	关于印发《2018年度高新区、乡镇街道政协工作考核实施意见》的通知	2018-03-12
4	吴政协办〔2018〕7号	关于印发《关于政协委员助推信访“最多跑一次”改革的指导意见》的通知	2018-03-12

续表4-4

序号	文号	文件标题	发布日期
5	吴政协〔2018〕4号	关于印发《吴兴区政协关于2018年度开展“争当排头兵 实干大比拼 岗位建功 为民建言”活动的实施意见》的通知	2018-03-14
6	吴政协〔2018〕5号	吴兴区政协关于2018年区政府工作报告的协商纪要	2018-03-14
7	吴政协党〔2018〕1号	关于印发《政协湖州市吴兴区委员会2018年工作要点》的通知	2018-03-14
8	吴政协办〔2018〕10号	关于印发《吴兴区政协关于创新机制完善开放式“招标”调研活动方案》的通知	2018-03-16
9	吴政协办〔2018〕11号	关于印发《2018年度高新区、乡镇（街道）书记、乡镇长（主任）与委员面对面协商计划表》的通知	2018-03-23
10	吴政协办〔2018〕13号	关于印发《吴兴区政协关于贯彻落实省、市政协开展“城乡生活垃圾分类处理”三级政协联动专项集体民主监督的实施方案》的通知	2018-04-24
11	吴政协〔2018〕6号	报送《关于深化农村土地“三集中”改革推动乡村振兴走在前列的建议案》的函	2018-06-26
12	吴政协办〔2018〕15号	关于吴兴区学校垃圾分类处理情况的专项视察报告	2018-07-06
13	吴政协办〔2018〕22号	关于印发《关于开展2018年以送科技、教育、文化、卫生、法律、体育“六送下乡”为主要内容的区政协委员“走进基层、走进群众”为民服务活动的实施方案》的通知	2018-09-28
14	吴政协〔2018〕7号	区政协关于加强学习的决定	2018-11-22
15	吴政协办〔2018〕29号	关于印发《关于落实提案预审制度的实施意见》的通知	2018-11-27

·民主党派·

【综述】吴兴区有民革、民盟、民建、民进、农工党、九三学社6个民主党派，党派成员371名。作为参政党，本着“长期共存、互相监督、肝胆相照、荣辱与共”的原则，通过两会平台及“金点子”等形式积极参政议政，深入基层调研，为经济社会发展建言献策；认真履行社会责任，着力提高服务社会能力。工商联作为中国工商界组成的人民团体和民间商会，是中国共产党和政府联系非公有制经济人士的桥梁和纽带，是政府管理非公有制经济的助手。坚持围绕中心工作，加强同心引领，依靠自身优势，广泛利用资源，积极为非公有制企业发展提供服务，为招商引资牵线搭桥；鼓励引导非公有制经济代表人士利用两会平台，发挥优势特长，结合企业经营经验，参政议政，为区委、区政府决策提供有力的参考。

【民革吴兴区基层委】坚定政治信念。深入学习贯彻中共十九大，中共十九届二中、三中全会精神，把思想和行动统一到中共十九大精神和确定的各项任务上来。加强组织建设。严格按照组织发展程序，2018年发展新党员4人。积极参政议政。于利英的2篇建议分别被省政协、省委统战部录用；郑玮的1篇调研报告被民革省委会录用，1篇金点子获项乐民副市长批示；郑玮、王建荣合作的1篇建议被市统战部《金点子》专刊录用；冯坚的1篇建议被市政协录用；支部全体党员上报社情民意、参政议政稿子共22篇，积极反映社情民意。拓展社会服务。组织“心的温暖、爱的传递，民革党员送教入山区，大手牵小手”活动；王建荣运用珀莱雅慈善基金向埭溪上强小学捐赠格力空调40台；冯坚组织公司员工与武义县洪坦乡学校贫困学生结对帮扶，每年

组织公司中共党员和爱心人士到武义县洪坦乡开展学前慰问，并捐赠学习用品，帮助学生交纳伙食费，资助生活费；苏加向多次带领医务工作者下乡义诊，为老人免费做身体检查、普及骨病知识；吴苗、曹国明、苏向加等在重阳节慰问福利院老人；张光亮为月河街道居民开展法律知识讲座；陈翔参加市政协组织的“城乡生活垃圾分类处理”专项民主监督，参加湖州晚报组织的下基层、进社区义诊活动2次，参加街道、社区组织的义诊咨询、健康讲座活动3次，医院组织的进社区居家照料中心义诊咨询活动1次，进学校口腔健康讲座1次，进社区便民义诊咨询活动2次。

【民盟吴兴区基层委】固本强基，着力提升盟员整体素质。围绕中共十九大精神、“五一口号”发布70周年、改革开放40周年等内容，组织盟员以集中学习、专题研讨、撰写心得等形式开展主题教育活动。举办“不忘合作初心，继续携手前进”主题暑期读书会；组织盟员参加“见证•初心”经典朗读主题教育活动；多次赴“浙江民盟盟史馆”“费孝通江村纪念馆”“宋锦文化园”“苏步青励志教育馆”等民盟爱国主义教育基地、传统文化教育基地进行学习。围绕中心，积极履行参政议政职能。高度重视提案议案、社情民意和金点子信息的撰写报送，共提交课题调研报告26篇，其中，《关于加快发展吴兴体育产业的调研思考》《关于助推我区科技型中小企业持续创新的对策建议》等6篇调研报告，获区政协2018年优秀开放式调研报告；《关于基层征地拆迁的现状分析和建议》《关于推进移风易俗 建设文明乡风的建议》等7篇调研报告被省委会采用；《合理引导 规范管理 促进科技型中小企业健康发展》等2篇调研报告被市委办采用。心系民生，社会服务亮点纷呈。联合开展“支持双禁，金狗迎新送福”宣传服务活动、“行动起来，减轻身边的灾害风险”为题社区防震减灾社会宣教活动、“大学生人才新政宣讲”活动、安全生产广场宣传和消防安全知识讲座。全年共开展“公益讲堂”活动15次，“烛光行动”4次。为结对学校织里蓝天小学捐款近7000元，捐赠“‘六一’爱心早餐”600份，赠送课外书籍500余册，学习用品370份，并为每个班级建立流动阅览室。9月，启动城南实验学校农村教育烛光行动，每周三为城南实验学校训练“蒲公英”少年足球队。守土尽责，致力展现民盟新面貌。托龙泉街道佳园社区资源，发挥党派工作室桥梁作用，多次召开“面对面”政治协商座谈会。依托吴兴区民主党派活动中心公共资源，成立“盟员之家”，为盟员履职尽责创造良好环境，提供便利环境，提供活动交流、教育培训和展示宣传的平台。

【民建吴兴区基层委】注重学习提升，不断增强素养。深入学习贯彻中共十九大，中共十九届二中、三中全会精神，加强政治引领。每支部全年组织开展集中学习不少于3次，会员围绕纪念“五一口号”发布70周年撰写体会文章20余篇，其中凤凰支部姚笑一的作品《铭记初心 继往开来》获得浙江省委会纪念中共中央发布“五一口号”70周年征文活动优秀作品奖。开展“走出去、迎进来”学习交流活动，组织会员赴金华参观施复亮故居，并与金华金东区基层委加强交流探讨。积极参政议政，出谋划策展智慧。累计报送各类稿件43篇，半数以上信息被省、市委会录用，李元提出的《有效整合滨湖资源 推动滨湖旅游经济发展》被“金点子”专刊录用，并得到市委书记马晓晖批示；陈小芬撰写的《关于湖州市尽快设立智慧公交移动支付的建议》获得市长钱三雄批示；朱万里撰写的《关于整合资源进一步完善湖州城市服务APP一体化管理的建议》被《微点子》专刊采用。张丽英、袁丽华一起撰写的《关于在交通事故重新调查、认定程序中设置回避的建议》被省政协录用。紧紧围绕区委、区政府中心工作和经济社会发展的重大战略部署和热点难点问题，选好课题深入研究。各支部分别形成《科学发展居家养老，破解养老难题》《关于农村宅基地三权分置改革的调研报告》等调研报告，其中《打造知名区域品牌 助推农业转型升级——关于吴兴区域农产品品牌打造的调研与思考》被列为吴兴区重点建议，得到有关部门的高度重视并落实，共注册“吴上兴鲜”区域品牌。《关于加强农村中小金融机构“绿动力”发展建议——以吴兴农商银行发展绿色金融为例》等3篇获得吴兴区政协优秀调研报告。勇担社会责任，同心助力促发展。会员俞忠力将公司推进智慧环保、绿色发展的同时，个人作为民建市委会的治水专家积极投入治水攻坚战，进行五水共治大讲堂10多次，免费测水样100多次，并成立“大鱼公益”参与五水共治，推进全民河长制；会员许见明紧跟热点时事，为社区居民作《宪法修正案》及《物权法》专题讲座；在潘水琴、陈晓静等会员的鼎力支持下，2018年民建吴兴区基层委4支部累计捐款捐物达21万余元，帮助困难家庭，资助困境大学生，助力“微河长”等活动；积极开展为居民送服务活动，如袁丽华事务所免费为群众提供法律咨询和援助41次，谈卢霞组织幼儿园工作人员赴福利院照看幼儿，严晓伟开展公益英语角活动52次。

【民进吴兴区基层委】积极参政议政。两会委员代表积极参政有成绩，任晓瑛《以朗读者为风向标，引领市民多阅读》、叶枫《推动全民阅读，建设书香吴兴——关于吴兴区建立“城市书房”的几点建议》、陈丽萍《文明城市创建成果巩固》获得区政协重点提案。社情民意参与有激情，任晓瑛《重视心理健康教育，关爱青少年生命的建议》、叶枫《关于建立“城市书房”的几点建议》被市级以上录用。李乐宁《关于提升城市生活垃圾分类处置和资源化利用水平的建议》荣获市委统战部金点子奖。加强社会服务。全体会员热心慈爱事业，每年每人100元的助学资金按时提交。“三八”国际妇女节，全体会员参加安吉“爱满民进 情暖心之梦”活动，活动期间每位会员每人捐送一个价值60元的加热饭盒，陈红杰出资5000元用于购买残疾人的按摩椅；副主委钱雄杰带领医卫支部会员经常前往吴兴区道场乡社会福利中心开展志愿活动，看望慰问老人，免费为老人们测量血压、血糖，进行健康体检；为社区居民开展健康咨询和义诊2次，健康讲座2次；同时积极响应省政府《关于推进“双下沉、两提升”长效机制建设的实施意见》，支援基层卫生院，方便百姓就医，努力为吴兴区西南部百姓提供优质、便捷的医疗服务；组织艺术家会员走进墙壕里社区，开展送春联送福字活动；董萍对墙壕里社区居民进行关于廉政剪纸与元宵剪纸辅导活动；与联系街道达成共识，针对“垃圾分类工作”进行民主监督活动；叶枫积极参与社区禁摩宣传活动；张舟参加文明城市志愿者服务活动、反假币金融知识进社区宣传活动，积极参与绿色金融志愿者服务、普惠金融工程志愿者服务活动、爱心公益活动。加强组织建设。基层委将原来的综合支部分成两个支部，将跟经济有关的会员组成一个支部，即恢复原先的科技经济支部，由后备干部谈黎伟担任主委，“90后”新会员张舟担任副主委。剩下人员留在综合支部，新的综合支部主委由后备干部叶枫担任，新会员周乒担任副主委。医卫支部主委也由陈丽萍担任。

【农工党吴兴区基层委】以理论学习为核心，不断夯实思想基础。把学习贯彻中共十九大精神与加强自身建设的实践结合起来，深刻领会十九大的主题，全面加强自身建设，切实履行参政党职能。开展习近平总书记关于加强和改进人民政协工作重要思想的专题理论学习，号召全体党员认真学习习近平总书记系列讲话精神。开展“五一口号”发布70周年和“不忘合作初心，继续携手前进”专题教育活动和主题征文活动，深入推进坚持和发展中国特色社会主义学习实践活动，并组织党员赴嘉兴开展党史和爱国主义教育。以换届选举为契机，不断加强组织建设。农工党吴兴区第四次代表大会于10月20日胜利召开，根据市委会的批准，农工党吴兴区总支更名为农工党吴兴区基层委员会。会议听取和审议农工党吴兴区第三届总支委员会工作报告，选举产生了农工党吴兴区基层委员会第一届委员，教育、文卫第二届支部委员会委员，综合第四届支部委员会委员。以参政议政为己任，不断提升政治履职能力。多名党员就“五水共治”“三改一拆”“生活垃圾分类处理”“渔业养殖尾水治理”“社区精细化管理”等工作开展民主监督活动。动员担任人大代表、政协委员的党员以随查、随拍、随记、随传的形式，对工作、生活所在区域内各类水体、垃圾分类等进行监督，将发现的问题和意见建议及时报送相关部门。围绕当前党委政府中心工作和社会民生关注热点，组织党员通过外出学习、召开座谈会、上门走访等形式开展课题调研，积极参加区政协有关乡村振兴课题调研活动，提交《发展壮大村集体经济 互推乡村全面振兴》、《深化区域健康服务 助推乡村振兴战略》《关于加强吴兴区基层社会治理的调研报告》《关于保险业的调查报告》《关于支付的调研报告》等调研报告，其中《发展壮大村集体经济 互推乡村全面振兴》被省委会评为优秀成果二等奖。以健康中国、美丽中国为主线，不断提升服务社会的能力。春节前夕，参加市委会组织的到后沈埠村送医疗、送文化下村活动，总支与5名困难群众进行长期结对，开展帮困救扶活动；组织党员到东林镇保

健村看望失孤儿童；在元旦、春节期间组织党员干部参加烟花爆竹“双禁”、抗击冰雪灾害等活动100余人次；组织党员定期到社区开展义诊活动；司法界别的党员经常送法律下企业、下乡村，4月28日，在爱山广场开展了新修订的宪法普法宣传活动；广大教师党员积极参与志愿者活动，为困难学生开展专题辅导等义教活动；党员蒋晓锋作为乡村振兴方面的专家，多次参与省委会组织的对口援建阿坝州活动，并赴大方县培训授课；积极组织党员参加市、区政协“六下乡”活动。全年累计开展社会服务70余次，服务群众上万余人次，为困难群众捐款1万余元。

【九三学社吴兴区基层委】组织升级换届，夯实队伍基础。2018年12月21日，召开九三学社湖州市吴兴区基层委成立大会，选举产生以郑晓玲为主委的第一届区基层委和下属支社班子成员，一批年轻、学历高、能力强的“80后”新鲜血液补充进了新一届班子，尤其注重为工作关系在吴兴区的年轻干部成长铺台阶、搭舞台。全年共吸收发展了朱云峰、钱则人、艾小顺等3位年轻社员，队伍的平均年龄、学历和职称等得到进一步优化，为基层委在人才储备、队伍发展等方面的后续可持续发展夯实了基础。重视思想建设，提升社员素质。始终把思想政治工作作为自身建设的基础性工程来抓，注重通过培训、会议等方式对社员开展政治学习与思想教育，深入学习中共十九大精神，深刻领会习近平新时代中国特色社会主义思想，牢固树立“四个意识”，坚定“四个自信”，提高政治站位和政治觉悟，始终在思想上政治上行动上同以习近平同志为核心的中共中央保持高度一致，坚定接受中国共产党领导的自觉性和长期合作共事的信念。着力参政议政，反映社情民意。2018年全年，共提交建议信息40篇，取得丰硕的成果：社中央录用3篇、社省委录用7篇、市政协录用5篇。社员毕京博关于农药兽药源头管控的建议信息被省政协录用并被省政协副主席批示；社员杨海威关于避免形式主义“最多跑一次”的建议信息分别被市委书记马晓晖和市长钱三雄批示；社员张成春的3篇建议信息被社中央录用。

（方佳琪）

第五篇 群众团体

·工 会·

【概况】 吴兴区总工会共有基层工会1054家（其中独立基层工会859家、联合基层工会195家），会员20.99万人。全区各级工会在区委和上级工会的正确领导下，以中共十九大精神为指引，深入贯彻落实习近平新时代中国特色社会主义思想和中共十九届三中全会精神，紧紧围绕吴兴高质量赶超发展，在全市践行“两山”理念新征程中争当排头兵的奋斗目标，紧扣工会改革、创新创业、维权维稳、自身建设四大主题，扎实推进各项工作。

【三届九次全委（扩大）会议】 3月17日，吴兴区总工会三届九次全委（扩大）会议在区行政会议中心召开。区委副书记、区委政法委书记石一婷出席会议并作讲话，区人大常委会副主任、区总工会主席汤益培，区委常委、宣传部部长陈建良，区总工会全体班子成员出席会议。书记石一婷对2017年区总工会工作表示充分肯定，认为区各级工会组织和工会干部深入践行“四新”主题实践活动，服务中心、围绕大局、履职尽责，各项工作都取得了新的进展，她对做好新一年工会工作提出了具体要求：首先是凝聚发展合力。全区各级工会组织要充分调动广大职工立足岗位建功立业的主动性和创造性，更好地服务全区发展。一是要持续深化劳动竞赛，二是要大力弘扬“三种”具体精神（劳动精神、劳模精神和工匠精神），三是要主动助力中心工作。其次是集聚服务效力。全区各级工会组织不断提升广大职工群众的获得感、幸福感、安全感。一是要切实保障职工合法权益，二是要精准帮扶困难职工，三是要促进职工全面发展。再是汇聚改革动力。广大工会干部要以“靠前站，舍我其谁；马上办，时不我待；讲实效，群众满意”的思想自觉和行动自觉，在持续深化改革中勇立潮头，担当奋进。区总工会党组书记、常务副主席慎小红，区总工会党组成员、经审会主任洪缨莉分别作工会工作报告和经审工作报告，全面回顾总结了2017年取得的成绩，对2018年工作提出部署。会议对2017年度先进集体和先进个人进行了表彰。区总工会三届委员会委员、经审会委员和高新区、各乡镇街道党委分管副书记，工会干部、重点企业、村（社区）、学校工会主席等150余人参加会议。

【纵深推进工会改革】 强化工会改革任务落地。完成区总内设机构调整，分设组宣、经技部，增设经审办，考录3人，选调1人，上挂1人，下派1人，调整3人，选配的挂职副主席全职参与班子分工。推进“231330”职工活动阵地建设，出台《吴兴区职工活动阵地建设补助办法》，区文体中心350平方米的工会展厅完成主体框架设计，织里童装产业园、八里店章家埭村等4个区域职工活动阵地，及德马、新凤鸣等5家企业职工活动中心全面建成。实施5个工会改革配套方案，创新“一库两微三网”的“网上工会”管理运作模式，完成714家基层工会组织和4.8万多名工会会员的实名制登记，全市网上入会现场会在吴兴区召开；建立工会重点工作清单制度，明确区、乡镇街道、基层三级工会重点工作清单；按照“年初领任务、年终评实绩”的考核方式，为11名乡镇总工会兼职副主席发放工作补贴7.92万元；按照“等级赋分、累计积分、凭分奖励”的原则，为47家示范型、117家达标型企业工会主席分别发放“1+X履职绩效积分”

补贴 19.7568 万元、13.746 万元；建立区总机关干部基层联系点制度，每名领导班子成员定点联系 2~3 个乡镇（街道）总工会、2 个非公有制经济组织（社会组织）工会、2 个重点建设项目；每名机关干部定点联系 1 个非公有制经济组织工会和 1 名困难职工群众，全年对 32 个联系点和 9 名联系困难职工走访调研 80 多人次。以全市工会组建专项行动为契机，对全区 319 家规上企业和 281 家 25 人以上企业进行集中梳理排查，指导督促 69 家应建未建会企业依法建会；以“职代会”预审备案制度建设为契机，推行会前预审、会中监督、会后备案的“三步”工作法，推动 36 家企业开展职代会预审备案工作，培育典型企业 23 家，评选区级先进企业 5 家。指导基层群团改革试点。牢牢把握“建设要融入党群共建大格局、改革要注重助推党政大中心”的目标定位，把工会的组织建设、队伍建设纳入党建同步考虑，工会的服务阵地、活动阵地纳入党建共建共享，工会的工作机制、运作模式纳入党建共商共赢，并纳入党建考核比拼的内容。织里镇坚持“小城市、强基层、全覆盖”形成全面完善的群团组织体系，依托二级街道基层管理架构，建立“镇—街道办事处—村（社区）”三级基层群团的“1+6+N”组织模式。《织里镇总工会创新“小三级”工会网络》在《全总网络舆情日报》刊登。八里店镇适应“城市化”转型期的变化，着力打造“1+2+N”党群服务阵地体系，整合现有党建活动中心、职工之家、青年之家、妇女之家、科普活动室等平台，打造镇党群服务中心、南北片区 2 个区域党群服务站以及 N 个村、企业及“两新”领域党群服务点；埭溪镇根据美妆小镇“产业园 + 孵化器 + 零散企业”的发展实际，构建“美妆小镇 + 孵化器 + 企业”的群团组织架构；爱山街道探索创新爱山商圈、东吴国际等商务楼宇群团组织形式，并同步规划建设城市党建综合体、湖州文化创意产业园和东吴国际党群活动中心等阵地建设，着力打造一批可学可看的吴兴特色亮点工作。《织里镇“三提三力”扎实推进群团改革》编入浙江省群团改革典型经验汇编。扬长工会改革特色亮点。始终突出改革的成效要体现在“服务党委、服务职工”这个点上不放松，结合 4 个试点单位的工作实际，一对一地指导乡镇建立载体多样、特色多元的工作举措，打造品牌化的特色亮点。织里镇针对党委政府城市管理和社会治理难的问题导向，探索实施街区路段工会助推城市“精细化”管理的立功竞赛活动，将“1+6+N”的工会组织下延到 58 个路段联合工会 1090 个工会小组，推行工会路长制，紧抓环境卫生、三乱治理、违建管控等 10 个关键问题的督查整治，通过“一周一评比”“一月一评定”“一路一宣传”多元化参赛考核体系，共开展城市精细化宣讲 11 场次、安全生产监管培训 2 万余人，拆除违建 68.36 万平方米，纠正占道经营 12669 起，实现工会工作的触角从服务经济发展向协同社会治理延伸。《织里镇探索路段工会实体化运作全面助推城市精细化管理》在《全总网络舆情日报》刊登。推进“两新”领域联合工会建设，探索创新“网格型、孵化型、吸纳型、共享型”四种组建模式，依托各方资源创设各具特色的工作载体，研究出台《保障和支持职合工会建设的暂行办法》，将联合工会建设的重点从村社区管理层面，转向产业园区、特色小镇、创业平台、商务楼宇等新领域，推动联合工会在“建起来、转起来”的基础上“活起来、强起来”。新建联合工会 8 家，其中，众创空间 2 家、商务楼宇 2 家、产业园区 1 家。

【推进创新创业】 劳模先进示范引领。新增全国、省五一劳动奖章各 1 个、市五一劳动奖章 2 个、市五一劳动奖状 1 个，金洲集团陈云明作为湖州唯一代表赴京受奖；新增省工人先锋号 1 个、市工人先锋号 2 个；推荐 5 人参加 2018 年南太湖工匠评选活动；评出 10 个区级“最美班组”、10 名区级“最美工人”，推荐 2 个班组参加市级“最美班组”评选活动；培育 1 个省级劳模工匠创新工作室、2 个市级劳模工匠创新工作室，1 名省工匠、4 名南太湖工匠均创建工作室，各工作室在技能带徒、技术帮扶、职工培训上积极发挥作用。成立劳模协会，组建劳模工匠志愿服务队，完成劳模协会网上注册、会员发展、召开成立大会、选举协会理事等系列工作，努力开创劳模工作新局面。修订完善劳模休养实施办法，推动劳模休养工作制度化、组织规范化、服务精细化。加强劳模管理工作，新增 2 名省劳模，完善确认 23 名省劳模信息，走访慰问 40 名劳模，组织 42 名劳模疗休养、10 名劳模健康体检、10 名女劳模参加“美丽湖州行”活动，协调落实 2 名原二轻机械厂劳模的退休待遇。深化劳模“三进”服务活动，组织劳模进企业7次、进社区7次、进学校3次。各类先进典型在区级以上媒体报道共计82篇，其中《没有最好、只有更好——记全国五一劳动奖章获得者、金洲集团有限公司机械车间主任陈云明》在全总《现代企业文化》杂志社出版的《时代的领跑者》专刊刊登；《用三心守护村民健康》《倾情一生，做纯粹的幼教人》等8篇在《浙江工人日报》刊登。劳动竞赛比学赶超。紧盯美妆小镇作为省级特色小镇立功竞赛参赛单位为契机，组织开展重点建设项目类、职工技能提升类、企业和谐发展类等竞赛活动，推动美妆小镇立功竞赛全面化、系统化、特色化。美妆小镇作为湖州唯一代表，在省级特色小镇创建立功竞赛推进会、市级立功竞赛大会上作经验交流。抓住原乡小镇作为市级特色小镇立功竞赛参赛单位为契机，制订原乡小镇立功竞赛工作方案，组织在建工程类、旅游服务类、乡村特色类等立功竞赛活动。紧盯重点工程、重大平台建设和绿色智能制造产业发展，评选2017年度重点项目立功竞赛先进集体、先进个人各6个，抓好2018年重点工程立功竞赛参赛项目60个。以产业、职工需求为导向设置培训课程，采取“企业自主申报、委托送训进企”的方式，全年完成高技能人才班1期、班组长班5期、一线职工班157期，1.53万余名职工参加培训，约3200余人技能得到晋级。培育5个职工职业技能培训基地示范点，培训职工3000余人。实行“1+1+1”职工技能比武机制，采取“企业选拔—乡镇街道初赛—区级决赛”的方式组织大赛。区级层面，举办“陆羽杯”茶艺师职业技能大赛、危化品岗位标兵技能比武， 49位选手参加，16位获奖，27位技能得到晋级；举办第三届吴兴区职工职业技能大赛，组织钳工、焊工、电工等8个工种大赛，并承办铣工、车工等2个市二级技能大赛，8个工种一等奖选手被授予吴兴区“首席技师”荣誉称号。乡镇街道层面，组织26场职工技能比武，企业层面，组织47场职工技能比武，约1000人参加。在全国、省、市各类职业技能大赛中斩获佳绩，2名选手参加全国职业技能大赛，1人获三等奖；10位职工参加省级职工职业技能大赛，1人获一等奖，1人获二等奖，3人获三等奖，其中1人将被授予“浙江省金蓝领”称号；送11位职工，参加市级职工职业技能大赛，7人获奖。大众创业方兴未艾。新增2个市级职工创新创业基地、2个市级乡村振兴劳模创业基地；建立13个职工创新创业服务中心；培育22个创新驿站（创新班组），择优推荐3个争创市级职工创新驿站。组建15个职工创新创业导师团，结对15家对口企业，帮带227名一线职工，攻克32个技术难题，提供20次咨询活动；培育13名职工创客，择优推荐2人争创市级职工创客。组织职工创新成果（建议）评选活动，共收到49项（专利3项、建议37项、五小项目9项），评出12项优秀成果奖。开展职工创新创业专项资金申贷情况摸底工作，申报项目1个，申请贷款15万元。

【推进维权维稳】源头参与政策制定。履行区委人才工作领导小组成员单位职责，在大学生就业创业、技能人才培养等相关政策的制订过程中，行使工会组织的建议权、发言权。加强与市区有关政府职能部门的对接联系，协调推动技能人才培养和奖励工作，按照“就高不就低”的原则，为不符合《湖州市企业职工职业技能提升补贴实施办法》规定的232名技能人才（其中技师37名、高级工190名、中级工5名）技能人才，按《吴兴区技能人才培养奖励办法》进行申报审核，发放晋级奖励补贴26.65万元。以装备制造业企业职工为主体，开展职工素质调研，发放调查问卷2814份，完成《吴兴区产业工人队伍建设》调研报告，为加强队伍建设提供决策参考。贯彻落实大学生招才引智行动计划，做实关爱大学生“八个一”（围绕帮扶外来大学生安居乐业、创新创业，组织开展以思想引导、文化融入、政策咨询、创业扶持、法律服务、师徒结对、联谊交友、心理健康为主要内容的“八个一”活动）工作，积极参与2018“才聚吴兴”高校毕业生就业创业政策推介会暨深化政校合作签约仪式、本地高校对接吴兴区企业实习实训工作，协同开展人力资源交流大会、外出高校人才推介等活动，全年招引大学生及各类人才到吴兴就业创业14372人，其中毕业5年内大学生523人，本地生源8104人，十二大重点产业就业1419人，自主创业大学生1717人。发展和谐劳动关系。推行乡镇职情信息例会制度、工会主席接待日等工作制度，组建区工会志愿者律师服务队，选聘19名工会志愿者律师在区总、乡镇街道总工会开展法律咨询、争议调处和法律援助工作，把职情信息

工作与工资集体协商、劳动法律监督、和谐劳动企业创建等工作结合起来。共妥善处置劳动争议1323件，涉及企业1122家、职工2513人次，涉及资金2253.178万元。在所有劳动争议案件中，涉及工资的1153件，涉及工伤赔偿的70件，涉及劳动合同的61件，涉及社会保险的39件。区总服务中心窗口共妥善处置案件139件，涉及职工202人，涉及资金75.35万元；代写法律文书37份。开展工资集体协商“百日要约”行动，下发《关于开展2018年工资集体协商“要约行动”的通知》，对全区建会企业开展工资集体协商指导，培育工资集体协商示范点36家，推荐2家企业和1家园区申报省级劳动关系和谐企业、和谐园区，9家企业申报区级和谐劳动企业。开展“无欠薪”工作专项监督，联合区人社局走访建筑企业29家，发现“未落实人工费与工程款分账管理、未实行银行代发工资、未按月足额支付工资、用工实名管理不规范、劳动合同签订不规范、施工现场维权处公开不规范”等问题174个，限期企业整改到位。深化工会普惠服务。“两节”期间走访慰问困难职工112户帮扶资金20.83万元，其中生活救助15.62万元、医疗救助5.21万元。开展金秋助学，为8名困难职工子女送去助学金2.4万元，3名国家级困难职工子女将按标准发放。继续推进在职职工医疗互助，42857人参加，为1562人次提供医疗互助金168.22万元，大病报销37人次12.91万元。在区总工会、13个乡镇街道总工会同步开通医疗互助咨询热线，为职工解答申报过程中遇到的问题。全面规范推进职工疗休养，联合相关部门出台《关于调整职工疗休养政策的通知》，召开职工跨省疗休养推介会议，拓展青川等3条对口支援地区疗休养线路，89批次2573人次参加疗休养，其中省外疗休养6批次171人；专项奖励湖州本地行疗休养14批10.43万元。举办区“安全生产月”宣传咨询日活动启动暨“最美安全卫士”颁奖仪式、开展《湖州市电梯使用安全条例》宣传活动、组织安全知识培训近100场、参加安全知识竞答5000余人、征集安全生产合理化建议37条、收到安全宣传摄影作品20余幅，“安康杯”竞赛企业参与率达85%。高温慰问企业和工地178个、职工9194人，慰问金额61.71万元。举办关爱“小候鸟”活动41期，1267人参加；组织青年交友联谊会6场，276人参加；新建“妈咪暖心小屋”5家；开展“温暖回家路，携子共阅读”春运公益期刊赠阅活动，发放各类公益期刊5000余册。

【推进自身建设】 强化政治引领。遵循全面政治体检的高标准，按照“以巡明责、以巡严纪、以巡促干、以巡促改”的要求，针对区委巡察组反馈的3个方面9个问题以及5个方面的意见建议，提出整改问题清单、任务清单和责任清单，形成整改任务书、路线图、时间表，以从严治党的政治自觉推动巡察意见整改到位，以巡察整改的实效推动建章立制、深化工会改革。争做践行中共十九大精神的模范生，利用网站、微信、QQ、内部报刊、橱窗板报等媒体，开展全方位的宣传活动，引导企业职工把学习重点放在贯彻中共十九大的生动实践上。开展“不忘初心跟党走、牢记使命当先锋”大学习大讨论活动，共开展专题宣传39次。争当吴兴高质量赶超发展的排头兵，领办“聚焦产业工人队伍建设，激发职工创新创业活力；完善帮扶体系，保障职工生活；创新区域工建模式，扩大基层工会组织覆盖”三个“破难题、办实事、树标杆”具体事项，以及探索工会组建新机制等全面深化改革重点项目，努力打造具有不可复制的吴兴特色经验。强化舆论导向。丰富工会宣传渠道，探索“吴兴工运”微信公众号、“吴兴工会”官方微博运营管理新模式，发布微信信息195期、微博信息3256条，实现工会工作、重要政策、重点信息的实时更新发布。丰富舆情信息来源，依托基层工会组织广泛搜集社情民意，积极总结基层工会工作中的新经验、好做法，完成区委、市总约稿33篇，发布吴兴工会信息12期，上报经验类信息28篇，其中《区总工会探索工会组织考核三大机制》在《全总网络舆情日报》刊登。围绕“践行‘两山’理念为美丽湖州立新功”主题，组织“绿色环保情，工会志愿行”主题系列活动18场；组织开展技术帮扶、安全巡查、法律咨询、心理辅导、垃圾分类等志愿服务活动100场以上；600余人次排查6091家单位安全生产情况，发现隐患872处，整改793处。丰富职工文化生活，开展“唱响劳动者之歌”进村入企活动13场，选送6支队伍参加“唱响新时代”市“五一”歌会、省职工合唱大赛、市职工演讲比赛等，争创全国级职工书屋1家、省级4家、市级8家，培育职工文化自组织200个。强化财务经审。开展全区基层工会经费财务专项检查，29家基层工会组织已完成自查互查。确保2018年工会经费收缴任务按时完成。扎实推进全区工会“云财务”平台建设，共有406家基层工会（包括教育工会下属各基层学校工会）注册开通工会“云财务”系统，311余家基层工会登录该系统，进行凭证录入、审核。抓好本级预算执行审计，对区总本级、高新区和各乡镇街道总工会、区教育工会2017年度工会经费决算及预算执行情况进行审计，提出审计意见建议37条。开展对环渚、月河、朝阳、爱山、飞英、龙泉等6个街道总工会2017年度财务收支情况的审计，提出审计意见建议32条。择优引入社会审计监督，出台《2018年吴兴区总工会社会化审计方案》，委托湖州恒生会计师事务审计所对高新区、织里等6个乡镇总工会及其机关工会2017年度经费收支及预算执行情况进行社会化审计，共提出意见建议42条，审计意见书抄送所在单位党委，逾期未整改或整改不到位的将以书面形式抄送区纪委（监委）、区委组织部。推进基层工会经费职工会员监督机制试点，出台《关于开展基层工会经费职工会员监督机制试点工作的通知》，召开全区基层工会经费职工会员监督机制试点工作推进会，185家企业完成试点工作，共发放调查问卷15487份，收到经费使用合理化建议7012条（次），实现试点乡镇所有规上企业、全区所有乡镇街道“两个全覆盖”目标。深化全区工会跨区域联合审计工作，在织里、八里店、道场、埭溪举办4场跨区域联审现场会，对140家基层工会2017年度经费收支和工会经费计拨上缴情况进行联合审计。

（冯虹雅）

·共青团·

【概况】团区委内设办公室、工农学少部、青少年事务部3个职能科室，行政编制3名，领导职数：书记1名，副书记2名。团区委下设事业单位吴兴区青少年活动中心（青少年宫）1个，为正股级事业单位，核定编制3人。2018年，团区委在区委、区政府的正确领导下，按照“四新”主题实践要求，根据区委“找载体更当主体”的工作要求，以深化群团改革为契机，靠前站、马上办、讲实效，奋发有为，积极作为，积极组织全国青年文明号“检察院公诉科”、省级青年文明号“吴兴区国家税务局办税服务厅”等各级青年文明号15个，其中，区检察院公诉科助推工作被编入全省“青年文明号”助推最多跑一次优秀案例，并获浙江新闻等省级以上媒体报道。2018年以来新华网、浙江新闻、湖州日报等区及区级以上媒体累计报道35次。在团市委网站累计发布信息123篇，团省委网站累计发布信息61篇。近日动态录用3篇，社情民意约稿录用4篇，观点摘编录用3篇。团中央书记处书记等市级以上领导调研3人次，区领导批示工作1次，在市以上大会作交流发言1次。

【加强思想体系建设】一是深入推进主题教育。广泛开展“青年大学习”活动，多层次、多形式组织全区青少年深入学习习近平新时代中国特色社会主义思想，累计召开座谈会21场，邀请讲习团专家等下基层宣讲15场次，覆盖青少年1200人。集中开展“青年大学习”线上、线下知识竞赛，发动团员青年3400余名，参与率达58%，团体获全市党团知识竞赛二等奖。分层分类开展团的十八大精神学习活动，组织各领域青少年深入学习团的十八大报告、习近平7.2讲话精神等，累计开展活动180场，覆盖青少年1.5万人次。不断创新形式，开展“我与改革开放共成长”“红领巾相约中国梦”等主题教育活动15场，有效引导青少年听党话、跟党走。二是创新打造交流平台。以“青听”（一个反映青年呼声、回应青年诉求、维护青年权益、服务青年成长为宗旨，搭建共青团与青年之间桥梁的网络平台）为载体，一方面以网络圆梦人的形式在网上分享各位青年领袖的圆梦历程；另一方面依托线下“青年之家”，以TED模式分享青年带头人关于工作、生活、梦想的思考和探索，2018年以来累计开展“青听”活动12场次。同时，在继续做好“团聚吴兴”微信公众平台的基础上，开通吴兴共青团“抖音”账号，发布热点信息4条。三是选树新时代典型人物。以区第五次团代会召开为契机，在全区开展寻找“时代新人”改革开放青年先锋活动，选树20名“时代新人”，并通过报纸、网络等渠道广泛宣传他们的先进事迹，激励和号

召广大青年学习先进、奋力进取。联合区委宣传部、区教育局开展“新时代好少年”评选，经过层层选拔，共选出45名可亲、可信、可学的未成年人道德典型。

【助推青年创业就业】一是鼓励青年创业创新。积极组织参加由团省委、省人力社保厅等单位共同举办的浙江省创青春“创新创业”大赛，共22个项目参赛，荣获金奖1个、银奖2个、铜奖1个，获奖数位列全省第一，其中“基于基因改良水生植被的水体修复技术”项目作为浙江省参赛代表被选送参加全国总决赛，并获优胜奖。联合区委组织部、区人社局等部门共同举办第二届“海创杯”创业大赛，共吸引海内外123个项目参赛，通过活动的举办吸引、集聚更多高端科技人才及优质创业项目到吴兴发展。促进青年助力乡村振兴，成功打造谷堆乡创、蕾蕾农场、璞心农场等农创平台，孵化农创项目10个，带动返乡创业青年120人。二是加快人才全面引进。积极与浙大公共管理学院对接，促成学院与吴兴区“共建青年学院 开展青年走亲”，签订合作协议并共同成立大学生创新创业基地。承办全市浙大“青知计划”挂职实践活动启动仪式，并组织20名浙大优秀学生到吴兴区挂职，为吴兴经济发展献智献力。在杭州电子科技大学、湖南师范大学等10所高校建立了“创业就业联络站”，吸引420名大学生到吴兴实习就业。三是持续推进青企协工作。举办2018年吴兴区青年企业家协会全体会议，组织青年企业家赴某集团军开展“争当排头兵　实干大比拼”国防教育体验活动，依托梧桐读书会举办14场科技、金融、养生等类别的专业讲座，更好地服务企业家的工作与生活。成功推荐2家有上市计划的企业参加全省“凤凰行动”计划专题研修班，精准助力企业发展。

【深化志愿服务工作】一是做好赛会志愿工作。2018年，第十六届省运会、世界乡村旅游大会等4大赛会相继在吴兴举办，积极组织志愿者保障赛会服务，确保各个环节精彩出彩，累计组织志愿者5130人次，参与服务2.8万小时。继续做好机关礼仪志愿服务工作，先后服务经贸洽谈会、坡地村镇现场会等各类大型会议37场，参与服务257人次。二是做好文明志愿工作。建立区、乡镇街道、村（社区）三级志愿服务网络，全区注册志愿者人数达12.3万人。常态化开展“万名志愿者进社区”活动，承办全市学雷锋志愿服务广场活动四月、六月、九月三个专场，全年开展志愿服务活动190场，发动志愿者2.3万人次，累计服务5.3万小时。在省城市文明指数测评期间，集中组织162名志愿者开展文明志愿服务，累计服务1119小时，营造出“人人志愿者，处处马甲红”的浓厚氛围。在爱山广场重点打造暖心亭，发动商圈各界共同参与志愿服务。三是做好平安志愿工作。打造14个乡镇街道平安志愿服务队，并与4个社会组织积极合作，吸纳社会力量参与平安建设。联合区综治办，开展平安志愿者护航地信大会专项行动，其间，累计发动平安志愿者1083名。多方位、多形式开展“平安知识进校园”“青少年法制宣讲”“三禁三防三自”（宣讲预防校园欺凌的知识，切实远离欺凌、抵制欺凌，树立“自爱、自重、自强”的健康心态，营造青少年健康成长更好的社会文化环境）等工作，举办青少年远离毒品、“红领巾模拟法庭”等专场活动30场，覆盖青少年3700人次。全年累计开展各类平安志愿活动115场，志愿参与人数2.4万人次，累计时长7.7万小时。

【推动青少年权益维护】一是权益维护不断加强。联合区检察院，积极申报未成年人检察工作社会服务体系全国试点，并作为全省2个推报名额之一。组织“开学教育第一课，安全防范大讲堂”主题教育活动18场，辐射青少年550人次。通过政府购买服务的形式，与2个社会组织（光行者、织里正能量）共同开展预防青少年违法犯罪公益服务合作。有序反映青年心声，不断完善“共青团与人大代表、政协委员面对面”制度，专题报送青少年工作重要情况，在青少年教育、就业等领域积极发声，推动青少年事务有关政策落实。二是困难帮扶不断深化。连续三期开展“爱的行李箱”暖冬行动，为贫困地区青少年发放100件冬装和200册书籍。赴青川开展援建工作，为当地青少年捐赠服装1000套，并建立长期互助关系。加强亲青筹、亲青恋、亲青帮、亲青创等载体的运用，聚焦助学、助医、助困、助亲、助创等领域，积极为困难青少年群体排忧解难，累计服务1230人次。三是生态教育不断创新。开展“传好绿色接力棒，当好生态接班人”主题植树节活动，并探索“互联网＋青创农场＋公益组织＋共享经济”的青少年生态教育模式，网上网下累计参与人数达2300名，有效引导少年儿童践行“两山”理念。深化“清三河、护三水”青少年生态文明行动，广泛开展低碳环保、植绿护绿、保护母亲河等主题宣传教育活动75场。动员广大团员青年积极投身“五水共治”、美丽乡村建设、小城镇环境综合整治等工作，参与人数达3400人次。

【加强自身建设】 一是选拔乡镇街道兼挂职副书记。作为全市兼挂职乡镇街道团委副书记统一竞聘的试行点，统一开展乡竞聘活动，全区14个乡镇街道以“青年领办项目、公开竞争选拔”的形式配强配齐了兼挂职团委副书记47名，其中，兼职副书记36名，挂职副书记11名，为吴兴共青团事业注入了新的活力，有效充实了基层力量，为吴兴青年提供更优质的服务，为吴兴共青团工作提供新思路、新创见和新力量。二是建设“5+X”基层服务型团组织。每个乡镇街道制定职责清单，包括基础团务、青少年权益维护、困难青少年群体帮扶、志愿服务、青年创业就业5项主要职能，和结合本地实际确定的X项职能，努力为基层青年提供“一站式”服务，14个乡镇街道共列出服务项目126项，为青年办理事务、解决问题455个，有效提升基层团组织的服务力和影响力。三是创新青春事业“最多点一次”。以高新区为试点，推出青春事业“最多点一次”网上“四单法”，通过扫描二维码提出问题、后台整理问题、团队解决问题、团委督导办理的模式，线上为青年解决问题，截至年底共领办39项事务，办结39项，办结率100%，满意率100%，切实提升青年体验感和获得感。

（团区委供稿）

·妇　联·

【概况】 区妇女联合会内设办公室（城乡发展部）、组织宣传部、妇女儿童工作部3个职能科室。行政编制4名，其中主席1名、副主席2名。设挂职副主席1名、兼职副主席2名。区妇联下设事业单位吴兴区妇女儿童发展中心1个，为正股级事业单位，核定编制3人。区妇联紧紧围绕党政工作大局，扎实做好组织妇女、引导妇女、服务妇女和维护妇女儿童合法权益工作，积极推进社会治理创新，团结带领广大妇女为服务吴兴高质量赶超发展贡献力量。

【引领妇儿团结一致跟党走】 开展送祝福、晒寄语、百姓宣讲等宣教活动100余场，组织妇女群众学习贯彻中共十九大精神和各级妇代会精神。设计“红心苗、赤子苗、农耕苗、两山苗、向阳苗”五大载体，开展“吴兴沃土·吴兴苗”学习实践活动。开展“巾帼心向党 建功新时代”系列宣传，展示妇联工作特色和山村医生施丽芬等一批优秀女性典型。聚焦“三个注重”建设，评选出区级“文明家庭”1万户、“平安示范家庭”3000户、“绿色家庭”100户；开展家庭教育大讲堂活动600余场，承办2018年湖州市家庭教育学会年会；开展“家规家训进家庭”活动，发放“争当廉内助　共建好家风”倡议书500余份，征集“我家的家规家训”优秀作品100余件。

【凝聚妇女巾帼建功助发展】 开展育婴员、养老护理员等家政培训班20余场，培训人数达500余人；联合吴兴农商银行，启动新一轮“助创、助飞、助强”巾帼创业创新贷款，为212名创业妇女发放贷款6352万元。组织30余家巾帼文明岗开展“城乡姐妹手牵手　共建美丽新家园”主题服务、“最美岗位风采”大赛、“服务争一流、巾帼竞风采”创先争优等活动，共开展岗村联动活动50余场。深化美丽庭院创建，打造104国道、妙新线、滨湖线三条示范带，全区通过验收美丽庭院2223户。

【服务妇儿共建共享新生活】 完成“十三五”妇女儿童发展规划中期监测评估工作，116项重要量化指标提前或预期达标，达标率92.06%。为25位贫困母亲争取救助金2.5万元；为22位“两癌”患病妇女提供救助金7.8万；为80名困难儿童提供救助金12.6万元。开展“爱心妈妈护苗行动”，向四川省青川县捐赠冬衣500件，向乔庄镇中心小学捐助6万元建立吴兴爱心妈妈书屋，为20所儿童之家捐助图书1万册；发动女企业家和“平安大姐”为新疆柯坪县捐款捐物20万元。打造区级“妇女之家示范点”11个，“倩宁书屋”5个。联合区法院推进家事调裁工作，设立家事调裁中心婚调委工作站。深化家事法理工作室服务内容，实施“家园计划”“平安万家行动”公益创投项目2个，开展维权大讲堂19次、

维权大集市5次，接待妇女来访来电咨询案件78件，服务妇女群众2000余人。

【深化改革固本强基添活力】召开区第四次妇女代表大会，审议通过区妇联三届执行委员会工作报告，选举产生区妇联四届执行委员会委员35人、常务委员11人，陈燕当选主席，李岚、沈乃鹰、宋晓萍当选副主席，周秋芬、陈丽红当选兼职副主席，任晓瑛当选挂职副主席。推进区域化妇建工作，打造一体化综合妇联组织，成立全市首个商会妇联——湖州市福建商会妇联，先后在浙江六和（湖州）律师事务所、湖州市交通医院等专业领域组建妇联。加大对女性社会组织的培育，指导12个项目参与市妇联创投项目，获53万元的创投资金，吴兴区家事法理工作室被认定为湖州市2018年品牌社会组织。加强妇联干部队伍建设，举办中国妇女十二大、信访维权知识、美丽庭院创建、女性礼仪养生、争做卓越父母等专题学习培训活动。

（陈　静）

·科　协·

【概况】2018年，吴兴区科协坚持以习近平新时代特色社会主义思想为指引，认真贯彻上级党的群团工作会议精神，切实履行好党和政府联系科技工作者的桥梁纽带作用，围绕中心，服务大局，求真务实，扎实肯干，科协各项工作取得实效，荣获2019年全国科普日优秀单位，在市对县区综合考核中列全市第一。吴兴区被中国科协评为全国科普日优秀单位。

【深入实施创新驱动助力工程】充分利用浙江省纺织工程学会湖州丝绸小镇协同创新服务站在省内外高校的资源优势，大力引进高校院所落户湖州本地，依托吴兴区织里镇童装产业高度集群的特点，积极牵线对接杭州职业技术学院，促进双方成功签约合作框架协议并完成关于共建中国童装学院（杭州职业技术学院织里分院）的总体计划草案。区科协借力学会服务站、推动地方院校建设工作的做法得到省科协主要领导的批示肯定，学会服务站被评为全省示范单位。

【院士专家工作站】吴兴区企业在院士专家团队的智力支撑下，不断取得科技研发和技术创新上的突破性成绩，为区域经济转型升级奠定了扎实基础，注入了不竭动力，吴兴区90%以上的上市企业均已创建院士专家工作站，建站企业数量占全区规上企业的4%，建站企业总产值占全区的29%。全年新建2家市级院士专家工作站，均列为南太湖精英计划A类，成功创建2家省级院士专家工作站，数量列全市第一。

【“科普+”活动亮点纷呈】举办吴兴首届“地质科普大讲堂”活动，邀请地质大队水文、勘测专业工程师赴全区各中小学开展地质科学知识普及活动，提升了青少年专业科普素养。举办“原乡梦、蝴蝶情”动植物科普研学活动，紧抓新兴产业打造科普阵地。举办一系列农函大技能比武大赛、乡村振兴科普巡讲活动，有效提升农民科学素质。围绕“城市科普”，市区街道三级联动，举办全国科普日文艺晚会，将系列科普做深做专。全年共投入42万元专项科普活动经费打造吴兴“专业科普”品牌，支持13家科普项目实施单位，参与群众近2万人次。

【服务科技人才】“全国科技工作者日”期间，邀请院士沈树忠为全区青年科技教师作专题讲座。“科协会员日”期间，利用《吴兴时讯》对区内部分优秀科技工作者事迹进行宣传。开展全区科技人员知识产权保护行动，为全区科技人员举办专利应用系统培训，办理专利维权案件45件。积极在全区科技工作者争取上级科技项目、解决生活困难等方面服务到位，努力使科协成为科技工作者想得起、找得到、靠得住、离不开的力量。

（区科技局供稿）

·工商联·

【吴兴区工商联（总商会）】以同心引领凝聚最广泛共识。以“不忘合作初心，继续携手前行”为主题，组织工商联人士开展“走近红船”活动，召开“五一口号”发布70周年座谈会；以“不忘创业初心，接力改革伟业”为主题，召开非公经济人士十九大精神专题学习会、学习习近平总书记系列重要讲话精神座谈会，举办理想信念教育培训班；不断深化政治引领主题教育，进一步坚定理想信念。以优化服务汇聚最强大合力。开展进企业“问难帮困稳增长”专项活动，增强企业发展信心。举办“吴兴企业发展论坛”2期，会同区检察院举办服务童装企业创新发展论坛，成立服务非公企业讲师团。支持企业做大做强，4家企业入围“中国民营企业制造业500强”。加强“创二代”、新生代企业家培养，通过师徒结对、挂职锻炼等形式，增强企业家思想共识和素质能力，大东吴集团吴淑英被评为“浙江省非公经济人士新时代优秀中国特色社会主义事业建设者”。拓展拓宽主平台。大力推进在外吴兴商会建设，先后成立上海、北京、粤港澳大湾区吴兴商会，建立互动交流机制，充分发挥商会资源多、人脉广等优势，利用长三角、京津冀、粤港澳的经济、人才集聚优势，牵线搭桥服务“双招双引”，共签订战略合作协议6份，参与招引项目8个，参与招引人才申报南太湖精英计划4人。积极支持区内异地商会建设，新成立安徽蒙城、湖南临湘商会，借势借力促进社会治理和经济发展。加强乡镇街道商会建设，新建爱山街道商会，开展“四好”商会创建，积极推动商会党建。

（方佳琪）

·文　联·

【概况】吴兴区文联在区委的正确领导和市委宣传部的大力指导下，在湖州市文联的关心支持下，积极履行团结引导、联络协调、服务管理、自律维权的职能，突出“品牌意识”，推动文艺活动树优；突出“精品意识”，推动文艺创作争优；突出“服务意识”，推动文艺服务做优；突出“人才意识”，推动文艺人才育优；突出“阵地意识”，推动文艺基础做优。

【文联工作】着力发挥团体会员专业导向作用和人才推动作用，组织开展重点文艺创作和一系列有影响的主题文艺活动：承办湖州市吴兴区美术家协会“不忘初心”写生活动暨全国青年、省青年展动员交流会，带动文艺创作下农村基层；组织承办“一带一路”民间文化探源工程的浙江海丝文化调研到吴兴考察活动，重点考察钱山漾丝绸文化交流中心、桑基鱼塘丝绸之源，增强研究吴兴丝绸文化支持力量；协助承办“向新时代文学高峰迈进”中国报告文学作家湖州采风行活动，对织里童装科创设计中心、义皋溇港文化展馆等地进行考察采风调研，通过报告文学集中宣传吴兴优秀经典文化；举办吴兴区文艺宣讲报告会，以文艺宣讲形式不断锤炼、凝聚吴兴“铁军”队伍，让“靠前站、马上办、讲实效”成为吴兴的干部文化、政治生态和价值理念。着力优化文艺创作人才队伍结构，充分挖掘新人新作，实现精品文艺创作形式丰富、量质齐升，进一步推动精品走向市场、提升吸引力竞争力。2018年，吴兴区文艺作品创作近50部。其中有2部电视剧（包括电视纪录片）、7部电影（包括纪录电影）、1部动漫（包括动画电影、电视动画片），17首歌曲，2部广播剧、9本图书（包括文学类图书、通俗理论读物和少儿读物）、5部戏剧（包括小戏），5个舞蹈。其中报告文学《行走的村庄》多次获书记车俊指示，并列入国家和省重点创作项目；电视动画片《航天宝贝2》获市文化产业专项资金奖励；大力扶持院线电影《悍战》、数字电影《半影特工》等创作生产，6部精品影视剧在央视六套黄金时段播映；歌曲《弄堂》获省第17届音乐新人新作大赛金奖，《老家河埠头》获省广播电视政府奖(文艺奖)一等奖第一名；舞蹈《太湖人家》获2018年浙江省群众舞蹈大赛金奖、浙江省群星奖；舞蹈《竹林声声》获2018年浙江省群众舞蹈大赛银奖。坚持正面引导，积极培养造就文艺领军人物和高素质文艺人才队伍。定期召开文艺人才座谈会，收集宝贵意见，增强人才工作的针对性和有效性。加大文化人才的内育外联，与湖州师院艺术学院商洽人才培养合作，联合选送高水平人才申报省、市文化人才项目。王一品斋笔庄总经理许剑锋入选省文联“新峰”人才培养计划，织里镇太德汇绿色环保印刷团队等3个团队入选市级宣传文化创新团队复审，“蒋华艺术工作室”入选市级领军人才工作室，文化人才进一步在中心城区集聚。坚持以人民为中心的工作导向，以稳定长效的机制推动文艺工作者深入生活、深入群众，区文联及各团体会员广泛开展各类文艺惠民活动，以农村文化礼堂为主阵地，广泛开展文艺展演、辅导、培训等活动。2018年吴兴区新建成文化礼堂16个，

完成率 100%，根据“建管用育”长效机制要求，大力开展各类文化文艺活动，总计 1000 余场次，形式丰富多样，比如有响应首个中国农民丰收节开展的一系列以“庆丰收，迎中秋”为主题的特色活动、“我们的村晚”系列文艺活动、“我们的节日”系列活动，另外还有“放歌新时代文化进万家”文艺下基层巡演、“乐动吴兴”送文艺演出下乡 150 场、送书下乡 2 万余册、送讲座送展览 60 场。2018 年全年开展“文化走亲”交流活动 90 余场，其中跨区域县区间走亲 12 场。加强协会干部理论学习，在全区文艺界深入持续开展“两学一做”、学习习近平总书记在文艺工作座谈会和在中国文联十大、中国作协九大开幕式、全国政协十三届二次会议文化艺术界、社会科学界联组会的讲话。通过选送文联及团体会员班子骨干参加省级文联、协会干部培训班、组联工作会议、工作交流会等推动基层文联建设。

（王晨建）

·社科联·

【概况】在区委、区政府正确领导下，在省、市社科联的指导、支持下，围绕中心，吴兴区社科联服务大局，深入贯彻落实区委对社科工作的部署要求，扎实开展社科理论研究和社科普及工作，努力开创社科事业新局面，为建设“生态吴兴、经济强区、科技新城、幸福家园”提供了强有力的理论支撑和精神动力。

【社科联工作】2018 年，围绕吴兴经济社会发展实际，结合区委、区政府中心工作，突出重点，积极组织应用对策研究，全年共立项区级规划课题 35 个，其中《湖州地方文化资源融入教学的实践研究》《“一带一路”倡议背景下湖州酒文化现状及发展路径研究》2 个课题获得市级立项，《7 月以来中心城区“禁摩”舆情分析及应对策略》调研报告获市委马书记批示，《关于多元解决社区办公用房问题的思考与建议》《关于进一步加强我区人才住房保障工作的思考与建议》《关于 2017 年度“讲实效”工作的分析与建议》等研究也获得区委书记批示肯定。完成浙江省社科联“四个强省实践的基层典型案例研究”专项课题结题，调研成果《借力新媒体创新学习型党组织建设模式的研究——以吴兴区为例》在《江南论坛》杂志刊登。此外不断加强与高校院所合作，邀请中国人民大学专家学者对织里改革开放 40 周年发展进行深入调研完成了课题《改革开放的织里样本》。积极开展各类学术研讨，围绕茶道哲学、中共十九大精神、红船精神、清廉乡村、高质量赶超发展等组织开展专题研讨会 6 场，营造起浓厚的学术氛围。积极开展吴兴历史文化、民俗等研究，深入发掘和梳理了吴兴本土优秀传统文化，编辑出版反映吴兴历史文脉的文化读本《走读清远吴兴》。根据省市社科普及周活动要求，认真制订吴兴区社科普及周活动方案，积极举办以“奋进新时代谱写新篇章”为主题的社科普及活动，组织开展主题宣讲、专题讲座、展览展示、社科实践等活动 24 个。打造“吴兴论坛”高端讲坛，邀请中宣部对外新闻局新闻发布处处长寿小丽，中共浙江省委党校、浙江行政学院法学教研部副主任、副教授褚国建等专家学者到吴兴开展人文讲座 7 场。此外积极响应市社科联组织的“社科理论下基层”活动号召，认真做好活动推介，乡镇街道按需邀请有关专家进村、进社区、进企业进行专题讲座，全年共开展宣讲活动 20 余场。积极参与“我身边的运河故事”（浙江段）征集发布活动，共征集上报作品 49 个。举办陆羽茶文化节暨第二届全国茶道哲学高峰论坛、吴兴丝绸文化旅游节活动等大型社科普及活动；与区委宣传部共同策划承办了全区“点赞新时代　奋斗新征程”文艺宣讲作品征集活动，共征集弘扬主旋律、传播正能量的文艺宣讲作品 126 件。整合小红砖宣讲团、百姓宣讲名嘴等资源，以面对面宣讲、专题讲座、文艺宣讲等多种形式广泛开展中共十九大精神、红船精神、改革开放四十周年等宣讲活动 550 余场。创新科普方式，制作社科普及读物，编辑出版了以漫画形式反映民俗文化的系列漫画读物《传统年俗》《二十四节气》和《妙西漫画》三本。不断强化社科队伍建设，健全内部规章制度，提升班子领导水平，定期召开社科理事会议，同时加强对辖区内所属学会（协会、研究会）的管理和指导，切实发挥好各学会（协会、研究会）的职能作用。不断加强科学决策，充分发挥专家咨询作用，2018 年 8 月，成立吴兴区人民政府咨询委员会。持续推进社科联群团改革，制订《吴兴区社科联群团改革方案》。强化社科阵地建设，广泛排摸辖区内社科普及资源，对乡镇街道申报点进行实地考察，规划争创新的社科普及基地，同时对已建基地按照省市社科普及基地建设标准要求，强化创建指导，吴兴区八里店镇路村被命名为第八批“浙江省社科普及基地”。充分发挥好社科基地的窗口作用，依托阵地开展各类形式多样的社科普及活动，举办吴兴丝绸文化旅游节，“歌丝路文明•溯丝绸之源”主题活动等大型社科普及活动。积极打造网络社科普及阵地，提高“吴兴区党政干部学习网”效能，提供社科类书籍共计260余本，充分利用“爱上吴兴”微信公众号、“吴兴发布”政务微博、“吴兴小红砖宣讲”等网络宣传平台，发布人文社会科学知识，开展社科普及教育活动，提升干部群众人文素养。

（王晨建）

第六篇　农村经济

·综　述·

【概况】全区农业（含农林牧渔业）总产值32.18亿元，同比增长1%；农民人均可支配收入32693元，同比增长9.1%。粮食播种面积21.21万亩，粮食总产量11.03万吨。新增市级农业龙头企业6家，市级以上农业龙头企业累计达39家；新注册家庭农场70家、累计达323家；农民专业合作社累计238家。

【现代农业】以国家现代农业产业园、国家渔业健康养殖示范县、省农产品质量安全放心县、省农业绿色发展先行区创建为抓手，紧扣农业产业振兴，持续推进农业平台建设，培育提升新型经营主体，提升农业产品品牌。吴兴区现代农业建设重点进一步突出，力度进一步加大，优势进一步显现：粮食功能区建设有序推进。全区完成粮食生产功能区提标改造建设任务0.63万亩。全年建成2个千亩省级高产创建示范区，2个百亩市级示范方，6个高产攻关田。其中高产攻关田最高产量达907.8公斤/亩，百亩市级示范方最高平均产量达869.9公斤/亩。农业平台建设加快推进。全面提升平台能级，成功创建两个“国字号”（国家现代农业产业园、农业部渔业健康养殖示范县）、三个“省字号”（省农产品质量安全放心县、农业绿色发展先行区、省茶果特色农业强镇）平台。围绕平台建设，重点推进项目落地和提升，打造吴兴农业示范引领的新样板。大力推进省级农业特色强镇创建工作，妙西镇成功入选省茶果特色农业强镇。发展绿色生态农业。大力推动绿色渔业发展。编制《吴兴区促进现代渔业绿色发展三年行动计划》，高分通过农业部渔业健康养殖示范县的部级考评验收组。6.35万亩渔业尾水设施治理已完成。高新区杨溇太湖蟹养殖示范园区、八里店镇丰盛湾罗氏沼虾养殖示范园区和东林镇湖旺优鲈1号苗种繁育示范园区已基本完成建设。培育20个美丽渔场创建主体，205户健康养殖示范户已创建完成。强化畜牧生态养殖整治。落实落后猪场关停，从108家缩减为10家，进一步提升规范化管理水平。创建美丽牧场5家。严格落实疫病防疫工作，完善病死动物无害化收集机制，加大非洲猪瘟防控力度，设立省际卡点2个，流动点位6个。加强畜禽养殖废弃物资源化利用，规模化畜禽养殖场（小区）配套完善的粪污贮存设施比例达到95%以上，规模养殖场粪污综合利用率达到99.96%。现代农业经营主体加快培育。着力培育一批生产规模大、质量效益高、示范带动强的优质农业经营主体，全年培育市级以上农业龙头企业6家，市级以上农业精品园区7家。新增省级示范性家庭农场5家，市级示范性家庭农场9家。农产品质量有效保障。省级农产品质量安全放心区顺利通过现场验收。完成基地农产品定量检测600批次，基地生产环节例行抽检156批次，乡镇快速检测5000批次，合格率达99%。新增50家追溯主体，实现市级以上示范性主体二维码追溯全覆盖。积极发展“三品一标”（无公害农产品、绿色食品、有机农产品和农产品地理标志）农产品，申报无公害食品14个，绿色食品5个，全区有效期内无公害农产品80个，绿色食品20个，无公害认证基地有效期面积11.8万亩，绿色食品有效期面积0.878万亩。主要食用农产品中“三品”比率达66.5%。正式确定全区农产品公用品牌（吴上兴鲜、吴上兴闲）及宣传口号——“太湖正南边，吴兴百味鲜”。培育市级以上农业品牌6家，其中“老恒和”商标被认定为驰名商标。

【美丽乡村】提升美丽乡村建设。围绕“省级美丽乡村示范县（区）”要求，以打造“美丽乡村升级版”为目标，推进“产村人”融合、“居业游”共进，加快推进美丽乡村建设。4个市级美丽乡村精品村验收村（菰城、妙山、龙山、南山）完成创建，4个市级美丽乡村精品村启动村（许漤、伍浦、庙兜、施家桥）全面启动建设。完成9个市级美丽乡村（钱山下、后沈埠、东明、汤漤、上林、保健、泉心、东红、曙光）创建。高新区、埭溪镇通过省级美丽乡村示范乡镇创建。按照“串点连线、扩面成片”的要求，深化滨湖线、妙新线、104国道美丽乡村风景线建设，推动沿线30个村全面提档升级。有序推进第五批、第六批省级历史文化村落南山村（一般村）、菰城村（重点村）创建。扎实开展环境综合整治。新增垃圾分类村60个，实现农村生活垃圾分类处理宜建村全覆盖，建设农村生活污水处理设施标准化运维试点3个，畜禽养殖废弃物资源化利用率达99.96%，水产养殖尾水治理示范场（点）完成25个，完成小城镇环境综合整治14个，达标比例87.5%，河道综合整治累计完成任务，完成142万立方米清淤完成生态护岸50公里。着力生态屏障建设。开展国土绿化，巩固“森林覆盖率和森林蓄积量”双增成果，加强林木资源保护管理，优化生态安全屏障体系，助推生态环境大提升。完成造林更新745亩、平原绿化1146亩、种植珍贵彩色树种13.4万株。创建1个市级森林城镇，15个市级森林村庄，8个“一村万树”示范村。积极开展湿地保护修复，修复湿地植被5140亩、治理湿地面积10780亩。坚持严格执法、科学修复，开展综合治理毁林（竹）种茶专项行动，深入一线排摸违法犯罪线索，梳理排摸违法线索30余条，办结毁林案件18起。运用纯林、混交等造林模式，采用桂花、榉树、枫香等树种进行套种补植，完成茶园林业生态修复4547亩。

【综合改革】农村改革不断深化，农业发展活力持续增强。深化农村产权改革力度。以赋权、活权为核心，全面深化农村土地产权制度改革。市对吴兴区农村土地承包经营权确权登记颁证工作综合验收的评分为95.99分，检查结果评定等级为优秀，验收结果认定为合格。完成对符合条件农村宅基地及住房的确权登记发证任务，合计1963宗。进一步健全农村综合产权流转交易体系，完善平台、创新机制，推进各种交易产品全面有序拓展，全年新增交易152宗，流转金额达到8634.5165万元。积极推进农村“三权”抵质押贷款，抵质押贷款余额20.23亿元，同比增长15.46%。大力扶持吴兴区特色融资担保服务平台“两山农林合作社联合社”开展业务，帮扶社员担保业务总金额达7137万元，为300余家社员提供短融服务，金额高达8.5亿元。

（区农业农村局供稿）

·粮　油·

【概况】粮食播种面积21.21万亩，粮食总产量11.03万吨，粮食播种面积和总产量与上一年度基本持平。完成粮食生产功能区提标改造面积0.63万亩，建成省级水稻高产千亩示范方2个，完成100%，水稻主导品种推广面积12.40万亩，完成103.33%，大力引进甬优538、春优927、秀水134、嘉58等水稻新品种，超级杂交稻和优质米种植面积进一步增加。油菜种植面积3.08万亩，“浙油51”和“浙大630”等油菜新品种的推广面积较上年有大幅度增加，品种趋向高档化、优质化。

【粮食生产】完成粮食总面积21.21万亩，粮食总产量11.03万吨，与上一年基本持平。其中小（大）麦面积3.48万亩，总产量10161吨，平均单产292公斤。玉米播种面积1.07万亩，单产834.10公斤，总产量9002吨，比上年增加171吨。蚕豆豌豆面积0.76万亩，单产220.10公斤，总产量1689吨，与上年基本持平。杂豆面积0.64万亩，单产407.70公斤，总产量2626吨。大豆种植面积1.84万亩，单产346.70公斤，总产量6391吨。单季晚稻12.40万亩，单产579公斤，与上半年基本持平，总产量7.18万吨。马铃薯面积0.94万亩，单产472公斤，总产量4441.00吨。番薯面积1.29万亩，单产609.9公斤，总产量7882吨。

【油菜生产】全年种植面积3.08万亩，单产168.70公斤，与上半年基本持平，总产量

5194.00 吨。

【粮食生产功能区建设】提前完成省下达的12万亩建设任务，继续粮食生产功能区提标改造建设，全年完成粮食生产功能区提标改造建设0.63万亩，并在全省率先发布编制了第一部粮食生产功能区技术规程。

【粮油扶持政策】2018年是吴兴区实施农业三项改革的第三年，将原来的农机化作业环节、油菜大户、粮食大户等补贴统一合并成规模种粮补贴，2018年吴兴区规模种粮大户补贴已经完成发放和登记工作，50亩以上稻麦规模种粮按照135元/亩的补贴标准执行，全区共169户，共发放4.48万亩稻麦规模种粮补贴604.22万元（其中省级补贴447.57万元、市级财政配套67.14万元、区级财政配套89.51万元）。油菜种植大户23户，发放省级财政资金13.31万元。2018年耕地地力保护补贴发放到位，发放标准为160元/亩发放，全区共33626户，共发放5.49万亩耕地地力保护补贴877.76万元。全区旱粮基地补贴12户共1706.20亩，共发放规模旱粮基地省级补贴21.33万元，需要发放省级财政补助资金38.3895万元，区级财政补助资金17.06万元，共发放各级财政补助383895.00元；发放省级财政补助资金20万元（剩余省级财政补助资金待上级另行下达文件后再发放），区级财政补助资金170620.00元，共发放各级财政总资金370620.00元。2018年全区良种生产补贴面积895亩，需发放省级补贴21.48万元，已发放良种订单补贴19万元（剩余省级财政补助资金待上级另行下达文件后再发放）。2018年全年吴兴区共有9户种粮大户（主体）19人次符合粮食生产贴息贷款申请条件（全部为吴兴农商银行贷款），贴息贷款总额1528.15万元，应补贴息资金23.44万元。其中，种粮大户应补贷款贴息为2.50万元，种粮合作社（联合社）应补贷款贴息为20.94万元。

【粮食生产示范】全区上下深入开展粮食高产创建活动，采取集成技术、集中力量、集约项目、良种良法配套和农机农艺结合等措施，有效地提高粮食生产水平。全区共建立水稻高产创建示范片2个，示范面积为0.23万亩。根据市农业局和区农业农村局技术人员的现场验收结果，百亩市级示范方最高平均产量突破869.90公斤/亩，高产攻关田最高产量达907.80公斤/亩，平均单产较上年均有所增加，达到2018区历史最高水平。

【植保工作】全区植保工作取得新突破，水稻、小麦、茶叶、蔬菜等作物统防统治面积12.6万亩，实现绿色防控融合面积达10万亩。通过应用推广新型农药、绿色防控等技术降低农业面源污染，实现农药减量42吨，保护生态环境，提高社会效益。

【测土配方施肥】实施面积55.1万亩，推广有机肥9900吨。覆盖162个村，5.32万个农户。应用配方肥面积3.10万亩；化肥施用量（折纯）3000吨，实现化肥减量345吨。

（孟华兵）

·蚕　桑·

【概况】由于受茧丝行情持续低迷、蚕茧收购价格下降，农村劳动力成本增加、“三改一拆”等综合因素的叠加影响，蚕桑生产持续滑坡，蚕茧生产总量持续下降，蚕农对种桑养蚕的积极性有所下降，对全区蚕桑产业发展有一定影响。2018年饲养蚕种6380张，同比减790张，减11%，其中织里镇、八里店、高新区在上年减种三成的基础上继续减少三成以上，八里店镇共养50张蚕种。

【价格　产量　质量】2018年年初吨丝价格维持在37万元/吨左右，至春茧收购时同比下降至35万元/吨左右，由此带来的蚕茧收购价格下降，春期蚕茧价格只有1907元/50公斤，比上年同期下降了131元/50公斤。下半年茧丝行情继续回落，秋茧价格大幅下降，秋茧价格仅为1597元/50公斤，同比下降了591元/公斤。纵观全年蚕种饲养量、产量、茧价、效益均有不同程度下降。年饲养6380张，同比减790张，减11%；总产茧325.03吨，同比减44.84吨，减12%；平均收购茧价1800/担，同比下降278元/担，茧款收入1170万元，同比减少366万元，减23%。在蚕桑生产大幅下降的同时，蚕茧质量也明显下降，加上有关丝厂委托收购，蚕茧收购秩序偏乱，导致全区蚕茧量有30%外流，上蔟的簇具越来越简化，毛草、竹梢、油菜梗等，柴印茧、毛脚茧泛滥，含水量高，解舒率普遍低。有早采茧、毛脚茧、上次混茧和潮茧出售等现象出现，严重影响蚕茧质量品位和新蚕品种推广，不利于蚕桑产业持续发展。

【生长期气候情况】2018年度平均气温17.5℃，比常年高1.1℃，比上年低0.3℃，位列历史同期第二高值。年度极端最高气温为37.7℃，出现在7月28日。其中，5月极端最高气温为37.2℃，创历史同期新高；6月极端最高气温为37.2℃，并列为历史同期第二高值。极端最低气温为-7.8℃，出现在1月30日，位列历史同期第三低值。本年度湖州站降水量为1359.0毫米，比常年多77.0毫米，比上年多86.4毫米，降水日数为147天，比常年多7.1天，比上年少7天。本年度日照时数为1915.1小时，比常年多96.1小时，比上年多51.4小时。偏多范围为2%～27%。但由于各期蚕发种时间布局较好，饲养期间气候适宜，全年无大的中毒事故，蚕作安全，张产高，茧质好，养蚕成绩好于预期。

【蚕桑发展】弘扬蚕丝文化，注重蚕业综合开发。随着产业结构的调整，蚕桑产业传统的种桑养蚕模式已经不适应现代农业发展的要求。如何利用湖州蚕丝文化品牌，开拓蚕业综合开发市场是蚕桑产业走出困境的唯一途径，也是蚕桑产业在转型中稳步前行。规模化养蚕示范基地建设良好。基地建于2011年，投产桑园面积600多亩。该基地已成为全省乃至全国独树一帜的规模化养蚕基地。基地继续加强对外合作繁育雄蚕种，开展桑－菜农作模式、桑技等综合利用，以不断提高经济效益。打造成以蚕丝业为主的古村落。位于吴兴区八里店镇潞村古村落的钱山漾遗址出土的残绢片和丝织品是我国和世界迄今为止发现最早的蚕丝织品，距今有4700多年，以料例证明了中国世界丝绸文化教育的发祥地，因此被认定为“世界丝绸之源”。2018年开始，潞村启动“古村落风貌整体改造方案工程”，通过保护修缮，打造成以蚕丝业为主的养蚕采茧、钱山漾文化展示厅、绣坊等农文旅融合的特色乡村旅游目的地，让千年古村落焕发出新的活力。探索蚕桑综合开发应用。在积极开展新桑、蚕品种推广和新技术推广的同时探索蚕桑综合开发应用，开展桑园冬闲时间作蔬菜和桑叶茶开发，鼓励相关企业和家庭农场种植果桑进行综合利用和休闲采摘。

（沈玉丽）

·茶　叶·

【概况】2018年，全区共有4个产茶乡镇，茶园总面积2.185万亩，比上年同期增加2970亩，其中采摘面积2.05万亩，茶叶总产量1258吨，比上年增43吨，增3.5%；茶叶总产值12690万元，同比增加1275万元，增11.1%；名优茶产量265吨，持平，产值7020万元，同比增加6%。有初制茶厂36家，4家企业通过了QS质量安全认证。

【灾害天气影响】进入3月以来，气温回升较快，雨量较少，光照增加，茶叶开采时间比上年提早了几天，最早开采时间为3月20日，是老虎山茶叶专业合作社的龙井43，比上年提早5天，白叶一号是3月26日开采，比去年提早3天。开采后气温持续回升，茶叶生长迅速，缩短了采摘期，在采茶工有限的情况下，来不及采摘，出现茶无人采的尴尬境况，大约4月9日左右结束，采茶时段约为15天，同比缩短近一星期。

【名优茶生产销售】从2018年产销情况看，受上年冬季的雨雪低温天气影响，部分茶园被积雪覆盖，低温冰雪杀死了大量虫卵，使茶叶中的氨基酸等物质含量提高，品质更好。虽然茶叶亩产量有所下降，前期鲜叶价格不高，但后期因产量少价格逐渐上升，同时，茶叶生产企业根据近年来的销售趋势，审时度势，积极调整产品结构，逐渐倾向做中低档茶叶，并简化茶叶包装，茶叶价格逐步回归理性，中低档茶销量、价格明显好于上年，因此，大大提高了亩茶效益，增加了茶农收益。

【茶树良种化工程】全区有无性系良种茶园面积1.8万亩，主要以发展白叶1号等无性系优良品种为主。在大力发展良种新茶园的同时，中低产茶园和老茶园的改造及改植换种的步伐也进一步加快，全区新种茶园200亩，改植换种茶园达到1000亩。重点茶区茶园的肥培管理工作普遍较好，茶树生长情况良好，逐渐引导茶农向生态茶园建设发展。

【茶叶采制机械化工程】全区茶叶采制机械化程度进一步加强。共有机剪茶园面积1万亩，修剪机50台；机制名茶产量265吨，重点推广名茶连续化、自动化生产线加工技术，产品品质明显提高、产能显著增加、效益明显提升。长林农庄建有一套茶叶标准化自动化加工流水线。从茶叶摊青开始到脱毛将6道工序全部连接起来，生产线只需4人至5人管理，不仅工效大大提高，茶叶从炒制到结束，做到了摊青叶、茶制品不落地，清洁又卫生。实现了以“机器换人”而效率大提升，成为吴兴区首家省级标准化示范茶厂。

【茶叶质量安全与管理】产品质量安全关系到每个公民的健康问题。在茶叶上市前，吴兴区茶叶联盟会同吴兴区农林发展局农产品质量安全监督管理站，对吴兴区部分茶叶企业进行检查。一是宣传《中华人民共和国农产品质量安全法》（以下简称《农产品质量安全法》），告诫企业禁止使用违禁农药以及注意农药的安全隔离期并做好农药购买入库、农药使用记录等。二是开展茶叶专项抽检，茶叶生产期间对相关的茶企、农户的茶叶样品进行抽检，并送市质检中心检测，确保茶叶质量安全。

【科技创新与服务管理】 一是依托浙江大学湖州市现代农业茶叶产业联盟及湖州市经济作物技术推广站，开展各类培训指导和项目研究。全年全区重点茶农参加茶叶联盟举办“雪灾后茶园的修复管理”“浙江茶业的过去、现在与未来”“有关茶艺的三个问题”和“抹茶粉的制作”共培训4次，参加培训人员60余人次。组织本区茶企参加湖州市茶产业联盟赴江苏省常州金坛市鑫品茶业有限公司考察考察、学习交流、培训。通过培训、考察、学习交流大家认为内容丰富，非常接地气，受益匪浅。同时依靠市、区茶叶产业联盟积极开展新品种、新技术推广，及时向茶农传递技术信息，帮助茶农解决生产难题。二是推进茶产业融合发展。以茶叶为名片，打造茶旅生活。以现在有的缦谷狮子山庄、慧心谷庄园、原乡小镇等茶旅融合项目为主，积极打造吴兴“三癸雨芽”等茶旅产品，做强做优，提高茶旅品质。吴兴区缺乏茶业科技人员，区、乡镇农技队伍无一茶业专业人员。人才缺乏，茶业科技人员的培养、培训、再教育、引进充实机制尚需完善。

（沈玉丽）

·桃·

【概况】吴兴区现有桃树种植面积近5000亩，总产值近6000万元，其中黄桃面积近3000亩，80%以上分布在吴兴妙西镇区域内。

【果品特性】黄桃是浙江省湖州市吴兴区的特产，以其果肉饱满、鲜甜多汁、香气浓郁而闻名。产自白鹭飞、流水清的妙西镇白鹭谷的黄桃，更是凭借得天独厚的天然生态环境和地理优势，种植出来的黄桃不仅果形均匀、色泽鲜润、口感纯正，而且果型大、产量高、品质优、甜度佳，成为“生态妙西”最具代表性的特色商品之一。

【品种引进与推广】根据市场需求，引进种植不同成熟期的桃的新品种10多个。全区主要引进推广以锦香、锦园、锦绣、锦花为主的四锦黄桃，同时引进推广金秋蜜桃、白凤、圆梦等水蜜桃。

【发展规模】自2008年的不足200亩，发展到2018的近5000亩，桃产业在吴兴悄然崛起。吴兴妙西黄桃更是异军突起，近年来涌现出十多家黄桃新型农业生产规模经营主体，大规模的专业种桃农户就达到了9家，其中湖州四锦果蔬专业合作社是浙北地区最大的黄桃种植基地，种植面积高达418亩，亩产可达1550公斤，销售额达到500多万元，带动周边百姓100多户。

【品牌营销】近年来，桃产业在吴兴越做越大，特别是吴兴妙西黄桃的产业发展更是迅速，品牌营销的道路显得更加重要。作为全国重要的黄桃种植基地之一，拥有自己的省级黄桃种植基地，吴兴妙西黄桃创立了“四锦”“锦丰”等多个企业自主品牌，通过合作社带动在杭州、宁波、余姚、绍兴多地设置了定点经销处，并通过妮素、天猫等平台开拓线上销售渠道。2018年吴兴妙西黄桃荣获“2018年浙江精品果蔬展销会金奖”，四锦果蔬专业合作社被省南太湖现代农业科技推广中心授予“黄桃科研示范基地”称号。

（朱红明　沈玉丽）

·畜　牧·

【概况】以“大农业观、整产业链、全绿色化、高附加值、强竞争力”为着眼点，抓好畜产品质量安全监管，持续抓好畜禽养殖污染治理工作，强化病死动物无害化处理监管，强化疫病防控，全面进行畜牧业结构调整优化，推进吴兴区畜牧业转型发展、绿色发展、美丽发展。年末生猪存栏3.0579万头，同比减少3.61%，全年生猪出栏6.1508万头，减少21.55%。年末家禽总存栏221.3116万羽，同比增加143.74%，全年家禽出栏455.2642万羽，同比减少31.34%。湖羊生产保持稳定，年末存栏4.5536万只，同比增加10.79%，全年出栏4.5947万只，同比增加1.48%。全区肉类总产量1.2366万吨，同比减少28.22%；禽蛋产量为6662.83吨，同比增加31.01%；牧业总产值达到3.26亿元，同比减少23.7%。

【政策扶持　项目建设】切实抓好保留场整治，全力推进畜禽养殖场治理提升，完成13家保留猪场进行积粪棚封闭式改选，落实了生猪养殖场减臭综合措施；同时对宇恒、鸿达、康强、自明等4家生猪养殖场进行巩固提升。加强畜禽养殖废弃物资源化利用。创建了维农“湖羊－水稻”和百家顶“猪－沼－茶”共2家省级种养结合绿色循环体，规模化畜禽养殖场粪污设施处理配套比例达到100%、粪污综合利用率达到99.96%。高标准创建美丽牧场。在前2年创建11家美丽牧场的基础上，2018年对埭溪镇鸿仲坞、百架顶、小潘、南太湖和东林镇新卫共5家畜禽养殖场进行了美丽牧场改选提升，并成功创建顺利通过了市局验收。持续推进湖羊产业振兴。实施组织完成怡辉、咩咩羊、南太湖3家羊场改选提升2017年省级项目，并启动实施了维农、鸿仲坞等2家羊场改选提升2018年度省级项目。

【规模化养殖】2018年生猪年出栏500头以上规模场13家，出栏6.0508万头；湖羊出栏100只以上23家，出栏3.765万只，猪、羊规模化率分别达到95.1%、85.7%，家禽规模化率达到92%以上。全区畜禽养殖区域集中在埭溪、东林和妙西等西南部乡镇，其生猪存栏占总存栏的89%以上。

【价格】生猪价格显现前低后高的态势，上半年低位运行，受国内非洲猪瘟疫情影响，7月开始价格逐步上涨，最高“外三元”毛猪价格突破20元/公斤，生猪平均价格为12.33元/公斤；家禽养殖效益丰厚，价格稳定，温氏肉鸡全年均价13.11元/公斤，最高突破16.2元/公斤，禽蛋价格11.67元/公斤；湖羊产业规模化养殖持续推进，肉羊价格三季度开始高企，最高价突破32元/公斤，全年肉羊平均价格26.64元/公斤，湖羊种羊供不应求，价格达到38元/公斤。总体上，畜禽养殖效益较好，养殖企业养殖积极性较高。

【疫病防治　卫生监督】开展春、夏、秋、冬四季集中免疫行动。2018年完成高致性禽流感病毒灭活苗免疫500.03万羽份，其中鸡、鸭、鹅、其他禽类的免疫数分别为486.41万羽、3.91万羽、0.2万羽、9.51万羽，使用疫苗138.35万毫升；猪口蹄疫免疫4.1万头，牛羊口蹄疫免疫5.85万头，累计使用口蹄疫疫苗19.275万毫升；高致病性蓝耳病免疫2.11万头，使用疫苗4.31万头份；猪瘟免疫2.24万头，使用疫苗4.36万头份；小反刍兽疫免疫6.67万只，使用疫苗10.45万头份。全区未发生禽流感等重大动物疫病。完善产地、屠宰检疫监管，依法执行产地检疫申报程序。全区产地检疫生猪4.1464万头。全年屠宰生猪31.6万头、牛1.05万头。完成养殖、屠宰二个环节瘦肉精监督抽检共1026份，合格率100%。健全行业监管，通过开展“扫雷行动”“百日行动”等，对养殖场防疫条件、畜禽屠宰环节、动物诊疗行为和兽药经营等进行规范监管，严厉查处违法行为，共办结各类动物卫生监督违法案件18起，累计罚款7.54元。

（屠炳江）

·水　产·

【概况】全区现代渔业产业，围绕生态统领渔业发展，以“保生态、保安全、促增收”为着力点，以“循环高效、优质安全、强渔富民”为主攻方向，着力推进现代渔业园区建设，加快

渔业转型升级，现代绿色渔业发展取得新成果。养殖面积基本稳定、水产品产量和产值继续增长。由于饲料和人工工资上涨，水产品养殖成本增加，常规鱼价格基本稳定；名特优水产品的价格有涨有跌，全区各类水域养殖面积5624公顷（池塘5624公顷）。水产品总产量78725吨，比上年增加5294吨，同比增长7.21%，淡水捕捞产量3595吨，比上年增长491吨，同比增长15.82%；淡水养殖产量75130吨，比上年增加4803吨，同比增长6.83%。全年渔业经济总产值188003万元，比上年增加14208万元，同比增长8.18%；增加值为46826万元，比上年增加5027万元，同比增长12.02%。其中渔业产值162966万元，比上年增加16146万元，同比增长11.04%；渔业增加值41323万元，比上年增加6044万元，同比增长17.13%。

【水产品养殖及市场】四大家鱼等常规鱼养殖产量31122吨，增长13.66%，名特优新水产品养殖产量44008吨，增长3.04%，占养殖总产量59%。常规鱼市场价格比基本稳定，名优鱼类的市场价格有升有降，吴兴区主要养殖名优鱼价格相对稳定，虾蟹类市场价格与上年基本持平，前期低后期高。龟鳖类市场价格稳中有升。全区名特优水产品专、混养8万亩面积约占90%，常规鱼养殖面积呈现下降趋势。养殖品种主要以河蟹、鲈鱼、黄颡鱼和鳜鱼等品种为主，罗氏沼虾、青虾、南美白对虾等虾类面积有所上升。

【水产种子种苗】淡水苗种繁育量增加，鱼苗价格平稳，青、草、鲢、鳙四大家鱼苗种价格基本稳定，黄颡鱼、鲈鱼等名优产品生产量增加，价格稳中有升。全区淡水鱼苗总量24.30亿尾，比上年增12.06亿尾。全区虾类育苗49.7亿尾，其中罗氏沼虾育苗生产企业5家总销售量40亿尾，产值1.1亿元，平均价格比上年基本持平。

【无公害水产品生产】全区累计有效无公害水产品生产基地23个，总面积1104.7公顷，无公害产品26个，全区水产健康养殖示范场累计达到6家。积极开展水产养殖病害测报工作，全年共落实9个测报点，池塘面积达到24.6公顷。继续加强渔业生产投入品监管，依法惩治违禁生产销售渔药、饲料及饲料添加剂等行为，规范水产苗种生产行为。完成省级水产品药物残留监控计划79个水产品样本，全区水产品抽检合格率100%。

【园区建设】杨溇太湖蟹养殖基地和湖旺水产种业基地两个省级渔业园区创建点通过省级验收，全区省级水产园共16个（主导产业5个、精品园11个），面积27170亩（主导产业22780亩、精品园4390亩）。通过建设园区基础设施条件显著提高，初步建成一批主体明确、布局合理、基础设施完备、养殖品种新、技术标准化、营销品牌化的现代渔业园区。

【渔技推广】实施农业部全国渔技推广体系改革与建设示范县项目建设，发布主要推广技术和品种，主导产业：河蟹、生态鳖、名优鱼类。主导品种：河蟹、鳜鱼、大口黑鲈、翘嘴鲌、黄颡鱼、中华鳖。主推技术：虾蟹混养模式与技术、配合饲料替代冰鲜饵料投喂技术、池塘内循环流水养殖模式与技术、鳖（蟹）稻共生和生态养殖技术。建设渔业科技示范基地2家，总面积400亩，全区8个乡镇（街道）培育科技示范户79户，示范总面积1.2万亩，辐射带动周围农户829余户，面积2万亩；集中培训渔技人员30人次，举办培训班18期，参加培训人数1630人次，主导品种和主推技术入户率达到95%以上。推广试验新技术新品种，虾蟹混养模式与技术、配合饲料替代冰鲜饵料投喂技术、池塘内循环流水养殖模式与技术、鳖（蟹）稻共生和生态养殖技术等。

（闵新明）

·农　机·

【概况】紧紧围绕全区农村产业结构调整和新农村建设的总目标，按照“立足大农业，发展大农机，培养新农民，建设新农村”的总体思路和要求，坚持以促进农业增效、农民增收、提高全区农机化作业水平为重点，大力推进农业生产规模化、机械化，促进土地流转。按照省政府《关于大力发展农业机械化的若干意见》精神，宣传贯彻农业机械化法律法规，认真执行农业机械购置补贴政策，推广先进适用农业机械及配套技术，扶持发展农机专业合作社，加强农业机械化安全生产管理，强化农机机械依法监督管理，社会、经济、生态效益日趋显现，农业机械化事业稳步推进。全年推广水稻机播面积7.79万亩；水稻机收面积13.19万亩，水稻耕、种、收综合机械化水平达到86.85%。圆满完成全年各项农机化工作任务。

【农机购置补贴政策】农业机械购置补贴坚持“总量控制、优化结构、突出重点、分级扶持、包干使用”和“公开、公正，农民直接受益”的原则。综合考虑农业产业结构、农机化综合水平、在用农机存量结构和农民需求，严格按照省下达的资金控制额度，合理调配使用。全年受理农机购置补贴农机具141台，其中中央补贴289.9万元，省补贴36.656万元，市补贴23.142万元，区补贴23.142万元，其中单轨运输机等新产品补贴31台。农业机械报废补偿，坚持“农民自愿、国家扶持、便捷高效、促进更新”的原则，鼓励和引导农业机械加快淘汰和升级换代，优化农业机械装备结构，提高农业机械技术水平和作业效率，保障安全生产，促进节能减排。全年办理拖拉机报废78台，补贴14.3万元，达到预期的目标。

【农机监督管理】农机安全监督管理坚持以农机安全生产为中心，深化《中华人民共和国农业机械安全监督管理条例》的贯彻实施，加强领导、精心组织，狠抓农机安全生产和规范化管理，为全区农业机械化又好又快发展提供较好的安全保障。全年共受理拖拉机及驾驶员业务361件，其中检验拖拉机132台、办理驾驶证以及行驶证业务229件，会同公安交警出动警力60余人次，检查上道路拖拉机300多台次，纠正农机安全隐患25项；组织集中安全宣传9次，发放各类安全宣传资料1800余份，安全生产检查30余次，全年农机事故零死亡，无重特大事故发生。

【农机推广】以推进国家级现代农业示范市建设为主线，狠抓机插技术推广工作。联合市农机化技术推广站先后召开机插技术推广现场会和技术培训班，以农机专业合作社、农机大户为突破口，采取分片负责、层层推进、逐户落实的方法，全力推进机械化育插秧技术工作。大力推广秸秆打捆机的使用，组织开展秸秆打捆机秸秆综合利用现场会，将废弃秸秆变废为宝，保护节约资源的同时增加农户收益。协同省渔业与农机化发展处、市农机化技术推广站先后召开全省油菜机械化收获现场观摩会和机械化播种现场会，开展油菜机械化培训班，加快设施农业装备发展创建了“平安农机”示范区。创建“平安农机”示范镇1个，机器换人示范镇1个，新建农艺示范点1个，省级农机示范合作社1个，省级机器换人示范基地2个，“平安农机”示范社2个，“平安农机”示范村1个，全区新增机具2464台套，批次粮食烘干能力达到1200吨。

（徐建宁）

·林　业·

【概况】全年林业产业总产值为274513万元，同比增加11019万元，增长4.18%。其中第一产业实现产值50330万元；以木竹制品加工等为主的第二产业实现产值176186万元，与上年同期略有增长；以林业为依托的“农家乐”林业旅游等为主的第三产业实现收入47997万元，较上年增加了3402万元，增长7.6%。

【森林城市创建】贯彻落实省委、省政府“五年绿化平原水乡、十年建成森林浙江”战略部署，全力推进平原绿化建设，全区完成平原绿化面积1146亩；结合美丽乡村和“大花园”建设，开展“一村万树”建设行动，创建“一村万树”示范村9个，推进村47个。全面开展珍贵彩色森林建设，保质保量完成新植珍贵树、彩色健康森林建设任务，种植珍贵树13.4万株，建立发展示范点2个，局长示范林2片，示范单位2个。

【林业生态】结合生态区建设，全面推进生态公益林工作，建设重点生态公益林面积168447亩，进一步完善森林生态屏障体系，林业生态建设上了新台阶。全区森林覆盖率38.05%以上。

【林业产业】大力发展林业主导产业，实现竹笋产业产值20154万元。浙江大东吴绿家木业有限公司通过省级林业龙头企业复评，埭溪红旗村、妙西妙山村成功创建成省级森林人家。积极组织相关单位参加义乌森林产品博览会。

【森林资源保护】坚持一手抓发展，一手抓保护，切实加强森林资源管理，做好森林资源保护。强化林木采伐管理，按照《吴兴区人民政府关于做好“十三五”期间森林限额采伐工作的通

知》要求，严格把控采伐限额。加强野生动物保护宣传。根据浙江省林业厅 浙江省野生动植物保护协会《关于组织开展2018年全省野生动植物保护宣传月暨“爱鸟周”活动的通知》文件精神，在全区组织开展了以“保护鸟类资源，守护绿水青山”为主题的野生动植物保护宣传月暨“爱鸟周”宣传活动，进一步提升了公众参与野生动物保护的积极和法律意识。累计发放新《中华人民共和国野生动物保护法》（以下简称《野生动物保护法》）1500本、《吴兴区保护生态爱护鸟类倡议书》3000份、《野生动物保护法漫画解读》100套、悬挂宣传标准条幅130条，制作科普宣传展板18块，发放宣传布袋1000个，发送宣传短信息20万条。加强湿地保护管理工作，吴兴区完成湿地治理1.05万亩，恢复植被0.5万亩。加强林业执法管理，吴兴森林公安结合“雷霆”“利剑”“清网”行动打击非法占用林地、非法运输、贩卖野生动物行动，“毁林（竹）综合治理专项行动”打击毁林毁竹种茶等违法行为，以“零容忍”的态势查处惩治了一批毁林违法犯罪行为，强化林业执法管理。强化森林消防工作。不断强化森林消防建设，突出抓好“以水灭火”工程建设，全面提升“以水灭火”装备、队伍和扑救能力水平，扎实做好森林防火工作。悬挂宣传条幅300多条，出动宣传车辆200台次，发送各类宣传短信息2万多条。重管控。根据工作任务以及气候变化，全面加强人员、火源、重点地段、重要关口的控制，采取检查、巡查、督查等手段来加强管控严防森林火灾事故的发生。

【林技推广】继续开展“一亩山万元钱”五年行动计划，新建以竹类覆盖技术推广为重点的示范区526亩，辐射深化面积5040亩，新增产值2449万元。开展林下种植褐松茸、套种铁皮石斛科技推广项目，结合林业科技周开展科技服务，全年举办林业技术培训班2期，培训137人次。

（慎家辉）

·水　利·

【概况】全区（除湖州经济技术开发区、太湖旅游度假区）市属中型水库1座（老虎潭水库）；小型水库20座，总库容1168万方，灌溉面积1.3万亩。小(一)型水库3座，其中埭溪镇1座(红旗)，妙西镇2座(稍康、陆家庄)。小（2）型水库17座，其中埭溪镇9座（大山坞、三八、利山、向阳、管门冲、西羊山、风车口、五四、革命），妙西镇6座（麦家坞、霞幕山、盛坞、照山、石山岭、福坞），东林镇2座（五丰、南山）。全区山塘总计243座，总库容242万立方米。其中万立方米以上山塘69座（埭溪镇33座、妙西镇29座、东林镇5座、道场乡2座），总库容183万立方米，灌溉面积0.61万亩；其中万方以下山塘174座（埭溪镇55座、妙西镇112座、东林镇4座、道场乡3座），总库容59万方，灌溉面积0.4万亩。除老虎潭水库外，全区水库山塘中饮用水水库8座，其中埭溪镇2座（三八、利山），妙西镇5座（陆家庄、稍康、霞幕山、麦家坞、福坞），东林镇1座（南山）；饮用水山塘54座（埭溪镇24，妙西镇21，东林镇9）。农田水利设施方面，全区有大小机埠（泵站）1230座，防洪节制水闸88座。现有河道1492条，总长1469公里。

【水利事业发展】全区水利事业改革与发展深入推进。根据中央、省、市水利建设政策和投资方向，将对上争取项目资金工作列入局中心工作来抓，全年争取到市级以上资金9050万元。完成年度水利总投资2.1亿元，全面完成省、市下达的水利工作目标任务。

【防汛防台】2018年，入梅时间较晚、梅雨期较短。6月20日入梅，7月9日出梅，梅雨期19天，较常年偏少，入梅时间较常年(6月15日)偏晚，出梅时间较常年（7月10日）偏早；全区平均梅雨量287.2毫米，比常年梅雨量（250毫米）偏多约15%；梅雨时空分布不均。时间上集中在6月22日、7月2日至7月3日、7月5日至7月6日。空间上主要表现形式为局地强降雨，镇水站单日持续降雨降雨量95毫米、三世河站4小时降雨量120.5毫米、施家桥站4小时98.5毫米、高新区西长港站4小时99.5毫米、五星村4小时130.5毫米。台汛期共防御影响台风7个，较常年偏多。受梅雨期降雨以及台风降雨影响，全区河道、水库水位普遍上涨。全区水库、山塘、河网均出现了全年最高水位，但均未超警戒水位。东部平原水位最高达1.89米，距警戒水位0.17米；2018年汛期无人员伤亡，全区无重大经济损失。全区汛前落实了草包3.5万条、麻袋7.5万条、编织袋11.42万条、木桩2140根、毛竹6.22万支、水泵688台、区级及乡镇街道抢险队伍23支1090人，村级抢险队伍220支2376人。6、7月局地强降雨，月河街道低洼易涝区部分房屋1楼进水，区防汛办紧急运送200件吸水膨胀袋，结合水泵帮助受淹住户排水，保证正常生活。汛期，全区启动防汛Ⅳ级响应1次，防台风Ⅳ级响应3次；开展业务技能培训15次，应急演练2次，共3050人参加；派出防汛防台检查组110组，发动人员7812人次。

【参评国家水情教育基地】吴兴区织里镇太湖溇港文化展示馆在全国第三批水情教育基地评选中脱颖而出，并成为浙江省唯一入选单位。太湖溇港文化展示馆位于织里镇义皋村，该基地加强管理、注重创新、突出特色，不断提升面向公众开展水情教育的能力和水平，提高社会知名度和参与度，充分发挥了水情教育的示范引领作用。2018年12月，水利部、中国科协等单位的相关领导赴吴兴区对展示馆进行了参选复评。

【河道整治与管理】通过河道清淤、护岸建设、水系沟通、配套绿化等一系列治水措施，全面持续改善了全区水环境。清淤河道100公里，清淤106万方；并创建市级美丽河湖（库塘）200条。

【水利工程标准化管理】 提升“四型库塘”标准，进一步开展安全型、标准型、智能型、景观型水库山塘建设，完成2座水库、10座山塘标准化整治，完成22个水利工程标准化管理创建任务，完成投资600万元。率先在水库、山塘工程中积极探索物业化管理新模式，实现“管养分离”。

【水政水资源管理】全面开展涉水审批承诺备案制和区域洪评工作，完成吴兴经济开发区工业园区、湖州现代物流装备高新技术产业园区、丝绸小镇、美妆小镇4个省级以上园区的区域洪评工作，全面提升了入驻项目涉水审批效率。对年取水量5万立方米以上的42家企业实行全面监控。加强水政执法巡查和宣传。继续坚持定期对全区水域、河道、水利工程等开展巡查，抓好全区河道的执法巡查工作，积极配合市局参与沿太湖联合巡查执法活动。全面加强水政法律法规宣传，在“世界水日”“中国水周”和“‘12•4’法制宣传日”期间积极开展街头宣传活动，全年组织宣传活动2场、发放宣传资料2000份。

【农田水利基础设施建设】继续加大全区农田水利项目建设力度，全年共完成圩区整治2万亩，完成节水灌溉面积0.1万亩。

（吴永祥）

第七篇　工业经济

·综　述·

【概况】2018年是全面深入贯彻落实中共十九大精神的开局之年，也是实施“十三五”规划承前启后的关键之年。吴兴区不断深化供给侧结构性改革，推动工业转型升级，工业经济呈现态势向好、质效提升、结构趋优、转型加快的良好势头，为迈向高质量发展夯实了基础。

【生产效益　产业结构】全区完成规上工业增加值93.02亿元，同比增长11.2%；实现利税45.13亿元，同比增长17.4%；完成战略性新兴产业、高新技术产业、装备制造业增加值42.25亿元、48.33亿元、27.45亿元，同比分别增长16.3%、9.3%、11%。

全区新兴产业呈现较快发展态势，智能装备、信息经济、金属新材、现代纺织四大主导产业完成产值475.64亿元，占比达90.9%，占比较2017年提升14.8个百分点，对全区工业经济支撑作用明显。全区完成战略性新兴产业、高新技术产业、装备制造业增加值42.25亿元、48.33亿元、27.45亿元，同比分别增长16.3%、9.3%、11%，分别列全市第一、第四、第二，久鼎电子、德马科技、三一装备、先登高科等一批高科技、高成长企业持续发展壮大。

（沈纯炜）

·节能环保·

【概况】大力推广生物质能、太阳能、天然气等清洁能源，替代煤炭、薪柴等传统生产生活用能，清洁能源的利用比重在不断提高。通过产业结构调整积极降低全区能源消耗强度。按照“清洁、低碳、高效、安全”的能源发展思路，不断提高清洁能源在一次能源消费中的比重。通过加快天然气管网建设、光伏项目实施，把绿色发展、循环发展、低碳发展作为基本途径，加强源头管理，强势淘汰落后产能，大力推动发展循环经济，实现煤炭消费替代，不断优化吴兴区能源结构。

【企业　项目　产业链】推动清洁能源示范县建设，推动重点项目实施，大力发展清洁能源，推进生态文明建设、落实区域大气污染防治、带动新能源产业发展、实现节能减排和产业结构转型升级，不断提高可再生能源消费量的使用比重，打造我省创建国家清洁能源示范省的“样板区”。

【新能源】积极推进光伏发电项目建设，推动吴兴区可再生能源开发利用，不断提高可再生能源消费总量，进一步促进吴兴区新能源发展和能源结构优化，削减煤炭消费比重。2018年以来，吴兴区埭溪阿波溪仑地面光伏电站完成并网57兆瓦，企业屋顶分布式光伏完成29.5兆瓦，家庭屋顶光伏4.6兆瓦。

（沈琪泓）

·智能装备·

【概况】近年来，在新型工业化加速发展的大背景下，我国高度重视智能制造装备产业的发展，吴兴区始终把大力发展智能装备产业作为产业发展的重中之重，智能物流装备行业列入2018年省工业和信息化领域（行业）试点示范；物流装备产业列入2018年省级经信领域试点示范。企业主要分布于高新区、埭溪镇。全区智能装备产业企业83家，实现产值118.56亿元，同比增长12.2%，占比22.7%。装备制造业增加值27.45亿元，同比分别增长11.0%，增幅列全市第二。

【企业 项目 产业链】按照市工业“3+4+N”（三大新兴产业、四大传统产业、N个新兴增长点）产业体系统计口径，吴兴区智能装备产业内企业83家，培育了一批自主创新能力强、竞争力强的“双强”企业，如德马科技是我国境内最大的输送辊筒及零部件制造商、规模最大的输送机制造商之一，三一装备深耕“一带一路”市场，研发生产的履带起重机近一半出口全球市场，实现销售额年均增长40%、出口创汇年均增长30%。智能装备产业类小微企业园区以高新区中小微企业智能制造产业园为代表，已集聚入园企业13家，均以物流装备类企业为主。未来空间布局，重点发展区域主要为高新区、埭溪镇；重点建设物流装备产业园、装备制造及大型零部件产业示范基地；综合考虑产业发展基础、发展前景和发展优势，以发展信息化、智能化为导向，将发展仓储物流、装卸搬运、智能化系统、关键部件及配套、管输物流作为吴兴区智能装备产业的重点发展方向。

（沈纯炜）

·金属新材·

【概况】金属新材业是吴兴区的第一大主导产业。作为高技术产业、先进制造业的基础和先导，是提升综合实力、打破技术壁垒、维护国家安全的重要战略性新兴产业。金属新材产业发展起步较早、规模较大的传统产业，是吴兴区工业经济的支柱产业，成功创建特种金属管道国家级特色产业基地、金属新材产业市级产业集群。全年金属新材产业产值同比增长12.8%。

【企业 项目 产业链】全区金属新材产业整体趋稳向上。按照市工业“3+4+N”产业体系统计口径，吴兴区金属新材产业企业55家，金属新材产业形成了以万邦德、金洲管道、久立特材等龙头企业为代表的金属新材企业集群。新凤鸣、华祥高纤已成为功能性纤维领域的领军企业，双双被评为2018年度“双金”企业，引领全区现代纺织企业向前推进。珍贝羊绒、米皇羊绒、帕罗羊绒分别位于中国高端羊绒十大品牌前五。金属新材产业类园区以万邦德新材产业园为代表，项目计划总投资100亿元，总用地面积2102亩，打造华东地区最大的铝加工生产基地。未来空间布局，重点发展区域主要为高新区、织里镇、八里店镇；重点建设织里万邦德新材产业园区和八里店金属管道产业园区两大专业平台；重点发展不锈钢管材、新型铝材两大领域，依托企业为万邦德新材、金洲管道、久立特材、米皇新材等。

（沈纯炜）

·现代纺织·

【概况】现代纺织产业是吴兴区传统支柱产业之一，规模仅次于金属新材产业的第二大产业，织里童装产业集群成功列入省现代产业集群转型升级示范区试点。现代纺织产业在劳动用工成本提高、市场需求能力不足的情况下，全年完成现代纺织产业产值同比增长34.6%。

【企业 项目 产业链】形成以珍贝羊绒、帕罗羊绒等为代表的羊绒制品类企业群，以华祥高纤为代表的化纤类企业群，以舒曼纺织、金裕丝织为代表的家纺类企业群，以新南海织造、新宇丝织为代表的丝织类企业群，以今童王、布衣草人为代表的童装类企业群。珍贝羊绒是国内羊绒企业中的佼佼者，引进英国、德国、意大利等国的先进设备，形成从原绒进厂，经原绒分梳、纺纱、针织，到成衣出厂的完整生产体系。华祥高纤是一家专注于高附加值功能性、差别化涤

纶纤维研发、生产和销售的企业，其控股公司中国高纤国际控股有限公司是国内唯一一家在新加坡、韩国两地同时上市的公司。今童王是集设计，生产和销售为一体的童装企业，曾获得“中华杯”国际童装设计大赛金奖，有“芝麻开门”“今童王”两大品牌，在国内大中城市拥有上百家专卖店。现代纺织产业类小微企业园区以童装产业园区为代表的，一期已投入使用，入驻童装企业55家，童装产业园二期、三期正加快推进中，同时仙贝童装、通益童装等民营资本投资的小微企业园也在加快建设中。未来空间布局，重点发展区域主要为织里镇、八里店镇；重点建设织里童装现代产业集群转型升级示范区，重点发展品牌童装、差别化纤维、羊绒制品、真丝及棉织品四大领域，依托企业为珍贝羊绒、米皇羊绒、今童王、布衣草人等。

（沈纯炜）

·童装产业·

【概况】把握传统制造业和童装产业发展规律，以“万千百十个”为工作路径，即强力整治万家加工点、全力推进千家小升规、重点培育百家示范户、精准实行十家规改股、全面做强一个综合体，有力有序推进转型升级工作。全年生产销售童装14亿件套，销售额约550亿元，占据国内童装市场50%；电商企业达7800多家，全年线上交易额约100亿元；织里童装产业配套较为完整，形成相对完整的产业链，拥有全国性专业童装面辅料轻纺城、童装市场、物流中心和劳动力市场，已然成为中国规模最大、分工协作最紧密、反应速度最快的童装产业集群。全区大力推进织里童装产业发展，促进产业转型升级做优做强，推动童装产业规模化、品牌化、国际化、高端化发展。

【品牌建设】为加快织里由“童装名镇”向“童装强镇”转变步伐，织里镇利用童装产业集群的资源优势，打造总占地面积1000亩的童装上市企业总部园（一期约500亩），在全国范围内招商，争取把中国最优秀的童装品牌全部集聚到织里来，发展童装总部经济，把优秀品牌企业的根扎在织里，鼓励童装企业通过资本市场规范发展、做大做强。在完成园区概念性规划设计后，制定“童装上市企业总部园”招商政策。经过前期的广泛推广后，上市园（北邻万谦漾路、南临318国道、东临栋梁路、西临阿祥路）一期的招商工作基本完成，有ABC童装、1001夜童装、中赛服饰等15个童装品牌企业报名。通过综合比较和层层遴选，和ABC童装、1001夜童装、中赛服饰、越也服饰、Polo Sport共五家企业签订协议，确定供地面积。五家企业的红线图都已基本确定，中赛服饰和1001夜的初步方案已经出来，polo sport和越也服饰的方案正在设计中。

【产业链】提升织里童装整体品质，抓质量检测，严格执行童装新国标，加大检测力度，对不合格产品，加大处罚力度；抓技工水平，设立技工技能培训、考核机制，按相应技能水平颁发职业技能等级证书；抓新技术运用，敢于将VR技术、二维码技术等一系列新技术与童装相结合。建立起高科技含量、高附加值、创新能力强，技术、人才、资本、信息等高效运转，并具有创新性、开放性、融合性、集聚性和可持续性特征的新型产业体系。实现节约发展、清洁发展、安全发展和可持续发展，实现由“织里制造”向“织里智造”转型。 建设现代童装产业体系是参与高端竞争的基础，也是有利于提高产业竞争力、促进产业链资源整合提升。

【服务体系】提升服务质量和办事效率，大力培育童装市场主体，推进童装经营业主建立现代企业治理机制。三大中心建成投入使用，提升公共平台服务能力。织里镇童装电子商务孵化中心，立足电子商务人才培训、第三方服务支持、摄影、代运营、电商专业人才输出等方面提供相应服务，电子商务孵化中心培训6500余人次，为企业提供人才输送、人才培训、摄影、美工、代运营等相关服务1500余家次。质检中心预计检测1万多批次，累计与900余家织里童装企业建立的稳定的服务关系。设计中心共举办各类活动10次，各类培训10次，接待来自全国各地的参观学习40余批次。

（沈纯炜）

·多媒体产业园·

【概况】湖州多媒体产业园发展有限公司隶属于上海长宁区国有企业上海新长宁集团。2008年，上海新长宁集团响应习近平总书记（时任上海市委书记时）提出的“上海联动长三角”的号召，在上海长宁区政府和湖州市政府成为“友好区市”的区域合作背景下，走出上海，探索跨区域产业平台运营模式，旨在将“数字长宁”的产业楼宇模式和上海市优质的企业、人才、服务等引入长三角周边城市，充分发挥上海作为长三角城镇群和长江经济带的龙头城市的作用，实现产业梯度转移和产业差异与错位发展，促进长三角区域经济一体化的衔接共赢纵深发展。

2008年6月，上海新长宁（集团）有限公司全资子公司上海多媒体产业园发展有限公司出资3亿元成立湖州多媒体产业园发展有限公司。

湖州多媒体产业园位于吴兴区东部新城，定位为以服务外包、多媒体产业为特色，以信息服务业、工业设计为主体的现代服务业集聚区。园区规划总占地255亩，目标是为企业发展、员工生活提供全程解决方案，建设成融培训研发、生产制作、展览展示、生活娱乐为一体的产业综合社区。

园区所有办公楼宇全部采用地源热泵和水源热泵、全置换新风、辐射吊顶、外墙保温、外遮阳等先进技术，营造环保、节能、舒适的办公环境。园内景观建设充分尊重湖州当地的自然环境特色，结合江南特有的水文化、桥文化与园林文化，使用大规模的绿化和自然水系，创造了“清、静、绿、凉”的宜人环境。园区得到了各级领导的认可，先后被授予浙江省服务外包示范区、省现代服务业集聚区、省信息产业重点项目、省特色工业设计基地、省级专业科技孵化器、省首批文化创意产业园区、省级广告产业园、国家级大学生社会实践基地等称号。

湖州多媒体园区共开发建设区域近133亩，一标段建筑面积5.8万平方米，入驻企业50家，涵盖了文化创意、服务外包、电子商务、工业设计等生产性服务业领域。二标段建筑面积5.6万平方米，其中人才公寓约1.7万平方米，由吴兴区科创公司运营；商业部分在招商洽谈中，园区三四标段已经与湖州市城投、吴兴区城投达成合作开发协议，预计年底开工。

【工业设计基地建设思路】一是明确产业方向，发挥设计在示范建设中的作用。重点推进创新设计与新兴产业的融合发展，以创新设计加快传统制造业转型升级。二是强化选商择资，促进工业设计全产业链企业集聚。整合区域特色产业基础、各类园区基础、中心基础，以“设计资源协作”为理念，坚持“基地+”模式，发挥设计基地集聚整合作用，拓展招商服务范围。不断聚集工业设计全产业链企业，将产业链上下游企业作为招商目标，甄选入驻企业产业类型和预期产出。加大力度“走出去、引进来”，充分利用协会资源，通过培训、论坛、展览等活动，拓宽优秀企业项目招引渠道。坚持“设计转型，企业提升”，充分把握设计企业、制造业企业转型之机，对照湖州本地产业特色，吸纳对应本地产业设计强项的设计公司与制造业企业合作成立新型设计产业型企业入驻中心，力争培育和引进设计与制造融合性企业。强化与湖州特色产业集群的紧密合作，加大特色产业相关设计企业扶持力度，加快设计成果直接转化，引导设计企业做大做强。三是创新开放模式，提升基地精准服务水平。按照“精、准、深、实”的原则，以设计成果数字化、实体化、经济化、产业化为目标，把握设计企业与制造企业合作性质变化，促进设计企业逐步向成果转化型新型设计企业发展。充分利用制造业企业拓展设计业务体系等市场机遇，围绕传统产业转型升级“科技+设计+人才+资本”集聚整合需求，拓展性开展以企业化运作为主体、以双向选择为基础的多维度立体式设计服务新模式。积极参与中国工业设计协会活动，总结和吸取优秀基地先进建设经验，积极组织承办省市各项大型活动，充分发挥省级基地标杆带头作用。四是加大引育力度，壮大设计专业人才队伍。高度重视人才力量的培养和储备，组织设计企业负责人和优秀设计人才参与国内优秀工业设计高研班培训活动，为优秀人才不断成长提供更高的平台。组织基地设计人才参加工业设计职业资格考试，不断提高工业设计从业人员专业水平。五是完善考评制度，优化基地设计企业布局。加强基地入驻企业绩效管理，实行差别化资源配置，对无产出、低产出企业进行淘汰清除，对单位面积产值

低企业进行面积缩减位置调整，将优质空间和优惠政策向优质企业、创新企业倾斜。基地每年保持10%以上淘汰率，确保基地单位面积产出率稳步提高，集聚发展水平稳步提升。

【运作机制】为切实推进园区建设工作，园区在市、区两级政府的指导下，紧密围绕园区的产业规划和发展目标开展各项工作。为加快园区产业集聚规模，出台《企业评估与退出机制暂行办法》。把园区建设作为发展生产性服务业的一项主要工作，出台了《关于进一步扶持湖州多媒体产业园发展的若干政策意见》，加大了对创业企业的扶持力度，完善了资金管理办法，确保资金落到实处。坚持“政府主导、园区管理、龙头带动、市场运作、设定目标、绩效挂钩”的基本原则。建立了政府、园区、若干个第三方专业团队各尽其责紧密协作、良性互动的“1+1+N”完善的运营管理和运作机制。

【产业结合】本着紧密结合湖州市、当地产业基础的原则，园区着力于与当地产业密切相关的企业孵化扶持。一是“立足当前、谋划长远”明确产业发展重点。重点发展大数据互联网、软件设计产业、文化创意、电子商务服务产业；辐射服务湖州市特色优势产业，重点服务童装产业、绿色家居（含家具、木地板、椅业、户外休闲用品）产业、智慧农业、智慧安全等物联网产业。二是“搭建载体、深化协作”提升示范园区品牌。以现代服务业产业示范园品牌的起点，依托湖州产业优势，精心策划，努力搭建传统产业升级转型的路径，着重招商引智，采取合作共建方式，立足产业优势，借势借力方式助力企业发展。三是加强产学研合作，园区与湖州师范学院共同申报了国家级大学生社会实践基地，建立产学研合作模式，创新机制，建立长期合作关系。四是“挖掘需求、注重服务”推进产业发展。逐步建立政府、园区、第三方服务机构、本地上下游企业共赢发展的联动机制。在企业交流与合作、成果转化、人才引进和培训、融资、法律服务、专利、著作权申请等给予企业支持和服务。通过上述措施，达到助力企业发展、发挥园区产业集聚效应、为湖州产业发展贡献力量的作用。

（湖州多媒体产业园发展有限公司供稿）

·节能降耗·

【概况】在国内经济“速度放缓、结构优化、方式转变”的新常态下，全区以提高能源利用率为核心，强化能源消费管理，大力调整产业结构，推动企业技术改造，主动淘汰落后产能，严格限制高耗能、高污染行业发展，节能降耗工作持续稳步推进。全区规上工业能源综合消费总量80.2万吨标准煤，同比增长2.0%，规上工业增加值能耗下降率8.3%。全社会用电量63.6亿千瓦时，同比增长14.6%。其中，工业用电量40.0亿千瓦时，同比增长14.13%；居民用电量8.7亿千瓦时，同比增长13.54%。规上工业企业煤炭消费53.03万吨，包含长和热电向南浔供热部分（约13.2万吨）后。

（区发改经信局供稿）

【有序用电】4月，国网湖州供电公司编制《2018浙江电网超电网供电能力拉限电序位表（吴兴）》，并与吴兴区发经委进行盖章确认。5月，联合吴兴区有序用电领导小组下发《2018吴兴区有序用电工作方案》，方案对吴兴地区内所有的企业按照企业所属行业类别、产业层次和区企业培育计划，将用电企业分为：重点保障、优先保障、一般保障、重点限制四类档次。同时分六个等级编制避峰负荷12.3万千瓦限电预案，进行指标分解及安排相关机动负荷。吴兴区用电未出现缺口，未执行有序用电。

（国网湖州供电公司市区供电服务中心供稿）

【节能技改】结合节能减排“十百千万”行动，锁定能源利用效率低下、水环境污染严重的企业、生产工艺和设备为整治提升重点，大力实施节能减排重点项目，引导和鼓励企业开展能源合同管理、节能技术创新等工作，共完成104个项目的节能审查，出具各类电力增容批复69份。积极指导督促重点企业开展清洁生产审核，强化对重点企业清洁生产审核的评估验收。引导和鼓励企业开展能源合同管理、节能技术创新等工作，累计完成24个节能技改项目。积极指导督促重点企业开展清洁生产审核，强化对重点企业清洁生产审核的评估验收，全年完成8家企业清洁生产审核。

【淘汰落后】严格实施《浙江省淘汰落后生产能力指导目录》，全面锁定能源利用效率低下的企业、生产工艺和设备，排定时间，落实责任，按时推进坚决淘汰一批能耗超标、污染严重、管理落后、安全隐患的落后产能、工艺和设备。累计完成淘汰落后产能企业18家，腾出用能空间1.925万吨标煤。

【“低小散”整治】整治提升传统产业。深入贯彻落实省委、省政府打好经济转型升级系列“组合拳”的决策部署，全面推进以“四无”（无证无照、无合法场所、无环保设施、无安全保障）为重点的“低散乱”块状行业整治提升。累计整治提升和关停“低散乱”企业（作坊）2777家。

【绿色工厂】加速推进绿色工厂全覆盖工作。以浙江省工业节能和绿色制造试点示范和清洁能源示范县为契机，积极申报国家、省、市级绿色园区和绿色工厂，湖州现代物流装备高新技术产业园区成功申报国家级绿色园区，新凤鸣、先登等5家企业入选国家级绿色工厂，米皇羊绒和帕罗羊绒获得国家级绿色产品称号。截至3月底，规上工业企业星级以上绿色工厂覆盖率达到67.1%。

【循环经济】推动吴兴工业园区国家级循环化改造示范试点工作，推动21项循环化改造重点支持项目建设，确保园区循环化改造重点支持项目顺利实施和中央财政补助资金高效使用。以传统块状行业集聚、循环、提升为核心，以实现“整治千家企业、减排千吨污染、打造千亿产值”的总目标，为全国生态文明建设和我省传统块状行业转型升级提供示范。中央资环项目浙江美欣达印染集团股份有限公司印染行业清洁生产技术示范项目顺利通过验收。浙江久立特材科技股份有限公司新建20吨/天不锈钢重金属污泥无害化处理和资源综合利用生产线项目完工。牵头组织开发区、度假区开展2016年度大吴兴区温室气体清单编制，按期完成基础数据收集和清单报告编制、评审等工作。大力发展循环经济，强化资源节约意识，努力缓解资源约束，减轻环境压力，不断增强吴兴区经济整体素质和竞争力。

（沈琪泓）

·企业建设·

【概况】全区以“金象金牛”大企业培育为抓手，着力开展“小升规”、企业6S管理等专项工作，采取重点关注、要素保障、规划引领等举措，加快引导企业由规模战略向自主创新转变，加快提升产品价值链地位及市场竞争力，全力培育国际知名、国内领先的产值百亿级企业（集团）和超亿级企业群。规模工业企业达到331家，主营业务收入超10亿元企业达到6家，全年完成“小升规”72家。

【“金象金牛”企业　科技创新】加快培育“双金”企业、6S管理先进企业、初创型企业，构建合理企业梯队。金洲管道、飞剑控股等8家企业列入全市“金象金牛”培育企业。美欣达、大东吴、新凤鸣被认定为全市2018年度“金象”企业，华祥高纤被认定为全市2018年度“金牛”企业。加快“提升推进一批、创建认定一批、入库培育一批”企业技术中心，扎实推进创新平台建设，成功申报市级企业技术中心9个（栋梁铝业、锐格物流等），省级企业技术中心3个（新凤鸣、东尼电子、久鼎电子），完成省级工业新产品备案300多只，完成2018年度首台（套）产品认定3只（振兴阿祥、日创电机等）、省优秀工业新产品3项（东尼电子、久立特材等）。

（沈纯炜）

·信息化建设·

【概况】全区坚持数字经济“一号工程”发展理念，紧扣“数字产业化、产业数字化、企业智能化”主线，深入推动人工智能、云计算、物联网等新一代信息技术与制造业深度融合发展，积极提升全区数字经济发展水平。2018年，全区数字经济指数91.9，全省第18位，全市第1；两化融合发展指数92.71，全省第16位，全市第1；信息化发展指数102.89，全省第10位，全市第1。吴兴区成功获评全省企业上云十强县区，全市唯一。

【信息技术推广应用和企业信息化改造】开展专家问诊服务，组织智能制造领域相关专家深入区龙头企业，重点针对企业一把手、CIO，围绕信息化建设等进行政策解读和专业指导，着力提升企业信息化发展水平。聚焦重点企业，抓好示范引领。新凤鸣等3家企业列入工信部两化融合管理体系贯标试点；德马科技等4家企业通过贯标认证，累计达到9家。三一装备等8家企业列入2018年省第二批上云标杆企业，全市第1。力聚等4家企业列入省级工业互联网平台，全市第1；全面开展重点公共区域免费Wi–Fi建设，2018年,全区新增免费无线上网APP点1893个，全区累计完成免费APP点6208个，全市领先。

【信息化项目及专项资金申报】德宏电子等12家企业项目列入省级制造业与互联网融合试点示范，全市第一；日创机电等24家企业列入市级两化融合试点，全市第一；德马工业数字化制造管理系统等25个项目列入2018年市两化融合重点项目计划，全市第一。积极落实用好研发加计扣除、各类财政优惠政策，引导企业积极申报国家、省市政策资金，实现借力发展。2018年，全区落实"两化"深度融合类奖励资金1414万元，保持逐年稳步增加。

（潘允武）

·电　力·

【概况】国网湖州供电公司市区供电服务中心坚持"行稳致远 奋楫当先"的工作思路，务实创新，担当破难，各项工作稳步推进。全区社会用电量达63.62亿千瓦时，比上年增长14.66%，最高负荷达107.9万千瓦，增长5.37%。截至年底，吴兴区有10千伏公用线路461回，长度为4193.8公里，10千伏公用变5384台，容量为207.9万千伏安，10千伏配电站2813座，10千伏开关站452座，环网柜192座。

【电网建设】有序推进电网工程建设。2018年吴兴区范围电网投资2.78亿元，完成湖州110千伏牵引站工程、110千伏青山变改造工程和110千伏埭溪阿波西光伏工程等工程建设，新建、改造10千伏线路106.94公里、0.4千伏线路282.35公里；新增、调换变压器163台，增加容量5.85万千伏安，完成埭溪镇等四个小城镇环境综合整治项目电力配套。"生态+电力"践行"两山"理念。积极推进市区电动公交"电动化两个全覆盖"项目建设，完成妙西、童装城和漾西等6个电动公交站点建设。新增郭西湾码头、升山锚泊区共计40个单相岸电桩，5个三相岸电桩的岸电装置建设。积极推进乡村振兴示范区建设工作，对吴兴区36个村进行电气化改造，建设精品示范台区建设2个，为吴兴区深挖生态休闲旅游，践行"两山"理念提供电力基础支持。

【用电构成】

2018年吴兴区全社会用电量按行业构成情况一览表

表7-1

用电分类	用电量（万千瓦时）	构成（%）	比上年增长（%）
全社会用电量合计	636243.65	100	14.66
（一）农、林、牧、渔业	9081.15	1.43	1.91
（二）工业	400116.39	62.89	14.13
（三）建筑业	15347.31	2.41	47.84
（四）交通运输、仓储、邮政业	15826.20	2.49	14.42
（五）信息传输、计算机服务和软件业	8272.93	1.30	4.3

用电分类	用电量（万千瓦时）	构成（%）	比上年增长（%）
（六）商业、住宿和餐饮业	45692.67	7.18	15.06
（七）金融、房地产、租赁与商务服务	17646.21	2.77	12.35
（八）公共事业及管理组织	37355.14	5.87	13.98
（九）城乡居民生活用电	86905.64	13.66	13.54

【优质服务】积极开展重要客户走访和重点项目服务工作。根据《中共湖州市委办公室湖州市人民政府办公室关于调整“六个城市”和十大专项行动责任分工市级领导联系制度的通知》《湖州市“问难帮困稳增长”服务企业工作方案》，主动服务2018年省市领导联系重点工业项目库，落实专属客户经理，全过程服务重点项目建设实施，做好重点项目电力接入的优质服务，根据业扩需求及时谋划电力配套工程布点实施。组织开展重要客户上门走访活动，对市本级55户重要用户进行上门走访，通过多种渠道积极宣传电力部门的服务举措，主动服务好售电公司和市场交易用户。保障重要用户稳定运行。由国网湖州供电公司市区供电服务中心牵头，会同调控、运行、变电、线路、营销等业务专家，对市本级23户重要电力用户开展联合专项检查，共发现问题和缺陷8条（处），并对用户电工配置管理、日常运行管理、用户设备安全等方面开展全方位、立体化“体检”，开出诊断书，并督促用户整改，有效规避经营风险，确保电网和用户供用电安全。确保重大活动电力供应。组织专业队伍，开展应急演练，满足实战需求；2018年市区供电服务中心对联合国世界地理信息大会、第三届世界乡村旅游大会暨“一带一路”世界乡村旅游湖州亚太峰会、浙江省运动会、湖州市2018年两会、全市重大工业项目集中开工仪式、二季度湖州市重大项目集中开工仪式、湖州市加快打造绿色智能城市暨民营经济高质量发展大会、2018年高考“学考、选考”、2018年全国高考等重要活动出色完成了保供电。截至年底共完成各级保供电任务69次，共派遣保供电人员302人次，出动应急发电车52辆次，其中未发生一起电力供应中断事故，出色完成了各类保供电工作。多措并举提升服务品质。提高窗口优质服务水平，开展营业厅常态化业务培训及窗口服务礼仪沟通技巧训练，提升营业窗口服务人员业务水平。为推进“互联网+”营销服务模式下以智能型、市场型、体验型、线上线下一体化为特征的实体供电营业厅转型升级，在吴兴城西供电营业厅试点开展“三型一化”转型升级改造，实现实体营业厅从传统的形象展示窗口功能定位到面向未来的市场拓展平台功能定位的转变。积极策划开展电子渠道推广线下活动，开通掌上电力APP线上办电服务。服务市民推进“最多跑一次”改革，电力窗口于4月2日进驻吴兴区政务服务中心，构建起“一站式”服务平台，实现水电气联动。截止12月底，共受理办电业务超50000笔，日均业务量达300笔以上，45097笔居民和10225笔企业办电业务做到“最多跑一次”或“一次都不跑”，完成水电气联动过户1545户。服务企业推进直购电交易，吴兴服务区域内直接交易用户合计623户，累计完成直接交易电量近16.46亿千瓦时，节约电费支出约4856.51万元，大大降低相关企业生产经营成本。配合政府对限制类、淘汰类用户执行差异化电价，累计执行电量610万千瓦时，共增收电费136.52万元。2018年电费调整共4次，降价涉及电量14.73亿千瓦时，降低一般工商业用电成本1.15亿元。

（国网湖州供电公司市区供电服务中心供稿）

第八篇　经济管理与监督

·国有资产·

【概况】推进全区国有企业改革，建立现代企业制度，完善国有资产管理体制，提高国有资本配置绩效，做强做优做大国有企业，不断增强国有经济活力、控制力、影响力和抗风险能力，促进经济社会持续健康发展，在组建湖州吴兴城市投资发展集团有限公司和湖州吴兴产业投资发展集团有限公司基础上，完善法人治理结构，加快市场化转型，进一步提升两大集团服务重大基础设施建设、战略性新兴产业发展的能力。截至2018年年底，城投与产投拥有资产总额515亿元，净资产184亿元。

【国资监管】区国有资产管理委员会，对全区行政事业单位、国有控股、国有参股企业履行产权人职责，负责监督管理全区国有资产。国有资产管理委员会下设办公室，与财政局合署办公，办公室主任由财政局局长兼任。区财政局下设国有资本监督管理服务中心，由区人民政府授权区国有资本监督管理服务中心依法履行出资人职责，对区城投和区产投两大国有资本投资运营集团进行监管。区财政局国有资产管理科负责全区行政事业单位国有资产监管事务。

【国资管理】全面加强行政事业单位国有资产管理，推进行政事业单位资产管理信息化工作，实现对资产的动态监管，已基本建成一个覆盖全区279家行政事业单位的国有资产管理信息系统。在部门预算编制中将资产配置与预算编制相结合的工作机制，严格执行《吴兴区区级行政事业单位国有资产配置管理办法（试行）》和《吴兴区区级行政事业单位通用办公设备配置标准（试行）》，加强对行政事业单位的资产配置管理。建立监管机制，切实加强资产日常管理，实现资产处置“阳光操作”。同时加强资产评估管理，凡是符合资产评估情形的，规定必须委托具有资质的社会中介机构进行评估，严防资产使用和处置中未经资产评估造成国有资产流失。

【财务监管】由监事会牵头履行财务监督职能，对国有企业内部控制进行有效评估，督促国有企业提高经营管理水平，增强风险防范能力，加强事前、事中、事后各环节的监管。根据《吴兴区国有企业重大事项报告制度》，对重大事项上报国资管理机构或区政府审批，确保国有资产安全、有效运行。

【国企管理】认真履行出资人职责，按照管资本为主的要求加快职能转变，有效提升监管水平和服务能力。完善国资管理制度建设，出台《吴兴区区属国有企业负责人经营业绩考核与薪酬管理暂行办法》《关于进一步规范区属国有企业资金存放等财务事项管理的意见》。加强国有资产交易监管，审核批准企业产权转让、企业增资等重大事项。落实国有资产管理情况专项报告制度，全面完成国企车改工作。推动国有企业股改工作，完成2家企业股改。规范和加强政府产业基金的运作与管理，出台《吴兴区产业基金管理办法》。认真贯彻落实中央、省、市关于防范化解地方政府性债务风险的要求，区委常委会、区政府常务会分别三次专题研究部署债务工作，印发《关于进一步做好防范化解政府性债务风险工作的实施意见》，制定《乡镇“关闸门”工作方案实施细则》，通过严控债务总量，严格项目审批，加大做地出地力度、多渠道筹措资金偿还到期债务，加快国有企业市场化转型四个方面措施，切实防范化解债务风险。

（汪云飞）

·国土管理·

【概况】 紧盯年度目标任务，以“最多跑一次”改革和国土资源供给侧改革为主线，深入践行“四新”主题实践，争当排头兵，实干大比拼，认真履行国土资源管理职能，为加快赶超、实现“两高”提供强有力的国土资源要素保障。全年争取各类新增建设用地指标3623亩，其中计划指标1089亩，农整挂钩指标用于房地产项目的1000亩，完成垦造耕地2818亩，完成高标准农田建设12765亩，完成建设用地复垦1355亩；完成城镇低效用地再开发438亩，盘活存量土地1179亩，消化批而未供净下降1318亩，近五年平均供地率已达到77.3%；全年完成征地7173亩，支付征地款2.4亿元，落实参保人员4268人；完成供地75宗，总面积3918亩，成交总地价款91.54亿元（其中商业用地29宗1893亩，成交总价85.68亿元；工业及公建、坡地村镇等用地46宗2025亩，成交总价5.86亿元）；完成不动产日常登记25828件，土地日常查询34370余次；完成农村无房户、危房户建房供地280户；深化执法“亮剑行动”，完成18宗违法违规临时用地清理整治，强势推进卫片整改工作，集中整治违法用地，拆除复垦63宗，取得明显成效；绿色矿山建设各项任务全面完成，采矿权总量控制到7个，新建成市级绿色矿山1家、省级绿色矿山1家，全区在产矿山粉尘防治全部实现达标运行，完成8个废弃矿山治理，全区在产矿山绿色矿山建成率达到100%。

【保障发展用地】 强化监管，努力保障发展需求。一是切实加大建设项目用地报批力度，切实做好项目用地保障：上报计划指标城市分批次项目58个，用地总面积3293亩，其中新增建设用地2409亩，农用地2377亩（耕地1680亩）；上报坡地村镇项目4个地块，征收总面积358亩，其中农转面积90亩；上报省重点基础设施单独选址项目3个（织里镇三条路），用地总面积972亩，新增建设用地912亩，农用地811亩（耕地635亩）。上报农民建房及文化礼堂共151个地块，用地总面积61亩，其中新增建设用地58亩，农用地58亩（耕地18亩）；完成低效用地再开发项目1个，总面积193亩；完成盘活指标项目4个，总用地面积208亩，新增建设用地165亩，农用地152亩（耕地117亩）。二是完成年度重点工作任务，完成批而未供净下降102亩，盘活存量2185亩，低效用地再开发516亩，近五年平均供地率达到85.5%。全年成交工业用地32宗，总面积1645.5亩，总成交价款43486.38万元；成交商业项目29宗，总面积1893亩，成交价款85.677亿元；完成二级市场土地转让12宗，总面积182亩。三是突出专项特色工作，盘活低效闲置土地：大力推进“五未”（批而未供，供而未用，用而未尽，建而未投，投而未达标）土地处置工作，2017年年底前完成消化未供已用土地1095亩，整改处置闲置土地18宗面积793亩，其中例行督察列入整改的13宗560亩已全部整改到位，完成率100%。四是在狠抓闲置土地处置方面，专门建立工作台账，落实责任单位和责任人进一步做好后期跟踪监管工作，督促其尽快建成投产；对已收回或拟收回的涉嫌闲置土地，督促政府及时做好重新供应、使用工作，加快促进盘活再利用。五是夯实制度基础，完善决策管理，区政府出台《关于加快供给侧改革促进国土资源节约集约高效利用的实施意见》，建立农整复垦、存量土地盘活、消化批而未供土地和土地产出效益与新增建设用地指标分配挂钩制度，加大自我挖掘力度，切实提高节约集约利用水平。国土分局配套出台《关于工业用地土地使用权收回、收购和分割转让的实施意见（试行）》，明确工业用地分割转让的条件和要求，规范政府国有土地使用权收购、收回行为，有序推进“增量撬动存量”机制运行，促进低效闲置土地再开发利用。

【保护耕地资源】 落实责任，积极推进保护耕地资源。一是耕地保护核心指标超额完成。不断加大领导力度和资金投入，全面加大耕地保护力度，年底耕地实有面积26.49万亩，超上级下达任务数0.53万亩；永久基本农田划定面积为18.13万亩，确保完成目标任务，实现总量不减少、用途不改变、质量不降低的基本农田保护目标；标准农田的实际入库面积数为15.3862万亩，其中储备库面积7.53万亩。完成表土剥离面积729亩，超出完成市下达任务数109亩。二是加大垦

造耕地管理力度。严格按照项目化管理要求，有效指导项目立项的申报、实施督促、检查和区级验收，提高工程建设标准，把新增耕地质量建设放在首位。全年计划完成垦造新增耕地1128亩，超出市下达1000亩任务要求。年度建设占用耕地面积0.2630万亩、补充耕地面积0.2630万亩，达到占补平衡的要求。三是深化推进高标准农田建设工程。加强以农田水利基础设施建设为主的高标准农田质量提升工作，按照“高标准建设、高标准管护、高标准利用”的要求，建设与现代农业生产和经营方式相适应的高标准农田，实现生态安全与粮食安全的有机结合。市下达高标准基本农田建设任务1.18万亩，完成1.72万亩项目，超额完成了市下达的高标准基本农田建设任务。

【矿产资源管理】以绿色发展为核心，从紧从严依法依规加强矿产资源管理。一是全力推进矿山生态环境建设。按照矿业发展生态示范区建设的总体要求，着力深化全域绿色矿山创建和提升工作，形成国家、省、市三级绿色矿山齐建格局。全区持证在产矿山已有国家级绿色矿山2家，省级绿色矿山4家，市级绿色矿山1家，在产矿山绿色矿山建成率达到100%，所有持证矿山均通过粉尘防治工作验收达标运行。二是扎实开展矿产资源开发利用监督管理。严格实施矿产资源“十三五”规划，认真组织开展矿山年报、日常巡查、联合巡查、储量动态实测、矿山开采动态监测、矿产督察、打非治违等工作，结合《吴兴区采矿权人信用监督管理试点工作实施方案》以及基层所监管信息收集信息，常态化开展矿业权人信用监督管理，扎实推进中介机构和专家的信用监管，形成集动员、培训和推进于一体的全区采矿权人信用监督管理机制，规范“一矿一监督”“一矿一档案”工作，保障工作的有效完成。在此基础上，开展与乡镇国土所矿产资源开发监管对口互查，并通报互查情况，既交流经验，又加强监督。基本建立属地政府为责任主体，相关部门密切配合，区矿治办牵头抓总、统筹协调、严格督查的矿产资源共同监管体系。一年来，通过设卡检查、夜间巡查等方式，强化联合执法，加大力度打非治违。三是实施地灾防治“除险安居”行动。以“地球日”“减灾日”等培训宣传活动为载体，对涉矿涉地灾乡（镇）村干部进行地质灾害防治知识宣讲答疑。以预防为主，避让与治理相结合的原则，落实分局和基层所及村级监测人的汛期值班和巡查制，认真做好汛期地灾防治巡查、预警和处置。完成吴兴区7处地质灾害点工程治理验收与核销；按照深化“除险安居”的工作要求，推进其余隐患点的处置，保障群众生命财产安全。吴兴区地面沉降分区评估项目顺利通过成果验收并开展成果应用；完成国家地下水监测工程织里轧村中心小学（点）、核工业二六二大队（点）项目。

【国土服务】强化责任，公共服务水平明显提升。一是推进不动产统一登记“最多跑一次”改革。整合房产、地税相关受理窗口，采取“一次叫号、一单告知、一套材料、一窗受理、一次缴费”的工作模式，实施房产交易与不动产登记“一窗受理、集成服务”。梳理办理各项不动产业务的流程，精简办件材料，按照不缺、不漏的原则，明确房产交易与不动产登记“最多跑一次”收件材料清单。增加“一窗受理”办公场所，明确受理窗口设置，统一对外标识“房产交易与不动产登记综合窗口”，明确老百姓到窗口排的一次队，递交一份报告材料，实现不动产统一登记“最多跑一次”。对申请办理不动产登记的单位和个人提交的资料进行严格审查，杜绝各类弄虚作假行为。明确各个岗位环节的工作职责，切实做到分工细、任务清、责任明，严格按照办结时限办理各项业务，确保限时办结率100%，不断提高工作效率。全年不动产日常登记工作完成登记25933件，其中不动产权登记5109件，不动产他项权登记20121件；完成查解封登记703件，完成土地日常查询9890余次，群众满意率100%。二是强化信访积案化解。扎实开展“阳光信访系统”处置工作。系统正式上线后受理政务咨询投诉举报类48件，“12345”政府阳光热线43件。根据“阳光湖州服务指数”测评办法，即时响应率、及时反馈率、有效办结率和满意率均为100%，阳光服务指数为100。“12345”政府阳光热线中其中回访满意32件，还未回访2件，归为其他件9件。三是监督监察效能不断深化。扎实开展“一严查两整治”亮剑行动。以区政府名义下发《吴兴区开展“一严查两整治”亮剑行动实施方案》，结合历年卫片数据、危房清理和永久基本农田划定等工作，对违法占用基本农田、农房危旧房和设施农用地进行全面排查，建立台账，排摸农村房屋违法用地124宗，设施农用地违法用地2宗，无新增占用永久基本农田违法案件。同时根据违法性质不同，逐宗明确整改措施，分类分批推进处置。会同区三改一拆办对整改落实情况进行专项督查，进一步推动整改。拆除农村房屋违法用地68宗，其中一户多宅58宗，农村集体公益性用房1宗，农村生产经营性用房2宗，村干部违法3宗；完善农村房屋违法用地手续39宗；完善设施农用地违法用地手续2宗。

【队伍建设】明确责任主体，强化系统队伍建设。一是加强组织领导，落实"一岗双责"责任。党委当好廉洁从政的表率，坚决贯彻落实上级党委、纪委关于党风廉政建设的部署和要求，分解工作任务，明确职责分工，制定考核办法，组织目标考核。加强思想政治建设，认真落实意识形态工作主体责任，组织开展"不忘初心，牢记使命"主题教育，进一步增强"四个意识"，用习近平新时代中国特色社会主义思想武装头脑、指导工作。二是完善考核机制，强化监督管理。修订考核内容和指标体系，突出对党委主体责任的考核，调整党风廉政建设责任制在年度目标责任考核中的权重，强化考核结果运用。把考核结果作为单位评先评优、干部年度考核和奖惩任免的重要依据。每年组织分局纪委对各国土所（分局）、各科室（单位）采取听取汇报、定期不定期抽查、专项检查等方式方法，执行党风廉政建设情况进行检查考核，并对考核结果进行通报。对主体责任不落实，措施不得力的，要采取约谈、通报、发整改通知等形式限期整改。三是强化对权力运行的制约和监督。针对新形势，全面开展预防腐败和失职渎职风险排查，完善权力运行制度建设。加大执纪监督力度，及时查处各类违纪案件。健全惩治和预防腐败体系，深化"法治国土"建设，构建决策科学、执行坚决、监督有力的权力运行体系。深入推进阳光征地、阳光规划、阳光执法、阳光审批等"阳光国土"建设，让权力在阳光下运行，让资源在市场中配置。加大政务党务信息网上公开力度，建立健全权力清单和职责清单，促进权力运行更公开更透明，加强权力运行监管。健全国土资源重大事项集体决策制度，完善内部会审制度和听证制度。建立健全国土资源行政裁量权基准制度，合理细化自由裁量权、科学量化自由裁量权权限，制定自由裁量权适用范围和规则，严格限制裁量权行使。贯彻落实国土资源系统工作人员防止利益冲突办法，进一步健全完善合理分权、公开示权、有效控权的廉政风险防控机制。认真落实重要情况通报、述职述德述廉、民主生活会、函询约谈等党内监督制度。分局党委班子成员带头严格遵守党的政治纪律、组织纪律、财经纪律、工作纪律和生活纪律，自觉接受法律监督、民主监督、舆论监督和公众监督。

（区自然资源和规划分局供稿）

·固定资产投资·

【概况】全区完成固定资产投资同比增长8.3%。从产业投资结构看，民间投资增长20.1%，高新技术产业投资增长58.5%，服务业增长13%。

【重大项目】全区60个重点工业项目，开工率达100%，完成投资71.6亿元，完成年度目标的102.3%。

【争取扶持资金】全年为企业、项目争取到中央预算类资金5390万元。

（谭　政）

·物　价·

【概况】认真贯彻落实上级价格部门和区委、区政府的决策部署，完善事中事后监管制度、扎实推进价格和收费管理、监测预警、监督检查等方面工作，强化价格监管，提高服务质量，努力为吴兴区经济社会又好又快发展创造良好的价格环境。

【加强价格收费管理】认真贯彻落实省市价格和收费政策，及时转发省市有关文件。依法行政，做好权限范围内的商品和服务价格的定调价工作，妥善把握好政府调价项目出台时机、力度和节奏，完善相关配套政策。在价格调整过程中，严格执行成本监审，集体审议，价格听证等制度，注重广泛征求社会各方意见，考虑各方承受能力。按照成本监审办法有关规定，先后完成湖州市吴

兴区织里镇通益学校2015—2017年度教育成本监审、湖州市吴兴区道场乡良友小学2015—2017年度教育成本监审、湖州市吴兴区织里镇便民小学2015—2017年度教育成本监审、湖州市蓝天实验幼儿园2017年度保教费成本监审、湖州市吴兴区八里店镇中心幼儿园2017年度保教费成本监审、湖州市吴兴区妙西镇中心幼儿园2017年度保教费成本监审，组织召开吴兴区公办幼儿园保教费收费标准调整座谈会。加强事中事后监管制度，根据《浙江省行政事业性收费管理条例》和市物价局、财政局《关于加强收费事中事后监管 实施行政事业性收费公示报告制度的通知》要求，认真落实45个收费单位建立收费执行情况报告制度，4月底完成收费统计及分析工作。

【健全价格监测机制】加大价格监测预警力度，严格按照市监测报告制度，切实加强以31种居民生活必需品为重点的价格监测，包括农贸市场、超市、工农业生产资料和特色商品价格监测点12个。加强对上报数据的审核，保证数据质量，做到不迟报、不瞒报、不漏报。加强市场巡查，密切关注市场变化情况，准确掌握市场价格动态，维护市场经营秩序。认真做好价格监测信息工作，根据市场价格情况，把握民生商品价格变动趋势，捕捉苗头性、倾向性信息，及时分析民生商品变动原因，及时形成每月价格动态信息，尤其关注与老百姓密切相关的民生商品价格，为政府宏观决策提供科学依据。根据上级要求做好价格监测信息公示工作，将每期价格监测数据及时在区发改委网站进行公示。9月初开始针对非洲猪瘟疫情的爆发，及时启动应急预案，根据部门职责做好生猪价格数据监测，每天上午（包括双休和节假日）按时向市局报送生猪出场价及市场零售价格，维护市场价格稳定。

【做好清费减负工作】开展行政事业性收费检查，对存在收费不规范问题的行政事业单位，提出整改意见，加强对整改情况的监督检查。积极贯彻国家和省减轻企业负担政策，开展涉企收费检查专项行动，结合吴兴区实际情况，重点对规划、住建、交通、安监等部门涉企收费事项进行了检查，对存在问题提出了整改意见，确保涉企收费各项政策落到实处。

【强化市场价格监管】积极组织开展市场价格巡查工作，着力维护市场价格秩序。“五一”“十一”期间，对农贸市场、大型商场、超市等进行集中走访检查，督促经营者严格遵守《中华人民共和国价格法》（以下简称《价格法》）等法律法规，诚信经营。妥善处理价格投诉举报，保护消费者合法权益。全年共受理“12345”政府阳光热线价格咨询10起、价格投诉举报75起。对每一起均逐一上门调查，依法行政，着力化解矛盾纠纷，切实提高群众满意度，回复满意率达100%。深入推进公平竞争审查工作，出台《湖州市吴兴区公平竞争审查工作部门联席会议制度》，督促联席会议成员单位建立审查内部工作程序，开展存量与增量文件清理审查工作，确保公平竞争审查落到实处。结合纪念《中华人民共和国价格法》实施二十周年宣传活动，在居民社区、超市等场所悬挂宣传横幅，以增强全社会价格法制意识，切实维护自身合法权益。

（顾　伟）

·审　计·

【概况】吴兴区审计局共有干部职工19人，其中在编11人（行政7人、事业4人），领导职数4人；编外8人；下设职能科室5个，分别为办公室（监察审计科）、法规科、财政（行政事业）审计科、经济责任审计科和固定资产投资审计科；下属事业单位1个，即吴兴区政府投资项目审计中心。全年共完成审计项目47个，共查出违规和管理不规范金额3.97亿元，节约投资或减少损失2.63亿元；移送纪检监察机关及有关部门处理事项3起；审计报告、专报等被领导批示57篇次。

【开展各类审计】一是财政审计。开展吴兴区本级2017年度预算执行情况审计，重点揭示区本级预算在编制、调整、执行等过程中的问题和不足，提出针对性、可操作性强的意见建议。开展吴兴区人民政府办公室等三部门2017年度预算执行情况专项审计调查，通过预算收支真实性、合法性审计，全面了解各被审计单位资金使用管理情况、项目实施及效益情况等。区本级2017年度预算执行和其他财政财务收支情况向区人大常委会主任会议及常委会作专题报告。二是经济责任审计。实施完成高新区、环渚街道、区发改委、朝阳街道、爱山街道、妙西镇等7个单位、10名领导干部的经济责任审计，结合妙西镇经济责任审计同步实施自然资源资产责任审计，向区纪委和市造价站移送案件线索4条，3名领导干部受警告处分。同时区经责联席会议办公室组织了全区各乡镇、街道、部门和国有企业共55个单位的66名主要领导填报《2017年度领导干部履职“四责”自检表》，促进区经责联席会议成员单位全面掌握领导干部履职尽责情况。三是政府投资项目审计。开展工程竣工结算审计，完成吴兴区民防应急救援指挥中心及吴兴区南太湖科技园建设项目工程等结算审计项目33个，送审金额18.22亿元，审定金额15.80亿元，节约国家建设资金2.42亿元。完成湖州南太湖高新技术产业园区常溪农民社区安置房二期工程等跟踪审计项目6个，涉及概算投资约17.78亿元；继续实施区文体中心建设工程等跟踪审计项目2个，涉及概算投资约19.2亿元。提出跟踪审计意见（建议）单314份，节约建设资金1.06亿元。四是专项审计调查。开展产业基金投资业务情况专项审计调查，揭示产业基金设立、管理、使用和运营风险方面存在的问题和困难；开展小城镇综合整治行动实施情况专项审计调查，揭示规划设计不到位、招标流于形式、资料管理混乱及成本把控不严等问题；开展社会救助政策落实情况审计，重点关注社会救助资金支出、政策制定和执行等方面，揭示突出问题、深入剖析原因、提出意见建议，切实保障和改善民生。

【审计整改】2018年，通过整改督办，与区委、区政府督查办联合督查等方式，促进政府及被审计单位出台各项规章制度10个，促进1.61亿元管理不规范资金整改到位，有效降低国有资金运营风险。创新构建“四维”联动审计整改新体系，构建形成被审计单位主动整改，党委政府考核引导，人大监督助推，审计服务督促的“四维”联动审计整改新体系。建立“吴兴区审计整改工作联席会议制度”，探索建立“两办督查、审计反馈”的协同督查架构、经责审计整改“面对面”“纪检派驻机构与审计部门‘平审联动’”等机制，初步形成“1+N”的审计整改联合协作模式，形成部门联动常态化、制度化。

【内部审计】在“重要经济事项内审自查”专项工作探索“风险清单督导”方式的基础上，制定吴兴区乡镇（街道）经济运营风险防范清单和村级集体经济风险防范清单，督促指导乡镇内审按清单内容加强对自身及下属行政村的监管，起到“以点促面”及精准预警预防的效果。持续开展全区重要经济事项自查工作。制定出台《开展全区重要经济事项规范性内审自查及整改工作方案》，以内审自查整改AB表为载体，要求高新区、各乡镇街道、区级部门及区政府性公司以查找2016年7月至2018年6月期间政府运行风险点，及时查找管理运行的漏洞风险，采取有效措施强化整改。组织内审会员单位报名参加省、市内审协会组织的2018年培训活动，派遣业务骨干为乡镇内审人员提供专业培训250余人次，整体提升吴兴区内审队伍的专业素质和业务水平。

【审计理论与队伍建设】领导班子成员发挥各自特长，明确分工，深入审计一线指导把关，严控项目审计质量。打破中层干部的专业限制，创新实行所有业务科室及下属单位中层正职的轮岗交流。通过人才的流动，进而充分激发整个审计队伍的潜力。邀请相关审计专家从“质量立审”、如何争创优秀审计项目等方面开展集训，提升审计干部适应审计新形式、新要求的能力。

【信息化建设】优化“吴兴区政府投资项目审计管理系统”，进一步提高审计管理效率，审计系统对机关内部项目分配、审计过程重大事项、审计结果文书复核等工作通过三级复核、四级把关实现实时在线监督，进一步加大对审计全过程管理的监督力度。探索使用大数据审计，聘请中软公司专业技术人员参与我局大数据审计，借助外部“智慧”充实内部“智囊团”，成功完成湖州市审计局举办的计算机审计案例演示分享工作。

（汪　洁）

·统　计·

【概况】以中共十九大精神为统领，紧紧围绕区委、区政府推动高质量发展的决策部署，以提高统计数据质量为核心，以增强统计服务能力

为目标，准确把握统计工作新定位新要求，切实履行统计信息、咨询、监督三大职能，撸袖加油，攻坚克难，务实肯干，展示统计作为，全面提升统计数据质量和服务水平。

【主要工作及成绩】

围绕一项普查，措施得力攻难点。一是加强组织领导，争取全市试点。5月28日《吴兴区人民政府关于开展第四次经济普查的通知》正式发文，成立了由常务副区长潘永锋担任组长，23个区级部门为领导小组成员的吴兴区人民政府第四次经济普查领导小组，吴兴区也成为全市发文最早、机构建立最快的县区。区经普办积极加强市区联动，成功争取四经普全市综合试点，为经普后续对接打好基础。二是抓好业务培训，充分锤炼队伍。“两员”的选聘是经济普查准备工作中的关键环节，直接影响到全区经济普查工作能否顺利开展。8月17日，区经普办根据省市关于两员选聘的相关要求，制定并下发《关于做好第四次经济普查“两员”选聘工作的通知》。从文化水平、工作经验、工作态度等多方面考察“两员”素质，共聘普查指导员208名，普查员422名，共计630名。通过区级全面培训，乡镇集中培训，进村（社区）面对面培训三个层面的“梯队式”培训，成功建立起一支业务能力与专业素质兼具的普查团队，为“四经普”工作的顺利开展保驾护航。三是强化宣传动员，营造浓厚氛围。为全面谋划“四经普”宣传工作，形成浓厚的普查氛围和良好的舆论环境，聚焦普查对象、普查内容、普查队伍三个关键，充分运用电视、广播、报纸、网络等载体进行广泛宣传。联合区委宣传部下发“经普”宣传工作方案，有力的调动全区范围内各类传统和新媒体开展宣传工作。12月在东吴银泰城组织开展经济普查宣传月活动，依托“爱上吴兴”，“南太湖论坛”等多次通过图解、动画等形式广泛、形象地宣传，引导广大普查对象理解、支持、配合普查工作，为全面普查顺利开展创造良好的舆论环境。四是精心周密安排，做好清查登记。单位清查是经济普查的重要基础性、关键性工作。区“经普”办根据清查工作的时间安排，细化每一项工作的时间节点，工作量按每天每周倒排，建立核查进度和核查质量“双报制”，每天每周通报清查进展情况；并通过清查单位审核功能，加快审核数据速度，通过查询常见错误、单位排重、建立信息对应关系等，进行各项查遗补漏及编码修改工作。截至年底，共核查法人和产业活动单位17106家，完成个体户39786家，核查率均达到100%。

推进两个提升，比学赶超树标杆。一是不遗余力提升经济运行预警监测。以GDP季度部门例会为抓手，完善经济运行监测预警体系，针对GDP核算18项指标，每月收集专业和相关部门的基础数据，及时跟踪把握产业发展和行业发展趋势，通过对全区GDP走势的分析和预测，对个别下滑幅度较大的指标及时发现并作出预警，针对核算重要指标排名落后的情况，及时与相关部门、科室沟通联系，分析下滑原因，探讨解决方法，实时监测预警指标增速变动对GDP的影响，做到月度数据有分析、经济走势有研判，重大问题有预警，形成《吴兴区GDP季度核算基础数据》等多份汇报材料，供区领导和有关部门参阅。二是练好内功提升统计队伍整体素质。深入开展“三个一”活动，进一步深化“四新”主题实践，全力服务高质量发展，领导班子、科室负责人分别领衔一批破难题、重研究、创亮点事项，攻坚破解一批难点短板，深入研究一批重要课题，创建培育一批示范亮点，积极服务助推全区经济发展；由科室负责人对后备干部开展“一对一”帮扶，进行全面的业务指导、经验传送，加快提升新同志的业务能力与综合素质，着力培养培强科室业务骨干和单位后备力量；每月开展业务大讲堂活动，以集体学习日为载体，要求年轻干部讲业务，鼓励年轻干部积极主动学习，加压提高年轻干部的能干、能写、能说的能力。

优化三项服务，立足创新谋发展。一是精准分析，提供优质统计服务。全面提升统计分析质量，注重把经济形势、产业发展、结构优化、动能转换研究透彻清楚，进一步强化和完善预测预警职能，及时就全区经济社会发展中出现的新情况、新问题，从统计角度进行深入分析，做到主要指标、重要信息和经济形势分析报告第一时间上报区委、区政府。《全区主要经济指标预测分析及对策建议》《吴兴区农民人均收入情况及趋势分析》《关于埭溪工业数据质量核查情况的通报》《全区GDP形势分析与预测》等统计专报和统计分析，获区领导批示。二是精品打造，加强统计产品开发。每月发布分县区分乡镇街道主要经济指标动态数据，每季发布吴兴区经济分析报告、GDP季度基础数据汇编等，累计发布《统计月报》33期。共撰写各类信息、调研报告103余篇，两办和省内网录用36篇，注重资料汇编，组织编印《2018年战略性新兴产业行业及产品目录》《全区规模工业经济主要数据及趋势图》《吴兴区服务业统计工作回顾及2018年重点工作安排》《基本单位名录库工作制度资料汇编》等，图文并茂地展示各专业统计的具体工作内容与工作流程，并下发到相关部门、乡镇、企业。三是精心衔接，不断强化部门合力。为提高统计数据质量，准确反映吴兴经济社会发展水平，加大与各职能部门沟通协调力度。围绕全区经济发展目标，加大与行业主管部门沟通力度，根据经济社会发展中出现的热点、难点问题，与发改、经信、商务、建设、环保、农业等部门加强沟通联系，共同分析问题，找差距、补短板，提出相应意见建议。对重点的投资统计问题，主动与相关部门比对项目情况，精心指导部门项目入库。进一步规范部门统计数据采集、审核、汇总、上报等业务流程，健全部门统计数据质量控制体系。

突出四大重点，层层落实明职责。一是立足长远建立数据管控长效机制。2018年以来，为进一步贯彻落实省两办《开展防范和惩治统计造假弄虚作假专项行动工作方案》和《关于防范和惩治统计造假有关情况的通报》等文件精神，区统计局着力加强数据管控力度，制定《2018年全区提升数据质量方案》，排摸梳理提升统计数据质量重点工作推进情况清单，各专业分别制定《统计数据质量检查方案》，工业科针对两大重点审核对象，一方面在规模以上工业企业上报数据中，对于同行业、同规模的企业进行匹配性审核，另一方面加强国税数据衔接性审核，对吴兴区331家规模企业，特别是116家重点核实修订企业进行数据对比；投资科继续按照月商制的规定抓好投资项目统计入库工作，按照项目入库的资料要求和时间节点，提醒并帮助各乡镇、街道做好入库项目资料的收集上报工作，并做好上报资料的审核工作；服务业统计科对各乡镇街道的规上贸易企业统计数据质量进行评审评估，并召开贸易统计数据质量例会，对各乡镇街道贸易数据质量情况以及数据存在问题的企业予以通报。农业住户调查科针对住户新周期辅助调查员存在责任心、业务能力参差不齐的现象，专门制定《2018年调查员季度评优细则》和《2018年调查员年度考核办法》，明确调查员业务职责，强化约束和激励机制，切实提高辅助调查员工作积极性，不断强化辅助调查员队伍建设和管理。二是加大信息化和政务公开力度。2018年，区统计局认真做好政务公开和舆情监督管理制度，制定《吴兴区统计局政府信息发布制度》《吴兴区统计局舆情管理制度》《吴兴区统计局政务公开负面清单》等9项制度，在吴兴区人民政府网站区统计局节点下公布，在区政府网站、微信、微博、统计信息网等各类载体公布各类信息百余条，拓宽公众获取信息渠道。同时还对统计内网专线进行改版升级、购置新型网络交换机等一系列统计信息化提升行动，进一步提高统计工作效率。三是持之以恒加强统计法制建设。认真制定《2018年吴兴区统计法制工作要点》，确定全年统计法制宣传教育工作计划。积极渗透到乡镇街道统计人员岗位知识培训、统计继续教育、科室业务讲解课堂等平台载体，加强《中华人民共和国统计法》（以下简称《统计法》）、《统计违法违纪行为处分规定》等法律法规的学习，切实提高依法统计意识。成立工业、房地产建筑业、商贸、重点服务业四个统计工作检查组，由专业分管领导带队，分批次对全区工业、劳动工资、商贸等单位集中开展统计数据质量执法检查。坚持违法必究原则，通过大范围、高频率的统计执法检查，及时纠正统计违法违规行为，提升源头数据质量。四是应统尽统精心组织各类专项调查。2018年，区统计局配合各相关主管部门，在全区范围内开展自然资源资产负债表编制、特色小镇统计监测、电子商务统计调查等系列工作，进一步反映吴兴区供给侧改革和新经济培育成果，全面反映各业态发展现状和存在问题以及下步工作对策。除此之外，区局认真开展5‰人口抽样调查，统筹推进好粮食生产水平统计监测和低收入农户高水平全面小康统计监测等常规性专项调查工作，认真做好人才资源、劳动工资等统计工作。

夯实五个基础，固本强基提质量。一是以“四季行动”为抓手，扎实推进统计规范化建设。持续开展以“春季走访连心、夏季规范建设、秋季集中培训、冬季总结评比”为主要内容的“统计基础建设年”四季行动。加强对乡镇街道和企业

的走访调研，按照创建路线图梳理重点企业名单，同步做好区级示范单位的评定工作。强化对创建成功单位“回头看”，发挥示范企业的示范作用。进一步明确规范化要求，努力创造主客观条件，强化基层统计人员及基础设施配备，不断提升统计工作规范化水平。二是以“精准服务”为理念，下乡入企做好业务培训。区局深入基层，对乡镇统计人员和企业统计人员进行“一对一”培训，注重从统计报表规范、流程规范等方面加强宣传和指导，积极动员做好统计台账、数据资料等规范化，截至年底共开展投资、能源、工业、科技、房地产等培训1600多人次，并严格控制每期培训的人数，确保每次培训的效果。在加强监管的前提下，逐步提高企业负责人对报表工作重要性的认识，确保数据真实报送，真实反映企业生产状况。三是以“一库一表”为基础，把好统计数据第一关。在第四次经济普查清查摸底前，对名录库系统进行全面更新维护，分阶段完成新增单位入库、排重、调整统计代码、完善地图边界等工作，新增法人单位7500余家，对2557条归属关系和9280条主要业务活动和行业代码进行核实整理，实现基础数据全面融合和衔接，确保应统尽统、“先入库、再有数”。四是以“摸清家底”为目标，做好企业走访调研。区统计局高度重视统计调研工作，鼓励全局干部积极参与统计调研和撰写课题，扎实做好统计调研课题工作。把调查研究与推进当前统计工作结合起来，针对当前统计工作中的薄弱环节，积极开展加强基层基础方面的研究，要求各专业科室重点联系企业、项目单位，调研了解企业生产经营情况，进一步树立联网直报企业统计标杆，提高数据质量。五是以“数出有据”为原则，督促企业建立统计台账。规范企业源头数据管理，督促基础薄弱的企业健全完善产品出入库单、账外销售等基础资料，确保数出有据。实施“一项目一档案”制度，推进固定资产投资统计核查。组织召开镇街（园区）主要负责人、项目负责人会议，部署落实“一项目一档案”工作，督促企业健全完善投资统计台账，及时收集整理施工合同、工程进度付款凭证等基础性资料，确保投资上报项目数出有据。

（赵　筠）

·市场监管·

【概况】区市场监管局在区委、区政府的正确领导下，深入践行“四新”主题实践，勇当新时代市场监管改革排头兵，努力在深化改革中自觉担当，在服务发展中找准定位，在依法履职中维护民生，在系统建设中凝聚力量，奋力谱写深化改革、优化服务、强化监管的“三化”新篇章。在全市各县区中率先启动，由政府层面统一发文推进“涉企证照由市场监管部门通办”工作，梳理出了225项涉企证照通办事项，专门设置6个涉企证照事项由市场监管通办窗口，简化程序、一窗通办，办理时限缩减近60%，常态化实现了企业开办3个工作日内办结，全区新设企业中网上申报率达78.56%，已办理“通办”事项2203件，全区的营商环境得到了进一步改善，2018年以来，全区新增市场主体12832家，同比增长8.8%，累计市场主体83618家，新增量和总量均为全市第一。打造农村家宴示范样板18家，全区农村家宴土厨师登记备案率、持证培训上岗率均达到100%。狠抓小微企业质效提升工作，“小微企业三年成长计划”的17大指标任务中有16项指标提前或超额完成全年目标任务，另有1项需要年底一次性认定。其中涉及区市场监管局的三项考核指标：新设小微企业数、新增八大产业小微企业数、新增个转企数均位居全市首位。深入实施“商标品牌+”行动，结合“规上企业消除无牌”专项行动和小微企业培育计划，引导市场主体积极开展商标申请注册，新增注册商标2640件，注册商标总量11668件，两项指标均位居全市第一。全年受理消费投诉举报近9000件，比上年同期增加20%左右，办理量为全市最多，其中满意率达99.08%，比上年同期增长2%左右，为群众挽回经济损失468.6万元。放心消费创建任务全部提前超额完成“放心消费在湖州”行动市政府下达年度量化指标。

【服务地方经济发展】加快推进“涉企证照市场监管通办”“同城通办”“审核合一、一人通办”“最多跑一次”向基层延伸等工作。在全市各县区中率先由政府发文，推进“通办”工作，梳理出225项涉企证照通办事项，专门设置6个涉企证照事项由市场监管通办窗口，简化程序、一窗通办，共办理“通办”事项1633件，实现企业开办3个工作日内办结常态化。全面实现“简便办”；新增“最多跑一次”自助终端服务机，全区新设企业中网上申报率达78.56%，加快实现“网络办”；梳理出第一批向基层延伸的办事事项36项，做到涉民事项不出村（社区），涉企事项不出乡镇（街道），实现同城通办各类事项16159件，逐步实现“就近办”。全区的营商环境得到了进一步改善，2018年以来，全区新增市场主体11080家，同比增长9.41%，市场主体总量为82394家，新增量和总量均为全市第一。

【支持企业转型升级】以“扩总量、调结构、优质量”为目标，积极发挥牵头部门的作用，狠抓小微企业质效提升工作。小微企业17项指标任务中有16项指标提前或超额完成全年目标任务，另有1项需年底一次性考核。2018年以来，新设小微企业3441家，其中八大重点产业小微企业1033家，新增“个转企”426家，其中新转公司制企业342家，占比80.3%，向小微企业开放实验室服务1637批次。新设小微企业数、新增八大产业小微企业数、新增“个转企”数量等多项指标居全市前列。同时，进一步加大小微园区服务站建设力度，在5个小微园区设立“市场监管局创业创新服务站”，实现服务关口前移，并组织开展“百名市场监管干部联千家小微企业”等走访帮扶活动，先后举办“企业年报”“信用管理”“商标品牌”等培训16场，参训企业800多家，发放宣传册3000余份。

【助力市场改造提升】突出问题导向，强化督查整改，推行农贸市场精细化管理，区委书记、区长专题调研农贸市场精细化长效管理工作，并对该项工作给予高度评价。2018年，按计划加大3家省级放心农贸市场创建工作力度，将省放心市场与星级文明规范市场创建、小城镇综合整改、美丽乡村建设有机结合，推进农贸市场长效管理机制建设。共投入创建资金168万元，10月中旬吴兴区3家“放心市场”完成了省局考核组验收，中心城区农贸市场管理水平、经营环境有了较大的改观，在全市排名领先。同时，加快推进“厨房革命”，选取20家餐饮单位作为试点单位，银泰城综合体作为试点区域，以点带面开展推进“厨房革命”建设；完成3家“放心肉菜示范超市”、3家乡镇农贸市场快检室、7家名特优食品小作坊示范点建设，对辖区7家大型商超全面开展食品安全规范化建设；提前超额完成“阳光厨房”建设18家（全年15家任务），完成放心示范社会餐饮、放心示范学校47家，完成全年任务的130.5%；完成12家硬件基础薄弱的学校食堂（含幼儿园）改造提升，其中8家学校食堂量化等级由B级升A级；打造全市首个小微食品企业园区，承办了全省食品小作坊“区域集中”整治提升现场会的召开；完成农村家宴示范点建设18家，完成年度任务的120%。

【倡导和谐消费维权】围绕“品质消费 美好生活”消费年主题，按照省政府“放心消费在浙江”示范单位创建工作的要求，进一步做好“放心消费在吴兴”各项工作，全年共受理消费投诉举报近9000件，比上年同期增加20%左右；按期受理率99.51%，按期告知率99.58%，按期答复率99.97%，满意率99.08%，其中满意率比上年同期增长2%左右，为群众挽回经济损失468.6万元；积极推进消费维权“五进”工作，全区绿色通道企业达到20家，先行赔付企业达到10家。同时不断加强“放心消费在浙江”创建工作，完成申报放心消费商店、网店149家，放心餐饮店41家，放心消费示范区3家，放心农贸市场3家，放心景区3家，新发展无理由退货单位171家，全部超额完成2018年度“放心消费在湖州”行动市政府下达量化指标；全区所有乡镇（街道）所全部完成放心消费示范乡镇（街道）创建，完成任务数的280%。

【整规市场经济秩序】将食品生产加工小作坊、酒类、保健品、童装质量及小药店小诊所作为风险隐患排查整治的重点，食品安全抽检监测样本量超过2100批次（含省、市抽），查处食品药品类案件134起，罚没款197万元，移送公安机关6起。夯实省级食品安全区创建基础，开展“食品安全宣传周”、有奖征文比赛等各种宣传活动126场，举办食品安全主题晚会4场，发放各种宣传资料8万余份，有效提高监管对象和群众食品安全意识。做好两会、省运会等十余项重大活动保障监管，出动保障人员800余人次，保障活动用餐450餐次，保障用餐人员15000余人次，未出现食品安全事故。开展对辖区药械企业的全覆盖检查，未发生相关责任事故，全区食品

药品安全环境稳中向好。全年开展29项专项整治工作，重点围绕食品药品、反不正当竞争、知识产权、侵害消费者权益、童装质量等行业领域，办结各类案件277件，罚没款726万元，金额同比增长25%。共查处侵犯注册商标专用权案件52起，罚没款98.3万元，分别比上年增长36.8%和128.6%。查获全市最大一起宣传虚拟币广告违法案，罚没款25万元；查获全市首个冒用“省政府质量奖”企业厂名厂址案；积极配合开展扫黑除恶专项工作，做好各类市场主体排查、宣传发动等协助工作，及时处理和移交涉黑涉恶相关案件线索。强化巩固合力打传机制，2018年以来，共开展大规模取缔传销行动8次，取缔传销窝点12个，查获涉传人员380人，行政处罚涉传人员30余人，劝返350人次，刑拘4人。查办一起重大违规直销经营案件，罚没款达274.53万元，为区市场监管局有史以来罚没金额最大案件，也是全市打传规直类案件罚没款金额最大的案件。全区传销防控形势良好，在省打传办2018年4次三色预警通报中，吴兴区均为绿色，有效巩固了“无传销区”创建成果。

【提升执法监管水平】 持续加大日常监督检查及行政执法力度，在全市率先提前一个月完成“百日清理攻坚”行动的核查工作，扎实做好“超期清零”专项执法行动，并开展简易升降机、叉车、入户电梯等专项整治，检查各类设备2663台，排查安全隐患2067项，整改完成率100%，年度日常监督检查计划完成100%；深入开展《湖州市电梯使用安全条例》宣贯和特种设备使用单位双重预防机制试点工作，完成公示牌制作6000块，发放各类宣传材料34520份，举办培训班40场，参加人数1377人，实现了声势大、措施实、效果好的效果，佳园小区直接入户电梯检验问题的顺利解决为全市提供了样板。同时，结合童装产业申报“国家质量提升示范区”创建工作，不断强化区域性重点产品质量安全监管，强化对童装、电线电缆等区域性重点产品质量抽查力度，全年共抽查了400余批次，全区重点产品质量稳步提升；建立健全质量失信企业“黑名单”制度，加强监督抽查信息、行政处罚信息发布力度，强化社会监督，倒逼企业提高产品质量水平。

【加强干部队伍建设】严格执行“三会一课”制度，深化“主题党日”活动，陆续开展了“双禁”宣传、“党旗映红冰雪天”、科所联动大走访、“扫黑除恶宣传学习”等系列主题党日活动。打造符合“六有”标准的党建宣传墙，强化党建前沿阵地建设。不断提升基层规范化建设，预计到2018年年底，将完成四星级所创建1家、三星级所创建1家、规范化所创建5家，规范化所达标率将提升至71.4%。同时，专题组织中共十九大精神学习8次，收集心得体会95篇、微感悟120条。并通过举办市场监管论坛、年轻干部军事训练等形式，增强系统干部队伍纪律意识、团队精神和身体素质。重视选送树立优秀典型，全系统荣获“湖州市最美公务员”荣誉1名，“区委、区政府最美市场监管人”2名，区委区政府“不忘初心铭使命 砥砺前行谋新篇”演讲比赛、区“微党课”竞赛分别荣获一等奖、二等奖荣誉。开展局党委书记带头给党员干部上廉政主题党课7次，并组织召开专题党风廉政建设工作会议，层层落实党风廉政建设责任，签订210余份党风廉政建设责任书，逐级逐人传递责任压力，确保责任落实“到边到底”。结合“党纪教育一刻钟”“拒腐防变”每月一课等警示教育活动，制定廉政风险排查表，重点领域实行领导班子成员领衔廉政风险防控，有效防控和降低廉政风险和履职风险。坚持“一周一督查、每月一通报”，对群众反映的干部作风效能问题及时进行核查，有效防止不作为、滥作为等现象发生，开展正风肃纪专项督查和明察暗访40次，累计检查单位（科所）80家次，处理作风效能投诉类42起，提醒谈话干部3人。

（顾　伟）

·安全生产·

【概况】吴兴区安全生产监督管理局主要承担对全区矿山、危化（烟化爆竹）企业安全监管，其他工矿商贸企业的综合监管，及职业病防治监管，指导、协调、督促全区安全生产监督管理工作，承担区安委办的日常工作等。内设“一室五科”，即办公室（政策法规科）、行政审批科（监察审计科）、安全生产协调科（应急救援管理科）、综合监督管理科（矿山安全监督管理科）、危险化学品安全监督管理科、职业安全健康监管科，下设3个事业单位，即安全生产执法大队、安全生产培训服务中心（职业病危害预防中心）、安全生产应急救援指导服务中心。全区安全生产工作以安全生产领域改革为契机，紧紧围绕年度目标任务，认真贯彻上级文件精神，深入推进安全生产大检查，较好完成年度目标任务。

【安全生产监管体制】 全面贯彻《地方党政领导干部安全生产责任制规定》、省《实施细则》，第一时间将区、乡镇（街道）两级分管领导调整到位，并及时举办新任分管领导培训班。区委常委会3次、区政府常务会议7次专题研究、学习安全生产；区四套班子领导2次分别带班开展安全生产检查；区政府6次召开全区安全生产工作会议。调整完善“1+8”安全生产责任体系，专委会主任召集召开协调会议29次、带班开展安全生产检查43次；区安委办牵头召开专委办主任工作交流会议4次，“安全生产月”期间，各专委办主任在《吴兴时讯》发表署名文章谈安全。开展企业主体责任履行情况专项检查，办理安全生产处罚案件160件、罚款616.39万元，同比分别上升344.4%、392.1%。新开元碎石有限公司作为全国首批“安全风险双重预防机制建设试点”顺利通过验收；浙江大东吴汽车电机有限公司在第九届中国国际安全生产论坛上代表浙江省作先进发言交流。

【排查治理】 狠抓挂牌隐患整治，分四批共计挂牌重大隐患57处，完成整治53处，整改率92.98%，以挂牌隐患整治为契机，切实消除了银瑞小商品市场、汇豪明都商住楼等一大批“老大难”的历史遗留重大隐患，慈感寺和旧货市场区域的公共安全条件得到优化。狠抓专项隐患整治，由专委办牵头开展“双禁”打非、居住出租房、校外培训机构、建筑施工、危险化学品、特种设备、道路交通等专项整治8项，指导行业部门开展文化市场、旅游行业、委外作业、高层建筑等专项整治22项，全年累计出动检查人数49332人次，检查企业（单位）23193家，下发整改通知书8157份，拘留520人。狠抓重点时段安全管控，开展世界地理信息大会安全生产保障行动暨重点行业领域专项整治，对89家重点监管企业和挂牌隐患（点位）落实定时、定点、定人管控，严格执行领导带班、24小时值班制度和“零”报告制度，实现了重点时段“零事故”。

【宣传教育】 扎实开展安全生产月、《中华人民共和国职业病防治法》（以下简称《职业病防治法》）宣传周、《中华人民共和国安全生产法》（以下简称《安全生产法》）宣传周等活动，1000余名企事业从业人员参与“城市安全发展大家谈”，5000余人参与安全生产知识竞答，近10万人参与“最美安全卫士”网络票选，累计发放宣传资料15万余册，举办现场咨询57次。利用《吴兴时讯》“爱上吴兴”微信公众号等媒体，集中曝光典型事故案例2期，起到良好社会效果。大力加强全社会安全生产宣传教育工作，下发《吴兴区安全生产宣传教育“七进”活动示范创建工作实施方案（2018–2020年）》，并制定认定办法和创建标准，建成区级安全教育“实训基地”11家、企业安全警示教育室15家、社区安全教育体验馆3家，新申报创建项目19家；实行安全生产教育培训“教考分离”工作，通过政府购买服务的方式，委托2家中介机构对全区生产经营单位（非高危）主要负责人和安全生产管理人员开展安全培训，并在培训结束后对培训效果进行评估，提升教学质量。共举办各类安全生产培训班158期，培训人数5万余人，其中企业“三类人员”培训38期、3991人。

【事故情况】 全区共发生各类一般生产安全事故23起，同比下降37.8%；死亡23人，同比下降36.1%。其中，工矿商贸领域：发生事故6起，死亡6人；道路交通领域：发生事故17起，死亡17人。

【特点】 创新社会治理手段，全区生产发展环境有效提升。贯彻落实省委、省政府《关于深入推进城市安全发展的实施意见》，铆定目标不懈推进抓落实，完成《中共浙江省委、浙江省人民政府出台关于加强安全生产促进安全发展的意见》中提出的“湖州市吴兴区大力推进‘智慧织里’试点项目建设，积极运用现代信息技术，提高生产安全事故预警预报能力”目标。融合推进企业可持续发展项目（SCORE）、安全生产标准化工作，引导企业全员参与安全生产，指导60家企业参与SCORE项目，其中45家完成安全生产标准化新创、复评，进一步提升了标准化创建达标质量。在47家危化、矿山、金属冶炼推进安全生产责任险工作，实现高危行业全覆盖。出台专家库、中介机构管理办法，进一步加强和规范吴兴区专

家的聘用和管理，排定55人的专家库。出台《吴兴区“智慧安全”惠民项目建设三年行动计划方案》，在非煤矿山、建筑施工、危险气体和消防安全等十大领域开展智慧监管建设，并借助第三方服务深化安全生产管控措施。

（叶怡欢）

第九篇 商贸·服务业

·商 贸·

【概况】全区实现社会消费品零售总额370.82亿元，同比增长10.1%，实现商贸业增加值114.86亿元，同比增长6.3%，占全区GDP的20.99%，占服务业比重的36.76%，进一步形成集商业集聚区、购物中心、特色商业街、连锁店、专卖店及社区业态为一体的立体商业网点体系，现有5000平方米以上大型商业网点32个，总营业面积160余万平方米。

【消费市场】从行业来看，全区批发和零售业实现社会消费品零售额331.36亿元，同比增长9.79%；住宿和餐饮业实现社会消费品零售额39.46亿元，同比增长5.58%。全区15个亿元以上市场全年成交额达到254.56亿元。

【特色商贸】持续推进“电商换市”工程，电子商务与实体经济不断深度融合。全区实现网络零售额275.5亿元，同比增长34.8%，占全市比重48.4%。全区在重点监测第三方电子商务平台上活跃网络零售网店1.586万家，相当于注册零售网店总数的41.1%。八里店镇被评为湖州市“一乡一品”示范乡镇。

【企业及项目建设】大力引导电商平台打造。引进建立市本级首个跨境电商孵化园——吴兴跨境电商孵化园。太湖社区、紫金桥村、晟舍村新入选省级电商专业村。智多金S2B童装平台项目荣获“之江创客”2018全球电子商务创业创新大赛三等奖。商贸流通项目呈建筑规模化、功能综合化发展趋势，全区列入商贸业重大实施类项目16个，计划总投资89.43亿元，完成投资24.92亿元，实现年度计划投资（24.67亿元）的101.01%，其中列入市服务业“双百计划”重大建设项目3个，完成投资4.06亿元，完成年度投资计划（3.2亿元）的126.88%。亿元以上大项目比重达93.75%，民间投资项目比重达87.5%，继续占据主导地位。

【行业监管】健全商贸流通监测系统及网络，加强对粮油、猪肉、蔬菜等重要生活必需品及成品油、煤炭等重要生产资料市场运行监测分析，明确14家生活必需品生产和流通企业，完善生活必需品等市场应急管理，强化商贸流通领域安全生产工作。

（沈 佳 张 卓）

·供 销·

【概况】区供销社围绕中共、省、市关于深化供销合作社改革的有关精神和构建“三位一体”农民合作经济组织体系的有关要求，密切与农民利益联结为核心，提升为农服务能力为根本，以强化基层社和创新联合社治理机制为重点，把发展经济与为农服务紧密结合起来，“两个中心”、生态循环农业、储备任务、信访维稳、四项职能、合作经济、工作作风建设等各项工作开展有力，成效显著。2018年全区实现营业总收入2.3亿元，实现利润总额264万元，资产经营收益141万元，社会贡献总额6870万元，荣获2018年度全省供销合作社系统“成绩突出集体”称号。

【供销社发展情况】2018年度，区供销社立足实际、创新破难，强化区域内农合联会员之间的利益联结，鼓励开展新型社会化生产服务，

依托两个省级社会化生产服务中心，服务代收代种3.5万亩，累计创收35万元，同比上年提高10%。新建4座立体恒温粮仓，进一步优化粮食储备条件。其中，钱山下合作社实现秸秆综合利用，解决1000多亩田地的秸秆处置难题。此外，积极举办各类农事活动，先后参与举办了水果番茄节、农合联“走亲连心 下乡为农”服务活动、吴兴区首届鲜桃大会、农合联“三位一体”为农服务活动日等大型农事活动，为农氛围进一步深化。

【项目建设】争取财政扶持资金150万元投入了湖羊养殖基地、稻鱼共生、规模化水产养殖、农家人电商展示中心四大优质农业项目。此外，指导钱山下粮油合作社申报“秸秆综合利用”项目，争取区级财政资金25万元，这些项目资金为进一步助推社有企业提档升级，为加快形成综合性、规模化、可持续的为农服务体系夯实了基础。此外，投资注册长兴维农农资有限公司，跨出吴兴农资走出吴兴的第一步。截至上年年底，实现销售额达2000余万元。与杭州的互联网餐饮公司合作，入股新凯旋餐饮（湖州店），拓展供销经济新版块。选择集电子商务仓储，品牌电子商务运营为一体的综合性供应链管理公司上海亿米入股，在投资增值的同时，为进一步深化农产品线上运行提供了基础。

【连锁网络】主动适应新常态下“三农”需求，加强以湖州维农农资连锁有限公司、丰采电子商务有限公司等龙头企业为主体的农村现代流通服务体系建设，把供销社打造成服务农民生产、供销的主力军。其中，当年度湖州维农农资连锁经营有限公司新增农资加盟店15家，直营店1家，庄稼医院1家，全年农资销售8000万元，增幅为23%。成立湖州丰采电子商务有限公司，打造汇聚特色农产品200余种的综合电商“农家人”品牌。开设“农家人”佳园店和埭溪店两家实体店，成功入驻淘宝特色中国馆等5家线上销售平台，建立微信公众号和微店销售系统，累计销售额达521万元。2018年6月，荣获“湖州市农村电子商务示范服务站点”称号。

【“三社”建设】加强农民合作组织的管理和培育。2018年，对辖区内250家工商注册登记的农民专业合作社进行1次调查摸底，制订《区级示范性农民专业合作社（联合社）评定办法》，组建了3家区级示范专业合作社。特色产业农合联建设取得了实质性突破，先后组建成立了吴兴区湖羊、水果番茄、河虾三大特色产业农合联，进一步提升了吴兴区农业产业化经营、标准化生产、规范化管理水平。在埭溪镇、八里店镇、东林镇建立3家农合联为农服务示范窗口，标志着乡镇农合联建设再上新台阶。

【服务领域】2018年，加大力度强化与涉农部门的沟通联系，职能运转顺畅深入，为农服务成效明显。一是推进农废包装物回收处置。实现回收处置体系覆盖率达100%，通过招投标正式启动农资废弃包装物购买模式，以吴兴区维农农资有限公司为市场化主体开展折价回收，制定《吴兴区农资废弃包装物回收和无害化处置实施方案》等制度。在高新区、各乡镇（街）分布设立25个回收点，共计回收62.52吨，回收率达134.83%；处置44.63吨，处置率达120.31%。二是创新农产品展示展销。组织市级以上各项农商对接、农超对接，农产品展示展销活动8次，组织农业主体60余家次。其中，推荐湖州常华苗木有限公司参加浙江省第九届花卉展，其松柏绿植荣获金奖。牵头当地企业与青川龙头企业海伶生鲜有限公司初步达成合作协议，打通了青川农产品农超对接的湖州渠道。黑木耳、蜂蜜等10余种青川土特产进入麦巴夫、“农家人”电商平台销售，并参加了2018年浙江农业博览会和南京农产品博览会。三是重视农民培训。制定了《农村劳动力素质提升培训项目规范化管理细则》《农民素质培训提升整改意见》等一批制度文件。完成45期开班督查，农村实用人才培训1569人，完成率109%；转移培训457人，完成率110.8%；高级农民培训53人，完成率达100 %；农村电子商务培训530人，完成率105.7%。四是着力加强平安建设。信访维稳见实效。2018年，共接待来电来信来访累计100余人次，全面实现零进省、零进京的总体工作目标。安全生产更扎实。共召开安全生产例会11次，专题会议4次。悬挂标语横幅10条，发放宣传资料200份。组织预案演练1次，参加演练职工25人次。开展安全生产检查16次，检查发现隐患5处，整改5处，维修房屋3处。各项储备有保障。农资储备方面，已完成化肥10000吨，农药300吨，农膜200吨。防汛物资方面，受年初雨雪冰冻天气影响，辖区内6个防雪防冻物资储备点向各乡镇（街）发放草包8.8万只，并及时补足防汛仓库储备，现存草包9万条、麻袋2.7万条、桩木800根，毛竹4500根。

【队伍建设】 党建工作在“两学一做”中巩固加强。制订完成《2018年度全年党建工作计划》。新发展预备党员1名，发展入党积极分子1名，开展“党纪教育一刻钟教育”11次，全体党员党性体检2次，全体党员代表大会4次，专题党课10次，主题党日活动11次，完成慈善一日捐1次，青川以购代捐1次。慰问帮扶困难党员、困难群众6人次，点亮“柯坪”地区微心愿10个。成功创建社党建品牌“服务三农•党旗飘扬”，打造“一室一廊一柜”的党建阵地，打造钱山下基地“‘党建+’助推现代农业发展”党建特色墙，开展红色观影活动2次，举办主题党建征文2次，社领导赴村社区授专题党课2次，积极与妙西镇楂树坞村对接2次。档案工作获得飞跃性突破。制订《供销社档案分类方案》，编写了全宗卷、组织沿革和大事记。文书档案实现数字化，并归入吴兴区档案局虚拟基层档案管理系统统一、规范管理。2018年，成功创建湖州市规范化数字档案室。

（赵淳淳）

·服务业·

【概况】 以服务业强区建设为目标，以现代服务业转型升级为重点，围绕项目引建、企业培育、平台打造等工作载体，着力加快现代服务业提质增效发展。2018年，全区实现服务业增加值312.44亿元，增长8.3%；服务业增加值占GDP比重达到57.1%；服务业增加值对GDP增长贡献率达到53.8%，拉动GDP增长4.5个百分点。

【服务业产业分布】 全区服务业发展以创新、协调、绿色、开放、共享五大发展理念为引领，紧紧围绕打造“生态吴兴、经济强区、科技新城、幸福家园”的总体要求，坚持创新融合、集聚互动、特色内涵发展原则，着力构筑“4+3+3”（着力发展信息服务、科技服务、休闲旅游、文化创意四大主导服务产业，培育发展健康服务、金融服务、现代物流三大新兴服务产业，提升发展现代商贸、房地产业、社区服务三大传统服务产业）现代服务业产业体系，强化空间集聚互动，打造“一主一辅两带两区”服务业空间布局结构。“一主”即吴兴区服务业发展极核。依托“一港三园”（总部自由港、吴兴科创园、多媒体产业园、高新区科创园），发展科技服务、信息服务、文化创意、现代金融等新型服务业态。推进丝绸小镇建设，重点发展设计、创意和休闲旅游业态，打造“国际丝绸时尚中心”和“丝绸文化体验中心”。“一辅”即织里童装生产性服务业集聚示范区。打造集新型专业市场、电子商务、文化创意、现代物流、信息服务、商务服务等功能为一体的综合型高端生产性服务业集聚地。“两带”即吴兴大道服务业发展带、滨湖生态休闲观光带。以吴兴大道为主干廊道，辐射串联丝绸小镇、吴兴科创园、多媒体产业园、总部自由港、众创空间、浙北金融中心、织里童装生产性服务业集聚区和万达广场等重要服务业平台载体，形成集信息服务、研发设计、现代金融、电子商务等生产性服务业于一体，融合现代商贸、休闲旅游、文化创意等生活性服务业的现代服务业发展长廊。深入推进滨湖一体化发展，积极培育南幻溇风情小镇，建设幻溇社区旅游服务中心、义皋溇港古村落，以滨湖大道为交通脉络，有机串联生态农业、文化资源，发展生态观光农业和文化休闲产业。“两区”即中心主城区和西南片区。中心城区重点发展现代商贸、楼宇经济、现代金融、城市旅游、文化创意等服务业态，发展社区服务、中介服务等公共服务业态。西南片区发挥西塞山省级旅游度假区品牌效应，多元发展休闲旅游、健康养生、避暑度假、文化体验、运动康体等生态养生型旅游服务业态，丰富旅游产品体系，建设完善旅游交通体系。

【成效】 围绕项目引建、企业培育、平台打造等载体，服务业提质增效发展取得实效。

狠抓项目支撑，引建项目提速度。一是项目招引高效推进。2018年，全区集中签约重点服务业项目75个，占全部签约项目个数的40.3%，合计项目计划总投资超500亿元。其中引进“两山一城”等百亿项目1个；海亮国际康养小镇等50亿元项目3个。二是项目入库速度加快。2018年，全区累计新开工且统计入库的服务业项目数

量达到81个，项目个数占全部项目个数比重为43.1%；服务业项目计划总投资439亿元，占全部项目计划总投资比重达到64.1%，项目入库速度明显加快，加速拉动全区投资增长。三是项目建设扎实有序。2018年，在库的30个市服务业“大好高”项目实现新开工11个（其中新项目开工7个），竣工6个，累计完成投资27.49亿元，各项指标均完成或超额完成年度目标。23个市“双百”项目累计完成投资55.99亿元，完成年度计划的150.6%。40个区服务业重点项目新开工且统计入库18个，竣工11个。原乡小镇一期、慧心谷度假酒店、澳洋康复医院、朗高护理院等一批重点项目实现竣工运营。

狠抓市场主体，培育企业创增量。一是重点企业申报力度加强。2018年，组织浙北大厦、老娘舅等9家企业参与2018年度浙江省服务业重点企业评选，企业数量创历年最多。组织美欣达、老娘舅、鲜绿多等7个企业（项目）申报浙江省现代供应链重点企业（项目）。全力做好2018年度市服务业优强企业的组织申报工作，34家企业获评，继续位列全市第一。二是规模企业培育持续发力。全力挖潜发展增量，自加压力抓好服务业企业上规入库工作。2018年以来，新增入库商贸类规模服务业企业34家，其中2018年新开业达规模入库企业9家；非商贸类规模服务业企业15家，其中2018年新开业达规模入库企业3家，合计49家，全区服务业规模企业家数达到330家左右。三是服务企业能力不断提升。2018年，围绕市、区进企业“问难帮困稳增长”专项活动，全区通过各种形式累计走访服务业企业120余家，梳理解决问题30余个。同时规范落实好服务业发展政策，2018年有近750余万元市、区服务业发展专项引导资金惠及60余家规模服务业企业，引导和助力企业发展能力得到提升。

狠抓平台建设，集聚产业促转型。一是着力提升示范平台。在2017年度省级服务业集聚示范区综合考评中，织里童装生产性服务业集聚区排名较上一年度继续提升10名，列全省第49位。2018年，3个省级集聚区合计引进项目72个、引进企业201家，当年累计完成投资13.62亿元，实现营业收入109.3亿元、营业利润5.72亿元、税收1.26亿元。其中，总部自由港五栋已开楼宇合计签约入驻企业已超140家，入驻率达到90%以上，海创客、安点、中虚谷等多个优质现代服务业项目成功入驻。二是全力发展双创平台。围绕中心城区楼宇经济及众创空间的发展，环渚街道吴兴梦工场、爱山街道文创产业园、飞英街道跨境电商产业园等平台加快发展，集聚众多初创型、新业态服务业企业。其中吴兴梦工场采用优胜劣汰机制，确保入驻企业质量保持在一定水平。文创产业园一期累计已入驻企业54家，入驻率达到85%；二期项目进展顺利。

狠抓工作创新，落实举措增实效。一是启动亩均效益评价摸底工作。根据省发改委有关文件精神，及时启动全区服务业规模企业“亩均论英雄”综合效益评价前期摸底工作，联合乡镇街道及相关部门，全面采集规模服务业企业用地情况。作为县区代表参加全省服务业企业“亩均论英雄”工作座谈会，反馈问题、交流经验，为下一步工作正式开展打好基础。二是开展中心城区新经济新业态发展考核工作。围绕加快中心城区楼宇经济发展重点，参与制定《关于支持中心城区发展新经济新业态的实施方案》，同时牵头制定《2018年吴兴区中心城区街道新经济新业态发展工作考核办法》，加快推动中心城区街道服务业发展力度和质量。2018年，中心城区街道合计新增签约服务业项目8个。

【政策】 为进一步加快全区服务业发展，构建“4+3+3”产业体系，实现比重提高、质量提档、结构提优，依据市服务业办《湖州市关于加快市本级信息 商贸 健康 社区等服务业领域发展的有关意见》，结合产业发展导向和吴兴实际，修订出台《吴兴区人民政府办公室关于进一步促进服务业高质量发展的三十条政策意见》。修订后的政策条款由原先的20条增加至30条，鼓励工业企业主辅分离、着力招引品牌企业入驻、加快其他营利性服务业发展、推动企业模式创新、推动发展中介服务业等条款。同时，为切实做到精准支持，根据各行业部门的反馈意见建议，对加强企业标准建设、大力发展信息服务业、积极发展健康服务业、加快发展社区服务业、支持发展服务贸易等条款内容进行了部分调整、新增或删除，为进一步优化服务业发展环境提供政策保障。

（沈婧莹）

第十篇 对外开放·旅游

·招商引资·

【概况】全区新批准外商投资企业23家，增资企业15家，减资企业2家，另经省商务厅审核认定外商投资企业分公司到资4家，累计合同外资54683万美元，完成市年度目标的109.4%，列全市第三位；实到外资23743万美元，完成市年度目标110.4%，列全市第二位。

【引资结构】全区批准的40家（含增、减资）外资企业中，一产企业3家，二产企业18家，三产企业19家。一产企业实现合同外资322万美元，占全区合同外资总额的0.6%；二产企业实现合同外资29936万美元，占全区合同外资总额的54.7%；三产企业实现合同外资21809万美元，占全区合同外资总额的39.9%。外方资金主要来源于中国香港、台湾，新加坡、英国。

【引资方式】全区批准的40家外资企业中，外商独资企业32家，合同外资48886万美元，分别占总数的80%和89.4%，为全区外资企业引进的主要方式；中外合资企业8家，合同外资3181万美元。其中增资企业15家，合同外资16032万美元，分别占总数的37.5%和29.3%。

【项目】全区批准的40家外资企业中，新设或增资合同1000万美元以上项目13家，累计合同外资46925万美元，占全区合同外资总额的85.8%。认定市外资“大好高”项目10家，累计合同外资22539万美元，实到外资5216万美元，分别占总额的41.2%，22%，项目认定数及认定率极高。

【平台引资】以“项目双进见效行动”为抓手，加快高质量外资集聚先行区建设，以高新区、吴兴经济开发区（织里分区、埭溪分区）、中韩产业园等三大省级平台为主战场，进一步加大平台承载力。三大平台批准外资企业24家，占全区总数的60%，其中新设企业17家，增资企业9家（含同年新设后增资）；完成合同外资45160万美元，占全区合同外资总额的82.6%，其中新批总投资1000万美元以上企业9家；实际利用外资21639万美元，占全区实到外资总额的91.1%。八里店、道场、妙西等其他乡镇共批准外资企业5家，合同外资6549万美元，占全区合同外资总额的12%。

（金晓薇）

·对外贸易·

【概况】2018年吴兴区实现进出口总额1146526万元，增长27.5%，其中出口876060万元，增长18.3%，分别高于浙江省平均增幅16.1和9.3个百分点。进出口增长全市第一，全省十四，较上年跃升40位，稳步提高了外贸占全国及省、市份额，创建区以来历史最好成绩。

【贸易主体队伍】全区新增进出口实绩企业62家，新增进出口额179021万元，有进出口实绩的外贸企业330家，其中进出口超百万美元的企业168家，超千万美元的企业37家。民营外贸企业是全区出口的主要力量，全年完成自营出口789085万元，同比增长21.2%，占全区出口总额的90.1%；外资企业完成自营出口86975万元，同比下降3.0%，占全区出口总额的9.9%。

【进出口商品结构】全区出口纺织品

376934万元，同比增长30.4%，占区出口总额的43.0%；出口机电产品261668万元，同比增长9.4%，占区出口总额的29.9%；出口杂项制品80454万元，同比增长16.6%，占区出口总额的9.2%。进口贸易方面，机电产品进口额139703万元，同比增长441.5%，占区进口总额的51.7%，其中新凤鸣进口生产设备113594万元。木及其制品进口额48092万元，同比下降6.4%，占区进口总额的17.8%；羊毛进口额20576万元，同比下降40.5%，占区进口总额的7.6%。

【贸易方式】 全区一般贸易进出口额1053069万元，同比增长30.9%，占全区外贸总额的91.8%，其中出口810605万元，同比增长18.7%，占全区出口总额的92.5%；加工贸易进出口额93085万元，同比下降1.1%，占全区外贸总额的8.1%，其中出口65455万元，同比增长13.2%，占全区出口总额的7.5%。

【市场拓展】 围绕全区纺织服装、物流装备等特色优势产业，精准布局，加大组织企业参加“一带一路”沿线节点市场国际性展会，开拓新兴市场，巩固传统市场。全年组织120多家次企业参加12个重点境内外展会，折合标准展位近170个，其中为推动童装产业开拓国际市场，分别于5月底和9月底，累计组织20家次企业参加中国品牌商品中东欧展和中国西部国际博览会，展出面积共计288平方米，组展力度空前。全区商品出口至168个国家和地区，其中对新兴市场出口517558万元，增长31.4 %，对“一带一路”市场出口占比提升至39.7%。

【外贸转型升级】 成功申创吴兴区纺织服装国家外贸转型升级基地，推进传统纺织产业提质升级。外贸商品结构持续优化，2018年机电及高新技术产品进出口额40.14亿元，增长51.5%，占全区35.0%，占比提高5.5个百分点，为吴兴区第二大出口商品和第一大进口商品。品牌建设加快推进，市级以上出口名牌企业队伍再添3名新成员，全区自主品牌产品出口占比提高至30%左右。外贸企业质量意识、创新意识明显提高，全区97家国家级高新技术企业中，56家为外贸企业，占58%。

【企业服务优化】 全力做好企业应对中美经贸摩擦动员、组织和指导工作，鼓励积极申请产品排除，指导通过提高预付款比例、投保出口信用保险等规避收款风险。有效利用监测预警平台，对重点产业、产品、市场进行监测预警，提高企业快速反应能力，2018年撰写外贸运行监测报告16期，发布各类预警信息300余条，撰写、报送行业预警分析报告16篇，吴兴区服装（童装）外贸预警点获评年度省级优秀外贸预警点。加大政策宣贯及业务培训力度，全年举办法律服务月、出口风险发布会等培训活动5场，参训企业近300家次。加强部门联动，及时协调解决企业进出口环节遇到的困难和问题。

（吕　慧）

·对外经济·

【概况】 全区新备案境外投资项目7个，其中增资项目1个，境外中方投资额2669.5万美元，完成市定目标的76.3%；完成外经营业额2678.3万美元，完成市定目标的297.6%，列市第二位。

【境外投资质量】 企业“走出去”意识有所提高，境外项目规模、质量进一步提升，赴“一带一路”沿线国家和地区开展的实体项目数量增加。截至2018年年底，全区累计备案境外投资项目63个，其中贸易公司项目38个，生产加工项目13个。2018年备案的6个新设项目中，5个为生产基地项目，1个为并购形式的医药研发项目，其中创盛光能源越南项目备案投资额500万美元，是企业规避美国对华贸易壁垒、加快开发东南亚市场的重要举措。

【境外投资领域】积极引导企业在更大范围、更广领域、更高层次拓展市场，境外投资领域进一步拓展。吴兴区企业已分别在日本、美国、澳大利亚、塔吉克斯坦、罗马尼亚等22个国家和地区设立营销网络或生产加工企业，投资领域也从纺织服装业拓展至物流装备、节能环保、精密仪器、绿色家居、跨境电商等十多个行业。

【境外承包工程】 对外承包工程业务稳步发展。核工业井巷建设集团有限公司“中国援建柬埔寨乡村供水项目一期”合同造价约8500万元，于2018年全部完成并通过验收；“巴基斯坦卡拉奇核电站取排水工程取排水隧洞工程项目”合同造价3.6亿元，2018年工程进度和质量良好，计划于2019年6月完工。此外，中铁十六局集团几内亚国道重建分包项目于2018年11月签约，湖州第三工程公司参与施工；大东吴杭萧绿建南非金山大学学生公寓楼项目洽谈取得实质性进展，2019年5月签约。加强境外企业管理，督促外经企业建立健全境外安全管理体系。

（吕　慧）

·旅　游·

【概况】2018年，吴兴区旅游工作在区委、区政府的正确领导下，全面贯彻落实中共十九大精神，深度融入全省“大湾区”“大花园”建设，以市“龙腾计划”为统领，以“全域旅游深化行动”为主抓手，创新实干，全区旅游业发展态势良好。旅游发展基础进一步夯实，初步完成《吴兴区全域旅游规划》《湖州南郊生态旅游度假功能区发展规划》编制。旅游发展后劲进一步显现，招引重大项目10个。旅游产品业态进一步丰富，打造庄园标杆，创建全域景区，培育多元业态。旅游品牌形象进一步提升，加强媒体宣传、节事营销、对外营销。旅游环境秩序进一步优化，加强日常管理，狠抓市场安全，提升队伍素质。省政府副省长成岳冲、市委书记马晓晖、省文旅厅副厅长卢跃东、市政府副市长施根宝分别给予吴兴旅游做法批示7次。

【项目建设】共招引海亮国际康养小镇、“两山一城”、冒险王国、园艺小镇等重大旅游项目10个，总投资近300亿元，其中10亿元以上项目2个、50亿元以上项目3个、100亿元以上项目1个。23个重点旅游项目建设加快推进，完成总投资31.11亿元，妙禅谷、西塞山二期等4个项目新开工，原乡小镇、慧心谷等5个项目竣工；列入省服务业重大项目7个，列入市重点建设项目9个，列入市服务业“双百”项目12个。建立全区旅游资源库和项目库，做到全区一盘棋。扎实推进西南旅游一体化改革，编制《湖州南郊生态旅游度假功能区发展规划》和4个专项工作方案，成立工作指挥部并实体化运营，全力推进南郊旅游开发。启动西塞山国家级旅游度假区创建前期工作；丝绸之源省级旅游度假区创建取得重大突破。

【乡村旅游】编制全国首个生态度假庄园标准，承办全市生态度假庄园建设推进现场会，慧心谷成为市级四星级庄园。丝绸小镇西山漾全力推进国家AAAA级旅游景区创建、美妆小镇、驾云山创建为国家AAA级景区。施家桥、杨溇、南山、龙山等11个村入选省AAA级旅游景区村庄。陆羽古道、天字古道入选“长三角十大古道”，原乡小镇、驾云山药王谷等4家单位成功入选省市研学旅游基地。完成太湖百里观光大道吴兴段提升；投入1.5亿元全面提升西塞山旅游度假区旅游承载服务能力。扎实推进“厕所革命”，新建改建A级以上旅游厕所32座，其中3A级旅游厕所14座。加大民宿培育力度，妙栖民宿、虎潭山居等9家民宿实现领证，妙栖民宿、原风雅舍被评为省级银宿级民宿。

【旅游企业】吴兴区有旅行社20家，分社和网点48家，其中品质旅行社8家，出境社6家；星级酒店6家，绿色饭店6家；A级景区（度假区）13个，其中省级旅游度假区1个、AAAA级旅游景区3个。

【营销宣传】发挥主流媒体宣传作用，对吴兴旅游报道全年达360余次。新华社直播平台、央视《新闻联播》《中国旅游报》等对吴兴重大旅游活动予以报道。举办“春赏”“夏享”“秋游”“冬品”四季主题旅游节庆35场，提炼吴兴旅游特色外宣口号形象。举办菰城文化旅游节、陆羽茶文化节、丝绸文化旅游节等重大节事活动，承办第三届世界乡村旅游大会暨“一带一路”世界乡村旅游湖州亚太峰会，“茶经圣地”“国际原乡旅游示范地”等名片落户吴兴。

【旅游管理】承办全市旅游企业四大建设暨百强企业培育现场会。联动“1+3”（旅游+市场监管+公安+法院）旅游综合执法，成功办理旅游案件2起。培育旅游管理智库，遴选30名行业优秀人才，建立师徒帮带36对。开展全市旅游质监和安全管理培训暨旅游企业“首席安全官”、领军人才等专项培训7期600余人次。成功举办吴兴区首届金牌导游（讲解员）大赛。开元、浙北、皇冠在全市旅游饭店大赛中荣获一等奖和二等奖3个。

（区旅发委供稿）

第十一篇　城乡建设·环境保护·交通·通信

·城乡建设·

【概况】吴兴区东部新城全年开工实施项目39个，完成投资102.65亿元，其中市场化开发项目，完成投资99.01亿元，占比96.45%。围绕新农村建设、百千工程，完成公厕改造255座，完成投资1400余万元，大力推进全区农村公厕改造工作。完成国家级义皋村和省级菰城村美丽宜居示范村创建工作，启动东桥村省级美丽宜居示范村建设。完善住房保障和房地产管理，保障性住房年度新开工任务3124套，20.9万平方米，全部为货币安置。超额完成住房公积金年度任务，实际完成新增住房公积金归集人数11040人，完成率223.03%。

（区住建局供稿）

【规划工作】规划编制。一是配合推动《湖州市国土空间总体规划（2020—2035）》的后续深化及报批工作。理清结构，明确定位。划定“三区三线”，理清城乡空间的新结构，既要明确保护的红线，又要明确未来城乡发展的重点空间，同时明确整体提升、功能互补的各片区功能定位，以确保联动发展，形成合力。理清家底，优化配置。从用地空间和人口两方面理清现状家底，在落实好生态安全和耕地保护的基础上，科学制定城乡建设用地总规模，优化土地资源利用方案，优化城乡建设用地的分配结构。理清资源，分区引导。从资源的本底现状和特色化发展目标出发，对乡村地区进行合理的功能定位和发展引导，合理谋划功能协同、设施共享等策略。启动妙西镇总体规划（2018—2035）的编制。二是全面推进单元控规编制。吴兴区规划管理范围共26个单元，其中已批复控规单元20个，已会审待批2个，完成方案稿2个，暂未开展2个，为吴兴区城乡建设发展提供了法定依据。三是完善城市设计和专项规划。指导中规院编制湖州东站片区总体城市设计，梳理完善高铁东站用地及交通布局，注重与湖州站的串点成线，促进区域经济融合通道发展，打造功能完善、充满活力的现代化高铁新城。落实乡村振兴战略，组织编制完成《南太湖溇港片区田园综合体总体规划》《织里城区城市“双修”规划》，配合区卫计局编制完成《吴兴区医疗卫生设施布局专项规划》，协助配合区城投实施《园艺小镇田园综合体规划》和《潞村田园综合体规划》，启动《织里小城市能级提升规划》等相关规划的编制工作，为吴兴区未来城市建设发展献计献策。

规划审批。做好全区项目的规划审批服务，截至2018年上半年，共核发建设项目选址意见书22件，建设用地规划许可证78件，建设工程规划许可证140件，建设工程规划验收确认意见书60件。并按照行政许可资料清单、行政许可案卷要求，进行“一书两证一核实”归档制作，规划管理工作法制化建设扎实推进。

规划服务。依据省、市依法行政的要求，严格执行行政许可公示制度、内部审批制度、批后管理制度、项目竣工核实制度，切实发挥分局职能优势，全面提升分局桥梁纽带作用。结合自身实际，完善服务体系，创新服务方式，提高服务效能，积极推进和落实“最多跑一次”改革工作。优化审批流程，精简审批环节，强化“一口告知”服务，建立容缺受理审批服务机制，公布事项共15项，均已实现跑一次。持续加大规划的宣传力度，运用门户网站和微信等平台加强城乡规划宣传，通过宣传提高规划工作的知晓度和透明度。

（区自然资源和规划分局供稿）

【重点工程】紧紧围绕东部新城新型城市化的新五年发展目标，以项目为王，高质量加快推进新城建设和管理，不断降低项目成本，化解债务风险，重点抓好小镇建设、配套完善、体制创新、管理提档、资产盘活、宣传营销、要素保障等方面的一体化建设，持续唱响湖城向东看。全年开工实施项目39个，完成投资102.65亿元，其中市场化开发项目，完成投资99.01亿元，竣工完工项目10个。文体中心、奥奇梦工厂、西湖漾小学等项目投入运营，丝绸小镇打样中心、面辅料中心、企业微总部等产业项目快速推进，全力推进AAAA级旅游景区创建工作，高铁湖州东站落户东部新城，上实天澜湾、融创西山宸院等12个项目开盘开业。

【新农村建设】采取有效措施，狠抓落实，全面完成16户困难群众危旧房改造的任务。同时对补助对象、申报程序、建设要求、补助标准等方面加强督导。

【百千工程】以农村垃圾收集处理为重点，集中清理处置农村沿路沿河、房前屋后暴露的垃圾，全面消灭村庄积存垃圾、卫生死角、露天粪坑、污水坑、臭水沟，改善村容村貌。按照组织、制度、设施、资金、人员等“五落实”的要求，强化考核监督机制，巩固提升现有的全覆盖、全收运的“户分、村收、乡镇运、市处理”的农村生活垃圾集中收集处理体系。全区农村公厕改造工作，完成公厕改造255座，完成投资1400余万元，开展美丽宜居示范村日常指导督查工作，完成国家级义皋村和省级菰城村美丽宜居示范村创建工作，启动村东桥村省级美丽宜居示范村建设完成了总工程量的40%。

【房地产管理】不断加大保障性安居工程建设力度，全年新开工保障性安居工程3个，3124套、20.9万余平方米，均为货币安置项目，签约率100%；严格执行商品房买卖合同备案、变更、撤销的程序，完成商品房买卖合同网上备案19540份、合同变更439份、合同撤销338份；加强辖区内房地产管理，核准房地产开发企业暂定资质43家、四级资质30家。

（区住建局供稿）

·环境保护·

【概况】区环保局紧紧围绕“打造增长极、提高首位度、争当排头兵”总定位，扎实开展“四新”主题实践，持续发力“八大行动”，以持续改善环境质量为核心，以提升人民群众环境满意度为动力，深入实施污染防治行动计划，严密防控环境风险，加快推进生态环境治理体系和治理能力现代化，全力打造“生态吴兴”升级版。首获大气污染防治工作“蓝天杯”，获评为“千万工程”和美丽浙江建设突出贡献集体。交接断面水质考核优秀，15个区控以上断面地表水环境功能区达标率、饮用水源地达标率均保持在100%，水环境持续向好。PM2.5均值为37微克/立方米，与上年同期相比下降15.9%；空气优良率为64.3%。区域环境噪声平均声级为52.0分贝，同比下降1.7分贝。

（章陈力）

【服务转型升级】一是深化“最多跑一次”改革。在2017年“最多跑一次”改革的基础上，细化我局办事事项，办事主项和子项分别从28项和33项精简至14项和17项，并同步更新完善办事指南及政务网信息，所有事项在“最多跑一次”的基础上实现一窗受理及4个通办，且全部达到“准五星级”以上。围绕“六重”（重大项目、重点工程、重大平台、重点产业、重大政策、重点要素）工作，对建设项目提前介入、主动服务。主动联系业主听取意见，做好项目环保准入、项目选址前期把关，配备精干力量实施项目跟踪服务制度，优化审批程序，简化审批材料，强化审批效能，最大程度的为企业合法合规生产提供优质服务，确保重大项目最短时间完成环保审批手续。全年完成建设项目环评审批148个，项目总投资386亿元。豁免项目8个，零土地技改备案29个，登记表备案356个，“三同时”验收57个。二是强化环保审批改革。在准入管理中牢固树立“生态红线”意识，结合“区域环评+环境准入”改革，以省级以上园区及特色小镇为重点，主动下沉对接各园区及小镇管委会，推进规划环评工作。吴兴区2个省级工业园区及2个省级特色小

镇的规划环评工作全面完成，同时4个区域“区域环评+环境准入”改革方案都已由区政府批复实施，改革区域面积共计35.32平方公里，完成改革区域环评简化备案审批43个。三是优化环保审批服务。重点围绕重点民生工程、基础设施建设项目、浙商回归及省市重大产业等重点项目，通过分片跟进、提前介入、定期联系、上门服务等方式，全力保障项目的推进实施，同时局班子成员多次带队专题赴各乡镇、街道开展企业大走访活动，上门服务能办尽办。先后走访美欣达等150余家企业，指导企业解决环保难点问题68个，切实提高了环保服务的主动性、精准性和有效性。全年提供现场服务500余家次，审批备案建设项目环评554个，审批效率、服务质量明显提升。

（吴　杰）

【污染物减排】 积极与发改委、农林部门及乡镇、街道企业沟通对接，深挖污水处理、结构调整、产能优化、农业污染治理等方面减排潜力，完善减排工作机制，扎实推进减排工作。一是制定年度减排计划。排定5个减排项目，其中水污染物减排3项，大气污染物减排2项，明确时间要求和减排措施。二是加强重点项目服务。通过规范减排项目实施管理、季度减排绩效评估、强化环境执法监管等手段，及时跟进减排项目，对污水厂、热电厂等重点项目主动进行现场调研、服务指导，对存在的问题及时提出意见建议。三是强化重点企业督查。加强重点污染企业的专项检查，确保污染治理设施正常运行和企业污染物达标排放，使污染物减排落到实处。四是强化重点污染源监督。加快污染源在线监测监控系统的建设和数据有效性审核，强化重点污染源的监督管理。

（沈建华）

【生态建设】 稳步推进美丽吴兴建设。在2017年美丽湖州考核优秀的基础上，2018年继续牢牢锁定美丽湖州建设考核内容与标准，及时调整领导小组，配强29个成员单位分管领导与联络员，构建“责任层级化、工作网格化”工作体系，将任务和责任分解压实到具体单位、具体责任人，确保年度美丽吴兴建设各项工作落到实处。年底抓考核，全方位对标对表抓落实、找差距、聚力冲刺，圆满完成各项考核工作任务。

（金天红）

【环境污染防治】 全力打好治水持久战。以“河长制”“湖长制”为抓手，深入实施六大行动（全域水质提升行动、“污水零直排区”创建行动、农业农村环境治理行动、工矿企业转型升级行动、城乡截污纳管行动、机制体制持续健全行动），努力实现“三确保三力争”（确保水环境安全不出事，确保断面水质不降级，确保III类及以上水质断面比例、水环境功能区达标率、饮用水源地水质达标率实现100%，“污水零直排区”创建工作、河长制和湖长制深化工作、渔业尾水治理工作走在全市前列）。一是项目化综合治水。1条美丽样板示范河道（罗溇港）已通过市级验收。200条美丽生态河道已创建完成并通过市级验收。4类22个“污水零直排区”示范点已全部建设完成并通过区级预验收。全面完成6.35万亩以上渔业养殖尾水治理任务。二是精细化提升水质。打造环城河景观带，建成飞凤大桥至青铜大桥800米生态浮岛链和50个生态浮岛，种植5万多株水生植物。做好蓝藻防治工作，设置蓝藻拦截坝，出动打捞人员及船只，有效防治蓝藻回流问题。加大污水处置设施建设，启动东部、埭溪、东林、妙西4座污水处理厂改扩搬工作；新建污水管网31.5公里，清淤污水管162.5公里。全面完成52家加油站地下油罐整改。三是系统化建强机制。深化“河（湖）长制”，完成新一轮河（湖）长人员更替，并确保各级河（湖）长严格按规定频次和要求落实河道巡查，确保每月巡河三率均达到100%。强化“考核问责制”，成立专门督查组，实地进行督查指导，问题整改完成率为100%。健全全民“参与制”。创新全民参与载体，发送“五水共治”短信130万条，下发“给全区学生家长的一封信”8万封，辐射家庭6.8万余户；成立“少年护水团”“巾帼河嫂团”“银发护水团”，累计开展活动20余次，参与人数达7千人次。

全力打好蓝天保卫战斗。紧紧围绕省市部署要求和2018年既定目标，沿循“1861”治气工程主攻线路图，突出50项重点生态环保攻坚、秋冬季大气污染防治攻坚、重点时段空气质量改善等专项攻坚行动，全域实施大气污染防治，并投运6个乡镇空气监测站点，实施监测数据信息全公开。一是下好工业废气整治一盘棋。大力开展挥发性有机废气治理，全面完成45家涉VOCs

重点企业减排、191家一般企业整治以及200家“散乱污”企业清理整顿，打造19家示范重点企业，并完成2家化纤企业VOCs在线监测设备安装。加快推进全区小木业、塑料制品等传统制造业转型升级，完成87家小木业整治，完成120家塑料制品企业厂房评估和关停协议签订。二是布好扬尘防控一张网。着力建筑工地扬尘防治，261个项目严格落实“7个100%”扬尘防治要求；在建工地扬尘视频监控设备和颗粒物在线监测设备做到“应装尽装”；全面落实每个工地“工地长”。大力推进“两路两侧”废弃矿山治理和矿山复绿工作，完成8个重点区块废弃矿山治理及7个重点生产矿复绿工作。扎实做好道路保湿保洁工作，全区133条城镇主要道路均已建立常态化长效保洁机制。三是联好废烟废气整治一条线。开展工程车专项整治，累计立案处罚286起，处罚105.29万元；实施柴油车污染防治，淘汰危货柴油车150辆。依法惩治秸秆、生活垃圾等露天焚烧行为，制止露天焚烧68起，立案查处13起。严控餐饮油烟污染，全面取缔露天烧烤，完成餐饮油烟单位油烟净化装置清洗管理1129家，建立定期清洗制度重点餐饮单位338家。控制农业氨污染，减少农田农药使用量42吨，完成测土配方施肥面积55.1万亩，推广商品有机肥使用0.99万吨。同时，成立4个治气专项督查组和1个常态化巡查组，开展日巡夜查，对巡查、暗访、督查发现的问题下发通报或督办单，并及时跟进整改情况，共下发督办单84期，通报20期。

全力打响治土攻坚战。根据全市2018年度土壤污染防治工作部署安排，按照“遏制、稳定、改善”的总基调，围绕“一个基础、两个核心”（土壤污染状况详查，受污染耕地安全利用、污染地块安全利用），实现危废固废“六化”（标准化、规范化、智能化、专业化、公开化、长效化）管理，完成农用地及六大行业重点企业用地土壤污染状况调查。一是推进土壤污染防治工作。制订《吴兴区2018年土壤污染防治工作实施方案》，完成372个农用地地块采样送检工作；完成174个重点行业企业地块基本信息收集和风险筛查，完成嘉业皮革企业污染地块原址修复工程。二是加强污染处置项目建设。重点做好一环科技废油处置项目服务指导工作，该项目完成基建，2019年正式投产。着力提升区域污泥处置能力，南太湖热电完成新增300吨/天污泥处置项目，污泥处置能力从原来的日处理200吨提升至日处理500吨，基本实现全区污泥处置能力“略有富余”。同时加快推进湖州欧汇再生资源科技有限公司工业固废资源化利用项目搬迁扩建项目。三是强化固废危废信息化管理。依托第二次污染源普查，全面排查区内相关企业，同时不断完善危废企业库，全面启用湖州市固废信息化管理平台，350余家企业实现危废信息化管理，5家企业通过省“十三五”危废规范化督查。全区工业一般固废利用量21.88万吨，处置量0.05万吨；危废利用量0.65万吨，处置量2.03万吨。

（匡　勇）

【环保执法监管】 一是持续开展环保专项行动。开展“护水斩污”、“蓝天保卫”、护卫碧水蓝天净土等10项执法专项行动，依法惩治环境违法犯罪行为，其中在全市全员执法行动中，市领导带班检查发现问题124个，全部整改销号。2018年共出动执法人员8921人次，检查企业4358家次，下发各类改正决定书181件，作出行政处罚案件49起，同比增长32.4%，已实施处罚金额747.4万，同比增长263.3%；限产停产8起，同比增长100%，实施查封扣34起，移送公安行政拘留9起，同比增长33%，刑事案件3起。二是扎实做好环境信访工作。以群众满意为标准，重视初信初访，依法依规处置到位，坚持信访领导包案制，改革信访工作制度，不断完善环境信访、热线承办工作，提升办理的实效和质量，不断提升群众满意率。全年共承办环境信访件589件，同比下降12%，全部信访件已按时回复、办结，信访满意率从上年91%提升至98%。三是牢牢坚守环境安全底线。以预防为主，完善各类应急预案及隐患排查，完成吴兴区集中式饮用水源和化工园区突发环境污染事件应急预案的修订工作，制订出台《2018年度企业突发环境事件应急预案备案管理计划》，50家企业已完成应急预案备案。定期开展环境安全隐患排查，全面掌握环境风险源，排查出风险源企业环境隐患15个，整改率100%，全区未发生重大环境安全及污染事故，也未被今日聚焦曝光。四是深入探索环境监管模式。深入探索“双随机”高效监管、第三方机构专业监管、日常监管、基层网格全面监管、科技手段时时监管、信息公开社会监管等监管模式有效融

合，形成优势互补，真正实现精准、全面、高效执法，倒逼企业提升自律行为。全年联合有关部门完成巡检1065次，发出整改通知单74份，涉及191个问题，58份通知单提出的159个问题已经整改完毕；重点推进企业在线监控设施建设，新增安装污染源自动监控设施工业企业68家，安装流量计88家。

（郑焦光）

【工作机制与环保宣传】 一是深化廉政工作建设。始终坚持将党风廉政建设贯穿于日常管理和业务工作全过程，定期开展“党纪一刻钟”教育，节假日前集中开展廉政教育，每周五发送廉政短信，多次组织开展廉政专题教育活动，做到警醒教育常抓不懈。全年共组织廉政教育12次，受教育304余人次。同时，创新工作机制，建立“亲清联系卡”，拓宽政企沟通渠道，营造亲清型政企关系。全年共发放亲清联系卡340张，温馨提示卡920张，回访企业28家次，回访满意率为100%。二是夯实党建工作基础。深入推进“两学一做”学习教育常态化制度化，全面落实党组理论中心组学习、主题党日、党性体检、“三会一课”等制度，在抓好理论武装的同时，适时组织观看纪录片和赴长兴新四军浙苏军区纪念馆参观等活动，丰富学习和实践方式，进一步增强党员的使命感和责任感。积极培养和发展党员，增强党员队伍力量，2018年共发展1位预备党员，吸收1位入党积极分子。三是强化队伍能力建设。采用高层次人才引进和增加编外干部的方式，进一步充实人员队伍力量，不断适应新形势下的环保工作的新要求。结合“四新”和区委、区政府“争当排头兵 实干大比拼”要求，扎实开展“大学习大调研大服务大提升”主题实践活动，围绕“重点工作求突破、单项工作创一流、整体工作争先进”的目标，持续开展业务培训，提高全体干部业务水平，为打造“吴兴环保铁军”奠定坚实基础。四是全力提升生态满意度。围绕“美丽吴兴我是行动者”主题，以提升生态环境质量公众满意度为主线，以贴近群众、贴近生活的方式精准宣传、特色宣传、常态宣传。先后主办6•5世界环境日宣传，共享书吧公益导读、生态吴兴随手拍、生态环保开放日等活动，活动参与人次达3万余人。通过17家微信公众号同频共振，110辆公交车标语宣传全覆盖，7200户电信固话人工宣传，10万余份调查问卷进校园，120万条“三网”短信推送，以及进村入户宣传与民调，公众知晓面扩大，参与积极性提高，公众对生态环境满意率逐年提升。五是不断提升生态宣教水平。接轨各类媒体拉高宣传调子，梳理亮点，积极配合中央媒体到吴兴采访，首创环保委、购买第三方服务等先进经验在《人民日报》《中国环境报》《浙江日报》等主流媒体频频亮相，累计在省级以上各类主流媒体发表50余篇专题报道。创办吴兴生态环保微信公众号，2018年累计发文129篇，全方位不间断地进行宣传，不断提升“生态吴兴”品牌效应。

（章陈力）

·交 通·

【概况】 吴兴区位于浙江北部、太湖南岸，东距上海150公里，南接杭州86公里，西连南京230公里，北隔太湖，与苏州、无锡相望，地处长三角经济圈、环杭州湾产业带和环太湖经济圈的腹地，交通发达。杭宁高铁、宣杭铁路穿城而过，湖苏沪高铁即将开工；G25杭宁高速公路贯穿南北，G50申苏浙皖高速公路、S12申嘉湖高速公路横卧东西，104国道、318国道、306省道并辔而行、贯通全境，基本形成长三角核心城市（上海、杭州、南京、苏州）1小时交通圈。长湖申航线历史悠久、内通外达、风光绮丽，被誉为东方的“莱茵河”。全区现有农村公路685.34公里，其中县道150.43公里、乡道133公里、村道约401.91公里。

【基础设施建设】 按照“补短板、强基础”的要求，以服务经济发展、推进枢纽建设、加快项目实施、深化城市治堵为重点，全年共完成投资31.01亿元。其中配合省市重点工程建设方面，配合开展湖苏沪高铁、杭宁高速公路吴兴段、申嘉湖高速公路鹿山至孝源段、宣杭铁路电气化改造工程、织里至新安高速公路工程、104国道长兴李家巷至湖州施家桥段改建工程等项目前期和政策处理工作，五一大桥主线完工通车，累计完成投资约15.76亿元；狠抓区内重点工程建设方面，完成水产路东延公路提升改造工程、104国道至妙新线等29项，强势推进湖织大道拓宽改造及东延工程等22个项目，加快推进申嘉湖高速西延连接线工程等5个项目前期工作，围绕“四好农村公路”建设任务，完成通自然村公路、断头路建设7公里，完成低等级公路提升改造26.5公里，完成通乡镇、景区等公路改扩建12.3公里。

【基础设施维护】推进农村公路路面维修，完成农村公路路面维修40.5公里，完成9座危桥改造任务。完成普通公路服务站4个。关注民生，加强拥堵治理。编制完成《东部新区公共交通详细规划》。全区更新新能源公交车205辆，完成港湾式停靠站100个，新增停车位1000个，公共停车场1个。完成美丽公路102.5公里创建任务。研究制定公交线路优化调整方案，全区新增优化公交线路10条。建立“三全二点”（全区域覆盖、全天候督查、全部门联动，点对点整改、点对点通报）的公路扬尘管理机制，有效应对大气污染。深化常态管理，推进码头整治，全区共关闭拆除码头18个，整治提升19个。加强整治提升，营造美丽公路环境。落实“两路两侧”（公路铁路沿线两侧）、“四边三化”（公路边、铁路边、河边、山边开展洁化、绿化、美化行动）要求，建立健全高效运转的路域环境联合整治机制，推进两路两侧环境整治，完成重点问题整治点151处，占年度任务111.9%，完成绿化面积47.29万平方米，占年度任务147.8%，累计完成投资约17.87亿元。

【安全管理】严抓“三防”应急管理工作。强化落实部署到位，针对2018年冰冻、强台风等恶劣天气，加强巡查力度，重点对桥涵、隧道、高边坡、高挡墙、临水临崖等易发生水毁塌方路段的巡检查。严格执行24小时值班制度和领导带班制度，全年落实应急抢险人员210人次，应急装备300台套，应急物资1400包。严抓日常安全监管工作。根据省、市交通等上级部门统一部署，制定安全活动方案，扎实开展“安全生产月”“平安工地”“品质工程创建”等专项行动。深入开展重点领域隐患排查整治专项行动，结合汛期特点，全面开展隐患排查治理行动，重点对桥隧、“三高”路段、易水毁路段、塌方路段、事故多发路段等进行隐患排查，检查交通建设工程34个，出动300余人次，下发整改通知书57份。完成县道隐患点28处、乡村道47处整治，完成市级道路事故多发点段整治3处。完善应急预案，充实应急物资和机具。积极开展公路应急平台建设。积极保障文明城市创建，全力护航十九大、互联网大会，有力保障全区交通运输行业的安全稳定。

（湛晨斌）

·通　信·

【中国邮政】中国邮政集团公司湖州市分公司于1998年9月16日经信息产业部批准实行邮电分营后成立，是依法设立的经营邮政业务的公用企业。湖州邮政三大板块扎根浙北，服务南太湖地区，为当地社会经济发展做出了突出贡献。其中，中国邮政集团公司湖州市分公司从业人员1431人（专业技术人员192人），辖内网点125处，其中普遍服务网点90处。有邮路51条。投递段道342条，总长度（单程）11250公里，其中农村投递段道206条，单程8131公里。2017年，分公司完成收入4.11亿元，完成预算进度110.83%。全市邮政从业人员2183人（专业技术人员192人），邮政服务网点118个，报刊亭108个（其中信息化报刊亭70个），村邮站998个（其中信息化站418），E邮站300个，农村电商服务点990个，CRS/ATM自助机具188台，邮路总里程21962公里。全市邮政系统完成业务总收入8.38亿元，其中邮政企业4.11亿元、银行3.25亿元、速递1.02亿元。邮政储蓄余额173.67亿元。

【主要工作及成绩】一是浙江省第四届生肖集邮展览隆重开幕。此次邮展规模为98部146框，邮展全面展示我省生肖集邮文化的发展水平，促进了集邮文化的普及和提高，进一步推动了邮政和集邮事业的发展。二是湖州邮政助力杨庄农产品进城项目启动仪式举办。该项目是湖州邮政积极搭建“工业品下乡，农产品进城”双向流通体系而专门策划的项目。邮乐农品网已上架杨庄村五款农产品，分别是新鲜藕带、新鲜莲蓬、新鲜剥皮莲子、新鲜采摘小番茄，以及之前上架推广的莲子干货，前面四款均采取“预售”模式，从2018年7月6日起预售，于7月21日首批发货，2周时间共通过邮乐农品网销售莲子等农产

品600余份，1000余斤。三是第一个“警医邮”标杆网点正式落地。湖州市分公司技术团队联合金华技术员进驻红旗路营业所，第一个“警医邮”标杆网点在红旗路营业中心正式落地，一市三县各网点将全部复制红旗路模版，计划在8月底完成16个站点建设。四是湖州市分公司携手市邮协安排“2018湖州市集邮周”。集邮周先后分为“文脉邮扬”“少邮所学”“乐邮己亥”“邮享美景”“邮动华夏”和“以邮为友”共六个主题。闭幕当天为“以邮为友”主题日，由专人为集邮会员提供特供邮品、发放集邮报刊并为会员盖纪念邮戳。五是交通运输部部长李小鹏考察调研浙江安吉“两山”主题邮局。9月6日–7日，全国“四好农村路”现场会在浙江省安吉县召开。会议期间，部长李小鹏和副省长高兴夫等与会领导，考察调研了安吉余村“两山”主题邮局。会议期间，与会代表还参观考察了设在安吉县上墅乡交通运输服务站内的安吉邮乐农品馆和“四好农村路”建设过程中的新生力量——“无人机”邮路，纷纷表示对邮政服务乡村振兴、绿色发展以及科技应用留下了深刻印象。六是邮政代办“警医邮”项目正式在全市上线。10月9日，在中国邮政集团公司湖州市分公司、湖州市交警支队、浙江省医疗健康集团长兴医院的共同支持和推进下，正式在全市上线。服务网点在一市三县共达到35个，其中16个开通“警医邮”服务，服务触角延伸覆盖27个乡镇。

（谭慧蕾）

【中国电信】 2018年，中国电信吴兴分公司全面深入学习贯彻习近平新时代中国特色社会主义思想和中共十九大精神，践行习近平总书记“绿水青山就是金山银山”重要思想，全面落实市委、市政府重大决策部署，坚持党建统领，深化转型发展，做“领先的综合智能信息服务运营商”，加快推进高质量发展，实现企业转型新突破。吴兴分公司量收并举、创新增收，截至2018年年底，宽带到达230865户，百兆用户到达12.6万户，百兆用户占比54.63%，IPTV用户到达105659户。同时在管理上做到精确管理，夯实基础，坚持党建统领，强化党风廉政建设，抓好企业安全生产，确保和谐企业的创建。

【主要工作及成绩】 网络建设新突破 持续重点加强光网建设，实现宽带网络的光纤化升级，改善宽带网络质量，提升宽带网络带宽。LTE室外覆盖率提升至98.8%；室内覆盖率提升至95.9%；全区域提升至96.3%；VoLTE覆盖率城区提升至98.9%；农村区域提升至92.9%；新增7.2万芯光接入能力，接入光缆3.3万皮长公里。百兆覆盖率达100%，千兆覆盖率达97.52%；光衰达标率整治提升至96.71%，全市排名第1；高负荷链路占比持续提升，全市排名第2；IPTV业务感知优良率平均99.29%，全市排名第3。

勇担彰显社会责任 顺利完成第十六届省运会保障，举吴兴之力全力支撑德清首届联合国地理信息大会，确保“四个万无一失”（网络保障、业务保障、信息安全、安全稳定）。通过保障工作誓师大会、多次全专业及省市县（区）联动应急演练在思想上立下军令状，在行动上吹响冲锋号，历经数月紧张密集的专项建设和维护，确保第十六届省运会、德清首届联合国地理信息大会的通信保障实现“四个万无一失”，彰显了中国电信的社会责任感，提升了中国电信的品牌认知度，从而有力地支撑了整体市场经营的拉动力；着力支撑智慧城市建设，以互联网思维打造美丽乡村幸福驿站，全力助推农村信息化拓展。

服务水平保持前列 2018年，中国电信吴兴分公司注重服务能力建设，努力提升服务水平。圆满完成“二升二严一降”的管控目标，即服务满意率提升到99%以上，服务价值为企业提升200万元收入，严控越级投诉每季低于2.9件，严控纠纷红线，每季低于12件，万用户投诉率从年初的19.9件下降到年底的15.1件，全市综合排名第二。坚持主动跨前一步，有效解决热点、难点问题，为经济社会提供有力网络通信保障；坚持加强团队协作，提升触点满意度。协助市公司倾力打造湖州阳光政务服务“12345”热线，以社会责任为第一要务，全面整合便民服务资源，构筑便企、利民绿色通道，通过市委、市政务考核。

业务转型迈上新台阶 量收兼顾稳健经营。吴兴分公司完成全年业务收入完成2.44亿元。宽带、4G和天翼高清ITV等重点业务实现同比和环比稳步提升，新兴业务迈入新阶段互联网金融圈持续扩大，物联网生态圈持续提升，年底达3.2万户。云业务持续上升。以互联网思维打造信息化美丽乡村让幸福注入生活，聚焦智慧养老、智慧医疗，实现全区农村电信便利网点30个、扶贫助残200

余户。

切实做好安全管理工作 强化信息安全，抓好实名制和“一证五卡”整治工作、积极配合市反诈中心工作和垃圾短信治理、打造中国电信保密工作规范的组织机构、规范的制度落实、规范的教育培训、规范的设备设施和规范的检查监督。强化基础管理，完善安全制度，层层签订安全责任书，坚持“谁主管、谁负责”和“一岗双责”原则，明确责任；信息安全防护，落实信息安全责任，加大信息安全管控力度，持续对高风险及疑似黑卡梳理整治，配合公安机关打击防范通信信息诈骗等工作任务，开展演练培训，开展反恐防暴、消防应急处置演练和紧急救护、健康知识培训，提高反恐防暴意识及应急处置能力；隐患排查整治，开展门卫管理、消防安全、网络与信息安全、保密和施工安全的隐患排查，及时整改存在的问题和隐患；落实防范措施，建立微型消防站，强化消防安全管理工作，提高防范能力，确保通信枢纽和干线安全。

（吴 兵）

【中国移动】 2018年是贯彻中共十九大精神的开局之年，中国移动吴兴分公司在市委、市政府、区委、区政府的正确领导和关心支持下，深入学习贯彻落实中共十九大精神，坚持新发展理念，持续打造高质量网络和服务品质，加快信息化建设，履行社会责任，服务地方经济发展。2018年实现运营收入6.98亿元，通信用户数超82万人。

【主要工作及成绩】 强化党建引领，全面落实从严治党责任。2018年，以习近平新时代中国特色社会主义思想和中共十九大精神为指导，根据省市公司党委要求，牢牢把握新时代党的建设总要求，坚持党要管党、全面从严治党，从班子建设好、党员管理好、组织生活好、制度落实好、基础工作好、作用发挥好六个方面入手，以“标准化示范党支部”为目标，全面提升党建工作质量，以党建新成效促进新发展。一是加强思想政治建设。持续深入开展中共十九大精神学习活动，牢固树立“四个意识”、坚定“四个自信”，在思想上政治上行动上始终同中共中央保持高度一致。二是抓主体责任建设。“以两个责任”抓手，深入推进党风廉政建设工作，研究并制定全面从严治党工作计划，明确责任分工，细化落实举措，形成一级抓一级，层层抓落实的良好局面。三是抓基层组织建设。围绕“学习十九大 建功新时代”核心主题，创建“匠心”党建品牌，以落实党建“1+N”体系为着力点，深化“岗区队”建设，以“四个匠心机制”，持续推行“党建+”五大工程，党员带头深入一线生产经营，助推项目、业务，践行公益责任。参加市国资国企系统第一批标准化“示范特色”党支部候选单位现场“亮晒比拼”活动。四是抓党员队伍建设。严格党员发展、抓好党员教育、加强组织关怀，把党员队伍建设工作抓常、抓细、抓长、抓实，努力打造高素质党员队伍，多名党员获得公司内部省级、市级荣誉。

夯实网络基础，全面推进网络领先工程。一是持续打造4G优+网络。2018年新增投资4800万，新增4G基站732个（含FDD扩容），4G规模达2662个（含FDD）。加强弱覆盖居民区网络优化，针对居民区开展深度覆盖攻坚，解决119个弱覆盖点。针对流量高负荷的高校、景区、交通枢纽等开展网络快速扩容保障，新增扩容小区1071个；不断优化4G+高清语音和视频通话质量，网络接通率达到99.81%，视频业务平均初缓时延为2201ms，卡顿次数0.55次/小时，质量全省领先。二是积极推进城市光网建设。持续打造“高起点、高品质、高价值”有线宽带接入网络，抓好城区的扩容补强及家村地区的深入覆盖，不断提升接入能力。2018年新增驻地网建设整体投资1500万元，新建覆盖宽带驻地网3.9万户，累计覆盖135万户，具备100Mbps的基础服务能力；扩建扩容10万个端口，较上年同期增长5%，累计端口达80万个。三是加快IDC、物联网平台建设。不断提升IDC机房网络规模，扩大IDC机房容量，带宽扩容至124G，总装机柜达182个。加强NB-IOT（蜂窝物联网）的深户与广度覆盖，2018年新增开通61个NB站点（累计241个），已覆盖100%行政村，为物联网调整发展打好网络基础。

加快基础设施建设，助推数字吴兴发展。一是加快“万物互联”战略，积极推进企业上云。利用云、管、端一体化服务体系优势，开展多场景NB推广应用，吴兴NB连接数累计达5.05万个，物联网连接数达84.5万户，基本实现“物超人”。举办“5G物联网 智慧新时代”大会，汇

集高通公司、世博集团等5G物联网产业联盟企业，全面展示物联网技术前沿应用，为万物互联下的智慧吴兴建设提供更多范例和技术支持。同时，与区发改委联动走访规上企业，持续推进“企业上云”工作，2018年新增上云企业394家，成功申报企业上云市级标杆2家（累计6家），省级标杆4家（累计6家）。二是开展湖州市吴兴区物联网安防小区建设，助力深入推进立体化社会智安防控体系建设，全面提升动态化、信息化条件下小区智安治理能力，保障居民安全，为小区建设打造新一代的安防模板。积极参与吴兴区卫计局远程会诊项目，完成省内首个在社区实现远程医疗服务平台。积极参与吴兴区物联网安防小区和发改委“i-huzhou”公共Wi–Fi项目建设，为吴兴智慧城市打造贡献力量。三是加速安防、Wi–Fi等项目的建设进度。2018年完成吴兴主城区、织里镇、度假区三个安防小区项目，总计160个点位；开发区Wi–Fi项目，共99个点位，为数字吴兴发展添砖加瓦。四是网络建设，以客户需求为导向，积极开展精细规划，实施4G“深耕”工程，室分建设以滚动规划数据库为依据，新建小区、商务楼宇迅速完成覆盖，确保了吴兴4G全网广度综合覆盖率达到99%以上。2018年吴兴新开通宏站140个，小微站53个，覆盖延伸75个，总计开通268个站点。在做好4G建设的同时，加大基础网络和配套建设，对主城区82个段落传输管道进行维护和重建工作正在进行中，提前做好5G建设准备。

不断提高服务品质，厚植群众获得感幸福感。牢记“客户为根”践行“服务为本”，不断优化产品和服务质量，不断满足人民群众日益增长的信息化需求。一是持续提升服务能力和水平。以客户服务感知为出发点，不断改进内部工作流程，服务效率得到大幅提升。深入社区、企业、乡村等开展驻点服务，为群众提供通信惠民服务。通过“移动小课堂”“总经理接待日”等方式，加强与公众就热点问题的沟通。2018年触点客户服务满意率达99.5%，凤凰营业厅获“浙江省示范型放心商店”称号，吴兴分公司获“湖州市第十二届消费者信得过单位”。二是落实“提速降费”，完善产品服务体系。优化4G产品组合，丰富终端和套餐品类，推广后视镜、儿童腕表、企业阅读器等个性化终端产品，通过流量分享卡、和包券、抖音等视频内容运营丰富客户权益。持续下调流量单价，单价同比下调52.84%，严格落实流量资费一体化要求；大力推广流量放心用服务，通过资费扩容、节假日流量礼包、视频流量赠送等方式，满足用户大流量需求。4G服务人群不断壮大，4G客户达到66.9万户，用户占比82%，其中飞悦（流量放心用）套餐客户突破35万户，50元以上资费客户数超52万户，用户月均上网流量达到8GB，同比增幅168%。积极响应“宽带中国”战略，持续推进宽带提速提质，以质优价廉服务助力企业“双创”。全年新增宽带8.2万户，用户总数超过20万户，100M及以上占比75%。三是丰富服务渠道，落实“最多跑一次”改革。加快推进渠道网点升级，开展营业厅智慧化升级，实现三家营业厅网上预约、客流检测、人脸识别、自助办理的智慧服务升级；推进与小米、京东等互联网平台合作，提升自助化、智能化水平和线上线下协同服务能力。推广移动综合支付产品，实现浙北集团所有门店和包POS扫码支付全覆盖。完善电子渠道，优化线上登记功能，进一步推进移动“最多跑一次”改革。

强化责任担当，认真履行企业社会责任。一是认真做好重要活动通信保障工作。冰雪灾害天气，全力保障通信畅通，累计组织抢修队伍23支，抢修人员59名，抢修车辆21辆；对政务视联网进行专项运维保障，保证了抗灾部署电视电话会议的正常召开。为联合国地理信息大会吴兴境内的检查站、省运会、市两会、钱山漾文化中心双十二直播做好通信保障工作，优质服务赢得公众好评。对政务视联网进行专项运维保障，保证了抗灾部署电视电话会议的正常召开，积极响应市委办公室及区府办号召，特别是雨雪天气康抗灾应急会议期间，进行24小时驻点保障，并圆满完成保障任务，得到市委及区委办充分肯定。二是加强信息安全管理。全面落实保密工作，树立合规经营理念，保护客户信息安全，认真落实实名制、行业端口治理、垃圾短信治理等工作，持续做好防通信诈骗宣传服务，营造良好安全消费社会氛围。三是积极参与志愿服务活动。开展文明劝导、“双禁”、垃圾分类宣传等工作。组织“慈善一日捐”、困难群众结对帮扶、爱心献血等社会公益行动，积极发挥文明单位模范作用。

（移动吴兴分公司供稿）

【中国联通】 2018年是中国联通战略转型的混改元年，吴兴联通认真践行发展新理念，围绕供给侧结构性改革为主线，坚持高质量党建引领高质量发展，深入实施聚焦创新合作战略，全面推进“五新”联通建设，勇于承担自身肩负的社会责任，为湖城经济发展与信息化建设贡献自己的一分力量。

【主要工作及成绩】 增强网络保障能力，持续提升网络质量，为广大市民提供更完善的通信环境。在移动网络方面，新增18个4G站点，累计达到498个，4G人口覆盖超过90%；在光宽带接入建设方面，响应国家提速降费号召，持续推进光宽带建设，新增44个光纤覆盖区域。立足客户感知，全面提升服务口碑。通过加强营业窗口服务质量攻坚、代理渠道服务质量攻坚、重点业务不规范定制投诉攻坚3项本地化服务短板攻坚项目，持续提升服务感知。每月25号为联通“客户日在身边”活动日，通过活动的开展，用户参与稳步上升，品牌认知有效沉淀，客户日运营实现服务与发展深度融合。积极参与政府信息化建设，提升政务效能。积极参与政府十大民生工程建设、打造吴兴区区域影像云系统、搭建砂洗城园区管理系统、智慧水利监控平台、工地实名制管理系统、智慧安防小区等项目合作，助力区内政府信息化发展，提升政务效能。积极推动“企业上云”工作，助力当地企业转型，成功打造先登高科电气有限公司、华祥（中国）高纤有限公司2家省级上云标杆企业，协助中小企业上云260家。实施惠民政策服务民生，认真落实提速降费工作部署要求在网络速率大幅提升的同时，全面取消了移动业务上网流量全国漫游费。

（汤凤华）

第十二篇 财政·税务

·财 政·

【概况】吴兴区完成地区生产总值547.26亿元，按可比价计算，增长8.3%。其中第一产业增加值20.28亿元，增长2.9%；第二产业增加值214.54亿元，其中工业增加值183.59亿元，分别增长9.0%和11.2%；第三产业增加值312.44亿元，增长8.3%。三产结构比为3.7:39.2:57.1。社会消费品零售总额370.82亿元，同比增长10.1%。实到外资2.37亿美元，浙（湖）商回归省外到位资金94.45亿元。城镇居民人均可支配收入55996元，同比增长9.0%；农村居民人均可支配收入32693元，增长9.1%。实现财政总收入67.25亿元，比上年增长22.1%，其中一般公共预算收入40.96万元，比上年增长21.9%；一般公共预算支出为38.81亿元，按可比口径计算比上年增长25.9%，全区财政收支基本平衡。入围全国综合实力百强区、绿色发展百强区、投资潜力百强区、科技创新百强区、新型城镇化质量百强区，首次实现全国百强区榜单“大满贯”。

【主要工作及成绩】坚持高质量发展的目标，牢固树立新发展理念，积极发挥财政牵头协调组织收入职能作用，与税务部门密切合作、相互联动，合理把握收入力度、进度，全区财政收入保持平稳较快增长，税收总收入为61.70亿元，同比增长22.7%；进一步规范非税收缴，实现非税收入5.55亿元，同比增长15.9%。稳步推进民生事业发展，将相关社会保障民生支出作为财政保障和预算安排的重点，确保民生事业发展的合理需要。公共财政支出38.8亿元，其中用于教育、社保、卫生等方面的民生支出达到30.6亿元，同比增长26.2%，占总支出的比重达79.0%。大力压缩一般性支出，确保“三公”经费只减不增，切实降低行政运行成本，推进节约型政府建设。充分发挥产业基金引导作用，助推“中国制造2025”试点示范建设；注重示范项目引领，不断规范PPP项目，对已纳入省级政府和社会资本合作（PPP）推荐项目库的项目加强管理；推进吴兴区国有企业改革，建立现代企业制度，完善国有资产管理体制，提高国有资本配置绩效，做强做优做大国有企业，不断增强国有经济活力、控制力、影响力和抗风险能力，促进经济社会持续健康发展，在组建湖州吴兴城市投资发展集团有限公司和湖州吴兴产业投资发展集团有限公司基础上，完善法人治理结构，加快市场化转型，进一步提升两大集团服务重大基础设施建设、战略性新兴产业发展的能力。积极稳妥推进“政采云”（“政采云”是政府采购云计算服务平台的简称，是全国首个经财政部批准、按云计算架构搭建的政府采购电子卖场试点项目）系统上线，通过信息化改造，优化简化业务流程，实现全流程网上办理，提高采购效率；切实加强国有资产处置管理，严格处置程序，最大限度实现资产的剩余价值；进一步明确专项资金使用范围，对区级专项资金在20万元以上或新增项目资金10万元以上的部门，在编制预算同时，申报预算绩效目标，跟踪项目预算执行情况与绩效进度，提升资金使用效率。深化“最多跑一次”改革和财政服务一线“1188”行动（1名局班子成员服务1个服务分队，服务8个考核单位，助推八项行动），坚定干部理想信念、锤炼党性修养、强化宗旨意识，积极发挥财政职能作用，力所能及解决企业和群众实际问题。连续十六年获得全区综合考核一等奖。

（汪云飞）

·税 务·

【概况】 吴兴区税务局全年累计组织各项收入 77.75 亿元，其中入库税收收入 57.12 亿元，同比增长 24.74%，增幅为全市第一。

【主要工作及成绩】 机构改革稳而有序。推动成立由区长牵头的吴兴区税收征管体制改革领导小组及税收机构改革动员部署会，于 7 月 20 日实现新机构顺利挂牌。建立“1+7+N”工作机制，制订改革组织实施工作方案和一揽子改革期间过渡办法，确保过渡期稳定有序。按要求做好区局职能配置、机构设置、人员编制“三定”方案调研、拟定、报批和落实工作，陆续完成机构设置、人员安排、地址搬迁及城区办税大厅合并，并顺利承接车购税、车船税征收划转，商贸出口企业管理等业务，实现“三定”方案在区局平稳落地。

社保及非税收入征管职责平稳划转。提前深入各乡镇街道调研，摸清吴兴区城乡居民基本医疗保险、城乡居民基本养老保险“两费”征缴情况，主动与财政、人社保障对接，组织轮流跟班学习，牵头印发《关于做好吴兴区社会保险费征管职责划转工作的通知》，完成了社会保险费信息共享平台建设，以及存量数据交接、财政专户对接工作，配套制定两费征缴入库、退库、票证使用等工作方案。

升级“最多跑一次”迸发生机。通过落实领导值班、容缺受理、预约办税、首问责任等高效办税举措，截至年底 146 项办税事项 100% 实现“最多跑一次”，其中 87 项“一次也不用跑”。加强单位间信息交互，创新“对外支付企税银网络直通车”，抓好项目培训推广，推进对外支付跨部门“最多跑一次”。积极试点新版电子税务局，全区综合网上办税率近 94%，居全市首位。

营商环境迭代优化。落实好高新技术企业、技术先进型服务企业、科技型中小企业、小微企业等税收优惠政策，全年办理减免税 4.07 亿元，做到月税月清，同比增长 34.06%，其中对装备制造等先进制造业、研发等现代服务业共计 30 户企业的 1.04 亿元留抵税额给予一次性退还。升级“互联网 + 便捷退税”，进一步压缩出口退税时间，全年办理出口退（免）税 8.03 亿元，同比增长 21.16%。主动服务民营经济发展，召开民营企业座谈会及动员部署会，累计对 2780 户企业完成一次或多次电话拜访和实地走访，对纳税人反映的所有需求和问题 100% 反馈落实到位。

征管流程提速增效。全力助推金三系统并库上线，累计清理系统数据 32027 条，完成 200 余人账号合并、权限设置。重定管辖街道与企业，划转管辖户数 11243 户。再造征管业务流程，理顺相应程序及要求，严防多头检查与重复检查，体现执法口径的统一。加强风险事项任务扎口管理，组织医药产业园等楼宇经济的风险实地核查，规范关联交易事中事后管理，全年统筹推送各级风险任务 23 批次，应对企业 141 户次，入库查补税款、滞纳金、罚款 1.21 亿元。完成织里私房出租征收 2412 万元，征收率达 99.19%，创历史新高。按要求平稳开展影视行业税收自查自纠，维护好公平税收秩序。加强反避税日常监控，被省税务局立案 1 起，实现全区零的突破。

推进依法治税助燃活力。严格执行《税收规范性文件制定管理办法》，加强合法性审核与合规性评估，在挂牌前完成全区税收规范性文件清理。完善内控机制建设，制订《吴兴区局内部控制监督平台上线工作方案》，推广应用内控监督平台，全年监测并纠正过错指标 134 项，保障了 100% 的执法准确率。

干部队伍有效磨合。以党建促融合，创建“五心驿站”党建品牌，组织“·七 ·”微党课在线直播、党员承诺践诺等深入学习形式，并与区农业银行党支委开展支部共建；强化党建阵地建设，打造“两室一厅”党建文化平台。推进业务互融共促，制定业务融合培训计划，按原国税地税分类举办 4 期脱产培训，组织参与“新机构、新职责、新业务、新作为”知识网络竞赛，两人获全省二等奖。激发党团工妇活力，组织趣味运动会、元宵喜乐会等喜闻乐见的活动，进一步凝聚向心力。制定并完善绩效考评 6.0 指标，强化“按周提醒、按月通报、按季考核”的过程管理，区局先后获得区政府工作目标考核一等奖、全市税务系统绩效考评优秀等次。

（区税务局供稿）

第十三篇　金融业

·工商银行·

【概况】工行吴兴支行现址位于湖州市苕溪东路355号康城国际商务楼，现有员工110人，下设七个营业网点：支行营业部（苕溪东路355号）、埭溪支行（埭溪镇上强路22号）、八里店支行（八里店前村杏花苑）、东街支行（东街300号）、市陌路支行（新市陌路138号）、碧浪湖支行（建设南路196号）、二里桥支行（湖东路320号）。吴兴支行承担着机关、财政、城建、卫生等系统和吴兴区2000余家企事业以及30多万户城镇居民的存贷款和资金结算业务。全行本外币两项存款时点余额达78.38亿元；本外币各项贷款余额达64.28亿元，有力地支持了地方经济发展和客户成长。

【主要工作及成绩】认真贯彻落实区委、区政府各项决策部署，紧紧围绕加快建设"生态吴兴、经济强区、科技新城、幸福家园"的总目标，在践行"两山"理念新征程中提高首位度、争当排头兵，加大对地方经济发展的服务和支持力度，加快推进绿色金融改革，有效严控信贷风险防范，全力支持吴兴区经济提速发展。2018年年末存贷规模达142.66亿元，各项贷款余额64.28亿元、新增2.87亿元，其中政府性项目贷款余额11.50亿元、工业贷款余额10.77亿元、小微企业贷款余额7.68亿元。

加大创新力度、推动支持中小企业量质双提。积极实施绿色金融支持小微民营企业发展理念，注重小微企业与个人经营贷款双轮驱动，多措并举积极推动普惠金融业务发展。实现小微企业客户和贷款余额持续增长，有效促进小微客群规模和贷款规模的"双发展"，以创新产品、创新工具切实解决小微企业"融资难"问题。2018年，新拓展小微企业贷款客户123户，累计发放小微客户贷款3.89亿元。一是创新产品。推进"工行普惠行"活动在创新金融产品上出实招，在了解客户金融需求的基础上推出购建贷产品满足小企业购建商业用房、厂房、购买机器设备的需求；推出"小微企业白名单客户信用结算贷""住房按揭余值抵押贷款""票据池"产品为小微企业贷款开辟了新渠道，通过票据池产品为企业发放贷款1.56亿元；推出续贷产品满足企业客户加快资金周转需求，降低小微企业融资周转成本，实现融资收回发放无缝衔接。二是创新工具。以绿色融资规模增长为目标推广"网贷通"，推出e抵快贷业务，为小微企业、个体经营客户提供单笔最高500万元、最长10年的网上贷款额度，客户通过手机APP端完成自动评级、在线评估和智能审批，为客户拓宽了办理渠道，缩短了业务办理时间；力推纸质银行承兑汇票向电子银行承兑汇票的转变，由线下融资向线上融资发展，实现低碳金融，开立电子银行承兑汇票6100万元；推出"工银融E借"信用贷款，通过手机、电脑、移动终端等全线上渠道实现"一键即贷"，实现消费+金融+互联网的有机结合，发放"工银融E借"286笔。

加大支持深度、全力践行绿色金改创新升级。一是通过减费让利提升小微工程，以帮扶促转型。解决"融资贵"问题，对于符合条件的小微企业融资，给予降低利率提升额度的支持，通过减费让利积极帮扶企业，为企业减负。四季度推出对小微企业贷款执行基准利率的优惠政策；积极帮扶困难企业浙江湖州市建工集团有限公司，为其提供再融资贷款755万元，为企业节约资金周转成本，以实际行动践行工行在服务实体经济中的核心作用。二是充分借助国际业务产品多元化的优势，为企业进行有效套期保值、规避汇率风险开辟了新途径。利用境外资金成本较低的特点，通过与工行金边分行合作，发挥风险参贷产品的优势，成功办理出口订单融资19400万元、出口发票融资2200万元；抓住资金产品的时间契机，推荐多家企业办理优势产品日溢金，帮助企业提高结汇价格，以人民币浮动利率与固定利率互换业务模式成功为多家企业办理利率互换业务1000万元；利用创新产品增强型调存通、切合企业收付汇时间，为企业提高外汇存款利率。三是打造便捷金融渠道，助力“最多跑一次”。推出对公企业预约开户服务。客户通过手机银行APP即可申请办理预约开户，通过线上预约后在网点一次性办结完成账户开立，产品领取等流程，以更加便捷的金融服务不断提高客户满意度。7月–12月，通过预约办理企业开户300户；与市公积金中心开展合作，在支行营业部设立公积金延伸柜台，为客户办理公积金提取，公积金缴存和贷款申请业务，为广大客户拓宽了业务办理途径。9月–12月，通过延伸柜台受理业务1100笔，金额2.2亿元。

加大信贷管理，全力打造绿色信贷显实效。积极打造“安全审慎、守信合规、务实创新、勤勉尽职”的信贷文化。执行“环保一票否决制”，对发现的潜在风险通过逐户分析和分类施策，做好客户的风险化解工作，减少劣变的发生量。清收不良贷款60万元，主动退出经营困难和风险较大客户贷款200万元，压缩潜在风险客户贷款1937万元，调增多个客户授信。对客户贷款做到有进有退，持续优化资产质量。年末，公司不良贷款余额为0万元。

积极顺应经济新常态和经营环境的变化，在深入研究新情况、新问题的基础上，不断深化绿色金融改革创新，提高金融工作水平。以“破难题、办实事、树标杆”的意识服务地方企业，提升综合盈利能力，有效防控业务经营风险，务实推进惠民利民的举措。全力以赴支持全区经济赶超发展，为全区发展大局做出新的贡献。在区金融机构考核中荣获一等奖、绿色金融改革创新优秀单位第三名。

（工行吴兴支行供稿）

·农业银行·

【概况】 农行吴兴支行位于湖州市白鱼潭路127-139号，辖埭溪、城南、余家漾、白鱼潭、东林、菰城6家二级支行和1家营业中心，现有员工80人。各项存款余额43.1亿元，比年初新增3.23亿元。各项贷款余额33.20亿元，比年初新增6.47亿元。不良贷款余额350万元，不良贷款率0.11%。

【主要工作及成绩】 全力支持实体经济。确立招商引资“大好高”项目增长极。确定全行重点跟进项目，在上级行的协助下，于年末成功获批。此外围绕埭溪美妆小镇美妆产业链做强对公业务、做大国际业务、做好“公私联动”。确立东林区域为“小微及三农”业务增长极，其中东林区块主做三农辅做小微、埭溪区块主做小微辅做三农。确立吴兴区的高新区、总部自由港、科创园和周边工业园区块为“招商重点项目及私行客户”客群增长极，其中高新区主做重点项目、总部自由港主做私行客户、科创园及周边工业园区主做小微客户。至12月末，全行累计营销招商引资客户18户，其中外资招商引资客户6户。

突出党建工作引领，深抓“三线一网格”管理。压紧压实责任。突出学习贯彻习近平新时代中国特色社会主义思想和中共十九大精神，始终在政治上与中共中央保持一致，与上级行党委对标看齐。激发基层党建活力。围绕“四个必须到位”要求，成立个人金融部党支部，消灭独立党支部空白点。开展主题鲜明的党建活动，举办了“强党建、促发展、转作风、勇担当”主题党日活动，要求党员干部亮出身份、身先示范；组织赴安吉余村、鲁家村参加新农村建设、学习“两山理论”；开展了两次中共十九大报告、党建知识微信竞赛，弘扬主旋律、正能量。抓实“三线一网格”管理。“三线一网格”是以党的建设为统领，以纪检监督为保障，以案件风险防控为重点，以网格化管理为抓手，以信息系统平台为支撑，以打造关爱员工文化、确保“两个责任”落实为目标的管理模式。其核心理念是“我的合规我负责，别人的合规我有责”和“严管就是厚爱”。“三线”是指党建

线、纪检线、运营（合规）线，是落实党委主体责任、纪委监督责任，强化案件风险防控的重要条线与关键环节。“一网格”是指构建网格化管理责任体系，以行政隶属和实际管理为原则，建立网格责任区，全员均处于各自相应的网格责任区中，格内员工之间承担相互监督的责任和反映的义务，形成“全行成网、网中有格、格中定人、人负其责”的管理格局。全员组织开展“三线一网格”管理巡回宣讲，制定网点、部门融合方案，并通过下发提示、面对面讲解、系统履职内容查看、下发检查通报、组织应知应会知识测试等方式，引导八个责任主体认清自身职责，督促履职不走形式和过场。推动工作作风转变。从抓各团队的负责人入手，看精神状态、激情工作是否到位、干群关系是否和谐、是否做到倾情带队，与中层干部逐一谈话，明确要求上下一心，拿出实实在在的工作干劲，发挥好团队“火车头”作用。挖潜员工的积极性，明确把支行发展、把员工受益作为目标，全行上下凝心聚力，共渡难关。班子成员做好样子，不管在外攻坚营销还是遵守内部工作纪律。

全面管控金融风险。在金融风险防范方面，吴兴支行创新运用了“网格化”管理模式，强调全员参与。在目前的经营形势下，除了防控好信贷风险、操作风险等传统意义上的金融风险之外，还将员工行为风险、声誉风险的管理摆在了十分重要的位置。2018年，全年实现平安合规经营，无外部监管部门和上级行通报的重大风险事件发生。

（陈旭峰）

·中国银行·

【概况】 中国银行湖州吴兴支行成立于2003年5月18日，2008年9月28日搬迁至富民中路2-8号营业。新址营业、办公场所面积约1000平方米，宽敞明亮的营业大厅，设施齐全的服务环境，支行下设营业部，共在岗员工23人。支行以习近平新时代中国特色社会主义思想为指导，增强“四个意识”、坚定“四个自信”、坚决做到“两个维护”，全面贯彻“六稳”要求，深入学习贯彻总行新一期发展战略，坚持科技引领、创新驱动、转型求实、变革图强，在省行、市行及各级监管的领导下，强化责任担当，加快机制改革和创新转型，着力推动各项业务高质量发展。

【主要工作及成绩】 吴兴中行结合支行实际，围绕“担当、诚信、专业、创新、稳健、绩效”的新时代全球一流银行价值观和“以EVA为中心”的发展观开展工作，取得了一定的成绩：

狠抓内部管理，强化制度落实。支行进一步完善内部管理机制，细化考核方案。支行在重新梳理岗位角色的基础上，完善及细化了各岗位职责，分别制订开门红专项竞赛方案、支行绩效细化考核方案、支行内控合规考核办法等相关考核管理方案，使每位员工立足本职。通过细化支行各项考核，提高员工的工作积极性，积极传导2018年省行核心指标费用配置的变化情况，让支行每位员工了解2018年绩效的考核导向，放弃幻想，积极营销，营造积极向上的业务氛围。同时支行制定了节假日、双休日行政值班管理办法、驾驶员管理办法等各项规章与制度，进一步规范与加强支行的内部管理。

狠拓基础客户，努力调支行结构。支行基础客户相当薄弱，其中对公客户集中度相当高，主要依赖于政府平台，由于公司授信对政府平台融资政策的变动，支行公司业务急剧萎缩，公司市场份额大幅下降。对私客户在当地市场份额小，高端客户少，客户黏度不高。面对存在的现状，班子成员认清形势，确定工作目标，抓重点迎难而上，树立信心，脚踏实地，狠抓支行基础客户，先后走访了镇、区招商部门了解招商项目情况，走访织里镇下属街道、村部以及拆迁办，了解农民拆迁补偿情况。利用房地产热销的形势，通过按揭业务积极争揽房地产公司对公活期账户与存款，共签约个人住房按揭贷款约2.6亿元，投放个人按揭贷款14140万元，较年初新增个人住房贷款10274万元。至2018年年末支行共有个人普惠经营贷客户83户，余额9890.37万元。营销多家房地产开发有限公司、农民工专户等结算账户。新增对公结算账户87户。获批大公司授信项目4个，总金额43000万元，新增2家上市企业授信客户，获批中小新模式项目5个，金额

2270万元，其中产业园置业通宝项目3个，金额1880万元。手机银行月活合计12300户，新增中高端个人客户55个，新增来聚财客户86个，新增土地保证金60000万元。

以实干者为本，强化队伍建设。支行公司客户经理团队、个人零贷团队、综合团队及营业部团队重新进行调整，选拔有干劲的青年员工担任营销岗位，建立支行业务梯队，培养支行业务骨干。对零基础的公司客户经理由支行分管行长和行长进行直接辅导与培育，建立团队长效学习机制。普惠金融专业支行挂牌，设立专职理财经理岗，构建支行中高端客户营销渠道。鼓励青年员工提升业务能力水平，参加个人与公司授信客户经理上岗培训与考核，2018年新通过公司授信从业资格6人、零贷授信从业资格1人、个人外汇收支申报资格3人、对公外汇收支申报资格3人、业务岗位轮岗9人。

坚持从严治党，以党建促发展。支行贯彻落实《关于推进中国银行新时代全面从严治党的若干意见》的要求，通过全面从严治党带动全面从严治行，形成风清气正的“好党风”“好行风”。一是启动党支部建设“书记工程”，确保“两个责任”落地生根。二是通过与多家单位建立廉洁伙伴共建签约，构建新型行内关系，构建新型银企关系，打造和传播“廉洁中行”品牌形象。三是围绕党建“四融入”，启动“党建1+1工程”。通过党建廉洁共建、建立党员突击队、梳理优秀党员标杆，在全行创造良好的干事创业氛围。四是创新开展“党建品牌”创建活动，创建“织锦兴程”党建品牌，强化政治建设统领作用，切实抓好思想理论武装，夯实基层党组织建设，提升党员干部队伍的政治素质、思想素质，激发干部员工的工作热情，增强党组织的凝聚力、战斗力和创造力。

2018年支行实现营业收入5701万元，其中净息收入4239万元，非息收入3462万元，全辖非息贡献率8%；实现拨备前利润5020万元，完成率93%；实现净利润3909万元，指标完成率118%。本外币存款时点余额71521万元，较年初新增10146万元，增幅为16.53%；其中本外币公司存款余额33780万元，比年初新增4485万元，本外币个人存款余额37741万元，较年初新增5662万元。本外币公司日均存款余额32764万元，较年初-2661万元，本外币个人日均存款余额33976万元，比年初新增1965万元。人民币贷款余额116082万元，较年初-3901万元，其中人民币公司贷款余额59317万元，较年初-18627万元，人民币对私贷款余额56765万元，较年初新增14725万元。

（乌丽丽）

·建设银行·

【概况】 建行吴兴支行是建行湖州分行辖内所属的一级支行，位于湖州东街435号（月河街道办事处旁），内设机构完善，下设支行营业部、临湖桥支行2个营业网点。吴兴支行所服务的客户广布吴兴区，客户结构丰富，包括多家大型企事业单位、上市公司、高等院校以及普惠金融客户群等，金融服务职能也在不断实践当中增强。吴兴支行始终以服务客户为己任，客户至上，注重细节；以科技为先导，渠引金融，蓬勃创新；以合规为基石，规范管理、稳健经营。吴兴支行一贯坚持“可持续、可循环”的发展理念，切实履行服务国家、服务社会、服务客户的真挚承诺，主动履职，积极作为。

建行吴兴支行是建行湖州分行城区唯一一家绿色金融特色支行（绿色支付特色支行），承载着省市分行的期许，支行以专营特色为起点，先行先试，做强做大，并形成可复制、可推广的模式和经验。吴兴支行作为首批绿色支付特色行，将持续全力筑建“安全、方便、快捷、节能、高效、创新”的绿色支付环境，最终创建成为业务特色明显、服务能力健全、基础管理扎实的绿色金融支行。

【主要工作及成绩】 2018年，建行吴兴支行在市分行党委的正确领导下，深入推进总行“三大战略”（普惠金融、科技金融、住房租赁），落实上级行晋位一类行精神，坚持党建引领，紧紧围绕业务发展、合规经营、案件防范、风险控制等方面开展工作。在支行全体员工的努力下，各项工作中整体呈现了稳步健康发展的态势，全年未出现重大违规违纪现象，客户拓展、业务创新以及薄弱业务实现了较大突破。

普惠金融拓展有实效，获客能力持续加强。2018 年支行新增普惠金融贷款 2785 万元，其中公司 2377 万元、个人 408 万元，客户新增 37 户，全面完成分行金额与户数计划。支行主要通过一是围绕“深耕 1 公里，做透 500 米”的客户维护要求，对支行周边的 POS 商户、烟草商户、小额无贷户及尚未与我行开展合作的经营者进行逐一走访；二是开展名单制营销，通过 2017 年 A 类企业纳税名单、科技企业名单、商会类名单、支行存量商户清单，实现批量化活客。

科技金融促业务，客户服务能力持续提升。通过与合作单位共建系统，拓业务增长点，如区住建局物业维修系统（M 系统）、区民宗局财务综合系统、师院职院的校政通等系统；结合“最多跑一次”，与区市场监督局合作推出“企业注册服务终端一体机”，2018 年全年共开立单位账户 287 户，完成计划的 130%；通过党群服务系统，成功拓展了吴兴区财政局等区级机关单位党费、工会 16 户。

辖内重点客户以及招商引资项目逐个突破。持续营销的“湖州烟草”代扣业务开始放量，代扣户数已达 320 户，且新增定期 3000 万元；区重点招商的“达仕科技”“奥贝膜业”“优倍实业”“匠造食品”以及“伟大健康 . 康养小镇”等项目成功落地。

党建引领业务创新，助推银政合作。2018 年以来，支行一直通过抓党建工作，带动支行经营业绩的提升，与吴兴区的塘红村、章家埭村、潞村三个全国文明村和施加桥等 9 个省级文明村结对，签订助农服务协议，开办了“裕农通”服务点，并成功发放了城区首笔 10 万元的“文明助农贷”，赢得了区宣传部、金融办的一致好评。

圈、链、群建设取得实效，批量获客能力持续加强。在上年合作平台的“师院生态圈”“职院生态圈”“万达广场生态圈”和“丰盛湾”基础上成功搭建了“河马水果”“师院充值点”“舒婷果业”等合作平台；特别是拓展了吴兴实验中学“校园一卡通”充值、通过扫码盒子为浙江三一装备搭建了智慧食堂。

建行吴兴支行为进一步深化与吴兴区合作单位的业务基础，更好地履职尽责，支行有计划地定期开展一系列金融服务进单位、进社区大型服务活动，在 2018 年度共组织相关活动 20 余场，现场气氛活跃，取得了良好的效果。建行吴兴支行被吴兴区评为“2018 年度金融机构一等奖”。吴兴支行将不忘初心，牢记使命，在强化合规经营的基础上，服务实体经济，支持乡村振兴，在绿色金融的蓝海中尽一份建行之力。

（陈　云）

·交通银行·

【概况】 交通银行湖州吴兴支行，前身为交通银行湖州分行吉山分理处，现址湖州市白鱼潭路 747-761 号的第一层、第二层和米兰商业街 3-5 号的第一层、第二层，隶属交通银行湖州分行下辖的一级支行。

【主要工作及成绩】 推进普惠金融建设，服务实体经济发展。一是认真贯彻落实上级行及区委、区政府的重要会议精神，工作和服务方向明确，认真抓好阶段性工作重点，如分行组织的各项业务营销、风险排查专项活动；积极参与政府组织的“百名行长进千企”活动，走访企业百余家，切实解决企业面临的融资需求、服务需求、业务发展需求等实际困难；落实“结对帮扶”工作，参与结对东林镇胜利村村委会换届选举，并对贫困结对帮扶对象送上慰问金。二是加强政策引导，健全小微业务考核激励机制，激发全员积极性。推出多项小微融资产品，如快捷抵押贷、守重贷、房二贷、快易付、快易贴等，同时简化授信审批流程，开通小微授信绿色通道，大大缩减审批时间，切实帮助解决小微企业融资问题。2018 年下半年在原有快捷抵押贷的基础上，推出线上抵押贷、线上税融通产品，实现线上全流程审批，更加快捷有效地服务企业融资。三是风控工作成效显著。加强风险管控，着力巩固资产质量。加强信贷源头管理，把好新增信贷投向关。加强风险排查力度，切实做好贷后检查工作。全年无新增逾期贷款，实现了不良贷款余额和不良率 “双降”目标。四是加强队伍建设，强化内控管理。建立客户经理每周集中学习制度，内容主要是案例分析、新产品介绍、销售技巧培训等；厅堂员工通过每日晨会学习新规章、点评服务规范执行情况、业务差错情况等；实行每季家访制度，抓好员工八小时内、外的动态管理工作；加强职工之家建设，关注员工自身成长。五是强抓党风廉政建设工作。贯彻落实中共十九大精神，认真落实党风廉政建设责任制，层层签订党风廉政建设和案件防控目标责任书，严格开展党风廉政建设落实情况检查工作；抓实基层党建，落实“三会一课”，定期召开民主生活会，开展批评和自我批评，充分发挥党支部战斗堡垒作用和党员先锋模范作用，党员干部以身作则做好表率。

（吴莎莎）

·湖州银行·

【概况】 湖州银行是在五家城市信用社和五家农村信用社的基础上，由地方财政、企业和个人参股组建的地方性、股份制商业银行，股本总额为6.08亿元。严格按照《公司法》《商业银行法》等法律要求，构建了较为完善的公司治理架构。以“财富新动力”为使命，坚持“立足地方、面向中小、服务市民”的市场定位，强化管理，稳健经营，锐意改革，开拓创新，在促进地方经济建设的同时实现全行综合实力的不断提升。2018年，湖州银行坚持以习近平新时代中国特色社会主义思想为指引，认真学习贯彻落实中共十九大和中共十九届二中、三中全会精神，以加快赶超发展、高质量发展为主线，以争创全国绿色金融改革创新示范行为载体，全面落实“举大旗、推改革、引战投、走出去、沉下去、促转型、防风险、强科技、重保障”各项举措，增强实力、优化治理和打造特色，各项经营目标较好完成，呈现出高质量赶超发展的良好态势。

【主要工作及成绩】 经营业绩持续向好。全行总资产520.44亿元（按会计师事务所年报审计口径，下同），同比增长17.17%；各项存款余额432.69亿元，增长16.20%；实现净利润4.89亿元，增长36.81%；三项核心增长指标均居全省同类城商行第2。资产规模在全市排名连续3年实现赶超进位，从2016年年末的全市第5位，上升至2018年年末的全市第3。信贷资产不良率下降为0.66%，比年初下降0.4个百分点；拨备覆盖率659.42%，比年初上升285.63个百分点。贷款减值准备余步子稳定。认真贯彻落实市委、市政府关于湖州银行改革发展的决策部署，全年湖州银行改革的各项工作均取得重大成效。年内顺利完成经营层市场化工作，初步建立市场化管理机制；全面启动上市工作，明确了时间表、路线图和责任人，三年内上市信心倍增；“引战投”工作取得重大突破，意向投资方已决定战略入股10%，双方已正式开展金融业务创新合作；设立杭州分行前期申报工作已经完成。创新突破出成效。一是“9+1”举措创新服务实体经济。推行无还本续贷、绿色园区贷等十项举措大力支持实体经济发展，实现互利共赢，至年末，全行实体企业贷款余额135.74亿，同比增长17.19%，主要工作举措和做法获得市委、市政府主要领导批示肯定。二是深化绿色金融创新。10亿元绿色金融债获批，一期成功发行5亿元，利率为同时期同评级最低；赤道银行建设进展顺利，将成为境内第三家赤道银行；成为联合国可持续银行倡议机构成员，启动可持续银行IT系统试点项目建设；成为央行、国家绿金委绿色金融创新示范点，承担绿色金融标准体系建设、信息管理系统建设等重大课题。三是开发信贷新产品。与市产投联合设立15亿元地方版“投贷联动”项目基金，截至2018年年末，共投放58户、4.17亿元；综合利用税务、工商和征信等大数据信息，推出小微企业全流程线上信用融资产品——快易贷，已累计投放5000余万元，服务146个企业。四是探索互联网供应链金融。自主研发推出互联网供应链融资产品——“兔宝宝经销商网络款”，自7月投入运营以来，已累计发放贷款1.5亿元，年内，正在加快复制推广至升华集团、物产中大和超威等其他龙头企业。五是加快国际业务发展。逐步将孟加拉国信保易贷特色贸易融资，复制推广至印度、蒙古、巴基斯坦等国家。2018年，全行国际贸易融资累计发放7721万美元，比上年增长61%。

（宋　莹　张　斐）

·吴兴农商银行·

【概况】 湖州吴兴农村商业银行股份有限

公司（以下简称吴兴农商银行）是在原吴兴区农村信用联社和全区农村信用社的基础上，由辖区自然人、农村工商户、企业法人和其他经济组织自愿入股组建，并经中国银行业监督管理委员会批准设立的股份制社区性地方金融机构。吴兴农商银行内设“十四部三室”［董事会办公室、监事会办公室、审计部、办公室、人力资源部、保卫部、合规风险部、计划财务部、运营管理部、科技信息部、业务（普惠）管理部、授信评审部、零售金融部、绿色（公司）金融事业部、国际业务部、金融市场部、资产管理部］，下辖“1家营业部、18家一级支行、13家二级支行、4家分理处”，全行员工总数557人，各项存款164.33亿元、贷款113亿元，实现账面利润2.3亿元。

【主要工作及成绩】 深耕本土市场。普惠金融建设有所突破。制定普惠金融提升工程专项考核办法，推出“丰收惠农贷”和“丰收惠民贷”两款标准化普惠产品，开展“百日大走访 普惠大提升”专项活动，3个月共走访农户4548户、小微企业357户；新增授信3751户、签约2648户。全年新增农户贷款2946户、金额10.31亿元，农户信用贷款2018户、金额5.14亿元，已累计为吴兴区39092户农户，授信70.37亿元，其中已用信16646户、金额22.64亿元。各类平台合作如火如荼，与国开行、平安租赁、政策担保、两山联合社等机构合作，对接湖州经济技术开发区湖州市膜产业园区项目、浙江旅通投资有限公司，加入吴兴区智能装备产业知识产权联盟。推出专利权、商标权等知识产权质押贷款和“厂房贷”“理财贷”“物业贷”和“合意贷”等特色贷款产品，发放“厂房贷”8户、金额1.13亿元，“合意贷”523户，金额1.93亿元。助力消除集体经济薄弱村，对织里镇庙兜村、潘塘桥村等16个欠发达村，发放“消薄贷”1.2亿元。

加强风控屏障。加大不良贷款处置力度，开展红马甲清收行动，集中管理诉讼案件，全年累计处置表内不良贷款35091.67万元，其中现金收回金额为7972.45万元。累计收回核销贷款本金8453.44万元，利息1207.8万元。落实银监分局现场检查20条意见的整改工作，明确85项整改内容，共追究责任人94人，其中行政处分9人、诫勉谈话6人、合规谈话22人、客户经理降级3人，处罚金额20.4万元。加强流动性风险管理，组织流动性应急演练和压力测试。审慎开展资金交易业务，优化调整资金业务结构和期限，加大低风险业务比重。充分发挥审计监督职能，完成大额贷款、新增不良贷款、核销贷款、财务管理、内控评价、员工行为非现场审计等31个审计项目，提出审计建议106条，落实整改措施363个；修订审计大队管理办法，组建后备人员、非专职审计人员和专职审计人员三级梯队。全力做好安全生产，全面推进第六轮安全评估工作，对检查中发现的隐患及时落实整改，加强监控中心、押运中心、消防控制中心管理，确保安全运营。加强科技运维管理，完成交换机硬件、UPS电池等更新和ATM、CRS、网点硬件设备的配备、升级和改造。

优化工作效能。根据省联社党委安排，完成总行党委人员调整工作，召开临时股东大会和董事会，按照法定程序，完成董事长选举，进一步加强党委与“三会一层”的协调配合。2018年共召开股东大会1次、临时股东大会1次，董事会会议6次（1次临时），监事会会议4次。建章立制工作有效开展，通过向兄弟行社（对标安吉）学习取经，取长补短、借鉴经验，对现有制度进行“废、改、立”，共梳理制度527个，修订46项、新增60项。建立行党委会、行务会、分管条线周例会等会议制度，着力解决工作中的各类问题，并作为部室年终考核的依据。组织架构优化有效推进，动态调整组织架构，新设资产管理部、数据分析应用中心、授信评审中心等部门。加强网点优化布局，新设移沿山支行，调整2家二级支行为一级支行管理，升格9家分理处为扁平化管理支行。运营管理手段有效落实，加强会计运营管理，推进委派会计主管“4+1”模式，完成会计基础工作等级考核验收。加强财务管理，推广成本分摊及盈利分析子系统，逐步完善多维度盈利核算分析体系。加强科技支撑能力，提前完成数据仓库一期建设目标，搭建可视化调度平台，开发自助取数、报表等平台，上线新版OA系统等项目。

凝聚队伍干劲。员工队伍建设得到加强，召开高学历青年员工座谈会，开展全行青年员工职业发展方向的意见征求，了解青年员工的所思所想，为全行发展续力。制订“三个千人”培养方案，编制限时必考和鼓励参考两张名单，有序推进执行，新增职业资格19人。充实员工队伍，引进计算机专业人才2名，招录合同制员工3名，劳务派遣制员工2批37名。干部队伍建设得到加强，制订《年轻干部队伍培养管理办法》，开展中层干部交流、轮岗和公开竞聘等工作，新提拔中层正职干部8人，扁平化支行行长10人，副职干部1人，交流轮岗27人，淘汰调整5人。调整后，35周岁以下中层干部占比38.46%，比年初提高18.74个百分点。选派5名中层副职干部参加了全市农信系统的首批挂职交流，并选派挂职乡镇3人、团委1人。员工教育培训得到加强，制定年度员工大讲堂计划，组织各类培训46期，受训人员达到3400余次。举办中层干部读书班，邀请外部专家学者、政府官员等进行授课。对新提拔的青年干部由总行领导班子成员围绕领导能力、党风廉政、职业道德、合规经营、财经纪律和操作风险等方面进行授课教育。

提升品牌形象。党的建设得到加强，把党建工作要求写入公司章程，完善党委议事规则，强化党组织在公司法人治理结构中的地位作用。优化调整党委办公室，配足党建工作人员3名，并开设党建工作专栏，加强党建宣传和信息公示。层层压实责任，共签订党风廉政建设责任书37份、“六好”党支部建设责任书19份、基层党建示范点创建责任书19份。把营业部、织里作为试点，打造特色党建示范点，通过上级验收。制定《中层干部廉政档案管理规定》，收集完善廉政档案83个，成立正风肃纪监督检查小组，共明察暗访3次，推进“清廉浙江农信”建设，开展全面自查自纠，名单制管理11个发现的问题，并按时完成整改。结合纪念建党97周年，开展主题党日、集体宣誓、上党课、树典型和帮扶特困党员等系列活动。企业文化建设得到提升，承办吴兴区财贸工会“农商杯”趣味运动会比赛，获得最佳组织奖和活动前两名的名次。参加全市农信系统“新时代新农信新征程”文艺会演，参赛节目取得全市总分和节目单项两个第二的历史好成绩。完成全市银行业“银协杯”服务礼仪大赛，获第七名。社会品牌形象得到提升，与东林镇胜利村对接，推动金融扶贫工作，并选择2个党建示范点与该村贫困户进行结对帮扶。积极承担社会责任，以“党建引领　服务乡村振兴”为主题，鼓励全行员工参与“慈善一日捐”活动，募集捐款12.5万元，同时冠名吴兴区慈善总会慈善救助基金，注入爱心捐款100万元。2018年，全行进入年度湖州市慈善排行榜。冠名赞助第十六届省运会和2018浙江省男子篮球超级联赛湖州赛区，支持地方重点民生项目，树立了良好的社会形象。

（徐永明　吴梦刚）

第十四篇　法 治

·公 安·

【概况】 全区公安机关深入贯彻习近平总书记“对党忠诚、服务人民、执法公正、纪律严明”总要求，在区委、区政府和市局党委的坚强领导下，坚持“队伍为先、基础优先、实干争先”，统筹推进打防管控和队伍建设，全区社会治安大局稳定，各项公安工作取得了长足进步。深入开展“护卫平安”系列行动，圆满完成各级两会、省运会、首届中国国际进口博览会、第五届世界互联网大会等系列重大活动安保任务，特别是聚焦联合国世界地理信息大会这场湖州市史无前例的主场安保，抽调精干警力坚守德清第二防区83天，确保了“大事小事都不出，领导、嘉宾和群众都满意”。聚力“重大项目、重点工程、重大平台、重点产业、重大政策和重点要素”的“六重工作”，“项目双进见效行动、高新产业集聚行动、美丽吴兴提升行动、现代田园打造行动、全域旅游深化行动、中心城区提质行动、织里国家试点行动、东部新城提速行动”的“八大行动”，破获工程建筑领域刑事案件9起，采取强制措施18人，在建陶市场搬迁、市北片区改造等工作中，主动作为、敢于担当，有力保障了项目推进，得到了党委政府高度评价。湖州市公安局吴兴区分局党务业务深度融合在《人民公安报》头版刊登；分局爱山派出所建成全市唯一派出所党建示范中心，被评为全省政法先进集体、全省“枫桥式”派出所，飞英派出所、高新园区派出所被评为全市优秀基层单位；分局被评为全省公安信访工作优秀单位，全市人民满意政法单位，在区级部门综合考核中蝉联第一。

【抓好“惠民十大行动”】 坚持以人民为中心，以惠民行动为抓手，将“守青山、护绿水”专项行动、烟花爆竹“双禁”专项行动、“最多跑一次”改革深化行动、巩固文明城市建设成果行动、“平安小区”建设行动、“侦查破案大会战”行动、“强监管、除隐患”行动、打击防范金融犯罪攻坚战行动、“家园卫士”工程、全民防毒拒毒“隔离栏”行动等十项行动作为工作着力点，细化分解各项工作举措，按照时间节点全力推动落实，不断满足人民群众对美好生活的向往，使人民群众的获得感和幸福感更可持续。

【依法惩治各类违法犯罪活动】 始终将打击锋芒对准人民群众反响强烈的突出问题，纵深推进扫黑除恶专项斗争，扎实推进“侦查破案大会战”，“三打击一整治”、扫黄禁赌等一系列专项行动，共破获刑事案件1800余起，抓获各类犯罪嫌疑人1429名，在逃犯罪嫌疑人313人，命案及五类案件全破。深入开展公复娱乐场所专项整治，出台扫黄禁赌“四个一律”铁规：凡辖区黄赌问题被市局、省厅通报或者被媒体曝光的，所长、分管副所长一律诫勉谈话、通报批评；造成恶劣影响的，所长、分管副所长一律引咎辞职、责令辞职或就地免职。凡对黄赌特别是赌博机等违法犯罪活动线索不认真查处或者查而不处、久拖不决、降格处理的，所长、分管副所长一律采取诫勉谈话、岗位调整等措施。凡民警、协辅警涉嫌为黄赌活动及违法犯罪嫌疑人通风报信、说情开脱，干扰、阻碍办案的，一律开展一案双查，依法依纪从严追究责任人员及有关领导责任。凡娱乐场所等单位容留、介绍卖淫或者对发生在本单位的卖淫、嫖娼活动，放任不管、不采取措施制止的，设置赌博机赌博的，一律停业整顿，违法人员一律行政拘留；凡涉嫌犯罪的，一律刑事拘留，从严追究刑事责任。黄赌刑事打处95人，治安拘留630人，涉黄赌警情同比下降25.1%。严打涉毒违法犯罪，破获毒品案件90起，抓获涉毒疑犯109人，破获部标案件1起、省标案件2起，毒品突出问题和重点地区整治考核列全市第一。深入开展集中打击恶意逃废债专项整治行动，竭力护航金融安全，破案23起，采取强制措施36人，挽回经济损失4000万余元，排查全区345家类金融机构，挤压清退风险机构27家。

【强化防控体系建设】 强化应急处突能力建设，在中心城区人员密集区域设立2个反恐执勤点，重点时段每天安排警力配枪执勤，提高突发事件快速反应处置水平。强化社会应急力量处突演练，对涉恐模拟警情实战背景处置，进一步提升全区各级各相关单位反恐防暴实战处置能力。强化社会防控能力提升，推动区委政法委制定出台《吴兴区深化全科网格建设工作实施意见》，将全区划分成44个片区、330个网格，每个网格配备一名网格指导员、一名网格长、一名专职网格员和多名兼职网格员，并主动融入全科网格，整合各类资源，真正把排查触角延伸到基层一线。不断拓展"家园卫士"内涵，将政府部门、社会团体、行业组织等有专业特长的人士吸纳进来，组建12支各具特色的"家园卫士"护卫队，发动群防群治力量，提升了社会防控专业化社会化水平。

【公安队伍自身建设】 扎实开展"大学习、大讨论""大谈心、大谈话""大排查、大整治""大历练、大提升"活动，不断深化党务、队伍、业务深度融合，努力打造一支忠诚干净担当，与首位区相匹配的公安排头兵。坚持政治建警不动摇，以党建为引领，常态组织开展"周一学习"活动，扎实开展向陈建如和吴康康学习的活动，研究制定《关于组织开展吴康康同志先进事迹主题宣传活动方案》，市局和区委、区政府相继出台了《向吴康康同志学习的决定》和《向陈建如同志学习的决定》，努力营造学习先进、崇尚先进、争当先进的浓厚氛围。坚持从严治警不放松，研究制定《2018年党风廉政建设十项重点工作》，健全完善党风廉政建设主体责任层级管理制度，健全完善二级督察制度，建立每日二级督察清单，加强对数字证书使用、禁酒令执行以及内务卫生、警容风纪、机关效能等方面的督导检查力度，持续强化正风肃纪。坚持从优待警不停步，推进基层所队营房建设，巡特警大队搬入新楼，埭溪所、东林所在完成前期基建任务的基础上，开始进行全面装修。研究制定《分局2018年度从优待警八件实事》，项目化进行推进。围绕吴兴公安"印•迹"的主题，进一步做精做优公安宣传工作，在国家级报道刊发568篇，省级媒体报道刊发203篇，市级878篇，队伍归属感和荣誉感进一步增强。涌现了陈建如、吴康康等一批先进典型，11个集体和158名个人受到省、市、区各级党委政府和上级公安机关的表彰。

【推出便民利民服务举措】 紧盯"最多跑一次"改革的堵点、痛点和难点，推出公安服务向基层便民服务平台延伸，设立群众办事咨询引导系统，深化"一窗受理、集成服务"，推出移动支付、"一证通办"、"互联网"+一端服务，电子档案归档，建设"无人警务室"和部分户籍审批事项窗口直接办理等"最多跑一次"改革工作九件实事，进一步优化内部办事流程，减少办事环节，缩短办事时限，变办事对象跑腿为公安机关内部流转和信息数据网上跑路，让群众少跑腿、不跑腿。共办理各类事项111098件，其中共办理身份证34264件、临时身份证6343件、户籍业务64601件、其他业务5890件，有效提升了"最多跑一次"实现率和满意率。

【深化警务信息化建设】 坚持向科技要警力，大力推广自主申报、二维码、一采通等信息化手段，探索新时代"群众+科技"的群防群治新模式。分局高新园区派出所利用消防专项整治的契机，全面推行"居家智能身份证"模式，打破了与派出所模块的信息壁垒，"一标三实"采集率、准确率显著提升，被副省长、公安厅厅长王双全批示推广。东林派出所的出租房屋"一扫一拍"做法被市委常委、公安局局长夏文星批示肯定。爱山派出所研发出租私房自主申报系统，辖区70%以上房东均入群自主申报，极大减轻了公安机关登记压力，切实以信息化手段有效推动了精确警务建设。

【推进执法规范化建设】 深化执法规范化建设，全面推行自主研发的执法视音频管理系统，实现了对执法办案全覆盖、实时性、可回溯的监督管理。分局作为全市一体化办案系统工作试点

单位，全力推进一体化办案系统应用，该项工作启动以来，通过一体化办案系统与吴兴区人民检察院协同办案86起，切实增强了办案实效。积极探索新型办案模式，统一制作旅馆、网吧等行业场所管理类案件的当场处罚决定书，方便民警取证办案，提高案件办理的质量和效率。

【安全领域监管常态化】 坚持公共安全常态严管，扎实开展基础大排查大整治火灾隐患清剿战役，共检查单位9129家次，发现火灾隐患或违法行为7862余处，下发行政处罚决定书543份，下发临时查封决定书20份，责令整治单位37家，罚款80.274万元，拘留175人。对全区11处重点火灾隐患突出单位（区域）落实局领导挂牌督办整改，明确整改时限，逐一销号清零，全区火灾事故同比下降19.3%。

（区公安分局供稿）

【消防救援】 区消防救援大队作为一支全天候、全时制为吴兴经济社会发展和人民群众安居乐业提供消防安全保障的纪律队伍。区消防救援大队的前身是区消防大队，在2018年党和国家机构改革中，由原公安消防部队（武警序列）于10月14日集体退出现役，11月9日，组建国家综合性消防救援队伍，原区消防大队全体官兵全部转改为行政编制，改成区消防救援大队指战员。转制以来，区消防救援大队继续担负着全区火灾防控、火灾扑救、应急救援和社会救助等重大任务。大队现下辖大队部、吴兴中队、飞英中队、织里中队（由织里消防大队代管）和爱山执勤分队，并负责埭溪、八里店、妙西、东林及高新区5支乡镇级消防应急救援队的业务指导和调度指挥。2018年，区消防救援大队坚持以“创人民满意消防队伍”为主线，坚决贯彻执行上级党委决策部署，坚定改革信心、抓牢主责主业，消防工作和队伍建设呈现奋发赶超、进位争先的良好态势。截至2018年12月31日，区消防救援大队共有正式在编消防指战员39人，合同制消防员45人，文职人员18人；各类执勤消防车12辆。

火灾防控。根据省市部署开展的消防安全“三年翻身仗”行动，区消防救援大队积极推动党委政府统揽消防工作，逐级明责，定标问效，提请区政府出台《消防安全责任制实施办法》配套实施意见，实行政府行业分管领导责任和行业系统主管部门正职领导干部隐患整改责任捆绑机制，区委区政府常委会、常务会6次研究消防工作，审议通过消防委托执法、乡镇消防救援队伍建设等消防重大事项。提请区政府投入经费500余万元，实施“智慧消防工作站”“智慧预警”及老旧小区消防安全提升等项目。消防安全委员会实体运作，开展联合执法检查120余次，检查单位1400余家，下发通报8份、预警提示7份、督办单14份，约谈2个街镇主要负责人，2人被问责。对全区539幢高层建筑全部进行排摸，整治各类火灾隐患304处，依托消控室建立65支微型消防站队；排查沿街商铺8487家，发现存在住人的621处，整治5516家，强制关停和搬离童装加工作坊21家，在3人以上居住出租房中安装消防智能预警系统3386套；挂牌督办重大火灾隐患省级1家，市级11家，区级11家。在全市率先推出消防行政执法权限委托下放至乡镇、街道，并每月实施指标任务量化，切实促成了乡镇（街道）隐患查得到、督促整改有抓手的良好局面，铲除了一大批难点、痛点区域，全区消防安全环境得到极大改善。2018年，全区共336家消防安全重点单位，其中区消防大队列管253家，织里消防大队列管113家。全年大队共办结行政审批事项696件，检查场所、单位2578家次，发现整改火灾隐患5063处，下发行政处罚决定书133份，临时查封决定书22份，责令“三停”40家单位，行政拘留38人。

基层基础。大队党委紧盯公共消防资源均等化配置这一目标，并把这项工作上升为区委、区政府民心工程。2018年，区委常委会、区政府常务会建区以来第一次专题研究消防队伍建设，一次性解决了全区消防队伍建设、运行、保障等相关问题。推动全区60个社区和65个设有消控室的消防安全重点单位全部建成微型消防站，并开展应急演练和技能比武提升实战化水平。强化消防队（站）建设，8月份高新区消防站建成并组建高新区消防综合应急救援队，9月份飞英消防站投入执勤，2019年6月，东林消防站营正式落成，并计划10月入驻执勤，吴兴区实现消防站全覆盖。在消防车辆装备方面，大队一辆抢险救援车和压缩空气泡沫车进入交付环节，落实了多节臂消防车采购，专职队新增水罐消防车2辆、皮卡消防车2辆，全区各个层面消防应急资源配置覆盖面更加均衡。2018年9月16日，飞英消防站（新站）

入驻投入执勤。该消防站位于市区墙壕里路58号，按照城市一级消防站标准设计建造，设置消防车库7个，并按照适度超前的原则，科学设置消防员体技能训练室、消防员一体化俱乐部及较为完善的智能化调度通讯和生活保障设施。飞英消防中队于2005年1月从市消防支队直属一中队划出成立，其间，先后借用农金干校和市消防支队战勤保障大队营房执勤。此次入驻标准消防站执勤，将极大改善湖州中心城区灭火救援的格局，填补市中心城区消防站布点覆盖面的不足，为服务保障主城区消防应急救援注入了新的活力。

灭火救援。对标消防应急救援主力军和国家队的标准和要求，深入开展冬季、夏季练兵，突出体技能和战术战法训练，聚焦作战安全和装备建设，努力打造专业化、职业化队伍。重点加强对辖区内劳动密集型企业、易燃易爆企业等消防安全重点单位和高层、地下、大型商业综合体等建筑的排摸、熟悉和演练，修订完善数字化预案，全年大队共开展熟悉演练739次，其中夜间80次，制修订预案82份。认真落实市消防支队制定下发的体技能测试奖惩措施，采取检查考核、比武对抗等形式，各中队每周汇总训练情况，大队每月组织测试，奖优罚劣。加强乡镇专职消防队伍技能提升，在湖州市消防支队举行的2018年全市专职消防队比武中，包揽了团体第一名、第二名，单项多数前三名以上。2018年，全区消防队伍共接警出动1756起，出动消防车2594辆次，消防人员15032人次，抢救被困人员197人，疏散人员160人，抢救财产价值609.5万元，圆满完成了世界乡村旅游大会、世界互联网大会及联合国世界地理信息大会等9次重大安保任务。

消防宣传教育。推动消防宣传进社区和村文化礼堂工作，深入埭溪、高新区、朝阳、月河等乡镇街道在12个村、5个社区建成消防宣传子教育基地。将《消防安全责任制实施办法》纳入领导干部培训“必修课”，集中培训宣讲3次、培训领导干部120余人次，乡镇消防监管员、网格员和消防安全重点单位责任人1700人次。联合《浙江法制报》《湖州广播电视报》开设10个消防专版，策划电视专题5个，拍摄电动车火灾警示片在湖州电视台播出；集中曝光火灾隐患20余处，其中新天地群租房隐患整治在中国应急管理报头版刊发；利用微博微信公众号，推出原创作品31个，电动车火灾实验、高层火灾防范和关注弱势群体等10余个案例被中国消防微博公众号刊发。举办消防宣传“七进”、萌警团消防夏令营、“开学第一课学消防”“关爱老人消防来敲门”等主题宣传活动135场次。承办湖州市119消防宣传月启动仪式、区安全生产月及宪法宣传日等多项重大宣传活动，充分展示了消防队伍新形象。2018年，1个团体和1名个人获评浙江119消防奖。

精神文明建设。严格落实“最多跑一次”改革相关措施，出台“创人民满意消防队伍”服务承诺，建立重点工程、民生项目“一对一”帮扶机制，全力以赴优化营商环境，先后为区文体中心、美妆小镇、丝绸小镇和乡村旅游小镇等重点建设项目解决消防难题150多项。认真倾听群众心声，认真办理区人大代表、政协委员议案、提案，针对议案提请区政府对慈感寺、“厂中厂”等开展集中整治，创新推动电动自行车智能充电桩建设，协调市规划等部门推动南街永久性消防站建设，实施老旧小区消防安全提升等民生实事项目。大力开展“学雷锋”和拥政爱民活动，定期深入环渚街道社会福利中心，帮助老人们打扫卫生，和他们聊家常；与6户困难家庭、2名贫困学生开展结对帮扶活动；飞英中队与湖州市特殊教育学校结对共建28年，始终秉承爱心助残优良传统，定期为孩子们送去各类书籍和学习用品。积极投身公益事业，参与义务献血、义务劳动、捐款等活动；积极走进社区开展联谊联欢活动，构筑共建共驻、鱼水情深的良好关系。

（潘文文）

·检　察·

【概况】　区检察院设10个机构：政治部、办公室（行政装备科、技术科）、侦查监督检察部、公诉一部、公诉二部、民事行政检察部、刑事执行检察部、案件管理部（法警队）、八里店检察室、杨家埠检察室。设检察长1人，副检察长3人。政法专项编制59名，事业编制4名。截至年底，在编干警63人（女36人，占57.1%），干警平均年龄39周岁。院党组成员7人，检委会专职委员2人，检察员25人，助理检察员14人。研

究生学历12人，本科学历49人。检察队伍正向专业化、知识化发展。区检察院实际办公面积主楼为2392.64平方米，两个辅楼约600平方米，于2017年正式搬迁至新办公大楼，新办公大楼面积18456.58平方米。案件管辖吴兴区、开发区、太湖度假区、市公安局经侦支队。刑事案件总量约占全市的30%。

【检察工作及成绩】 2018年，区检察院在区委和上级院的正确领导下，坚持以社会主义法治理念为指导，认真履行法律监督职能，全力维护社会公平正义，紧紧围绕“法治吴兴”创建工作目标开展各项检察工作。被评为“湖州市社会治安综合治理先进集体”，刑执部荣记省院二等功。主要工作有：

一是围绕全区工作大局，服务改革发展稳定。全力服务中心工作。积极响应全区“争当排头兵、实干大比拼”活动，为保障和促进全区“八大行动”制定出台意见，获区委主要领导批示肯定。联合湖州职业技术学院、工商联举办主题论坛，开展企业家座谈。持续开展破坏环境资源犯罪专项立案监督，建议行政机关移送涉嫌犯罪6件，监督公安机关立案侦查9人。稳妥办理社会广泛关注的开发区大银山掩埋病死动物致环境污染案件。依法惩治刑事犯罪。批准逮捕各类刑事案件496件734人；审查起诉996件1523人，捕诉办案总量列全市首位。深入开展“扫黑除恶”专项斗争，共审查逮捕涉黑涉恶85件202人，起诉8件39人。办理了省院督办的池某等人挪用资金、诈骗及丁某等24人以“套路贷”形式实施敲诈勒索等重大涉黑涉恶案件。积极参与社会治理。构建 “保护性司法、修复性救助、社会化帮教、多元化普法、专业型办案、活力型团队”——“六位一体”的检爱“绿立方”工作品牌。参与创建“春燕工作室”，被列为全省检察机关践行新时代“枫桥经验”示范基地。积极探索集中办理涉未刑执、民行检察业务试点，推进“家事审判监督”全省试点工作。联合香飘飘集团建立“检爱飘香”未检关爱基金，救助遭遗弃的患病女婴案例获评全省检察机关未成年人司法保护精品案例。

二是围绕社会公平正义，强化法律监督主业。加强立案侦查监督。依法督促侦查机关立案6人，撤案1人，依法追加起诉12人，经法院判决，4人被判三年以上有期徒刑。纠正侦查活动违法27件。加强审判监督。对认为确有错误的裁判，提起抗诉3件，再审检察建议2件，均获改判。检察长列席法院审判委员会，对重大疑难复杂案件的审理讨论发表检察意见。加强执行监督。办理财产刑监督案件7件。依法开展社区矫正检察监督，监督收监执行6人，监督指定居所监视居住3人。共受理羁押必要性审查案件121件，经审查立案75件，提出变更强制措施建议46件，被采纳26件。加强公益诉讼。积极响应省院部署，成立公益损害与诉讼违法举报中心，探索建立公益损害与诉讼违法调查大队运行机制。立足政检联席会议，加强与行政部门沟通联络，办理全省首例由区纪委区监委移送线索的公益诉讼案件。创新举措，着力修复受损生态，在全市率先设立公益诉讼专项基金。共立案公益诉讼案件81件，发出诉前检察建议79件，提起刑事附带民事公益诉讼2件。办理的一起毁林种茶行政公益诉讼诉前监督案件获评全省公益诉讼优秀案例，分管领导获评全省公益诉讼工作一周年成绩突出个人。争取支持，获区委、区政府、人大出台关于支持公益诉讼的工作意见。

三是围绕检察改革创新，深化品质检察实践。有序推进司法责任制改革。落实入额领导带头办案，特别是办理重大疑难复杂案件。完成检察官助理、书记员职务套改及晋升、第三批员额检察官遴选、首批司法雇员招录工资。深化内设机构改革，实行“捕诉一体”，更好地贯彻落实“谁办案谁负责”的司法责任制。扎实抓好诉讼制度改革。开展在公安机关设立检察官办公室工作，提前介入多起重大疑难案件，在全省推进会上作经验交流。开展在认罪认罚案件中提出量刑建议，强化对量刑裁判的监督。深入开展诉前会议试点，办理的顾某抢劫案通过诉前会议改变案件定性，取得良好的社会效果，获赠锦旗。推进智慧检务建设。推进智能语音识别、远程提审、远程开庭指挥系统建设和应用，部署建设量刑建议辅助系统，打造智慧公诉。推进“12309”检察服务中心建设，完善服务大厅线上线下服务功能升级。认真履行牵头部门职责，与全区政法部门协同、合力推进“一体化办案系统”应用推广工程建设。

四是围绕从严治检要求，加强检察队伍建设。加强思想政治和纪律作风建设。常态化开展“两学一做”学习教育，牢固树立“四个意识”，自党用习近平新时代中国特色社会主义思想统一干警思想。严格贯彻“三个规定”精神，创新开展“规范党内政治生活”活动和对内设部门的巡回执纪检查工作。加强队伍业务素能建设。打造理论研讨“西山论道”、业务论辩“匠心公诉”两大平台，加强岗位练兵，培养专业人才，多名干警获评全市“最美环保人”、全省“万名好党员”、全市公诉标兵、全市优秀公诉人，全市未检业务竞赛标兵等荣誉称号。主动接受各界监督。加强新媒体时代检察宣传工作，举办检察开放日、举报宣传周等多种形式的检务公开活动，增强人民群众对检察工作的获得感。发布未检工作白皮书，获区四套班子主要领导批示肯定。创新设立人大代表联络室，打造监督阵地。

（许燕琼）

·法 院·

【概况】 吴兴区人民法院系原湖州市城郊人民法院于2003年5月分设成立，于2016年9月院址搬迁于湖州市吴兴区八里店镇西山路1698号。新建审判大楼占地面积19亩，建筑面积约2.4万平方米。整幢大楼共13层，1-4层裙楼，共有19个审判法庭，5层以上为办公区。该大楼于2012年11月8日开工建设，2016年9月13日竣工。吴兴区人民法院管辖吴兴区、湖州经济技术开发区、太湖旅游度假区，辖区面积共1062平方公里，常住人口77.7万人。

全院设有刑事审判庭、少年综合审判庭、民事审判第一庭、民事审判第二庭、行政审判庭、立案庭（诉讼服务中心）、审判监督庭、执行局、司法警察大队、办公室、政治处、监察室、司法行装科、审判管理办公室等14个内设机构，下辖环城、织里、埭溪、康山4个人民法庭，1个下属事业编制单位审判保障服务中心，以及区纪委派驻纪检组。在编干警131人，其中行政编制118人，事业编制13人，具有审判员资格43人，35周岁以下青年干警69人，占52.67%。

【审判工作及成绩】 区法院在区委领导、区人大及其常委会的监督和上级法院的指导下，坚持司法为民公正司法主线，忠实履行宪法法律赋予的职责，各项工作取得新进展，在2018年市中院对基层法院的考核中荣获优胜奖。执法办案扎实有效。全年共新收各类案件19584件，办结19542件，同比分别上升14.2%和15.6%，员额法官年人均结案407件，同比增长40件，收结案数、法官人均结案量均居全市第一。坚持宽严相济惩治犯罪，有效防范冤错案件的发生，审结刑事案件1130件，同比下降6.5%，判处罪犯1788人。妥善化解民事纠纷，审结民商事案件10682件，同比上升18.8%。大力引导诉前调解，全年诉前化解纠纷1774件，诉前纠纷化解率同比上升10.5%。在八里店镇成立全市首个法院指导人民调解服务所，打造新时代“枫桥经验”。推广在线矛盾纠纷多元化解（ODR）平台，推进律师调解试点工作，与区市场监管局、区消保委共建消费纠纷多元化解机制，积极推进多元解纷。监督支持依法行政，连续三年承担集中管辖县域行政案件职责，审结德清、长兴、安吉辖区行政案件207件，同比上升95.3%。深化司法与行政良性互动，召开府院联席会议，发布行政审判白皮书，助推“法治吴兴”建设，获得区长批示肯定。推进“僵尸企业”破产处置，推动区政府出台企业破产协调处置办法，审结破产案件5件，盘活不良资产7.9亿元。依法保障民营经济健康发展，平等保护各类合法产权，注重防范和化解金融风险，有效维护金融生态安全。大力加强环境资源审判工作，在西塞山旅游度假区设立生态环境保护与司法实践基地，出台服务保障意见及实施方案，开辟立审执快速通道，服务绿色产业发展。加大司法救助力度，为当事人办理缓、减、免交诉讼费30.9万元，发放司法救助金48.6万元，彰显司法人文关怀。凝心聚力破解执行难，全年共执结案件7351件，执行到位金额10.5亿元。健全综合治理执行难大格局，推动执行工作纳入全区综合考核和平安考核，形成执行破难的强大合力。牢牢抓住腾房难这个“牛鼻子”，开展集中腾房行动12次，强制腾房251套，总结提炼强制腾房“八步战法”，作为浙江经验，通过最高法院“执行大讲堂”向全国推广。大力建设“智慧法院”，在全市率先推行刑事案件“E出庭”方式提升审判效率，全面建成证人室保护证人出庭作证，打造智慧警务模式，全力推行网上调警和远程庭审。全面深化司法改革，坚持院庭长办

案常态化，持续深化繁简分流。深入推进以审判为中心的刑事诉讼制度改革，累计通知侦查人员等5类37人次出庭作证，实现证人类型全覆盖；开展刑事案件律师辩护全覆盖试点工作，有效保障被告人辩护权利；会同区公安局等5家单位建立轻微刑事案件快速办理机制，推进“刑拘直诉”快捷办案模式。加强法院文化建设。以建设学习型法院为驱动，夯实干警能力基础。强化调研工作，全年共在市级以上期刊发表调研文章22篇，获奖10篇，居全市基层法院首位，2名干警入选全市首批审判业务专家，全年共获得市级以上集体荣誉11项、个人荣誉33项。建成全国首个“沈家本文化园”，成功承办全省法院文化建设座谈会，作为全省唯一的基层法院获评“全国法院文化建设先进单位”。

（魏艳芳）

·司法行政·

【概况】区司法局深入贯彻习近平新时代中国特色社会主义思想，围绕“创一流业绩、当铁军先锋”目标，紧扣“平安、法治、民生、发展”四篇章，充分发挥司法行政职能作用，坚持在思路创新、方法创新、载体创新、内容创新下功夫、见实效，为推进吴兴高质量发展提供有利法治保障。

【队伍建设】把学习贯彻习近平新时代中国特色社会主义思想和中共十九大精神作为重中之重，不断提高运用科学理论分析和解决实际问题的能力。严格落实“五事阳光”“五不直接分管”和末位表态等制度。层层签订《党风廉政建设责任书》，将党风廉政内容分解到相关科室，明确具体承办人、责任领导。开展家规家训进机关活动，将家规家训融入机关文化建设。开展了“写一封家书”专题活动，在司法行政系统内形成重言传、重身教、育品德、传家风的良好氛围，不断传承清廉之风，弘扬社会正气。开展机关党建工作优秀品牌评选活动，形成本单位独特的“1310”党建工作品牌。建立北京隆安（湖州）律师事务所行业党支部，打造浙江六和（湖州）律师事务所两新党建示范点，在区首届“一镇一品走学比看”评比活动中获评“十佳两新党建示范点”。

【普法依法治理】强化法治宣传引领，全力推进文明行为促进条例等湖州市地方性法规的实施宣传。开展“七五”普法中期督导检查，进一步推动全区普法依法治理工作深入开展，获得省“七五”普法中期成绩突出市县（市、区）称号。强化重点对象学法，组织25名新提任非人大任命领导干部任前法律知识考试，区管科级领导干部年度学法用法考试。开展“送法进军营”活动，继续将军人军属法律援助工作落到实处。全区各乡镇、街道及职能部门开展多形式法治宣传活动40余场次，发放宣传资料2000余份。推动基层“三治”（自治、法治、德治）融合治理体系建设，申报创建省级“民主法治村（社区）”14个，市级“民主法治村（社区）”15个，省级“三治融合”示范村27个，市级“三治融合”示范村34个，市级美丽乡村民主法治示范村2个。夯实法治文化阵地建设，吴兴区学法中心暨中小学生社会实践基地正式运行，扎实推进妙西镇沈家本法治文化景区筹建工作，努力让吴兴法治文化阵地再添新景观。加强法治文化作品创编，设计了普法卡通形象“家家”。

【矛盾纠纷排查调处】全力做好访调对接工作。搭建人民调解运作平台，在信访局接待窗口设立调解室，派驻律师和专职调解员。在区公共法律服务中心设立访调对接中心，配备专职人员。各乡镇街道实现访调联合调解中心全覆盖。建立“3+N”联调工作机制，实现优势互补，有效形成化解合力。深入拓展调解领域，成立吴兴区人民调解员协会，新建4个专业调解组织。全年，各级人民调解组织受理矛盾纠纷5760件，调处成功5746件，涉及金额9646.18万元。围绕“大数据＋大调解”，探索建立“网上调解”工作机制，共注册上线调解组织、律师事务所38家，调解员119名。扎实推进人民调解规范化建设，开展调解卷宗质量抽查。组织人大代表听案活动，通过加强监督提高调解工作的规范化，促进能力提升。实现调解员持证上岗，规范考核管理各项机制。建立人民调解指导员制度，选聘吴兴区法院30名优秀法官担任人民调解员，实现全区乡镇街道调委会人民调解指导员全覆盖。稳步实施人民陪审员选任工作，公开选任人民陪审员38名，并经区四人大16次会议审议通过。

【特殊人群管控】 做好上海进博会等重要会议和活动的安保工作，分类落实“定人包案”等管控措施，建立常态化信息化核查机制。开展“安全隐患排查整治大行动”，对社区服刑人员切实做到基本情况、现实表现、监管责任、思想动态、行为去向“五清”。开展“重点人员排摸管控大行动”，共排查出十类重点社区服刑人员40余人，落实相关管控措施。运用社区矫正工作规范和执法检查标准，全过程规范监管执法工作。执法监督案件88件，其中，警告70件，治安管理处罚1件，撤销缓刑15件，收监执行2件。在全区开展社区服刑人员“三整三查”（开展隐患整治、查补安全短板，开展纪律整顿、查补秩序短板，开展作风整改、查补队伍短板）百日专项行动，及时掌握社区服刑人员家庭情况、现实表现、有无再犯罪倾向等。通过排查，涉余罪漏罪被刑拘2人，涉枪涉爆案件9人，全部建档立册，列为严管对象。截至12月底，全区在册社区服刑人员440人，开展审前调查77份。以“深入贯彻落实治本安全观”为指导，在社区服刑人员中开展修心教育活动。组织开展扫黑除恶专项斗争法治教育，为社区服刑人员敲醒警钟。积极探索具有区域特色的修心教育工作经验，开展修心教育“塑心启航”试点工作。充分发挥“一中心五基地”（区社区矫正中心，教育矫正基地、公益劳动基地、爱国主义教育基地、技能培训基地、安置帮教基地）的社会化教育帮扶模式，深化和推广“关心桥驿站”机制，对社区服刑人员开展“收心”谈话教育与个别矫正指导。依照司法行政系统“两个中心、三个平台”（数据资源中心、数据应用中心，数据采集平台、共享交换平台、协同应用平台）建设要求，推进全省社区矫正综合管理平台高效运行，实现“一体化办案协同”建设。认真落实《浙江省县级社区矫正中心建设规范》，建设了社区矫正指挥中心与14个司法所联网视频会议系统，构建了社区矫正“1+14”的视频网格模式。深化监地衔接，截至12月底，全区通过刑释解教人员信息管理系统共核查刑释人员信息440条，在册刑释人员1098名，监所刑释人员帮教率达100%、安置率98.1%，社区矫正帮教率100%、安置率99.95%。健全社会帮教长效机制，全区建立社会帮教基地8个，以介绍就业或提供技术培训引导自主创业的形式为社区服刑人员解决就业困难35人。

【法律服务】 开展“打造最佳营商环境”专项法律服务，开展法律进企业（市场、园区等）专项活动42场，培训企业法务人员175人次，新建公共法律服务站3个。加强涉企矛盾纠纷化解，开展矛盾纠纷集中排查化解专项行动5次，走访企业开展法律体检315家。完善企业法律服务产品，健全“小微企业法律服务包”，开展法律帮扶小微企业活动35场，受惠企业152家，开展知识产权保护巡回服务活动2次。充分发挥律师服务经济社会发展的职能作用，开展民营企业法治体检专项活动，走访民营企业158家，开展政策法律宣讲46场次，听取企业意见建议59件，为受检企业提供反馈意见建议215条，解决法律问题194个。完善法律行业监管机制，全区9家律师事务所担任顾问605家，受理案件4162件。5家法律服务所担任顾问122家，受理案件1868件。开展法律服务“双随机一抽查工作”，规范法律服务行业管理。引导律师依法依规参与扫黑除恶代理辩护工作，建立黑恶势力犯罪案件报备制度、集体研究制度和检查督导制度。全面有序推进律师调解试点工作，成立三个律师调解平台。建立律师调解员名册，选聘36位律师调解员参与律师调解工作。全年，法院引调65件，调解成功23件；区公共法律服务中心开展调解8件，调解成功5件。

【法律援助】 推进“最多跑一次”改革，提升服务效能。投放法律服务人工智能自助机5台，设立全市首家高校公共法律服务站，成立全省首家生育关怀维权服务中心。进一步完善法律援助受理、审批、指派“一站式”服务，简化程序、手续，丰富服务内容。全年，援助中心共接待来电来访法律咨询1709件，受理法律援助案件1514件。开设便民法律援助绿色通道，重点做好“老年人”“农民工”“残疾人”、军人军属等特殊人群法律援助工作。全年，援助中心共受理劳动报酬类案件673件，金额达2895.9万余元。涉及老年人案件20件，妇女案件411件，未成年人案件104件，残疾人案件13件，军人军属4件。深入全力推进“最多跑一次”改革，实现了法律援助审批事项数据归集、移动办、一窗通办、一城通办，对申请人不服法律援助机构

作出的不符合法律援助条件通知的异议审查实现了一窗通办、一城通办、一证通办、一网通办。每月随机抽取一定数量的案件进行电话跟踪，满意率 100%。

【基层基础建设】 认真组织开展省级“文明规范公正”司法所创建和“优秀司法所所长”评比等活动，八里店司法所积极争创省“文明规范公正”司法所。埭溪、朝阳、爱山司法所以办公用房搬迁为契机，软硬件条件明显改善。织里司法所搬迁升级已纳入规划。

（区司法局供稿）

第十五篇 军 事

·人武部工作·

【概况】 2018年，区人武部坚持以省军区、军分区党委扩大会议精神为指导，积极适应“三新”要求，按照军委国动部“三个一线”抓建标准，紧盯抓好国防动员主职主业和服务吴兴经济社会发展两个大局，围绕学习宣传贯彻中共十九大会议精神这条主线，深入贯彻习近平新时代强军思想，按照“适应新体制、履行新使命、争当排头兵”的总体思路，以党委“八大行动”落实为抓手，凝神聚力，真抓实干，开拓创新，努力推进国防动员和后备力量建设再上新台阶。

【政治工作】 按照中央军委主席习近平“政治建军”要求，扎实把后备力量建设成为党绝对领导下的武装力量。一是深入开展强军思想“进入思想，进入工作”行动。紧紧抓住党对军队绝对领导这个根本要求，牢固树立“四个意识”，坚定抓好“三个维护”，把学习贯彻习近平新时代强军思想和中共十九大精神作为理论学习和政治教育重点紧抓不放，在龙泉街道、杨家埠街道持续开展理论学习，在普通民兵连、重点民兵应急连和基干民兵分队中开展“传承红色基因、担当强军重任”主题教育，组织“扛起六部新职能、当好新型国动人”主题大讨论，把强军思想融入国防动员事业和后备力量建设中。扎实开展经常性思想教育，常态化落实“两学一做”。建立部首长挂钩科室、驻基层帮带机制，落实 “三支后备力量骨干队伍”教育，切实打牢“三支队伍”思想政治基础。二是积极贯彻落实上级党委扩大会议精神。专题开展以贯彻落实上级党委会议精神为主旨的“八大行动”研讨会，充分听取广大干部、职工、专武干部、民兵营连长意见和建议，召开党委会、武装工作例会、及时抓好上级党委会和党委扩大会议精神贯彻落实，帮助所属人员理解把握“5+2”职能定位、“六部”职能以及强军目标“十大工程”升级版、“六个浙江国动”等，认清新时代新形势下国防动员工作面临的新局面、担负的新使命、明确的新任务，进一步凝聚思想共识、厘清工作思路、强化使命担当。2月7日和3月6日，两次召集专武部长和部机关人员深入传达学习上级文件精神，确保上级决策指示和工作要求落地落实。三是扎实搞好“传承红色基因、担当强军重任”主题教育。坚持把开展主题教育作为年度重要政治工作摆上位置，按上级统一部署要求，科学制定实施计划，扎实抓好环节落实，重点围绕“和平积弊大起底大扫除”活动，通过召开党小组会、党委会等形式引导人员深入思想和工作实际，认真搞好对照、查摆存在问题，强化忧患意识、立起使命担当、树立备战导向。同时把主题教育四个专题内容下发乡、镇（街道）武装部，将主题教育向民兵队伍延伸拓展，在3月份的专武部长、民兵营连长集训，5月份的民兵应急连集训和6月份的民兵交通运输专业跨区联训中开展主题教育。四是扎实抓好常态性思想政治工作落实。依据政治工作有关规定和上级政治工作安排，常态抓好经常性思想政治教育、组织生活等工作落实，坚持每月制定政治教育计划、组织生活计划，确保各项工作有序落实。利用每周五党日活动时间组织党课教育，着力强化人员党性意识和组织纪律观念；围绕利益调整、部队改革等，广泛开展谈心交心活动，深入做好一人一事思想工作，确保干部职工始终政治坚定、思想稳定，人武部集中统一和纯

洁巩固。

【战备工作】 认真抓好方案计划修订、侦察情报建设、作战值班规范、战备拉动检验和应急能力建设等工作，加强人员战备值班，保持在职在位，抓好三级值班制度落实。协调区政府应急办、公安110指挥中心等部门，进一步完善军地情报信息互通协作机制，深化民兵情报信息网建设，常态运行民兵情报报知系统，及时收集辖区各类情报信息，扎实做好以防汛抗洪为主的应急处突准备。组织人武部营门防暴恐演练，结合汛期组织值班分队应急拉动，确保遇有情况队伍拉得出、顶得上。

【军事训练】 1月3日，全体干部职工通过电视电话系统参加全军新年度开训动员大会，聆听习近平主席训令，并组织召开部党委会再次学习传达习近平主席开训动员令和实战化训练系列指示，研究贯彻开训动员大会措施。3月份，针对新修订的军事训练大纲，组织干部职工专题学习，明确新标准，提出新要求，要求人人对照大纲找差距，部党委就军事训练短板弱项进行讨论分析，为提升军事训练实战化水平找准靶心。按照“统一计划、统一组织、统一教学、统一考核”的办法，突出专武干部、民兵连长队伍训练，3月底和4月初，先后利用6天时间，分两批对全区专武部长、行政村（社区）民兵连长进行集中训练，重点突出军事理论、武装工作常识、业务技能、组织指挥等内容的学习训练。5月份，针对应急连可能担负的防台抗洪、维稳防爆、山林灭火等任务，组织民兵应急连110人进行为期5天的训练，有效检验和锻炼了民兵应急连遂行非战争军事行动能力。 6月份，选送6个专业90名民兵骨干参加全市民兵干部骨干跨区联训；组织全市交通运输专业骨干100人进行为期7天的跨区联训，按照《民兵军事训练大纲》要求，进行特殊条件汽车驾驶、紧急出动、车辆运输保障行动等十余个课目的训练，支前综合保障能力得到进一步加强。以备战全省首届民兵岗位练兵比武为主要契机，采取各单位摸排推荐、集中强化训练、考核排名选拔等方式，遴选出3类8项共70名训练尖子参加全市选拔，共19名民兵尖子代表分区参加省军区比武，取得3个个人名次，2个专业名次，列全市前列。

【后勤建设】 积极围绕改革强军这一首要任务，圆满完成民兵军事训练、民兵整组、征兵工作保障，兵器室管理、征兵体检站场地整修、机关日常办公、地方“双禁”工作和文明城市复评等任务。一是抓好综合保障。在各项保障任务中，坚持早计划、早安排、做好“吃、住、行”先期准备，想方设法搞好食宿保障，为工作顺利展开提供有力保证。二是抓好财经管理。按照“完善制度、强化管理、注重创新、讲求效益”要求，严格财经纪律，加强经费统筹统管，切实为党委理财当好参谋。认真落实党委理财制度，重大项目建设、重大经费使用，坚持党委集体研究，避免违规行为。加强经费使用分析，坚持月报告、季分析、半年汇总制度，确保经费投向投量。三是抓好人员、车辆和兵器室管理。严格派车程序，落实干部带车制度，加强了“三证一匙”集中管理，及时为车辆办理保险和审验工作。组织驾驶员参加交通法规学习，签订安全责任书，做到不带故障出车、不带思想情绪出车、不带疲劳出车，从源头上消除隐患。坚持车辆日常保养制度，实行IC卡加油和定点维修保养，始终保持车辆良好状态。严格遵守兵器室管理规定，认真做好值班、日常保养和登记统计工作，保证兵器室安全稳定。

【后备力量建设】 2月，根据省、市民兵调整改革任务部署会及《湖州市后备力量建设“十三五”规划》要求，及时拟制下发《关于做好吴兴区2018年度基干民兵调整编组工作的通知》及《吴兴区后备力量调整改革方案》，并召开民兵调整改革任务部署会，深入搞好工作动员，部署具体任务，督导末端抓好科学编组。3月，分2个组，集中利用7天时间，对全区乡镇（街道）武装部及20个企业、行业、院校系统武装部进行逐一集结点验，民兵精神面貌良好、专业技术娴熟，分队携行装备物资齐全，整组程序规范、资料完备，如期完成基干民兵调整编组。4月19日，在吴兴区行政中心广场进行吴兴区建区以来首次基干民兵集中点验，军分区司令员江宏勋现场检查指导并充分肯定吴兴区基干民兵队伍建设，民兵整组点验工作被《浙江国防》杂志刊登。5月，省军区对湖州市民兵工作调整改革进行检查验收，拉动吴兴区市属民兵应急营3支分队，人员到点率100%，受到省军区和军分区好评。围绕区委、区政府提出的“生态吴兴、经济强区、科技新城、幸福家园”建设要求，积极发挥民兵参建作用，在1月份抗击雨雪冰冻灾害中，积极支援地方政府，组织全区民兵力量进行抢险救灾，累计出动民兵清除积雪道路203公里、桥梁37座、大棚149个、树木2500棵、屋顶2550平方米。

【党管武装】认真落实党管武装工作各项制度，军政军民团结不断巩固国防和后备力量建设不断取得新成效。一是领导重视。坚持把党管武装作为地方党委政治责任，各级党委书记始终牢记和自觉践行第一责任，有力推动党管武装工作落地落实。定期组织党委议军、现场办公，协调解决矛盾问题。组织乡镇（街道）党委书记党管武装工作述职，组织乡镇街道、村两级武装工作考核，增强各级管武装、抓武装的主动性自觉性。二是建强队伍。始终坚持队伍建设第一保障，严格教育管理，不断提升武装队伍履职尽责能力水平。围绕改革强军主题，结合民兵整组点验，抓好民兵“四课”教育落实。贯彻落实省政府、省军区《关于加强全省专职人民武装干部队伍建设》精神，把专武干部队伍作为中坚力量抓建，积极倡导“有为者有位、吃苦者吃香”的用人导向。三是落实制度。先后出台《关于进一步加强党管武装工作的意见》《加强全区专武干部队伍建设的意见》等规范性文件，促进全区党管武装工作制度化、规范化。各乡镇对武装工作进行细化明确，并纳入镇村综合考评，推动武装工作在末端有效落实。

【安全管理】始终把确保安全稳定作为刚性要求抓好落实。一是抓好安全教育训练。根据省军区和军分区统一部署，2月份认真开展以学法规、明职责、严纪律、正秩序为主要内容的“条令学习月”活动，认真对照“四查五看两考”要求，严格落实学习计划，管理松懈、作风松散、纪律松弛等现象得到有效纠治。按照省军区、军分区通知要求，大力开展新条令学习贯彻活动，在个人自学基础上，每周一上午和周五下午组织2次专题集中学习，确保活动取得实效。二是抓好网络安全教育整顿。根据省军区统一部署安排，按照军分区《网络安全教育整顿实施计划》通知要求，6月28日、29日，集中2天时间开展网络安全教育整顿。及时召开党委会，专题研究单位网络安全形势，深入查摆剖析，制定具体措施。个人对照需要查纠的5类违纪问题、30种不良现象，进行自查自纠，人人如实准确填写《网络安全教育整顿个人查纠整改情况登记表》。部领导与干部职工交心谈心，对每名同志自查整改情况进行一人不漏检查，掌握真实情况，及时发现问题隐患并组织整改。三是抓好安全自查自纠。巩固深化2017年“安全大检查”活动效果，狠抓法规制度常态落实，严格落实新规禁令，特别是禁酒令。抓好春节、清明、“五一”、国庆期间安全隐患排查，每月组织安全形势分析，并结合每季军分区安全大检查搞好安全工作自查自纠和问题整改。军分区组织的2次安全大检查所反馈的4类共20个问题均得到有效解决。

【征兵】坚持早筹划早准备，认真剖析总结2017年度征兵工作特点规律，区人武部首长带队深入乡镇（街道）和两所高校调研新时代征兵工作困难矛盾，针对2017年思想退兵现象，专门拍摄“违背誓言的代价”警示教育片，大力开展征兵宣传。依托军分区教导队场地组建征兵体检站，解决多年来征兵体检无固定场所的问题。兵役登记方面，采取每月一通报的做法，对排名末位的单位实行部长约谈制，取得良好效果，年度兵役登记率达到100%。在征兵站、人武部显著位置设立举报箱，在区人大、政协、村社、学校、社团等单位选聘相关人员担任廉政监督员，公布监督电话进行监督，确保廉洁征兵。经过层层工作推进，圆满完成男兵、女兵征集任务。

【国防教育】按照习近平主席“让军人成为全社会尊崇的职业”和浓厚“爱我国防爱我军”社会氛围的指示要求，紧紧围绕“传承红色基因、汇聚强军力量”这个主题，坚持抓好国防教育工作落实，大力推进全区国防教育工作普及深入。研究出台《加强全民国防教育工作的意见》，进一步规范工作机制、细化责任区分、明确方法手段。拓展完善“八一光荣榜”、学校“荣誉墙”宣传功能，使爱国拥军、崇尚荣誉理念真正深入人心。

（区人武部供稿）

·人民防空·

【概况】区人民防空办公室（民防局）成立于2005年6月，区防空防灾指挥服务中心为其下属事业单位。吴兴区辖织里、八里店、埭溪、东林、妙西五个人防重点镇，及湖东、月河、飞英、朝阳、爱山、龙泉、环渚、康山、凤凰、仁皇山、滨湖、龙溪和杨家埠13个街道。重点镇、街道分别成立了人防办，分管领导为各重点镇（街道）分管城建领导，人防办主任由人武部部长担任。

【工程建设】全年吴兴区积极推进人防工程项目建设人防工程均如期竣工。

【行政执法】全年累计办理战时功能和等级确定若干个，办理应建防空地下室民用建筑报建审批若干个，发放人防同意备案意见书若干个，收取人防易地建设费。

【指挥通信】区人民防空办公室拥有单边带电台、超短波电台9台、海事卫星电话、人防重点镇指挥平台、移动指挥车，防空（防灾）警报。有人防专业队、若干民防应急救援队、民防志愿者队伍若干人。

【宣传教育】坚持人防宣传教育“五进”（进机关、进学校、进企业、进社区、进网络）工作，突出抓好学校及社区人防宣传教育。一是学校人防宣传教育。在区属20所初级中学和30所小校积极开展形式多样的人防教育；完成了2018年度中小学人防教材的征订；按要求落实15名教师参加全省中小学人防教师培训活动。二是社区人防宣传教育。巩固社区人防规范化建设成果，结合“综合减灾示范社区”评定，做好对基层社区人防工作的考核与检查，在龙泉街道学士府社区开展人防规范化社区建设。3月1日，联合湖州市人防办、闻波社区居委会在赵孟頫纪念馆开展了“游故居、猜灯谜、闹元宵”国际民防日主题宣传活动。5月10日，爱山街道狮子巷社区在新天地广场举办了“行动起来·减轻身边的灾害风险”防灾减灾广场宣传活动。9月18日，吴兴区人防办结合“9•18”防空警报统一试鸣的机会，在龙泉街道学士府社区开展了社区人口紧急疏散演练。10月31日是新中国人民防空创立日，湖州市吴兴区龙泉街道学士府社区组织辖区居民30余人观看了人防宣传片《蓝天下的护民之盾》。

（李敏华　李梓化）

第十六篇 科学技术

·综 述·

【概况】吴兴区科技创新工作紧紧围绕建设创新型城区目标，紧密结合“四新”主题实践活动开展，始终坚持创新引领发展理念，着重在优化“双创”生态、培育创新主体、推动产学研合作等方面创新办法、重点推进，各项工作取得较好成效，吴兴区成功入选全国科技创新百强区和省科技创新改革联系点。

【优化科技创新环境】不断优化顶层设计，研究出台《关于进一步加快推进众创空间发展的实施意见》、吴兴科技人才新政、《吴兴区有效发明专利拥有量奖励实施细则（暂行）》等扶持政策，逐步完善人才培育引进、创业项目孵化、科技企业培育、知识产权创造等全方位的创新政策驱动体系，不断释放政策活力。定期研究分析吴兴科技创新工作面临的机遇与挑战，明确目标任务，聚乡镇部门合力，推动科技创新快速发展。继续开展科技创新型企业和科技成长型企业考核评比，对创新强、发展好、效益优的企业进行奖励表彰，全力营造鼓励创新的良好氛围，进一步优化区域创新创业生态。

【壮大高新技术产业】围绕重点产业和战略性新兴产业，积极鼓励企业加大研发投入，企业研发投入占主营业务收入的比例达到2.39%，列全市第一。大力培育高科技企业，全年新增国家高新技术企业19家、省科技型中小企业89家，科技创新型企业群体进一步壮大。有效利用现代物流装备、特种金属管道等省级以上高新技术特色产业基地的影响力和产业集聚力，引领吴兴产业加快转型升级步伐，全区高新技术产业增加值占比达51.95%，高新技术产业投资增幅58.5%，增速位居全市第一。

【深化政产学研合作】拓宽与省外高校、科研院所合作渠道，推进校企合作共赢，成功组织举办第九届政产学研合作大会、浙江工业大学对接会等大型产学研活动，邀请全区100多家企业参加，全年促成合作项目28个，帮助解决企业技术难题40多项。组织企业参加省网上技术市场、省军民融合大会、深圳高交会等高层次对接会。深化与高校、科研院所合作，引进哈工大机器人集团湖州创新研究院等创新载体，加快引导科技成果转化，推荐20个项目申报省市科技进步奖，久立集团获省科技进步二等奖。积极推进网上技术交易市场建设，通过网上技术市场拍卖成功引进一批科技创新成果，技术合同登记金额超6亿元。

【建设科技创新平台】深入贯彻大众创业、万众创新理念，创新合作机制和运营模式，加速科技创新创业要素集聚，大力发展市场化、专业化、集成化、网络化的“众创空间”，为区域内高新产业发展提供创新原动力。不断完善已建科创平台的服务功能，切实提高园区的创新承载力，国家级金属管道特色产业基地和省级知识产权强区双双通过复评，现代物流装备高新园区顺利通过省厅考核，童装产业创新服务综合体成功列入省级培育，新认定市级众创空间17家，获评省级优秀3家。加强与国内知名科创平台管理团队的战略合作，提升总部自由港的集聚影响力，确保项目和人才引得进、发展好。

【实施知识产权战略】组织开展多场次专利培训，共计120多家企业、200多人参加，组织企业参加上级部门组织的2期初级专利挖掘培训

班、贯标内审员等培训，组织100余人参加专利应用工程师培训。全区专利申请6604件，其中发明专利申请3223件，同比增长94.27%；专利授权2534件，同比增长26.76%；每万人发明专利拥有量达34.77件，增幅50.39%，列全市第二。加强企业专利管理能力，新增国家知识产权优势企业1家，5家企业被认定为省级专利示范企业、8家企业被认定为市级专利示范企业，8家企业顺利通过国家企业知识产权管理规范贯标认证。定期开展专利执法专项检查，配合市知识产权局对中心城区超市、专业市场开展多次检查，处置整改一批知识产权侵权违法行为。积极推进企业专利成果转化，加强与银行等金融机构的沟通，帮助企业争取12270万元专利权质押贷款。成功建立吴兴区智能装备产业知识产权联盟。

【积极推动科技惠民】 以科技创新作为推动民生水平提升的重要手段，充分发挥科技在农业发展、防震减灾等方面的支撑作用，努力建设“幸福吴兴”。加快农业企业研发水平提升，加速涉农科技成果转化已成为吴兴国家农高园区发展的重要武器。加强防震减灾社会宣教工作，切实做好“防灾减灾日”及宣传周等防震减灾科普宣传工作。

（区科技局供稿）

·科技创新与成果·

【概况】 实施科技创新加速行动，以补齐科技创新短板为目标，高度重视科创项目、双创人才等要素的有效集聚，不断壮大科技创新企业队伍，提升科技创新平台能级，有力促进吴兴区科技创新工作快速健康发展，全年新立市级以上科技研发项目35项，其中省级重点研发项目4项。

【高新技术产业】 完善高新技术企业梯队培养模式，充分挖掘科技企业培育资源，开展送政策、送信息和送服务上门的“三送”专项行动，指导企业加快创新步伐。全年新认定省级科技型企业89家、高新技术企业19家。紧紧围绕“双高”企业培育倍增计划，制定新一轮培育路线图和时间表，积极引导企业在科技创新投入、研发平台建设、创新人才集聚等方面下功夫，优先支持科技项目研发，帮助协调解决融资难题，助推科技型企业规模不断壮大、实力不断增强，新培育“瞪羚”企业26家，7家“双高”企业上市挂牌。

【创新研发机构】 鼓励和支持企业建立各类研发机构，加大对省级企业研究院及省、市级高企研发（技术）中心、院士专家工作站建设等载体扶持力度，不断提升自主创新能力和核心竞争力。德马、金州等4个科技项目列入省重点研发计划，新认定省级研发中心9家、省级研究院2家、省重点农业企业研究院1家、省级院士专家工作站2家，市级高企研发中心11家、市级院士专家工作站2家，成功立项4个市级领军型创新团队。

【科技创新平台】联合乡镇街道及相关部门，积极挖掘政府投资建设为主体的众创空间资源，走访调研企业排摸民营众创空间建设需求，双管齐下全力推进吴兴区众创空间建设。17家众创空间（众创田园）通过市级认定（备案），数量居全市第一，众创空间建设工作得到市领导的批示肯定。不断增强特色产业基地对企业的吸引力和集聚力，高新技术产业集群进一步壮大，国家级特种金属管道特色产业基地顺利通过复评。为助力织里童装二次腾飞，积极指导做好童装产业创新综合服务体申报工作，成功列入省级培育。

【政产学研究平台】加强校企合作平台建设，积极支持浙江高校产学研联盟吴兴转化中心、浙江工业大学湖州现代物流装备与技术研究院等开展技术开发，引进哈工大机器人集团湖州国家创新研究院等载体，为区域内企业创新发展提供动力。积极搭建校企合作交流平台，成功组织举办第九届政产学研合作大会、浙江工业大学对接会等大型产学研活动，为企业与高校院所开展技术合作牵线搭桥，成功签约一批合作项目。开展点对点的入企指导、小型化座谈会、高校成果发布会等对接活动。推进创新券发放和使用，充分利用高校、科研院所的资源和设施，为全区小微企业提升研发能力提供帮助。

【农业科技项目】 浙北水产新立市级乡村振兴专项、安丰源农业装备等3个项目列入市农业攻关项目。老恒和成功认定省级农业重点企业研究院，实现吴兴区农业企业重点研究院零的突破。成功立项省级农业科技型企业3家、省级企业研发中心2家。农业众创空间阵地建设成效斐然，新认定市级众创田园2家，玲珑湾认定为省级农业“星创天地”。

（区科技局供稿）

·专利工作·

【概况】大力实施知识产权战略，推动专利创造、运用、管理、保护工作不断完善，国家知识产权强县工程示范区建设进一步深入推进。专利创造成效显著，全年专利申请和授权分别达到6604件和2534件，发明专利申请和授权分别达到3223件和277件。

【优化专利工作环境】“4•26”世界知识产权日期间，在高新区、织里镇、八里店镇、区科创中心等片区分别组织开展专利培训，120多家企业、200多人参加培训，组织企业参加上级部门组织的2期初级专利挖掘培训班、贯标内审员等培训，组织100人左右参加专利应用工程师培训。开展专利执法专项检查，惩治各类知识产权侵权违法行为，全年处理专利假冒案件42件，侵权纠纷处理案件100多件。吴兴区智能装备产业知识产权联盟成功建立，进一步提升了知识产权创造与保护能力。

【完善企业知识产权管理体系】强化企业专利管理能力提升，完善企业知识产权管理体系。培育知识产权优势企业，加强企业专利管理能力，全年新增国家知识产权优势企业1家，5家企业被认定为省级专利示范企业、8家企业被认定为市级专利示范企业，8家企业顺利通过国家企业知识产权管理规范贯标认证。

【提升专利创造运用水平】加大专利创造力度，优化服务流程，强化与企业科技项目、产学研合作的结合，挖掘项目实施过程中的核心技术发明专利，全年完成专利申请6604件，其中发明专利申请3223件，发明申请占比48.8%，创历史新高。强化专利运用，指导企业获得专利权质押贷款12270万元，为专利成果转化提供了资金支撑。

（区科技局供稿）

·防震减灾·

【概况】认真贯彻《中华人民共和国防震减灾法》《浙江省防震减灾条例》及上级防震减灾工作会议精神，坚持“预防为主、防御与救助相结合”的防震减灾工作方针，进一步提升防震减灾科普知识宣传力度，不断强化防震减灾工作实效。

【积极做好抗震设防准备工作】加强应急准备工作的组织领导，把地震应急准备工作摆在更加突出的位置，把非常态救灾的准备工作做实做细做足。积极协助区政府加强抗震救灾指挥部及其办公室建设，完善成员单位间协调联动、信息共享、资源整合等工作机制。联合相关兄弟部门，在我区地震安全示范社区、学校等区域开展地震应急综合演练活动，推动我区基层防震减灾工作规范开展，增强社区居民防震减灾意识。

【加强地震安全示范社区创建工作】经深入指导、积极推荐，湖州市爱山小学教育集团、月河街道二里桥社区成功创建市级防震减灾科普示范学校和地震安全示范社区。织里镇公共安全防范基地、太湖小学、湖州市环渚学校、道场乡中心幼儿园创建为市级防震减灾科普示范基地。全区防震减灾示范单位累计达20家。

【加大防震减灾知识宣传力度】加强防震减灾社会宣教工作，通过印发宣传资料、制作标语板报等形式，广泛普及有关法律法规和防灾减灾知识。切实做好“防灾减灾日”及宣传周等防震减灾科普宣传工作，发放灾害防御科普宣教材料2000多册，组织辖区内学校开展地震应急演练，并在社区播放防震减灾科普影片、开展“防灾千场讲座”，我区民众防震减灾的意识不断增强。

【建立健全防震减灾联动机制】努力提高地震应急救援水平，充分整合全区各种行政资源，建立各乡镇、部门、企事业单位、社会团体防震减灾联动机制，明确防震减灾各个环节主管部门、协作单位、参与单位的职责，实现信息联动、队伍联动、物资联动。

（区科技局供稿）

第十七篇 教育

·综 述·

【概况】全区学校129所，其中初中21所（含民办2所、九年一贯制学校8所），小学24所（含民办1所），幼儿园75所（含民办48所），乡（镇）成人文化技术学校9所。公办在职教职工4103人，其中初中1306人，小学2409人，成校42人，公办幼儿园299人，直属事业单位47人。学生88719人，其中初中14013人、小学46797人、幼儿27879人。全区中小学占地面积分别为89.41万平方米和92.29万平方米，校舍建筑面积分别为38.03万平方米和46.89万平方米。全区共有中小学高级教师370人，中小学一级教师1822人。新增省特级教师4名，获评省"春蚕奖"2名、省农村教师突出贡献奖1名、省中小学生师德楷模1名。4所学校、10个群体和125名教师被评为各级各类先进集体和先进个人。

【创建省艺术教育实验区】4月11日，2018年全省学校体卫艺工作现场会在杭州召开。会上，吴兴区作为全省第一批艺术教育实验区的成员单位之一，由副区长王青与省委教育工委副书记、教育厅副厅长鲍学军签署了学校艺术教育实验工作备忘录。

【创建省学习型城市】举办全民终身学习活动周，被中成教协会评为2017年全民终身学习活动周成功组织奖，织里成校、埭溪成校成功创建省现代化成人学校，妙西成校的"原乡月嫂"获省成教品牌项目，吴兴区成功创建省学习型城市。

（陈 斌 施月良）

·基础教育·

【概况】全区有初中21所（含民办2所，九年一贯制学校8所）在校学生14013人；小学24所（含民办1所），在校学生46797人；幼儿园75所（含民办48所），在园幼儿27879人。

【学前教育】全区共有75所幼儿园，104个园区。中心城48所65个园区（公办园13所27个园区，部队办1所1个园区，民办园34所37个园区）、乡镇27所39个园区（乡镇中心公办园13所25个园区，民办园14所14个园区）。2018年，全区所有幼儿园全部创成省等级幼儿园，其中，省一级园区18个、二级园区55个（包括预评二级园区8个）、三级园区31个（包括预评三级园区2个），等级园覆盖率100%。全区学前教育专任教师1873人，中心城1189人，乡镇684人。专任教师学历合格率达99.9%，大专以上学历达98.61%，教师资格证书持有率达100%。2018学年，在园幼儿27879人，学前三年幼儿入园率达99.4%。全区约56.58%的幼儿在中心城接受学前教育，约43.42%的幼儿在乡镇中心幼儿园或村教学点接受学前教育。继续发挥以实验幼儿园、第一幼儿园、第三幼儿园、蓝天实验幼儿园、童星幼儿园、清河幼儿园为牵头园的"吴兴区学前教育发展联盟"作用，拓展优质学前教育资源，积极开展有效教学活动，全面推动区域内各园的发展，促使全区幼教事业在更高层次上的均衡发展、优质提升。

【义务教育】全区实行（中小学）九年制义务教育。小学适龄儿童入学率100%，小学升初中比例100%。初中毕业生按时毕（结）业率100%，初升高比例99%。三残儿童入学率99.5%，符合条件的新居民子女入学率100%。深入推进心理健康示范区建设，结合省心理辅导室示范点和标准化建设的契机，进一步推进全区心理辅导室提档升级。完成中小学心理普查工作，筛查重点辅导对象和高危学生名单，分别建档和开展跟踪辅导并上报高危学生名单和干预方案。落实心理健康教育教材的使用，保证师资、保证课时、保证效果。开展心理健康示范点和标准化建设创建工作。成功通过2个省级、4个市级的心理健康示范点和7个省级标准化建设学校的验收工作。到2018年年底，97%的学校心理辅导室均达到省标准化建设要求。关注留守儿童、残疾儿童和特别关爱儿童的学生和生活，建立跟踪档案、结对帮扶机制，为孩子的身心健康成长保驾护航。抓好课改研究共同体建设工作。配发统一的课改研究共同体记载册，各共同体成员单位认真制定研究计划，按月组织活动。开展全区中小学教师课改通识测试，将课改知识纳入到教师学科测试中。完善中小学拓展性课程的选课走班教学，彰显选择性，促进学生核心素养提升。推进初中阶段分层走班教学，切实提高教学效率。开展吴兴区课改共同体展示暨初中基础性课程分层走班教学研讨活动，组织初中教学校长赴绍兴柯桥学习考察。成立区级STEAM课程领导小组，评选17所学校为区级STEAM课程实验学校，湖师附小教育集团被确立为省级STEAM课程实验学校。启动“城乡携手　同步课堂”，爱山小学教育集团和吴兴区第一小学成功结对。

【育人工作】德育工作扎实有效。召开吴兴区第二届德育工作年会。开展“我与孩子的故事”教师德育论文、案例比赛。与吴兴区委宣传部、文明办、团区委联合，建成第三批共31个中小学生“滋养德育”社会实践基地。组建区、校两级名班主任工作室，评选区级名优班主任25名。以各类专题培训、班主任综合能力比赛、辅导员争章技能大赛等为载体，提升教师的育人工作水平。6位教师在湖州市班主任综合能力大赛精英赛中获奖，2位教师参加浙江省的普及赛并获奖。4名辅导员获湖州市第九届辅导员争章技能大赛一等奖，其中3人入围省赛，2人获省一等奖。扎实开展法制教育工作。全区100%的学校和学生在浙江省禁毒平台上进行注册和学习，96%的学生参与平台的知识竞赛，4所学校被推荐为市级禁毒示范校。3人获湖州市“说宪法讲宪法”演讲比赛一等奖，湖师附小教育集团张梦瑶同学获浙江省“说宪法讲宪法”演讲比赛一等奖、全国三等奖。积极开展生态文明创建活动。2所学校被评为省绿色学校，2所学校被评为市生态文明示范校。

【安全工作】全年无校园安全责任事故、校外重大安全事故的发生。全区平安校园创建率100%，获评湖州市综合治理先进单位和学校安全目标管理优秀单位。以“全国安全教育实验区”为平台，扎实做好安全教育工作。印发《吴兴区教育局安全工作“党政同责、一岗双责”实施办法》，开展预防溺水、食品安全、消防安全等专题活动；进一步深化“平安微校”建设，推行学生家长“安全教育平台”移动版，移动版安装率达98%以上，发送周末及节假日安全提醒18241条，家长阅读率80%以上。开展“安全教育示范校”创建活动，42所小学、幼儿园完成创建。实施饮食放心工程，新增A级食堂10所，全区公办学校食堂B级以上达100%。中心城13所学校食堂食品原材料经过公开招标实现集中统一供应。强化校园安防建设，全区85%以上学校完成校园访客系统安装。

【艺体工作】成功创建省级艺术教育实验区，荣获2018年“浙江省中小学生艺术节”优秀组织单位。实施艺术教师研修提升计划。选派10名艺术教育教师参加市级以上培训研修，陈勇、徐军两位教师被评为浙江省特级教师。积极开展戏曲文化进校园活动，《梁祝》《红楼梦》《孟丽君》等经典选段走进校园，营造浓郁的文化传承氛围。体育工作亮点纷呈。2018年，全区校园足球特色学校增至29所，占比达70%。包揽湖州市小学生足球联赛男女组冠亚军，省级校园足球试点区影响力日益增强。新风实验小学教育集团300人参与的大型特色操《生命华章》精彩亮相省运动会开幕式。连续四次蝉联全市中小学生田径运动会冠军。

【语言文字工作】浙江省语言文字规范化试点区创建收官，成功创建13个语言文字规范化乡镇（街道）。顺利完成高水平普通话测试与省级方言调查工作。组织开展中小学生中华经典诵读大赛、中小学生诗词大会、“阅读伴我成长”征文比赛、“红船领航”中小学生演讲比赛和第十届规范汉字书写大赛等活动，语言文字工作成绩突出。

【教育科研工作】以深化义务教育课程改革为核心，坚持“重点工作项目化、项目工作课题化、课题工作成果化”的工作理念，培育10个课改共同体，引领和指导全区学校开展科研工作，为深化课程改革、提高教育质量服务。继续加强对学校各级各类课题的过程管理和成果推广工作，努力完善区科研管理平台，将课题申报、评审以及论文等工作全部纳入网络平台，在实践中不断推进网络平台申报、评审相关机制的建设。加强科研队伍建设，成立吴兴区“科研引领创新”科研骨干班，组织部分教师赴浙江大学开展封闭式培训，有效提升科研骨干的专业素养。湖州四中教育集团、月河小学教育集团、织里实验小学教育集团、太湖小学等4所学校获评湖州市（2017—2018年度）教科研先进集体；6位教师被评为湖州市（2017—2018年度）教科研先进个人。

【阳光招生】出台《吴兴区2018年中小学招生工作实施方案》，科学、有序开展招生工作，起始年级班额有效控制在45人和50人以下。首次跟吴兴区、开发区、度假区公安分局和吴兴区房产中心合作，对13838名新生的房产信息、户籍信息进行真伪核查，阳光招生力度得到进一步加强。制定新居民子女入学实施办法，教育公平全面推进。2018年，全区中小学共接纳新居民子女20851人，符合条件的新居民子女全部入读公办学校。重视特殊教育，严格落实特殊学生同等享受教育的权利。全区各类适龄残疾儿童（持证）共211人，实际接纳人数为214人（其中新增3名分别为新办证件学生1名，新转入南浔区户籍学生1名，新转入安徽户籍学生1名）。在普通学校随班就读和送教上门105人，在特殊教育学校就读108人，入学率99.5%。学龄前残疾儿童42人，在康复机构或普通幼儿园就读36人，入学率达85%。认真做好学籍信息的录入和审核工作。严格执行转学审批手续，坚决杜绝任何违规学生取得正式学籍。

（陈　斌　施月良）

·职成教育·

【概况】全区乡（镇）成人文化技术学校9所，教职工42人。以服务为宗旨，需求为导向，不断夯实硬件建设，扎实开展技能培训、不断提升学历教育，广泛开展社区教育，大力推动全民终身学习周学习活动，积极争创省现代化成校和省成教品牌项目。加快推进全区社区教育发展，建设标准化社区教育工作站91个。围绕城乡居民素质提升需求，开设家政服务人才培训、老年健康教育培训、青少年校外教育培训、百姓幸福大讲堂、开展社团组织活动等适合各个年龄层次培训需求的项目与内容，培训总人次达237809人次。

【主要工作成绩及各校特色亮点】全区开展成人学历教育2898人（其中成人职高双证制教育培训在读人数达932人，毕业497人；大专在读948人，已毕业342人；本科在读255人，已毕业96人）。开展劳动力培训77892人次（其中农村实用人才培训1842人，转移就业培训2441人，企业职工培训5378人，各类普及性培训68231人次）。织里成校、埭溪成校成功创建省现代化成人学校，妙西成校的“原乡月嫂”获省成教品牌项目，东林成校的“乡村居民家门口的人文教育”获得市终身学习品牌。成功举办了2018年吴兴区暨八里店镇“全民终身学习活动周”总开幕式，吴兴区获得国家中成协颁发的“2017年省全民终身学习活动周总开幕式”成功组织奖，成功创建省示范学习型城市。

（陈　斌　施月良）

·队伍建设·

【概况】全区所属学校及事业单位在编教职工4103人，其中初中1306人，小学2409人，成校42人，公办幼儿园299人，直属事业单位47人；离退休教职工2129人（其中，离休干部8人）。2018年全区所属学校新进教职工271人（其中，招聘教师224人、区外调入47人），减少教职工103人（其中，退休62人、调出系统24人、其他17人）。

【干部队伍建设】在全区开展竞争性选拔优秀年轻副校（园）级预备人选，通过笔试、面试、考察等环节，选拔优秀年轻干部6名。组织领导干部113人赴武汉大学研修学习，主要以国际战略形式、校园文化建设、课程改革等为学习内容，全方位了解教育形势，进一步更新和提升教育理念、教育实践能力和管理能力。组织校（园）级优秀年轻干部84人赴南京师范大学为期一周的研学，重点学习校长专业标准、学校管理制度、管理者的心理特征等内容，拓宽后备干部的管理思维模式，增强了管理经验。选派13名干部上挂参与区"五水共治"、城中村改造、安全大宣讲等中心工作。暑期共调整充实领导干部92人（其中，提拔到正校级岗位14人、提拔到副校级岗位26人、同级交流调整43人、退出领导岗位9人），全区学校领导班子结构进一步优化。

【教师队伍建设】以市第一层次名教师培训班为依托，加大高端人才培养，4位教师入围第十二批浙江省特级教师评选，上榜率列全省第一。修订出台《吴兴区"享受教育特殊津贴人才"评选及管理办法》，新增名班主任的评选，涵盖教育管理、教育教学及班级管理三个层面。84人被评定为吴兴区第二批享受"教育特殊津贴人才"。2人入选"南太湖特支计划"教育领军人才。6人入选湖州市1112人才工程学术技术带头人培养人选。

【人事制度建设】出台《关于推进吴兴区中小学教师"区管校聘"工作的实施意见》，平稳推进"区管校聘"人事管理制度改革工作，真正实现教师资源"区域统筹"。全区3522名教师参加竞聘上岗，共有3423名教师在本校上岗，94名教师跨校上岗，5名教师由组织调剂安排上岗。组织高校优秀毕业生招聘和公开招聘，通过笔试、教学能力测评、结构化面试等环节，择优录取中小学、幼儿教师224名。全年共266人参与交流（其中校级领导51人、骨干教师14人、普通教师201人），参与流动的教师占专任教师的7%。选派13名骨干教师赴新疆及青川县支教。新评定正高级教师2人，高级教师27人，一级教师134人，二级教师401人，三级教师98人。根据国家教师资格制度改革的要求，通过网上报名、现场确认等程序，全年共认定通过1030人。

（陈　斌　施月良）

•办学条件•

【概况】中小学固定资产分别为98253.08万元和130431.07万元（教育技术装备资产分别为初中11650.58万元，小学14869.4万元）。中小学占地面积分别为38.03万平方米和92.29万平方米，校舍建筑面积分别为19.19万平方米和46.89万平方米。小学体育场（馆）面积、体育器械、音乐器材、美术器材、教学自然实验仪器达标的学校数占总学校数的比例均为100%，初中上述项目达标比例均为95%（含民工子女学校）。全区中小学计算机室共120个，新增计算机3738台，计算机拥有量为18601台（含民工子女学校），生机比为3.22 ∶ 1。公办中小学校园网覆盖率达100%。图书总藏书量为202.2万册（含民工子女学校），生均约33.7册。

【教育经费】全区国家财政性教育经费投入91983万元，比上年减少699万元，降低0.75%。全区地方教育经费总收入161234万元，比上年134255万元增加26979万元，增长20.1%。全区中小学免收课本费和作业本费1479.3万元；"爱心营养餐"资助总额75.3万元，受益学生813人次。

【基本建设】实施美丽校园提升工程和新一轮农村学校塑胶跑道改造工程，涉及11所中心城学校（幼儿园）和6所乡镇学校（幼儿园），总投入2531.5万元。4所新建学校和1所扩建学校投入使用。吴兴实验小学：建设规模48班，学校占地面积57826.4平方米，总建筑面积53375.53平方米，总投资约18252万元。鹤和小学：建设规模48班，总用地面积51606平方米，建筑面积34100平方米，计划投资23440万元。西南小学：建设规模48班，总用地面积45636平方米，总建筑面积36835平方米，总投资约30755万元。湖东小学：建设规模48班，总用地面积40656平方米，总建筑面积24200平方米，总投资约15400万元。湖州四中教育集团白鱼潭校区扩建工程：扩建规模12班，总建筑面积5146.4平方米，总投资约2728.65万元。6所幼儿园投

入使用：王家漾幼儿园：建设规模9班，占地面积6078.84平方米，建筑面积4059.4平方米，计划总投资2435万元；七里亭幼儿园：建设规模9班，占地面积3601平方米，建筑面积3452平方米，计划总投资2070万元；尹家村幼儿园：建设规模9班，占地面积4417平方米，建筑面积3863平方米，计划总投资2320万元；常溪幼儿园：建设规模12班，总用地面积4640平方米，总建筑面积2786平方米，总投资约1810.9万元；西湖漾幼儿园：建设规模为9班，占地面积约为3697平方米，建筑面积约为2988平方米；太湖幼儿园：建设规模12班，总用地面积10327.91平方米，总建筑面积6874.97平方米，总投资约2406万元。

【教育装备】 中小学教育技术装备资产26520万元（其中中学为11650.58万元、小学为14869.4万元），生均拥有教育技术装备资产4421元。当年教育装备总投入（含图书）6495.7万元。全区共有实验室及功能教室1561个，其中初中698个、小学863个。全区实验室及功能教室使用面积达17.83万平方米，初中装备用房使用面积达6.95万平方米，小学装备用房使用面积达10.88万平方米。全区44所公民办中小学理科教学仪器配备，音乐、美术、体育器材配备达标率均为100%。全年新增图书19.6万册，图书总藏量为202.2万册（含民工子女弟学校），生均33.7册。

【教育信息化建设】 全区中小学新增计算机3738台，计算机拥有量为18601台（含民工子女学校），生机比为3.22∶1。全区新增多媒体522套，共有多媒体3189套（含民工子女学校）。公办中小学校园网覆盖率达100%。全区拥有移动终端2623台，录播教室30个。

（陈　斌　施月良）

第十八篇 文化·卫生·体育·广电

·文 化·

【概况】2018年，文化服务发展精准和求新同行，文化建设活化提质和融合共推，文化市场监管规范和优化同步。原创艺术精品在省市大赛中连夺“四金”：舞蹈《太湖人家》夺得“2018浙江省群众舞蹈大赛”金奖、原创歌曲《弄堂》夺得“2018浙江省第十七届音乐新作演唱演奏大赛”金奖、越剧《相骂本》夺得“2018全省民营文艺表演团体折子戏精品展演活动”金奖、版画《流金岁月——华罗庚和他的弟子们》夺得“浙江省书法美术大展”金奖；承办湖州市第八届南太湖艺术节开幕式，夺得金奖4个、银奖11个、铜奖19个。

【公共文化服务提升】加强农村文化设施的管理利用和文化活动开展，建设提升文化建设“十百千”工程1个重点乡镇、8个重点村、7个重点社区，新建农村文化礼堂16个。推进区图书馆、区文化馆建设，完成初装并通过消防验收。制定《吴兴区城市书房专项经费补助办法》，推进城市书房建设运行工作的探索实践，建成“城市书房”2个，鼓励“樊登读书会”等民间读书组织积极开展活动，组建文化志愿者队伍服务城市书房管理，提升城市文化品位。在春节、中秋、国庆等重大节庆日期间组织“放歌新时代　文化进万家”吴兴区2018文艺下基层巡演、庆祝中华人民共和国成立69周年和改革开放40周年等专场文艺演出，举办“吴兴区‘音艺梦想’艺术培训基地新年音乐会”，丰富群众文化生活。开展“书香有礼”让您的闲置图书变得有意义、“阅享悦读”邀您共读好书、“慧眼识图”书房寻宝送好礼、“我心中的城市书房”作品征集等一系列“阅动吴兴”全民读书节活动。全年共组织“乐动吴兴”送文艺演出下乡150场、送书下乡2万余册、送讲座送展览60场，开展“文化走亲”交流活动90余场。

【文艺精品生产和创作】承办湖州市第八届市南太湖艺术节开幕式暨舞蹈比赛专场、版画小画种大展。新创作《太湖人家》《竹林声声》《老家河埠头》《弄堂》《争娘》等9件作品参加舞蹈、音乐、戏曲小品等舞台艺术作品的比赛，新创作国画、油画、书法、摄影等作品120余件参加6大门类视觉艺术作品的比赛，夺得湖州市第八届市南太湖艺术节4金11银19铜的佳绩。舞蹈《太湖人家》和《竹林声声》分别获2018浙江省群众舞蹈大赛金奖、银奖；歌曲《弄堂》获2018年浙江省第十七届音乐新作演唱演奏大赛金奖；越剧《相骂本》获2018全省民营文艺表演团体折子戏精品展演金奖。加强吴兴优秀文化作品的展演交流，精选作品参加浙江省第四届群众声乐大赛、浙江省首届青少年声乐大赛。举办2018年全区排舞大赛，通过区级比赛精选3支队伍参加湖州市排舞大赛，获评1金1银1铜。

【文化市场监管体系】继续优化行政许可事项办事流程，规范办事指南。43项群众和企业办事事项实现100%“最多跑一次”，办事事项每日数据归集、移动办、一件事、一窗通办、一城通办做到五个100%，一网通办做到269%。共审批网吧、歌舞娱乐场所、印刷企业、出版物企业、文艺表演团体等32家；变更备案各类文化经营场所34家，换证21家，对28家出版物和65家印刷企业进行了年检。共清理网吧、印刷、歌舞娱乐等“僵尸企业”59家。实行“1+N”（“1

个乡镇”+“众多义务监管员”）管理模式和“1+1”（行政执法+行业自律）监管模式，构建社会立体大监管格局。先后出动检查人员2000余人次，检查场所3100余家次，查处违规经营180余起，行政立案30起，罚款人民币44600元，停业整顿2起，取缔黑网吧、黑歌厅、黑演出等无证经营行为19起，查没电脑主机、“地卫”等设备和非法书刊1500余件（册），有效地保障辖内文化市场的规范有序。通过不定期夜查、错时查、违规举报实时查等方式加强部门巡查，围绕重大活动、重要时段、重点区域，有针对性地开展了上海中国国际进口博览会、第五届世界互联网大会、“枫桥经验”纪念大会和世界地理信息大会安保检查等20余项检查。完善双随机“两库”工作，开展24次双随机抽查、2次跨部门联合检查，检查场所252家，并按时公示。在重大节假日期间，做到有组织、有制度、有培训，确保吴兴区在重要、重大时段的广播安全播出。农村应急信息服务平台畅通率达到100%，农村数字电影服务放映2688场。

【文化产业】探索文旅融合、互促共进的发展模式，有效促进了文化服务经济社会发展，助力乡村振兴、城市精细化管理、特色小镇建设，协办了第三届世界乡村旅游大会暨“一带一路”世界乡村旅游湖州亚太峰会、陆羽茶文化节暨第二届全国茶道哲学高峰论坛、中国菰城文化旅游节、吴兴西塞山文化旅游节暨湖州原乡小镇第四届梅花节等重大活动。拓展文化产业承载平台，服务湖州文创中心产业园等项目的招引建设，文化产业新增大学生创业主体15家、吸引大学生到吴兴就业创业203人；搭建文化产业交流平台，推荐组织5家文化企业参展第十三届中国（义乌）文化产品交易会，湖州王一品斋笔庄获得工艺美术金奖，丝绸之路控股集团、湖州皮皮鲁创意文化企业获得工艺美术银奖。

【文化遗产保护】不断推进非遗保护工作融入现代生活，组织丁莲芳、周生记、东林柳编、老恒和、王一品等“非遗”项目参加春节元旦期间全省农村文化礼堂美好生活非遗主题展。在6月4日文化遗产日之际，在八里店镇章家埭村文化礼堂举办“传统文化进礼堂”演出。手工泥塑技艺作为全市唯一项目参加浙江省民间艺术绝技绝活擂台赛。积极组织天工羽毛扇制作技艺、老恒和制作技艺等4个项目预申报国家级非物质文化遗产项目，组织乌程酒制作技艺、船模制作技艺等10个项目申报市级非物质文化遗产项目。

（区文体局供稿）

·卫　生·

【概况】注重基层基础和能力提升，不断培育卫生健康服务品牌，切实筑牢健康屏障，取得一定成效。全区各级各类医疗机构共有426家，执业（助理）医师1436名，注册护士2095名，床位1974张。本地孕产妇零死亡率；5岁以下儿童死亡19例，死亡率3.75‰，婴儿死亡13例，死亡率2.57‰，新生儿死亡8例，死亡率1.58‰。产妇总数4993人，活产数5064人，住院分娩5064人，住院分娩率为100%；产后访视率98.31%；孕产妇系统管理率97.65%，7周岁以下儿童保健覆盖率97.12%，3周岁以下儿童系统管理率96.02%。人均期望寿命80.02周岁。

【社区卫生工作走在前列】按照为民办实事基本建设项目计划，稳步推进本年度新建、迁建和改扩建项目13个，完成65周岁以上老年人免费健康体检4.5万人，新建公共场所母婴室25家，适龄妇女免费“两癌”检查1.7万人以上。组建149支家庭医生团队，为签约居民提供疾病首诊、健康体检、随访管理等服务，2018年家庭医生规范签约率达37.88%，重点人群覆盖率80.19%，全区建立家庭病床48张，联合市级医院医生为行动不便患者制定诊疗方案、提供巡诊服务。抓好全市医养结合试点区工作，统筹协调区域内医疗和养老资源，实现14家医疗机构与养老机构配对合作。

【强化医疗卫生服务体系建设】全面部署慢性病管理、老年人健康管理、妇幼保健、卫生监督协管和健康教育等工作。强化基本公共卫生项目和重大公共卫生项目规范化管理，不断提升项目绩效，项目完成率保持在95%以上。加强重大传染病管理和突发性公卫事件应急处置，强化H7N9禽流感、登革热、血吸虫、艾滋病、结核病等防控工作，全区无甲类传染病事件报告；调查处置传染病聚集性疫情26起，其中突发公共卫生事件相关信息4起，处置及时率达100%。全区无突发公共卫生事件报告。健全基层中医药服务网络，推广中医药适宜技术，鼓励开展中医非药物治疗，完成0~36月龄儿童和65周岁以上老年人中医健康管理（中医体质辨识）8329人和24451人。加强人才队伍建设，通过赴医学院校择优招聘、公开招聘、委托培养和高层次人才选聘等方式，共招录卫技人员128人，为基层医疗卫生队伍注入新鲜血液。

【增强社区卫生服务工作内涵】开展重点工作项目化管理，通过建立动态管理、绩效考评和激励保障三项机制，确保项目实效。积极打造连续性诊疗服务，在基层医疗机构设立康复联合门诊病房，环渚龙泉中心专门成立市一医院康复分中心，逐步承担起市级医院下转康复期患者后续诊疗工作。启动社会心理服务工作，建成纵横交叉、覆盖全区的“立体式”服务网络，建立“专业+兼职+志愿”心理服务工作队伍349支，为群众提供全方位多元化的心理服务。牢抓吴兴—青川东西部扶贫协作契机，联合湖师院设立“健康青川人才培训基地”、建立等额式人才流动派驻制度和医疗机构“1对1”帮扶机制，逐步完善基层卫生人才培养机制。

【加强医疗卫生系统党风廉政建设】加强政治理论学习，通过党委理论学习中心组、党纪教育一刻钟、专题读书会等形式，认真学习贯彻习近平新时代中国特色社会主义思想和系列重要讲话，把学习成果体现到落实上级决策部署和推动卫生计生行业发展的实际行动中。加强全系统基层党组织建设，制定《关于进一步加强新形势下卫生计生系统党的建设工作的实施意见》，将14家医疗机构党组织归口局党委统一管理；按照党的组织和党的工作“双覆盖”要求，新增社会办医机构党支部3个。加强党风廉政建设，局党委定期开展风险研判，通过廉政谈话、定期汇报等形式分条线研判存在问题，进一步健全风险防控机制。全面开展“清廉医院”建设，创新推行院务监督委员会制度，编制院内权力运行流程图12项，建立完善小微权力清单，基本实现关键岗位和重点环节的全过程监管。全面完成医疗卫生单位三年巡察全覆盖目标，通过问卷调查、个人谈话和资料查阅，查出问题56个，全部督促整改到位。深入运用监督执纪“四种形态”特别是用好第一种形态，抓早抓小，防微杜渐，累计运用“第一种形态”处理10人次，营造严管厚爱新常态。畅通问题反映渠道，办理“12345”阳光热线等各类信访投诉587件，响应率100%，及时办结率100%，群众满意率95%。

（吴梦希）

·计划生育·

【概况】认真贯彻《人口与计划生育法》《浙江省人口与计划生育条例》等法律法规，稳妥实施“全面两孩”生育政策，扎实推进计划生育特殊家庭帮扶工作，切实加强出生人口性别比综合治理力度，不断推动孕前优生健康服务，有效夯实基层基础工作，深入开展公共场所母婴设施建设，持续深化流动人口计划生育基本公共服务均等化工作。全区上报出生人口3605人，出生人口性别比108.88，国家孕前优生健康检查项目目标人群覆盖率104.86%，建立三优服务指导中心11家，公共场所配备独立母婴室42家，全面落实计划生育特殊家庭三项制度，累计享受奖励扶助10383人，特别扶助697人，计生并发症扶助5人，落实扶助经费1562.938万元。

【健全统筹协调机制】坚持将计划生育工作融入经济和社会发展总体规划，统筹考虑、综合决策、协调推进。根据健康浙江考核要求，加强责任落实，明确各项工作目标、完成时间、责任单位和责任人，把计生专项考核纳入区对乡镇、街道综合考评体系，确保职责履行到位。严格执行“一票否决”制，全年共审核各类先进集体和个人3492例，建议否决9例。加强综合治理，按照“政府主导、部门联动、源头治理、区域协作、预警防控”的工作要求，全力构建综治“防护网”，综合治理领导小组不定期召开专项会议，研究解决难点问题，通过强化普及、联合整治、制度建设多管齐下，落实出生实名登记制度和畅通投诉举报渠道，依法惩治“两非”行为，努力确保吴兴区出生人口性别比控制在正常范围。加强部门协作，畅通与卫生、公安、民政等部门信息共享渠道，以再生育对象为重点全面落实婚育全过程跟踪管理服务，有效防止违规恶性终止妊娠事件

发生。组织专人定期深入基层开展工作督导，通过发现、研究、解决问题这一过程，建立健全落实实名登记、证件查验、按月随访、信息共享、监查通报等制度。

【实施“全面两孩”政策】认真贯彻落实《人口与计划生育法》《浙江省人口与计划生育条例》，制定出台《中共吴兴区委吴兴区人民政府关于实施全面两孩政策改革完善计划生育服务管理的实施意见》，调整吴兴区人口计生领导小组及成员单位，健全“党政领导、部门配合、齐抓共管、综合治理”的保障机制。加强生育政策解读和舆论引导，引导群众按政策、有计划、负责任生育，确保生育假期、社会抚养费征收、生育登记办理、计划生育奖励制度等政策的稳妥衔接和平稳过渡。全面实施生育登记服务制度，实行一次性书面告知和个人承诺制，通过生育登记服务平台有效简化办事程序。全年共办理一孩生育登记1709人，二孩生育登记1404人，再生育审批119人。开展优质服务，依托市、区两级“国免”指导服务机构，为辖区新婚、再生育、新居民提供免费孕前优生健康检查和指导工作，尽可能避免和减少生育高风险及缺陷儿的出生。大力推进母婴设施建设，满足群众对母婴设施的公共服务需求，营造生育友好的社会环境。将公共场所母婴设施建设纳入2018年吴兴区为民办实事项目，确保建设工作落实到位。全区公共场所应建母婴室48家，完成建设42家，母婴设施配置率87.5%。

【深化流动人口管理服务】强化部门协作，联合公安、教育、人力社保、建设交通、新居民等部门开展证件查验、重点对象服务管理工作。落实流动人口生育全过程管理服务制度，完善生孕信息管理和孕情消失倒查机制。按照国家流动人口动态监测工作要求，利用电子辅助调查系统，编制动态监测抽样框、扎实做好入户调查，完成10个样本点200名流动人口和10个社区的问卷调查、质量交叉互审及网上录入工作。将流动人口双向协作工作机制作为抓好流动人口计划生育“一盘棋”工作的重要举措，在全市率先成立流动人口之家，强化源头管理，与安徽、广东、贵州等13省33个县（市）签订双向管理协作书，成立流动人口计生协会38个，有效加强区域间信息互馈、跟踪服务和资源互补。分别与安徽省歙县、潜山县卫计委签订流动人口区域协作协议，明确专人专职为流动人口提供计划生育服务，进一步扩大服务覆盖面，使区域协作迈上新台阶。在重大节假日期间，开展外出育龄妇女信息大排查。全面落实免费健康检查和困难救助等各类优先优惠政策，充分发挥协会联系群众优势，有效提升流动人口融入度和归属感。

【落实人财保障机制】加大财政资金投入。按照科学合理要求对计生工作经费给予政策倾斜，保障经费投入连年增加，全年计生工作经费达2156.21万元。强化执法队伍建设，确保计生执法监督正常有序开展，全区持执法证人员25名，开展计生综合执法监督4次。全力融合卫生计生工作职能，调整完善乡镇街道内设机构，乡镇成立卫生和计划生育办公室，街道成立社会事务管理办公室。全区各乡镇（街道）共配备计生行政管理人员70名，其中公务员27名。加快推进村卫生计生室标准化建设，全区所有村级服务站均完成卫生计生资源整合，达到标准化建设要求。健全村级计划生育领导组织，卫生计生工作人员落实到位，全区163个村、82个社区共配备计生服务员257人，其中2000人以上村（社区）共111个，均已配备2名及以上计生服务员，村级计生服务员年报酬均达村支部书记（村委主任）报酬的80%以上，并全部缴纳养老保险，确保“人员、报酬、职责”三到位。大幅提升计生队伍业务能力，举办乡镇（街道）、村（社区）计生工作人员业务知识和素质能力提升培训3期。

【整合优化卫计资源】全面深化国家免费孕前优生健康检查项目工作，由市妇保院、区人民医院共同承担辖区新婚、再生育夫妇孕前优生健康检查和指导工作，通过分类检查、细化项目、规范评估随访等，极大地提高优生优孕服务质量。分级分类做好婚、孕、育等全方位计生随访工作，将“国免”项目与“三优”促进有机结合，引导群众树立科学育儿意识，进一步增强预防出生缺陷能力，营造全社会科学育儿的良好氛围，全区乡镇卫生院已实现“三优服务指导中心”全覆盖，其中省级示范点2个。充分发挥计生网络优势、卫生技术服务和阵地优势，开展孕前高风险对象管理服务，举办各类三优培训和亲子活动，进企入户发放计生宣传资料，举办各类知识讲座和提供生殖健康服务，实现资源共享、优势互补、依托社区、服务于民。

【完善计生特殊家庭保障制度】加大计划生育优先优惠政策执行力度，全面落实法律法规规定的计划生育奖励优惠政策和区计生公益金制度规定的各项奖励救助政策。全区共落实奖励扶助、特别扶助、独生子女父母奖励费发放、残疾计生家庭大学救助、低保计生家庭救助、困难计生家庭救助、手术并发症对象救助等各项优先优惠政策救助金共计 1674.538 万元。积极开展计生特殊家庭联系人制度及责任医生签约服务，明确帮扶联系人和责任医生。继续实行“政府购买服务”模式，依托南太湖和幸福之家居家养老中心服务平台，以“五定”（定服务对象、服务项目、服务时间、服务地点、服务人员）方式，为计划生育特殊家庭老人提供生活照料、医疗护理、精神慰藉、特定个性化等服务，全年为计生特殊家庭提供居家养老服务 21903 小时 16360 人次，支付服务经费 37.476 万元。深化“专业 + 志愿”服务活动，通过“失独少孤独”活动、集体生日会等形式经常性为计生特殊家庭提关爱服务，全年开展各类活动 20 余场。区计生协会还为计生特殊家庭购买关爱保险，进一步缓解计生特殊家庭后顾之忧。

（顾国英）

·体　育·

【概况】吴兴区组委会、湖州市新风小学教育集团荣立“湖州市承办浙江省第十六届运动会集体三等功”；获评“湖州市承办浙江省第十六届运动会”个人二等功 1 名、三等功 4 名、嘉奖 7 名；吴兴区文体局获评“2018 年度浙江省体育宣传工作贡献奖”；成功争创为全国 7 家、全省唯一的首批“全国智慧社区健身中心建设试点”。

【体育节会】先后承办“2018 年浙江省青少年篮球男子乙组、女子乙组锦标赛”“2018 年浙江省青少年武术散打锦标赛”“2018 年浙江省青少年阳光体育快乐羽毛球比赛”和“浙江省第十六届运动会”女子篮球甲组、女子篮球乙组、羽毛球、武术散打、空手道、男子足球乙组比赛；组织首个火种采集仪式、火炬传递活动并成为县区样板；夺得金牌 36 枚（据不完全统计），取得建区以来的最好成绩。精心举办吴兴区第四届运动会，共有 96 个代表团参赛，参赛运动员近万人，创吴兴建区以来办赛参赛规模的新高。引导扶持行政村、社区举办具有地方特色的村级（社区）运动会，实现举办运动会全覆盖。举办 2018 全国新年登高健身大会湖州（吴兴）分会、“一带一路”中国吴兴与发展中国家乒乓球国际交流赛、浙江省健美健身锦标赛暨长三角健美健身邀请赛、浙江省第四届国际大力士挑战赛、烂漫春季吴兴妙西越野比赛、2018 浙北地区第四届青少年跆拳道邀请赛、吴兴区第三届武林大会暨 2018 社会体育公益培训成果展等，协办“第九届环太湖国际公路自行车赛”等。

【全民健身】实地指导扎实推进 2018 年民生实事项目工程建设，建成省市中心村全民健身广场 6 个、拆装式游泳池 3 个、笼式足球场 3 个、多功能运动场 3 个、小康体育村升级工程 20 个。成功争创为全国 7 家、全省唯一的“全国首批智慧社区健身中心建设试点”；加强“吴兴之星”“悦动吴兴”体育品牌建设，倡导“快乐体育、愉悦健身”；认真开展社会体育指导员的培训、考核、评审和管理工作，共培训社会体育指导员 300 名，举办科学健身讲座 35 期。在全区乡镇街道，组织开展“全民健身与省运同行”2018 年公益大培训活动 15 项，培训城乡群众 2 万余人。推进全民健身志愿服务队伍建设，广泛宣传普及科学健身知识，提高城乡居民体育健身科学素养，组织开展 2018 健康浙江国民体质监测活动。

【体育产业】协助区城投集团提前完成对吴兴区文体中心体育馆的建设和改造，投入使用。通过政府购买服务，委托第三方对全区室外公益性健身设施进行维护管理，确保设施安全、正常使用。争取到的 2018 年度中央集中彩票公益金转移支付补助资金、2018 年度浙江省扶持体育发展专项资金、2018 年度体育工作市级转移支付资金，均位列全市县区第一。承办省运赛事做到安全和圆满兼备；举办区运盛事做到规模和水平共进；全民健身资源做到整合和创新互促。

（区文体局供稿）

·广 电·

【概况】湖州广播电视总台吴兴广播电视中心属湖州广播电视总台派出机构。吴兴广电中心主要承担新闻宣传和综合管理两大职能，原事业（网络）建设管理职能划归到总台网络传输中心。吴兴广电中心开办电视《吴兴新闻》栏目、电视党建专栏《红扬吴兴》和“村村响”对农广播节目。《吴兴新闻》每周一至周五在湖州新起点频道播出（次日中午重播），时长10分钟；电视合作专栏《红扬吴兴》每周六19：30在新起点频道播出，每月播出4档（重播2档），每档时长10分钟；“村村响”对农广播设有《吴兴新闻》《王金法广播》《乡村风景线》《百姓生活》《文艺万花筒》等五档节目，每天分早中晚3次播出，每天播出总时长为6.5小时，自办节目时间为150分钟。

【新闻宣传】2018年以来，吴兴广电紧紧围绕中心工作，服务经济社会发展大局，较好地完成了区委、区政府及集团（总台）所赋予的各项任务和各项工作。截至12月底，共安全编播电视、广播《吴兴新闻》各257期，对农广播《乡村风景线》102期，《王金法广播》105期，《百姓生活》155期，《文艺万花筒》365期；截至12月底，共有145篇外宣稿件获央视央广、省级媒体平台录用。其中，广播包括3篇中国之声的《报纸与新闻摘要》和国广专题1篇，电视包括5篇央视《新闻联播》和专题5篇（含《焦点访谈》1篇）。开展社会公益活动3次。

策划先行强阵地。充分利用《吴兴新闻》、“村村响”对农广播等宣传主渠道和广电传播特点，围绕吴兴区开展的“争当排头兵、实干大比拼”“八大行动”“最多跑一次改革”等重大主题活动，精心策划推出“四新”主题实践、“靠前站、马上办、讲实效”“八八战略15周年”“改革进行时”“争当排头兵·实干大比拼一把手系列访谈”以及“高新区战区日志”等各类重大主题宣传系列专栏10多个，充分发挥主流媒体舆论主阵地的作用，着力体现吴兴元素和吴兴特色亮点。

主题报道强合力。中心统筹部署、全员参与、团结协作，全力以赴做好贯彻中共十九大精神、庆祝改革开放40周年、八八战略15周年等重大主题宣传报道，全方位聚焦“全面深化改革”“最多跑一次”“一带一路”等经济工作，大力宣传吴兴区扎实推进“六重”工作的具体实践，努力营造浓厚发展氛围。共推出主题新闻报道共计300多篇。尤其是5月推出的“争当排头兵·实干大比拼 一把手系列访谈”共播出20余篇，每季度推出的“道德光芒 榜样力量”吴兴好人系列报道共播出30余篇，做到立意新颖、主题突出，主动延长新闻节目时长，并与“爱上吴兴”等新媒体互动，取得了良好的融合传播效果。全区两会期间累计加档加时播出超30分钟，播出两会报道30余篇。

热点引导强氛围。年初面对十年一遇的雨雪冰冻天气，早预告、早部署、全程参与抗击冰雪报道，开设《应对冰雪，我们在行动》专栏，增设《抗击冰雪人物特写》等子专栏，积极联动“爱湖州”新媒体客户端，共播出《新闻特写：风雪中，你们是最美风景》等稿件20余篇，全景展示吴兴区抗击冰冻雨雪灾害天气各项工作。积极参与“双禁”工作宣传报道，安排人员值班值守，全景展现全区参与“双禁”工作的方方面面，共播出《吴兴区强化重要节点“双禁”夜巡力量保平安》等新闻20余条。积极做好摩托车“禁行”宣传，严把报道关，时刻关注舆情，播出《实施摩托车区域禁行 倡导居民绿色生活方式》等相关宣传报道20余篇，为各类工作顺利开展营造良好的舆论氛围。

对外宣传优形象。吴兴广电中心积极创新，通过外宣特别行动小组、主动对接职能及兄弟部门，努力压实细化外宣任务。截至12月底，在省级以上媒体播出145篇。其中，中心记者全程参与的《壮阔东方潮 奋进新时代——庆祝改革开放四十周年》聚焦织里的报道在中央《新闻联播》《焦点访谈》《浙江新闻联播》等省级媒体陆续播出，引起社会广泛关注。3月25日在浙江卫视《时代先锋》播出的《湖州吴兴区：争当排头兵 实干大比拼》《书记说：专访吴兴区委书记吴智勇》展示吴兴党建工作的新形象。向总台新闻频道《湖州新闻联播》报送精心采制、富有特色的各类新闻稿件近200多条。

媒体融合扩影响。不断强化媒体融合思维，通过“吴兴广电”新浪官方微博，及时传递吴兴新闻动态，2018年上榜第一季度“全国十大广电新闻出版微博”。中心所有记者加入总台全媒体集散中心（中央厨房），将有价值的报道推送到“爱湖州”及广播频率。自7月加入全媒体平台以来，截至12月底，累计向“爱湖州”、广播等平台推送稿件90余篇，广播连线15次。

树立“媒体＋活动”的理念，积极开展面向基层的公益活动，分别开展了“6•5”世界环境日宣传暨浙江省环境保护公益巡演晚会、实践基地结对村（“局长驻村工作室”助推乡村振兴）“新闻扶贫”及“吴兴区网络创意作品大赛”共3项公益活动，受到基层部门和群众的好评。

【设施建设】 区广电中心继续扎实做好各项技术保障、设备更新以及采编人员的培训工作，确保中心广播电视采编播安全有序。

注重设备提升。为更好适应区委、区政府对广播电视新闻宣传要求，区广电中心及时做好设备更新升级工作。市总台技术人员多次来广电中心进行调研指导，对采编播设备、演播室灯光等运转状况进行全面检查测试。同时增配一台高清摄像机为中心新闻节目提质提供设备保障。

加强日常维护。积极做好常规性维护保养与检修，技术人员经常性开展设备维护工作，确保机器设备运转正常。专门对全区“村村响”对农广播进行集中巡查；对节目采编、制作、传输、播出的各个环节端口进行梳理排查，做到安全播出规范有序。制定完善相关安全播出管理制度，使规章上墙，做到职责明确、责任到人，尤其加强播出机房的值班值守，确保广播电视安全播出。

强化专项保障。突出做好重大会议活动和突发事件宣传的专项保障，特别在市、区两会全国农村综合开发工作会议等重大活动举办期间，中心技术人员专门对采编播设备提前进行维护检修，排除故障隐患，为圆满完成重要会议、重大活动和重大突发事件的宣传报道提供有力支持。

【队伍建设】 吴兴广电中心坚持落实长效学习制度，通过持之以恒深入开展“两学一做”学习教育，并结合全市“四新”主题实践、区“争当排头兵　实干大比拼”、文明创建等重点，以中心党支部为基本单位，以“三会一课”、党员固定学习日、每周业务学习会和月度工作例会为载体开展学习讨论，抓深抓细党员日常教育管理制度。2018年以来，中心全体党员干部认真学习了中共十九大会议精神、习近平总书记系列重要讲话精神、省、市、区党代会精神以及《2018年集团（总台）机关党建工作要点》等，同时结合观看各类政教片，真正把党的思想政治建设抓在日常、严在经常、讲在平常。

2018年，由于新闻部主任被抽调总台办公室，一名责任编辑援疆，骨干记者因伤病等特殊原因请假，针对中心员工队伍发生较大变化，人手更加紧张的现状，党支部本着内部挖掘潜力、自我加压的原则，中层以上党员干部带头示范、身体力行，充分激发团队的工作效能。在人手减少、任务加重的情况下，依然保持了团队的平稳、高效运行。在全国文明城市创建工作中受到区委、区政府“集体嘉奖”、个人嘉奖一名（2018年2月）；涌现出吴兴区“争当排头兵　实干大比拼”工作先进个人（吴建华）和吴兴区烟花爆竹“双禁”工作个人嘉奖（叶金）各一名。

（卢小媛）

第十九篇　社会·民生

·劳动和社会保障·

【概况】运用全民参保登记成果，开展社保精准扩面，深入贯彻实施城乡居民基本养老保险制度。深化“最多跑一次”改革，优化流程“一窗受理”，依托基层平台下延事项“一城通办”。实施“政银合作”服务创新，加强社保基金使用自查自纠，社保基金阳光运行，着力打造“阳光社保、规范社保、智慧社保”。全面贯彻实施全市统一的城乡居民基本医疗保险制度，全区基本医疗保险户籍人员参保人数62.71万人（城乡居民基本医疗保险参保31.2万人），基本医疗保险参保率达99.77%；进一步深化医保支付方式改革，将总额预算管理对象扩面至二级医疗机构和规模以上民营医院，并在两家市级医疗机构实施按病种付费试点，进一步规范定点医疗机构服务行为，控制医疗费用不合理增长，保障参保人利益。深化“促进充分就业 保障企业用工”三年行动计划，开拓线上就业招聘模式，成立吴兴人力资源（人才）市场，全区全年共提供用工岗位2.3万余个，开展岗位保障就业、政策扶持就业、培训促进就业、创业带动就业，深化实名制援助。成立扶贫攻坚工作领导小组，落实就业扶贫政策，开展“两节”慰问。全区实现新增城镇就业29653人，城镇登记失业率为2.38%。按内控专项监督检查要求定期开展各类业务稽核，追回全部金额119474.8元。强化矛盾隐患排查，打击恶意欠薪，加强基层劳动监察执法和劳动纠纷调处队伍建设，劳动仲裁织里派出庭实现实体化运作，建立依法处置欠薪案件联动机制，推进欠薪案件的高效处置，扎实推进企业“双爱”（企业关爱职工、职工关爱企业）活动，规范企业劳动用工。会同区公安、市场监管等部门开展清理整顿人力资源市场秩序暨整顿劳务外包承揽秩序专项行动，设立区劳动维权一站式服务窗口。

（区人力社保局供稿）

【公共就业服务】继续深化“促进充分就业 保障企业用工”三年行动计划，排定16个重点工作进行项目化管理，创建“互联网+”模式，开设华数直播专栏（7频道和500频道），开拓线上就业招聘模式。通过市场化运作，成立吴兴人力资源（人才）市场，每月“固定招聘日”举办特色招聘活动，全区全年共举办各类招聘会29场，共提供用工岗位2.3万余个。以就业困难人员、城镇失业人员、退役军人、青川建档立卡人员为重点，开展岗位保障就业、政策扶持就业、培训促进就业、创业带动就业，深化实名制援助，全年共发放灵活就业困难人员社保补贴525万余元，企业稳岗补贴1175万余元。成立扶贫攻坚工作领导小组，制定《吴兴区人力社保局关于对口支援青川县人才智力就业扶贫协作工程实施方案》，落实就业扶贫政策。开展“两节”慰问，落实发放市财政补助22.44万元，区财政补助0.48万元。全年，全区实现新增城镇就业29653人，城镇失业人员实现再就业7954人，困难人员就业人数1651人，城镇登记失业率为2.38%，“零就业”家庭保持动态归零。

（施伟康）

【社保体系】精准扩面，推进参保全覆盖。深入开展社保政策进农村、进社区、进企业，送政策、送服务、送温暖“三进三送”宣传服务，依托“吴兴人社”公众号，开设《社保政策大讲堂》专栏，扩大社保政策覆盖面，提升群众知晓率。运用全民参保登记成果，实施社保精准扩面，全区法定人员基本养老保险参保率达 93.92%；蹄急步稳，强化民生保障。采取“早打算、早部署、早行动”工作方法，根据上级调整退休人员基本养老金文件精神，完成 6.19 万人城乡居民基本养老保险待遇享受人员基础养老金调标工作，每月增发待遇约 185.7 万元；加强工作调度、数据核对，及时做好机关保人员的待遇调整，共完成全区机关事业单位待遇享受人员调待 3474 人（含待遇暂停人员），补发待遇 618.39 万元。创新服务，深化“最多跑一次”改革。在全市人社系统率先实行“无差别受理”，4 个窗口受理所有最多跑一次事项，1 个窗口受理所有“同城通办”事项，统一收件出件，实现“一次办结”；出台《政银合作实施方案》，与吴兴农商银行签订合作协议，实施系统联网改造，梳理延伸银行服务网点办理的社保高频民生事项，开展“政银合作”专项业务交流培训，打造“社保服务分中心”，实现社保民生事项“就近办”。健全内控制度，规范经办流程。按内控专项监督检查要求定期开展各类业务稽核，按月抽查（城乡居民基本养老、机关事业养老）20% 业务办件，全年共稽核 951 件业务并出具稽核报告，发现问题及时整改；核查重复领取待遇疑点信息和疑似死亡人员继续领取社会保险待遇疑点信息。经核查确认 302 人领取重复待遇，已追回待遇 211 人，追回全部金额 119474.8 元；协助其他地市核查参保人员 15 人。每月通过民政上报的死亡人员名单与城乡居民基本养老保险系统参保人员进行比对，及时处理参保情况，确保社保基金安全。

（徐婷婷）

【劳动关系】全区累计受理劳动违法投诉举报案件 703 件，涉及人数 2226 人，金额 1773.34 万元，其中立案案件 11 件，办结案件 11 件，涉及人员 93 人，金额 149.99 万元，案件办结率 100%；行政处罚案件 6 件，罚款金额 3.5 万元；受理信访件 28 件，阳光热线交办单 38 件；全区各类劳动争议 1726 件，涉及人数 3194 人，涉案金额 2245.96 万元，其中区劳动人事争议仲裁委受理劳动人事争议案件 277 件，结案 277 件，结案率 100%。其中调解案件 253 件，调解率 91.34%；受理案件涉案经济标的 801.35 万元。全年经区劳动保障监察大队向公安机关移送涉嫌拒不支付劳动报酬罪案件 3 件。区劳动保障监察大队对 3122 家用人单位进行劳动保障书面审查。区劳动人事争议仲裁院指导 380 家规模以上企业建立劳动争议调解组织，建成率达 100%。会同区公安、市场监管等部门开展清理整顿人力资源市场秩序暨整顿劳务外包承揽秩序专项行动，出动执法人员 76 人次，检查用人单位 283 家。发现用工不规范的企业 4 家，责令限期改正，依法取缔织里镇马路中介市场；设立区劳动维权一站式服务窗口，实行劳动违法、劳动纠纷案件统一受理、分类处理的运用机制。

（林永吉　沈少卿）

•人事人才•

【概况】全区共自主培育省“海外工程师”8 名，入选“南太湖精英计划”项目 54 个，其中领军型创业团队 32 个、领军型创新团队 4 个、创新长短期人才 16 名、院士专家工作站 2 个，新增国家级博士后工作站 1 家、省级博士后工作站 2 家、省级重点企业研究院 1 家、省级院士专家工作站 2 家、省级企业技术中心 4 家、省级技能大师工作室 2 家，全年开展高校就业洽谈“双选”活动 102 场，招引大学生及其他各类人才 17105 人，急需紧缺人才 3575 人，湖州籍人才 8275 人，培训高技能人才 3147 人，培训企业经营管理人才 2837 人，为推动吴兴赶超发展提供良好的人才保障。区委严格执行《党政领导干部选拔任用条例》，深入推进干部人事制度改革，注重树优导向、规范操作流程，全力打造“吴兴铁军”，切实提高选人用人公信度和满意度。研究讨论干部 159 人次，其中提拔任用 34 人次，调整和交流轮岗 125 人次，退出领导岗位 12 人。

（周斌　吴昊）

【人才队伍建设】升级人才新政，制定落实《吴兴区高质量优化人才创业环境　高水平提升区域创新能力若干意见》，全链条增强引人育人用人留人的政策吸引力。强化力量保障，调整区委人才工作领导小组，由区委、区政府主要领导亲自担任组长和第一副组长，成员单位扩充为 31 个，进一步强化工作合力。优化考核设置，制定

落实《2018年全区人才工作要点》《2018年度区级有关部门人才工作目标责任制考核内容及指标》，明确目标任务，突出工作重点，建立月度例会、季度通报制度，确保人才工作常态化推进。成功举办“海外院士专家吴兴行”系列活动，邀请英国皇家科学院、南非科学院等国际知名科研机构的16名海外院士与区内重点企业深入对接洽谈，6名建立合作关系。全年入选省“海外工程师”8名、151第二层次以上人才1名、市“南太湖精英计划”项目54个。推动“南太湖精英计划”企业挂牌“国际人才创新板”8家，新增“南太湖精英计划”创业企业省级工业新产品18项。发动企业开展国家标准制修订及申报省科技奖，完成为主制修订国家标准1项，参与制修订国家标准3项，为主获得省科技奖二等奖1项，三等奖2项，参与获得省科技奖二等奖1项，三等奖2项。指导高新技术企业申报专利，提高企业技术研发能力，全区专利总申请数6533件，其中发明专利申请3134件，每万人专利拥有量达到34件左右。面向浙江大学、中国人民大学等十所“985”工程院校定向选调优秀应届毕业生。

（周 斌）

【人事制度改革】 立足吴兴经济社会发展新阶段，着眼领导班子和干部队伍新情况，打好“上下管育爱”组合拳，打造忠诚、干净、担当的干部队伍。坚持政治首要标准，探索建立干部政治素质考核考察体系，制定落实《关于考准考实领导干部政治表现的实施办法（试行）》，考准考实干部政治表现。树优实绩根本导向，突出人岗相适要求，全面实行科级领导干部岗位胜任度评议，开展分类评议和正反向提名，着力选拔任用作风过硬、实绩突出、群众公认的干部，全年共研究讨论干部8批159人次，其中提拔任用34人次，有15名干部因参与城中村改造、治水剿劣等集中攻坚且表现突出获得提拔重用，占比51.7%。稳妥推进街道管理体制改革，完成中心城区6个街道班子架构调整，新组建湖东街道领导班子，推动城市区域社会治理更加完善。开展干部培养锻炼工程，建立包括新提任领导干部、优秀年轻干部、新招录干部在内的479名“三类”干部库，有序选派到基层一线、吃劲岗位脱产锻炼一年，三年内实现全覆盖，已选派131名干部参与区“项目双进”、“美丽吴兴提升行动”、生活垃圾分类等中心工作攻坚。丰富干部培养渠道，积极办好各类干部教育主体班次5期，培训干部617人次，精心选派12名干部赴国家部委、省、市部门和上海等先进地区挂职锻炼，2名领导干部和12名专业技术人才赴四川省青川县开展对口支援工作，开展“88”后优秀年轻干部专题调研，切实提高干部理论素养，开阔思维视野，提升实践能力。搭建“吴兴区科级领导干部监督信息系统”，实现领导干部各类监督信息管理、查询、统计、分析的“一体化”，进一步拓展监督信息利用维度。创新“1+1+N”（1份细化规程、1张全链流程图、N份配套表格文书）的中层干部选拔任用工作体系，开展全区各单位机构编制与中层干部选拔任用工作专项督查，全年对11个单位81名中层干部任免进行预审。扎实开展领导干部兼职专项督查，共清理违规兼职296人次，清退违规取酬118.73万元。全面做好“凡提四必”“四责联审”（重大决策责任审核、选人用人责任审查、任期经济责任审计、自然资源资产管理责任审计）、领导干部因私出国（境）审批、个人有关事项报告、信访核查等工作，确保监督到点到人到位。

（吴 昊）

·机构编制·

【概况】 区机构编制委员会办公室是区机构编制委员会的常设办事机构，在区机构编制委员会的领导下负责全区行政管理体制和机构改革以及机构编制的日常管理工作，于2015年1月单独设置并运行。区编委办设有综合科、机构编制科（行政管理体制改革科）、监督检查科和事业单位登记管理局、机构编制信息服务中心两家下属事业单位，人员编制共10名。

【行政管理体制改革】 一是积极助推东部新城管理体制改革。结合湖东街道建设发展实际，科学合理确定街道党政机关主要职责、内设机构设置和事业单位，按照湖东街道职能定位和管理服务范围、规模，采取“严控总量、内部调剂”的方式，核定适量编制和编外名额，有效保障了正常运行。二是持续深化“最多跑一次”改革。

对照省“八统一”指导事项目录，全区26个区级部门共梳理出群众和企业到政府办事事项497项，除1项为法律法规对办事程序有特别规定的事项外，所有办事事项均已实现“最多跑一次”，其中“零上门”事项251项，“零上门”比例达到50.50%。按照“减事项、减次数、减材料、减时间”的要求，及时梳理公布民生“一证通办”和“一件事情”等三张事项清单，方便群众和企业办事，全区共梳理出“一件事情”50项，共有136项民生事项实现了“一证通办”，民生事项“一证通办”率达到69.39%。研究制定《吴兴区2018年“最多跑一次”改革向基层延伸打造15分政务服务圈工作方案》，聚焦高频事项，重点突出社保医保、民政优抚、商事登记等领域，向乡镇街道延伸办事事项144项，向村社区延伸办事事项43项，其中织里镇承接区级部门延伸办事事项360项，做到群众办事“大事不出乡镇街道、小事不出村社区”。三是不断深化“基层治理四平台”建设（为让更多资源向乡镇倾斜，使职权、力量等围着问题转、贴牢一线干，对乡镇（街道）和部门派驻机构承担的职能相近、职责交叉和协作密切的日常管理服务事务进行整合，形成综治工作、市场监管、综合执法、便民服务4个功能性工作平台）。制定下发《吴兴区2018年深化“基层治理四平台”建设工作方案》，对2018年“基层治理四平台”建设的总体目标、重点工作、时间安排、职责分工等事项予以明确。持续深化“四大基石”（综合指挥、属地管理、全科网格、运行机制），完善全科网格组织架构，全区合理划分46个管理片区、538个全科网格，招录330名专职网格员，开展网格内全覆盖巡查。加大派驻机构人员下沉力度，综合执法、市场监管、司法等部门共下派人员262人，困扰基层多年的“看得见管不着、管得着看不见”问题得到有效解决。完善派驻机构属地管理相关政策，梳理出派驻机构工作任务清单50条，为派驻机构履职提供有效参考。健全完善联合执法、工作会商等工作机制，突出乡镇街道综合信息指挥室“大脑中枢”作用，整合综合执法、市场监管、安监、公安等力量，实行联勤联动，开展联合执法。积极打造特色亮点，坚持党建引领，打破党员组织关系和服务区域的局限，在中心城区54个社区中，全面推行“大党委”制，充分吸收市、区两级部门单位和党组织、社会资源参与社区共建共治，吸纳95名来自共建理事单位有关负责人兼任社区党组织委员，共建单位充分发挥自身优势，服务社区居民，推进城市管理。

【机构编制管理】 一是从严实施用编申报审批管理。严格实施年初一次性用编计划申请审批制度，年初全区机关事业单位提出各类编制用编申请383名（含68名公务员及参公招考名额），按照急需必须、从严审批原则，核减用编审批20名。在批准的363名用编中，事业编制271名，其中教育和卫生系统第一轮用编208名，占76.75%。二是严格开展机构编制监督核查。紧扣“快、准、全、严、勤、合”六字新要求，坚持问题导向，根据省编办《关于梳理完善机构编制违纪违规问题清单工作的通知》文件精神，对各单位机构设置、人员编制、领导职数等内容开展机构编制专项督查。深化完善全区机构编制违纪违规问题清单，对应制定完善整改方案，明确整改措施、整改期限、责任单位等，定期开展“回头看”。同时，加强与组织、纪检、审计、法制等部门协调联动，2018年共抽取2个镇、2个街道开展“四责联审”。三是深化完善机构编制实名制管理。根据省编办《关于开展全省机构编制实名制数据信息专项核查的通知》文件精神，对实名制系统中机构设置、领导职数、实有人数、基本信息等数据的规范性及准确性进行自查。根据通过采取两两互查的方式，交互审核，按时完成对长兴县数据核查的情况报告。四是不断规范编外用工管理。制定印发《关于进一步加强机关事业单位编外用工规范管理的若干规定的通知》，从科学设置职责岗位、严格执行总量控制、严格执行审核审批、严格规范管理考核等八方面对规范全区编外用工管理提出明确要求，根据部门职责及工作实际，对区级部门编外用工控制数进行调整完善，下发《关于明确编外用工控制数的通知》，要求各单位对编外用工信息实时更新，动态管理。五是不断探索创新用工管理机制。探索试行政府雇员制度，印发《吴兴区政府雇员管理办法（试行）》，对政府雇员的定义、岗位和数量设置、雇用程序、薪酬和社会保障等方面进行探索规范，创新用人制度，加大专业人才引进力度，提高政府工作效能。规范区属国有企业机构编制管理，制定《关于加强和规范区属

国有企业机构编制和人力资源管理的意见》并配套出台《区属国有企业劳动用工管理试行办法》，对国有企业机构设置、员工编制和人力资源管理进行明确规范，提升国有企业管理的科学性和规范性。六是加强机关群团事业单位注册登记管理。按照《事业单位登记管理暂行条例实施细则》有关要求，对全区293家登记注册的事业单位进行2017年度报告，并按规定将292家事业单位相关事项在互联网进行公示。加强登记管理系统日常维护和管理，全年为9家机关群团和83家事业单位办理变更登记，注销5家事业单位，新设立24家事业单位。开展事业单位统一登记，根据《湖州市各类事业单位统一登记管理试点工作实施方案》等相关要求，对已进行注册登记的民办事业单位湖州交通医院进行报备员额申报管理，并按要求在该院建立法人治理结构。加强政务公益中文域名管理，根据机关群团统一赋码和事业单位年度报告情况，对全区已注册中文域名的党政机关、事业单位进行梳理比对，中文域名注册实现动态管理。2018年注销中文域名13个，新注册中文域名15个，完成354个中文域名的续费工作。

【权力清单】建立健全权力清单、责任清单、公共服务事项清单动态调整机制，不断完善“三张清单”。以省“八统一”事项指导目录为基础，对权力清单、公共服务事项清单中办事事项的基本信息、环节流程、岗位人员信息等内容及时调整更新。结合“减事项、减次数、减材料、减时间”工作要求，对没有法律法规依据的权力事项予以取消。督促各乡镇街道、区级相关部门调整完善本年度重点工作目标及部门职责，并按照“双随机、一公开”（在监管过程中随机抽取检查对象，随机选派执法检查人员，抽查情况及查处结果及时向社会公开）的要求，细化事中事后监管制度，强化源头控制，规范履职行为。高新区、13家乡镇街道、25家区级部门单位2018年度工作目标全部按时更新到位，履职重点更加突出。

（卜淑怡）

·社会救助·

【基本医疗保障】根据《湖州市人民政府关于建立全市统一的城乡居民基本医疗保险制度的意见》《湖州市人力资源和社会保障局等四部门关于贯彻落实慢性病门诊医保政策有关事项的通知》和《湖州市人力资源和社会保障局等四部门关于进一步完善大病保险政策的通知》文件精神，贯彻落实城乡居民基本医疗保险政策和大病保险政策。下发《吴兴区人力资源和社会保障局关于开展医疗保险定点医疗机构专项检查的通知》进一步科学、合理使用医疗保险基金，提高基本医疗保险基金使用效率，保障参保人员基本医疗需求。全年基金支出34690.95万元，其中住院4.66万人次，支出22280.93万元；门诊大病5.58万人次，支出2160.63万元；门诊290.46万人次，支出7790.37万元；大病保险1.27万人次，支出1277.41万元；体检经费支出763.28万元；家庭医生签约费支出417.27万元。

（区人力社保局供稿）

【医疗救助】开展特困供养人员、低保户、低保边缘户的医疗救助即时结报工作，全年共救助49315人次、1369.67万元。开展因病致贫对象大病救助，救助53人、65.6841万元。

（王晓芳）

【危房改造】全年采取多种模式完成980户农村自住C级危房的治理改造，任务完成率100%，其中腾空防控370户、修缮加固341户、拆除269户。

（李梓化）

【救灾减灾】结合“5•12”防灾减灾日”活动，围绕“行动起来，减轻身边的灾害风险”的主题，组织开展形式多样的宣传活动。区、乡镇（街道）、村（社区）三级应急预案体系逐步完善，避灾场所规范化建设与管理得到有力推进，开展综合减灾示范社区创建工作，飞英街道墙壕里社区、朝阳街道定安社区被评为国家级减灾示范社区，龙泉街道赞成学士府社区、爱山街道安定书院社区被评为省级减灾示范社区。

【扶贫济困】 落实困境儿童基本生活保障

制度，377名困境儿童纳入保障范围，累计发放补助188.64万元。元旦、春节期间，走访慰问各类困难家庭及其他特定对象2386人、慰问部队18家、慰问敬老院（托老所）14家、慰问困难社区6个，发放慰问金和慰问品价值320.31万元。

【救助管理】 继续深化完善以最低生活保障为基础、医疗救助、临时救助等各类专项救助为补充的社会救助体系。利用省、市核对平台，加大新申请低保对象和原在册低保家庭的收入核查力度，积极开展精准化救助，共核对家庭17696户、33486人，有效保障救助的公平、公正。

（王晓芳）

•社会福利•

【福利机构建设】基本构建区、乡镇（街道）、村（社区）三级养老服务网络体系，率先建立区养老服务指导中心和6个乡镇（街道）养老服务中心。认真抓好养老福利机构建设，全区有各类养老机构16家，总床位数4733张，比上年增加410张。发挥养老服务指导中心作用，开展专业知识和岗位技能培训工作。区社会福利中心正式投入使用。开展养老机构管理规范化建设，在全区养老机构规范化建设培训班上，消防部门进行了消防知识培训。全区8家乡镇敬老院全部完成向综合性福利中心转型，实现由单一供养型向综合性农村福利转型任务。农村“五保”户集中供养水平持续提高，全区集中供养率保持在98%以上，农村五保户供养标准达到上年度农民人均纯收入60%以上，人均供养标准达15084元。

【福利彩票发行】 吴兴区福利彩票销售管理中心（中福在线）秉承“扶老、助残、救孤、济困”的发行宗旨，在确保安全、稳定、和谐有序的前提下，多渠道弘扬公益理念，狠抓规范化管理。全区福利彩票完成销量5337.84万元，销售厅在18年获全省“三星级销售厅”称号。吴兴区“福彩暖万家”公益活动共救助困难儿童、困难大学生、困难老人、困难环卫工及困难外来务工人员220人，共发放慰问金54.8万元。

【慈善事业】 把加大募捐力度，增强慈善资金实力作为工作重点，各项工作取得新的进展。抓好以收缴“慈善一日捐”“冠名基金”“定向基金”“村（社）帮扶基金”为重点的资金募集工作，全年各项善款资金收入达到2253.53万元。全区累计冠名企业57家，每年协议捐赠400万元左右，成为慈善资金稳定增长的主要来源。积极开展“助学、助困、助医、助残、助老”等各种慈善救助和资助公益建设活动，全年使用善款1699.77万元，救助困难群众近5400余人次。

（张志萍　曹剑辉）

•社区与社会组织管理•

【城乡社区建设】 拓展街道服务新空间。在中心城区打造建设10个面积不少于800和500平方米，集党建便民服务、社会组织培育、协商议事、社会工作、文体活动、邻里食堂于一体的各具特色的“幸福邻里中心”。新建月河街道、爱山街道、碧浪湖社区、都市家园社区、龙庭社区、余家漾社区、吉山四社区、市陌河社区、白鱼潭社区、幸福邻里中心和蜀山社区幸福邻里中心10家幸福邻里中心建设任务。实施社工人才领军计划，新增初级以上社会工作师157人。

【基层民主政治建设】 继续推进村（社区）事务“准入制”，健全村（社区）事务准入、退出机制；进一步规范村（居）务公开，强化村（居）监督，推进“阳光村（居）务”，定期发布阳光村（居）务指数，深化“一则三清单”村务监督模式。积极探索“阳光村务指数”和“村级红黄蓝动态监测”，促进村务的多方位公开、多方位评测、多方位监督。

【社会组织管理】 社会组织队伍不断壮大，全区新登记社会组织39家，扎实推进社会组织规范化建设评估工作，社会组织监管不断加强，评估AAAAA级3家，AAAA级4家，AAA级8家，总体参评率达到96.10%。全区社会组织367家，进行年检295家，开展社会组织党建工作，建立党组织的社会组织56个（党委4个、党总支2个、党支部50个）。

（俞丽颖　周沈洁）

·“双拥”优抚安置·

【“双拥”工作】加强基层双拥规范化建设，参照《湖州市双拥模范单位考核细则》，对各基层推荐上报单位进行考核和检查。圆满完成春节、“八一”双拥慰问任务，区领导带队走访慰问驻吴部队和优抚对象。积极主动为部队办实事解难题。“三百两千”军民共建活动深入推进，“百连结对百村，携手共建新农村”活动不断巩固。组织开展“村庄环境整治”“军民助困改危房”等活动。“百家民企进军营”活动不断拓展，共有21家民营企业与部队结对送技术、送慰问、送关怀和送文化等到军营，服务和支持部队建设。

【优待抚恤】各项优抚政策得到妥善落实。做好优抚自然增长机制提标和发放，全年发放抚恤补助金1354万元，义务兵优待金976.8万元，医疗补助资金77.6万元。对1658名60周岁以上农村籍退役士兵发放老年生活补助342.1万元。认真做好优抚政策宣传、解答，全年接待各类优抚对象到访和政策咨询300余人次，处理信访事项45件。

【退役安置】认真做好退役士兵接收安置任务，对符合政府安排工作条件的退役士兵全部安排工作。发放城镇退役士兵一次性经济补偿金和待分配期间生活费394万元，发放农村籍退役士兵一次性经济补偿金470.6万元。广泛开展退役士兵职业技能教育培训工作，根据《湖州市退役士兵职业技能教育培训实施办法》，全区部分退役士兵参加职业技能教育培训并顺利结业，全部经各承训学校推荐被相关单位录用上岗，推荐就业率达100%。全区另有6名退役士兵被杭州相关大专院校录取，接受为期3年的学历教育。

（区退役军人事务局供稿）

·社会公共事务管理·

【殡葬管理与服务】落实惠民殡葬政策，安排殡葬四项基本服务费用250余万元，惠及全区3200余户家庭。落实乡村公益性墓地长效管理经费41余万元，乡村公益性骨灰堂建设补助经费105余万元。开展节地生态安葬工作，积极推进骨灰堂建设，乡村公益性墓地年检合格率100%。治理“两路两侧”“三沿五区”坟墓5000穴以上，生态葬法行政村覆盖率100%；已建乡村公益性公墓绿化覆盖率达到85%以上。做好清明节群众祭扫保障服务工作，围绕“文明祭扫，生态安葬”主题，发挥好村、社区的一线阵地作用，开拓微信公众号、政务微博、门户网站等多媒体平台，通过发放“文明祭扫”倡议书、开展“孝悌文化节、推行文化下村”、倡导“鲜花换火纸”等文明低碳的现代祭扫方式，促进群众增强文明祭扫意识。深化殡葬改革，倡导科学、文明、健康的丧葬方式，保护土地资源和生态环境。建立殡葬日常管理体系，加强基层殡葬协管员队伍建设，实行骨灰处理情况月报制度和墓地例检制。

【区划与地名管理】开展“吴安线”“吴长线”界线联合检查，对全区边界进行不定期巡查，平安创建创优率100%，平安边界创建工作不断引向深入。认真做好区划与地名管理，成立湖东街道和八里店镇行政区划调整。全区新建富力城社区、汎港爱家社区、浮霞社区、光明御品社区；调整二里桥社区、湖东村社区范围。

【婚姻收养登记】学习贯彻民政部《婚姻登记机关等级评定标准》，积极参加全省婚姻登记员、颁证员的上岗培训，不断加强婚姻登记员的业务知识和标准化建设培训，提升婚姻登记员的工作服务水平。依法开展婚姻登记，全年办理婚姻登记8431对，其中结婚登记4636对、办理离婚登记2076对、办理补结1585对、办理补离134对，办理收养登记99件（其中解除1件），登记合格率100%。

【移民安置】认真做好移民后扶工作，省核定吴兴区大中型水库移民后期扶持人数11595人，区核定78人，共计11673，其中直补人口6938人，项目扶持4735人。做好直补资金发放工作，开展移民人口年度复核，当年共核减移民人口46人，其中死亡45人，行政事业单位在编在职1名，发放移民直补资金373.14万元，惠及移民6219人，全部纳入公共财政信息系统统一发放到个人。认真按要求做好2018年后扶项目申报、实施、验收和后续管理等工作；严格按程序管理和实施，坚持实事求是、科学管理、合理规划，积极协助和参与各村制度符合村组实际和广大移民意愿的后扶项目计划，及时向省移民办申报，组织和指导项目施工，监督工程质量，完成工程验收，督促做好工程后续使用和管理工作。2018年共安排各类项目22个，投入后期扶持项目资金1007.1万元，其中投入50万元以上的后扶项目占比超过41%，移民资金后扶项目安排率达到100%，资金支付率86%，资金检查内审面已达到100%；当年度项目培训移民720余人次，完成上级下达的任务数。建立结余资金、扶持资金、小库资金共3个子项目库，为合理安排好项目资金，加快移民村的生产设施建设打下了基础，提高移民的生活水平。设立移民点监测样本村4个，移民监测样本户60余户，为推进移民政策的落实，合理制订后扶政策，积极建言献策。为消除集体经济薄弱移民村、发展壮大移民村集体经济，吴兴区积极贯彻落实省委、省政府关于消除集体经济薄弱村三年行动计划决策部署，以增强移民村内生动能为主攻方向，促进集体经济持续较快发展；2018年扶持移民村经营收入低于30万元的行政村6个，项目8个，投入后期扶持项目资金442.88万元。

（区民政局供稿）

·民族　宗教·

【概况】吴兴区共有36个少数民族，少数民族总人数为3801人，其中男性1001人、女性2800人。宗教场所有65处，其中道教28处、佛教29处、基督教8处，教职人员84人。全区民族宗教工作在习近平总书记治国理政新理念、新思想、新战略的引领下，围绕区委、区政府中心工作，结合辖区实际，坚持抓规范、上水平，创平安、促和谐的工作目标，牢牢把握各民族共同团结奋斗、共同繁荣发展的主题，尊重少数民族风俗习惯、维护少数民族合法权益；坚持依法管理宗教事务，以加强宗教团体班子队伍建设为重点，构筑培养、考核和使用的立体网络，努力提高宗教界人士队伍的整体素质，切实维护宗教稳定。

【民族工作】按照中央和省、市全面实施“石榴籽工程”的统一部署，吴兴区紧扣各民族“共同团结奋斗、共同繁荣发展”主题，坚持因地制宜、积极创新，推行“五个一”（建立健全一支民族骨干团队、建立一套部门协调工作机制、打造一批基层特色组织阵地、开通一条民族工作服务热线、深入开展一系列“3+X”活动）模式，受到社会各界人士的点赞，中央统战部《中国统一战线》与省委统战部《情系中华》等期刊给予报道推广，市委常委、统战部部长李上葵专门批示肯定。深入推进民族工作特色品牌创建，2018年共有13个“少数民族之家”完成创建，其中龙泉街道潜庄社区、飞英街道墙壕里社区、东林镇青山工业园、埭溪湖州现代农业技术学校共4个“少数民族之家”基本实现精品化。组织少数民族人士参加环西山漾健步走活动、观看爱国教育电影，成功举办“中华民族一家亲　同心共筑中国梦”区第五届少数民族文艺会演海选活动2次与年度跨年演出。

【宗教工作】2018年5月16日，组织宗教界人士赴“两山”理念诞生地——安吉余村参观学习，赴长兴新四军苏浙军区革命旧址开展红色革命教育，扎实做好宗教界“寻梦中国•正言正行”政治引领主题教育活动。6月下旬，组织21名佛教场所教职人员参加扬州鉴真佛学院大专函授班学习，提升教职人员综合素质。坚持“分层落实、多管齐下”工作原则，努力抓好宗教领域安全工作，上年年初与高新区、乡镇街道及区宗教团体签订《宗教（民间信仰）事务管理目标责任书》，做好烟花爆竹全域“双禁”与各类安全事故防范，借助“宗教政策法规宣传月”“安全生产宣传周（月）”等活动，联合区司法局、红十字会、属地乡镇，在利济寺、九龙观等场所开展“七五”普法宣传与应急救护培训进宗教场所活动，联合区政法委、安监局、公安分局开展反邪教宣传、基督教私设聚会点治理、平安宗教场所创建、世界地信大会安保工作，严格执行《宗教和民间信仰活动管理办法》《宗教场所负责人聘任办法》《宗教场所负责人预警管理办法》。

《民间信仰场所星级考评办法》等一系列管理制度。在宗教和民间信仰场所安全大排查、大整治行动以及第四批民间信仰场所申报工作中，

以“约法三章、明令禁止”的方式，强化场所制度化管理的刚性约束力和执行力。按照“一乡一点、由点带面”的总体思路，积极培育首批精品宗教场所和民间信仰场所各10处，高新区九龙观、八里店镇东堡庵、东林镇常照寺等场所已初见成效。

（方佳琪）

·居民生活·

【概况】城镇居民人均可支配收入55996元，同比增长9.0%。农村居民人均可支配收入32693元，增长9.1%，农村增速领先城镇，城乡收入比进一步缩小。城镇居民人均消费支出32797元，增长8.3%，年末人均住房建筑面积41.1平方米，增长4.6%；农村居民人均生活消费支出19411元，增长8.6%，年末人均住房面积68.4平方米，下降1.9%。

（杨海丽）

·老龄工作·

【概况】以社会养老服务体系建设为重点，加大养老服务工作财政投入，在认真做好养老服务机构建设基础上，加快推进居家养老服务工作，通过政府购买服务的方式为城乡困难老人提供免费居家养老服务。做好老年优待证发放、鼓励老人参加老年电视大学学习、开展“银龄互助”等日常为老服务工作外，认真做好有关老年维权、涉老信访等工作，切实在全社会营造一种“敬老为老”良好氛围。

【养老保障】认真抓好养老福利机构建设，全区有各类养老机构16家，总床位数4733张，比上年增加410张，每千名老人拥有机构床位达39张。其中乡镇养老机构（农村敬老院、综合福利中心）8家，床位840张；民办养老机构8家，床位3893张。各类养老机构总入住老人1065人。全区建有城乡村社区居家养老服务照料中心204个。

【老年设施】养老机构建设不断加快。全区有各类养老机构16家，总床位数4733张，比上年增加410张，每千名老人拥有机构床位达39张。其中乡镇养老机构（农村敬老院、综合福利中心）8家，床位840张；民办养老机构8家，床位3893张。各类养老机构总入住老人1065人。农村养老机构功能提升。全区8家乡镇养老机构完成集“五保”供养、社会化养老、老年人活动、应急避灾、临时救助和慈善捐赠等服务功能的转型。城乡居家养老服务网络进一步完善。南太湖居家养老服务中心建设，通过以“专业公司+加盟网点”“员工制+会员制”的组织形式，采取“上门服务+网点服务”“人性化关怀+个性化服务”“结对错时服务+临时应急服务”的服务方式，为吴兴区中心城区享受政府购买服务的老人实行定对象、定项目、定时间、定地点、定人员的“五定”服务，同时为广大居家养老人提供市场化服务。全区建有城乡村社区居家养老服务照料中心204个。

【老年医疗保障】全区有医养结合养老机构3家，开通医保3家，为养老机构内410多位老人提供良好的医疗保障，也为周围8000多名老人提供医疗支持。

【老年协会】各级老龄部门高度重视加强基层老年组织、老年社团的规范化管理和建设，充分发挥老年人在自我管理、自我教育等方面的作用。全面加强城乡老年人协会规范化建设工作。有序开展老年协会登记备案工作，发展农村为老服务队伍，推进建立“银龄互助”网络。开展“银龄互助”的村155个，结对帮扶老人1805人。区老龄部门继续组织举办农村老年协会骨干培训，50名农村老年人协会会长、秘书长等骨干参加培训。建有基层老年协会216个，入会老人3.8万人，占老年人总数的31%；有乡镇街道级以上老年书法协会、老年体协等老年社会团体13个。各级老年社会团体的设立，为维护老年人自身合法权益，团结教育广大老年人与时俱进，促进社会稳定等方面发挥积极的作用。

【老年文体】全区有乡镇街道级以上老年书法协会、老年体协等老年社会团体13个。全区各类文艺团队130多支，开展文艺活动310余场，参与人数12000余人次。各级老年社会团体的设立，为维护老年人自身合法权益，团结教育广大老年人与时俱进，促进社会稳定等方面发挥积极的作用。

（张志萍）

·档　案·

【概况】 区档案局在省、市档案局的关心支持下，在区委、区政府的正确领导下，认真学习贯彻中共十九大和省、市委全会精神，坚定“三个走向”（走向依法管理、走向开放、走向现代化）根本遵循，为建设“经济强区、科技新城、生态家园、幸福吴兴”提供优质的档案服务。有序开展各类档案资源接收进馆，加强对乡镇、街道、区级各部门档案业务指导工作；继续推进数字档案共建共享平台、虚拟档案室管理平台等系统的优化管理；强化档案库房安全管理，确保档案资料安全。截至年底，馆藏文书档案 19439 卷、72316 件，图书资料 1253 册。

【推进档案工作服务大局】 全力服务“最多跑一次”改革。按照群众和企业到政府办事“最多跑一次”的理念和目标，充分运用“互联网+政务服务”和大数据建设工作，积极创新办事模式，整体提升政务服务水平。梳理行政许可、行政确认等 10 个“最多跑一次”事项，其中“一网通办”6 项、“一城通办”6 项、“一窗通办”10 项、“零上门”事项覆盖率为 60%。指导全区 27 家单位制定归档范围、配置归档模块，督促已进驻“一窗受理”平台单位实现在线归档。同时，投入 80 万元资金升级馆室一体化系统以及搭建电子档案数据保全系统，对全区“最多跑一次”事项电子文件进行永久保存。持续抓好“三重”档案服务。深抓全区重大活动档案服务指导，落实专人主动服务相关文件资料图片等收集整理归档，为记录重大活动提供档案服务。抓好“拆违治水”等重点工作档案服务，2018 年新增“拆违治水”档案 4890 件，共 37.1GB。开展对区级以上政府投资重点建设项目的调查摸底，提高全区重点建设项目建档的登记率和指导率，做到档案工作与项目推进同部署、同检查、同验收。开展全区重点建设项目档案管理培训，指导和规范全区 30 家企业重点项目档案管理及专项验收工作。主动服务贴近社会民生。以创建美丽乡村示范县为契机，提升历史文化古村落“千村档案”建档工作，建立健全“美丽乡村”专题档案数据库，整合档案信息资源共计 34.18GB，并以八里店镇路村村为试点，推进全区村级数字档案室建设，全面提升美丽乡村档案管理规范化建设和美丽乡村记忆工程。继续深化企业档案服务工作，开展城投、科创园等 4 期企业档案工作管理培训，培训人次达 200 余人。

【完善档案公共服务建设】 开放阵地功能完善。着力打造优质档案公共服务阵地，不断完善开放利用服务功能。全速推进“政府信息公开中心”建设，已收集 2008—2018 年度政府公开信息 19000 条，并抓好场所建设，方便群众查阅。组织学生、退休干部等人员参观“吴兴记忆馆”，同时积极征集珍贵档案资源，为建成更高水平的爱国主义教育基地奠定基础。共享触角逐步延伸。坚持共建共享，吴兴区基层档案管理平台新增共享利用模块，在全区乡镇街道完成延伸，并以八里店镇路村村、月河街道马军巷社区为试点延伸至行政村（社区），群众可以就近到所在的乡镇街道或行政村（社区）申请查档，建设“百姓家门口的档案馆”，拉近了档案馆与群众的距离，变“你上门来办事”为“我上门来服务”。根据《加快推进婚姻登记档案数据共建共享工作》相关精神，实现全区婚姻档案数据共享。服务通道更加优化。规范和拓宽公共服务通道，浙江政务网或者浙江档案服务网可以实现随时随地申请查档，2018 年还将实现“档案查阅服务”“异地查档、跨馆出征”2 项民生事项掌上 APP 办事，查档结果可快递送达。同时结合省档案局关于开展省际民生档案异地查档的相关要求，完成部署实施异地档案、跨馆出证相关事宜。10 月，完成首例长三角地区民生档案“异地查档、便民服务”。有序推进市级数字档案共建共享平台数据上传工作，建立婚姻、社保等多个民生档案专题数据库，开放权限可供市级辖内各综合档案馆在线查阅。

【推进档案基层基础建设】 档案馆（室）建设持续推进。为提升档案馆功能，区档案局对馆内库区基础设施进行改造，升级改造库房温湿度监控、门禁系统以及库房监控系统，档案馆基础功能进一步完善强化。助推织里镇室藏档案数字化加工项目招标、实施等工作，加大力度整合

资源，探索乡镇档案馆建设，实现农村档案资源信息共享利用。积极推进行政村（社区）档案工作规范化建设，以行政村（社区）规范档案室建设以及数字化率达80%的要求推进行政村（社区）精品档案室建设，建立健全行政村（社区）档案管理新样板。档案资源基础大力夯实。坚持“资源为王”，深化和巩固全区民生资源整合利用，完成全区民生档案分布及查阅指南编制。指导区农林局完成二轮土地承包档案数字化加工项目，共计1543卷，共532GB。有序开展馆藏到期档案开放鉴定工作，纳入鉴定范围内的12个全宗均已完成初审，9个全宗已通过终审。依法行政力度不断加大。加强依法监管，密切联系省、市档案局及区编委办，结合吴兴区档案行政执法工作的实际，完善随机抽查事项清单、随机抽查执法检查人员名录库以及随机抽查对象名录库。根据年度抽查计划，随机抽取浙江佳雪微特电机集团有限责任公司、上海泰宇信息技术股份有限公司等单位进行检查，按照检查事项及检查工作内容等要求严格执法，并及时反馈检查结果，督促对存在问题及时整改。同时，结合全区综合考核，将“双随机、一公开”工作纳入档案工作专项考核，细化考核要求，推进全区档案工作规范化建设。

【推进档案现代化管理】 加快数字档案馆（室）建设步伐。全力推进“国家级规范数字档案馆”创建，根据国家、省档案局的部署和数字档案馆测试要求，建成以数字资源为基础、安全管理为保障、便捷利用为目标的吴兴区数字档案馆系统，力争年底之前完成2018年度馆藏档案数字化加工项目。加快推进全区各级机关的数字档案室建设步伐，深入推进规范化数字档案室创建与复查工作，截至年底，省级示范数字档案室创建率达36%，市级规范化数字档案室创建率达50%。加速融入社会信息格局。主动适应大数据发展潮流和自动化、标准化、无纸化工作趋势，加快电子文件归档和电子档案移交接收步伐，不断提升电子文件归档和服务利用综合管理水平。区档案馆馆藏系统与区市场监督管理局OA系统有效对接，离线接收电子文件12568件，实现文档一体化。结合“最多跑一次”改革工作，开展全区“最多跑一次”事项电子文件归档工作，截至年底，“最多跑一次”事项电子文件归档量为213件，居全市县区前列。加强档案安全保障体系。严格按照市档案局“三位一体、三维覆盖、三措并举”的档案安全“三三策略”，保障实体档案和数字档案的安全。继续完善“吴兴区馆藏数据长久保存系统”，为馆内电子数据安全工作提供了“统一、实时、智能”的服务。继续实施重要档案电子数据异地备份，完成馆藏重要数据“市备县”工作，向市档案局备份数据758GB。继续实施档案登记备份工作，全区52个建档单位全部完成备份，备份数据量为114GB。全年，全区未发生档案安全事故。

【开展档案文化宣传】 强化宣传教育。积极开发档案宣传新阵地，开通“记忆吴兴”微信公众号，为增强公众档案意识、宣传档案工作价值营造良好的氛围。注重在主流媒体上的宣传，在国家局“一报一刊”上提前突破“零稿县”。拓展征集范围。征集织里镇改革开放四十周年图片、影像资料，共计26.5GB。积极开展“城市记忆”老照片征集工作，征集到姜祖威等社会人士拍摄的关于湖城变迁的前后对比照共200余件。推进志书编研。不断完善年鉴编纂工作，健全征稿、核稿等机制。《吴兴年鉴》从2017卷起正式出版发行，年底2017卷进入出版阶段，2018卷完成统稿工作。《吴兴山水》完成编撰印刷。

（裘璐雯）

·老干部工作·

【概况】 老干部工作以政治建设为统领，以组织建设为重点，以精准服务为抓手，扎实推进“银领同心向党”“银领阵地风采”“银领志愿服务”“银领三行动”和就近学习、就近活动、就近得到关心照顾、就近发挥作用的“四就近”服务提质行动，在“围绕大局、服务中心”中扎实推进、体现作用。吴兴区老干部局管理全区离休干部25名（属地管理18名、易地管理7名）。

【“银领”系列行动】 深入开展“银领同心向党”行动，围绕庆祝改革开放40周年主题，利用教学点、党群服务中心、微信公众号等阵地和载体，开展集中学习和送学上门1900余人次，征集“讴歌新时代 永远跟党走”主题征文25篇、全省老年大学书画大赛参赛作品19件，选送表演、朗诵等节目3个。探索建立社区“银领驿支部”，在社区为离退休干部党员搭建学习、活动、发挥作用的党建平台，累计创建“银领驿支部”12个，服务离退休干部党员214名，相关工作入选“2018年度全省老干部工作‘优秀创新案例’”。开展“最美老干部工作室”提质行动，以全覆盖要求推动高新区、各乡镇街道全面排摸、积极打造“老干部工作室”，累计新创建“老干部工作室”8个，争创市级离退休干部增添正能量活动现场教学基地1个，星级最美老干部工作室4个（其中五星级2个）。深入开展“银领阵地风采”行动，扎实做好市老年大学吴兴区分校、教学点建设，在13个教学点（其中社区教学点6个），开设合唱、太极拳、书法、葫芦丝、电钢琴、舞蹈、戏曲等班级76个（其中社区28个），招收学员1969人（其中社区690人），并全面开展课前“红色教育十分钟”，重点学习习近平新时代中国特色社会主义思想、中共十九大和省市区委全会精神，累计开展教育活动220余次，实现党的组织和红色教育全覆盖。深入开展“银领志愿服务”行动，组织离退休干部助力“四新”实践、推进治水剿劣、传递文明家风、巩固全国文明城市创建成果，14个银领志愿服务团队累计开展志愿服务活动60余次，6支“银领宣讲团”宣讲习近平新时代中国特色社会主义思想、中共十九大精神、身边感人故事等29次，12支老干部骨干网宣员队伍开展网上“正能量”活动80余次，千名“五老”进学校开展核心价值教育活动68场次，有效营造围绕核心、拥护核心的浓厚氛围。

【“四就近”服务工作】严格落实“五个三”制度体系，即落实三级管理制度，成立由区委组织部牵头，老干部局、民政局、财政局、人力社保局、文体局、卫计局等部门参加的“四就近”工作领导小组，协调解决工作中遇到的困难和问题。在街道建立由党委书记任组长的老干部工作小组，切实抓好责任落实，指导社区不断改善服务条件，创新服务方式，丰富服务内容，规范服务行为，提高服务质量，并做好宣传引导，在社会上营造尊重、关心、爱护老干部的浓厚氛围。在有离退休干部居住的社区建立由党组织书记任组长的老干部服务小组，酌情吸纳离退休干部家属参加，负责向老同志介绍社区“四就近”服务情况，组织参加各类社区活动，征求对老干部工作和经济社会发展的意见建议，引导老同志展示阳光心态，体验美好生活，发挥正能量；落实“三单”工作制度，街道、社区要根据实际情况和各项工作制度，制定落实老干部所在单位“责任清单”、社区“服务老干部工作清单”和“走访慰问‘五个用心’事项清单”，并结合“三张清单”要求，安排专人负责，实时记录“四就近”服务情况；落实“三网”服务制度，建立老干部关爱帮扶服务制度，深化“倾情关爱网”“生活服务网”“困难帮扶网”三张网建设，统筹协调人员力量、服务时间、机构场所三个层面，综合利用亲情服务、志愿服务、购买服务三种方式，重点发挥红领巾服务队、青年服务队、党员服务队作用，提高“三网”服务的张力和效力；落实“三项”保障制度，抓好离退休干部党组织和临时党组织建设，落实党委（党组）党建责任，积极探索“党建+”多元服务模式，打造以社区党员志愿者服务老干部、老干部志愿者服务社区的“志愿回馈”服务机制，强化组织保障。保证老干部工作人员相对稳定，按照“优秀老干部工作者、优秀党务工作者”标准，开展学习培训、工作调研、查补短板、岗位练兵等活动，不断提升专业素养和服务水平，强化干部保障。采取市区财政支持、社区居委会资助、社会捐赠等方式，保障正常工作经费需求，强化经费保障。牢牢抓住社区党群服务中心、卫生服务中心两个平台，将老干部“四就近”服务纳入社区阵地建设整体规划布局，全年累计利用社区文体活动场所和设施，开展文化、艺术、科普、娱乐、健身等活动150余次。探索推进“家庭病床”服务居家养老离休干部，试点开展“智慧养老”服务离退休干部。同时，牵头卫健部门推动社区医生结对服务城区居家养老离休干部，落实一张结对卡、一人一个健康档案、两周一次电话问询、一月一次健康咨询、一年一次上门体检“五个一”服务要求，累计开展服务1700余人次。

（舒　鸿）

·残疾人事业·

【残疾人扶贫救助】全面落实残疾人“两项补贴政策”，做到应保尽保、应补尽补，共发放困难残疾人生活补贴2660人655万元，重度残疾人护理补贴3350人948万元。发放低保及低保边缘补助金368人375.5万元。元旦、春节期间，各级残联及社会单位、个人共走访慰问残疾人1265人，慰问资金和物资总额达110.22万元。加强残疾人教育助学工作，全区发放残疾学生及残疾人家庭子女助学、大学生学费住宿费减免、学前教育助学、残疾儿童少年特殊教育补助共272人，发放助学资金52.15万元。

【残疾人基本公共服务】全区建成残疾人庇护机构13家，共为195名残疾人提供庇护性服务。出台《吴兴区残疾人小康·阳光庇护中心星级评定办法》，从基础设施、服务资质、管理制度、服务情况四个方面对庇护机构进行星级评定，分类奖励。推进省级无障碍社区创建，朝阳街道碧浪湖社区成功创成吴兴区首个省级无障碍社区。

【残疾人就业创业】实现按比例就业残疾人766人，新增49人，实现工疗机构辅助性就业113人。为88人发放创业资金扶持35.6万元。举办残疾人专场招聘会。探索支持性就业新模式，成立全市首家残疾人日间工作坊——扬帆星艺坊，为18周岁以上轻、中度自闭症和智力障碍等心智障碍者提供就业培训。打造吴兴区残疾人电子商务创业孵化基地，举办吴兴区残疾人电子商务培训班培训150人，高新区、各乡镇（街道）举办残疾人电商、面点、插花、种养殖业等技能培训，受益残疾人241人。举办工匠大赛赛前集训2期，选拔24人参加市残疾人工匠大赛，取得一等奖1名，二等奖2名，三等奖3名。

【残疾人康复工作】与湖州澳洋康复医院合作成立800平方米的吴兴区残疾儿童康复中心，并通过市级残疾儿童定点康复机构验收，在训儿童达37名。深化“辅具共享”便民服务行动，建立辅具租赁站（点）56个。深入实施精准康复行动，提供残疾人基本康复服务6650人，辅具适配334人，助听助行助明行动67人，基本康复服务率和辅具适配率均达到100%。全面推进残疾儿童康复服务补贴制度，提供各类残疾儿童基本康复服务101人。精神残疾人免费服药政策惠及760人，住院医疗救助惠及153人次，共投入资金179万元。完成无障碍设施改造进家庭70户。

【残疾人文体工作】全国“助残日”期间，在湖州澳洋康复医院广场举办第二十八次全国助残日暨吴兴区残疾儿童康复中心揭牌仪式及文艺会演。开展体育活动，举办吴兴区第四届残疾人运动会，设乒乓球、羽毛球、田径、举重、游泳五个大项，13个乡镇街道代表队共241名运动员报名参赛。选拔40名运动员参加湖州市第七届残疾人运动会，获得22金14银16铜的奖牌成绩。组队参加浙江省第十届残疾人运动会，获得3金3银2铜的奖牌成绩。深化文化助残“五个一”工程，联合区文体局开展特殊艺术走进农村文化礼堂演出7场，残疾人社区活动参与率达到84%。加大残疾人事业宣传，开设“吴兴残联”微信公众号，积极推荐人选参加市残联“最美助残人”评选，飞英街道吉山四社区书记韩红霞获“最美助残人”称号，妙西镇钱建英、吴兴区扬帆儿童康健园获提名奖。

【残联组织建设】加强党建工作，成立机关党支部，打造“阳光助残　真情惠残”党建品牌。规范乡镇（街道）残疾人工作专管员管理和考核，加强基层残疾人干部培训，提升基层残疾人工作者业务素质能力，残疾人工作组织基础进一步夯实。按照“最多跑一次”改革要求，深化推进残疾人保障和服务领域“最多跑一次”改革，将残疾证申领事项向乡镇街道延伸，严格残疾人证核发和管理，全年核发残疾人证723人。重视基础数据管理，建立残疾人基本服务状况和需求信息数据动态更新机制，动态更新信息采集入户率达到99.81%，移动终端APP信息输入率78.58%。

（慎　佳）

·关心下一代工作·

【概况】区关工委坚持“急党政所急，想青

少年所需，尽关工委所能”的工作方针，充分发挥各级关工委组织和由老干部、老战士、老专家、老教师、老模范组成的“五老”队伍的作用，为促进青少年健康成长成才做有效工作。

【加强相关主题教育】发动村（社区）、教育局关工委，在青少年中开展“弘扬‘红船精神’争当时代新人”主题教育实践活动。组织“五老”为青少年宣讲国史、党史、革命史等知识，组织青少年实地参观红色教育基地。开展“崇尚英雄精忠报国”主题活动和“红船领航”主题演讲比赛、主题征文活动。中小学共召开“讲述革命故事，学习革命精神”主题班队会1264次，征集优秀征文196篇。创设“红心苗”“赤子苗”“农耕苗”“两山苗”“向阳苗”五大活动载体，组织开展“吴兴沃土•吴兴苗”学习实践活动。发动法官、检察官等专业人员，开展“关爱明天，法在心中”主题教育。

【优化青少年成长环境】以“寻访红色足迹共创美丽吴兴”为主题，发动全区青少年开展“五个一”暑期社会实践活动，即开展一次社会实践，参加一次劳动实践，制作一段寻访视频，创作一幅山水画作，策划一个节能金点子。开展“‘三个注重’（注重家庭、注重家教、注重家风）护成长，好爸好妈好家风”家庭教育大讲堂活动，推出29位家教专家的44门精品课程供全区家长学校因需“点菜”，开展家庭教育大讲堂600余场。联合爱尔眼科医院，组织“睛彩视界、呵护未来”吴兴区中小学生视力健康行动，开展中小学校、幼儿园学生的眼健康普查、建档工作和科普讲座等活动113场，检查人数64719人次。

【开展青少年关爱工作】争取市“永兴特钢杯”第六届“用爱托起明天的太阳”关爱儿童活动救助资金，为34名困难、流动、留守儿童提供每人1000元助学金；联合区民政局开展“福彩暖万家•点亮梦想”——困难儿童关爱行动，为46名困难儿童每人送去2000元助学金。争取社会资源，新建成织里镇香圩墩社区等五个“倩宁书屋”，打造亲子阅读阵地。联合区检察院、区教育局、区妇联，制定《关于实施“为了明天——护航幼儿健康成长”的工作意见》，建立幼儿权益保护信息共享、侵害幼儿犯罪严惩、被侵害幼儿救助制、动态预警及风险化解等机制。

【加强组织自身建设】完善阵地建设，在苕溪东路设立区关工委“五老”活动和办公场地。在11所中学、8所九年一贯制学校和21所小学实现组织全覆盖。探索民营企业建组织，在织里镇大家园职业技能培训学校、朝阳街道湖州爱尔眼科医院、杭州口腔医院湖州分院和爱山街道德泰恒等企业成立关工委。

（陈　静）

•慈善事业•

【概况】认真履行《中华人民共和国红十字会法》（以下简称《红十字会法》）赋予职责，依据《中国红十字章程》，按照“抓重点统筹兼顾、抓亮点形成特色、抓难点实现突破、抓机制确保长效、抓规范整体推进”的工作思路，全面完成2018年度各项目标任务，大力推进应急救护培训、红十字青少年工作和心理健康（救援）辅导三大特色亮点工作，切实履行党和政府在人道领域的助手职责，服务全区经济社会发展大局。

【组织建设】不断激发红会事业长远发展活动，召开区红会二届五次理事会，审议通过工作报告和财务收支情况报告，对部分理事作出调整。积极推进村（社区）红十字组织建设，已完成龙庭社区红十字养老服务工作站、章家埭村红十字会“会员之家”、月河街道养老服务中心红十字志愿服务站。全区181个村社区建立红十字会，建会率75%以上。积极培育省级和市级红十字达标校、示范校，12所中小学校成功创建市级红十字示范校。

【增强红会救助实力】充分发挥政府人道助手的积极作用，进一步增强救助实力、拓展救助范围，切实做好各项公益救助。博爱送万家活动共慰问28户困难家庭，发放救助金3.9万元；实施乙肝救助基金项目，慰问100多名乙肝患者，发放救助金62772.37元；母婴平安项目，共救助了4名外来孕产妇，发放救助金11540元。

【拓展应急救护培训】开展应急救护“进农村、进社区、进学校、进机关、进企业”的“五进”活动，完成应急救护普及培训152期15525人；完成应急救护发证培训39期1929人。

【“三献”工作】合力推动“三献”宣传工作。

探索工作新模式，采取全程跟随献血登记、定点定位服务登记、榜样发动培养登记和救护培训宣传登记等方式，累计采集造干捐献志愿者 101 人。开展器官（遗体）、组织捐献宣传活动，营造人人关心、人人参与、人人关爱生命的崇善氛围，并成功实现一例遗体捐献。全年组织开展无偿献血 3564 人次，献血量 1148250 毫升。

【广泛传播红会精神】精心策划宣传活动，主动推进志愿服务。在世界红十字日、世界急救日、国际减灾宣传日等重大节日，集中开展红十字主题宣传活动。充分利用网站、报纸、新闻媒体等宣传阵地，及时宣传报道红十字系列活动，扩大红十字精神的社会影响力。

（虞淦平）

第二十篇 产业园区·高新区·乡镇·街道

·吴兴工业平台·

【概况】紧紧围绕市委、市政府“一四六十”（聚焦一个目标、突出四个定位、打造六个城市、开展十大专项行动）工作体系和区委、区政府的总体部署，乘势而上，以“产业质效突破行动”为抓手，切实增强打造“万亩大平台”的紧迫感、责任感，攻坚克难、扎实工作，全力打造高新区和吴兴经济开发区“双万亩”大平台。全年完成拓展提升面积10505亩，拆迁1969户，高新区工兴大道、南太湖大道北延；织里腾飞路、湖织大道拓宽；埭溪临港区域道路、小羊山路、创业路等项目有序推进。形成推进大态势，完善基础大配套。

【吴兴高新产业万亩大平台】 园区总规划面积9.1平方公里，平台总体构建“一心五区”（“一心”为高新技术孵化中心；“五区”为智能物流装备制造区、汽车及关键零部件制造区、信息经济及智能装备产业区、循环经济综合整治区、综合配套服务区），以“产业兴区、创新驱动、战略提升”为导向，锁定智能装备、信息经济等核心高新产业，全力打造创新发展核心区、新兴产业先导区、人才引进示范区、体制机制创新区。2018年高新区围绕“一心五区”拉开平台框架新格局，完成拆迁899户，全年累计拓展提升平台4500亩。以三纵三横路网规划为引领，新建市政道路6.2公里，经六路全线竣工，南太湖大道北延、经七路路基全线贯通，工兴大道、田板路、杨水路启动建设，基础路网更加完善，平台承载能力进一步提升。全年引进项目38个，被列入市定“大好高”项目11个。全年新开项目18个，竣工项目7个，其中当年签约当年开工运营项目9个，重大项目推进质效并举。

【吴兴经济开发区平台】吴兴经济开发区万亩大平台规划总面积10.4平方公里，以“产业兴区、创新强区、城市旺区、开放活区”为导向，立足高端化、高附加值，主导发展美妆产业、智能装备产业、新材料产业、现代纺织业四大产业，全力打造吴兴区乃至全市经济高质量发展的“核心引擎、创新中心、示范基地”。2018年以来，以吴兴经济开发区深化整合提升为契机，依托“亩均论英雄”改革和“五未”土地处置等抓手，大力推进平台拓展百日攻坚行动，高质量打造开发区万亩大平台。完善平台功能配套，提升平台承载能力。全年累计完成拓展提升面积6005亩，拆迁1067户，加快东尼路、鹏飞路、上前路和环北路等道路建设，着重打造以珀莱雅、韩佛等龙头企业为主的美妆产业集群、以新凤鸣等龙头企业为主的现代纺织产业集群，以万邦德、东尼电子为代表的智能制造产业集群。

（黄丽萍）

·湖州南太湖高新技术产业园区·

【概况】湖州南太湖高新技术产业园区北临太湖南岸、南靠京杭运河、西依湖州城区、东望南浔古镇，范围西起G50高速环渚连接线（含延伸），东至G50高速织里连接线，南起湖城纬五路（含东部光电园），北至滨湖大道（太湖），总面积约75平方公里。辖26个行政村，234个自然村，有总人口58539人，118个基层党组织，

2780名党员。园区以申苏浙皖高速为界，规划为“一区、两片”布局，分南北两片，南片37平方公里，2013年3月，省政府将高新区南片核心区块14.12平方公里正式授牌并命名为省级“湖州现代物流装备高新技术产业园区”，聚焦发展高端现代物流装备及产业链关联产业。2014年7月，被评为“浙江省首批智慧园区最佳案例”。2014年9月，与北京、上海、广东、德国四大方向物流行业协会开展合作，发起成立“中国物流谷战略合作联盟”，同时启动打造“中国物流谷”。2015年8月被科技部火炬中心认定为全国10家国家级火炬计划特色产业基地之一。2016年成功创建省级众创空间，获批为省级新型工业化产业示范基地。2017年10月成功获评省级田园综合体创建试点。2018年高新区成功挂牌国家级绿色园区，申报国家级绿色工厂1家，市级绿色工厂四星级6家、三星级7家、二星级16家，完成VOCs整治企业27家。

【主要工作成绩及特色亮点】高新区紧紧围绕争创“国家级高新区”总目标，扎实开展百亿大项目双进提速、万亩大平台打造攻坚、田园综合体提升示范三大专项行动，争当排头兵，提高加速度，提升贡献率，经济社会发展整体态势平稳向好。(一)坚持项目为王，实现项目双进提速。大招商量质并举。以物流装备为重要引擎，聚焦重点产业、重点区域，提高招商准入门槛。全年引进项目38个，总投资216.31亿元，其中亿元以上项目27个，高端装备类项目18个，信息经济类项目4个，汽车零部件制造项目6个，被列入市定“大好高”项目11个。大项目加快落地。全力以赴促项目落地投产，认真落实每周例会制度，当好企业服务“店小二”，全年新开项目18个，竣工项目7个，其中当年签约当年开工运营项目9个，工业项目新供地1550亩。大平台提升拓展。围绕“一心五区”拉开平台框架新格局，完成攻坚清零124户，后林、大港、凌家汇新启动区域签约677户，腾空拆除453户，实现区域内签约率达90%以上。全年累计拓展提升平台4500亩，完成目标任务的150%。（二）坚持提质增效，持续发展实体经济。优势企业培大育强。企业整体运行情况平稳向好，预计实现年销售收入超亿元企业30家，其中销售收入超30亿元企业3家，超亿元税收企业3家。久立、三一装备、老恒和、先登高科、晶日照明等一批行业龙头企业持续领跑，完成净升规9家。风雷文化、安束生物、绿净、恒怡节能、百易机器人5家完成股改，成功挂牌成长版。全美、杰诚威、士商等外贸型企业在外部环境严峻的情况下保持稳定发展。淘汰落后持续发力。加大力度整治“低小散”行业，2018年10月启动喷水织机专项整治行动，仅用1个月时间完成86户2929台签约，签约率达100%，按预定计划全部腾退。安全生产、环保、消防、市场监管形成合力，强势关停“四无”企业近百家。规范提升砂洗城一期、二期，启动三期和中小微产业园三期、四期建设，全面助推中小微企业转型升级。绿色生产颇具成效。鼓励企业技术创新、更新设备，淘汰落后生产线，进行机器换人，提高效率。2018年高新区成功挂牌国家级绿色园区，申报国家级绿色工厂1家，市级绿色工厂四星级6家、三星级7家、二星级16家。抓好节能减排，27家企业完成VOCs整治，加快推进南太湖热电改造项目。（三）坚持创新引领，全面释放科创动能。高新项目强聚集。全年引进科技人才项目53个，预计科创中心七大平台产值40亿、税收突破8000万元，实现“双翻番”。新增国家高新技术企业5家，累计达到43家；新增省级科技型中小企业33家，累计达到163家；新建省级高新技术企业研发中心6家，累计达到12家；新增省级企业研究院1家，累计达到7家；培育“瞪羚”企业18家，新增“双高”企业2家；新授权（引进）发明专利133件（其他65件引进在审中），新增省级专利示范企业4家，累计达到9家，新增国家知识产权优势企业1家，累计达到2家。众创空间初成型。大力培育七幸、佳成、中节能等众创空间，其中七幸、佳成2家日趋成熟，总面积3.6万立方米已累计引进企业229家，培育企业93家，为千名大学生提供就业创业平台，全年实现税收1135万元。引才聚智见成效。入围南太湖精英计划项目17个，其中14个项目已落户。围绕人工智能、集成电路产业方向，成功协办海创杯人工智能创新大赛等招才引才活动。（四）坚持美丽建设，提升综合承载功能。基础路网更加完善。以三纵三横路网规划为引领，新建市政道路6.2公里，经六路全线竣工，南太湖大道北延、经七路路基全线贯通，工兴大道、田板路、杨水路启动建设。全面提升水产路、湖薛线两路两侧环境治理，打造美丽乡村路。人居环境不断提升。全面完成C级危房改造27户，新建棚户区改造安置住房（含货币化安置）2125套，常溪社区、幻溇社区4400户居民已全部入住，实行市场化物业管理。全力推进18万立方米的戴山二期、郑港一期农民安置社区工程及太湖幼儿园、常溪幼儿园等配套项目建设。城镇面貌显著变化。加大“三改一拆”力度，腾空拆除城中村65万立方米，旧厂房改造15万立方米，拆除违章建筑79万立方米。全力推进小城镇环境综合整治，幻溇小城镇整治全面完成，总投资1.78亿元，待省级验收。戴山小城镇总投资0.8亿元，已完成80%以上工程量。美丽乡村形象提升。“蔬香杨溇”一期核心区块完成建设，成功引进上海逸璞、呆住民宿团队进行市场合作开发。“果香许溇”从建筑改造及村庄风貌整治、环境综合整治及升级改造、重要空间及节点景观建设和市政基础设施建设四方面高标准创建美丽乡村精品村，主体工程建设已完成90%。投资700万元的东桥村“省级美丽宜居示范村”创建工作有序推进。农村生活污水终端、管网建设基本完成。垃圾分类示范村全面启动，宜建村全面铺开。（五）坚持平安打造，竭力优化社会环境。打好安全监管组合拳。认真贯彻执行“党政同责、一岗双责”，建立健全安全生产“守土有责、守土尽责、守土负责”的责任机制，持续开展企业主体责任履行情况专项行动，检查督促规上企业52家、中小微企业200余家；推进安全生产项目落实，完成企业安全生产标准化与可持续发展项目12家，职业健康卫生20家；举办安全生产培训3期、累计培训360余人次，强化企业“效益优先，安全第一”的生产意识；完成5207户童装加工出租房消防整治，建立社会化监管、机关干部昼夜巡、专职救援队巡查“三位一体”监管制度，坚持“控新增、减存量”底线原则，始终保持对童装加工出租房安全监管，全年实现童装加工生产出租户“零火警”。下好社会治理一盘棋。全面启动高新区“一体两翼”工作体系建设，将辖区科学划分六大片区58个网格，做到力量下沉、信息畅通、联动处置。坚持矛盾大排查、大调解，全年共调处化解矛盾纠纷322起，化解区挂牌重点不稳定因素8个，化解率达89%。强化信访畅通，全年高新区接访213批1610人次，到区34批152人次，到市区上访人次同比大幅度下降，赴省进京“零上访”，实现把矛盾吸附在本地、化解在本地的目标。做好进博会、地信大会等重点时期维稳安保工作，确保社会基本面稳定有序。唱好社会民生一台戏。推进农民安置社区公建设施建设，新建南太湖花苑养老服务照料中心，南太湖花苑、幻溇2个文化礼堂，建成南太湖花苑、戴山社区2个社区卫生服务站，启用常溪幼儿园，基本满足了农民进社区的就医、就学、养老、文化等需求。食品安全监管不放松，保障人民群众舌尖上的安全。着力完善城乡居民医疗保险，高度重视低保等社会救助工作，推进计生优质服务，规范退役军人服务站（社），重视解决退役军人、三峡移民等群体实际困难。有效落实无欠薪六项机制，成功调解劳资纠纷437件。（六）坚持党建引领，全面锻造高新铁军。意识形态扎实基础。举办“青蓝大讲堂”8次，年轻干部受训1000余人次。抓好新闻宣传工作，刊发市级以上报道310篇，高新美誉度知名度进一步提升。深入推进第六届最美高新人评选，获评区级吴兴好人2名。推进杨溇生态文明示范点建设，常态化开展“蔬香杨溇”生态文明宣教活动。基层党建不断提升。深入推进“两学一做”学习教育常态化制度化，规范基层党组织日常活动，严格党员教育管理。推进整村提升、村村晋位，创建市级先锋示范村2个、区级先锋示范村2个，培育区级美丽乡村带头人2人，初步打造了滨湖党建示范带。推进两新组织“红色动力五项工程”，初步形成了“一心三轴”的两新党建示范格局。管党治党注重实效。建立党委统一领导、“一把手”负总责、班子成员切实履行“一岗双责”的责任领导机制，落实全面从严治党主体责任。严格执行党委议事决策规则，突出重点领域、关键环节，强化风险源头防控。全覆盖开展农村作风巡查，全力推进清廉乡村示范点建设，形成稳定有序的文明乡风。严格纪律审查，正确运用执纪监督“四种形态”，截至年底进行提醒谈话、批评教育、诫勉谈话22人，查处违纪21人。同心同向助力推动。坚持党委总揽全局、协调各方，支持和保障人大、政协工作走在全区前列，新增五星级人大代表联络站2个，开展人大代表活动20余次，收集选民意见建议94件，议案建议办结率100%，满意率100%，基本做到件件有着落、

事事有回复。不断丰富政治协商、民主监督、参政议政的载体，定期开展调研、视察、座谈活动，各级委员提案全面办结，建言献策、参政议政作用进一步发挥。强化党管武装工作，推进基层武装规范化建设。汇聚统战资源，规范民族宗教管理，推进滨湖带乡贤参事会建设，加强海峡两岸多领域交流合作。充分发挥工青妇等组织在促进社会和谐中的积极作用。

（董梦竹）

·织里镇·

【概况】织里镇由5个乡镇（太湖、轧村、漾西、晟舍、织里）合并而成，区域面积135.8平方公里，辖6个街道办事处，34个行政村，18个社区，实有常住人口超45万人，其中外来人口常年保持35万人左右。有着中国童装名镇、中国品牌羊绒服装名镇、全国重点镇、国家级生态镇、全国首批淘宝镇、浙江省“智慧城市试点镇”、湖州市“工业强镇”、全国综合实力百强镇、浙江省首批27个小城市培育试点镇、浙江省卫生城镇等多项荣誉。被省委常委、常务副省长袁家军称为“全省示范中典范”。在中共湖州市委市政府，中共吴兴区委、区政府和织里镇党委的坚强领导下，在镇人大、政协的监督支持下，全面贯彻市委“一四六十”工作体系和区委“靠前站、马上办、讲实效”的重要指示，以第三轮省级小城市培育试点和第三批国家新型城镇化综合试点为契机，按照“产城融合发展、城乡统筹推进、全民和谐共处”的战略定位，全力打造引领赶超发展的“稳压器”和“增长极”。经济发展呈现高速度高质量。全年完成地区生产总值183.7亿元，同比增长9%；财政收入17.89亿元，同比增长20.54%；社会固定资产投资完成52.8亿元，同比增长28.2%，其中工业性投入完成9.6亿元，服务业投入完成43.2亿元，同比增长41.8%和25.5%；城镇、农村居民人均可支配收入分别达67882元、41511元，同比增长11.8%和12.2%。

【主要工作成绩及特色亮点】项目攻坚硕果累累。全年完成签约项目19个，年初排定的20个重点工业项目，14个已全面开工，完成投资15.8亿元，6个项目完成方案设计。引进服务业重点项目7个，新开工项目2个，竣工项目4个，涵盖医疗、教育、文化等多个领域，总投资12.87亿元。全省扩大有效投资重大项目集中开工仪式湖州分会场在万邦德绿色制造生产基地顺利举行。率先提出建设“标准房”实施意见，启动实施小微园区改造项目4个，旧厂房改造项目16个，新增建筑面积约60万平方米，新供用地450亩，有效缓解资源要素制约。

童装转型优质并进。不断深化“低散污”整治，全面取缔农村片区童装生产加工点。童装企业小升规累计完成137家，个转企232家，实现重大突破。加快“入园入城”，童装产业园一期累计出售87个组合，入驻规上企业14家。童装设计中心已入驻21家专业设计公司，累计服务童装企业3000余家；质检中心全面建成“智慧检测”系统，全年检测1万多批次。童装线上交易额超100亿元，全国194个产业带中排名第七。重点实施童装产业高质量发展“五大工程”。童装产业园秉承“工匠精神”，全力打造优质童装生产集聚地，二期加快建设，近20余家规上企业意向入驻；童装品牌运营中心进一步优化营销渠道，打造一站式优质童装采购平台，现已进入装修阶段，200余家企业准备入驻；加快中国童装上市企业总部园建设，ABC、1001夜、中赛、越也、Polo Sport等企业已完成签约；加快谋划建设童装智慧仓储物流园区和中国童装学院，着力破解童装产业仓储散、物流贵、用人难等实际困难。

企业培育稳步发展。统筹做好“个转企、小升规、规改股、股上市”工作，进一步加大扶持引导力度，对小升规和纳税贡献大的企业累计奖励5500万元，用实打实的产业基金引导企业做大做强。大力实施“智汇织里”引才工程，新认定南太湖精英计划创业团队3个，创新领军型团队2个，省海外工程师1人，新建博士后工作站2家。完成三家企业共108件专利引进工作。大力培育研发机构、创新载体，新增省级科技型中小企业8家，国家重点扶持高新技术企业3家，“双高”优势企业4家，省级企业研发中心2家、研究院1家，培育智能制造示范企业3家，东尼电子、久鼎电子认定省级技术中心。新增股改企业6家，成长板挂牌2家。

重点改革取得新成绩。省级小城市培育首次

取得历史性突破，综合考核第一名，成为全省小城市培育试点的标杆和样板。第三批国家级新型城镇化标准化试点获批立项，成为2018年湖州市首个浙江省唯一一个城镇综合领域的标准化试点，为织里经济社会高质量发展提供技术支撑。入选中宣部“庆祝改革开放40年”全国唯一镇级典型，陆续播放和刊登报道86篇，相关文章获转载2980篇。央视《新闻联播》《新闻1+1》《焦点访谈》全方位报道织里，得到中央、省市区各级领导的一致认可。以“最多跑一次”改革为牵引，持续大力深化“放管服”改革。已公布的400项全部实现“最多跑一次”，其中通过网上办理的228项实现了“跑零次”。新增不动产登记等6个特色服务窗口，“企业投资项目代办”实现全覆盖。

智慧管理呈现新亮点。深化织里镇“四个平台”基层治理体系管理，实现联勤联动。高标准完成“智慧织里”省级验收，信息化水平、智慧化程度进一步提升。省验收组给予织里镇在全省智慧项目建设中“真枪实战、典型代表”的高度评价。全面强化“智慧安防”建设，大力推广智慧用电、智慧用水、智能预警、智慧安监等智慧消防建设，不断提升消防安全“三防”水平。全面发挥“三个中心”作用，反恐处突能力建设成效明显。

创新举措发挥新成效。坚持市场化改革方向，组建织里城投、产投集团，构建多层次国企监管体系。完成旧厂房“退二进三”7宗500亩。通过拆迁共争取规划空间1983亩，落实用地指标1730亩；完成项目供地22个，面积1405亩，出让金36.3亿元，实现收入良性增长。创新投融资体制机制，吸引社会资本参与基础设施建设，实施织里文体中心PPP项目、漾西小城镇环境综合整治EPC项目；参与组建织里产业基金，助推重点领域、重点企业技术创新。充分利用优质经营性项目及棚户区改造政策，大力推进城投集团与各金融机构的对接合作力度，累计融资25.57亿元。隐性债务化解完成省定任务目标。

坚持以规划打造城市格局。围绕“城市的形态，产业的功能”这一城市发展理念，积极配合新一轮湖州城市总规编制。重点打造织西以童装城为中心的特色总部经济商圈，织东以珍贝商业综合体为中心的都市生活商圈，织北“商住融合、文化休闲、水乡特色”的扁担街商业圈，三大商圈雏形已基本成型。围绕北片开发、富民路打通、湖织大道拓宽等全力推进老街拆迁工作，完成土地征租3271亩，签约拆除1231户，实现了晓河村、东兜村、秧宅村、晟舍村、大郑村南片整村清零，大河村、织里村洋西滩片基本清零。

坚持以建设打造城市品质。吴兴区实验小学竣工使用，北大培文学校全面开工建设，吴兴人民医院内部装修，文体中心建设加速推进，利济文化公园四期有序施工。新建停车场30个，新增停车位13000余个。碧桂园、当代等11个品牌房地产相继开工，爱家二期、碧桂园嘉誉等5个商业广场有序建设，城市品位、文化氛围显著提升。投资3.5亿元完成晟舍、漾西小城镇环境综合整治，高标准通过省级验收。

坚持以精细管理打造城市形象。全面启动以“绣花一样精细”的管理模式延伸到中心镇区的角角落落，实现城市道路保洁、车辆管理常态化，并得到市委、市政府主要领导的批示肯定。累计出动人员16.72万余人次，出动整治车辆机械2.54万余车次，清理背街小巷垃圾和堆积物5.55万余吨，开出违章罚单4万余张，拖离机动车和“三小车”1.5万余辆，违法行为集中教育学习8800余人次。建成第一批收费停车场20个，停车位2000余个。加快推进全镇电瓶三轮车上牌，建立信息数据库，破解电瓶三轮车交通违法体量大、纠正难、事故多的困局。总投入230多万元打造智慧城管平台，全面提升城市管理规范化、精细化和智能化水平。

美丽乡村提标提档。大力推进农业产业创新，新增省市区级示范性家庭农场4家，培育区级以上示范性合作社1家，新引进优质农业大好高项目1个。16个农业村抱团成立经营公司，以购买物业的方式确保稳定收益，全面消除经营收入30万元以下农业村。加快形成滨湖一体化中东部乡村带，义皋村国家级美丽宜居项目顺利通过验收，上林、汤溇、曙光三个市级美丽乡村建设高标准通过验收，其余9个农业村全部启动扩面提升。不断推进农村“一村万树”项目建设，伍浦村顺利通过市级验收，常乐、庙兜、曙光等11个村通过区级验收。上林、义皋等4个村获得市级森林村庄称号。整改完成土地卫片复垦项目10宗，完成宅基地发证806本。

生态环境不断优化。全面完成11个行政村1.47万亩渔业养殖尾水生态设施治理、退养2738亩。严格管控永久基本农田，确保面积不减少、土壤环境质量不下降。加快重点水利工程建设，完成河道清淤21公里，生态护岸23公里，建成美丽河漾45个，利济圩区、南北横塘区域水系综合整治工程镇区片一期项目顺利推进，太湖片一期已完工。国控省控断面水质保持稳定合格。全力抓好大气扬尘等治理工作，主要指标持续下降，全市排名稳步提升。全面启动垃圾分类工作，让环境更美好。

基础设施不断完善。全面完成农村路网建设，主干道全部实现8米以上，让美丽路网成为沿线风景带。加快东尼路、鹏飞路等8条道路建设，基本形成织东“两纵六横”路网格局。利济路、晟舍新街、佛仙路等12条道路全面完工。全力构建“1+3+N”的城乡大交通格局，四高连接线方案基本确定。湖织大道拓宽及东延、吴兴大道东延加快推进，三新线列入省道规划。建设完成污水管网10公里，着力推进“污水零直排区”创建，抓好源头控制。

架设了一座“惠民桥”。进一步扩大社会救助覆盖面，累计发放低保救助金448.6万元。慰问困难群众1200余人，慰问金额75万余元。新建村养老照料服务中心3个，推进政府购买养老服务扩面，累计为19689名老年人购买意外伤害保险，参保率100%，实现全镇35万常住人口救助保险全覆盖。首批建成义皋、晓河、河西3个农村家宴放心厨房并投入使用。不断提升社会优抚工作水平，全面建成镇、村（社）两级退役军人服务机构。辽宁、吉林等7个省（自治区）患者就医实现异地结算，跨省联报264人次，总金额155.9万元。完成公办学校优化整合和教育券制度改革，新生招生2445人，解决新居民子女入学933人。进一步加快东西部扶贫协作力度，在青川县启动建设“扶贫车间”，捐赠童装21050件，价值503万元。通过警民合作捐赠阿克苏地区10万余元，白山市30万元。

构筑了一堵“防火墙”。全镇全年安监员共出动28.1万人次，检查各类企业、场所共计56.3万户次，督促整改各类安全隐患11.3万余处；完成“厂中厂”整治180家，火警总量同比下降32.5%，消防安全形势总体稳中向好，“智慧安监”系统日趋成熟。坚持“救早灭小”理念，加快建设“智慧消防站”，晟舍、利济已建设完成并投入使用。逐步开展“宿舍革命”和电气线路改造，从源头上消除消防安全隐患。

编制了一张“平安网”。以地信大会、互联网峰会等重大活动安保为主线，以深化平安建设为抓手，坚持和发展新时代“枫桥经验”，各项工作成效明显。深入开展“扫黑除恶”专项斗争，全年搜集涉黑涉恶线索63条，已办结59件。破获涉黑恶案件93起，摧毁涉黑恶团伙15个，抓获涉黑恶违法犯罪嫌疑人192人。打处数、团伙数、破获案件数同比分别上升89%、114.3%和105%。大力推进“雪亮工程”建设，接入平台视频监控10616路，人脸卡口287路，日均抓拍高清人像20万余张，破案利用率50%以上。连续开展“铁警”系列行动15次，持续推进“扫黄赌、零容忍”专项行动，黄赌举报类警情同比下降28.8%。

上交了一份满意“答卷”。2018年度十大民生实施项目全面完成建设任务目标。吴兴实验小学、浒金港公园完成建设并投入使用。盘珠漾公园、轧村安置小区基本完成建设。织西安置小区、吴兴大道东延工程、吴兴大道拓宽改建工程、利济文化公园、文体中心建设、美丽乡村建设按照时间节点有序推进。乡村建设不断加快，养殖尾水处理能力不断加强，电子警察设施设备不断完善，社会购买服务成效不断凸显，教育券改革制度不断优化。2018年民生项目正在发挥为民效益，群众满意度不断提高。

工作效能持续提升。全镇定期召开精细化管理、安全生产、扫黑除恶等工作例会，倒逼工作快速推进。结合最多跑一次改革，公开、透明办公，设立举报箱和意见箱，接受群众监督，全面提高工作人员办事效率。全面实施重点领域现场督查，全年共参与镇、村工程建设项目招投标现场监督140余次。定期开展暗访督查工作，全年效能督查40余次，7人次受到通报批评和相应处分。

党风廉政持续推进。进一步健全“五事阳光”权力运行机制，不断规范镇、村干部的公务行为。结合“清廉吴兴”建设，出台《清廉织里实施方案》。推进以义皋、晓河等两村为“清廉乡村”建设重点，完成“吴兴区家风民风教育基地——崇义馆”建设，并成功举办“强化基层公权力监督 社会共建清廉吴兴”现场推进会。开展各类谈话54人次，其中批评教育6人次，提醒谈话36人次，警示谈话10人次，诫勉谈话2人次；共查处党员违纪违法案件23起，处理违纪党员23人次，其中开除党籍9人次，实现党风廉政建设全覆盖。

法治政府持续强化。全面建立与织里小城市相匹配的行政管理体制，通过法治建设来营造一个公平正义的法治环境，不断加快建设一流法治政府，全面营造一流营商环境。加大公共资金、国有资源资产等审计力度，财政资金绩效水平全面提升，“三公”经费继续下降。严格执行政府重大决策报告制度。继续推进“民主法治村”和“诚信守法企业”创建活动向纵深发展，创建完成省级“民主法治村”2个、市级25个、区级7个，区级“诚信守法企业”3家。全镇34个行政村全部落实村法律顾问，112家规模企业实现法律顾问全覆盖。

（邱云飞）

•八里店镇•

【概况】八里店镇区域面积66平方公里，辖27个行政村，常住人口42723人。其中湖东西区7个村，区域面积7平方公里；东部新城区域14个村，区域面积25平方公里；南片试验区6个村，区域面积34平方公里。镇内山水清远，交通便捷，长湖申黄金水道、318国道穿镇而过，申苏浙皖和申嘉湖两条高速拉近了与上海等大城市的距离。先后获得全国生态乡镇、浙江省生态镇、浙江省教育强镇、浙江省体育强镇、浙江省卫生镇、浙江省“东海明珠工程”、湖州市“平安乡镇”、世界“丝绸之源”、国家城市湿地公园、浙江省首批特色小镇、浙江省文化强镇等多项荣誉称号。在市委、区委的正确领导下，全镇上下认真贯彻落实中共十九大和省市区党代会精神，深入践行“四新”主题实践，按照“靠前站、马上办、讲实效”的要求，进一步解放思想、创新机制，全力推进全域城市化，着力建设魅力东部新城，经济社会发展取得了新成效。全年实现地区生产总值73.2亿元，增长10.0%；实现财政总收入16.7亿元，增长26.9%；完成固定资产投资63.4亿元，增长17.4%，其中服务业投入51.7亿元，增长15.3%；实现规模工业增加值31.2亿元；完成浙（湖）商回归资金12亿元。移沿山生态景区通过国家AAAA级验收、成功创建“浙江省卫生乡镇”、八里店镇人民调解委员会被司法部授予“全国模范人民调解委员会”称号，全镇特色亮点进一步彰显。

2018年，全镇广大干部群众始终坚持党的正确领导不动摇，始终坚持全域城市化目标不动摇，始终坚持维护良好发展环境不动摇，以决战决胜的精神状态，打赢了一场又一场攻坚克难的大仗硬仗，全镇实力跃上新台阶，全域城市化突破推进：一是财政实力取得大突破。在金洲、飞华等一批优强企业保持税收持续稳定的基础上，全力开拓挖掘商业、地产、建筑领域的新税源，房地产行业税收持续增长。2017年全镇财政收入16.7亿元，增长26.9%，历史性地实现了高基数上的高增长。二是城中村改造取得大突破。仅用30天时间完成建设项目遗留问题清零，更再接再厉实现全市第一个组团清零，全力打造全市城中村改造工作样板。历史性地实现了东部新城和湖东西区农房拆迁清零。三是城市化推进取得大突破。东部新城投资热度持续升温，全年土地成交总价超43亿元，8宗商住用地全面开工，历史性地实现了塔吊林立、东部腾飞的新局面。四是体制机制创新取得大突破。村级留用地破题兑现，湖东西区采用资产和货币相结合的方式，明确各村以征地全面清零为标准分批兑现；东部新城方案正在积极深化对接中。筹备组建湖东街道，预计春节前后完成挂牌，历史性地开启撤镇建街道的新局面。

【主要工作成绩及特色亮点】以经济建设为中心，发展活力显著增强。深度融入“中国制造2025”试点示范建设，7个区重大工业项目全部开工，完成投入5.7亿元；金洲三期、飞华二期、德宏二期等一批高质量的工业项目加快推进。成功打造一批名企名家，全年培育“双金”“双高”企业6家，恒久机械实现新三板挂牌上市。新增国家重点扶持高新技术企业3家，新建省级博士后工作站1家1名。重点项目及基础设施建设加快推进，区文体中心主体完成，枫叶国际学校、实验幼儿园投入使用。丝绸小镇建设工作全面铺开，足球小镇签约落地，金诚国际医院顺利入驻。

率先开展“五未”专项行动，原万马光电产业园通过盘活闲置土地158亩，成功引入中南智能制造产业园项目；318国道沿线环球等企业“退二进三”，盘活土地近300亩。经编、木线条行业低小散整治专项行动取得实效，尹家圩排东经编小企业、义山村及移沿山村木线条企业全面关停拆除，腾出发展空间近150亩。

以全域发展为主线，新城建设提速推进。充分发扬“八里店铁军”精神，以不获全胜绝不收兵的决心，全面完成第四片区湖东西区组团553户攻坚任务。全镇面上借势借力，同步开展了以义山村、乌山村整村清零，南片土地复垦，东部商业土地出让等项目为重点的征迁攻坚，全年累计完成拆迁1212户，征租地5000余亩，安置房分配到户42.7万平方米。完善社区基础设施建设，安装各类高清监控1972个，14个老小区污水管网全面修复。与美欣达集团正式签订“环卫一体化”项目，全镇生活垃圾收运处置管理进入“全托管模式”。加大农民安置社区物业管理力度，在西湖漾、三合家园2个社区率先引入国家一级资质物业公司，实现物业管理高端化。进一步完善南部片区以农兴旅、以旅促农、农旅融合的发展模式，市农科院试验示范基地、淡水所叶家漾等大好高项目加快推进，全力打造优质高效农业新格局。全力开展紫金桥小城镇改造，累计拆除农房34万平方米、违章建筑4000平方米、小企业16家，彻底解决立面杂、停车难、卫生差、秩序乱等问题。全面完成全国文明城市创建各项任务，清除“僵尸车”180余辆、清理楼道830余个，清理垃圾1000余吨，农贸市场等重点场所全面整治，文明城市创建工作获市集体嘉奖。

以民生福祉为根本，社会保障持续提升。枫叶国际学校、实验幼儿园相继开学，东部新城逐渐成为全市教育的新高地。建立健全镇级“困难救助基金”和“就业帮扶基金”，全年共发放低保及各类补助救助451.85万元，促成就业2000余人。积极打造八里店文化品牌，全年组织各类文体活动175场。爱国卫生工作水平不断提升，成功创建省级卫生乡镇。持续深化“五水共治”，狠抓劣V类水剿灭，全面完成103处疑似水体的整改；完成10公里河道及1.6公里生态护岸建设。全力开展治危拆违，完成84户D级及C级公共类危房治理改造、旧厂房改造3.6万平方米，拆除违章建筑7.85万余平方米。大力开展治气治霾，完成11个建筑工地和主要道路的扬尘治理，淘汰燃煤小锅炉30台；完成餐饮油烟整治18家。全面开展治脏除乱，完成重要干道整治点11处，创建精品道路6处，完成318国道沿线绿化拓宽16.2万平方米。圆满完成中央环保督察交办的9件信访事项处理工作。全力开展平安护航攻坚，“护航十九大”和乌镇峰会期间，未发生一起去市赴省进京非正常上访事件。开展打霸除恶专项行动，劝退、处置阻碍施工事件20余起。综治工作、综合执法、市场监管、便民服务“四个平台”建设深入推进，信息综合指挥中心全面建成。深化安全生产监管，开展专项排查行动，检查各类单位场所500余家，完成安全隐患整改700余处，拆除取缔安全（消防）不达标各类企业场所300余家。全面落实“双禁”工作。

以党的建设为抓手，基层基础不断巩固。深入学习贯彻中共十九大精神，推进“两学一做”学习教育常态化制度化。全力建强基层战斗堡垒，组织全镇2789名党员进行专题党课集中轮训，实现党性教育常态长效。全面落实村社干部集中办公，切实增强服务功能。村社班子选优配强，圆满完成换届工作，产生新一届村社两委干部150人。加强队伍建设，全年共有5名年轻干部获区委提拔重用，7名年轻干部提拔、转任镇机关中层正职岗位。广泛开展最美系列评选活动，为全域城市化推进，提供强大的价值引导力、文化凝聚力和精神推动力。严明党的政治纪律和政治规矩，严肃党内政治生活，引导党员干部牢固树立“四个意识”。高标准落实中央八项规定精神，扎实开展农村基层作风巡查。实践监督执纪“四种形态”，经常开展批评和自我批评、约谈函询，让“红红脸、出出汗”成为常态；党纪轻处分、组织调整成为违纪处理的大多数；党纪重处分、重大职务调整的成为少数；严重违纪涉嫌违法立案审查的成为极少数。通过问题线索共处理违纪党员29人。支持和保证人大依法行使监督权、决定权、任免权，财政预算审查监督试点成为全市人大工作的亮点。统战、人民武装、双拥、老干部、群团等各项工作都紧紧围绕大局，积极作为，取得新进展。

（朱佳敏）

·道场乡·

【概况】道场乡位于湖州中心城区南大门，区域面积61.5平方公里，辖8个行政村和1个社区，121个村民小组，农户4613户，总人口1.58万人。道场乡区位优势明显。境内水陆交通便捷，长湖申航道和东苕溪沿乡而过，104国道、318国道纵贯全乡，杭宁高速、申嘉湖高速的湖州出入口均在境内，是湖州中心城区南郊“纵横南北、连贯东西”的交通枢纽。自然资源丰富。境内农副产品、林业和矿产等丰富资源，现有林地近5.7万亩，其中生态公益林、毛竹林各1.5万亩，其他苗木、水果、茶叶等面积5000亩左右，已形成绿化苗木、水果茶叶、优质笋竹、特种水产等特色新兴农业产业，大规模效益农业基地7个，总面积达28000亩。人文底蕴深厚。境内有国家、省、市级文物保护单位13处，其中下菰城遗址、陈英士墓、道场山多宝塔及万寿寺、云巢古梅花观、钱山漾遗址等景点，堪称“江南吴越文化遗产的自然博物馆”。

【主要工作成绩及特色亮点】扮靓“南大门”、建设“人文道场、富美南郊”的目标任务，全力推进“南征北战、提速攻坚”六大行动。

是年，坚持生态为先，让南郊山更绿、水更清、乡村环境更优美。

始终按照“绿水青山就是金山银山”的发展理念，全力打造宜居宜业宜游的优美环境。一是全域打造美丽乡村。按照一体化设计、系统化布局、整体化打造的思路，累计投入6000余万元，持续推进红里山、菰城、道场浜、钱山下、施家桥共5个村美丽乡村建设，成功创建省级美丽乡村示范乡镇，南郊“一线五组团”的美丽乡村旅游形象初显。红里山村、菰城村获“省级美丽宜居示范村”和“市级美丽乡村精品村”称号，菰城村、施家桥村获“省级美丽乡村特色精品村”称号。施家桥小城镇环境综合整治夺得省级样板，城南小城镇环境综合整治通过省级考核验收。创建美丽庭院230户，实现村庄核心区及主干道沿线美丽庭院全覆盖。二是全域开展环境整治。精准实施“一分两清三拆”环境全域整治，清除废品收购点62个、清房前屋后生活垃圾2000多吨，拆除违章建筑、“一户两宅”超22万平方米，66户危旧房全部除危，城乡环境面貌得到显著提升。所有行政村实现农村生活垃圾分类，成功创建吴兴区唯一的农村生活垃圾分类示范乡镇，红里山村、菰城村获省级“高标准农村生活垃圾分类示范村”称号。建立“两路两侧”长效保洁和绿化养护机制，有效提升G25高速、104国道等重点道路沿线环境管理水平。三是全域推进环保治理。大力推进蓝天、碧水、净土保卫组合拳，生态环境状况和质量不断改善。加强扬尘长效治理，全面落实建筑工地“七个100%”要求，严格管控秸秆等垃圾的露天焚烧，油烟净化设施安装率和使用率均达100%。深化“五水共治”，全年完成渔业养殖尾水治理3953亩，完成年度任务的124%，丈量、签约、设计、招标、筹款、施工、验收“七步法”在全区推广。加强固废、危废污染防治，开展VOCS行业、危险废弃物等环保专项执法行动，取缔环境违法单位2家，整改违法行为11个。

是年，坚持发展为要，让项目推进更快、要素保障更活、产业结构更优化。

全面统筹城乡各项资源，抢抓南郊开发机遇，产业兴乡攻坚行动取得实效。一是项目双进实现突破。围绕湄公河、爱维两大项目开展专项攻坚，投资100亿的“两山一城”旅游度假项目、投资30亿元的天地健康产业综合园项目签约落户，开启南郊开发的新局面。加大康养旅游、绿色食品、智能制造等重点项目招引力度，引进威杰化妆品展柜、雅炻科技等5个市、区“大好高”项目。二是要素保障全面整合。菰城村土地全域综合整治和生态修复工程完成规划设计。完成唐南二期谢家山片211户农房、厂房的城中村改造任务及约500穴坟墓搬迁、土地苗木政策处理工作；完成唐南一期施家坝、三圩田片285亩土地开发运作；完成乔木山区块唐南片施家埭、谈家兜74户、茅安前区块88户农户签约工作；完成高标准农田建设1200亩、土地开发复垦250亩，为项目引育提供新空间。三是产业结构日趋优化。以品牌食品加工产业为主体，新引进百年中华老字号杭州万隆景阳观、匠造等企业；以智能装备产业为方向，助推迈隆机械、天和机械、亚普自动化等传统机械制造业转型升级；以特色旅游文化产

业为指引，引进国际青花瓷文化研究中心、陶瓷博物馆，金盖山景区入选省旅游风情小镇培育名单，荣获省示范型放心景区、市生态文明建设生态旅游示范点。全乡初步形成以康养休闲、绿色食品、物流机械等产业为主导的产业方向。

是年，坚持改革为重，让办事更便捷、社会更稳定、发展环境更和谐。

充分发挥改革创新的带动作用，各项改革举措落地见效，内生动力不断增强。一是改革创新成效明显。推进“最多跑一次”改革，乡便民服务中心迁址办公，112 项行政权力事项和公共服务事项实现一站式受理，全年共办结各类服务 2563 件，一次性办结率达到 98%。信访“最多跑一次”改革试点工作得到市区肯定，开展视频接访服务 97 人次，初信初访量同比下降 50%。优化营商环境，全面落实“联村、联企、联项目”制度，强化跟踪服务，帮助企业解决生产经营中的实际问题 30 多个，全力为企业做好土地、资金、人才等服务保障。二是社会治理丰富多彩。不断深化“四个平台”、全科网格和矛盾纠纷多元化解分中心建设，组建一室 8 站覆盖全乡的“红小二”网格志愿服务团队、25 个专职网格员队伍和 3 个村级乡贤参事会，开展日常巡查、帮扶代办、宣传引导等活动 220 次，平安创建各项指标走在全区前列。受理“12345”政府热线 1128 件，解决率实现 100%，群众满意率达到 99.2%，成功化解 14 件积案，未发生赴省进京事件，形成“微事不出格、小事不出村、大事不出乡”的治理格局，群众安全感、满意度显著增强。三是社会大局安全稳定。严格落实安全生产目标责任制，强化行业监管、联勤联动，组建 6 个专业安全生产委员会，对建设交通、教卫文体、旅游景点、民族宗教、农林水土等行业开展滚动巡查 1286 人次，整改各类安全隐患 385 个，安全生产、食品药品、市场监管等各领域形势持续稳定。社会治安不断改善，社会大局和谐稳定。

是年，坚持民生为本，让百姓更安乐、群众更满意、幸福指数变更高。

坚持以人民为中心的发展理念，把服务和保障民生作为优先选项，全乡民生支出逐年递增，年度十大民生实事高质量完成。一是民生工程全速推进。浮玉花园一期工程完成总工程量约 40%，高层及多层主体结构完成约 70%。杭宁高速道场段顺利开工。湖山大道吴兴段基本完成土地征用、管线搬迁，主线节点控制性工程吴沈门大桥已合拢，连接线东苕溪大桥桩基施工完成 85%。东苕溪水云绿道完成总工程量的 60%，其中东岸绿道主体已完工，西岸绿道完成路基主体工程，确保 2018 年 8 月竣工。二是民生事业加快发展。为大学生、城镇零就业家庭和低收入家庭提供就业服务，城镇新增就业人数 860 人，其中新增大学生就业 400 人。完成浮玉社区、施家桥村、道场浜村 3 个文化礼堂建设，实现服务区域全覆盖，成功创建省级文化礼堂建设示范乡镇。基本养老保险参保率、基本医疗保险率分别达到 94% 和 99% 以上，公共文化卫生服务体系不断完善。教育、文化、卫生、民政等各项事业得到有序发展。三是社区管理精细有序。成立浮玉社区居民委员会，以规范、宜居为原则，高标准打造百姓安居环境。全力推进社区车辆停放、环境卫生等四大专项整治行动，进一步推进精细化管理，完成浮玉社区卫生服务中心站建设，浮玉社区高层消防安全隐患得到有效整治，强化小区内车辆规范停放，新增社区监控探头 90 余个，对 106 个汽车库进行排查，取缔整改 6 家经营户。

是年，坚持廉政为基，让作风更实、风气更正、干部战斗力更强。

始终围绕政府自身建设，强化干部队伍管理，打造服务发展的道场铁军。一是纪律规矩更加严明。牢固树立“四个意识”，坚定“四个自信”，做到“两个维护”，坚决贯彻中央、省市区委和乡党委的各项决策部署。严格执行中央八项规定，积极助推清廉道场建设，完成区委巡察问题整改 30 个，完善制度 23 项，整改率达 100%。扎实推进红里山村清廉乡村示范点建设，开展“党纪教育一刻钟”、“安全生产教育一刻钟”210 次，党风廉政建设得到进一步强化。二是法治建设持续增强。加强法治政府建设力度，规范行政决策程序，切实加强政府公信力建设，深入开展“七五”普法工作，大力推进公共法律服务体系建设，完成施家桥村省级民主法治村及唐南、南墩、钱山下村市级民主法治村创建，菰城村荣获市级乡村治理示范村。自觉接受人大依法监督，推进施家桥村和菰城村“五星级”人大代表联络站创建，组织代表开展视察、执法检查和评议等活动 15 次，“群策群力、共治共享”监督建议作用得到充分发挥。三是铁军队伍作风过硬。践行“靠前站、马上办、讲实效”，推行季度村书记论坛、星期六例会等机制载体，全面加强乡村干部队伍能力素质，工作成效得到明显提升。积极发挥群团组织作用，搭建“青年学、青年说、青年冲”培养载体，举办“乡村振兴·青年先行”论坛，选派年轻干部到乡重点攻坚任务组中历练，助推年轻干部成长成才。

（何　佳）

•妙西镇•

【概况】2018年，妙西镇人民政府坚持以习近平新时代中国特色社会主义思想和中共十九大精神为指引，在区委、区政府和镇党委的坚强领导下，在镇人大等各方面的监督和支持下，认真贯彻落实省市区委全会精神和各项决策部署，紧紧围绕市委“一四六十”工作体系，以“妙西振兴”行动为主抓手，迎难而上、克难攻坚，扎扎实实打好项目双进、产业提质、环境提升、品牌打造系列组合拳，较好地完成镇四届人大四次会议确定的各项目标任务，西塞山旅游度假区高质量赶超发展呈现良好局面。

全镇全年完成固定资产投资30.8亿元，同比增长15.8%；其中旅游业固定资产投资22.7亿元，同比增长49.8%；实现财政收入1.29亿元，同比增长33.16%；农民人均可支配收入26772元，同比增长8.4%；旅游收入2.13亿元，同比增长52.1%。一年来，妙西镇顺利承办了第三届世界乡村旅游大会、全省“坡地村镇”现场会、全市庄园经济现场会等重要会议，成功创建省级农业特色强镇和市级“全域旅游示范乡镇”，慧心谷庄园、原乡小镇庄园入选全市首批生态度假庄园培育单位。一年来，妙西镇主动顺应人民群众对美好生活的期待，花大力气一桩桩、一件件推动解决民生“关键小事”，经全体代表票决产生的十大民生实事项目全面完成。一年来，中共湖州市委书记马晓晖三次调研妙西，对该镇的工作作出重要批示、给予充分肯定，并对下一步发展提出了明确的要求和殷切的希望。

【主要工作成绩及特色亮点】 旅游发展态势显著改善。一是聚焦项目双进，高质量加快赶超。全年引进50亿元以上项目1个（海亮康养小镇）、30亿元以上项目1个（冒险王国小镇），14个在建项目快速推进；西塞山前木墅酒店一期运营状况稳中向好，二期工程有序推进；原乡小镇一期运营以来，已接待游客25余万人次、实现营收2400余万元；慧心谷绿奢度假村于上年11月试营业，仅“双十一”期间就订出客房1000余套，春节期间入住率超90%，一房难求的现象火爆全网。二是聚焦平台建设，高水平深化打造。推进景区村庄建设，完成4个省级AAA级景区村庄挂牌、1个省级“休闲旅游示范村”申报；加快基础设施配套，建成游客服务中心2幢、生态停车场6座、旅游A级厕所7座；强化资源要素挖掘，塘里古村落、妙禅谷等8个项目获批全省“坡地村镇”建设用地试点，争取点状用地计划指标186亩；推进土地综合整治，实施土地复垦开发共205.6亩、新增耕地168亩，消化转而未供土地329亩。三是聚焦原乡品牌，高标准引领提升。成功举办第三届世界乡村旅游大会、吴兴西塞山文化旅游节、陆羽诞辰1285周年等大型旅游节庆活动十余场，吸引游客50万人次。一年来，省内外各大重要媒体先后刊发播出有关妙西的各类新闻通讯150余篇次，其中仅国家级媒体就有80余篇次。中央电视台新闻联播节目聚焦“两山”理念转化，对妙西产业转型发展作了专题报道，大幅提升了西塞山旅游度假区的影响力和美誉度。

产业提档升级稳步推进。一是优化结构做精一产。投入660万元高标准完成石山岭水库除险加固工程，完成山塘综合整治及标准化管理3座、生态护岸工程6公里、水库大坝安全技术认定2座。成功申报省级农业特色强镇，创建市级农业龙头企业、市级示范性休闲农业园区、全国乡村旅游AAA级示范农业企业各1家，市级森林村庄1个（后沈埠村）、省级“一村万树”示范村2个（关山村、妙山村）。有序开展防台防汛、森林防火等工作，农产品质量安全稳中有升，全年未发生农业生产安全事故。二是夯实基础做优二产。新增规上企业2家，半年内实现“小升规”；引进扩建汇能新材料二期等项目2个，预计新增产值3亿元。完成16家“低效”企业整治提升，盘活土地65亩、新增利税2000万元。申请发明

专利109件，发明专利授权26件，新认定省级新产品13个；成功申报农业研发中心2家、省科技型企业4家，南太湖精英计划、市级研发中心、市级众创空间、市级星创天地、市级专利示范企业各1家。

全域环境打造有效提升。一是吹响全域治理集结号。以举办第三届世界乡村旅游大会为契机，全面推进全域绿化、亮化、美化、洁化、彩化“五化”工程，累计投入9740万元，完成绿化、彩化20万平方米，美化3万平方米，亮化34公里；群策群力抓好妙西集镇和后沈埠集镇精细化管理，垃圾分类实现全覆盖，新增、改造公厕35座，拆迁拆违32万平方米；全镇划为畜禽养殖禁养区，镇内主要交通道路、村庄干道、景区周边以及70条河道实现一体化保洁，长效管理机制初步建立。二是交出全域修复成绩单。积极推进废弃矿山复绿工程，投入资金2950万元，完成复绿17.7万平方米；高标准实施农村生活污水运维，强势开展养殖尾水治理，成功创建污水零直排镇，全域水环境不断改良；累计修复林地2324亩，完成区定VOCs整治企业治理任务，所有燃煤锅炉完成生物质颗粒改造，全年空气环境优良天数达257天，臭氧指标排名全市第一，$PM_{2.5}$指标排名全市前十。三是扮靓全域美丽大花园。高水平建设妙新线美丽乡村示范带，完成特色公交站台的设计和对下政策处理，综合整治点位25处，实施沿线绿化种植5000平方米；高质量打造市级美丽乡村1个（后沈埠村）和精品村2个（妙山村、龙山村），创建美丽庭院596户，投入3215万元完成后沈埠集镇小城镇环境综合整治；高标准推进交通基础设施互联互通，投入4050万元建成“四好”农村路16.3公里，其中霞幕山通景道路全部完工、后滋公路完成大中修。

百姓民生福祉切实增进。一是社会保障水平越来越高。与重点旅游项目联合举办招才引智活动，新引进大学生404人，完成全年任务的101%；培训和鉴定高技能人才104人，完成全年任务的130%；全镇居保参保率达97%，医保参保率达99%，基本实现全民参保；落实劳动人事争议多元化解机制，和谐劳动关系构筑向好；真情帮扶困难群体，全年慰问困难家庭500余户，发放低保金201万元、残疾人补助金150万元。二是社会事业发展越来越优。切实加大教育事业投入、不断优化教育资源配置，努力办好人民满意的教育，妙西学校食堂高标准完成改造升级，妙西镇中心幼儿园通过省二级幼儿园评估。扎实开展卫生计生优质服务和心理咨询服务站建设，14个村建立红十字会服务站，新建原乡小镇红十字会应急救护站；巩固省级卫生镇长效管理机制，新创省级卫生村2个，复评省级卫生村1个。三是社会治理能力越来越强。建成网格员工作站2个、招录专职网格员13名；妙山村和龙山村成功创建省级民主法治村和区级平安示范村、善治示范村；累计排查各类矛盾纠纷128起、化解126起，化解率达98%；深入推进“扫黑除恶”等专项行动，抓获各类涉黑恶嫌疑人7名、破获案件2起、治安拘留7人，着力打造“矛盾不上交、平安不出事、服务不缺位”的基层社会治理新样板；圆满完成“地信大会”、第五届世界互联网大会、省运会等重大活动维稳安保，安全生产、食品药品等领域持续稳定。

政府自身建设不断强化。一是树立开明开放的政府形象。坚持在镇党委领导下开展工作，自觉接受人大监督，扎实做好人大代表议案办理工作，推进参与式预算审查监督；票决民生实事稳步实施，央视焦点访谈节目等11家主流媒体予以特别报道；各级各界别政协委员积极履职，书记、镇长与政协委员“面对面”活动顺利举行；配合支持统战、工青妇、科协、残联、慈善、关工委、退役军人服务等团体、组织做好工作。二是健全科学创新的管理体制。坚持科学决策和民主决策，加大政府信息公开力度，扎实构建权力阳光运行机制；加强政府投资项目管理，严格执行招标采购制度；继续深化“最多跑一次”改革，镇服务大厅实现业务综合受理；注重履行社会管理和公共服务职能，善于利用和依靠社会各种力量参与社会建设、提高管理效能。三是强化实干担当的工作作风。打造廉洁政府，认真落实党风廉政建设责任制，着力纠正损害群众利益的不正之风；注重队伍锤炼，百名干部组建14个攻坚组，加班加点推进重大项目，在日常工作中展现铁军风采；牢固树立过“紧日子、苦日子”思想，把有限的资源和财力用在加快发展和为民服务上，努力打造人民满意型政府。

（沈焕霞）

·埭溪镇·

【概况】埭溪镇隶属于湖州市吴兴区，始建于宋太平兴国八年（983年），是一座具有千年历史的江南古镇，古称“上强”。“埭溪”之名与山水、溪流、埭坝相关。万历六年《湖州府志》称埭溪市，此为埭溪镇正式命名之始。埭溪镇于2001年1月经过行政区域调整，由原来的梅峰乡、乔溪乡和埭溪镇合并而成，区域总面积173平方公里，下辖20个行政村和1个社区管委会，户籍人口4万余人，外来流动人口3万余人，城镇建成区面积5.5平方公里，是全国重点镇、浙江省第二批创建类特色小镇、湖州市重点发展的17个中心镇之一。

近年来，埭溪镇经济社会得到快速发展，综合实力得到显著提升，民生福祉得到不断改善，成功创建了国家级生态镇、省级文明镇、省级卫生镇、省级体育强镇，成功迈入了全国千强乡镇行列。2018年，入库财政收入5.7亿元，同比增长20%；规模工业产值37.11亿元，同比增长20.89%；规模工业主营业收入38.25亿元，同比增长25.76%；限上批发业收入25.1亿元，同比增长63%；农民人均收入31089元，同比增长9.4%。

【主要工作成绩及特色亮点】坚持特色发展，美妆产业迈出新步伐。始终坚持“项目为王”理念，全年新引进化妆品和配套项目28个，科技孵化园、检测研发中心交付使用，美妆小镇核心区基本实现“项目入驻成群，小镇形象呈现”。海外湖商、清华总裁班、普罗旺斯化妆品协会等32批国内外团体前去考察美妆小镇并举办专题推介，组织参加法国化妆品360峰会等10余个大型专业展会，成功举办第四届化妆品行业领袖峰会，完成美妆小镇二期概念性发展规划，发布新蓝图，签署“全球行业领袖美妆宣言”。在全省122个特色小镇中，美妆小镇的网络影响力指数位列18，国内、国际的影响力进一步扩大。

坚持创新驱动，经济发展呈现新态势。成功创建美妆小镇市级人才创业创新基地，入选海外工程师1人，南太湖精英计划2人，优质人才加快集聚。着力抓好农业产业结构调整，成功创建市级示范性家庭农场4家，建设高标准农田3000亩，提升改造800亩粮食功能区，璞心农场获央视第三季《舌尖上的中国》点赞。有序推进重点旅游项目，成功举办“吴兴埭溪首届杜鹃花节”“首届国际美妆小镇玫瑰文化节”“驾云山音乐帐篷节”等30余场旅游节庆活动，接待游客40余万人次，同比增长17.5%，打响埭溪旅游品牌，带动全镇走生态振兴道路。以大冲村为代表的乡村旅游迅速崛起，通过举办年猪饭、春笋宴、古道游等特色民俗活动，增加集体经济经营性收入。

坚持建管并举，城乡品质实现新提升。深入推动城乡交通一体化、农村一体化给水工程建设。深入开展“厕所革命”，推进“无违建区”创建，突出农民社区彩钢棚、过渡房等专项整治。充分发挥“张汉亮”诚信商铺示范带动作用，顺利通过国家卫生镇创建省级调研和暗访评估。推进智慧化城管，发挥全科网格作用，城镇管理不断加强。全面开展两路两侧、村庄环境无死角行动，垃圾分类实现镇域全覆盖。成功创建省级污水零直排示范乡镇、示范工业园区。驾云山庄、美妆小镇被评定为国家级AAA级旅游景区，打造美丽庭院280户，建设生态护岸5.2公里，生态修复2580亩，全域美丽品牌持续唱响。

坚持改善民生，幸福指数再上新台阶。加大社会扶助力度，累计发放低保、优抚、救助等金额545余万元，增强低保动态管理，推进社会救助精准化。继续加大教育文化、卫生计生等事业投入，埭溪中心幼儿园联山园区投入使用，埭溪成校成功创建浙江省现代化成人学校，并被评为省社区教育优秀办学单位。顺利举办第五届农民运动会及其他文体活动80余场，组织健身培训300余人，形成全民健身的热潮。建成镇社会心理服务站及16个村级心理咨询室，计生救助管理制度进一步完善。开展“扫黑除恶”专项斗争，破获涉黑恶类案件4起，刑事处罚19人，有效净化社会风气。加快网络、网格融合发展，“四个平台”“全科网格”建设成效明显，“智慧埭溪”扎实推进。严格落实“党政同责、一岗双责”安全生产责任制，加大巡查，强化“双禁”，全年无安全生产事故和火灾亡人事故发生。

坚持从严治政，基层基础呈现新风貌。以“便民利民、服务发展”为宗旨，扎实推进党群服务

中心提质增效，加强镇、村服务中心管理，规范窗口工作人员服务态度，提高服务质量和水平。高度重视国防建设，为部队输送优质新兵18人。深入开展志愿者活动，组织青年、巾帼、党员志愿者参与“城市文明程度指数测评”“护航地信大会”等活动1200余人次，在全省特色小镇立功竞赛、省基层工会改革的现场推进会上作典型发言。坚定不移推进全面从严治党，扎实推进清廉政府建设。严格执行中央八项规定及实施细则精神，坚决纠正形式主义和官僚主义。突出重点领域、重点部门廉政风险防控，权力运行制约和监督体系不断健全。大力支持纪检监察工作，强化监督执纪问责，严肃查处损害群众利益的行为。加强财政资金监管和审计，规范国有资产管理。

（杨晨辰）

·东林镇·

【概况】东林镇位于湖州城南郊，东与菱湖镇毗连，南与德清县相望，西与埭溪镇接壤，北与道场乡为邻，离杭州城60公里，区位优势明显，水陆交通便利，东苕溪、104国道、竹青公路、杭宁高速公路穿镇而过。镇域面积80平方公里，辖23个行政村和3个居委会，常住人口3.5万人。

东林历史悠久、人文荟萃，号称“吴兴胜地”。早在4000年前，就有人在这块土地上耕田种地，植桑养蚕。宋朝的《吴兴志》中，东林名列前三，留下了“地入东林眼界奇，神仙遗迹在榴皮”的美好诗句。建于北宋年间的锦锋塔、南朝年间的祇园寺，编撰于清嘉庆年间的《东林山志》，以及祖籍在东林镇保健村的四大家族之“陈氏”家族，无不展示了东林厚重的历史底蕴。

东林镇始终坚持和加强党的全面领导，以党的政治建设为统领，全面推动党的建设向基层延伸。近年来，以全面开展整治为切入点，以助推项目建设为支撑点，以发展服务产业为突破点，以保障改善民生为落脚点，全面加快经济转型升级，持续打造产业支撑有力、城镇一体发展、文化特色鲜明、生态环境优越、群众生活幸福“五位一体”的“山水田园　秀美东林”。2018年，首次跻身“百亿乡镇”行列，成功入选浙江省百乡全域土地综合整治与生态修复工程首批试点单位，社会总体保持和谐稳定，实现“平安东林”十二连冠。全镇实现财政税收3.7亿元，同比增长33.8%；完成规上工业产值110亿元，同比增长51%；规上工业增加值17.59亿元，同比增长26.5%；规上利税12亿元，同比增长62.2%；工业性投入10.4亿元；全年完成浙商回归盯推3亿元以上入库项目2个，实到外资600万美元；自营进出口预计26亿元。年度新签约引进亿元以上项目7个，其中列入全省重大产业项目1个，市“大好高”项目4个；11个重点项目实现当年签约、当年开工；新凤鸣中石科技获评湖州市“金象”企业，全镇域内上市企业达到5家。镇域强势推进“三棚”清零整治，阶段性完成渔业养殖尾水治理任务，青山神农百草园项目获评市级农业“大好高”，农业产业实现由无序、散乱向规模、生态的转变。城镇框架、形象持续扩面提质，高质量完成青山集镇小城镇环境综合整治，镇党群服务中心、派出所、交警中队等一批公建配套设施完成建设并逐步投入使用，“城乡一体化供水”全面启用，全镇的经济社会事业呈现持续、快速、绿色发展的良好态势，农村富美之路更加通畅。

【主要工作成绩及特色亮点】聚焦实体经济，加速推进转型发展。坚持把项目建设作为转型发展的切入点和突破口，11个区重点项目实现当年签约、当年开工，新凤鸣二期、华心、欧莱格等5个项目建成投产，全年实现固定资产投资增长11.2%，其中工业性投入增长18.7%，获评吴兴区“项目推进先进乡镇”。注重选商择资“一号工程”，全年引进落地亿元以上项目8个，其中列入全省重大产业项目2个，市“大好高”项目4个，浙商回归盯推3亿元以上入库项目2个。完成实到外资600万美元；自营进出口27.5亿元，完成年度任务的275%，获评区“开放型经济工作先进单位”。大力推进产业转型提升，打好“腾笼换鸟”攻坚战，深化“亩均论英雄”改革，全力整治“低散乱”行业，新增“小升规”企业9家。新凤鸣中石科技获评市“金象”企业，龙头企业的带动效应效益逐步显现，一批骨干企业做大做强。全面助力“中国制造2025”试点示范城市建设，实现高新技术产业产值同比增长12.4%，获评区“科技创新先进乡镇”。全镇产业发展能级不断提升，转型发展呈现稳中有进、进中趋优的良好态势。

聚力绿色发展，稳步谋划乡村振兴。坚持把乡村振兴战略作为新时代“三农”工作总抓手，全面启动全域土地综合整治，7个村顺利入选浙江省百乡全域土地综合整治与生态修复工程首批试点单位，《东林镇全域土地综合整治实施方案》获省国土厅批复。积极转变农业产业发展模式，强势推进“三棚”清零整治，阶段性完成渔业养殖尾水治理任务，落实治理1.1万亩，退养3500亩，集中整治点位44个，农业产业实现由无序、散乱向规模、生态的转变。有序推动国有水域资源再利用，启动首届外河野钓大赛，助力省级渔业转型发展先行样板区建设。片区化推进“生态+”高端农业发展，青山神农百草园项目获评市级农业“大好高”，实现零的突破；南山颐养园有序推进。着力提升土地综合利用能效，突出批而未供、供而未用、用而未尽、建而未投、投而未达标“五未”土地处置，消化转而未供土地384亩，盘活低效闲置土地204亩，农村土地承包经营权确权登记颁证完成87.1%。探索土地制约难题破解新路径，累计完成土地复垦128.8亩、土地开发1130亩，直接新增优质耕地2850亩，实现土地资源的有效开发和利用。积极实施矿山治理，严格落实在产矿山“边开发边治理”，全面推进矿废弃矿山治理，促进地质生态环境保护与治理恢复。

聚心区域建设，着力提升城镇品质。坚持推动城镇规模化建设和精细化管理同步共进，围绕“一中心两翼”格局，完成城镇总体规划、控制性详细规划修编，全面村镇联建格局加速形成。加快完善城镇功能配套，“畅通东林”开建道路10条，建成通车5条，群众出行更加通畅安全。镇党群服务中心、派出所、交警中队等一批公建配套设施完成建设并逐步投入使用，“城乡一体化供水”全面启用，镇区雨污水管网分区更新，城镇功能化、区块化发展的设施基础更加扎实。着力提升城镇鲜明形象，青山集镇小城镇环境综合整治工程通过省级验收，东林集镇完成总工程量的80%，进镇口景观节点建设有序推进，“秀美东林”的城镇面貌初具形象。助力“无违建区”创建，电动车、自行车、三轮车“三小车”停车问题、占道经营、背街小巷私搭乱建等现象实现常态化巡查整改；认真落实犬类管理，城镇精细化管理步入正轨。切实体现生态环境优势，大力开展环保重点行业整治，率先推行工业固废第三方委托管理试点，全力打击环境违法行为，进一步降低环境安全风险。全方位打响“蓝天保卫战”，深化全域治水示范行动，深入推进村域景区化工作，创成美丽乡村3个、美丽乡村精品示范村1个，全镇生态环境持续向好。

聚效社会事业，不断增进民生福祉。坚持以人民为中心的发展思想，全力解决好群众关心的热点难点问题。五大社会保险参保率持续提高，累计发放各类社会救助和补贴425万元，最低生活保障应助尽助、应保尽保。深化拥军爱军思想，完善退役军人服务保障体系建设，镇村服务站（社）全部投入实体化运作。完善居家养老服务模式，创成泉庆村区级示范型居家养老服务照料中心。始终热心社会事业，狠抓教学质量，东林中学中考成绩实现区教育局优秀目标，“村民家门口的人文教育兴趣班”项目获2018年市“终身学习品牌项目”。着眼提升家门口的公共医疗服务，东林卫生院青山服务站完成主体建设，市级医院专家下沉坐诊常态化开展。新建完成3个文化礼堂、2个体育休闲公园、1个多功能运动场，全年累计开展“月月有”文体活动60场次，泉庆村文化礼堂荣获“四星级文化礼堂”称号，东林镇荣获“浙江省文化礼堂建设示范乡镇”称号。东林柳编作为省非物质文化遗产代表参加浙江省农业博览会，省长袁家军、省妇联主席王文娟给予高度评价。加强和创新社会管理，全力深化“扫黑除恶”专项行动，成功破获一批部督、厅督重大案件，打掉一批涉黑涉恶团伙，辖区社会治安环境进一步净化。创新片区化管理模式，顺利完成世界互联网大会、“联合国地理信息大会”等重大会议安保，全镇未发生较大安全生产事故和恶性群体性上访事件，成功实现区“平安东林”十二连冠。

（东林镇供稿）

·环渚街道·

【概况】环渚街道位于湖州市中心市北分区，是湖州建设现代化生态型滨湖大城市的重要区域，是2013年1月由环渚乡规划调整组建的新街道。面积为21平方公里，户籍人口为16297人，外来人口5543人，下辖大东、华丰、朱洪、环渚水产、金锁、后庄、邵家墩、瑶台、万安9个行政村和玉堂桥、金龙家苑、北白鱼潭、香樟湾4个社区。

【主要工作成绩及特色亮点】环渚街道紧紧围绕打造“城乡统筹的样板街道、经济发展的实力街道、‘三生’合一的示范街道、区域化党建的标杆街道，社会管理创新的和谐街道”的总体目标，学习标杆、坚定信心、拼搏进取、真抓实干、争创一流，努力把环渚建设成为文明、幸福、和谐的市北新街道。

经济建设：一是择商引资，服务业发展逐渐壮大。围绕“打造现代服务业集聚区”这一目标，进一步加大优质服务业项目引进力度。2018年新签约项目2个（慧兰科创中心、中国上市公司研发中心），投资分别为1.2亿元、10亿元；新建重点商业地产项目2个（碧旭地产、凯旸置业），投资分别为18亿元、10亿元；完成市定大好高项目1个（朗高护理院），区定“大好高”项目3个（一路阳光语言艺术中心、朗高护理院、碧旭运动中心）。充分利用各种资源，不断增加招商项目储备，驿道影视科技产业园、中科精神康复医院、干细胞产业园、联华商超综合体等项目正在积极洽谈中。二是多点开花，项目落地量质并举。2018年新开工项目已完成8个，竣工2个（中纺商务楼、福美达）。强化项目落地后续保障，促进项目持续健康发展。朗高护理院和澳洋康复医院项目，已正常投入运营；永辉城市生活广场项目顺利推进，销售排名全市第一。三是优化服务，众创空间快步发展。围绕企业发展需求，精准服务，精心打造吴兴梦工场创业基地。2018年共引进巢艺电商、小黄狗环保科技、摩崖文化传媒等小微企业20家。助力入驻企业发展，一路阳光语言艺术中心从300平方米拓展到1000平方米。顺利完成吴兴梦工场二期建设，配套大学生人才公寓，可容纳500名大学生入住，吸引大学生来湖实训就业约600名。设立青年创业服务站，协助企业申报市级科技项目3项、专利授权17项，申请80项。

中心工作：一是征地拆迁快速高效。坚持“一百天一区块”，把“力争数”当作“确保数”，倒排任务、组团攻坚、挂图作战，强势推进城中村改造。上半年，顺利完成邵家墩村、后庄村、瑶台村、金锁村共4个村拆迁任务，共计拆除2269户、130万平方米。同时加快土地征收步伐，完成滨湖高中等农转项目4个、面积658.8亩，供地项目8个、面积716.4亩（其中房地产项目6个，面积597.3亩），完成城中村改造土地前期处置6938.8亩，落实专项工作组完成农户地面附着物处理259户。二是拆迁安置严谨规范。严格落实拆迁安置政策，积极调整优化，平稳实现由实物安置转变为房票（房票货币）安置。4个拆迁村落实房票安置达38万平方米，完成房票购房或货币置换2.6万平方米。积极组织开展城中村改造“回头看”，系统梳理，及时纠错，先后纠正拆迁安置问题30余个，涉及资金499.5万元。

城乡治理：一是精细化管理成效显著。以城区主干道和窗口区域为重点，整治清理破损招牌、落地灯箱等广告设施320处，“牛皮癣”上千条。打击违法占道行为，整治占道经营820处，堆放380处。加强规范停车管控，处罚违停车辆1150辆，新增车位265个。深入推进垃圾分类处置，以玉堂桥沿街商铺和高富路大学城美食街商铺为重点，实行厨余垃圾专清专运，新增垃圾分类受控单位151家。成功创建“省定时定点”收运示范街区1个。规范文明养犬，接种疫苗310例，发放狗牌307个。二是环境治理重拳出击。围绕“美丽环渚”建设，大力推进生态环境治理组合拳。狠抓“五水共治”，完成渔业养殖尾水治理1214.5亩；大力推进“污水零直排”创建，成功创建湖职院餐饮“污水零直排”示范街。狠抓“三改一拆”，拆除各类违法建筑358处、54.8万平方米；积极推进积案清理，处理率达到100%。狠抓大气污染防治，落实“日巡查，夜督查”机制，34个工地扬尘治理全覆盖，出动执法队员2476人次，纠正工地不规范现象次719次，处罚渣土车32车次，发放责令整改通知书26次，约谈项目负责人17次；加强涉VOCs重污染行业管理，安装废气治理系统8家；严控秸秆垃圾焚烧，巡查制止垃圾、秸秆焚烧点10处；完成皮革厂废料、湖州金泰科技遗留污水污泥处理点各1个。狠抓土壤治理，全面完成辖区工地裸土整治；大力规范企业固废、危废处理，整治25家、关停3家。三是农村改革稳步推进。推进最多跑一次改革，完善街道和村（社区）便民服务中心功能，统一设置综合受理窗口，建立一站式服务，明细具体事项，方便群众办事。加强村集体经济股份制管理，完善大东村集体经济股份制改革。提升“三资管理”水平。推进“消贫消薄”，出租闲置用房，盘活村级物业，成功摘除万安村集体经济欠发达村“帽子”。

社会稳定：一是平安稳定持续深化。围绕平安创建，不断深化各项创建举措，重点深化平安三率以及过程性指标提升。组织开展邪教专项整治，以万安村为重点，对8名全能神人员逐个攻坚转化，落实1名送班强制教育，对3名心灵法门人员集中整治并转化到位。强化维稳安保，全力做好社会稳控工作，全面排查各类不稳定因素，应急处置和劝返去京上访人员11批23人次。开展信访件化解专项行动，化解区级信访积案3起，化解率100%，化解涉法涉诉2起。强化矛盾纠纷化解，调解各类矛盾纠纷54起，调解成功率100%，有效回复市长热线1230余起。强化“四个平台”建设，有效整合资源，实现基层治理一个口子管理；优化网格设置，选优配强专职网格员11名，开展针对性业务培训，有效提高服务能力。二是治安管理日趋完善。全力推进扫黑除恶工作，共破获各类涉黑涉恶案件10起，处理涉黑违法嫌疑人12人。打造玉堂桥警务网格亮点，组建发展“越洋”平安志愿者队伍。三是安全生产总体向好。落实安全生产责任机制，强化安全生产监管。严格执行党政同责、一岗双责，管行业就要管安全的责任追究机制。积极做好烟花爆竹“双禁”“禁摩”等工作。开展重要时期安全生产大检查，检查企业360家，人员密集场所62家，取缔无证无照小印花厂4家，整改隐患问题112处。加大企业安全生产主体责任查处力度，行政处罚企业4家，发放整改通知书26份。加强食药安全监管，检查各类食品生产经营单位430家，整改餐饮单位各类问题128个。组织开展电梯安全大检查，全年检查使用单位26家，整改问题70个。积极创建北白鱼潭安全文化示范社区、湖州澳洋康复医院安全文化示范企业，成功创建安全文化教育体验馆2处。

社会民生：一是文明素养全面提升。围绕文明城市标准要求，狠抓工作落实，圆满完成文明指数测评迎检工作。结合改革开放40周年，组织开展“环渚好声音”等文化活动20场次。倡导文明行为，组织志愿者入户宣传、文明劝导1200人次。二是社会事业不断进步。深入推进教育事业发展，环渚学校中考重点录取率高达11.38%，在全区农村同级学校中排名第一。扎实开展责任医生签约服务，签约31674人。建立社会心理服务站10个，免费向辖区群众开展心理服务。三是保障体系日益完善。加强新型社会救助，规范低保动态管理，退出低保35户51人，认定低保边缘户12户31人，发放低保金、补助金共计79万元。完善养老服务体系，引进社会组织规范运营居家养老服务中心，服务对象200人。完善居家养老服务，完成政府购买服务补贴审核工作和动态管理，受益对象135人。有序开展双拥工作，成立退役军人服务站，采集退役军人信息。提高劳动保障平台能效，组织参加招聘会企业50家，提供就业岗位300余个。抓好城乡居民养老、医疗保险惠民工程，城乡居民基本养老保险参保2488人，参保率达98%；城乡居民医疗保险参保人数达8503人，参保率达99%。

队伍建设：　是加强意识形态建设。集中开展党工委中心理论组学习18次，每月主题党日活动154次。加强与国家、省市媒体对接，全年在国家级媒体刊发9篇、省级媒体9篇、市级媒体66篇。利用微信公众号传播正能量，全年共推送46期。二是加强组织队伍建设。坚持机制阵地一起抓，结合党建体检，量化考评，强化党员队伍管理，进一步提升党员队伍整体素质。出台环渚街道机关及村社干部管理办法，调整村社主职干部8名，6个机关岗位实行合并，约谈机关干部8名。人武部连年被湖州军分区评为“先进基层人武部”和“五星级”挂牌单位。妇联、工会、团委等工作再上新台阶。三是加强党风廉政建设。完善党风廉政考核机制，细化考核指标，严格实行“一票否决”。积极配合区委巡察工作，

抓好反馈问题整改。深化“党纪一刻钟”，累计开展教育16次。推进清廉乡村（街居）建设，打造金龙家苑清廉社区。加大纪律审查力度，累计查处基层党员违纪案件7起，其中开除党籍2人，严重警告1人，党内警告4人。

（李震宇）

·湖东街道·

【概况】湖东街道位于湖城东部，是湖州高质量赶超发展，践行“两山”理念新征程的重要区域，是吴兴建设东部新城的重要板块，于2018年5月挂牌成立，辖区总面积为10平方公里，常住人口约5.2万人，户籍人口约1万人，下辖管理铁路社区、湖东社区、湖东村社区、三里桥社区、富田家园社区、六合家园社区、东柿社区、蜀山社区、谈家扇社区、人和家园社区、怡和家园社区11个社区（8个城市社区、3个安置社区），委托管理王家田村、毗山村、谈家扇村、南塘漾村、陆家坝村、陆旺村村、章家埭村、水产村8个行政村。

【主要工作成绩及特色亮点】在区委、区政府的坚强领导下，湖东街道以“湖城向东看 建好新湖东”为发展目标，以“全域一体化、区域城市化、管理现代化、服务精准化”为发展路径，抓住有利时机，发挥后发优势，打破城乡界限，一张蓝图绘到底，全力打造机制创新试验田，新城发展样板地，城市经济示范区，努力把湖东建设成为文明、幸福、和谐、稳定的新型城市化样板示范。

前期工作。自2月份成立筹备组以来，全体工作人员同心合力、各司其职，仅仅用1个月时间完成了毗山村部改建街道办公楼的基建、装修、布置等一系列工作。各条线主动对接八里店镇、月河街道和区级各部门，顺利完成了各项资料、信息、工作等交接任务。全体成员切实做到了思想不散、工作不断、秩序不乱，在较短时间内完成了全部筹备工作，于5月29日成功举行了揭牌仪式。无缝对接八里店镇城中村拆迁工作，在城市和农村之间统筹规划、组团作战，完成了市区两级党委、政府交办的“街道成立之日即为攻坚清零之时”这一艰巨任务。截至5月29日，全面完成坝桥头100户农户、7幢独立建筑、建陶市场96户承租户的签约拆除任务，城中村改造工作走在全市前列。围绕“带着感情联合走访、带着任务联手排查、带着责任联动服务”的工作理念，迅速开展“连心大走访”活动，走访辖区内村、社区和企业100多家，先后召开全体机关、村社干部大会和物业公司等多个座谈会，听取意见建议、协同商讨、共同研究，确定了街道初步思路：以建设新型城市化样板示范地为定位，以打造“机制创新试验田、新城发展样板地、城市经济示范区”为目标，以全域一体化、区域城市化、管理现代化、服务精准化为路径，积极唱响“湖城向东看、建好新湖东”新旋律。

中心工作。（1）机制创新。街道立足半城半乡实际，向区委积极建议将湖东街道列为区委深化综合改革实验街道，在教育资源配置、医疗体制、城市经济发展、村集体经济发展等10个方面提出改革设想，力争当好机制体制创新的试验田和样板地，努力形成全区层面可供借鉴、可以推广的经验做法。创新社区管理机制，由街道、社区、物业和居民代表共同参与“四方会谈”，并通过第三方评议、公示通报等措施，压实物业主体责任。共举行四方会谈132次，排摸各类问题185个，成功解决率在95%以上。创新干部队伍管理机制，按需招人，委托第三方进行招聘，确保公正公平，促进干部队伍整体精练、干练。(2)征地拆迁。在上半年清零任务全面完成的基础上，迅速成立6大攻坚组，扎实开展项目征地、坟墓搬迁、做地出地等工作，完成区域内5000多份拆迁安置资料整理和1500户安置户返租费发放工作。9月起对陆家坝、陆旺村、谈家扇等5个村进行攻坚扫尾，完成毗山中学、谈家坝东侧等地块征地500多亩，完成河面征用30亩。区域内安置过渡房加强消防、安全管理，成功解决了10余起拆迁安置中的遗留问题。（3）村社融合。以党建引领村社融合共建，促进资源共享、优势互补，明确8个村、11个社区“共建、共治、共享”的互联结对模式，在章家埭村率先试行村社合一工作模式，启动谈家扇村村社合署办公模式，推进湖东社区办公条件改造工作和党建广场建设，完成怡和社区、人和社区卫生健康服务中心建设。开展村社干部轮调、换岗工作，举行双向交流挂职、跟班见习、共享经验等共建活动32次，促进村社干部掌握“绣花”和“农活”两项本领，推动“农村干部向社区干部、农村社区向城市社区”转型。（4）精细管理。做好精细化管理工作，累计完成拆违100余处、6600余平方米，特别对金冶集团13年违建、百家桥小区12年违建做到勇于担责、限时拆除。累计完成市区交办单1300余单，集中整治毁绿种植面积13000多平方米，清理积存垃圾2800吨，垃圾分类做到全区域覆盖，文明养犬形成氛围。做好环境保护工作，“VOCS”专项整治关停整改企业12家，小木业“散乱污”企业整治关停整改企业8家，餐饮油烟完成整治89家，建筑工地、渣土车长效管理等各项主要指标完成率均达到100%。做好“五水共治”工作，完成蜀山雅苑零直排建设，区域内22个河道排污（水）口建立“一户一档”台账，河长巡河率达到100%。创新购买服务方式，由水产村专业保洁合作社进行河道保洁，建立起了治水办、各级河长、专业合作社三级治水工作层级，确保能在第一时间发现问题，第一时间应急响应。

各项具体工作；一是党的建设。牢固树立党组织书记“抓好党建是最大的政绩”理念，与所辖村、社区明确各级党组织党建工作主体责任，逐级明确责任、层层传导压力。规范推进机关党建工作，防止“灯下黑”，完成村社班子“回头看”工作，调整和充实村社干部15人；新组建万达广场等2个党支部，升格1个党委和1个党总支。沿吴兴大道统筹规划南北两条党建示范带，完成铁路社区党建示范点的打造，年内完成东柿社区、邦尔骨科党建示范点的提升打造，积极推进金洲集团党建展馆建设。二是“清廉湖东”建设。对村社干部、街道中层干部开展集体党纪提醒谈话3次，进行了预防提醒。将“党性（纪）一刻钟”教育拉到室外，站在国旗下，从6月起每月1日围绕“使命”“责任”“担当”等主题组织机关干部开展教育活动。开设廉政大讲堂，开展廉政教育60余次，编写“学思践悟”季刊1期、廉情月讯3期。顺利完成陆家坝等3个村农村基层作风巡查工作，并对巡查发现的36个问题进行了规范和整改。在19个村社安装廉情意见箱，举行廉情接待日32次。成立街道监察办，实行效能督查等问责制度，2018年受理并办结4件信访件，完成办理4件案件线索。三是经济建设。认真组织开展第4次经济普查工作，通过地毯式排摸和入户清查，完成辖区内2000余家企业和个体工商户的资料整理录入工作。加大项目招引，街道成立以来共签约并落地项目6个，开工率达到100%，首个区级大好高项目德邦汽车检测中心已于9月竣工投产，投资近2亿的浙北医养中心项目12月初动工建设。做好“管家式”项目服务，预计年底可入库城建、服务业、房地产项目9个，小升规与下转上共完成8家。全力打造众创空间，聚才引智发展新型产业，章家埭村众创空间预计年底开工建设，家田花园文创空间进行内部改造并实施招商。在企业生产中全力推广科技创新，高新技术产值保持新增长。金融服务优化细致，大力推荐“绿贷通”，打造了绿色金融圈。四是民生建设。打造湖东文化品牌，主办全民广场舞大赛、好家风家训颁奖典礼等大型活动4场，半年时间内组织各类文体活动30余场，参与群众累计超1万人次。协助筹建毗山中学，湖东小学顺利投入使用。成功完成章家埭村省级卫生村复评工作，街道北片社区卫生健康服务中心10月29日揭牌运行，东片、南片、西片3个服务中心同步投入使用，健康服务覆盖全体居民群众，新建社会心理服务站并成功承办市级现场会。全年筹集慈善资金40余万元，共发放低保及各类补助救助32万余元，促成就业800余人，跑零次办理11次。加强民兵预备役规范化建设，入伍新兵若干名，7月底成立街道退役军人服务工作站，录入退役军人信息若干条。五是平安建设。全面开展平安湖东、扫黑除恶、四个平台建设等专项行动，招录网格员14名，组建全科性网格员队伍，开展平安三率宣传，发放宣传资料1.5万余份。受理并成功调处矛盾纠纷1025起，调解成功率96%。特别是乌镇峰会和“地信大会”期间，街道上下全力落实维稳安保各项措施，未发生一起去市赴省进京事件。坚决落实地方党政领导干部安全生产责任制，成立街道安委会和5个专委会，健全完善安全生产体制机制，完成“厂中厂”安全生产整改35家，排查沿街商铺509家，整改出租房113处，关停违规生产企业7家，完成8个高层建筑小区远程监控及登高面标识，4个重大火灾隐患单位成功摘牌，电动车充电桩安装工作按计划顺利推进，半年来未发生一起安全生产（消防安全）事故。切实履行市场监管职能，

完成辖区内3000多家企业和个体工商户年报报送，创建了10家“放心消费在浙江”示范单位，湖东农贸市场通过省级放心市场验收，万达广场成功创建省级美丽消费示范商场，未发生一起食品药品、特种设备安全事故。

（范小燕）

·月河街道·

【概况】月河街道办事处西至骆驼桥，东至二里桥，南临318国道，北到苕溪路，面积3.6平方公里，街道下辖9个社区，总户数3.27万余户，常住人口4.56万余人。街道体制改革于2018年7月全面完成，街道下设6办3中心，公务员编制16人，实有人数20人，事业编制19人，实有人数15人（7月份新录用1人，为16人）。社区工作者66人。党工委下辖社区、两新组织等基层党组织79个，在册党员1686人。辖区内市、区行政事业单位62家。月河街道因月河漾而名，辖区内环境整洁优美，社区治安秩序良好，科教文卫稳步发展，经济建设获得长足进步，风景优美、历史文化底蕴深厚。有霅溪公园、莲花庄公园、千甓亭、湖笔纪念馆等历史文化名迹。也是商贸繁华、人才荟萃之地。街道党工委认真贯彻落实省、市、区关于新时代城市基层党建工作系列文件精神，围绕“建设美丽幸福社区”目标，全力加强党建引领，深化融合共建，不断提升城市基层治理水平。

【主要工作成绩及特色亮点】街道经济平稳快速增长，财政总收入2.23亿元，同比增长61.08%；“三项税收”入库1616.43万元，完成全年目标任务的135.64%。街道社会事业蓬勃发展，街道幸福邻里中心启用，医养结合成效显著。文明城市创建向精细化管理推进，在全市9次月考中取得1次第一、3次第二、2次第三的良好成绩。街道先后荣获市“双禁”工作先进集体、市征兵工作先进单位、市敬老文明号、区“争当排头兵 实干大比拼”活动先进集体等。

经济发展持续向好。街道抓牢税收主体，全方位摸清税源，超额完成税收任务。定人定企跟踪服务，主动为企业解难，完成限上服务业投资13.43亿元、规上批发80.55亿元、规上零售2.60亿元、其他盈利服务业0.46亿元，完成规下转规上1家，个转企12家。拓宽招商途径，强化以商引商，赴沪、杭、嘉兴、福建等地开展各类招引谈判。引进项目7个，在谈项目2个，其中入选区“大好高”项目1个，申报市“大好高”项目1个。组建月河产业发展有限公司，积极盘活楼宇资源，与平台公司合作，规划打造总面积14000平方米的月河时尚商业文创中心，在马军巷社区筹建健康产业众创空间。

环境品质持续改善。全面开展精细化管理，处置数字城管等各类交办单4403件，开展专项治理14次，纠正违章13720余起，有效解决环城东路鱼贩流摊占道等老大难问题，拆除违建30处9777平方米，重点拆除梦回大唐、汇豪名都顶楼违建等。深入开展每月一主题、每周一亮点特色志愿服务33次，参与4000余人次；组织路长制单位活动26次，解决疑难问题87个。垃圾分类卓有成效，完成152家单位垃圾强制分类全覆盖，创建示范单位7家，10个小区开展精准分类工作，落实17个小区优化分类。“双禁”工作在全区首创绿植换烟花。禁摩工作排查率128.4%，去化率93%。犬类规范管理先行先试，中心城区第一块犬只牌、第一张罚单从月河发出。着力治水治气，落实“河长制”责任，全面整治5个小微水体，开展施工扬尘督查。在环城南路片区征收工作中，街道社区、市区下派干部等40余人组成5个征收组，完成201户被征收户情况核实和房屋信息收集，建立健全一户一档。梳理涉农房屋9户，改制企业历史遗留问题33个，未登记建筑认定1.38万平方米，联系市、区相关部门召开协调会5次，拟定补偿方案向公众征求意见并完成修改。房屋评估等各项工作按照市区总体部署和时序进度要求，顺利推进。

民生服务不断创新。2018年新增就业人员2199人，失业再就业1292人，增设大学生就业创业实训基地6家，大学生创业实体15家。参加城乡居民医疗保险7746人。强化基层劳动保障网格化实体建设，成功调处欠薪投诉73起，追发工资69.21万元。精准落实各项救助、优抚政策，发放各类困难群众补助金累计413.27万余元。推进政府购买服务扩面，共有291人享受政府购买服务。举办“会员心向党 建功新时代”等卫计服务活动15场。建成母婴室8个，新建社会心理服务站1个。在马军巷社区开展特殊家庭“五化”（宣传常态化、服务精准化、走访制度化、联系网络化和创建规范化）创建试点工作。奖扶、特扶享受176人。月河飞英卫生服务中心规范签约率36.6%，重点人群签约覆盖率78%。组织各类群众文体活动108场次，举办文体骨干培训班6次。组队参加第四届区运会，获得团体总分第一名。按标准完善街道综合文化站阵地建设，全部装修完工，部分厅、室投入使用。3个社区创建标准化社区教育工作站，通过区级验收。依法整改校外培训机构3家，关停3家。

社会治理保持稳定。出台《2018年“平安街道”创建考核评审工作责任分解》。重组全科网格17个，新聘17名专职网格员，完善培训考核机制、紧抓网格员巡查在线率、时长达标率、里程达标率、事件报送达标率“四率”。开展以平安创建进机关、进企业、进社区、进市场、进学校、进车站“六进”系列活动28场，参与人数约5万余人次。进一步抓好平安细胞建设，打造五星级平安示范小区2个、平安示范点10家。四个平台全域覆盖，收集报送治安、民生领域事件7027条，其中被列为区级重要信息6条。营造扫黑除恶浓厚氛围，加强对306名矫正、吸毒、涉邪等重点人员的管控。调处各类矛盾纠纷571起，调解成功率达98%以上。圆满完成地信大会等敏感时段维稳任务。制定《2018年月河街道重大事故隐患责任分解表》，完善安全生产“1+6”（1个安全生产委员会、6个专业安全委员会）责任体系，出台《月河街道安全隐患排查考核办法》。完成汇豪名都、鲜美超市等5家重大风险隐患单位的整治工作。对20幢老旧楼房的电器线路进行整治，安装智慧充电桩1000个。茅安前出租房区域单独设立微型消防站，实行24小时值班制度，投入安全经费30万元。“双安双创”食品安全保障工作顺利推进。全年实现无安全生产事故及重大消防火灾。

党建引领显著增强。坚持把党的政治建设放在首位，稳妥推进街道“大工委”和社区“大党委”区域党建新格局。把学习贯彻中共十九大精神作为抓基层党建的主线。积极履行意识形态工作主体责任，开展专题学习5次。党员领导干部带队，到联系社区、企业等开展宣讲，讲授党课27堂，参与党员1800余人次。组建街道核心价值观传习队13支，开展宣讲61余场。深入推进“两学一做”学习教育常态化制度化，着重抓好“主题党日”活动，坚持一月一主题，组织党员赴安吉余村、长兴新四军苏浙军区、市警示教育基地等体验式学习，开展特色志愿服务活动，党员参会率、积极性明显提升。实施党建工作项目化管理，9名党工委委员领办10个党建项目；12名社区主职干部领办9个党建项目、4个民生项目。高标准打造东门口党群服务中心，月河社区“四合”党建、文苑社区“一心三治”、浮星桥社区党员“三包”活动、马军巷社区“五小工作法”等，架起党群“连心桥”。聚焦“两个维护”，严明党的政治纪律和政治规矩，层层压实管党治党政治责任。配强监察队伍，成立月河街道监察办公室，开展清廉社区创建，建立9个社区效能廉情驿站。扎实开展“十百千”大调研，积极参与街道“城市精细化管理”督查推进，发布《街居干部负面言行清单》，对5名监察对象进行提醒谈话，查办案件3件，处分基层党员3名。支持和保证人大工作，积极开展“代表在行动”监督活动和五星级联络站创建。制订《月河街道议政会实施方案》，严格按照组织程序，确定议政员47名，成功召开首届首次议政会。充分发挥政协协商民主重要渠道作用，不断深化面对面协商活动。统筹做好统战工作，深入实施群团改革，工青妇、科协、残联、关工委等群团组织作用有效发挥。强化党管武装。

（丁小军）

•朝阳街道•

【概况】朝阳街道因“有凤来仪、百凤朝阳”而得名，地处湖州市中心城西南，东接浅塘港和横塘路，南临长湖申线，西邻杭长桥南路，北依红丰路和市河。总面积4.5平方公里，辖区有车站、潮音、定安、都市家园、红丰、朝阳、北齐巷、闻波、碧浪湖9个社区。总人口4.5万人，总户数1.4万户。街道以创新、协调、绿色、开放和共享的理念，以“六大重点行动”为载体，着力打造“美丽朝阳、活力朝阳、文明朝阳、和谐朝阳、幸福

朝阳”，全面提升街道经济社会事业发展新水平。2018，全市“提升市民文明素质 建设更高水平文明城市”工作推进会第一站到朝阳街道碧浪湖社区。街道荣获中共湖州市委、市政府授予的2018年重大中心工作（城市精细化管理）先进集体奖励；小西街荣获中共浙江省委宣传部授予2018年度浙江文化创意街区奖励；街道侨联荣获浙江省归国华侨联合会授予的2018年度全省基层侨联先进组织奖励。

【主要工作成绩及特色亮点】朝阳街道紧紧围绕区委提出的建设“美丽街道、幸福社区、和谐家园”的总体目标，按照“幸福民生样板地，美丽城市新家园”的自身定位，坚持以党建为统领，以民生服务看实绩、美丽建设比实效、综合实力晒指标、重点项目拼进度、平安和谐出举措、城市党建显成效的“六大重点行动”为载体，完成区委、区政府下达的各项工作任务。

一是重点任务又好又稳。街道在8次全市城市精细化管理考核中，两次荣获全市第一，三次第二；四次全区第一，两次第二，这项工作名列前茅；街道全年招引大学生就业创业942人，担保贷款120万，有关这项工作的全部指标已提前完成；朝阳新村全面启动房屋拆迁征收，288户同意征收率高达98.9%，未登记建筑解释引导，突破重围，稳中有进；慈感寺-旧货市场区域改造全面推进，市级重大隐患本月中旬预计摘牌，初步验收高度肯定，综合整治整体进度有望提前完成，居民上访逐步转为居民支持。二是项目建设多点开花。智慧健康养老全国试点高起点谋划，虚拟围墙服务试点小区1.1万人口，监管平台运作良好，系统平台即将上线；投资120万元的“孝”文化公园全面建成，投资260万元的全市规模最大朝阳街道幸福邻里中心即将完工；投资1600万元的朝阳爱山卫生服务中心正式对外营业；投资40万元的朝阳社区党群服务中心由书记吴智勇摘牌运行；投资70万元的定安社区党群服务中心全面完工。三是条线数据亮点纷呈。区综合行政执法局朝阳中队履行“721”工作方法，即百分之七十的问题用服务手段解决，百分之二十的问题用管理手段解决，百分之十的问题才用执法手段解决，变被动管理为主动服务，变末端执法为源头治理，2018年实现财政收入1.95亿元；“三项税收”入库1652万元，同比增长145%；成功引进服务业项目1个、服务业企业7家；火灾起数始终保持全区低位；小西街文化创意街区成功开园，正在申报省级文化创意街区；湖州市首家城市书房正式对外运营；革命体裁小说《红灯笼》精装版正式交付出版。四是创新创优内外兼修。以“三议”促“三治”，以机制创新解体制难题，以服务优化促管理转变，以模式探索推项目建设，创新街道议政会制度全市试点，“街事共商”初步形成；科学规划网格建设，全市首个社区安全教育体验馆引领风尚；出租房微型消防站试点工作落子朝阳，全市首家出租房智慧烟感。五是党的建设全面加强。城市党建连点成线、连线成片，碧浪湖、都市家园、定安党群服务中心建设，串联“社区党建精品示范路”；全市首个社区大党委落地朝阳，带动“党建引领社区大管理大服务”模式全域覆盖；全面从严治党继续加强，碧浪湖清廉社区示范点和都市家园清廉社区建设高质量完成，这项工作在全市、全区现场会上做经验介绍交流发言。

（卢 静）

•爱山街道•

【概况】爱山一词出自苏轼“我从山水窟中来，尚爱此山看不足”的诗句，历史悠久、底蕴深厚。爱山街道位于湖州中心城市核心商贸区，辖区范围东至人民路，南至小市河，西至横渚塘港，北以龙溪港为界。辖区面积3.2平方公里，下辖9个社区居委会，现有常住人口17999人，其中户籍人口12838人，在册党员1024名。街道现有机关事业人员30名，编外人员13名，专职社区工作者55名。辖区内有东吴国际、浙北购物、星火百货、银泰百货、观凤商厦、大都汇、物美等商业龙头企业，有入围浙江省非物质文化遗产名录的中华老字号名小吃丁莲芳和周生记，有“江南古刹”之称的铁佛寺，此外还有拥有200年历史的钮氏状元厅。另有爱山广场、新天地、衣裳街、状元街等特色商业街区和历史文化街区均坐落其中，共有大型商场20余座，商户5085家，其中个体户3631户，企业1454户，服务业零售额占中心城区总量的50%以上。

【主要工作成绩及特色亮点】 2018年，在区委、区政府的正确领导下，爱山街道党工委、办事处深入学习贯彻习近平新时代中国特色社会主义思想，以“八八战略”为指引，深入践行“四新”主题实践，牢牢锁定“繁华商圈•幸福爱山”目标不动摇，带领广大干部群众争当排头兵，以改革为抓手、以民生为导向、以法治保稳定，全面提升发展质量，全力保障安全稳定，经济社会持续稳定健康发展。完成了友谊西村182户住房征收，签约比率达100%。

社会事业：一是不断完善社会保障体系。街道在册低保户58户72人，低保边缘户22户39人，支出型贫困2户4人，困境儿童4人，新增低保户5户7人，取消低保户32户41人，发放低保金685977元，发放支出型贫困救助金3568元，发放各类定向补助18050元，发放困境儿童救助金15382元，临时救助3户6人29844元，发放残疾人重度护理补贴118人334750元；为25户困难家庭、失独家庭免费配备灭火器、独立式烟感、空气开关；实施“银龄安康工程”，为所有60周岁老年人购买意外伤害保险。二是不断优化公共服务。组织春秋季招聘会2场次、月度招聘会7场次，为200多家企业提供用工岗位2500个。全年新增城镇就业人数1753人（目标数1700人），完成率103.11%，失业人员实现再就业758人（目标数750人），完成率101.06%，就业困难人员实现再就业112人（目标数120人），完成率93.33%，完成大学生就业创业1313人(完成率101%)、创业主体47家（完成率235%），扶持大学生创业人数20人；申领实习实训补贴84.8万元，大学生创业示范园补贴8万元，人力资源第三方机构就业创业服务补贴5万元，创业贷款200万元（目标数200万），创业担保贷款贴息5.6万元，招聘补贴1.8万元，租金补贴0.74万元，城镇登记失业率控制在3.5%以内。三是不断深化社会事业发展。打造文明示范商圈1个、文明示范街区6条，道德广场18个，评选出示范商户40家，文明楼道190户，文明家庭1940户；完成300平方米的聚星103城市书房建设，让公共阅读融入百姓生活。建成明州医院、杭州大厦大都汇、中心医院、星火百货、银泰百货、浙北购物中心、东吴银泰城等母婴服务室14间，公共场所母婴设施配置率达到90%以上。红丰西村、友谊、利民和安定书院四家日间照料中心与浙江绿康医养投资管理有限公司签订社会化运作协议，完成了日间照料中心由社区管理向社会化运作的转变。龙庭社区幸福邻里中心作为吴兴区示范点运行良好，爱山街道幸福邻里中心基本建成。四是不断提升党管武装水平。街道党工委始终以强烈的政治意识、责任意识和忧患意识带头抓好党管武装工作，把好基干民兵体检、政审和选配关，顺利完成民兵调整改革。把合格青年选送入伍，保质保量完成了征兵任务。街道退役军人服务站和8个社区退役军人服务社全部挂牌运行。

城市管理：一是落实长效机制建设。研究制定《爱山街道城市精细化管理的实施方案》，明确辖区内41条道路和背街小巷的街道内部“路长制”和2条主要河道的内部“河长制”。每月对辖区内14个商业物业居民小区和4个准物业居民小区的物业管理工作进行现场考核，把精细化管理纳入各社区年度考核的重要指标，确保长效。二是狠抓重点难点治理。重点整治了小市巷、医院巷占道经营，银泰商厦、观凤商城、衣裳街区三小车停放杂乱，天民路等背街小巷基础设施落后、益民路菜场管理不善等难点问题。2018年以来，拆除各类存量7927平方米，新增违法建筑拆除1962平方米，累计拆除违章建筑9889平方米，开展集中巡查整治44次，劝离流动摊贩86次，整治出店经营213次、占道经营167次，清理水泥接坡45处，纠正不规范停车6900余次，累计改造停车位725个，收到市数字城管巡查受理单6567单，全部按时完成，办结回复率100%。三是加快垃圾分类推进。693家受控单位已全部开展生活垃圾强制分类，其中应签“三方协议”的餐饮单位427家，已全部签订，签订率100%；创建示范单位5家，精准分类小区10个，创建省“定时定点”投放和清运试点小区1个、商业街区1个，创建市级示范小区3个。

经济建设：一是摸清家底谋划发展高地。建立工作班子，确定专人负责，采取“地毯式”方式，全面落实了第四次经济普查和旅游资源、交通出行、5%人口抽样等多项调查工作，摸清了辖区经济户口单位3845家，其中企业1214家、个体户2631家；旅游资源397家（个）。二是整合资源拓展招商平台。建立爱山街道商会和招商服务分队，制定服务业项目推进时间表、路线

图，成功打造运营聚星103、珐维77众创空间，新引进服务业注册资本1000万元以上企业35家；参加到青川、内蒙古等赴外引才对接活动，招聘大学生就业创业1313人。三是整合力量推进协税护税。2018年，市新下划到爱山辖区的企业有1141家，占中心城区五个街道下划总量的40%左右，1—12月，完成“三项税收”3035.72万元，完成率233.52%，同比增长53.50%；完成市下划企业税收37875.18万元，同比增长6.62%。四是暖企亲商做好服务保障。全面落实“问难帮困稳增长”行动，对在谈项目、在建项目、投产项目等实施全程服务，今年1—12月，累计协调解决企业困难问题21个，争取区财政引导专项资金63.1万元，完成服务业“下转上”企业7家，“个转企”21家；完成限上服务业批发31.26亿元、零售89.93亿元、其他营利性收入11.66亿元，同比分别增长22%、9%和10%。

平安建设：一是严守安全生产底线。与辖区生产经营单位签订安全生产（消防）、食品安全责任书1869份，按照“五定”责任清单，落实领导班子成员包案负责3处不放心区域隐患；相继开展“出租房、电动自行车综合整治、餐桌食品安全”等四项季度“铸安”整治行动和安全生产月、消防宣传月及食药宣传周等宣教、排查活动，全年共组织安全检查80余次，出动人员2200余人次；排查各类隐患358处，已整改354处，完成安全生产执法案件4件。排查出租房1404家，其中3人以下1155家，3到10人234家，10人以上15家，其中10人以上出租房全部安装智慧远程监控系统，在5个老旧居民小区共292个楼道内，配备公共应急消防箱292只，灭火器584只。二是注重矛盾化解。建成了街道、派出所联合调解中心和吴兴区矛盾多元化解中心爱山分中心，成功化解湖城汇足浴店、新天地贵族时光美发店欠薪、红鹰集团68人股权代持、大都汇地下人防停车位租赁等一批涉众型群体性不稳定事件，积极协调解决历时11年的人民路拆迁遗留“老大难”信访积案。依托“四个平台”，整合综治、司法、人力社保、计生、阳光热线、党员服务等一系列功能，把直面基层的各类便民服务纳入“四个平台”中科学规划，统筹管理，把45个网格缩减为15个，通过公开招聘的方式招录专职网格员15名，打通了基层治理最后一公里的问题。2018年以来受理来信来访、“12345”政府阳光热线、网信1825件，反馈和回复率100%，满意率90%以上。三是深入开展扫黑除恶专项行动。共查处涉黑案件25起，刑拘65人，行政拘留133人。同时利用多种方式入户宣传，自行动开展以来，累计发放宣传资料6000余份，利用辖区单位LED电子屏宣传50余幅。

党建工作：一是体制改革顺利完成。按照《关于深化中心城区街道体制改革的实施意见》要求，制定实施方案，确定改革工作领导小组，拟定街道“三定”规定，向区委组织部报备中层干部调整方案，开展中层岗位竞聘，内部机构及人员安排稳妥推进到位。二是党组织建设不断加强。街道大工委和各社区大党委共聘请兼职委员21名，健全街道“党群议事厅”、社区10分钟“红色服务圈”等载体发挥作用，落实定期会商、项目领办、服务共建、考评激励等4项机制，每月严格主题党日“五个一标准”，即缴纳党费、学习理论、观看电教片、参加志愿活动、认领微心愿。三是干部能力水平进一步提升。健全完善机关、社区干部年度考核办法，树立“以实绩论英雄”导向，根据工作业绩完成情况适当拉开差距，形成干多干少不一样、干好干坏不一样的竞争氛围。开展中层岗位竞聘，不但规范了2名原享受中层正职待遇，实际担任中层副职和一般干部的问题，同时提拔了2名优秀年轻干部担任中层正职。四是区域化大党建工作继续做实。在爱山商圈、衣裳街区和红旗路街区分别建立党建联盟，设立“区域党建会客厅”，将区域内互不隶属的21个党组织、575名党员通过这种形式联结起来，实现党建活动联办、党员人才联谊、志愿服务联做，组织生活联抓。五是全面从严治党持续深化。严肃党内政治生活，严格执行末位表态等集体议事决策规则，切实加强街道、社区两级经费收支管理，规范大额采购和小额工程项目，定期对社区房屋出租和租金管理等情况进行核对检查。围绕落实中央八项规定精神和遵守六大纪律常态开展正风肃纪行动，围绕城市精细化管理等中心工作效能开展监督检查，对困难救助资金使用等情况开展专项检查，全年督促整改各类问题30余项，运用“第一种形态”对存在纪律松弛、作风不实和落实不力等问题的街居干部问责9人。创新载体打造“花语廉心”等清廉社区建设品牌，推动清廉建设向服务群众“最后一公里”延伸。

（陆金霞）

·飞英街道·

【概况】飞英街道位于湖州市区中、北部，东与月河街道为界，南达骆驼桥北堍与爱山街道相接，西至龙溪港与凤凰开发区隔水相望，北越环城北路与龙泉街道毗邻，因湖州著名的风景点塔中塔——飞英塔而得名。辖区总面积2.7平方公里，下设8个社区（塔下街、米行街、竹翠园、吉山四、新华苑、吉北、墙壕里和余家漾），共15289户，常住人口4.1万人，流动人口1.1万人。街道所在辖区单位主要有湖州市广电总台、湖州市第一人民医院、中国银行湖州分行等26家，辖区中小学4家。

【主要工作成绩及特色亮点】一是立足思路转换，强化示范带动，创新工作有效突破。即：府庙智慧安全服务站监管中心启动运行；专职网格员全区先行试点；人民路文明示范街区成功打造；“点单式”专家调解服务全市首创。二是务实工作举措，合力攻坚破难，重难点项目强势推进。即，充电桩项目有序推进；重难点整治凸显成效；环城北路道路拓宽及沿河景观改造项目稳步推进。7月10日正式启动老旧居住区（环城北路道路拓宽及沿河景观改造项目）征收工作。三是壮大经济实力，拓宽招商平台，经济建设持续发展。即，拓展途径，紧抓社会化征管；创新载体，紧盯项目招引。依托街道产业发展公司，全面梳理辖区内招商资源；立足企业，紧贴服务重点。以飞英电子商务（含跨境）多媒体产业园为载体，搭建城市楼宇经济公共服务平台，提高城市服务业发展带动力。四是合力统筹协调，长效常态管理，城市品质稳步提升。即：精细化管理，打造“美丽幸福社区”；多措并举，治水治气取得实效；试点推广，垃圾分类扩大覆盖面。五是办理民生实事，优化服务功能，社会事业协调发展。即，精神文明上水平。实行“统一指挥、分项落实、全面守点、责任到人”的工作模式，迎接省文明指数测评，并成功守好了阵地；社会保障更完善。完善民生实事项目，吉山四、余家漾社区幸福邻里中心完成建设并投入运行；健康爱卫更优质；文化惠民更聚力。六是着眼重点难点，构筑防治体系，平安工程创建实施。稳控化解矛盾，重点行动落实。即，平安元素创建；安全生产监管。七是彰显党建引领，强化作风建设，党建基础有力夯实。即，强引领，重核心，抓好思想政治建设；强基础，创亮点，抓好基层党组织建设；强管理，重培养，抓好干部队伍建设；强统筹，促共建，抓好区域党建联动；强学习，常督查，落实从严治党主体责任。

（童煜岚）

·龙泉街道·

【概况】龙泉街道地处湖州中心城区东北部，东以美欣达路为界、南至环城河、西至机坊港，北至二环北路，辖区面积5平方公里。现有10个社区居委会，居民2.7万余户，人口约6万人。辖区内有大学1所（湖州师范学院），中学2所，小学幼儿园6所。街道机关工作人员28名，社区工作者84名。街道党工委下辖8个社区党委、5个党支部、45个楼道支部、两新党工委下设16个两新党支部。共有在册党员1647名（其中两新党员26名），另有在职党员612名。

【主要工作成绩及特色亮点】主打“改革提效”，社会治理打开新局面。一是“最多跑一次”改革作为全区试点先行。全面承接下放事项，承接95项便民服务事项，36项事项实现“无差别受理”；创新实体运行模式，抓好街道“一核”及白鱼潭、市陌二社区的“两翼”设点铺面，建立“线上承接事项+线下打造全能社工”和“台前流程再造+幕后夯实载体”的实体化运作模式，健全内部运行管理机制，实现试点改革工作规范有序运行。二是“四个平台”成为全市首批示范点。扎实基层基础运行，将街道划分为三大片区，20个网格，配备20专职网格员。通过综治工作平台上报各类隐患信息7256条，办结率100%，共受理“12345”政府阳光热线群众各类投诉、咨询、意见建议1761件，即时响应率、及时反馈率、按时办结率100%，年平均满意率98.41%。制订《龙泉街道全科网格实施方案》，由综治办等9部门

共同参与考核，设定惩戒条款，责任到人。通过联合执法、派单交办、值班备勤、检查督办等工作机制实行“智慧治理”，建立权责清晰、功能集成、扁平一体、便民高效、执行有力的基层管理机制，成为全市首批示范点。三是街道体制改革稳步推进。理顺龙泉街道体制机制，调整街道党政机关主要职责、内设机构和人员编制等机构人员设置，坚持面向基层，理顺条块关系，统筹资源力量，推动社会治理重心下移，进一步提升中心城区街道党建工作和公共服务、公共管理、公共安全工作水平，确保街道职能清晰、权责一致、运转协调、保障有力、依法高效，工作顺畅有序。

主战“环境提优”，城市管理实现新改善。一是摩托车禁行工作获肯定。在“禁行”战役中，携手龙泉交警中队，以“数据多跑路、群众少跑路、干部代跑路”的模式，在社区设立代办点上门提供车辆报废代办服务，受到杨六顺副市长专门批示予以肯定。二是垃圾分类率先作为受推广。立足各小区实际，分层分类探索政府主导“建”、社区自发“推”、社会携手“引”三种模式，为推动垃圾精准分类、精细利用提供有益尝试。《经济日报》《光明日报》先后对骏明国际小区的智能环保屋做法进行报道，赞成学士府已获得省级高标准垃圾分类示范小区。三是车库整治极速攻坚得褒奖。坚决贯彻落实市里要求开展公用车库整治精神，11月1日起，龙泉带头“使猛劲”，协调“使巧劲”，攻坚“使合劲”，在短短的20几天内，一举攻破涉及2306户家庭，共计894个公共车库的整治“老大难”，以“快刀”斩去私人霸占、私自违建、私拉电线、杂物堆放、车库住人等环境卫生及消防隐患等“乱麻”，同时建立网格员日巡制度，严格规范使用公用车库，并即时开展统一安装公用充电桩工作，直接破解私拉电线等消防安全等各种问题。四是街区品质创新破难有举措。全区首次实行“拖移暂扣”模式治理非机动车乱停放难题。采取堵疏结合重治理的模式，针对无主车辆，实行统一拖移，并抓住“取车”契机，要求观看宣传教育片并签订承诺书，现场集中处罚电动车50余起，拖移乱停车辆20余辆；实行定人定责定路段的网格化管理，执法队员“驻点”严重路段，累计施划非机动车车位20000米、禁停桩700余个。同时加快增设泊位进度，疏街区管理，共完成路段机动车车位施划184个。五是专项整治全面覆盖重日常。开展专项整治，严格规范瓶装燃气市场秩序，杜绝燃气安全事故的发生；专项整治小餐饮管理乱象，建立“诚信档案”，对龙泉辖区内139家餐饮经营店的油烟净化器100%全覆盖，并进行常态化监督。同时下发倡议书140家，大力开展“门前三包”责任书签订和沿街店铺建档工作，不断夯实城市管理基础工作。六是控违拆违疏堵结合精管理。以“堵”为重对紫云路及延伸段、二环北路267处阶坡统一进行拆除，以“疏”为重对田盛街沿街店面80余台空调外机乱搭建进行专项整治；啃下学士路学士宾馆、华丰社区内的店家等十余年的违建顽固硬骨头，共完成拆违8563平方米，同时以“善用绣花针”的巧劲做好拆后利用工作“应还尽还”给城市公共服务管理。七是治水治霾动态巡查强保障。结合本辖区的实际情况和示范带动，顺利完成“双禁”任务，吹响五水共治“新号角”，打好“扬尘治理”攻坚战，重点加大餐饮油烟巡查力度和工地扬尘整治力度，未发现较大扬尘问题。

主追“服务提升”，各项事业得到新发展。一是招商引资增码加速。街道主动出击，以千方百计拓税源韧劲和热忱服务引资产的柔心追赶位次，确保完成全年财政收入5430万元和三项税收1300万元的任务指标；排除万难，挖掘整合资源，建立了街道众创平台；成功培育入库的下转上服务业企业3家；始终坚持招商引资“一号工程”，街道主要领导亲自外出抓招商，成功招引“任马停”智慧停车项目，在谈项目2个（浙江财经大学继续教育学院联合浙师大幼教集团的湖州优质民办幼儿园和吴兴文教科创园建设）。举办专场招聘会2场，外出招引人才3次，吸引到吴兴就业创业665人。二是文明文化出新出亮。选树典型，6人次入选“吴兴好人”候选人，3人入选“吴兴好人”，1人被评为“浙江好人”，2人获评“最美湖州人”，街道“最多跑一次”改革服务窗口入围湖州市“最美窗口”候选名单。聚焦外宣“短板”，坚持“镜头聚焦基层、笔下表现人民、版面交给群众”的原则，积极发声亮相，被国家、省、市级媒体录用篇数分别为8篇、35篇和147篇。亮点基石并重，完成全市首个小区道德广场建设（学士府小区），白鱼潭社区作为全市家园志愿服务试点社区，在6月30日全市家园志愿服务启动仪式上，作为实地参观点得到市委常委、宣传部部长范庆瑜的肯定。以银发艺术团为文化街景的核心，启动第四届社区邻里文化节，文化走亲活动3场，文艺会演48场次。完成百姓名嘴工作室、“小红砖”宣讲阵地，完成街道标准化社区教育中心以及3个社区教育工作站建设和19个道德广场建设。三是社会事业稳步推进。投入432万元完成社区幸福邻里、老年食堂建设和居家养老服务中心示范提升及社区辅具租赁点配套提升改造。新增就业人数1380人；实现失业人员和困难人员再就业人数分别为779人和228人；发放失业救济金为431.14万元，处理劳动纠纷45起，完成52家用人单位书面审查。新增城乡居保参保16人，其中60周岁以上新参保人员2人。到龄享受待遇4人，领取丧葬费10人。新增城乡居民医疗保险新参保人数189人，中途续保31人。新增未参保集体企业人员及其他相关人员参加职工基本养老（医疗）保险一次性补缴21人。共审核发放低保133户（157人）保障资金119.11万元，残疾人补贴金费104.79元，现、退役军人慰问金2.23万元，退役士兵安置费43.77万元，两参人员优抚生活补助15.78万元，慰问各类困难人员10.58万元；受理廉租房200户，政府购买养老服务330人。计划生育管理有序推进，成立心理咨询服务站，落实计生特殊家庭三项制度，大力推进“健康浙江”工作。100%落实兵役登记工作，高质量完成民兵整组点验，扎实有序推进市陌二社区红旗民兵连创建试点工作；成立龙泉街道退役军人服务站，完成信息采集1317份，录入1287份，走在全区前列。

主推“平安提质”，和谐稳定显现新气象。一是抓实稳控工作。实施重大信访领导包案制，制定龙泉街道信访应急预案及特殊时期安保工作方案，做好重点人员及重点群体稳控工作，保障全国两会及其他重大节点社会稳定。切实加强日常预警排查和化解力度，确保“龙泉不出事、龙泉人不惹事”。特殊人群帮扶管教全覆盖，未发生脱漏管现象。按序开展扫黑除恶工作，社会环境明显改观。二是打造“平安”品牌。实体化平安健康俱乐部，按照“一社一品”思路做优做强十大社区特色，每月定期开展主题活动，每季开一次现场交流会。完成平安健康俱乐部宣传片拍摄，进一步扩大知名度，增加群众影响力，完成品牌打造。平安俱乐部运行以来，共发展会员500余名，依靠会员开展群防群治等活动1000余人次。三是强化安全监管。共投入资金10万余元，加大对重点场所、重点区域安全隐患排查力度，突出对群租房、“三合一”场所的整治提升；积极推进社区微型消防站建设，配备小区消防器材。全年安监中心共出动900余人次对辖区所有安全生产经营单位进行检查，发现及整改隐患800余处，社区宣传栏张贴消防安全知识22次，发放安全知识手册及宣传折页1万余份，发放烟花爆竹双禁公告4万余份，组织参加培训300余人次，开展安全疏散和消防演练17次，完成紫云小区安全生产宣传广场及讲堂建设，全年未发生安全生产事故，处理违法案件2起，共处罚金6200元。继续推进小餐饮整规工作，“个转企”共完成14家，超额完成区定目标。食品安全稳定，未出现任何安全事故。四是筑牢治理网格。携手龙泉派出所，着力打造“杨美怡警官工作室”，共建共治共享社会治理格局，守护高校平安。激发社会组织优势，传承“枫桥经验”，充分发挥华丰社区小康阳光庇护中心社会组织作用，不仅得到受到湖州市委的充分肯定，同时被列入全省学习总结枫桥经验100案例中。

主攻“党建提亮”，队伍素质取得新突破。一是党建联盟大引领。街道党工委牵头率先与湖州师范学院继续教育学院订立党建盟约，开启地校深度合作。以“一联盟双基地”的形式，建立首个“人才培训＋实践实训”双基地，形成育才、留才“互扣链”，完成大学生创业贷款额列吴兴区首位。在白鱼潭社区党建联盟试点基础上，在各社区按照“纵向联动、横向互动”的“盟友”架构，构建党建引领、上下联动、左右互动的社区综合治理新体系。二是党建阵地广拓展。在新老复合型社区服务管理上做文章，高标准打造市陌河党群服务中心，探索以“党建引领、资源集聚、任务共领、邻里互助”为宗旨的多元融合治理模式。在村居合一安置社区的党建引领上谋思路，稳步打造祥和社区“邻里一家亲、党建聚民心”的“村居和合”自治模式，引导村社共建共享共治。同时逐步提升白鱼潭和市陌二社区党建阵地建设，拓展“党建引领社区治理”外延和内涵。三是党员队伍实锻打。依托“红扬龙泉大讲堂”，

围绕“充实储备库、制定学习表、开展竞职赛、选派下基层、常修晴雨表”的“五个一”模式铸造一支忠诚干净担当、充满活力的高素质综合基层干部队伍。四是党风廉政严建设。全面落实党要管党、从严治党的新要求，督促班子成员切实履行好“双岗双责”。大力推动清廉社区建设，完成14个社区建设驿站建设。进一步规范干部选拔任用程序，严格把好社区干部提拔审核关，2018年对新提拔的社区正、副职干部进行任职前廉政谈话，动态监督管理。坚持抓早抓小，将纪律和规矩挺在前面，建立效能督查制度，实行街道党政班子作为“导师”联系年轻干部谈心谈话制度，及时掌握年轻干部的思想动态，做到关怀在前、教育在前、防止在前、制约在前，及时咬耳朵、扯袖子，上半年以来通过关怀谈话、函询等7人次。

（韩琴芳）

第二十一篇 人物·名录

·区四套班子，部门、高新区、乡镇、街道机构负责人名录·

凡标有“*”者，表明已在2018年内因退休、调职、免职、辞职等原因而去职。

中国共产党吴兴区委员会

书　　记：吴智勇
副 书 记：陈　江　石一婷*（女）娄显杰
常　　委：宋建方　朱建祥*　张国英（女）
　　　　　朱剑梁　温建飞*　潘永锋
　　　　　陈建良　陈共团*　洪　波*
　　　　　朱宝东　宁　云　董　平
委　　员：（以姓氏笔画为序）
　　　　　马　骁　王宝龙　王新太
　　　　　厉云燕（女）　石一婷*（女）
　　　　　卢晓华　包永良　宁　云
　　　　　朱宝东　朱建忠　朱建祥*
　　　　　朱剑梁　朱新民　杨元江
　　　　　吴　旭（女）吴金辉　吴智勇
　　　　　何锋峰　沈　冰　宋建方
　　　　　张文斌　张志宏　张国英（女）
　　　　　陆安华　陈　伟　陈　江
　　　　　陈共团*　陈建良*　陈新娣（女）
　　　　　周文霞（女）　胡卫东　洪　波*
　　　　　费屹巍　徐进磊　郭士忠
　　　　　唐于建　温建飞*　戚斌斌
　　　　　慎小红（女）　董　平　滕　辉
　　　　　潘　华　潘永锋　戴立新
候补委员：（以得票多少为序）
　　　　　杨　斌　吕志荣　邹德明
　　　　　俞琴芳（女）　王　祎（女）

区委工作部门及直属单位、派出机构

办公室（区委政策研究室、区档案局、区委党史研究室）

主　　任：陆安华
副 主 任：费　斌　张美中　王国强
　　　　　李小红　陆继龙　孔　媛（女）
室务会议成员：姚连华　方红英（女）
　　　　　严晓娅（女）　李清华*
　　　　　胡利剑　王晓峰

区委政策研究室

主　　任：姚连华
副 主 任：李清华*　杨　斌

区档案局

局　　长：陆安华
副 局 长：严晓娅（女）　徐　芳（女）

区委党史研究室（地方志办公室）

主　　任：陆安华
副 主 任：姚连华

区委、区政府信访局

局　　长：沈　冰*　费　斌
副 局 长：沈国强（兼织里分局局长）
　　　　　陶文斌　陆莉萍*（女）　吴　隽
信访督查专员：吴　隽*　叶　凯

区委组织部（区级机关党工委、区委人才办、区委两新工委、区委老干部局）

部　　　　长：朱剑梁
常务副部长：胡卫东
副　部　长：余胜奎　许剑辉（女）
　　　　　　郭士忠（兼）　张惠新（兼）
部务会议成员：潘　迪

区级机关党工委

书　　　　记：胡卫东
副　书　记：张义平

区委人才办

主　　　　任：沈海明

区委两新工委

书　　　　记：余胜奎
副　书　记：许剑辉（女）

区委老干部局

局　　　　长：胡卫东
副　局　长：朱晨旭　周春华（女）

区委宣传部（区文联、区社科联）

部　　　　长：陈建良
常务副部长：孙斌义
副　部　长：杨　勇　宋振强
部务会议成员：应　琦
　　　　　　张　蘋（女）
文明办主任：宋振强（兼）
网信办主任：应　琦

区文联

主　　　　席：孙斌义

区社科联

主　　　　席：孙斌义
副　主　席：张　蘋（女）

区委统战部（区民宗局、区台办、区侨办、区侨联、区工商联）

部　　　　长：宋建方
副　部　长：吕志荣　沈志荣　沈子昌
部务会议成员：戴国新　诸　坚

区民宗局

局　　　　长：吕志荣
副　局　长：戴国新

区台办

副　主　任：沈志荣

区侨办

副　主　任：沈志荣

区侨联

主　　　　席：钱　凯

区工商联

主　　　　席：单建明
书　　　　记：吕志荣

区委政法委（区综治办、区委维稳办、区委防范办、区国安办、区矛盾纠纷多元化解中心）

书　　　　记：石一婷*（女）　娄显杰
常务副书记：沈　冰
副　书　记：唐建兴　丁家荣
委　　　　员：朱乐鸣（女，下派）　华勤德
　　　　　　付文桥　姚志忠　施国斌

区综治办

主　　　　任：丁家荣（兼）
副　主　任：姚志忠（兼）

区委维稳办

主　　　　任：沈　冰（兼）
副　主　任：付文桥（兼）

区委防范办

主　　　　任：唐建兴（兼）
副　主　任：华勤德（兼）

区国安办

主　　　　任：朱乐鸣（女，下派）

区矛盾纠纷多元化解中心

主　　　　任：吴新惠

区编委办

主　　　　任：胡卫东*　张惠新
副　主　任：蒋立新　俞晔虹*（女）
　　　　　　吴　玮（女）

中共湖州市吴兴区纪律检查委员会

书　　　　记：张国英（女）
副　书　记：王新太　李艮水
常　　　　委：陈　勇　叶熙熙（女）

唐国强　沈凯风
委　　　员：王　芳（女）　王炯明
方红英（女）　吴吉琴（女）
吴宇昕　余胜奎　宋振强
姜新明　郭荣光　陶厦峰
蔡梅建　樊　军　王新太
李艮水　陈　勇　叶熙熙（女）
张国英（女）　唐国强

区监察委员会

主　　　任：张国英（女）
副　主　任：王新太　李艮水
委　　　员：陈　勇　叶熙熙（女）
黄学军　王　芳（女）

吴兴区人民代表大会常务委员会

主　　　任：吴　旭（女）
副　主　任：茅利荣　韩新梅（女）　汤益培
杨华林　严安成　甘道民
委　　　员：（以姓氏笔画为序）
丁永才　冯文明　朱建荣
孙建美（女）　孙新江
杨　斌*　杨佩芬（女）
吴静华（女）　沈旭荣*　张新华
陆新法　陈　杰　陈丽红（女）
陈　静（女）　周功剑　胡卫东
费争荣　费利荣　徐　瑛*（女）
梅　丰　曹建华　彭建国
蒋国荣

区四届人大常委会各委室

办公室（研究室）

主　　　任：陈　杰
副　主　任：朱平良　孟胜炜　沈荣臻

财政经济委员会

主 任 委 员：陆新法

法制工委

主　　　任：朱建荣

农业农村工委

主　　　任：蒋国荣
副　主　任：郑晓玲（女）

教科文卫工委

主　　　任：周功剑
副　主　任：沈美利（女）

城建环资工委

主　　　任：梅　丰
副　主　任：王　勤

代表工委

主　　　任：颜利方
副　主　任：季百顺

吴兴区人民政府

区　　　长：陈　江
常务副区长：潘永锋
副　区　长：洪　波*（挂职）　王　青（女）
王宏娟（女，挂职）　傅远超
费屹巍　朱建忠　滕　辉
张文斌（2018.04起，青川挂职）
张顺利*（挂职）
李　娜（女，挂职）

吴兴区人民政府工作部门及直属机构

办公室（法制办、外事办、应急办、农整办、调研中心、大数据管理中心、咨询委办公室）

主　　　任：卢晓华
副　主　任：邱利佳（女）　陈昌来
朱江政　李学林　李晓明
党 组 书 记：卢晓华
党组副书记：邱利佳（女）
党 组 成 员：章正军　王建国　陆鸣霄
陈昌来　李学林　李晓明
唐　晔（女）
纪检监察组组长：章正军

法制办

主　　　任：卢晓华
副　主　任：顾人杰*　陆鸣霄

外事办

主　　　任：卢晓华
副　主　任：丁百川*　陶　峰

应急办

主　　　　任：李学林* 陈昌来

农整办（矿治办）

主　　　　任：王建国

副　主　　任：王旭强

调研中心

主　　　　任：唐　晔（女）

大数据管理中心（2018年5月，更名为区大数据管理中心）

主　　　　任：唐　晔（女）

咨询委办公室（设立于2018年6月，归口区政府办公室管理）

主　　　　任：莫小燕（女）

吴兴区政务服务管理办公室、吴兴区公共资源交易管理办公室

主　　　　任：潘永锋（兼）

常务副主任：薛跃伟

副　主　　任：马文安　吴勤丰　莫慧忠

党　组　书　记：潘永锋

党组副书记：薛跃伟　马文安

党　组　成　员：吴勤丰　莫慧忠　蔡　昕

区发改委

主　　　　任：杨元江

副　主　　任：周洪伟　李凌峰　黄大春　王振宇* 倪海潮

党　组　书　记：杨元江

党组副书记：罗　英（女）　陈家荣

党　组　成　员：周洪伟　王振宇* 曹国良

纪检组组长：沈玉坤

区统计局

局　　　　长：罗　英（女）

副　局　　长：李凌峰

党　组　书　记：罗　英（女）

党　组　成　员：李凌峰　曹国良

南太湖产业集聚区吴兴分区管理委员会

主　　　　任：杨元江

副　主　　任：费　菲（女）

区金融办

主　　　　任：邱国强

副　主　　任：王道文（女）　周勤俭　李　斐（挂职）

党组副书记：王道文（女）

党　组　成　员：周勤俭　陶　静（女）

区教育局

局　　　　长：张志宏

副　局　　长：陈明强　沙　勇*

党　委　书　记：张志宏

党　委　委　员：周晓凤（女）　陈明强　沙　勇*

区科技局

局　　　　长：

副　局　　长：陈诸胜　苏　娟（女）

党　组　书　记：陆宝根

党组副书记：陈诸胜

党　组　成　员：林金鹏　沈方林

纪检组组长：沈玉坤

区科协

主　　　　席：陆宝根

专职副主席：林金鹏

区民政局

局　　　　长：唐于建

副　局　　长：李鑫根　姚新芳（女）　沈宏斌

党　组　书　记：唐于建

党组副书记：姚新芳（女）

党　组　成　员：李鑫根　顾龙堂　沈宏斌

区残联

理　事　　长：章利民

副理事长：唐一平（女）　蒋锦荣　李鑫根（挂职）　姚鸿鸣（挂职）　范晓云（兼）

党　组　书　记：章利民

党　组　成　员：唐一平（女）　蒋锦荣

区司法局

局　　　　长：徐滟燕（女）

副　局　　长：吴坚敏（女）　施荣法　刘法营

党　组　书　记：吴坚敏（女）

党　组　成　员：沈继昌　施荣法　刘法营

区财政局

局　　　　长：杨卫华
副　局　长：叶　青（女）　周勤俭*
　　　　　　俞勤仕
总　会　计　师：施江红（女）
党　组　书　记：杨卫华
党　组　成　员：杨卫华　施江红（女）
　　　　　　叶　青（女）　周勤俭*
　　　　　　俞勤仕

区人力社保局

局　　　　长：郭士忠
副　局　长：李　慧（女）　朱海江
　　　　　　陆培红（女）　唐晓华
党　组　书　记：郭士忠
党组副书记：李　慧（女）
党　组　成　员：郭士忠　李　慧（女）
　　　　　　黄新发*　朱海江
　　　　　　陆培红（女）
纪检组组长：蔡小丰

区住房和城乡建设局、交通局

局　　　　长：沈忠明
副　局　长：曹建强*　王会江　宋恭勤
　　　　　　张　波
党　委　书　记：沈忠明
党　委　成　员：沈林林　杨惠清
　　　　　　赵　俊（下派）
纪检组组长：沈林林

区旅游发展委员会

主　　　　任：蔡滨斌
副　主　任：吴仁斌　朱根初
　　　　　　代　茹（女）
党　组　书　记：蔡滨斌
党组副书记：吴仁斌
党　组　成　员：朱根初　代　茹（女）
　　　　　　吕建樑
纪检组组长：沈林林

区水利局

局　　　　长：郁培荣
副　局　长：陆鸣霄*　方立鑫
总　工　程　师：席桂平（女）
党　组　书　记：郁培荣
党　组　成　员：戴志华　陆鸣霄*　方立鑫
　　　　　　席桂平（女）　姚荣伟
　　　　　　蔡昊展*

区农林发展局

局　　　　长：陈　彬
副　局　长：胡旋波　钱轶毅　周林章
　　　　　　陈水华　郭良勇（挂职）
党　组　书　记：陈　彬
党　组　成　员：胡旋波　钱轶毅　周林章
　　　　　　陈水华　朱益民　胡　亮

区农办

主　　　　任：陈　彬
副　主　任：胡旋波　朱益民

区商务局

局　　　　长：谈　波
副　局　长：吴利强　张传国　周慧东
　　　　　　谈黎伟　陈玉娟（女）
　　　　　　郑　飞（挂职）　任福臣
党　组　书　记：谈　波
党组副书记：吴利强
党　组　成　员：嵇建坤*　张传国　周慧东
　　　　　　陈玉娟（女）
纪检组组长：沈玉坤

区文体局

局　　　　长：王　祎（女）
副　局　长：姚鸿鸣　吴敏娟（女）
　　　　　　冯　斌
党　组　书　记：王　祎（女）
党组副书记：姚鸿鸣
党　组　成　员：吴敏娟（女）　冯　斌
　　　　　　季禧峰
纪检组组长：金　磊

区卫生和计划生育局

局　　　　长：简芬芳（女）
副　局　长：陆建兵　周秋芬（女）

李　波　杨传喜
党　委　书　记：姚树勤
党委副书记：陆建兵
党　委　委　员：蔡小丰　周秋芬（女）
李　波　谈晓春（女）
杨传喜
红十字会副会长：邵树乔
计生协专职副会长：谈晓春（女）

区审计局

局　　　　长：姜新明
副　　局　　长：朱　豪　丁　媛（女）
总　审　计　师：沈元萍（女）
党　组　书　记：姜新明
党　组　成　员：沈元萍（女）　丁　媛（女）
纪检组组长：章正军

区环保局

局　　　　长：周　李
副　　局　　长：何晔波　吴伟中　胡建松
织里分局局长：何晔波（兼）
党　组　书　记：周　李
党组副书记：何晔波
党　组　成　员：周　李　何晔波　胡建松
郑焦光
纪检组组长：吴利梅（女）

区安监局

局　　　　长：金斌斌（女）
副　　局　　长：钱忠伟　章国强*　蔡永祥
赵永需
党　组　书　记：钱忠伟
党　组　成　员：章国强　蔡永祥　赵永需

区综合执法局

局　　　　长：邹德明
副　　局　　长：丁理平（兼）　杨国荣
范慧敏（女）　吴　频
韩　翔　沈　滨（下派）
阮剑虹
党　委　书　记：邹德明
党　委　委　员：杨国荣　范慧敏（女）
吴　频　韩　翔
朱晓芬（女）　阮剑虹

区市场监督管理局

局　　　　长：石建民
副　　局　　长：陈冠强　陶晓明　朱文伟
陈　瑾（女）　彭卫忠
党　委　书　记：石建民
党委副书记：陈冠强
党　委　委　员：陶晓明　朱文伟
陈　瑾（女）　彭卫忠
吴利梅*（女）　周志刚
吴剑勇

区税务局（2018年7月20日由区国税局与区地税局合并而成）

局　　　　长：赵健鸣
副　　局　　长：沈鸿宾　朱晓仑　李建广
陈　雷　陈惠莉（女）
蒋荣方　徐明华
党　委　书　记：赵健鸣
党　委　成　员：沈鸿宾　朱晓仑　李建广
陈　雷　陈惠莉（女）
蒋荣方　徐明华
纪检组组长：王震宇

区国税局（2018年7月20日与区地税局合并为区税务局）

局　　　　长：赵健鸣
副　　局　　长：朱晓仑　李建广　陈惠莉（女）
蒋荣方
党　委　书　记：赵健鸣
党　委　成　员：朱晓仑　李建广　陈惠莉（女）
蒋荣方
纪　检　组　长：王震宇

吴兴消防救援大队

政治教导员：蒋　挺
大　　队　　长：陈晓钦
副　大　队　长：姚旭翔
党　委　书　记：蒋　挺
党委副书记：陈晓钦

党　委　委　员：姚旭翔　冯益锋　柴　彬

市政府派驻吴兴机构

区公安分局

局　　　　　长：朱建祥*　马　骁
政　　　　　委：吴宇昕
副　　局　　长：单永杰*　杨晓东
　　　　　　　　丁理平　朱海金*　陈永明
　　　　　　　　冯　剑
副　　政　　委：张晓伟*　吴冬儿
督　　察　　长：朱建祥*　马　骁
政 治 处 主 任：吴冬儿
党　委　书　记：朱建祥　马　骁
党 委 副 书 记：吴宇昕　杨晓东
党　委　委　员：单永杰*　张晓伟*　丁理平
　　　　　　　　吴冬儿　方传江　朱海金*
　　　　　　　　王唯栋　陈永明　冯　剑
　　　　　　　　甘世宏　沈连根　周兴强
纪　委　书　记：方传江

区地税局（2018年7月20日与区国税局合并为区税务局）

局　　　　　长：胡　放
副　　局　　长：沈鸿宾　陈　雷　徐明华

区国土资源分局

局　　　　　长：王　勇
副　　局　　长：毛启明　林　宏　臧　建
　　　　　　　　徐　峰
党　委　书　记：王　勇
党 委 副 书 记：毛启明
党　委　委　员：毛启明　林　宏　臧　建
　　　　　　　　徐　峰　王建国　张旭黎（女）

区规划分局

局　　　　　长：施伟华
副　　局　　长：虞　璟
吴兴编审中心主任：沈　珏（女）

区广电中心

主　　　　　任：周雪芬*（女）　高　雯（女）
副　　主　　任：易发明　卢小媛（女）
党 支 部 书 记：周雪芬*（女）　高　雯（女）

政协吴兴区委员会

主　　　　　席：潘　华
副　　主　　席：朱建豪　钱　旻（女）
　　　　　　　　束明德　汪胜富
　　　　　　　　徐滟燕（女）
秘　　书　　长：王开成
常　　　　　委：陈　燕*（女）　胡旋波
　　　　　　　　陈建平　蒋立敏
　　　　　　　　俞琴芳（女）　张丽英（女）
　　　　　　　　丁百川　王全勇　王建荣
　　　　　　　　冯　坚　吕志荣　朱江政
　　　　　　　　任晓瑛（女）　许　羽
　　　　　　　　许见明　许增宝　李春杰
　　　　　　　　吴书文　吴伟中　吴建华
　　　　　　　　沈旗英（女）　宋恭勤
　　　　　　　　宋晓萍（女）　张金炎
　　　　　　　　金斌斌（女）　单建明
　　　　　　　　胡建明　施星仁　顾人杰
　　　　　　　　倪志和　唐一平（女）
　　　　　　　　唐晓华　谈衍康　彭小刚
　　　　　　　　韩晓玲（女）　释常进
　　　　　　　　虞小平　褚学琴（女）
　　　　　　　　蔡兴强　蔡椒通　谭　铁
　　　　　　　　濮新泉

区政协办公室及专门委员会

办公室

主　　　　　任：陈　燕*（女）
副　　主　　任：赵勤学　沈秀梅（女）

提案委员会

主　　　　　任：胡旋波
副　　主　　任：陈坤华（女）

经济科技委员会

主　　　　　任：陈建平

文教卫体和学习文史委员会

主　　　　　任：蒋立敏
副　　主　　任：闵慧晶（女）

社会法制委员会

主　　　　　任：俞琴芳（女）

副　　主　　任：于　涛

委员工作委员会

主　　　　　任：张丽英（女）

司法部门

区人民法院

院　　　　　长：周文霞*（女）　陈　静（女）
副　　院　　长：王炯明*　何健康　顾群勇
　　　　　　　　崔颂文　王宗冉（下派）
政 治 处 主 任：朱　赟
执 行 局 局 长：陆学欣
党　组　书　记：周文霞*（女）　陈　静（女）
党 组 副 书 记：王炯明*
党　组　成　员：王炯明*　何健康　顾群勇
　　　　　　　　崔颂文　王宗冉（下派）
　　　　　　　　朱　赟　陆学欣
纪 检 组 组 长：顾群勇

区检察院

检　　察　　长：戴立新
副 检 察 长：郭荣光　王宇飞　魏冠卿（女）
政 治 部 主 任：郑　洁（女）
检察委员会专职委员：李建芳　顾鸿庚
党　组　书　记：戴立新
党 组 副 书 记：郭荣光
党　组　成　员：王耀斌　王宇飞　郑　洁（女）
　　　　　　　　魏冠卿（女）　沈　璋（女）
纪 检 组 组 长：王耀斌

群众团体

区总工会

主　　　　　席：汤益培
副　　主　　席：慎小红（女）　王全勇
经 审 会 主 任：洪缨莉（女）
党　组　书　记：慎小红（女）
党　组　成　员：王全勇　洪缨莉（女）
　　　　　　　　应玲素（女）

团区委

书　　　　　记：杨　斌*　丁百川
副　　书　　记：陶　峰*　史娇蓉（女）
　　　　　　　　王　成　曹羌琴*（女，挂职）
　　　　　　　　沈佳敏（女，挂职）
　　　　　　　　李有飞（兼）
　　　　　　　　黄　洁（女，兼）
党　组　书　记：杨　斌*　丁百川
党　组　成　员：陶　峰*　史娇蓉（女）
　　　　　　　　王　成　沈佳敏（女，挂职）

区妇联

主　　　　　席：陈　燕（女）
副　　主　　席：李　岚（女）　沈乃鹰（女）
　　　　　　　　宋晓萍（女）
党　组　书　记：陈　燕（女）
党　组　成　员：李　岚（女）　沈乃鹰（女）
　　　　　　　　宋晓萍（女）　周春华（女）

企事业单位

区供销社

主　　　　　任：朱平学
副　　主　　任：张步峰
党　组　书　记：朱平学（兼）

国网湖州供电公司市区供电服务中心

主　　　　　任：孙　益
副　　主　　任：钱学卿　沈根强　徐　枫
　　　　　　　　沈　翊　丁海华
党　委　书　记：钱学卿
党 委 副 书 记：孙　益　徐　枫

吴兴邮政分局

分　　局　　长：张　炜（兼）

电信分公司

总　　经　　理：黄海兵
副　总　经　理：徐志龙　余同平
总 经 理 助 理：童建新

移动分公司

总　　经　　理：沈海明
副　总　经　理：韩　众　刘　昕

党支部书记：沈海明
党支部委员：韩　众　刘　昕　顾云峰
潘立波*

中国联通吴兴分公司
总经理：丁春雷
副总经理：岳卫平
总经理助理：严　赟　潘泳刚

工行吴兴支行
行长：田立新
副行长：张惠平　沈俊佳
行长助理：潘建昌　崔文琴（女）

农行吴兴支行
行长：朱文泉*　茹岭勇
纪委书记：嵇　峰*　赵丽丽（女）
副行长：周　芸*（女）　陆渔花（女）
行长助理：褚国良
党委书记：茹岭勇
党委成员：嵇　峰*　赵丽丽（女）
陆渔花（女）　褚国良

中国银行吴兴支行
行长：唐　茜（女）
副行长：葛　诚（女）　闵宏伟

建行吴兴分行
副行长：周国峰（主持工作）　吴敬杰
施晓倩（女）

交行吴兴支行
行长：陈鑫林
副行长：蔡雄杰

湖州银行吴兴支行
行长：朱国平（女）
副行长：朱静燕（女）　赵汉琴（女）
行长助理：费屹东

湖州银行城南支行
行长：陆　晖（女）
副行长：缪　昕　沈利丽（女）
行长助理：沈利丽（女）

湖州银行城北支行
行长：吴玉妹（女）
副行长：叶文勇　姜　虹（女）
行长助理：王颖蕾（女）

湖州银行南园支行
行长：孙为民
副行长：杨　璟（女）　阮锦萍（女）

吴兴农商银行
董事长：周盛东
行长：陈法良
监事长：朱子平
副行长：吴国良　卢启祥　沈云英（女）

辖区

湖州南太湖高新技术产业园区管理委员会
党委书记：费学梅（女）
党委副书记：费争荣　沈丹芬*（女）
吴大鹏（下派）　蔡宏杰
孔　亮（下派）
党委委员：陶厦峰　杨树民
王道文（女）　杨　枫（女）
甘世宏　戴斌滨　褚屹东
沈美利（女，兼）　李占强
王振宇　费　菲*（女，挂职）
卢　锋　吴勤丰
主任：费学梅（女）
副主任：蔡宏杰　孔　亮（下派）
杨树民　王道文（女）
杨　枫（女）　戴斌滨
褚屹东　李占强
费　菲*（女，挂职）
卢　锋　吴勤丰

织里镇
党委书记：温建飞*　宁　云
党委副书记：宁　云*　单永杰*　王国华*
陈勇杰　周兴强（兼）
姚连华　盛　舸　汤雪冬
谢春伟（挂职）
王金火（挂职）
党委委员：沈国强（下派）　蔡梅建

蒋锦荣 周郑洁（女）
蔡建新 舒忠明 黄 栩
刘玉军 沈 滨 倪 健*
温绿琴（女） 陈法良(挂职)
毛 铭
纪委书记：蔡梅建
人大主席团主席：彭建国* 薄国欣
人大主席团副主席：潘新林 史宁慧（女）
镇长：宁 云* 陈勇杰
副镇长：舒忠明* 黄 栩* 刘玉军
潘斌松 费一鸣 何 良
人武部部长：刘玉军* 舒忠明
公安分局局长：单永杰* 周兴强

八里店镇

党委书记：滕 辉
党委副书记：张学民 杨 斌（挂职）
吴群伟 张 力
李小红（挂职）
邱鑫渊（挂职）
党委委员：朱 伟 沈连根（兼）
叶江华 钱娟丽（女）
厉海斌 褚云江
吴彩英（女）
纪委书记：朱 伟
人大主席团主席：潘新利
人大主席团副主席：徐建民 高建强
镇长：张学民
副镇长：厉海斌 叶 伟 于建华
徐 芳*（女，挂职）
周宇莲（女）
人武部部长：叶江华
派出所所长：沈连根
沈海明（下派）

道场乡

党委书记：王宝龙
党委副书记：潘卫华 钱伟忠
王亚琪（女，下派）
党委委员：吴利梅*（女） 沈 侃*（挂职）
施林忠 施小龙 沈洪海
张伟伟 李丽华（女）
张建忠 叶存模
纪委书记：吴利梅*（女） 李丽华（女）
人大主席团主席：薄国欣* 叶 平
人大主席团副主席：袁 龙
乡长：潘卫华
副乡长：沈洪海 张建忠 魏会杰
派出所所长：施小龙

妙西镇

党委书记：包永良
党委副书记：潘 鸣*（挂职） 王国华
沈建良* 沈明亮
张 樵*（挂职） 徐谢鸿
党委委员：章春霞（女） 李旭强（兼）
叶江华* 沈宏伟 张 寅
严晓程
纪委书记：章春霞（女）
人大主席团主席：邹伟平
人大主席团副主席：李丽华*（女） 顾 毅
镇长：潘 鸣*（挂职） 王国华
副镇长：沈宏伟 倪 帆 李清华
人武部部长：叶江华*
派出所所长：李旭强
吴兴西塞山旅游度假区管委会主任：包永良（兼）
吴兴西塞山旅游度假区管委会副主任：吴建娟（女）

埭溪镇

党委书记：潘 鸣* 厉云燕（女）
党委副书记：陈勇杰* 彭建国 叶 平*
沈建良 陆 荣*（下派）
党委委员：章 垡 张 健 樊 军
王佐彬 钱卫华
莫芬芬（女） 李深德
徐 辉（下派）
纪委书记：樊 军
人大主席团主席：陈永祥
人大主席团副主席：俞小建
镇长：陈勇杰* 彭建国
副镇长：张 健 莫芬芬（女）
陈子龙 周何金
人武部部长：王佐彬
派出所所长：章 垡

东林镇

党　委　书　记：何锋峰
党 委 副 书 记：陆　敏　郭欢欢
　　　　　　　　肖　俊（下派）
党　委　委　员：钱水中　俞晔虹（女）
　　　　　　　　宋　云　郝初浩（兼）
　　　　　　　　王明强　叶桢杰
　　　　　　　　王松伟*（下派）
　　　　　　　　钟卫新（下派）　陈汉民
纪　委　书　记：王明强
人大主席团主席：吴黎存
人大主席团副主席：蒋杰宇
镇　　　　　长：陆　敏
副　　镇　　长：钱水中　汤应东　张佩方（女）
人 武 部 部 长：陈汉民
派 出 所 所 长：郝初浩

环渚街道

党 工 委 书 记：朱新民
党工委副书记：傅　军　钱新祥
　　　　　　　　杜林超（挂职）
党 工 委 委 员：宋智良　周颖锋（女）
　　　　　　　　陶国华　倪正侠　沈子昌*
　　　　　　　　徐长风*　倪　健
纪 工 委 书 记：陶国华
人大工委主任：丁永才
人大工委副主任：何荣林
办 事 处 主 任：傅　军
办事处副主任：周喜铃　忻伟铭　章忠元*
　　　　　　　　倪　健
人 武 部 部 长：倪正侠
派 出 所 所 长：宋智良

湖东街道

党 工 委 书 记：
党工委副书记：黄永强　沈镇华
　　　　　　　　沈　鑫（女，挂职）
党 工 委 委 员：章国强　吴　频　应　琦
　　　　　　　　张王锋（女）　虞　纯
纪 工 委 书 记：张王锋（女）
人大工委主任：沈丹芬（女）
人大工委副主任：杨树民
办 事 处 主 任：黄永强
办事处副主任：章国强
人 武 部 部 长：吴　频

月河街道

党 工 委 书 记：徐进磊
党工委副书记：周　晗（女）　唐伟杰
　　　　　　　　张　静（女，下派）
党 工 委 委 员：顾小林　陈　亮　朱成钢
　　　　　　　　施文杰　金琴琴（女）
　　　　　　　　沈青松　周建珠（女，兼）
纪 工 委 书 记：陈　亮
人大工委主任：莫根方
人大工委副主任：金建新　徐建军
办 事 处 主 任：周　晗（女）
办事处副主任：顾小林　赵　瑛（女）　张　勇
人 武 部 部 长：施文杰
派 出 所 所 长：朱成钢

朝阳街道

党 工 委 书 记：厉云燕（女）
党工委副书记：代　旻　徐群雄
党　委　委　员：费利强　虞志强　周　炜
　　　　　　　　余德东　谈　晔
　　　　　　　　吴彩英*（女）　沈　娟（女）
纪 工 委 书 记：周　炜
人大工委主任：吴继财
人大工委副主任：周　亮
办 事 处 主 任：代　旻
办事处副主任：陈颖峙　张敏敏
人 武 部 部 长：费利强
派 出 所 所 长：余德东

爱山街道

党 工 委 书 记：张新华
党工委副书记：俞海屏（女）
党 工 委 委 员：章忠元　赵　骏　洪　益
　　　　　　　　张国强　陈　芸（女）
　　　　　　　　马浩强
纪 工 委 书 记：洪　益

人大工委主任：陈晓华（女）
人大工委副主任：陈 杰
办事处主任：俞海屏（女）
办事处副主任：章忠元 张松法 潘新江
人武部部长：张国强
派出所所长：赵 骏

飞英街道

党工委书记：陈新娣（女）
党工委副书记：周振强 周 鹏
党工委委员：朱阶立 翟舟东 蒋 涛 韩红霞（女） 端金健 王顺世 胡 英（女） 赵鹏杰
纪工委书记：吴吉琴(女)
人大工委主任：费 斌
办事处主任：周振强
办事处副主任：朱阶立 蒋 涛 端金健
人武部部长：王顺世
派出所所长：翟舟东

龙泉街道

党工委书记：范丽华（女）
党工委副书记：钱宗禹 史彦廷
党工委委员：谈国琴*（女） 彭鼎顺 张伟娥（女） 沈 波 张 妍（女） 张国地 臧 勇
纪工委书记：张伟娥（女）
人大工委主任：程文秋
人大工委副主任：胡裕强
办事处主任：钱宗禹
办事处副主任：沈 波 谈国琴（女） 屠征峰
人武部部长：彭鼎顺
派出所所长：臧 勇

第二十二篇 统计资料

·2018 年吴兴区国民经济和社会发展统计公报·

2018 年，全区上下深入学习贯彻习近平新时代中国特色社会主义思想，全面落实“八八战略”，牢牢把握稳中求进总基调，在全区人民的共同努力下，经济运行稳中有进、稳中向好，新兴动能茁壮成长，经济结构优化升级，动能转换步伐加快，质量效益持续改善，圆满完成各项目标任务，全区经济社会发展迈上新台阶。

一、综　合

全区经济平稳运行，结构调整稳步推进。据市统计局初步核算，1–12 月，全区实现地区生产总值（GDP）547.26 亿元，按可比价计算，比上年增长 8.3%，增速居全市第二位，高于全市平均 0.2 个百分点。分产业看，第一产业增加值 20.28 亿元，增长 2.9%；第二产业增加值 214.54 亿元，其中工业增加值 183.59 亿元，分别增长 9.0% 和 11.2%；第三产业增加值 312.44 亿元，增长 8.3%。分产业结构看，一、二、三产结构为 3.7:39.2:57.1，经济结构继续优化。人均生产总值 120822 元，增长 8.9%，折合 18258 美元。

实现公共财政预算总收入 67.25 亿元，同比增长 22.1%，其中地方一般预算收入 40.96 亿元，增长 21.9%，地方财政税收收入 35.41 亿元，增长 22.9%。在地方税收中，实现增值税 14.30 亿元、企业所得税 5.64 亿元、个人所得税 2.17 亿元，分别增长 10.7%、43.0% 和 38.4%。全年公共财政预算支出 38.81 亿元，增长 25.9%，其中一般公共服务、公共安全、社会保障和就业、医疗卫生与计划生育、节能环保分别增长 15.2%、169.7%、23.2%、17.1% 和 17.3%。

居民消费价格总指数 102.2，其中，医疗保健价格上涨 1.5%，教育文化和娱乐类价格上涨 1.9%，烟酒价格上涨 0.2%，衣着价格上涨 1.6%，居住价格上涨 4.0%，生活用品及服务价格上涨 1.3%。

二、农业和农村经济

农林牧渔业实现增加值 21.58 亿元，按可比价计算，增长 3.2%。其中，去种植业增加值 8.39 亿元，增长 3.1%；林业增加值 1.71 亿元，增长 2.1%；牧业增加值 1.26 亿元，下降 22.5%；渔业增加值 8.92 亿元，增长 7.9%；农林牧渔业服务业增加值 1.30 亿元，增长 8.0%。2018 年，全区粮食作物播种面积 18.86 万亩，蔬菜播种面积 10.34 万亩，同比下降 2.3%；全区花卉苗木面积 2.01 万亩，同比增长 0.2%。年末生猪存栏 3.03 万头，同比减少 2.9%。全区渔业产量 7.61 万吨，同比增长 9.4%。水产品总产量 7.61 万吨，增长 9.4%。

全年培育市级以上农业龙头企业 5 家，市级以上农业精品园区 5 家。新增省级示范性家庭农场 5 家，市级示范性家庭农场 9 家。培育市定农业“大好高”项目 8 个，有序推进美果汇等 10 个农业“大好高”续建项目，完成投资额 4.64 亿元。

三、工业和建筑业

工业经济运行保持稳中有进的良好态势，规模以上工业增加值增长 11.2%，规模以上工业

总产值增长22.4%。产业结构优化升级，新兴产业势头强劲，战略性新兴产业实现增加值增长16.3%，增幅居全市第一，高新技术产业、装备制造业增加值同比增长9.3%和11.0%。全区规模工业企业主营业务收入同比增长28.3%，其中国内销售增长28.9%，内需旺盛。利税、利润分别增长17.4%和14.3%，排名均列全市前列。主营业务利税率和利润率分别为8.3%和5.7%，同比分别提高1.8和1.1个百分点。

年末拥有建筑企业70家，建筑业总产值485.89亿元，其中建筑工程产值402.94亿元；房屋建筑施工面积2189.98万平方米，其中新开工面1224.52万平方米。

四、固定资产投资和房地产

全区固定资产投资总体稳健，增长8.3%，快于全市平均2.1个百分点。民间投资占全部投资比重超七成，拉动增长14.3个百分点，是投资增长的主要动力。交通投资、高新技术产业投资增长加快，增幅均在50%以上，增幅均居各区县第一。其中，第一产业投资增长324.7%；第二产业投资下降7.4%；第三产业投资增长13.0%，其中房地产投资增长60.2%。

房屋施工面积720.97万平方米，增长29.8%，房屋竣工面积15.78万平方米，下降85.2%。商品房销售面积190.84万平方米，下降9.0%，商品房销售额192.39亿元，增长6.4%，待售面积16.64万平方米。

五、国内贸易和对外经济

全区实现社会消费品零售总额370.82亿元，同比增长10.1%，限额以上批发零售业分别实现销售额281.53亿元和171.70亿元，增长25.6%和7.7%。从限额以上单位销售商品分类来看，服装、鞋帽、针纺织品类、石油及制品类和化妆品类，分别增长33.1%、13.4%和53.2%。网络销售继续保持较高增长，全年限上企业网络销售额同比增长23.0%。

全区外贸进出口总额114.65亿元，同比增长27.5%，高于全市平均12.9个百分点，其中，出口87.61亿元，增长18.3%，高于全市平均5.2个百分点。主要出口商品均呈现增长，纺织原料及其制品、机电产品、杂项制品、木及木制品和贱金属及其制品分别增长30.4%、9.4%、16.6%、2.6%和11.9%。民营外贸企业形势向好，完成出口额78.91亿元，增长21.2%。亚、欧、北美三大市场出口占比分别为44.5：17.6：21.9。全年实现进口额27.05亿元，增长70.3%。

六、科学技术和教育

成功入选全国科技创新百强区和省科技创新改革联系点。国家级金属管道特色产业基地和省级知识产权强区双双通过复评；现代物流装备高新园区顺利通过省厅考核，童装产业创新服务综合体成功列入省级培育；成功培育国家高新技术企业19家、省科技型中小企业89家、“双高”优势企业23家；德马、金洲等4个科技项目列入省重点研发计划；成功立项4个市级领军型创新团队；老恒和成功认定省重点农业企业研究院，取得零突破，新增省级企业研究院2家、省级研发中心9家；新认定市级众创空间17家，获评省级优秀3家；成功创建省级院士专家工作站2家、市级2家。全区专利申请6200件，其中发明专利申请3061件；专利授权2253件；每万人发明专利拥有量达35.04件。

共有各级各类学校130所，在校学生88689人。其中，小学24所，在编教职工2722人，专任教师2852人，在校学生46797人，小学入学率和巩固率均为100%；初中21所（含九年一贯制学校），在编教职工1616人，专任教师1715人，在校学生14013人，初中入学率和巩固率均为100%，初中毕业生升学比例达99.3%；农村成人技术培训学校9所，在编教职工48人，专任教师65人；幼儿园76所，在园幼儿27879人，在编教职工264人，专任教师1739人。成功创建省艺术教育实验区和省示范学习型城市。吴兴实验小学、月河小学教育集团湖东校区等5所中小学完成新（扩）建并投入使用，市北小学、昆山中学等8个工程启动顺利推动；常溪幼儿园、王家漾幼儿园等8所幼儿园完成新（迁）建并投入使用，八里店中心幼儿园紫金桥园区等7所幼儿园正在建设。实施新一轮农村学校塑胶跑道改造工程，漾西学校、轧村中学等6个塑胶跑道完成改造。

七、文体、卫生和社会保障

深入推进“文化惠民”，大力推进基础设施建设。2018年度共增公共文化设施建筑面积21107平方米，建设16个文化礼堂；推进文化站免费开放工作，增加农村公共文化用房；加快美丽乡村建设，提升公共文化设施建筑面积。新建省级社区多功能运动场3个，笼式足球场3个、拆装式游泳池3个，中心村全民健身广场1个场，20个小康体育提升工程，新建市级中心村全民健身广场5个，合计新增体育场地面积41484平方米。人均拥有体育场地面积2.86平方米。

本年度全区未发生突发公共卫生事件。完成基本建设项目2个中心、4个乡镇卫生院，13个站，总投入1171.8万元。继续深化家庭医生签约服务工作，2018年全区规范签约236072人，规范签约率达37.9%。开展城市健康服务联盟和高水平医联体建设，进一步健全优质资源下沉、双向转诊等工作机制。

新增城镇就业29653人，城镇失业人员实现再就业7954人，困难人员就业人数1651人，城镇登记失业率为2.4%，控制在3.5%以内。完成招引大学生及各类人才16001人，其中大学生口径10945人；新增大学生创业主体1753人，新增创业担保贷款6752万元。新入选南太湖精英计划创业团队32个，引进各类人才资源总量16001人。全区城乡居民基本养老保险参保率93.6%；机关事业单位参保1.18万人，其中领取退休待遇3554人。基本医疗保险参保率99.7%，待调查数据、待勘误数据均完成动态清零。居民医疗保险人均筹资水平1329元/人，城乡居民基本医疗保险基金支出增幅13.5%。

八、城乡建设与社会公共安全

深入推进“三改一拆”。2018年累计完成二改588万平方米，城中村改造235万平方米，城中村改造项目3528户拆迁任务全面完成。全年拆除违法建筑360余万平方米，拆后利用率达到93.4%。“四边三化”累计完成两路两侧659个问题点位的治理，补种绿化29.7万平方米。城镇危旧房方面，完成第二次城镇房屋调查登记工作，共计9094幢；车站路53号已完成改造任务，吉山南区7、8幢正在维修加固。农村危旧房方面，自住类C级危房980户全部完成治理改造。全面推进“五水共治”。新建（改造）供水管网39公里，污水管网41.05公里，管道清淤198.2公里，创建8个零直排示范小区并通过市级预验收，完成1个积水点改造，屋顶集雨等雨水收集系统完成率161.2%。有序推进垃圾分类，全面铺开单位强制分类工作，共纳入受控单位2919家，开展率100%。不断加大保障性安居工程建设力度，全年新开工市旧住宅区（危旧房、城中村）货币安置项目3个，总套数为3124套，已全部完成。

创新发展“枫桥经验”，不断深化“四梁八柱”平安建设体系。顺利通过省市“七五”普法中期督查，公共法律服务站点实现乡镇（街道）和村（社区）全覆盖。加强安全生产，强化消防、食品药品、交通等安全风险管控，有效处置各类突发事件。依法严厉打击招投标、工程建设、环境保护、非法传销、食品药品等领域违法犯罪活动。第五届世界互联网大会、联合国地理信息大会实现“五个不发生”，百姓安全感持续增强。

九、人口、人民生活和环境保护

全区年末户籍人口45.10万人，其中男性22.14万人，女性22.96万人，分别占总人口的49.1%和50.9%；乡村人口21.08万人，城镇人口24.02万人，分别占总人口的46.7%和53.3%；全年出生人口4002人，死亡人口3442人，全区自然增长人口为560人。

城镇居民人均可支配收入55996元，同比增长9.0%。其中，工资性收入30427元，增长9.4%；经营性收入10484元，增长6.4%；财产性收入4434元，增长11.4%；转移性收入10651元，增长9.4%。农村居民人均可支配收入32693元，增长9.1%，农村增速领先城镇，城乡收入比进一步缩小。其中工资性收入24239元、家庭经营收入6172元，分别增长10.2%和5.6%。农村消费能力不断增强，全年人均生活消费支出19411元，同比增长8.6%。

全区空气质量优良率为64.3%，其中主要指标$PM_{2.5}$浓度下降至37微克/立方米，较2017年下降15.9%。全区15个区控以上地表水断面全部达到或优于III类水质；市交接断面水质考核位列优秀等次，主要入湖口监测断面连续11年均达到或优于III类水标准。2018年5月，吴兴区获评“五水共治”工作优秀区。全区土壤环境质量总体较好，工业危险废物、医疗废物、污泥无害化处置率连续四年分别达到100%、100%和95%以上。完成造林更新745亩，新建提升平原绿化1146亩，新植珍贵彩色树种13.4万株，全区森林覆盖率达38.41%；治理湿地1.078万亩，修复湿地植被0.514万亩；严守全区62平方公里的自然生态保护红线区域；全面完成9个“两路

两侧”重点区域废弃矿山治理任务。

注：

1. 本公报部分数据为快报数；

2. 生产总值、增加值绝对数按现价计算，增长速度按可比价计算；

3. 人均水平有关数据均按户籍人口计算；人均生产总值按常住人口计算为 90821 元，折合 13725 美元；

4. 规模以上工业企业指年销售收入 2000 万元及以上工业企业；

5. 限额以上贸易企业指年主营业务收入在 2000 万元及以上的批发贸易企业、年主营业务收入在 500 万元及以上的零售贸易企业；

6. 固定资产投资指计划总投资 500 万元及以上的投资项目和全部房地产开发投资；

7. 本公报数据除教育、文化、卫生部分指标外均不含湖州经济技术开发区、湖州太湖旅游度假区。

·统计图（表）·

2003—2018年吴兴区生产总值（GDP）一览表

表 22-1

年份	2003	2004	2005	2006	2007	2008	2009	2010	2011	2012	2013	2014	2015	2016	2017	2018
实绩（亿元）	105.10	128.20	148.50	173.12	189.58	217.32	233.00	267.46	315.37	347.70	376.03	409.70	439.17	476.54	515.51	547.26
增幅（%）	16.6	17.2	15.8	15.2	14.4	10.6	10.4	12.2	11.6	9.7	9.0	9.4	8.8	8.2	8.6	8.3

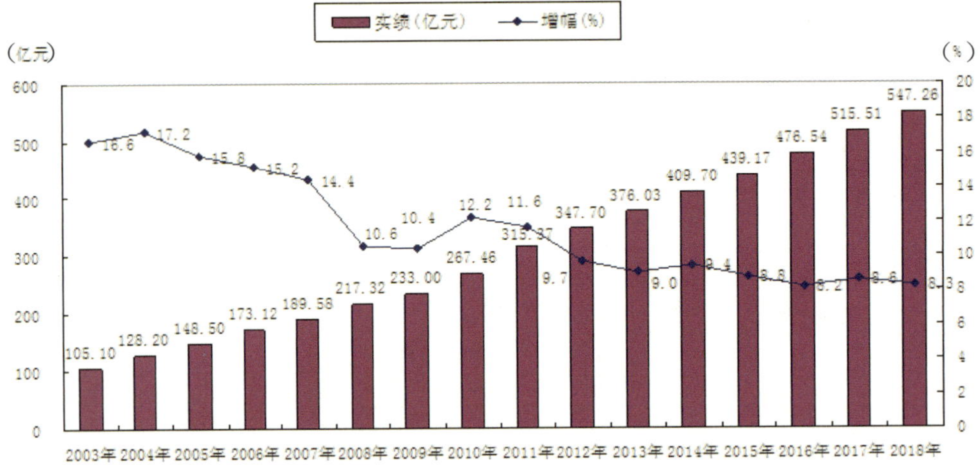

图 22-1　2003—2018年吴兴区生产总值（GDP）示意图

2003—2018 年吴兴区财政总收入一览表

表 22-2

年份	2003	2004	2005	2006	2007	2008	2009	2010	2011	2012	2013	2014	2015	2016	2017	2018
实绩(亿元)	6.32	7.90	9.34	11.46	14.21	16.85	18.57	22.19	27.01	28.92	31.62	34.55	39.03	43.70	51.91	67.25
增幅(%)	29.0	26.5	18.7	22.7	24.0	18.6	10.2	19.5	21.7	7.1	9.3	9.3	9.5	12.0	18.8	22.1

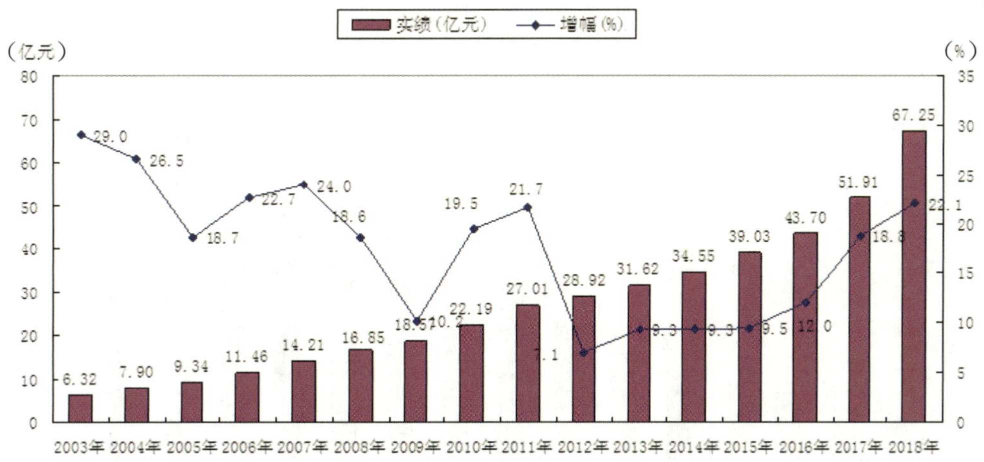

图 22-2　2003—2018 年吴兴区财政总收入示意图

2003—2018 年吴兴区固定资产投资一览表

表 22-3

年份	2003	2004	2005	2006	2007	2008	2009	2010	2011	2012	2013	2014	2015	2016	2017	2018
实绩(亿元)	38.89	47.88	59.91	68.79	81.35	97.50	128.67	158.51	167.91	203.89	188.76	221.30	256.38	291.92	327.91	-
增幅(%)	29.7	23.1	25.1	14.8	18.3	19.8	21.6	23.1	23.5	21.1	-1.2	17.2	15.9	13.9	14.6	8.3

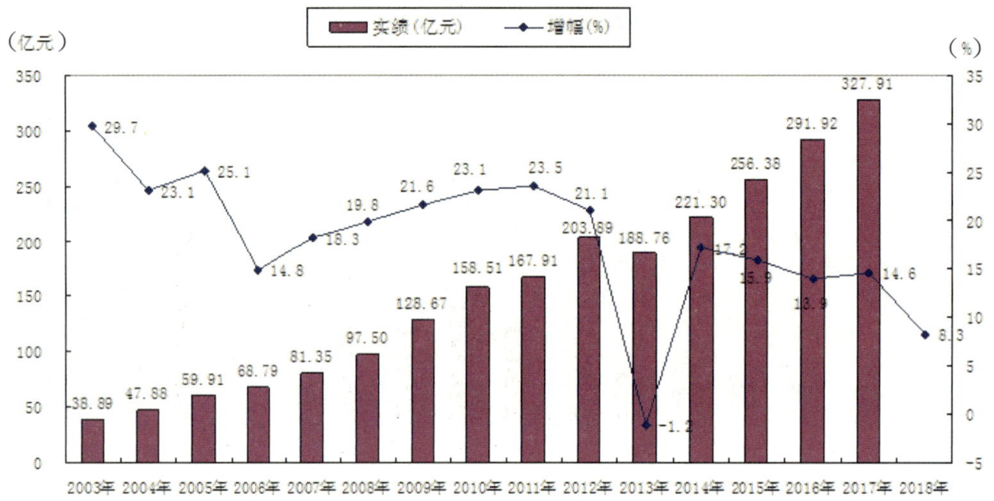

注：2003—2010 年统计口径为全社会固定资产投资，2011 年开始统计口径为限额以上固定资产投资；2018 年投资绝对数未公布。

图 22-3 2003—2018 年吴兴区固定资产投资示意图

2003—2018 年吴兴区城镇居民人均可支配收入一览表

表 22-4

年份	2003	2004	2005	2006	2007	2008	2009	2010	2011	2012	2013	2014	2015	2016	2017	2018
实绩（亿元）	12607	13664	15618	17912	20046	21870	23242	25572	29591	33560	36932	40138	43535	47170	51395	55996
增幅（%）	10.7	13.4	14.3	11.3	12.9	9.1	6.5	10.0	15.7	12.4	10.0	8.9	8.5	8.3	9.0	9.0

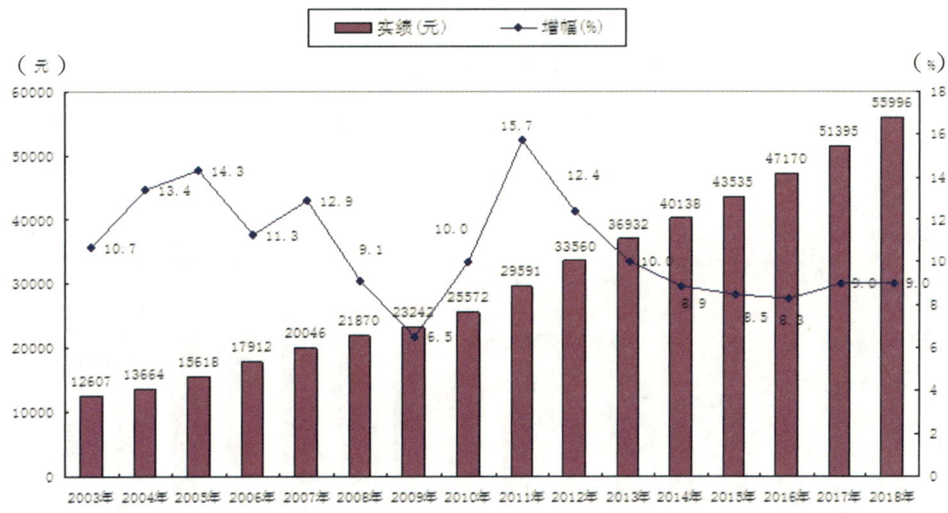

图 22-4 2003—2018 年吴兴区城镇居民人均可支配收入示意图

2003—2018 年吴兴区农村居民人均可支配收入一览表

表 22-5

年份	2003	2004	2005	2006	2007	2008	2009	2010	2011	2012	2013	2014	2015	2016	2017	2018
实绩（元）	5702	6478	7405	8465	9685	10913	11900	13486	15895	17739	19645	23075	25142	27391	29980	32693
增幅（%）	8.6	13.6	14.3	14.3	14.4	12.7	9.0	13.3	17.9	11.6	10.7	10.9	9.0	8.9	9.5	9.1

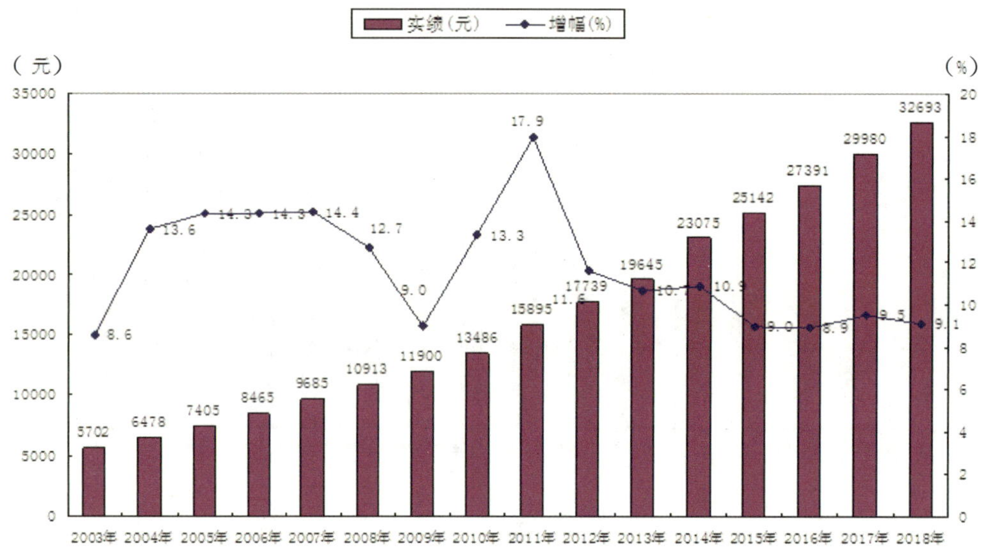

图 22-5 2003—2018 年吴兴区农村居民人均可支配收入示意图

2003—2018 年吴兴区社会消费品零售总额一览表

表 22-6

年份	2003	2004	2005	2006	2007	2008	2009	2010	2011	2012	2013	2014	2015	2016	2017	2018
实绩（亿元）	50.50	58.20	64.32	74.26	86.79	103.80	119.58	123.98	147.23	170.92	220.71	253.83	276.73	305.17	339.18	370.82
增幅（%）	12.3	15.2	15.5	15.5	16.9	19.6	15.2	18.5	18.8	16.1	14.8	15.0	9.0	11.2	11.1	10.1

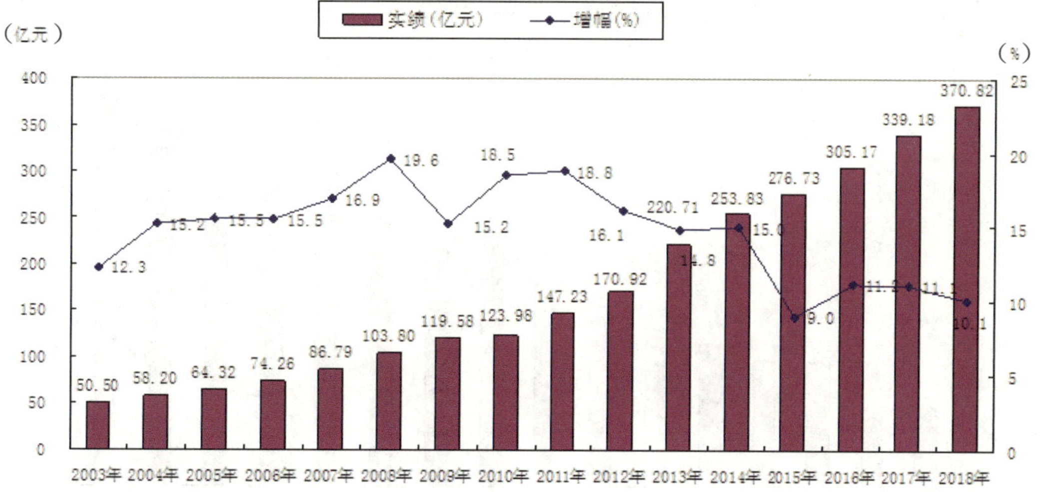

图 22-6　2003—2018 年吴兴区社会消费品零售总额示意图

2003—2018 年吴兴区城镇职工平均工资一览表

表 22-7

年份	2003	2004	2005	2006	2007	2008	2009	2010	2011	2012	2013	2014	2015	2016	2017	2018
实绩（元）	15212	15246	23876	24259	27233	30102	32233	33843	45862	45224	50159	54340	56873	57171	64541	75269
增幅(%)	18.2	0.2	56.6	1.6	12.3	10.5	7.1	5.0	35.5	-1.4	10.9	8.3	4.7	6.2	12.9	16.6

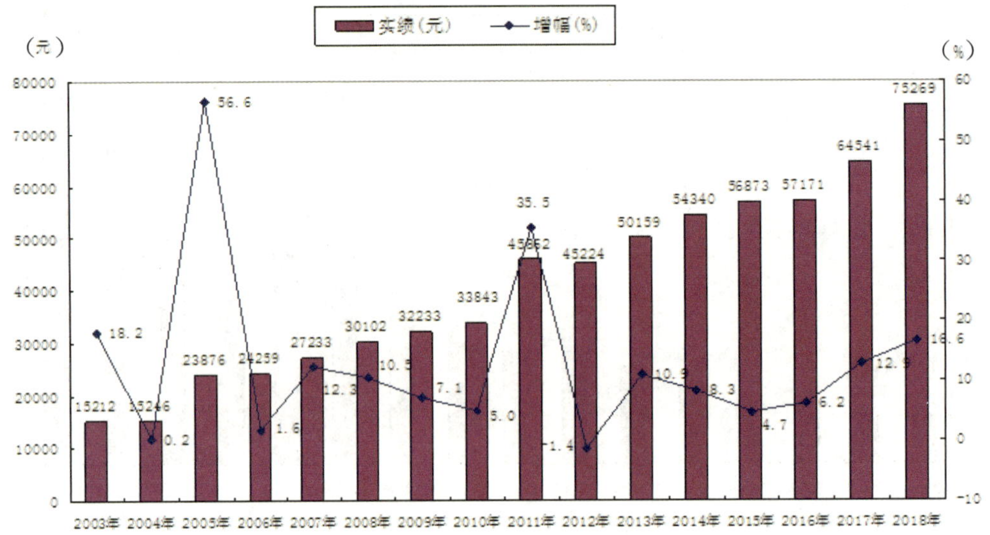

注：2003—2005 年统计口径为大吴兴，2006 开始统计口径为小吴兴；2017 年数据根据上级部门返数相应调整

图 22-7 2003—2018 年吴兴区城镇职工平均工资示意图

2003—2018 年吴兴区实际利用外资一览表

表 22-8

年份	2003	2004	2005	2006	2007	2008	2009	2010	2011	2012	2013	2014	2015	2016	2017	2018
实绩（亿美元）	0.80	1.17	1.38	1.23	1.50	1.51	1.26	1.88	1.72	1.70	1.89	2.00	2.16	2.24	2.18	2.37

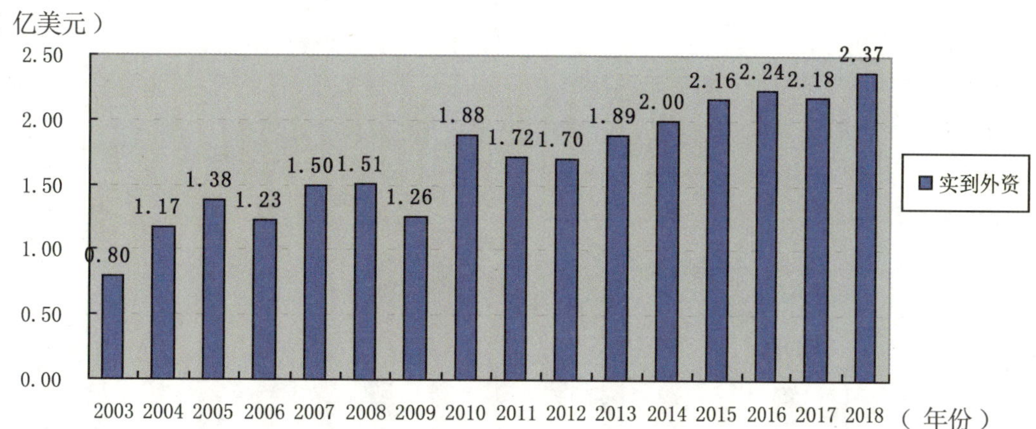

图 22-8 2003—2018 年吴兴区实际利用外资示意图

2003—2018 年吴兴区外贸出口额一览表

表 22-9

年份	2003	2004	2005	2006	2007	2008	2009	2010	2011	2012	2013	2014	2015	2016	2017	2018
出口额（万美元）	13847	22584	30980	43769	57808	75810	46929	77117	97138	85502	98897	107373	109953	102690	115080	134065

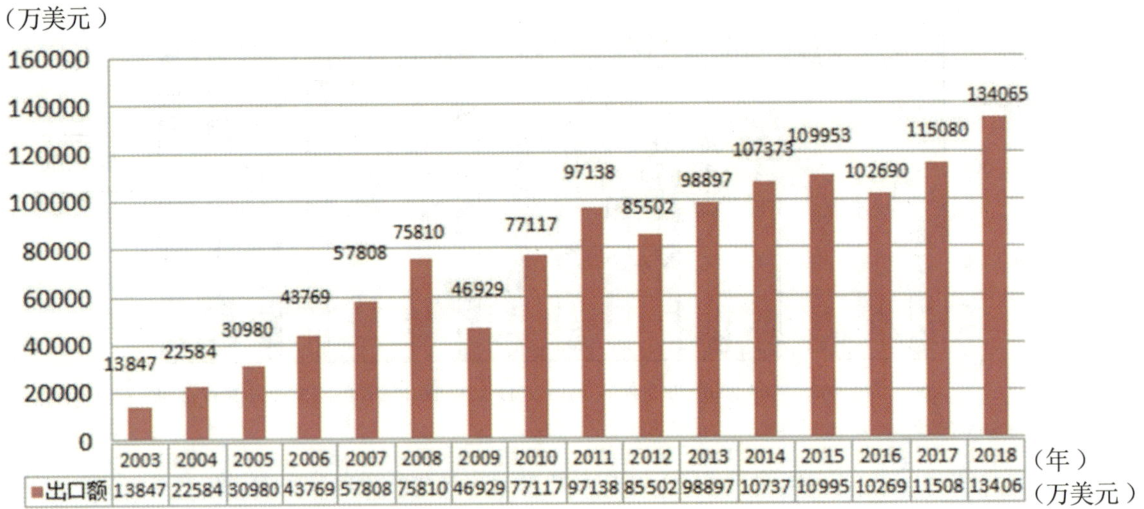

图 22-9 2003—2018 年吴兴区外贸出口额示意图

·统计表（分乡镇街道）·

2018年吴兴区行政区划一览表

表 22-10

	社区（个）	村民委员会（个）	总户数（户）	总人口（人）
全区	87	161	149866	451014
高新区		25	15133	56699
织里镇	15	34	21767	76110
八里店镇		27	12388	44278
道场乡	1	8	4890	16104
妙西镇		15	5522	16634
埭溪镇	4	20	13425	35871
东林镇	3	23	9509	32973
环渚街道	4	9	5902	16222
湖东街道	11			
月河街道	9		16717	42810
朝阳街道	9		11165	28442
爱山街道	9		5457	13033
飞英街道	8		11408	28599
龙泉街道	14		16583	43239

说明：本表为统计用行政区划，人口数据为户籍人口数，由公安部门提供

2018年吴兴区国民经济主要指标一览表

表22-11

	单位	2018年	比上年增长（%）
年末人口（户籍）	万人	45.10	-0.9
#乡村人口	万人	21.08	-0.4
全区生产总值	亿元	547.26	8.3
#第一产业	亿元	20.28	2.9
第二产业	亿元	214.54	9.0
第三产业	亿元	312.44	8.3
人均生产总值（户籍）	元	120822	8.9
人均生产总值（常住）	元	90821	7.7
公共财政预算总收入	亿元	67.25	22.1
#地方一般预算收入	亿元	40.96	21.9
固定资产投资	亿元	—	8.3
#工业性投入	亿元	—	-7.4
规模以上工业总产值	亿元	—	22.4
规模以上工业增加值	亿元	—	11.2
规模以上工业主营业务收入	亿元	—	28.3
规模以上工业利税总额	亿元	—	17.4
规模以上工业利润总额	亿元	—	14.3
社会消费品零售总额	亿元	370.82	10.1
城镇居民人均可支配收入	元	55996	9.0
农村居民人均可支配收入	元	32693	9.1
进出口总额（海关）	亿元	114.65	27.5
自营出口	亿元	87.61	18.3
合同外资	亿美元	5.47	48.5
实到外资	亿美元	2.37	8.9

说明：2018年固定资产投资和工业绝对数未公布；年末户籍总人口（大吴兴）62.99万人，增长0.46%。

2018年吴兴区生产总值及增长率一览表

表 22-12　　　　单位：万元

	实绩	增幅
地区生产总值	5472633	8.3
农林牧渔业	215764	3.2
农、林、牧、渔服务业	12967	8.0
工业	1835922	11.2
开采辅助活动	6	0.0
金属制品、机械和设备修理业	2241	10.5
建筑业	311739	-7.0
批发和零售业	944897	7.0
批发业	512829	8.1
零售业	432068	5.5
交通运输、仓储和邮政业	156927	-4.4
住宿餐饮业	203729	2.8
住宿业	30776	5.5
餐饮业	172953	2.3
金融业	459073	6.3
房地产业	316185	1.6
K门类房地产业	111963	-3.7
自有房地产经营活动	204222	5.0
其他服务业	1028397	16.5
营利性服务业	421194	13.5
信息传输、软件和信息技术服务业	77633	34.2
非营利性服务业	607203	18.9
第一产业	202797	2.9
第二产业	2145414	9.0
第三产业	3124422	8.3

2018 年吴兴区农林牧渔业总产值、农作物播种面积一览表

表 22-13

类 别	单位	数量	比上年增长(%)	高新区	织里镇	八里店镇	道场乡	妙西镇	埭溪镇	东林镇	环渚街道	湖东街道
农林牧渔业总产值	万元	321771	1.0	52420	51550	32441	19571	26125	30163	95271	12668	1562
1. 农业产值	万元	109481	1.3	27375	26624	19495	6322	9996	6234	7876	3997	1562
2. 林业产值	万元	26555	-2	5	2	7	4268	8063	10709	3500	1	
3. 牧业产值	万元	34464	-21.2	2149	1442	980	2565	3586	6670	17030	42	
4. 渔业产值	万元	132980	8.3	20886	20437	9920	5291	2482	3874	62259	7831	
5. 农林牧渔服务业	万元	18291	8.6	2005	3045	2039	1125	1998	2676	4606	797	
农民人均可支配收入	元	32693	9.1	35499	39069	34092	29432	26847	31089	28426	31995	
粮食播种面积	亩	180762	1.4									
油料作物播种面积	亩	30834	-8.2	9275	9957	2040	1197	2625	1410	4000	325	5

说明：粮食作物播种面积为粮食监测报表国家统计局湖州调查队核定后数据

2018 年吴兴区主要农产品产量及畜牧存栏数一览表

表 22-14

类 别	单位	数量	比上年增长(%)	高新区	织里镇	八里店镇	道场乡	妙西镇	埭溪镇	东林镇	环渚街道	湖东街道
茶园总面积	亩	20738	-1.3				1700	10155	8483	400		
桑园总面积	亩	18024	-43.4	4861	116	3363	2202	1965	260	4423	834	
花卉园艺播种面积	亩	20021	0.2	120	1833	525	5925	4001	7087		530	
蔬菜产量	吨	184946	-3.2	57172	48056	19068	6337	15583	5837	9145	20831	2917
水果产量	吨	24161	-0.5	822	5587	3611	1520	8456	2757	1289	119	
茶叶产量	吨	304	-20.2				72	70	145	17		
蚕茧产量	吨	272	-16.5	13	4	3	61	50	13	93	35	
水产品产量	吨	76073	9.4	11948	11691	5675	3027	1420	2216	35616	4480	
肉类产量	吨	15151	-38.1	1024	532	132	743	389	3028	9287	16	
生猪年末存栏数	头	30310	-2.9	3152	274	8		291	20770	5783	32	

续表 22-14

类 别	单位	数量	比上年增长(%)	高新区	织里镇	八里店镇	道场乡	妙西镇	埭溪镇	东林镇	环渚街道	湖东街道
生猪全年出栏数	头	60385	-46.2	3092	3406	227		957	38623	14080		
羊年末存栏数	只	38976	-13.1	12054	509	3399	800	978	14082	7143	11	
羊全年出栏数	只	53184	-25.2	23831	11627	4964	86	2774	5140	4339	423	
家禽年末存栏数	万只	127	-17.8	3.81	0.13	0.56		20.14	1.49	100.5	0.08	
家禽全年出栏数	万只	655	-36.0	17.29	4.01	1.42	59.05	20.21	7.24	545.67	0.51	

2018 年吴兴区畜牧业生产一览表

表 22-15

指 标 名 称	计量单位	2018 年	2017 年	增减幅（%）
一、生猪 生猪年末存栏头数	万头	3.03	3.12	-2.88
能繁殖的母猪	万头	0.27	0.25	8.00
其他生猪	万头	2.76	2.87	-3.83
年内生猪出栏头数	万头	6.04	11.23	-46.22
全年饲养量	万头	9.07	14.35	-36.79
二、牛　牛年末存栏头数	万头	0.0069	0.0092	-25.00
年内牛出栏头数	万头	0.004	0.0026	53.85
三、羊　羊年末存栏只数	万只	3.9	4.48	-12.95
年内羊出栏只数	万只	5.32	7.11	-25.18
四、家禽 家禽年末存栏只数	万只	126.77	154.18	-17.78
肉禽	万只	107.33	132.81	-19.19
蛋禽（包括兼用）	万只	19.44	21.37	-9.03
家禽年内出栏只数	万只	655.41	705.74	-7.13
活鸡	万只	650.42	660.78	-1.57
活鸭	万只	4.64	44.65	-89.61
活鹅	万只	0.35	0.31	12.90
五、兔　兔年末存栏只数	万只	0.0035	0.012	-70.83

续 22-15

指 标 名 称	计量单位	2018 年	2017 年	增减幅（%）
兔年内出栏只数	万只	0.0178	0.017	4.71
六、养蜂年末箱数	箱	317	18	1661.11
七、畜禽产量 肉类产量	万吨	1.52	2.45	-37.96
猪肉	万吨	0.44	0.82	-46.34
牛肉	吨	6.2	4	55.00
羊肉	万吨	0.11	0.15	-26.67
禽肉	万吨	0.96	1.47	-34.69
兔肉	吨	0.3	0.3	0.00
鸡鸭鹅蛋产量	万吨	0.3	0.35	-14.29

2018 年吴兴区规模以上工业产值一览表

表 22-16　　单位：万元

	比上年增长（%）
工业总产值	22.4
其中：国有企业	42.9
有限责任公司	18.3
股份有限公司	-14.5
私营企业	33.9
港、澳、台商投资企业	48.5
外商投资企业	2.8
其中：大型	29.9
中型	18.8
小型	21.0
微型	-7.2
其中：轻工业	27.2
重工业	18.9
其中：国有及国有控股企业	0.1

说明：2018 年工业绝对数未公布

2018 年吴兴区规模以上工业主要产品产量一览表

表 22-17

产品名称	单位	2018 年	2017 年	比上年增长（%）
饲料	吨	6536	8419	-22.4
其中：配合饲料	吨	6536	8419	-22.4
鲜、冷藏肉	吨	810	1034	-21.7
酱油	吨	16885	44310	-61.9
软饮料	吨			
果汁和蔬菜汁饮料类	吨			
精制茶	吨	14195	11530	23.1
纱	吨	4138	5641	-26.6
棉纱	吨	4138	5641	-26.6
化学纤维纱	吨			
布	万米	4887	4651	5.1
其中：棉布	万米	2168	2737	-20.8
化学纤维布	万米	665	731	-9.1
印染布	万米	57428	51931	10.6
绒线（俗称毛线）	吨	613	766	-20.0
毛机织物（呢绒）	万米	85	68	25.3
蚕丝	吨			
蚕丝及交织机织物（含蚕丝 ≥50%）	万米	1312	1468	-10.7
化纤长丝机织物	万米	310	169	83.4
蚕丝被	万条	15	17	-11.5
服装	万件	496	3302	-85.0
梭织服装	万件	350	3152	-88.9
其中：羽绒服	万件	1	54	-98.5
针织服装	万件	146	150	-2.3
轻革	平方米		316989	-100.0
人造板	立方米	45436	78083	-41.8
其中：胶合板	立方米	45436	78083	-41.8

续表 22-17

产品名称	单位	2018 年	2017 年	比上年增长（%）
实木木地板	平方米	146872	102874	42.8
复合木地板	平方米	3105047	1980011	56.8
家具	件	130487	126219	3.4
其中：木质家具	件	17069	5916	188.5
金属家具	件	113418	120303	-5.7
机制纸及纸板（外购原纸加工除外）	吨	3139	3144	-0.2
涂料	吨	4910	4653	5.5
合成纤维单体	吨	3005	4222	-28.8
合成纤维聚合物	吨	39136	3994	880.0
其中：聚酯	吨	39136	3994	880.0
化学药品原药	吨	2960	1885	57.1
化学纤维	吨	1506409	1021534	47.5
合成纤维	吨	1506409	1021534	47.5
涤纶纤维	吨	1506409	1021534	47.5
塑料制品	吨	2924	4055	-27.9
水泥	吨	421047	408360	3.1
散装水泥	吨			
商品混凝土	立方米	3806860	2136521	78.2
玻璃纤维纱	吨	2495	3608	-30.8
耐火材料制品	吨			
钢材	吨	794656	725384	9.5
冷轧薄板	吨	9932	7503	32.4
热轧薄宽钢带	吨			
冷轧薄宽钢带	吨			
无缝钢管	吨	42107	40726	3.4
焊接钢管	吨	708051	646110	9.6
其他钢材	吨	34566	31045	11.3
用外购国产钢材再加工生产的钢材	吨	742617	677155	9.7

续表 22-17

产品名称	单位	2018 年	2017 年	比上年增长（%）
用外购钢材再加工生产钢材	吨	742617	677155	9.7
铝合金	吨	22459	17010	32.0
铜材	吨	2842	1725	64.8
铝材	吨	286684	268006	7.0
钢绞线	吨	14036	11855	18.4
输送机械（输送机和提升机）	吨	10176	8358	21.8
泵	台	952	922	3.3
机械化农业及园艺机具	台	604	668	-9.6
收获机械	台	604	668	-9.6
其中：谷物收获机械	台	604	668	-9.6
环境污染防治专用设备	台（套）	41	49	-16.3
水质污染防治设备	台（套）	41	49	-16.3
通信及电子网络用电缆	对公里	82851	130136	-36.3
电力电缆	公里	19181	31436	-39.0
太阳能电池	千瓦	387659	414104	-6.4
家用吸排油烟机	台	125481	169000	-25.8
灯具及照明装置	套（台、个）	614018	446781	37.4
电子元件	万只			
自来水生产量	万立方米	11876	11124	6.8

2018 年吴兴区各乡镇（街道）固定资产投资一览表

表 22-18　　单位：万元

	比上年增长（%）
全　区	8.3
高 新 区	102.3
织 里 镇	24.1
八里店镇	58.6
道 场 乡	-11.8

续表 22-18

	比上年增长（%）
妙西镇	-46.2
埭溪镇	-64.2
东林镇	11.2
环渚街道	2.3
湖东街道	—
月河街道	22.8
朝阳街道	-100.0
爱山街道	-57.5
飞英街道	-78.4
龙泉街道	-62.6

说明：2018年固定资产投资绝对数未公布

2018年吴兴区旅游统计汇总表一览表

表 22-19

月份	国内旅游(万人次)			入境旅游（人次)		
	本季度	累计	累计同比（±%）	本季度	累计	累计同比（±%）
1	652.02	652.02	36.63	48677	48677	36.30
2						
3						
4	648.37	1300.39	18.82	54668	103345	25.35
5						
6						
7	667.99	1968.38	21.9	46966	150311	10.37
8						
9						
10	669.37	2637.75	28.42	42043	192354	13.08
11						
12						

说明：全年接待国内游客2637.75万人次，同比增长28.42%，接待入境游客192354人次，同比增长13.08%。实现旅游总收入243.31亿元，同比增长29.56%

【2018年吴兴区一般公共预算收支情况】全区实现财政总收入672467万元，比上年增长22.15%，完成预期目标的101.08%，其中一般公共预算收入409586万元，比上年增长21.86%，完成预期目标的101.55%；一般公共预算支出为388123万元（其中债务付息和发行费支出12870万元），同口径完成调整预算的102.42%（剔除城中村改造工程政府购买服务等不可比因素），剔除吴兴和织里公安下划、城中村改造工程政府购买服务等不可比因素，按可比口径计算比上年增长12.69%。在统筹整合政府性基金和国有资本经营财力，积极盘活存量，努力争取省、市财力转移支付以后，实现财政收支基本平衡。

2018年吴兴区一般公共预算收入执行情况一览表

表22-20　　单位：万元

科　目	2017年实绩数[注1]	2018年调整预期数	2018年决算数	完成调整预期(%)	比上年实绩（±%）
[预算总收入合计]	550548	665276	672467	101.08	22.15
一、上划中央收入合计	214443	261950	262881	100.36	22.59
1. 上划中央增值税（50%）	129175	140000	142968	102.12	10.68
2. 消费税	1678	1800	1965	109.17	17.10
3. 企业所得税（60%）	59138	90000	84582	93.98	43.03
4. 个人所得税（60%）	23499	29250	32514	111.16	38.36
5. 营业税	953	900	852	94.67	-10.60
二、一般公共预算收入合计	336105	403326	409586	101.55	21.86
（一）税收收入小计	288216	352804	354104	100.37	22.86
1. 增值税（50%）	129175	140000	142968	102.12	10.68
2. 营业税	953	900	852	94.67	-10.60
3. 企业所得税（40%）	39425	60000	56388	93.98	43.03
4. 个人所得税（40%）	15666	19500	21676	111.16	38.36
5. 城市维护建设税	17096	17500	20270	115.83	18.57
6. 其他地方各税	56339	74704	76346	102.20	35.51
其中：资源税	2818	2504	2272	90.73	-19.36
房产税	15598	21000	19839	94.47	27.19
印花税	4884	5500	6186	112.47	26.67
城镇土地使用税	8481	13000	12738	97.98	50.19
土地增值税	19141	27000	29944	110.90	56.44
车船税	5418	5500	5200	94.55	-4.02
环保税		200	167	83.50	[注2]

续表 22-20

科　目	2017 年实绩数[注 1]	2018 年调整预期数	2018 年决算数	完成调整预期(%)	比上年实绩（±%）
7. 耕地占用税	1363	4000	3611	90.28	164.93
8. 契税	28199	36200	31993	88.38	13.45
（二）非税收收入小计	47889	50522	55482	109.82	15.86
1. 专项收入	42360	36122	36091	99.91	-14.80
其中：教育费附加收入	7786	9000	8912	99.02	14.46
地方教育费附加	5188	5800	5943	102.47	14.55
地方水利基金	-694		3		-100.43
残疾人就业保障金	2944	3600	3643	101.19	23.74
教育资金收入	15188	8550	8550	100.00	-43.71
农田水利建设资金	9720	5472	5472	100.00	-43.70
森林植被恢复费	2227	3700	3568	96.43	60.22
2. 行政事业性收费收入	1238	3100	2644	85.29	113.57
3. 罚没收入	3994	11000	14154	128.67	254.38
4. 其他收入	297	300	2593	864.33	773.06[注 3]

[注 1] 根据新一轮市对区体制，市下划企业增加，收入基数相应调整；
[注 2]《中华人民共和国环境保护税法》规定，排污费变更为环境税，从 2018 年 1 月 1 日起正式征收；
[注 3] 根据审计整改要求，财政专户利息收入上缴一般公共预算收入

2018 年吴兴区一般公共预算支出执行情况一览表

表 22-21　　　　单位：万元

科　目	2017 年实绩数	2018 年调整预算数	2018 年决算数	同口径完成调整预算（%）	同口径比上年实绩（±%）
[一般公共预算支出合计]	308308	362952	388123	102.42	12.69[注 1]
一、一般公共服务支出	30431	35797	35067	97.96	15.23
二、公共安全支出	12923	34719	34847	100.37	169.65[注 2]
三、教育支出	78007	77583	77972	100.50	10.29[注 3]
教育费附加安排的支出	5394	5932	6177	104.13	14.52

续表 22-20

科　目	2017 年实绩数	2018 年调整预算数	2018 年决算数	同口径完成调整预算（%）	同口径比上年实绩（±%）
四、科学技术支出	8601	13852	13898	100.33	61.59[注 4]
五、文化体育与传媒支出	3143	5228	6231	119.19	98.25[注 5]
六、社会保障和就业支出	37657	39949	46380	116.10	23.16
七、医疗卫生与计划生育支出	36030	40297	42198	104.72	17.12
八、节能环保支出	9342	11059	10962	99.12	17.34
九、城乡社区支出	14727	18922	36244	104.90	146.11[注 6]
十、农林水支出	31557	36656	36372	99.23	15.26
十一、交通运输支出	5160	4888	4874	99.71	-5.54[注 7]
十二、资源勘探信息等支出	11819	15628	14812	94.78	25.32
十三、商业服务业等支出	2375	4691	4583	97.70	92.97[注 8]
十四、金融支出	1837	1489	1489	100.00	-18.94[注 7]
十五、国土海洋气象等支出	1651	1648	1648	100.00	-0.18[注 7]
十六、住房保障支出	10907	1364	1364	100.00	-87.49[注 7]
十七、粮油物资储备支出			18		
十八、其他支出	685	6313	6294	99.98	821.46[注 9]
十九、债务付息和发行费用支出	11456	12869	12870	100.01	12.34

[注 1] 剔除吴兴和织里公安下划、城中村改造工程政府购买服务等不可比因素，按可比口径计算比上年增长 12.69%；

[注 2]2018 年执行数中含吴兴和织里公安下划支出；

[注 3] 剔除土地出让金中提取的教育支出等不可比因素，按可比口径计算比上年增长 10.29%；

[注 4]2018 年执行数中含市区补助美妆小镇资金；

[注 5]2018 年执行数中含省运会经费和文明创建尾款；

[注 6]2018 年执行数中含城中村改造工程政府购买服务支出；

[注 7]2018 年执行数中省补专项减少；

[注 8]2018 年执行数中含国家服务业发展引导资金中央基建投资；

[注 9]2018 年执行数中含市补助妙西镇采矿权出让金。

2018年吴兴区进出口总额一览表

表22-22　　单位：万元

	2018年	2017年	同比（%）
进出口总额	1146526	899450	27.5%
出口	876060	740674	18.3%
高新区	229963	223288	3.0%
织里镇	193830	178075	8.8%
八里店	39006	32715	19.2%
道场乡	17496	11931	46.6%
妙西镇	4628	4412	4.9%
埭溪镇	64769	58435	10.8%
东林镇	136788	52506	160.5%
环渚街道	60411	47522	27.1%
湖东街道	22293	21815	2.2%
其 他	106875	109976	-2.8%
亚洲	393812	326356	20.7%
东 盟	139668	92662	50.7%
孟加拉国	52816	43283	22.0%
非洲	64678	45519	42.1%
埃 及	11276	6994	61.2%
欧洲	155960	157305	-0.9%
欧 盟	122855	110101	11.6%
北美洲	194112	153052	26.8%
美 国	170928	133322	28.2%
拉丁美洲	51364	43476	18.1%
墨西哥	17342	17803	-2.6%
大洋洲	25134	14966	67.9%
澳大利亚	23293	13152	77.1%

续表 22-22

	2018 年	2017 年	同比（%）
一带一路	351731	276518	27.2%
纺织原料及其制品	376934	289146	30.4%
机电产品	261668	239184	9.4%
杂项制品	80454	69009	16.6%
木及木制品	54484	53108	2.6%
贱金属及其制品	60481	54064	11.9%
进口	270466	158776	70.3%
高新区	28446	19722	44.2%
织里镇	63517	73215	-13.2%
八里店	1744	4727	-63.1%
道场乡	447	892	-49.8%
妙西镇	67	88	-23.7%
埭溪镇	7710	5273	46.2%
东林镇	138261	28603	383.4%
环渚街道	1995	5659	-64.7%
湖东街道	3695	4179	-11.6%
其 他	24582	16418	49.7%
亚洲	91772	54894	67.2%
日 本	58995	13985	321.8%
东 盟	14090	15797	-10.8%
非洲	24896	26402	-5.7%
刚 果	19005	18597	2.2%
欧洲	122492	30837	297.2%
欧 盟	120514	28265	326.4%
北美洲	11660	18428	-36.7%
美 国	10918	17593	-37.9%
拉丁美洲	3871	3527	9.8%

续表 22-22

	2018 年	2017 年	同比（%）
乌拉圭	1391	169	723.1%
大洋洲	15774	24688	-36.1%
澳大利亚	15769	24491	-35.6%
机电产品	139703	25799	441.5%
木及木制品	48092	51362	-6.4%
羊 毛	20576	34574	-40.5%
亚 麻	9389	8412	11.6%

2018 年吴兴区利用外资情况一览表

表 22-23

内容		单位	2018 年	2017 年	±%
外资审批项目	项目总数	个	40	24	66.6%
	新批企业	个	23	14	64.3%
	增资项目	个	15	8	87.5%
	减资项目	个	2	2	/
外资项目	总投资	万美元	74920	85932	-12.8%
	注册资本	万美元	60128	57349	4.8%
	合同外资	万美元	54683	36833	48.5%
	实到外资	万美元	23743	21809	8.9%
	高新区	万美元	10760	9037	19.1%
	织里镇	万美元	7440	6251	19%
	八里店镇	万美元	1703	3302	-48.4%
外资项目	道场乡	万美元	0	201	-100%
	妙西镇	万美元	0	1500	-100%
	埭溪镇	万美元	3439	3102	10.9%
	东林镇	万美元	600	350	71.4%
	环渚街道	万美元	241	201	19.9%
	湖东街道	万美元	91	/	/

续表 22-23

内容		单位	2018 年	2017 年	±%
外资项目	第一产业	万美元	0	0	/
	第二产业	万美元	12815	4233	202.7%
	第三产业	万美元	10928	17576	-37.8%
	中国香港	万美元	13098	17334	-24.4%
	中国台湾	万美元	3684	2305	59.8%
	英属维尔京	万美元	1116	/	/
全区累计批准外商投资企业	企业数	个	207	195	6.2%
	总投资	亿美元	47.81	42.50	12.5%
	注册资本	亿美元	31.63	27.29	15.9%
	合同外资	亿美元	28.23	21.81	29.4%
	实到外资	亿美元	14.93	15.72	-5%

2018 年吴兴区城镇居民家庭每百户耐用消费品拥有量一览表

表 22-24

	单位	2018 年	比上年增减数
摩托车	辆	10	-12
助力车	辆	106	4
家用汽车	辆	65	15
洗衣机	台	99	-4
电冰箱	台	117	1
彩色电视机	台	230	-5
家用电脑	台	103	2
组合音响	套	19	0
摄像机	台	0	0
照相机	架	35	2
钢琴	架	3	0
其他中高档乐器	件	11	0
微波炉	台	101	2

续 22-24

	单位	2018 年	比上年增减数
空调器	台	245	10
沐浴热水器	台	103	-2
消毒碗柜	台	23	1
健身器材	套	47	0
移动电话	部	272	-5
固定电话	部	69	69

2018 年吴兴区农村居民家庭每百户耐用消费品拥有量一览表

表 22-25

指 标	单位	2018 年	比上年增减数
洗衣机	台	103	2
电冰箱	台	117	-3
空调器	台	233	8
抽油烟机	台	101	1
吸尘器	台	5	-7
微波炉	台	88	1
热水器	台	123	-1
自行车	辆	81	9
摩托车	辆	55	-17
汽车	辆	59	5
电话机	架	44	-9
移动电话	架	253	4
彩色电视机	架	235	-2
摄像机	架	0	0
影碟机	台	0	0
照相机	架	14	1
家用电脑	台	92	0
中高档乐器	件	11	0

2018年吴兴区教育事业有关情况一览表

表 22-26

学 校	班级数（个）	学生数（人）	教职工数（人）	占地面积（平方米）	建筑面积（平方米）
湖州市第四中学教育集团	68	3238	235	51678.38	29570.28
湖州市第十一中学	30	1224	123	13620.8	6253
湖州市第十二中学	30	1141	111	16189	7719
湖州市志和中学	22	918	70	35134	18187
湖州市织里镇中学	41	1414	132	25362	11533
湖州市织里镇轧村中学	12	458	47	9816	5440
湖州市吴兴区第一中学	14	558	53	12889	6328
湖州市吴兴区东林中学	12	463	52	12199	7775
湖州市埭溪镇上强中学	16	630	63	23590	11611
湖州市弁南中学	10	401	40	5248	2851
湖州市吴兴实验中学	24	870	81	41429.31	16749.94
湖州市八里店镇戴山学校	9	378	33	6970.78	3973
湖州市织里镇漾西学校	8	268	23	8304	6571
湖州市吴兴区八里店镇常路学校	6	207	35	7332	5045
湖州市吴兴区城南实验学校	9	313	43	9430	5891
湖州市环渚学校	17	532	76	13048	8872
湖州市东林镇青山学校	3	59	13	4681	3126
湖州市吴兴区妙西学校	6	209	29	9598.51	6005.06
湖州市白雀学校	9	267	40	8902.9	5790
湖州市爱山小学教育集团	146	6403	302	134397	71236
湖州市爱山小学教育集团常溪小学	8	318	29	16660	13559.1
湖州市湖师附小教育集团	114	5008	251	95939	46043
湖州市新风实验小学教育集团	121	5031	245	114277	71564
湖州市湖州月河小学教育集团	55	2298	136	74480	56920
湖州市东风小学教育集团	41	1745	99	60989	25698

续表 22-26

学　校	班级数（个）	学生数（人）	教职工数（人）	占地面积（平方米）	建筑面积（平方米）
湖州市飞英小学	21	896	53	6703	4386
湖州市文苑小学	27	1124	63	16550	5980
湖州市龙泉小学	28	1204	71	12054	8396
湖州市凤凰小学	28	1213	66	11085	3978
湖州市爱山小学教育集团鹤和小学	3	92	8	8325.67	5121.28
湖州市吴兴区太湖小学	23	904	54	18243	6836
湖州市织里实验小学教育集团	63	2773	148	83008	54984.1
湖州市吴兴实验小学	8	331	21	18273	8895.92
湖州市织里镇轧村小学	29	1233	67	23011	6563
湖州市织里镇晟舍小学	34	1433	77	31431	8793
湖州市吴兴区第一小学	37	1609	98	38278	13054
湖州市环渚乡塘甸小学	13	528	39	13950	4129
湖州市东林镇东林小学	18	706	47	18600	4552
湖州市东林镇第二小学	7	257	27	12087	3778
湖州市埭溪镇上强小学	41	1470	100	48780	17834
湖州市杨家埠镇弁南小学	17	563	44	24000	6362
湖州市仁皇山小学	31	1312	74	35807	17857
湖州市织里镇成人文化技术学校			7	3000	3200
湖州市八里店镇成人文化技术学校			9	3000	3300
湖州市环渚乡成人文化技术学校			6	5333	3100
湖州市白雀乡成人文化技术学校			7	2345	500
湖州市苕溪成人文化技术学校			3	3600	2004
湖州市妙西镇成人文化技术学校			6	500	500
湖州市道场乡成人文化技术学校			8	2000	1600
湖州市埭溪镇成人文化技术学校			5	3802	1050
湖州市东林镇成人文化技术学校			7	15822	2487

续表 22-26

学　校	班级数（个）	学生数（人）	教职工数（人）	占地面积（平方米）	建筑面积（平方米）
湖州市实验幼儿园	22	726	106	28809	22523
湖州市第一幼儿园	25	737	113	11622.85	9252
湖州市第三幼儿园	21	625	103	7995	7837
湖州市蓝天实验幼儿园	20	605	91	8464	5052
湖州市吴兴区浮玉幼儿园	8	227	37	4669	2790
湖州市童星幼儿园	26	769	106	10152.69	4915
湖州市吴兴区常溪幼儿园	2	46	15	4078.38	3351.19
湖州市清河幼儿园	12	354	52	6187	4247
西风漾幼儿园	8	184	42	9203	6408.1
夹山漾幼儿园	2	113	28	4094	3508
湖州开发区实验幼儿园	25	754	106	6667	5548
湖州市王家漾幼儿园	4	75	20	5119	4059.4
湖州市南太湖幼儿园	8	185	34	4504	2022
湖州南太湖高新技术产业园区中心幼儿园	25	708	68	14292	9264
织里镇晟舍幼儿园	21	664	73	7236	6055
织里镇织东幼儿园	25	821	61	6052	3305
织里镇织北幼儿园	17	537	51	3625	3054.5
湖州市吴兴区八里店镇中心幼儿园	37	1166	113	18387	13747
湖州市吴兴区环渚乡中心幼儿园	12	368	29	3636	1899
湖州市吴兴区道场乡中心幼儿园	3	79	10	1092	472
湖州市吴兴区妙西镇中心幼儿园	11	268	35	9022	3011.67
湖州市吴兴区埭溪镇中心幼儿园	27	879	85	11662	7452
湖州市吴兴区东林镇中心幼儿园	11	375	35	3200	2034
湖州市仁皇山中心幼儿园	11	377	45	6531	6214
湖州市杨家埠街道新蕾中心幼儿园	11	316	35	6842	4295
湖州市吴兴区白雀乡中心幼儿园	11	320	33	3742	3463

第二十三篇 文件选编

·文件选编目录·

2018年吴兴区文件选编目录索引一览表

表23-1

序号	文 号	文件题名	日 期
1	吴政发〔2018〕014号	《关于印发深入实施乡村振兴战略加快发展都市型现代农业若干政策意见（试行）的通知》	2018-03-06
2	吴政发〔2018〕016号	《关于印发吴兴区促进现代渔业绿色发展三年行动计划的通知》	2018-03-12
3	吴政发〔2018〕018号	《关于印发吴兴区中心城市精细化管理实施方案的通知》	2018-05-08
4	吴政发〔2018〕026号	《关于推进企业分类综合评价 深化“亩均论英雄”改革的实施意见》	2018-07-05
5	吴政发〔2018〕028号	《关于印发吴兴区进一步支持和鼓励开放型经济发展十条政策的通知》	2018-08-02
6	吴政发〔2018〕029号	《吴兴区人民政府关于成立区政府咨询委员会的通知》	2018-08-14
7	吴政发〔2018〕031号	《吴兴区人民政府关于印发政府“两强三提高”建设行动计划（2018—2022年）实施方案的通知》	2018-11-03
8	吴政发〔2018〕033号	《关于吴兴区人民政府与青川县人民政府合作招商行动方案的通知》	2018-12-05
9	吴政办发〔2018〕024号	《关于印发吴兴区“僵尸企业”处置和“两链”风险化解工作实施方案的通知》	2018-04-12
10	吴政办发〔2018〕065号	《关于印发吴兴区中心城区摩托车区域禁行工作实施方案的通知》	2018-07-21

·文件选录·

吴兴区人民政府关于印发深入实施乡村振兴战略加快发展都市型现代农业若干政策意见（试行）的通知

高新区管委会，各乡镇人民政府、街道办事处，区府各部门，区直各单位：

现将《关于深入实施乡村振兴战略加快发展都市型现代农业若干政策意见（试行）》印发给你们。请结合实际，认真贯彻执行。

吴兴区人民政府

2018年3月6日

关于深入实施乡村振兴战略加快发展都市型现代农业若干政策意见（试行）

为进一步深化农业供给侧结构性改革，全面实施乡村振兴战略，努力把我区打造成为长三角地区绿色农产品供应基地、都市型现代农业品质高地、休闲农业与乡村旅游首选之地，根据《中共中央 国务院关于实施乡村振兴战略的意见》（中发〔2018〕1号）、《湖州市人民政府关于深入推进农业供给侧结构性改革促进农业绿色发展的十条意见》（湖政发〔2017〕15号）、《湖州市农业局 湖州市林业局 湖州市财政局关于印发2017年市本级现代农业奖补办法的通知》（湖农发〔2017〕102号）等文件精神，特制定如下政策意见。

一、持续推进农业平台建设

1. 推进粮食生产功能区建设。保护粮食生产能力，确保全区粮食生产安全。整合省、市水稻生态补贴和水稻生产提升项目资金，推进粮食生产功能区提标改造，落实100万元对规模种粮、旱粮示范基地建设、粮食生产功能区基础设施建设和地力提升等实行区级配套补贴。

2. 提升现代农业园区建设水平。鼓励规模经营主体利用非耕地、低产耕地、“四荒地”等区域建设钢架大棚和玻璃温室，发展设施农业。对于建设玻璃温室的给予每平方米一次性补助100元；建设集中连片的标准单体钢架大棚50亩以上、连栋钢架大棚10亩以上的分别给予每亩2000元、5000元一次性补助（已享受项目补助的不在此列）。对新获得市级现代农业精品园区的主体，给予一次性奖励20万元（市、区不重复补助）。

3. 加快农业大好高项目引进。对于固定资产投资规模较大的新（改、扩）建农业产业化项目，以及国际、国内知名的农业企业公司总部、生产基地、研发中心入驻我区的，采取“一企一策”“一事一议”给予政策支持。对通过市农业“大好高”项目竣工验收的，给予每个10万元奖励。

二、全力扶持农业产业发展

4. 发展农业适度规模经营。根据资源禀赋、产业特点和发展潜力，鼓励农村土地在农村产权交易平台公开流转，引导土地向现代经营主体集聚，引导现代农业生产要素向农业“区镇”集聚。健全土地流转服务体系，推广土地入股“保底分红”模式。引导、支持村级集体经济组织以土地、资本、资产等入股收益有保障的现代农业项目，发展农业适度规模经营。凡入股“保底分红”创新发展规模经营的，优先安排市级以上财政支农专项资金项目。

5. 鼓励发展农业新型业态。大力发展休闲观光农业，对当年通过市认定的市级休闲农业示范园区给予5万元奖励；对获得全国休闲农业星级认定的园区分别按三星级5万元、四星级10万元、五星级15万元给予奖励；对于园区升星级的按每增加一星给予5万元奖励。对于游客接待设施完善、产业带动力强的休闲观光农业示范园，参与由政府主导的以农产品展览、品牌推介和农事节庆等活动的，根据活动规模给予10万~50万元的补助。积极扶持区内外资本投资新建本地农产品电商平台，鼓励农业龙头企业和各类主体拓展农产品电子商务、连锁经营、直供配送等新型流通业态，对具有自主电商品牌、销售本地农产品电商交易额较大（且纳入统计的）或者本地农产品电商销售占比较高的经营主体依据排名给予1~10万元的补助。

6. 大力打造农产品品牌。安排专项经费用于区域农产品品牌运营和推广。对获得国家名牌产品或驰名商标的农业主体奖励20万元；对获得省名牌产品的农业主体奖励10万元，对获得省名牌农产品的农业主体奖励5万元；对获得市名牌产品的农业主体奖励2万元；对获得省级以上农产品单项评比金奖的给予0.5~2万元奖励。鼓励农业经营主体参加由农业行政主管部门和农合联组织的农（林）产品展示展销和宣传推介活动，并给予展位费、展销活动等费用补助。

7. 有效落实农业生产保险。安排120万元用于农业政策性保险，深入开展水稻、大小麦等粮油作物农户“零负担”统保，实现保险全覆盖。继续以项目形式开展湖羊、养蚕等地方特色农业保险，扶持设施大棚、大棚蔬菜、露地蔬菜、淡水鱼等省级险种，积极探索水产养殖互助保险试点。推进生态公益林、商品林木综合保险，保障基础林业发展。

三、大力培育新型农业主体

8. 大力扶持农业龙头企业。对当年新认定的国家级、省级、市级农业龙头企业，分别给予30万元、20万元、5万元奖励。鼓励市级以上农业龙头企业参与农业“两区”、全产业链、休闲农业建设，对用于基础设施建设、技术改造等新增贷款给予3%的财政贴息（当年已享受财政贴息补贴的单位不再重复安排）。对获得国家级、省级示范企业（基地），分别给予10万元、5万元奖励。

9. 大力提升农民专业合作组织。对获得国家、省、市、区示范性合作社，分别给予5万元、4万元、3万元、1万元的一次性奖励。对于新成立的以林地承包经营权作价出资的林业股份合作社，给予每个0.5万元的补助。

10. 大力培育家庭农场。对新认定的国家级、省级、市级、区级示范性家庭农（林）场分别给予5万元、3万元、2万元和1万元的一次性补助，当年联创并通过认定的，按最高档不重复给予补助。

四、始终坚持农业绿色发展

11. 确保农产品质量安全。加强农业地方标准的制定，对发布省市区农业地方标准的起草单位分别给予奖励。安排专项经费用于快检、委托定量检测、实验室运行及宣传培训等。对无公害农产品新认证、复查换证的获证主体分别给予每个产品1万元、0.5万元补助；对绿色食品新认证、续展的获证主体分别给予每个产品2万元、1万元补助；对新申报农产品地理标志的获证主体给予每个产品5万元补助；对通过SC认证的农业主体给予2万元补助。

12. 扩大可追溯覆盖率。对食用农产品实施主体追溯且考核合格的生产主体给予一次性补助0.5万元；对食用农产品实施全程追溯且考核合格的生产主体给予一次性补助3万元。

13. 强化农业投入品废弃包装物处置。安排不少于150万元，通过购买服务、公开采购等方式委托专业机构开展农业投入品废弃包装物的回收和处置。

14. 支持动植物疫病防控。安排专项经费用于动物卫生监督、畜禽屠宰管理、动物防疫等工作；安排专项经费用于一枝黄花、松材线虫病、美国白蛾等重大植物疫情防控工作。

15. 持续保护森林生态资源。建立生态公益林生态效益补偿机制，在省市补助的基础上，区级给予每亩6.3元配套资金。对于获得省级森林城镇、省级森林特色小镇、省级森林人家、省市级森林村庄和市级森林城镇的分别给予每个6万元、5万元、2万元、1.5万和3万元元补助。对于完成森林古道修复建设并通过验收的，给予每条5万元的补助。安排专项经费用于林业生态修复、名木古树保护、珍贵彩色森林建设、林业科技推广、森林消防等工作。

五、不断强化农业科技支撑

16. 加大“农创客”引进培育。加大对返乡创业大学生、科研院所创业团队等“农创客”“新农人”的支持力度，在农业硅谷园区内租赁创业办公用房、土地等给予补助，并设立专项产业基金给予扶持。

17. 支持开展农业信息化建设。对农业企业、农业园区当年新建成的农业生产智能控制系统，

以项目形式给予经审计认定投资额50%的补助。安排专项经费用于畜牧信息化、农村三资管理及渔政信息化管理系统建设。

18. 不断强化农业科技创新。加强与省、市农科院农业科技战略合作和人才引进培育工作，安排不少于40万元资金，用于农业主体、农业园区的农业科技成果引进和转化应用。对以引进、繁育、示范为重点，推广粮油、水产、湖羊、果蔬等新品种、新技术和提供社会化服务为核心的“育繁推”一体化农业种子种苗基地，当年获得市认定的分别给予一星级10万元、二星级15万元、三星级30万元补助；对于升级基地按一星级升为二星级、二星级升为三星级分别给予5万元和15万元的补助。

19. 继续加大农技推广力度。

进一步完善农推联盟体系建设，安排100万元用于区农推分联盟特聘专家补贴、工作经费和市农技推广基金会扩容补助。安排专项经费用于农机购置和拖拉机报废补贴及推广适用先进科技的报刊赠阅、微信微博服务等。安排60万元对开展农村劳动力技能培训的机构，根据考核绩效分别给予补助。

六、加强奖补资金管理

20. 健全奖补资金项目申报、储备、公示、集体讨论、联合验收、委托审计、绩效评价等操作流程，确保资金使用规范。

21. 开展支农政策和资金绩效评价，把评价结果作为政策调整、存续的重要依据。

22. 建立奖补资金项目主体黑名单制度，将各类专项检查和审计中发现有违规违纪行为的责任主体列入黑名单，并视情节轻重，收回补助资金，并在1-3年内不予安排相关项目奖补资金。发生农产品质量安全重大事件的农业企业、农民专业合作社和家庭农场不享受扶持政策。

七、附则

23. 整合中央、省级农业、渔业、林业、水利、国土、农业综合开发等支农资金，在安排、分配中央、省级资金项目时，除文件明确规定的之外，项目立项建设原则上要符合区域农业有关规划和本意见有关要求，优先安排规划内和意见明确的重点区域、重点内容及重点项目的建设，并作为资金分配补助的重点对象。

24. 本意见2018年4月6日起施行，有效期暂定为两年，原有政策规定与本意见有冲突的以本意见为准。

吴兴区人民政府关于印发吴兴区促进现代渔业绿色发展三年行动计划的通知

高新区管委会，各乡镇人民政府、街道办事处，区府各部门，区直各单位：

《吴兴区促进现代渔业绿色发展三年行动计划》已经区政府同意，现印发给你们。请结合实际，认真贯彻执行。

吴兴区人民政府

2018年3月12日

吴兴区促进现代渔业绿色发展三年行动计划

（2018—2020年）

为深入贯彻落实党的十九大精神，认真落实《中共湖州市委 湖州市人民政府关于深入践行“两山”重要思想加快推进湖州绿色发展的意见》（湖委发〔2017〕15号），根据《湖州市现代渔业绿色发展“2222”行动计划》（湖政发〔2017〕51号），提升我区现代渔业发展水平，促进渔业绿色健康发展，推进农民持续增收，为吴兴区在全市践行“两山”理念新征程中争当排头兵发挥应有作用，特制订本行动计划。

一、总体要求

深入贯彻落实党的十九大精神，突出农业供给侧结构性改革主线，以乡村振兴战略为龙头，围绕争创国家现代农业产业园和省级美丽乡村示范县两大目标，牢牢锁定省级渔业转型发展先行区、农业部水产健康养殖示范县建设目标任务，以促进渔业绿色发展为主线，着力打造滨湖、八里店南片和东林三大渔业示范核心区，扎实推进渔业产业振兴和美丽乡村创建，深化改革，整合资源，精准施策，扬长避短，彰显特色，奋力突破，促进渔民增收、渔村美丽和渔区繁荣，全力将我区打造成为全省乡村振兴的先行区、示范区。

二、基本原则

（一）坚持政府引导。强化政府在规划引领、政策激励、示范带动和公共服务等方面的引导作用，通过政策扶持、科技服务等方式，鼓励社会资本积极参与，发挥经营主体作用，形成政府引导、主体参与、社会联动的发展氛围。

（二）坚持生态优先。强化由注重资源利用转向更加注重生态环境保护。切实加强资源环境保护，养护水生生物资源，改善水域生态环境。科学有序利用渔业资源，合理调整产业结构和布局，促进节水减排、清洁生产、低碳循环、持续发展。

（三）坚持提质增效。强化由注重产量增长转向更加注重质量效益。优化品种结构，提升产品质量，推进渔业标准化生产、产业化经营、市场化运作。强化品牌引领，注重文化建设，推动渔业一二三产融合发展。

（四）坚持创新驱动。强化由注重物质投入转向更加注重科技进步和从业者素质提高。加强渔业科技创新，充分发挥现代科技对渔业的引领和支撑作用。突出改良新品种、推广新模式、应用新装备，培育新渔民，实现渔业发展的新跨越。

三、主要目标

按照“资源可持续利用、环境持续改善、产业提质增效、产品优质安全、一二三产融合发展”的要求，力争在转变发展方式、改善生态环境、培育新型主体、产业融合发展、提高产品质量和效益等领域取得明显进展，努力使渔业转型升级、健康生态养殖、渔民持续增收等工作走在全市前列，为率先实现渔业现代化和辐射引领全省内陆渔业转型升级发挥先行示范作用。到2020年，全区渔业产值达到17亿元以上。

——渔业转型发展先行区。坚持先行先试，加快创建吴兴区省级渔业转型发展先行区，构建渔业资源管控新秩序、打造渔业产业新格局、构筑生态安全新屏障，建设美丽新农村、增强发展新动力。大力推进水产养殖业提质增效，特种水产养殖面积占养殖总面积的80%以上。着力完善渔业全产业链，加快形成产业链条完整、功能多样、业态丰富、利益联结紧密的渔业发展新格局。全区重点培育虾蟹类、特色鱼类产值2亿元以上的示范性全产业链2条。

——绿色健康发展示范区。坚持绿色发展，全力争创农业部水产健康养殖示范县，养殖面积10%以上成为健康养殖核心示范区，做到养殖设施完善、全过程标准化生产、产品安全可追溯、养殖尾水达标排放等。强化品牌效应，培育水产品区域公用品牌1个。加强养殖池塘标准化、规模化改造，加快现代渔业示范园区、美丽渔场创建，计划创建现代渔业示范园区3个以上，美丽渔场45个。全面实现渔业养殖尾水处理全覆盖，养殖尾水全部实现零排放。

——农民持续增收样板区。围绕“生态优美、生活富裕、生命健康”目标，依托和挖掘特色优势渔业产业、优越生态环境和传统渔业文化优势，建设标志性渔文化产品、公共服务平台等标杆性、示范性的生产生活设施，逐步形成产业有特色、渔文化有传承、多业态融合的发展格局。池塘养殖亩均效益增长25%，达到5000元，渔业专业养殖户人均收入增长25%以上，收入增加1万元，达到5.5万元以上。

四、主要任务

（一）全面开展渔业养殖尾水治理。以“调控总量、管控环境”为主线，以“美丽吴兴提升行动”“现代田园打造行动”为抓手，坚持问题导向，强化组织领导，集中资源力量，创新治理方式，2018—2019年整区域开展水产养殖尾水治理专项行动，全面完成12万亩养殖水域尾水治理任务（含外河禁养），推动我区现代渔业绿色发展、转型发展，实现水产养殖业向更高质量、更好效益、更可持续方向发展，以实际行动全面贯彻落实省、市深入推进“五水共治”部署和中央环保督察整改意见，努力构建产出高效、产品安全、资源节约、环境友好的现代渔业产业生态

环境体系，为乡村振兴做出贡献。

（二）加快建设滨湖渔旅融合发展综合体。按照“文化有基础、产业有特色、发展有潜力”的要求，结合田园综合体试点、太湖溇港文化景区，启动建设集休闲餐饮、“太湖三宝”、太湖蟹等特色为一体的滨湖渔旅融合发展综合体。通过“政府搭台、多元投入、市场运作”方式，打造集渔业生产、渔事体验、文化展示、休闲娱乐、特色美食等功能，渔业文化旅游“三位一体”、生产生活生态“三生同步”、一产二产三产“三产融合”的渔旅综合体。到2020年，建成1.1万平方米渔博园展示馆、2.1万平方米鱼市、1.6万平方米江南园林等基础设施，走出渔业转型发展的新路子，进一步拓展现代渔业发展新功能。

（三）大力建设现代渔业示范园区。以“设施装备优良、技术模式先进、产品优质安全、经营机制灵活、管理服务到位、示范效应明显”为发展定位，到2020年，创建3个以上涵盖养殖、种业、加工等方面的“高起点、高标准、高水平、高效益”现代渔业示范园区，成为全市现代渔业的标杆。着力打造以南太湖沿岸带和东西苕溪沿岸为重点的“湖溪洁水渔业生态屏障区”、东部水网地带的“多个现代渔业产业园区”，形成以名优淡水鱼、虾蟹等养殖品种为主，以规模化经营主体为支柱，以休闲观光、苗种繁育、饲料配套、产品加工为保障，科技、推广、信息、检测、监管等为一体的产业集聚化布局，其中特种水产占比75%以上，全面提升我区渔业的整体水平。

（四）全力打造特色渔业全产业链。积极培育和打造太湖蟹、特色鱼类全产业链。积极推动渔业龙头企业、渔业专业合作社与农户通过订立合同、利润返还、入股分红等方式，建立可靠、稳定的利益联结机制，大力推广“合作社＋龙头企业＋家庭农场＋基地＋农户”的模式，实现养殖农户从最初的卖出原料获得一次性收益，逐步发展到与龙头企业、合作社共同分享加工、销售环节的利润。积极引导渔业企业、村集体经济、中介组织、专业合作社和农户加强分工协作，协调参与市场竞争，构建“利益共享、风险共担”的共同体。建设养殖区域集中连片2万亩以上，亩均产出高于面上20%的养殖全产业链2条。做大做强现代种业，继续保持水产种业全省领先地位。创建年产20亿尾以上、生产优势品种的罗氏沼虾、优鲈一号等特色鱼类种业示范区2个，全区培育年销售亿元以上的种业企业1个，5000万元以上的种业企业2个。

（五）加快建设美丽渔场。以“经营规模优化、生态环境优美、产品质量优质”为目标，到2020年，建成45个模式先进、设施完善、景观美化的美丽渔场。推进渔场经营规模化。扶持多种形式的渔业适度规模经营发展，引导农户依法采取多种方式流转承包鱼塘，鼓励支持农村土地经营权向家庭渔场、农民专业合作社、农业企业等新型经营主体流转，促进渔业适度规模经营。美丽渔场适度规模面积为100-500亩左右，亩均产出高于面上30%以上。推进渔场面貌景观化。根据渔场整体布局，按照主干道路硬化、塘埂护坡绿化、养殖水面洁化、管理用房标准化、休闲设施景观化的要求，因地制宜实施渔场美化改造工程，实现生产管理用房标准化全覆盖，渔场塘埂绿化覆盖率50%以上，建设休闲观光类美丽渔场10个以上，打造现代渔业美丽风景线2条以上。推进渔场产品优质化。推进农业标准体系建设，加大力度发展“三品一标”和公共品牌，做到质量有标准、过程有规范、产品有标志、市场有监测。切实加强水产品生产的产前、产中、产后管理，强化水质、环境、饲料、渔药、水产品等的实时动态监管，不断增强生产经营主体的质量安全意识，努力提高产品质量安全水平。“三品”认证比率达80%，品牌覆盖率达到50%以上。

（六）全力争创健康养殖示范县。树立“生态、健康、高效、循环”发展理念，大力开展健康养殖。至2020年，建成养殖总面积1万亩以上的健康养殖核心示范区3个，建成养殖面积不少于300亩的健康养殖示范场10个，建成养殖面积不少于30亩的健康养殖示范户350个，做到养殖设施完善、全过程标准化生产、产品安全可追溯、养殖尾水达标排放等。加快无公害养殖面积、产品认证。通过提高渔业组织化、规模化生产程度，加强无公害水产品基地认证，至2020年，实现水产品无公害、绿色食品认证面积比率达80%以上，水产品质量安全监管实现全覆盖，规模以上经营主体全部纳入数据库，90%以上纳入追溯管理，渔业养殖尾水处理实现全覆盖、养殖尾水全部零排放。扶持“立体混养”“封闭式池塘循环水”“稻鱼共生”“种草移螺”“配合饲料替代冰鲜鱼”等生态健康养殖模式，加大对重点养殖区域、主要养殖品种和重点药物种类的水产品药残监控力度，提高高效、环保的全价配合饲料普及率，控制直接投喂冰鲜杂鱼行为，降低和消除养殖投饵对环境的影响。

（七）大力推进渔业科技创新。加快调整养殖结构。按照“一个品种一个产业”的思路，立足区域特色，适度减少“四大家鱼”养殖，积极引导示范户养殖青虾、罗氏沼虾、太湖蟹、加州鲈、翘嘴鲌、黄颡鱼、中华鳖等特色优势主导品种，稳定提升养殖效益。柔性引进专家人才，建立“首席专家＋责任农技员＋示范基地＋示范户”的推广网络，依托南太湖渔业科技创新研究院，探索技术入股，密切技术协作，积极引进、试养和推广小龙虾、澳洲龙虾、全雄黄颡、沙塘鳢等新品种，促进渔业增效有保障、渔民增收可持续。强化职业渔民培育。以农业部基层渔技推广体系改革与建设项目为抓手，加强与省淡水研究所、省（市）水产推广总站、湖州师范学院等科研院所合作，以水质调控、立体混养、尾水治理、饲料驯化、鱼病预防等为重点，更新培训内容，创新培训方式，提高培训质量。至2020年，完成对规模养殖主体全部轮训工作，努力培养有文化、懂技术、善经营、会管理的新型经营主体。

（八）建设提升区域性渔业公共服务中心。到2020年，按照滨湖、八里店南片和东林三大现代渔业示范区的布局规划，新建提升高新区、八里店镇和东林镇3个渔业综合性服务中心，构建起集技术推广、成果转化、人才培养、智慧管控、市场营销于一体的高质量标准公共服务体系，充分发挥其承接产业联盟成果技术、定向提供社会化服务的作用，为广大新型渔业经营主体提供发展良机，进一步提升吴兴区渔业的竞争力和影响力。

五、工作步骤

（一）准备部署阶段（2017年12月）。高新区、各乡镇、环渚街道和有关部门按照本行动计划的要求，制定、细化工作内容，明确职责，分解任务，广泛宣传、全面发动、认真开展促进渔业绿色发展的三年行动。

（二）全面实施阶段（2018年1月—2020年10月）。高新区、各乡镇、环渚街道和有关部门认真按照计划制定的工作内容，精心组织，认真实施，扎实深入开展各项工作，确保各项工作按期完成。验收工作由区政府组织相关部门实施验收，并做好迎接市政府相关部门检查的准备工作。

（三）总结完善阶段（2020年11—12月）。高新区、各乡镇、环渚街道和有关部门认真总结经验，探索可行模式，推广先进成果，为谋划我区现代渔业新一轮发展规划打好基础。

六、保障措施

（一）加强组织领导。成立吴兴区促进现代渔业绿色发展三年行动工作领导小组，由区委、区政府分管领导任组长，高新区、各乡镇、环渚街道和区级相关部门为成员单位，领导小组下设办公室，加强统筹协调、整体推进、督促落实。高新区、各乡镇、环渚街道也要成立相应领导机构，建立专门的工作班子，落实责任、各司其职，确保按时完成任务。

（二）加强督查考核。高新区、各乡镇、环渚街道要将行动各项目标任务列入年度重点任务，明确时间表、任务书、作战图，及时报送各阶段工作进展情况。将此项工作纳入各级政府工作目标责任制考核，建立常态督查通报机制，进行适时监测、定期考核评价，实现长效化管理。

（三）加强政策扶持。坚持以市场为导向，统筹各项资源，聚焦发展的重点和难点，研究出台促进渔业绿色发展的相关产业政策，区财政每年安排渔业绿色发展专项资金，用于渔业平台建设、现代渔业示范园区、美丽渔场建设、健康养殖示范等。充分发挥财政资金的撬动作用，鼓励、引导社会各界加大对现代渔业的投入力度，规范管理产业发展资金，提高资金利用率。

（四）加强舆论宣传。认真总结行动计划推进过程中的好做法、好经验，培育一批典型，树立一批示范样板。加强与新闻媒体的联系沟通，广泛开展多种形式的宣传推介活动，加强典型宣传推广，充分发挥示范带动作用，营造良好的舆论氛围。

附件：1. 吴兴区促进现代渔业绿色发展三年行动工作领导小组成员名单

2. 吴兴区促进现代渔业绿色发展三年行动计划主要任务分解表

3.2018年吴兴区现代渔业绿色发展任务清单

附件 1

吴兴区促进现代渔业绿色发展三年行动工作领导小组成员名单

组　　长：宋建方　张文斌
副 组 长：陈　彬　周　李
成　　员：李清华（区委办）
赵振媛（区府办）
王振宇（区发改委）
陈诸胜（区科技局）
施江红（区财政局）
黄新华（区人力社保局）
姚荣伟（区水利局）
周林章（区农林局）
郑焦光（区环保局）
杨国荣（区综合执法局）
沈魏华（区市场监管局）
吴勤丰（区政务办）
陈永明（区公安分局）
林　宏（区国土分局）
陈志武（国网市区供电服务中心）
褚屹东（高新区）
姚连华（织里镇）
褚云江（八里店镇）
张建忠（道场乡）
沈明亮（妙西镇）
周何金（埭溪镇）
汤应东（东林镇）
周喜玲（环渚街道）
周志明（省淡水所）

领导小组下设办公室，陈彬兼任办公室主任，李清华、赵振媛、周林章兼任办公室副主任。

附件 2

吴兴区促进现代渔业绿色发展三年行动计划主要任务分解表

表 23-2

乡镇	养殖尾水治理（亩）	现代渔业示范园区（个）	渔旅综合体（或特色渔业村）（个）	美丽渔场（个）	健康养殖示范场（个）	健康养殖示范户（个）	无公害基地（亩）	渔业品牌（个）	区域渔业公共服务中心（个）
高新区	23340	1	1	9	2	80	10000	2	1
织里镇	31489			9	2	90	18000	2	
八里店镇	14908	1	1	8	2	30	5700	2	1
道场乡	8193			4	1	20	4200		
妙西镇	1554			2		5	700		
埭溪镇	9867			3	1	22	2600		
东林镇	29086	1	1	9	2	100	18000	2	1
环渚街道	1610			1		3	800		
合计	120047	3	3	45	10	350	60000	8	3

附件 3

2018 年吴兴区现代渔业绿色发展任务清单一览表

表 23-3

序号	任　务	合计	高新区	织里镇	八里店	道场乡	妙西镇	埭溪镇	东林镇	环渚街道	责任单位
1	现代渔业园区培育建设（个）	3	1	—	1	—	—	—	1	—	各乡镇
2	美丽渔场创建（个）	19	4	4	4	1	1	1	4	—	各乡镇
3	渔业强镇建设（个）	4	1	1	1	—	—	—	1	—	各乡镇
4	水产养殖尾水治理（万亩）	6.35	1.76	1.69	0.89	0.15	0.15	0.26	1.35	0.10	各乡镇
5	种苗企业培育（个）	1	—	—	—	—	—	—	1	—	各乡镇
6	特种水产养殖（万亩）	7.5	1.4	2.5	0.5	0.4	0.08	0.25	2.3	0.07	各乡镇
7	稻渔综合种养推广（万亩）	0.4	0.05	0.07	0.07	0.02	0.01	0.02	0.15	0.01	各乡镇
8	多品种混养推广（万亩）	0.5	0.05	0.1	0.1	0.01	0.01	0.02	0.2	0.01	各乡镇
9	种草养蟹推广（万亩）	1.6	0.6	1	—	—	—	—	—	—	各乡镇
10	配合饲料替代冰鲜鱼（万亩）	0.2	0.02	0.08	0.02	—	—	—	0.08	—	各乡镇
11	跑道养鱼建设（条）	10	—	—	—	—	—	—	10	—	各乡镇
12	物联网应用（户）	450	100	130	20	25	10	25	130	10	各乡镇
13	健康养殖示范场（个）	6	1	1	1	1	—	1	1	—	各乡镇
14	健康养殖示范户培育（个）	191	40	60	8	10	2	10	60	1	各乡镇
15	休闲渔业基地建设（个）	2	—	—	—	1	—	1	—	—	各乡镇
16	新增无公害基地（万亩）	3	0.7	0.9	0.32	0.18	0.02	0.1	0.76	0.02	各乡镇
17	水产品质量抽检合格率（%）	98.5	98.5	98.5	98.5	98.5	98.5	98.5	98.5	98.5	各乡镇
18	区域公共品牌打造（个）					1					区农林局

吴兴区人民政府关于印发吴兴区中心城市精细化管理实施方案的通知

高新区管委会，各乡镇人民政府、街道办事处，区府各部门，区直各单位：

《吴兴区中心城市精细化管理的实施方案》已经区政府同意，现印发给你们，请结合实际，认真贯彻执行。

吴兴区人民政府

2018年5月8日

吴兴区中心城市精细化管理的实施方案

为全面提升中心城市管理水平，打造宜居宜业城市发展环境，根据《湖州市市容和环境卫生管理条例》《湖州市人民政府关于湖州市中心城市精细化管理的实施意见》《关于印发湖州中心城市精细化管理考核细则及评分标准的通知》，结合吴兴工作实际，制定本实施方案。

一、总体要求

深入学习贯彻习近平新时代中国特色社会主义思想和党的十九大精神以及中央、省、市城市工作会议要求，紧紧围绕高质量建设现代化生态型滨湖大城市的总体目标，深入开展“四新”主题实践，坚持以人为本、综合治理、严格执法、强化考核的原则，实现城市管理活动的“全方位覆盖、全时段监管、全流程控制、全手段运用”，全面助推“生态吴兴、经济强区、科技新城、幸福家园”，努力使群众的获得感、幸福感、安全感、认同感持续增强。

二、主要任务及职责分工

（一）市政设施

1. 道路路面平整。区公用事业中心和织里镇、八里店镇、环渚街道分别负责东部新城和各自辖区范围内的道路路面平整，确保人行道硬化率100%，无明显坑洼积水，确保人行道盲道连续、无破损，对道沿处各类材质的引坡、阶坡进行拆除。中心城区各街道加强对道路的巡查，发现问题对接市级相关单位；未及时进行修整的，情况汇总后报区住建局，由区住建局向市级部门汇报处置。对破坏路面、人行道的违法行为由区综合执法局负责查处。

2. 公用设施完好。区公用事业中心和织里镇、八里店镇、环渚街道分别负责东部新城和各自辖区范围内公用设施的建设、维护工作，确保各类公共设施设置、规范到位，无污渍、损坏现象。中心城区各街道负责对辖区范围内的垃圾箱、室外消防栓、窨井盖等公共基础设施进行巡查，对不符合设置要求、井盖封闭缺损、下水道不通畅等现象及时对接市相关单位进行修整；未及时进行修整的，情况汇总后报区住建局，由区住建局向市级部门汇报处置。对破坏公共设施的违法行为由公安、综合执法等相关部门负责查处。

（二）市容秩序

1. 墙体立面干净。属地乡镇街道负责对辖区内沿街建（构）筑物的排查，确保无破墙开店，违法搭建现象；建（构）筑物墙体、立柱、台阶、踏步等不得擅自设置具有经营服务内容的广告性文字、图案、标语或标贴；主要街道和重点地区应当符合有关规范要求设置商铺遮阳篷，建筑物防护（盗）栏设置不得超出墙体立面，督促业主要做好遮阳篷清洁、破损更换等维护工作，确保干净整洁，与街景相协调。对破墙开店等违法行为由综合执法、市场监管等相关部门负责依法查处。

2. 商铺整洁划一。属地乡镇街道负责对辖区内沿街商铺的管理，以店铺门框线为准设置经营范围，确保店门口干净、整洁；对越线经营、占道经营行为予以劝导；对屡教不改或情节严重的违法行为由综合执法、市场监管等相关部门负责依法查处。

3. 强化犬类管理。区综合执法局负责对接推动犬类立法工作，加大违法养犬行为的查处力度，减少犬类扰民事件的发生；属地乡镇街道负责居

民养犬登记，加大对“流浪狗”的巡查，及时上报、交由区综合执法局处置。对于犬类扰民、伤人事故由区公安分局负责查处。区农林局做好犬类诊疗机构的监督管理工作，做好重大动物疫病以及狂犬病集中爆发情况的应急指挥工作。

（三）交通秩序

1. 交通设施完好。区交警大队会同属地乡镇街道负责辖区范围内交通信号灯管理，确保运行正常、无遮挡；交通标志标线规范、清晰、完整；交通护栏整洁、无破损；道路绿化带不得影响行车视距，不得遮挡交通标志、信号灯。

2. 通行秩序规范。区交警大队负责加大交通违法行为查处，并会同属地乡镇街道、区文明办加强文明出行宣传教育，确保车辆、行人各行其道；路口行人、非机动车交通守法率均达到 80% 以上，机动车交通守法率达到 90% 以上，确保交通秩序规范。

（四）环境卫生

1. 环境卫生洁净。区公用事业中心和织里镇、八里店镇、环渚街道分别负责东部新城和各自辖区范围内的环卫保洁；扫路车、洒水车定时清扫、冲洗路面。属地乡镇负责辖区范围内的环境卫生工作，中心城区各街道加强对环境卫生的巡查，发现问题及时对接市级相关单位，确保辖区范围内干净整洁；及时劝阻、制止随地吐痰、便溺、乱扔烟蒂、乱晾晒等行为，发现病死动物报区农林局处理。

2. “门前三包”落实。属地乡镇街道负责“门前三包”责任的落实到位，责任单位（店铺）自觉履行责任，责任书与营业执照等相关证照统一区域张贴室内醒目位置，不歪斜、污损、遮挡覆盖。对于随意倾倒、乱堆积物品等有碍市容的违法行为由区综合执法局依法查处。

（五）城市绿化

1. 绿化规范整齐。中心城区各街道负责辖区内绿化养护的监督，加强对小区绿化管理的监督指导，对不服从指导的单位统一报区住建局，由区住建局向市级部门汇报处置。区公用事业中心和织里镇、八里店镇、环渚街道分别负责东部新城和各自辖区范围内公共绿地、绿化带养护，确保植物生长良好，无缺株、死株；行道树规范整齐，无倒状、倾斜，树体无钉、铁线、线绑扎及广告物等；树木及附属设施无安全隐患，树木支撑、搭棚等整齐、美观；绿篱轮廓清楚、线条齐整。逐步优化绿化树种结构，注重本土树种、彩色树种的种植，营造出丰富多彩的城市绿化格局。

2. 护绿行之有效。属地乡镇街道配合区综合执法局查处绿地随意晾晒、汽车停放碾压、倾倒建筑垃圾等毁绿现象，确保绿化带无开挖，护栏无缺失、无污渍、无变形、无倒状倾斜。对于情节严重的毁绿责任人移交公安部门处理。

（六）广告店招

1. 广告整齐统一。属地乡镇街道负责对辖区内户外广告及店招店牌的排查，按照“一店一招”的要求，结构牢固、安装整齐、内容美观，同一街区保持风格一致；确保无横幅、布幔，无烟草广告，无擅自设置广告（含灯箱广告）；及时清理过期公益广告、刀旗，以及街道两侧墙体上设置的宣传条幅、喷绘等，对有明确制作产权单位的，后期的维护清理工作由产权单位负责。对违规设置店招、违法广告等违法行为由区综合执法局、市场监管等部门负责查处。

2. 广告张贴有序。区综合执法局、属地乡镇街道分别负责主干道道路两侧、社区内的“牛皮癣”及非法广告的即现即清工作；公告栏、招贴栏、阅报栏等各类公用信息栏由产权单位定期清洗、更新，保持整洁。区公安分局负责打击制贩假证、损坏公私财物等违法行为。

3. 审批管理规范。各单位部门设置的任何形式的宣传广告（包括公益广告）必须经审批部门许可后按要求设置。区综合执法局负责对违规设置的户外广告进行取缔、查处。属地乡镇街道加强户外广告（含灯箱广告、霓虹灯广告）设置监管和巡查，对于存在安全隐患与街景不符的户外广告及时通报业主拆除，拒不配合的由区综合执法局立案查处；对于遮挡交通信号灯和交通标志，影响交通参与者对交通信号的正常辨识等违法行为的，抄告综合执法、市场监管、交警等相关部门，由相关部门负责查处。

（七）小区物业

1. 小区设施完好。属地乡镇街道加强对小区公共区域的巡查，发现设施损毁，道路坑洼，占绿、毁绿等现象及时落实物业公司修复解决，拒不整改的报区住建局，对人为破坏行为通报区综合执法局依法查处；发现楼道内堆放物品，擅自饲养家禽、放养宠物等现象，及时落实物业公司协调解决。协调不成的，视情况由综合执法部门或者公安部门依法予以处置。

2.管理制度健全。区住建局明确小区物业管理的标准规范，健全监管制度，严格物业公司的准入门槛，压实物业公示的主体责任。属地乡镇街道充分发挥协调监督功能，积极支持、参与、配合物业公司的服务保障，确保小区设施齐全、功能完善、环境优美、整洁有序。

3.考核评价落实。属地乡镇街道加强物业监管，主动听取、反映居民的意见建议，督促物业公司抓好整改落实，严格实施物业公司的考核评价，强化物业公司自我教育、自我管理、自我监管，自觉遵守各项制度。区住建局积极配合属地乡镇街道对物业公司的管理监督工作。

（八）违法建设

1.小区装修监管。属地乡镇街道负责督促物业公司加强小区内日常巡查、监管，落实房屋装修申报登记、备案制度，划定建筑垃圾堆放场所并及时清运，对野蛮装修、乱搭乱建等违法行为及时制止，并报区综合执法局依法查处。

2.违建管控到位。区综合执法局会同属地乡镇街道全面排摸辖区内违法建设现状，建立“黑名单”制度，实行条块联合执法，全面遏制新增违法建设，对存量违法建设有序进行清零。

3.危旧房改造有序。区住建局会同属地乡镇街道全面排摸辖区内危旧房情况，按照“政府引导、业主自愿、市场运作、综合整治、配套建设”的原则，有序开展危旧房改造工作。

（九）餐饮油烟

餐饮店无污染。区综合执法局负责辖区内餐饮店油烟净化器安装监管，确保安装率、使用率达到100%；督促业主对油烟净化器定期清洗，确保餐饮油烟达标排放，明确在相关区域内不得设立餐饮等经营主体，设立市场准入“负面清单”。区市场监管局负责加强餐饮企业准入管理，会同属地乡镇街道依法查处无证无照餐饮企业。区住建局负责督促餐饮单位设置隔油设施，确保餐厨废水排入污水管道，对符合要求的申请单位发放排水许可证；对未安装隔油设施或餐厨废水未按规定排入污水管网的餐饮单位抄送区综合执法局，严禁废水直接排入雨水管道或倾倒在雨水井。区综合执法局负责对未办理排水许可证的餐饮单位进行查处。

（十）车辆停放

1.小区停放有序。属地乡镇街道加强对小区内机动车、“三小车”停放的巡查监管，对未按照规定停放，阻碍居民出行，存在安全隐患的乱停放车辆及时落实物业公司协调解决；对“僵尸”汽车、阻塞消防通道的乱停放车辆报公安、消防部门处理解决。

2.路面停放规整。属地乡镇街道负责引导“三小车”停放有序，做到首尾一致。区综合执法局、区交警大队分别负责对辖区内人行道、机动车道停放机动车、“三小车”的巡查监管处罚，增设主要违停节点抓拍设施；对未将机动车停放在规定区域内的机动车驾驶人依法处罚；对长时间停放阻碍交通的车辆进行清理，确保机动车道、人行道通畅。

（十一）垃圾分类

分类有序推进。区住建局（区垃圾分类办）牵头，会同属地乡镇街道负责完善分类配套设施，设置统一规格和标识的收集容器及收运车辆，从小区精细管理、单位强制分类两方面着手，加快推进生活垃圾分类再升级；逐步建立完善以焚烧处理为主、资源化利用为辅的多元收运处置体系。区委宣传部、市场监督局等单位加强宣传教育引导，增强居民垃圾分类意识，不断强化市民垃圾分类意识。

（十二）农贸市场

1.配套设施完善。属地乡镇负责辖区内各类农贸市场管理及环境卫生工作。中心城各街道负责辖区内农贸市场主体的监管工作。区市场监管局负责农贸市场内配套设施齐全，配备专门管理人员，自产自销设置不少于10%，进出口设置无障碍设施，且不被占用。区综合执法局负责农贸市场周边秩序。

2.品质有效提升。区商务局、规划分局会同属地乡镇合理规划布局标准化农贸市场，加强政府扶持，鼓励引导农贸市场提档升级。区市场监管局负责督促主体单位完善农贸市场长效管理，进一步强化市场信用建设，提升经营户诚信意识与自律能力。

（十三）建筑工地

1.工地标化管理。属地乡镇街道会同区住建局、区规划分局等相关部门要求建设单位、施工单位开工前必须依法办理相关手续，文明规范施

工，统一建设以白色为基调与周围环境色调相协调的围挡，宣传内容健康向上，墙面布局简约美观；严格落实扬尘治理“7 个 100%”的要求，施工噪音及扬尘符合要求，无污水外流。对未按要求施工的建设单位、施工单位由区综合执法局依法查处。

2. 工地监管有力。属地乡镇街道、区综合执法局、交警大队等相关部门对建设单位、施工单位进行严管、监控，特别是涉及工程车管理、环境污染问题需及时上报，对于建设单位、施工单位的违法施工行为由区综合执法局依法查处。

（十四）城市公共交通

1. 优化公交管理。区交通局负责协调优化东部新城公交线路，增加公交运行频次，提升公交分担率；加强公交站台维护保洁和文化建设，提高美观度和识别度。区交通局、区公安分局严厉打击非法营运的黑车，维护公共交通的正常秩序。

2. 增设公交设施。区住建局、交通局完善东部新城公交站台、公交专用道等节点违停抓拍系统。

（十五）工程车管理

工程车管理规范。区综合执法局、区交警大队加强对工程车运输车辆的巡查监管，严格实行工程运输车“三化”管理；督促运输公司必须落实配有冲洗设备的工程车专用停车场；推行建筑垃圾处置许可和工程运输车辆临时准入证制度；作业过程保持车辆整洁，全覆盖密闭运行，无抛洒滴漏现象，无扬尘污染。

（十六）环境污染

1. 水污染治理。属地乡镇街道、区综合执法局、区环保局等相关部门加大对辖区内排水单位的监管，发现对水体有污染的行为及时制止，并报相关部门对违法排水行为进行查处。区住建局启动推进东部新城污水零直排建设，加快对截流式合流制排水系统的改造，加大管网疏通力度，减少暴雨天雨水对雨污管网的冲击，不出现因管网堵塞导致的污水溢流。

2. 噪音污染治理。属地乡镇街道、区综合执法局、区环保局等相关部门加大对辖区内噪音的监管，发现有噪音扰民的现象及时制止，并报相关部门对噪音污染行为进行查处。区环保局对工业、企业噪声依法监管和查处。

3. 大气污染治理。属地乡镇街道负责辖区内扬尘治理等大气污染防治有关工作；会同公安、安监、综合执法等相关部门全面落实《湖州市禁止销售燃放烟花爆竹规定》；动员广大市民群众自觉知规守规，强化源头控制，加强重点时段、重点区域的巡查，依法处罚违禁燃放行为。

（十七）城市家具

1. 加强亮化建设。区住建局出台亮化管理办法，注重亮化建设管理，突出东部新城交通枢纽处主要构筑物标志性亮化；着力完善重要节点亮化，构筑点线面系统清晰亮化体系，美化城市夜景；中心城街道推动“月光”经济的发展。

2. 洁化城市公厕。区公用事业中心和织里镇、八里店镇、环渚街道分别负责东部新城和各自辖区范围内厕所的硬件设施，实行 24 小时专人管理。区住建局负责建立管理考评机制。属地乡镇街道负责定期检查辖区内公厕的保洁质量、设施管护情况，确保环境整洁、正常运行。

3. 推行“多杆合一”。区住建局、区信息中心有规划地实施公共设施与移动通信基础设施共享共建，开放合适的商业街区、公园景区等场所的路灯杆、监控杆、广告牌、汽车充电桩等社会资源，实现“一杆多用、多杆合一”。

4. 共建城市书房。区文体局科学规划城市书房数量、标准和布局，采用改建、新建、配建等不同方式进行建设，落实配套资金和管理人员，动员社会力量参与建设，鼓励企业、学校、党政机关进行援助，使城市书房成为提升市民素质的重要阵地。

5. 打造区域特色。区住建局会同各行主管部门及养护单位对城市家具按类别统一色系和风格设置，各产权单位要在大致统一的基础上，对城市家具外观进行创意设计，既体现美观整洁，又体现地方特色。

三、健全长效管理机制

聚焦城市管理的系统性、复杂性和长期性，坚持依法管、科学管、全民管，着眼于常态长效，着力于立足当前，着重于责任担当，总结有效做法，转化管理成果，健全长效机制。

（一）深化网格化管理机制。突出乡镇街道属地管理主体责任，统筹整合各方资源，完善边界清晰、无缝对接的街道、社区分级网格，明确定人定岗机制，实现小区区域模块化管理。织里镇、八里店镇要加快乡镇数字城管建设，充分发挥数字城管平台作用，畅通数据采集渠道，做到即时发现、即时响应、即时处置。

（二）建立完善部门联系制。建立完善区级部门联系社区制度，参照中心城区路长制有关要求，明确职责内容并扩大履职边界至辖区街面，实行网格化、无缝隙、全覆盖结对联系包干。

（三）落实“门前三包”责任制。落实街道、社区属地管理和联系部门工作责任，督促临街单位、店面、住户切实履行“三包”责任，做到门前市容环境卫生整洁，门前责任区内的设施、设备和绿地完好，门前“三小车”停放有序。对“三包”责任不到位的，提高保洁有偿费收取标准。

（四）建立志愿者服务机制。组建“机关领导干部带头、社会力量广泛参与”的城市管理志愿者队伍，坚持区领导带头参与，区级部门按照联系社区，落实稳定的机关干部志愿者。充分发挥工、青、妇等群团组织作用，组建广覆盖、常参与的城市管理志愿者队伍；以街道为单位招募稳定的、适度规模的群众志愿者。

（五）健全自律自治机制。逐步推行行业自律管理，引导成立行业协会，制定行业规则，实施内部惩戒、自我纠正。督促本行业经营者依法经营，自觉维护消费者的合法权益，维护公平竞争；发挥小区业主委员会的作用，建立“社规民约”，推进居民自治，强化小区业主自我管理、自我规范、自我约束的意识和自觉性，及时纠正不良行为和习惯，倡导良好风俗，提高文明素质。

（六）全面推行诚信机制。全面推行失信“黑名单”管理制度，对符合《浙江省公共信用信息管理条例》有关规定的，依法将不良信息记录信用档案或依法列入严重失信名单，采取依法从严审核、限制参与、行业禁入等措施，提高行政约束力度。

（七）建立重点问题会商机制。由区城管办召集每月定期会商一次，研究解决城市管理工作中存在的重点、热点、难点问题，协商解决普遍性、反复性、倾向性问题，研究开展重大联合执法行动，对突发性、应急性问题随时开展会商。

（八）健全考核评价机制。加强城市精细化管理督查考核，建立每周三查考评机制，督查考核情况会同市第三方数据评估、巡查抽检、重点问题督办有关情况作为乡镇街道城市精细化管理的考核依据，纳入区对乡镇街道月度重点工作考核、年度综合考核。

四、保障措施

（一）强化领导，构建责任化落实体系。区城管办在区城管委的领导下，全面履行城市管理组织、协调、监督、检查、考核等职责；进一步理顺综合执法部门工作机制，各相关部门要强化工作履职，各乡镇街道要强化主体责任、属地责任，全面落实分级负责的领导责任、分工负责的管理责任、各司其责的全员责任。

（二）强化执法，构建法治化治理体系。坚持严管、勤查、重罚原则，加大执法办案力度，针对屡禁不止的违法行为开展专项整治；优化执法流程，开展智能化辅助非现场执法，提高城市管理工作效率；加强执法队伍能力建设，提高执法办案水平，推进城市治理体系和治理能力现代化建设。

（三）强化科技，构建智慧化管理体系。建设智慧城管，建立健全区、街道、社区等多层级智慧城管网络，构建城市管理部门（单位）实时感知、智能协同、预警研判、快速处置于一体的智慧城管大平台，构建城市管理问题的发现、处置、评价闭环系统；统一城市管理数据标准和属性规范，实现各部门（单位）城市管理数据互通、资源共享；充分利用现代信息技术，建立城区停车管理、工程车运输、流动摊贩等智能抓拍、提醒、处罚系统，实现对重点问题的有效监控及处置。

（四）强化投入，构建市场化运作体系。加大各级财政投入，落实各类保障经费；积极探索城市管理经营模式，合理利用城市管理公共资源，拓展资金筹措渠道；对市政设施、园林绿化养护、市容管理等服务性内容，鼓励采取政府购买服务方式，充分运用市场机制，真正实现优胜劣汰，提高管理实效。

（五）强化考核，构建科学化奖惩体系。建立与精细化管理相配套的考核办法，充分运用市、区考核结果，将考核、评估结果纳入区委、区政府对乡镇街道和区级部门年度综合考核，并作为对乡镇街道评价和财政转移支付的依据，切实形成奖优惩劣的鲜明导向。

（六）强化宣传，构建社会化参与体系。加强社区治理体系建设，推动社会治理重心向基层下移，发挥社区居委会、业主委员会和物业公司等社会组织作用，实现政府治理和社会调节、居民自治良性互动。加强宣传教育，大力培育公民

意识、参与意识、责任意识，使公众参与城市管理的意愿更加强烈；建立健全政务公开、民主评议、听证论证等制度，使公众参与城市管理的渠道更加畅通；大力推进志愿服务平台建设，探索行业自治模式，使公众参与城市管理的方式更加多样，全面提升市民整体素质。

五、本实施方案自公布之日起施行。有效期为公布之日起至2018年12月31日。

吴兴区人民政府关于推进企业分类综合评价 深化“亩均论英雄”改革的实施意见

高新区管委会，各乡镇人民政府、街道办事处，区府各部门，区直各单位：

为深入贯彻落实省委省政府、市委市政府决策部署，加快推进供给侧结构性改革，实现全区经济高质量发展，根据《浙江省人民政府关于深化“亩均论英雄”改革的指导意见》（浙政发〔2018〕5号）、《湖州市人民政府关于深化“亩均论英雄”改革 促进高质量发展的实施意见》（湖政发〔2018〕17号）和《湖州市关于推进企业分类综合评价 深化“亩均论英雄”改革工作暂行意见》（湖转升办〔2017〕1号）等文件精神，现就我区进一步完善和深化“亩均论英雄”改革，提出如下意见。

一、总体要求

（一）指导思想。深入贯彻落实习近平新时代中国特色社会主义思想和党的十九大精神，以新发展理念为指引，以供给侧结构性改革为主线，以“中国制造2025”示范区创建为牵引，坚持质量第一、效益优先，把深化“亩均论英雄”改革作为转变发展方式、优化经济结构、转换增长动力的有力抓手，强化正向激励和反向倒逼机制，建立完善综合考评、分类分档、实绩排序、动态管理的企业分类综合评价机制。全面完善落实资源要素差别化配置政策，不断提高要素配置效能，着力推动企业集约高效发展、创新绿色发展，加快推动全区经济提质增效，促进高质量发展。

（二）基本原则

1. 坚持改革创新原则。以“最多跑一次”改革为引领，进一步推进制度创新，完善“亩均论英雄”改革的体制机制和政策体系，实施资源要素差别化配置政策。强化创新驱动发展，增强经济创新力和竞争力，不断优化营商环境。

2. 坚持依法公正原则。坚持市场化改革与依法行政相结合，发挥市场在资源配置中的决定性作用，以市场化配置为导向，不断提高要素配置效能。增强依法行政意识，注重制度规范，评价过程公正公开，正确处理好政府和市场的关系。

3. 坚持突出重点原则。全区所有用地工业企业、规模以上服务业企业和高新技术企业均纳入综合评价范围，对规模以上工业企业进行全面评价，突出亩均税收的导向作用，注重发展质量和效益，强化对企业创新指标的评价。

4. 坚持扶优汰劣原则。以“亩产效益”为核心，以企业综合评价结果为依据，以差别化措施为手段，完善激励倒逼机制。坚持正向激励，加大对优质企业的支持力度；强化反向倒逼，加快低效企业改造提升和落后产能市场出清。

（三）主要目标

1. 企业目标：从2018年开始，全区所有用地工业企业（除电厂、燃气、给排水、垃圾焚烧、污水处理等公益性企业外，下同）均纳入综合评价，并启动规模以上服务业企业（不含批发零售住宿餐饮、银行证券保险行业和房地产开发，下同）、高新技术企业的综合评价，全面实施“亩产效益”综合评价。

2. 区域目标：从2018年开始，逐步开展对所有乡镇（街道）以及产业集聚区、经济开发区、高新园区、小微企业园区、特色小镇（不含历史经典产业特色小镇，下同）“亩产效益”综合评价。探索开展31个制造业行业和服务业重点行业“亩产效益”综合评价。

3. 效益目标：全面完善与“亩产效益”综合评价制度相匹配的资源要素市场化配置机制，经济发展质量和效益明显提升，区域“亩产效益”达到全市前列。到2020年，实现工业亩均税收年均增长20%以上，规模以上工业全员劳动生产率年均增长8%以上，单位能耗增加值年均增长4%以上，单位排放增加值年均增长4%以上，研究与试验发展（R&D）经费占主营业务收入之比年均提高4%以上，实现我区“亩产效益”水平在全省排名争先晋位。

二、建立健全“亩均论英雄”综合评价机制

（一）全面开展企业综合评价。按照导向清晰、指标规范的原则，建立以企业为主体的企业综合评价体系。

1. 明确企业综合评价指标体系。工业企业，规模以上工业企业综合评价以亩均税收、亩均增加值、全员劳动生产率、单位能耗增加值、单位排污权增加值、研究与试验发展（R&D）经费支出占主营业务收入比重6项指标为主；规模以下工业企业以亩均税收等指标为主。规模以上服务业企业，以亩均税收、亩均营业收入等指标为主。高新技术企业，以亩均税收、研究与试验发展（R&D）经费支出占主营业务收入比重等指标为主。

2. 规范企业综合评价方法。

（1）指标权重分值。规模以上工业企业按照亩均税收占60分、亩均增加值占20分、研究与试验发展（R&D）经费支出占主营业务收入比重占5分、全员劳动生产率占5分、单位能耗增加值占5分、单位排污权增加值占5分进行评价。对新升规模以上企业、新设立企业、重大项目建设期内企业，可设置不超过3年的过渡期。规模以下工业企业按照亩均税收权重100%进行评价。规模以上服务业、高新技术企业评价标准另行规定。

（2）企业综合得分。参评企业评价综合得分为每项指标数据得分之和。单项指标得分为该指标评价年度数据除以基准值乘以权重分，最高得分不超过该项权重分的1.5倍，最低为零分。企业某项指标为负值或空缺的，该项指标得分为零。若参评企业未涉及污染物排放的，得单位排污权增加值权重分。

（3）指标基准值。规模以上工业企业，以评价年度该项指标的全区规模以上企业平均值为基准值。规模以下工业企业，以评价年度参评规模以下企业税收指标的平均值为基准值。

3. 科学开展企业综合评价。

（1）数据采集。区统计部门负责提供、核实参评企业增加值、能耗、研究与试验发展（R&D）经费支出占主营业务收入比重、全员劳动生产率数据。区财政部门牵头负责提供、核实参评企业实缴税金数据，区国税、地税部门分别负责提供参评企业国税、地税实缴税金数据。区环保部门负责提供、核实参评企业排污权数据。区国土部门牵头负责提供、核实参评企业用地面积数据。以上区级部门每年4月底前将参评企业上年度经济指标数据经全面排查、审核、汇总、确认后，报区深化“亩均论英雄”改革工作领导小组办公室。

（2）评价分类。企业综合评价工作每年开展一次，按一定比例统一分为ABCD四类。

①A类——重点发展类。是指资源占用产出高、经营效益好、转型升级发展成效明显的企业。原则上规上企业为总得分排名前20%（含）的企业，以及符合条件的升档企业；规下企业为排名前15%（含）的企业。

②B类——鼓励提升类。是指资源占用产出较高、经营效益较好，发展水平可以进一步提升的企业。原则上总得分排名列21-70%（含）的规上企业及排名列16-60%（含）的规下企业。

③C类——帮扶升级类。是指资源利用效率偏低、综合效益不佳，需要重点帮扶、引导升级的企业。原则上总得分排名列71-95%（含）的规上企业及排名列61-95%（含）的规下企业。

④D类——倒逼整治类。是指综合效益差，需倒逼整治的企业。即参与评价企业中除A、B、C类外的所有评价企业。

（3）升档与降档。参评企业符合以下条件之一的，可升档或降档。

升档：

①亩均税收达到全区平均水平2倍及以上的规上企业，直接列为A类；

②“中国民营企业500强”、湖州市“金象金牛”上榜企业，直接列为A类；

③对列入湖州市“金象金牛”培育企业，获得省级及以上企业技术中心、设计中心、企业研究院的企业，年实缴税收2000万元以上贡献较大的企业，经有关归口部门确认后可以上浮一档，对同时符合多项上浮条件的企业仅上浮一次。

降档：

①实行一票否决，发生安全生产、重大环境责任事故、重大食品安全事故，以及未完成年度节能减排、去产能任务，环保、能耗、质量、安

全等不达标的企业，不得列入A类和B类；

②凡各级政府明确列入淘汰计划的企业，直接列为D类；

③实际占有土地3年以上没有产出的企业，直接列为D类；

④用地面积20亩以上的规下企业，直接列为D类。

（4）结果公布。完善建立“一企一单体检表”告知制度，高新区、各乡镇（街道）将企业综合评价相关年度数据及时送达企业，经企业确认无异议后，由区委常委会或政府常务会议（办公会议）审议通过并公示。

（二）建设“亩产效益”综合评价大数据平台。加快建设全区“亩产效益”企业大数据平台，同步建设“亩均论英雄”综合评价系统。对全部用地工业企业、规模以上服务业企业以及高新技术企业全面开展相关基础数据普查。制定涉企数据多部门共享机制和数据导入规则，高新区、各乡镇（街道）和区级有关部门根据规范要求将综合评价有关数据导入大数据平台，区级有关部门按照“谁主管、谁统计、谁负责”的原则，科学合理规范取数，并加强数据核实工作，确保基础信息的准确、完整、及时和共享。

（三）推进区域和产业综合评价工作。积极推进乡镇（街道）以及产业集聚区、经济开发区、高新园区、小微企业园区、特色小镇等产业园区和特色区域“亩产效益”综合评价。分业分类推进产业综合评价，工业企业按照31个制造业行业和我区“2+2”产业体系进行分业评价；规模以上服务业企业按照服务业重点行业进行分业评价。

三、建立健全要素优化配置机制

加强企业分类精准指导，扩大差别化价格实施行业范围，加大首档企业激励力度，倒逼末档企业提升资源要素利用效率。对“亩产效益”综合评价首档企业，重点保障资源要素需求，在政府评优、项目申报、科技创新、人才引育等方面给予倾斜，重点支持首档规模以下企业进入小微企业园区发展。对末档企业严格运用环保、安全、质量等方面的法律法规以及国家、省有关产业策，依法依规实施整治倒逼，加大整治淘汰力度。加强对利用差别化政策征收费用的专项管理与审计，确保用于支持产业、企业转型升级和创新发展。

（一）执行差别化的用能政策。对符合条件的A类企业优先安排参与电力直接交易试点。在企业新增用能申购、超限额用能方面，可结合企业综合评价结果实施差别化政策。区级有关部门要结合区域产业结构和企业规模特点，根据淘汰落后产能和产业转型升级要求，依据省政府下放的权限，按照国家、省相关差别电价政策和规定程序实施差别电价。对C类和D类企业实行年度用能总量控制。

（二）执行差别化的土地使用税政策。参照执行《关于印发湖州市本级开展调整城镇土地使用税政策促进土地集约节约利用工作实施方案（试行）的通知》（湖政办函〔2014〕46号）；同时，区级有关部门应根据参评企业上年度“亩产税收”缴纳情况、“五未”土地整改力度和“亩产效益”综合评价等级等考核评价指标，完善实施城镇土地使用税附加税额的有关政策。

（三）执行差别化的水价政策。对非居民用水户实际用水量超过核定用水计划的，除按有关规定可实施超计划用水累进加价办法外，还可对医药、化工、造纸、化纤、印染、制革、冶炼等行业中的高耗水企业，实行差别水价政策。区级有关部门可结合综合评价结果依法依规对C或D类企业实施一定幅度的加价政策。

（四）执行差别化的排污政策。进一步完善主要污染物总量指标量化管理制度、排污权有偿使用和交易制度、企业刷卡排污总量控制制度、产业转型升级排污总量控制激励制度、建设项目主要污染物总量削减替代制度等环境资源配置制度体系。区级有关部门可结合实际并根据企业综合评价结果，对A、B类企业在排污权指标分配、排污权抵押贷款等方面给予支持。

（五）执行差别化的企业融资政策。深化产融合作，对A、B类企业中有股改、上市挂牌潜力的，优先纳入后备资源库，实施重点培育。在风险可控和商业可持续的前提下，支持金融机构实施差别化信贷政策，对A、B类企业在信用评级、贷款准入、贷款授信、担保方式创新、还款方式创新和利率优惠等金融服务方面给予重点支持，确保企业融资需求，促进企业加快发展。

（六）执行差别化财政政策。结合“中国制造2025”国家级示范区创建，以企业综合评价结果为依据和导向，区级有关部门要结合实际对A类企业优先给予财政资金、人才引育、项目建设、创新驱动等方面政策扶持。对B、C类企业相应递减政策扶持。D类企业不得享受政府有关财政性奖励政策。要通过严格运用环境保护、安全生产、资源节约、产品质量等方面的法律法规，依法依规实施整治倒逼。对连续三年列为D类且提升无望的企业，要依法依规予以淘汰关停。

四、建立健全促进产业创新升级机制

（一）推动“标准地”改革。全面实施新增土地出让“标准地”改革和重大平台项目准入标准，对于新增工业用地、研发总部用地、物流仓储用地出让前，要将投资、亩产、能耗、环境、建设等标准纳入土地招标拍卖挂牌出让条件。完善“建设期＋投产期＋剩余年限使用期”土地分阶段权证管理制度。

（二）推动“标准房”改革。加快传统制造业改造提升，提升工业用地使用效率，实施小微企业园区建设管理“标准房”制度，明确产业类别、投资强度、亩均产值、亩均税收、企业规模、环保安全、企业能耗和履约退出等八个要素，进一步加强规范管理，优化小微企业发展环境，促进我区小微企业园区市场健康发展。

（三）推动“五未”土地处置。基于分行业、分区域的“亩产效益”综合评价结果，合理制定针对性强的产业支持政策和区域发展规划，集中资源大力发展“亩产效益”优势产业。深化开展“五未”土地处置行动，通过盘活存量建设用地提高亩均效益，对亩均效益较高的乡镇（街道）优先保障年度新增用地指标。对标国内外先进区域，加快“低产田”改造提升，全面推进传统制造业的绿色智造发展。对亩均税收一万元以下“低小散”企业，充分运用环境保护、安全生产、资源节约、产品质量等方面的法律法规以及国家、省有关产业策，依法依规实施整治倒逼，停止各类财政补贴，合理转移和淘汰不适合继续留在当地发展的产业。

（四）推动创新引领发展。结合评价结果，实施分行业“亩产效益”领跑者行动计划，发布重点指标领跑者名单，树立先进典型，引导企业对标先进、补齐短板，加强技术、管理、制造方式、商业模式等创新，加快“亩产效益”提档升级。适时将企业“亩产效益”综合评价情况纳入区政府质量奖申报条件，并作为向省、市推荐申报“政府质量奖”的重要依据。对亩产效益高的乡镇（街道）、园区和产业，在创新要素分配方面给予倾斜，优先布局产业创新服务综合体、工程技术研究中心、制造业创新中心、企业研发中心、企业研究院、企业技术中心等创新平台或载体。构建协同有序、优势互补、科学高效的区域创新体系。

（五）推动资源要素市场化交易。充分发挥公共资源交易平台作用，坚持有保有压、扶优汰劣的原则，完善相关政策措施，推动企业“亩产效益”综合评价与规范企业间要素交易行为相结合，进一步降低企业关闭、停产、退出、要素交易、并购重组等过程中的交易环节费用，加快推动土地、用能、排污权等资源要素向综合评价高的优势产业和优质企业集聚。健全完善土地使用权二级市场产权交易机制，盘活存量建设用地和低效用地再开发。

五、强化工作保障机制

（一）加强组织领导。建立由区政府主要领导任组长，区政府分管工业、科技和服务业领导任副组长，高新区、各乡镇（街道）和区级有关部门主要负责人为成员的区深化“亩均论英雄”改革工作领导小组，重点研究协调深化“亩均论英雄”改革的重大问题。领导小组办公室设在区发改委，重点抓好基础平台建设、统筹协调年度工作组织推进等相关工作。区发改委统筹抓好工业企业、规模以上服务业企业的“亩均论英雄”改革工作。区科技局统筹抓好高新技术企业的“亩均论英雄”改革工作。区级有关部门要根据职责分工，抓好数据采集、工作指导、政策制定等工作。高新区、各乡镇（街道）要建立健全相应组织机构，明确工作分工，全面抓好辖区内“亩均论英雄”各项工作落实。

（二）完善政策制定。区级有关部门要按照省、市“亩均论英雄”改革有关文件和本实施意见要求，结合“中国制造2025”试点示范城市建设，加快制定完善我区产业政策、财政政策及差别化用能、用水、排污和土地使用税等政策研究制定，促进资源要素高效集约利用。加强管理和审计，对征收的差别化电价、水价等资金，确保用于支持产业、企业转型升级和创新发展。

（三）强化督查考核。区委区政府督查室和区“亩均论英雄”改革工作领导小组办公室将定

期开展对工作的跟踪督查，及时总结经验，改进不足，协调解决有关问题。同时将“亩均论英雄”改革工作纳入高新区、各乡镇（街道）综合考核，对改革工作扎实、成绩突出、“亩产效益”提升显著的乡镇（街道），在评优评先以及政策要素支持上给予优先考虑。

（四）加强宣传引导。加大“亩均论英雄”改革工作宣传力度，充分发挥新闻媒体作用，及时准确发布改革信息和政策法规解读，正确引导企业预期，切实转变企业发展理念。高新区、各乡镇（街道）和区级有关部门要利用各种媒体，主动讲好“亩均论英雄”改革故事，合力形成推动“亩均论英雄”改革工作深入开展的良好氛围和社会环境。

六、本意见自公布之日起施行。

附件：1. 吴兴区深化“亩均论英雄”改革工作领导小组成员名单

2. 吴兴区深化“亩均论英雄”改革工作企业分类综合评价的有关指标计算方法及说明（一）（二）

吴兴区人民政府

2018 年 7 月 5 日

附件 1

吴兴区深化“亩均论英雄”改革工作领导小组成员名单

一、领导小组成员

组　　长：陈　江
副 组 长：潘永锋　朱建忠
成　　员：卢晓华（区府办）
陈昌来（区府办）
朱江政（区府办）
杨元江（区发改委）
罗　英（区统计局）
邱国强（区金融办）
陆宝根（区科技局）
杨卫华（区财政局）
郭士忠（区人力社保局）
沈忠明（区住建局、区交通局）
郁培荣（区水利局）
谈　波（区商务局）
姜新明（区审计局）
周　李（区环保局）
金斌斌（区安监局）
石建民（区市场监管局）
赵健鸣（区国税局）
胡　放（区地税分局）
王　勇（区国土分局）
孙　益（国网市区供电服务中心）
费学梅（高新区）
宁　云（织里镇）
张学民（八里店镇）
潘卫华（道场乡）
王国华（妙西镇）
陈勇杰（埭溪镇）
陆　敏（东林镇）
傅　军（环渚街道）
黄永强（湖东街道）
周　晗（月河街道）
代　旻（朝阳街道）
俞海屏（爱山街道）
周振强（飞英街道）
钱宗禹（龙泉街道）

领导小组下设办公室和五个工作组。办公室设在区发改委，杨元江兼任办公室主任，倪海潮、曹国良、陈诸胜任办公室副主任。

1. 综合协调组

组　　长：卢晓华
副 组 长：陈昌来　朱江政
职　　责：负责统筹协调高新区、各乡镇（街道）和区级有关部门，合力推进“亩均论英雄”改革工作。

2. 统计数据组

组　　长：罗　英
副 组 长：倪海潮　曹国良
职责：负责提供全区参评（工业）企业工业增加值、用能（能耗）、企业研究与试验发展经费支出、企业全员劳动生产率、营业收入等数据并进行审核。

3. 财政数据组

组　　长：杨卫华
副 组 长：俞勤仕　朱晓仑　沈鸿宾
职　　责：牵头负责提供全区参评企业实缴税收（含国税、地税）数据并进行审核。

4. 环保数据组

组　　长：周　李
副 组 长：吴伟中
职　　责：负责提供全区参评企业排污权数据并进行审核；提供在环境保护方面存在违法行为或发生重大事故的企业名单，指导并推动差别化排污政策的制定实施。

5. 国土数据组

组　　长：王　勇
副 组 长：林　宏　张旭黎
职　　责：牵头负责提供全区参评企业用地面积数据并进行审核；提供土地利用方面存在违法违规行为的企业名单。

二、领导小组成员单位工作职责

区发改委：牵头负责全区“亩均论英雄”改革工作。对工业、服务业企业综合评价基础数据、分档情况、差别化政策实施结果进行汇总，并按要求报市“亩均”办。牵头开展全区区域综合评价，指导推动全区做好企业分类综合评价；指导各相关部门制定实施差别化用能政策；指导各相关部门制定实施差别化电价、水价及相关收费政策。

区统计局：负责提供全区参评企业工业增加值、用能（能耗）、企业研究与试验发展经费支出、企业全员劳动生产率、营业收入等数据并进行审核。

区金融办：负责推动实施差别化的企业融资支持政策。

区科技局：牵头负责全区高新技术企业“亩均论英雄”改革工作。对高新技术企业综合评价基础数据、分档情况、差别化政策实施结果进行汇总，并按要求报市“亩均”办。负责提供省、市重点企业研究院名单，指导企业加大研发经费投入，促进企业创新发展。

区财政局：牵头负责提供全区参评企业实缴税收数据（含国税、地税）并进行审核；指导全区制定实施差别化财政、城镇土地使用税附加税额等政策。

区人力社保局：指导推动人力社保要素差别化政策制定实施。

区住建局、区交通局：推动全区差别化水价政策的制定实施。

区水利局：指导全区实行自备取水户的计划用水管理和超计划累进加价制度；组织推动管辖范围内企业差别化水价政策实施。

区商务局：负责全区新引进项目“亩产效益”评价指导工作；协助做好重点规模以上服务业企业“亩产效益”评价。

区审计局：负责对利用差别化政策征收费用的专项管理与审计。

区环保局：负责提供全区参评企业排污权数据并进行审核；提供在环境保护方面存在违法行为或发生重大事故的企业名单；指导并推动差别化排污政策的制定实施。

区安监局：根据全区企业安全生产情况，负责提供存在重大隐患且拒不整改企业和因安全生产事故一年死亡两人以上企业名单。

区市场监管局：负责提供全区参评企业登记注册基本信息并进行审核。

区国税局：负责提供全区参评企业实缴税收数据（国税部分）并进行审核。

区地税分局：负责提供全区参评企业实缴税收数据（地税部分）并进行审核；完善实施全区城镇土地使用税附加税额的有关政策。

区国土分局：牵头负责提供、审核全区参评企业用地面积数据；提供土地利用方面存在违法违规行为的企业名单；指导全区制定实施差别化用地政策。

国网市区供电服务中心：负责提供全区年度工业用电量数据并进行审核；指导全区执行差别电价政策。

高新区、各乡镇（街道）：负责辖区内“亩均论英雄”改革工作；负责排摸、核实辖区内参评企业实际用地情况；负责做好辖区内企业分类综合评价结果运用，协助做好辖区内参评企业年度相关基础指标数据。

附件2

吴兴区深化“亩均论英雄”改革工作企业分类综合评价的有关指标计算方法及说明（一）

一、亩均增加值（单位：万元/亩）

亩均增加值＝工业增加值/用地面积

用地面积：以依法取得为前提、实际占用为原则，指年末企业实际占用的土地面积。用地面积＝已登记用地面积＋未登记用地面积。其中：(1)已登记用地面积：是指企业经国土资源部门登记的土地面积；（2）未登记用地面积：是指企业未经国土资源部门登记但实际占地使用或者依法租赁取得的用地面积，若企业租赁标准厂房或无法准确计算用地面积，则统一按每1000㎡折算成1亩计算；（3）经批准的项目新增土地面积在2年建设期、1年过渡期内可不计入用地面积。

二、亩均税收（单位：万元/亩）

亩均税收＝税收实际贡献/用地面积

税收实际贡献：指企业国税税费实际入库数与企业地税主要税费实际入库数之和。企业国税税费实际入库数＝增值税＋消费税＋企业所得税，增值税＝增值税直接净入库税收＋生产型出口企业发生的“免抵”税额＋设备抵扣增值税；企业地税主要税费实际入库数=12项分税费净入库数，分税费净入库数包括增值税、企业所得税、个人所得税、房产税、城镇土地使用税、车船税、土地增值税、印花税、城市维护建设税、资源税，教育费附加、地方教育附加。

三、单位能耗增加值（单位：万元/吨标煤）

单位能耗增加值＝工业增加值/综合能耗（等价）

四、单位排污权增加值（单位：万元/吨）

单位排污权增加值＝工业增加值/核定的排污权

核定的排污权指企业环境影响评价审批的许可排放量，以四类主要污染物许可排放量之和计。

五、研究与试验发展经费支出占主营业务收入比重（单位：%）

研究与试验发展经费支出占主营业务收入比重＝研发经费支出/主营业务收入

1. 研究与试验发展经费支出：指研究与试验发展内部经费支出。

2. 主营业务收入：指企业确认的销售商品、提供劳务等主营业务的收入。

六、全员劳动生产率（单位：万元/人·年）

全员劳动生产率＝工业增加值/年平均职工人数

年平均职工人数：指企业年度平均从业人员数。

吴兴区深化“亩均论英雄”改革工作企业分类综合评价的有关指标计算方法及说明（二）

$$\text{规上企业综合评价得分}=\left(\frac{\text{税收实际贡献}}{\text{用地面积}}\div\frac{\text{辖区评价企业总税收实际贡献}}{\text{辖区评价企业总用地面积}}\right)\times 60+\left(\frac{\text{工业增加值}}{\text{用地面积}}\div\frac{\text{辖区评价企业总增加值}}{\text{辖区评价企业总用地面积}}\right)\times 20+\left(\frac{\text{工业增加值}}{\text{综合能耗}}\div\frac{\text{辖区评价企业总增加值}}{\text{辖区评价企业总综合能耗}}\right)\times 5+\left(\frac{\text{工业增加值}}{\text{核定的排污权}}\div\frac{\text{辖区评价企业总增加值}}{\text{辖区评价企业总核定的排污权}}\right)\times 5+\left(\frac{\text{研究与试验发展经费支出占主营业务收入比重}}{\text{辖区评价企业总研究与试验发展经费支出占总主营业务收入比重}}\right)\times 5+\left(\frac{\text{全员劳动生产率}}{\text{辖区评价企业总全员劳动生产率}}\right)\times 5\text{。}$$

评价规下企业评价得分：

$$\text{亩均税收}=\frac{\text{税收实际贡献}}{\text{用地面积}}$$

吴兴区人民政府关于印发吴兴区进一步支持和鼓励开放型经济发展十条政策的通知

高新区管委会，各乡镇人民政府、街道办事处，区府各部门，区直各单位：

《吴兴区进一步支持和鼓励开放型经济发展十条政策》已经区政府同意，现印发给你们，请结合实际，认真贯彻执行。

吴兴区人民政府

2018 年 8 月 2 日

吴兴区进一步支持和鼓励开放型经济发展十条政策

为实施更加积极主动有效的对外开放战略，引进高水平外资“大好高”项目，培育国际经济贸易新优势，鼓励企业践行“一带一路”倡议，进一步提高全区开放型经济发展水平，根据《国务院关于促进外贸回稳向好的若干意见》（国发〔2016〕27 号）、《浙江省人民政府关于促进外贸回稳向好的若干意见》(浙政发〔2016〕25 号)、《浙江省人民政府办公厅关于印发浙江省加快培育外贸竞争新优势行动计划（2018-2020 年）的通知》（浙政办发〔2018〕14 号）、《浙江省人民政府关于促进外资增长的若干意见》（浙政发〔2018〕23 号）、《湖州市支持和鼓励开放型经济发展十条政策》（湖政发〔2018〕4 号）等文件精神，现就支持和鼓励开放型经济发展提出如下十条政策意见。

一、积极引进发达地区优质外资项目。遵循互利共赢原则，结合我区产业发展需要，加大对欧美日韩等发达国家地区的优势产业、先进技术、科技人才的引进与合作，促进我区产业结构转型升级。对来自欧美日韩等发达国家地区投资的、合同外资2000万美元以上或世界500强企业投资的市定外资“大好高”项目，项目实到资金（不含无形资产出资）达到合同外资50%以上且建设期限符合市、区相关部门规定，在项目投产或运营年度，经区商务局认定，给予引荐方一次性奖励10万元。

二、鼓励对外贸易企业做大做强。对企业当年度自营进出口、出口增幅高于区年度增长目标，且首次进出口额、出口额突破1亿美元的，分别奖励10万元和15万元；首次进出口额、出口额突破5000万美元的，分别奖励5万元和10万元；首次出口额突破1000万美元的，奖励1万元。对入库部、省服务贸易系统的企业，年度离岸外包实绩首次突破300万美元、500万美元，分别奖励3万元、5万元；服务贸易出口额首次突破300万美元、500万美元、1000万美元，分别奖励3万元、5万元、10万元。对外贸企业年度自营出口额增量达到500万美元以上、1000万美元以上，分别奖励3万元、5万元。对入库外贸小微企业当年自营出口额首次突破300万美元，奖励1万元。

三、助推企业拓展多元市场。全力支持我区自营出口、服务贸易企业组团参加各类境内外展览活动。经区商务局备案核准，对当年有自营出口实绩的企业自行参加境外展会，给予40%摊位费资助，每个展会最高资助1.5万元。对参加区重点组织的境内外展览和对接活动，其统一宣传、公共布展及摊位费用全额资助，境外展给予不低于50%人员费资助；对参加区重点推荐的境内外展览和对接活动，境内展给予30%-50%摊位费资助，境外展给予50%-70%摊位费资助，其中，对在“一带一路”等新兴市场举办的境外展，给予不低于50%人员费资助。对同一企业同一展会参展摊位数、摊位面积、人数根据省、市规定和展会情况给予适当限制，原则上同一摊位最多资助2人，每次参展最高资助10万元，同一企业每年合计资助金额最高不超过30万元。

四、加快提高外贸依存度比重。加快推进“三转企业”自营出口（异地转本地、间接转直接、单一转复合）。对企业当年异地转本地、间接转直接、单一转复合出口新增500万美元以上，经核定，给予1美元不超过0.03元奖励。鼓励童装企业、高新技术企业大力发展出口。对童装企业当年新增自营出口额50万美元以上，经核定，给予1美元不超过0.03元奖励；高新技术产品出口企业当年新增出口额500万美元以上，经核定，给予1美元不超过0.05元奖励。上述奖励，单个企业最高不超过50万元（涉及转移区本地企业数据的不予奖励）。

五、着力提升外贸发展质量。鼓励企业加大品牌培育力度，对新获省、市级出口名牌称号的企业，分别一次性奖励4万元、2万元。积极推进外贸转型升级基地建设。对当年新获各类管理体系认证、产品认证、境外商标、境外专利的企业，给予核定费用60%资助。单个项目最高资助2万元，同一企业资助金额最高不超过10万元。

六、积极防范国际贸易风险。建立健全网站、专刊等各类预警信息发布平台，加强对我区重点出口产业的预警监测。加强与专业律所合作，为企业提供涉外法律咨询服务。鼓励企业积极参与应对国际贸易摩擦，经核定，对涉案企业（组织）所发生的应诉费用给予50%-70%资助。支持小微企业运用海外买家资信调查工具防范出口风险，对企业委托出口信用保险公司开展海外买家标准资信基础调查，经核定，给予资信费100%资助。

七、大力培育重点和特色产业。加大对智能装备、电子信息等主导产业境内外招商以及童装、新型建材、机电等特色产业和小微企业国际市场拓展力度。对企业参加由区商务局重点组织和推荐的招商推介、以商引商和国内外市场考察活动，经核定，给予不低于50%人员费资助，每人最高资助3万元。每年举办一次跨国或境外采购对接活动，邀请境内外专业采购团与我区特色产业和小微企业对接洽谈，打开产品外销渠道，对活动举办费用给予全额资助。加大对童装产业出口扶持力度，对童装企业或专业公司建立服务平台年代理或带动童装自营出口额500万美元以上的，经核定，给予最高奖励不超过25万元。

八、加大外经和服务贸易支持力度。企业为

开拓国外资源与市场在境外投资设立生产型企业或营销网络，经备案，中方投资额在 300 万美元以上、500 万美元以上、1000 万美元以上，分别给予一次性奖励 2 万元、4 万元、6 万元。企业赴“一带一路”沿线国家投资设立生产型企业且中方实际境外投资额达到 300 万美元以上，企业投资设立境外研发机构且中方实际境外投资额达到 200 万美元以上，再分别给予一次性奖励 3 万元、2 万元。对外承包工程企业、劳务输出企业，当年外经营业额在 500 万美元、1000 万美元以上，分别奖励 2 万元、4 万元。为鼓励企业技术、产品创新，对服务贸易企业当年技术及服务出口额或文化产品出口额达到 50 万美元以上，经核定，给予 1 美元不超过 0.03 元的奖励，单个企业最高奖励不超过 20 万元。

九、推进公共服务平台建设。支持外贸综合服务、外贸孵化器平台建设，服务外贸小微企业发展，在相关贸易融资、物流通关、办公场地等方面给予相应政策扶持。对经区商务局认定的外贸综合服务平台、进出口贸易平台，年度每增加 10 家被服务并产生国际贸易实绩的企业，资助 1 万元，最高资助不超过 10 万元。年度平台新增国际贸易额 1000 万美元以上、2000 万美元以上、3000 万美元以上，再分别奖励 10 万元、20 万元、30 万元。对经区商务局认定的进出口商品检验检测、外贸孵化中心、公共保税仓库、国际产业园、跨境电商、服务贸易园区等公共服务平台，经考核，每年给予最高 10 万元工作经费资助和奖励。对首次获得省级及以上服务贸易（外包）发展基地（园区），给予一次性奖励 10 万元。

十、加强外向型队伍建设。强化专业队伍建设，定期组织参加或举办相关政策业务培训活动。对培训机构开展开放型经济业务政策培训，经核定，年培训人数达到 100 人次、300 人次、500 人次，分别给予 1 万元、3 万元、5 万元资助。加强对部、省级各类监测、业务系统填报人员业务素质的培养，提高填报质量。根据填报主动性、时效性、准确性，结合填报合同金额，对年度省外经贸运行调查监测系统填报前十名、商务部服务外包管理系统前三名、省服务贸易监测系统前三名、省产业安全（损害）预警监测分析系统前三名，给予企业填报人 800~1200 元奖励。为鼓励先进，营造氛围，根据外贸总量、增量和质量，评选年度“进出口贸易先进企业”若干家，给予表彰。

本意见中，资助比例均含省、市、区资助。财政政策涉及区、乡镇财政分级承担的，按财政体制规定的分成比例分担。本意见实行最高限额原则，对企业同一事项涉及政府多项资助和奖励的，不重复享受，按最高或最优惠一项执行。

本意见中的“以上”包括本数；货币单位“元”指人民币，标明“美元”的除外。

本意见自公布之日起施行，有效期三年，由区商务局负责解释。2017 年 7 月 24 日印发的《吴兴区人民政府办公室关于进一步促进外经贸发展的若干意见》（吴政办发〔2017〕75 号）同时废止。国家、省、市有新规定的，按新规定执行，由区商务局出台补充细则。

吴兴区人民政府关于成立区政府咨询委员会的通知

高新区管委会，各乡镇人民政府、街道办事处，区府各部门，区直各单位：

为进一步加强科学决策，充分发挥专家咨询作用，经研究决定成立吴兴区人民政府咨询委员会（以下简称区咨询委）。现将有关事项通知如下：

区咨询委在区委、区政府领导下开展咨询研究工作，具体运作受区政府直接领导，主要承担对全区国民经济和社会发展战略、方针政策和重大问题进行咨询论证；对全区中长期规划和重要规划进行研究和咨询论证；对全区经济社会发展中带有前瞻性、全局性和涉及民生的重大问题以及经济运行中出现的突出问题进行咨询研究；根据委托对重大决策的贯彻实施和政府投资的重大建设项目进行咨询论证；提供有关经济社会发展的重要信息、重要社情民意及研究意见；完成区委、区政府交办的其他咨询研究和论证任务。

区咨询委下设办公室，为咨询委日常办事机构，归口区政府办公室管理。

吴兴区人民政府第一届咨询委员会组成人员：

主　　任：巩维建
副 主 任：陆永文（女）　王元根
　　　　　姚志凌　王正泉
　　　　　贺志明　顾志堂　杨元江
秘 书 长：张惠新
副秘书长：陆继龙　邱利佳（女）
委　　员（按姓笔画排序）：韦　勤
　　　　方红斌　叶　青（女）
　　　　吴坚敏（女）　吴淑英（女）
　　　　吴静华（女）　邱柏林
　　　　沈志荣　宋恭勤　陈诸胜
　　　　陈颖峙　范法林　郁培荣
　　　　罗　英（女）　周　李
　　　　周林章　周晓凤（女）
　　　　单建明　胡　杰　姚连华
　　　　姚树勤　徐　峰　诸体康
　　　　虞　璟

吴兴区人民政府
2018 年 8 月 14 日

吴兴区人民政府关于印发政府“两强三提高”建设行动计划（2018—2022 年）实施方案的通知

高新区管委会，各乡镇人民政府、街道办事处，区府各部门、区直各单位：

现将《吴兴区人民政府“两强三提高”建设行动计划（2018—2022 年）实施方案》已经区政府同意，现印发给你们，请认真贯彻执行。

吴兴区人民政府
2018 年 11 月 3 日

吴兴区人民政府“两强三提高”建设行动计划（2018—2022 年）实施方案

根据《湖州市人民政府关于印发政府“两强三提高”建设行动计划（2018—2022 年）实施方案的通知》（湖政发〔2018〕20 号）要求，结合我区实际，制定本实施方案。

一、总体要求

高举习近平新时代中国特色社会主义思想伟大旗帜，全面贯彻党的十九大和省市区党代会精神，坚定不移沿着“八八战略”指引的路子走下去，坚定不移践行习近平总书记“绿水青山就是金山银山”理念，紧紧围绕“五位一体”总体布局和“四个全面”战略布局，立足“打造增长极、提高首位度、争当排头兵”总定位，坚持“生态吴兴、经济强区、科技新城、幸福家园”总目标，按照现代化经济体系和现代政府建设要求，聚焦“强谋划、强执行，提高行政质量、效率和政府公信力”（以下简称“两强三提高”），努力建设人民满意的服务型政府，到 2022 年基本完成政府职能转变和治理数字化转型，行政质量和效率、政府执行力和公信力明显提升，政务环境、营商环境和社会环境进一步优化，率先实现高质量赶超发展、高水平全面建成小康社会，为实现“两高”奠定更加坚实的基础。

二、重点任务和责任分工

（一）大力实施政府系统党的建设工程

1. 加强政治建设。以习近平新时代中国特色社会主义思想为指导，牢固树立“四个意识”，坚定“四个自信”，做到“五个过硬”，坚决在思想上政治上行动上同以习近平同志为核心的党中央保持高度一致，坚决维护党中央权威和集中统一领导，坚决贯彻党中央、国务院，省委省政府、市委市政府各项决策部署，坚决执行区委决定，自觉接受人大、政协监督。严格执行新形势下党内政治生活若干准则。认真落实民主集中制。［责任单位：区政府及各部门党委（党组）］

2. 加强思想建设。学懂弄通做实党的十九大精神，用习近平新时代中国特色社会主义思想武装头脑。高质量开展“不忘初心、牢记使命”主题教育和“争当排头兵实干大比拼”活动。大力

弘扬红船精神。牢固树立“绿水青山就是金山银山”理念。认真实施《中国共产党党委（党组）理论学习中心组学习规则》。［责任单位：区政府及各部门党委（党组）］

3. 加强组织建设。认真落实《中国共产党党组工作条例（试行）》，严格执行政府党组工作规则。加强对机关基层党组织建设的指导，从严教育管理监督党员，认真执行支部“三会一课”制度，全面开展主题党日活动。［责任单位：区政府及各部门党委（党组）］

4. 加强作风建设。严格执行中央八项规定实施细则和省市区实施办法。倡导靠前站、马上办、讲实效的工作作风，严格执行部门会办事项限时办结制。对列入“马上办”的领导交办事项、考核重点事项和申报难点事项，责任领导和责任部门须在两日内明确办理方案和完成时限，并限期办结，对逾期未办结的，进行通报批评。严把办文办会关，2018 年起区级政府文件、会议数量和会议经费原则上不得增加。完善领导干部联系群众和基层制度。［责任单位：区政府及各部门党委（党组）］

5. 加强纪律建设。认真履行全面从严治党主体责任，支持派驻纪检监察机构监督执纪问责。认真执行“三重一大”事项集体决策制度、述职述廉制度、领导干部个人事项报告和抽查核实制度等规定。加强对重点领域、重点单位、重点岗位的廉政风险管控，进一步规范权力运行。［责任单位：区政府及各部门党委（党组）］

（二）大力实施行政决策能力提升工程

1. 提升科学谋划能力。谋深谋实高质量发展的吴兴路径，深化“最多跑一次”、绿色金融改革创新等一批重大改革，全面落实聚引人才、科技创新等一批重大政策，深入研究实施“双万亩千亿大平台”“亩产论英雄 + 标准房”“标准地 + 企业承诺制”等一批重大举措，提高科学谋划的前瞻性和精准度。深入开展“拉长补短助赶超争先进位当排头”专项调研，形成一批高质量、能落地、可转化的研究成果。（责任单位：区政府办公室，区政府各部门）

2. 充分发挥高端智库决策咨询作用。按照前瞻性、战略性、科学性、独立性要求，在加强区政府咨询委、法律顾问组等现有智库建设的基础上，进一步完善智库服务行政决策体系。围绕“推进以童装产业为重点的传统产业改造提升”“关于小微园区建设管理‘标准房’制度改革的探索与思考”等重点课题，与浙江大学、浙江工业大学、湖州师范学院、湖州职业技术学院等高校院所开展深层次合作。探索建立政府主导、社会力量参与的高端智库决策咨询服务供给体系。（责任单位：区政府办公室，区政府各部门）

3. 健全行政决策机制。开展重大行政决策目录化管理。落实重大行政决策程序规定，完善公众参与、专家论证、风险评估、合法性审查、集体讨论决定等机制。以“三责联审”为载体，继续实施重大行政决策责任审核，建立健全决策问责和纠错制度。研究制订重大行政决策出台前向本级人大报告制度，重视研究政协专题协商意见，坚持区人大代表、政协委员列席区政府常务会议制度。（责任单位：区政府办公室，区政府法制办、区政府各部门）

（三）大力实施政府执行力提升工程

1. 健全政府绩效考核评价制度。围绕区政府年度重大事项、民生实事等重要工作的推进落实，以区政府部门和高新区、各乡镇（街道）为对象，建立以“两强三提高”为导向、以群众满意为标尺的绩效考核评价体系。完善区级综合考核、部门季度考核、乡镇（街道）月度考核“三考合一”体系，强化考核评价结果运用，建立通畅、高效、系统的评价反馈机制，推动政府工作提质增效。（责任单位：区政府办公室、区委区政府督查办）

2. 实施重点工作清单管理。推行年度重大事项清单制度，明确每件重大事项的任务表、时间表、责任表。实行重大事项进展情况每月内部通报、现场实地督查和年底评价考核的工作机制。制定经济社会发展重要指标、市对区年度重要考核事项“保二争一”工作责任清单，定期对任务落实情况进行督查通报，并及时落实整改措施。（责任单位：区政府办公室、区委区政府督查办，区级各部门）

3. 改进政务督查工作。加强督查工作统筹，围绕贯彻落实中央、省、市重大决策部署以及区委、区政府重点工作，结合区“八大行动”季度督查和市对区考核有关重点难点工作，采取座谈交流、现场查看、解剖典型、跟踪问效等办法，定期不定期督查，及时通报情况，对问题的整改落实加强督办，切实做到部署有检查、推进有跟踪、落实有反馈。建立健全有清单、有督查、有考评、有激励、有问责“五位一体”的大督查工作体系，切实提高督查执行力和实效性。（责任单位：区政府办公室、区委区政府督查办，区级各部门）

4. 健全行政问责工作机制。加强行政问责规范化制度化建设，紧盯不落实的人、不落实的事，强化追责问责，做到失责必问、问责必严，形成“分内事情认真干、交叉事情主动干、分外事情愉快干”良好氛围。［责任单位：区政府及各部门党委（党组）］

5. 完善改革创新容错免责机制。制订改革创新容错免责实施细则，探索建立容错免责案例库。［责任单位：区政府及各部门党委（党组）］

（四）大力实施行政质量提升工程

1. 改革机构设置。落实党中央关于深化党和国家机构改革的决策部署，在省市区委统一领导下，以推进政府治理体系和治理能力现代化为方向，制定区政府机构改革方案。理顺政府部门间和部门内设机构间的职能分工，破解部门职责交叉和分散问题，研究改革部门内设机构设置。加快推进机构、职能、权限、程序、责任法定化，强化机构编制管理刚性约束。加快转变政府职能，最大限度减少政府对市场资源的直接配置，最大限度减少政府对市场活动的直接干预，加强和完善政府经济调节、市场监管、社会管理、公共服务、生态环境保护职能。［责任单位：区编委办、区政府各部门党委（党组）］

2. 规范行政权力。深化“最多跑一次”改革，动态调整权力清单，优化行政权力运行流程，推进政务服务无差别全科受理和“一网通办”。全面推广企业投资项目承诺制改革，大幅缩短项目受理到开工许可审批时限。加快推行企业对标竞价“标准地”制度，科学设置“标准地”指标和优惠政策，加快出台重大平台项目准入管理实施细则。强化事中事后监管，全面推行“双随机、一公开”监管，构建事前管标准、事中管达标、事后管信用的监管体系。（责任单位：区编委办、区发改委、区市场监管局、区政务办等区级有关部门）

3. 加强制度供给。以“最多跑一次”改革为牵引，以创新为第一动力，围绕“中国制造2025”试点示范、国家现代农业产业园建设等重大任务，高质量制定战略、规划、规章、政策等。（责任单位：区政府各部门）

4. 健全政务标准。推进政务服务规范化建设，制订重点领域政务标准清单。完善“最多跑一次”改革和“一窗受理、集成服务”标准，惠企便民服务高频事项实现“一窗”“一证”“一城”“一网”四个100%全覆盖。严格执行政务服务领域的各项标准，落实好政务服务平台政务服务标准化试点示范项目。（责任单位：区政务办、区编委办、区大数据中心）

5. 推广移动政务。全面应用政务钉钉系统，加强移动政务管理类APP整合。机关部门新建政务管理类的移动应用按要求统一由钉钉接入，已建移动政务管理类APP软件统一向钉钉政务整合。（责任单位：区政府办公室，区大数据中心等区级有关部门）

（五）大力实施依法行政能力提升工程

1. 做好行政规范性文件管理工作。加强行政规范性文件合法性审查，完善行政规范性文件备案审查制度，定期对行政规范性文件进行清理。（责任单位：区政府法制办）

2. 严格规范公正文明执法。健全行政执法裁量权基准制度，完善行政执法程序，全面落实行政执法全过程记录、重大行政执法决定法制审核、处罚结果信息网上公开等制度。开展执法监督规范化建设。严格行政执法责任制和执法过错追究制，加强对执法监管不作为、乱作为、失职渎职等违纪违法行为的责任倒查追究。（责任单位：区编委办、区政府法制办、区级主要执法部门）

3. 加强行政复议机制创新。深化行政复议体制改革，高质量完成改革工作任务。规范复议办案流程，探索行政复议规范化、标准化建设。创新复议审理方式，积极探索案件会商审理，探索建立人大代表、政协委员、专家学者、法律顾问、人民调解员等第三方参与疑难案件审理机制。强化复议结果运用，建立完善行政复议监督反馈机制，督促行政机关及时纠偏，严格依法行政。健全落实行政复议案件分析通报制度，以一案规范一片，切实提升行政复议综合效能。（责任单位：区编委办、区政府法制办）

4. 依法化解社会矛盾纠纷。注重行政争议的预防和协同化解，整合利用法律顾问、公职律师、人大代表、政协委员等资源和力量，协同开展调

解、仲裁、行政裁决、行政复议、诉讼等矛盾纠纷化解工作。发挥行政争议调解作用，将矛盾纠纷化解在前端、化解在基层。健全政府与法院联席会议制度，依法落实行政应诉职责，强化败诉案件分析研判和问题整改。（责任单位：区政府法制办、区司法局）

5. 加强法治政府建设保障。深入贯彻宪法修正案，增强宪法法律意识，忠实履行宪法法律赋予的职责。全面推行政府法律顾问和公职律师制度，切实发挥法律顾问和公职律师的作用。深入贯彻落实《县乡法治政府建设行动计划（2018—2020 年）》，加强基层法治工作力量。落实普法责任制，加大普法力度和广度。加强法治政府建设考核评价结果运用，完善考核评价指标体系，以考核评价引导和推进高水平的法治政府建设。（责任单位：区政府法制办、区司法局）

（六）大力实施公共服务能力提升工程

1. 推进“互联网＋政务服务”。完善浙江省政务服务网吴兴平台，深化“互联网＋教育、医疗、文化”建设，促使各领域公共服务全面上线，打造“掌上办事之城”。统一线上、线下公共服务标准，推动网络平台与实体大厅无缝对接，形成线上线下服务紧密结合的新型政务服务模式，促进民生网、服务网、平安网“三网”全覆盖。区级事项全部开通网上申请，85% 以上事项实现网上审批，其中高频事项实现全覆盖，基本建成“半小时便民服务圈”。（责任单位：区政务办、区人力社保局、区大数据中心等区级有关部门）

2. 推进公共服务均等化标准化。加强公共教育、社会保障、公共卫生、公共文化等基本公共服务均等化建设，推动城乡基本公共服务规划、政策、投入、项目等统筹衔接。开展标准化试点示范建设，启动编制重点领域基本公共服务标准，积极争取国家级、省级、市级标准化试点项目。完善政府购买公共服务指导性目录及标准。（责任单位：区政府各部门）

3. 优化营商环境。以“最多跑一次”改革为引领，构建更有效、更具活力的营商环境。放宽市场准入，推行涉企证照由市场监管部门通办，减材料、减流程，实现常态化企业开办 3 个工作日内办结。简化投资审批，推进“标准地＋承诺制”扩面，一般企业投资项目开工前“最多跑一次、最多 100 天”。完善监管机制，涉企领域监管基本实现“联合执法、一次到位”。创新服务模式，推进企业投资项目“一窗服务”、涉企证照“市场监管通办”全面覆盖。（责任单位：区政府各部门）

（七）大力实施政府数字化转型工程

1. 加快推进政府数字化转型。完善以电子政务云平台为基础，以大数据管理、应用、安全为核心的全区智慧政务平台，推进全区电子政务一体化、协同化和移动化。系统建成我区人口、法人、空间地理、宏观经济等基础信息数据库。推进“智慧法院”“智慧安全”等，将信息技术深度融入政务服务相关领域，实现政府决策科学化、政务服务数字化、社会服务精准化。（责任单位：区政府办公室，区大数据中心、区政府各部门）

2. 建立健全数据安全制度。健全公共数据安全规范管理机制。推进政府网站集约化项目建设。健全信息化项目审核评估机制，完善财政性资金建设和维护的信息化项目审核验收机制，做到“三不”（不按共享原则的不再新建基础平台、不再新建综合机房、不再新建数据中心）。（责任单位：区大数据中心、区财政局）

（八）大力实施基层政府综合治理能力提升工程

1. 深化“基层治理四个平台”建设。落实乡镇（街道）四个平台建设工作导则。深化乡镇（街道）综合信息指挥室建设。2022 年年底前，建立乡镇（街道）全面覆盖、功能集成、县乡互通、运行协同的基层治理体系。（责任单位：区编委办、区综治办等区级有关部门）

2. 深化乡镇（街道）综合管理体制改革。细化落实乡级政府权力清单、责任清单和公共服务事项目录，明确不同类型乡镇（街道）的功能定位，加快职能从重招商向重服务转变，强化服务功能。开展乡镇（街道）行政管理体制改革试点。（责任单位：区编委办、区综治办、区财政局等区级有关部门）

（九）大力实施政府公信力提升工程

1. 全面推进政务公开。坚持“以公开为常态、不公开为例外”，加大重点领域政务信息公开力度，加快推进基层政务公开标准化规范化。严格落实政务公开制度，除属于国家秘密、商业秘密、个人隐私以及公开后危及国家安全、公共安全、经济安全和社会稳定等情况外，明确区政府及以区政府办公室名义印发的各类文件，须于文件形成或变更之日起10天内进行公开发布。建立健全政务信息发布和政策解读机制。健全社情民意收集、研判和回应机制。（责任单位：区政府办公室，区政府各部门）

2. 建立健全守信践诺机制。以政府工作报告提出的目标任务和民生实事为守信践诺主要内容，健全承诺履行情况主动报告、客观评价、社会监督制度，强化政府信用评价指标体系的应用。完善公共信用信息平台建设，加强重点领域政务诚信建设，在债务融资、政府采购、招标投标等领域严格履行约定义务。（责任单位：区政府办公室，区发改委、区财政局等区级有关部门）

3. 建立健全失信惩戒机制。依托市、区信用信息平台等渠道归集政府失信记录，通过信用湖州网和信用吴兴网依法依规向社会公开。加大对政府失信行为的惩处和曝光力度。对群众反映强烈的政务失信易发多发领域进行专项整治。强化对信用信息记录和报告的使用，不断拓展信用产品运用范围。（责任单位：区发改委、区大数据中心等区级有关部门）

4. 健全政务诚信监督体系。依托“12345”阳光热线，健全政务投诉举报平台。深化人大代表“问政会”、政协委员面对面等监督机制，支持第三方机构开展政务诚信评价等级。（责任单位：区信访局、区大数据中心）

（十）大力实施公务员素质能力提升工程

1. 加快建设学习型机关和学习型政府。坚持和完善政府常务会议学法、党组会议集中学习制度，加快建设学习型机关和学习型政府。制定实施政府系统分层分类培训计划，注重工作方式方法培训，推动政府工作规范化、定量化和体系化。（责任单位：区政府办公室）

2. 深化公务员分类改革。按照国家和省市的统一部署，积极推进综合管理类、行政执法类、专业技术类公务员分类改革，继续实施职务和职级并行制度。加强公务员跨乡镇跨部门交流，优化干部队伍结构。加强对公务员的关心爱护，全面落实公务员带薪年休假、疗休养等制度。（责任单位：区人力社保局）

3. 改进公务员选录工作。落实公务员考录改革举措，推进公务员分级分类考录，进一步提高公务员录用面试工作的规范化、科学化水平。探索“区管乡用”考录机制，进一步扩大面向重点高校选调招考的规模与范围，继续开展乡镇（街道）机关面向优秀村（社区）干部考录公务员工作。探索开展聘任制公务员招聘。（责任单位：区人力社保局）

4. 强化公务员能力素质提升。加强公务员职业道德建设，实施学法用法三年轮训，开展综合行政执法考试，着力提升法律素养。继续推进公务员网络学堂，不断优化学习课程，满足公务员自主化、多样性学习需求，全面提升公务员综合能力素质。（责任单位：区政府法制办、区司法局、区人力社保局）

5. 健全公务员考核奖惩机制。完善公务员考核评价机制，开展公务员分级分类考核试点，强化平时考核，加强考核结果运用。落实公务员奖励政策，加大公务员正向激励力度。选树优秀公务员先进典型，加强对公务员的正面引导。（责任单位：区人力社保局）

三、保障措施

（一）强化组织协调。区政府各部门要高度重视，根据本实施方案的要求，进一步明确年度计划、任务清单、责任主体和工作举措。牵头单位要加强组织协调、定期会商，及时研究解决存在的问题。

（二）争创试点示范。区政府各部门要加强与省、市对口部门的工作对接、项目对接，积极争取试点示范，落实配套措施，形成吴兴特色、吴兴样板。

（三）优化综合保障。建立健全正向激励和容错纠错机制，为敢闯敢试者撑腰，给改革创新者鼓劲。围绕“最多跑一次”改革、政府数字化转型、重点政务领域建设项目、政府购买公共服务、决策咨询等方面，做好人、财、物保障。

（四）强化督查落实。根据上级统一部署，认真落实年度重大改革、重点工作、重要任务报告制度，加强过程管理、节点控制、实地督办、定期通报。对相关结果做好整改反馈工作，强化考核评价结果运用。

附件：吴兴区政府“两强三提高”建设重点任务清单

附件

吴兴区政府“两强三提高”建设重点任务清单一览表

表 23-4

序号	重点任务	责任（牵头）单位	时间要求
1	开展“不忘初心、牢记使命”主题教育	区政府及各部门党委（党组）	按照中央、省市区委部署推进
2	严控公文、会议数量	区政府办公室，区政府各部门	每年推进
3	严控会议经费	区财政局	每年推进
4	开展“行政效能”评价	区政府办公室、区委区政府督查办	每季开展
5	加强对重点领域、重点单位、重点岗位的廉政风险管控	区政府及各部门党委（党组）	每年开展
6	深入开展“拉长补短助赶超 争先进位当排头”专项调研活动，并将研究成果转化为重要政策和工作举措	区政府办公室，区政府各部门	2018 年年底
7	开展高端智库建设试点，建立健全智库服务行政决策体系	区政府办公室，区政府各部门	2018—2020 年
8	开展重大行政决策目录化管理	区政府办公室、区政府法制办	每年开展
9	建立以“两强三提高”为导向、以群众满意为标尺的政府绩效考核评价体系	区政府办公室	每年开展
10	推行年度重大事项清单制度	区政府办公室，区政府各部门	每年推进
11	制定经济社会发展重要指标、市对区年度重要考核事项“保二争一”工作责任清单	区政府办公室、区委区政府督查办	每年开展
12	制订改革创新容错免责实施细则，探索建立容错免责案例库	区政府及各部门党委（党组）	2018—2020 年
13	改革机构设置	区编委办，区政府各部门党委（党组）	执行党中央和省市区委规定
14	优化行政权力运行流程，推进政务服务无差别全科受理和“一网通办”	区编委办、区发改委、区政务办等区级有关部门	每年推进
15	围绕重大任务，高质量制定战略、规划、规章、政策	区政府各部门	每年开展
16	推进政务服务规范化建设	区政务办、区编委办	2020 年 12 月底前
17	制订重点领域政务标准清单	区编委办、区政务办	逐年推进

续表 23-4

序号	重点任务	责任（牵头）单位	时间要求
18	全面应用政务钉钉系统，完成移动政务管理类 APP 整合	区政府办公室、区大数据中心等区级有关部门	2018 年年底前全面应用、2019 年年底前完成整合
19	加强行政规范性文件管理和清理工作	区政府法制办	每年清理
20	开展行政执法监督规范化建设	区编委办、区政府法制办、区级主要执法部门	2019 年 6 月底前
21	严格行政执法责任制和执法过错追究制，制定行政执法人员行为规范和基本准则	区政府法制办、区级主要执法部门	2019 年 6 月底前
22	开展行政复议规范化、标准化建设	区政府法制办	逐年推进
23	全面推行政府法律顾问和公职律师制度	区政府法制办、区司法局	逐年推进
24	建设吴兴区证照等电子共享材料生成系统	区大数据中心等区级有关部门	2018 年年底前
25	建设吴兴区统一接口平台	区大数据中心、区政务办等区级有关部门	2018 年年底前
26	高标准完成市民卡的推广应用	区人力社保局、区级有关部门	2019 年 12 月前
27	建设吴兴区结构化数据存储、各部门业务数据库运维等功能的综合性管理平台	区大数据中心等区级各部门	2018 年 12 月前
28	审批办事事项全面实现网络化办理	区政务办，区政府各部门	2018 年 12 月前
29	推进“智慧之城、数字之城、移动之城”建设	区大数据中心、区政府各部门	2019 年 12 月前
30	编制全区公共数据公开目录	区大数据中心	2018 年 12 月前
31	建立乡镇（街道）全面覆盖、功能集成、区乡互通、运行协同的基层治理体系	区编委办、区综治办等区级有关部门	2022 年年底前
32	制订乡级政府权力清单、责任清单和公共服务事项目录	区编委办、区综治办、区财政局等区级有关部门	2019 年 6 月前
33	开展乡镇（街道）行政管理体制改革试点	区编委办、区综治办、区财政局等区级有关部门	2019 年 6 月前
34	加大重点领域政府信息公开力度	区政府办公室，区政府各部门	2018 年年底前
35	加强重点领域政务诚信建设	区发改委、区财政局等区级有关部门	每年推进

续表 23-4

序号	重点任务	责任（牵头）单位	时间要求
36	依托区信用信息平台等渠道归集政府失信记录	区发改委、区大数据中心等区级有关部门	每年推进
37	贯彻落实聘任制公务员管理实施办法	区人力社保局	执行上级规定
38	开展政府系统公务员分层分类培训，开展公务员分级分类考核试点	区人力社保局	执行上级规定
39	开展高校择优选调和面向优秀村（社区）干部考录公务员工作	区人力社保局	每年推进

关于吴兴区人民政府与青川县人民政府合作招商行动方案的通知

高新区管委会，各乡镇人民政府、街道办事处，区府各部门，区直各单位：

为进一步深化吴兴区与青川县多领域、全方位的交流合作，围绕资源共享、产业协作、要素互通、人才互动、市场互接等重点，充分发挥吴兴区在产业发展和招商引资方面的优势，推进青川特色产业发展和两地产业互融，着力打造一批对口协作示范项目、示范产业、示范园区。经双方共同研究，就合作招商工作提出如下行动方案：

一、指导思想

以习近平新时代中国特色社会主义思想为指导，深入贯彻落实党的十九大精神，牢固树立“四个意识”，深化帮扶对接，强化责任落实，建立更加有效的区域协调发展新机制，推动我区对口支援、对口合作、东西部扶贫工作，促进两地经济融合与协作，助力帮扶青川经济社会发展、加快迈入小康社会。

二、基本原则

坚持深化帮扶原则。进一步深化帮扶举措，通过联合招商切实增强青川的经济活力和吸引外来投资的水平。坚持资源共享原则。整合两地生态资源、市场资源、政府资源、要素资源，更好地服务两地融合与发展。坚持优势互补原则。充分发挥吴兴在产业发展上的优势和青川在土地、劳动力等要素资源上的优势，实现产业的梯次转移。坚持合作共赢原则。在吴兴产业转型升级和青川产业提速增效中找寻平衡点，促进长期合作共赢。

三、目标任务

围绕吴兴三次产业协调发展和推进青川生态工业、生态旅游、生态农业三大主导产业提升发展，联合开展靶向招引，全年双方联合举办招商推介活动不少于3次，联合洽谈项目不少于10个。

四、合作内容

1. 建立联合招商协调机制。围绕青川县机械制造、生态旅游和农产品深加工等特色产业发展，积极组织吴兴区相关招商分局、平台赴青川实地考察交流，邀请青川招商相关人员参加吴兴经贸洽谈会、专题推介会等，协调推进青川县产业发展。举办以两地特色产业为主题的联合招商推介会，集合两地优势和资源，形成活动招商的合力。

2. 建立平台资源共享机制。对在转型升级过程中无法继续发展但符合青川县产业需求的吴兴企业，优先推荐到青川投资发展。对转移意向明确、转移较为集中的产业，可通过共建园区、“飞地”合作等方式实现有序转移。

3. 建立项目联动盯推机制。全面跟踪项目发展进程，对已落户吴兴的项目发展状况良好有产能释放需求未能在吴兴进一步拓展的，优先推荐到青川投资发展。对已落户吴兴的项目在推进过程中因要素资源等问题难以继续推进的，优先推荐给青川对接跟进。

4. 建立联合驻点招商机制。青川选派2名招商人员到吴兴区驻上海、深圳招商机构参与联合招商，充分利用好吴兴驻外招商机构平台和资源，进一步扩大青川在长三角、珠三角地区的知名度和美誉度，积极引进符合青川发展导向的优质产业、优质资源。

5. 建立项目资源共享机制。进一步梳理吴兴区在谈项目资源，对在吴兴因要素制约等问题无法落地但有利于青川发展的在谈项目，优先推荐给青川，积极为青川和企业牵线搭桥，引导项目落户青川。对新获取的项目信息在吴兴不能承载但有利于青川发展的，第一时间引荐给青川跟进。

吴兴区人民政府

2018年12月5日

吴兴区人民政府办公室关于印发吴兴区“僵尸企业”处置和“两链”风险化解工作实施方案的通知

高新区管委会，各乡镇人民政府、街道办事处，区府各部门，区直各单位：

为全面贯彻落实中央、省、市关于深化供给侧结构性改革的决策部署，有效处置“僵尸企业”，实现市场出清，有力防范和化解“两链”风险，构建金融绿色生态，为吴兴高质量赶超发展腾出空间、转换动能、优化环境、强化保障，根据《关于加快处置“僵尸企业”的若干意见》（浙政办发〔2017〕136号）、《关于处置“僵尸企业”的指导意见》（浙并购办〔2016〕4号）和《关于建设国家绿色金融改革创新试验区的若干意见》（湖政办发〔2017〕95号）等文件精神，结合我区实际，经区政府同意，制定本实施方案。

一、总体要求

（一）指导思想。深入学习贯彻落实党的十九大精神，大力实施“生态吴兴、经济强区、科技新城、幸福家园”战略，坚持市场导向和法治方式，按照分类出清、依法处置、协同推进、属地负责的工作思路，积极稳妥推进“僵尸企业”处置工作，以债转股、资产盘活、协调帮扶、贷款平移及增加银行授信等方式化解企业“两链”风险，加快存量资产盘活，实现市场出清，优化资源配置，为促进市场充分竞争、推动经济转型升级奠定基础。

（二）主要目标。以化解盘活、兼并重组、债务重组、破产重整、破产清算为主要途径，建立健全优胜劣汰机制，加快推动产业重组，实现“僵尸企业”逐步出清。力争到2018年年底，全区完成处置“僵尸企业”10家以上，到2020年，全区“僵尸企业”基本实现市场出清，企业市场化退出长效机制基本健全。2018-2020年，全区银行机构不良率每年均低于全市平均水平，且控制在1%以下。

二、基本原则

（一）依法依规、市场倒逼。坚持债权人协调、强制腾房、刑民交叉案件会商、投资人引入等各项工作开展过程中，均在法律框架内进行。加大环保、能耗、安全、质量、技术等方面的执法力度，严格依法查处违法行为，充分发挥市场在资源配置中的决定性作用，运用市场机制，实现优胜劣汰和市场出清，提高生产端资源配置效率和公平性。

（二）突出重点、分类施策。根据企业实际情况，实行“一企一策”，落实具体方案，区别对待、分类指导，有针对性地开展处置出清工作。对体量大、影响面广的“僵尸企业”，实行区领导牵头联系制度，加快处置进度。对于“两链”风险企业，已进入破产程序的，积极配合管理人加快破产程序推进，加大力度引进投资人；涉及刑民交叉的，加快刑案办理，可先行处置的，抓紧拍卖变现；涉及虚假租赁等原因造成腾房困难的，加大执行力度，加快腾房及拍卖；因资产无人接盘，拍卖困难的，属地乡镇及有关部门加强招商力度，加快资产盘活。

（三）妥善安置、维护稳定。高度重视和妥善解决企业职工的实际困难，解决兼并重组和企业破产的资产债务纠纷和人员安置等问题，依法维护债权人、债务人以及企业职工的合法权益，有效维护社会稳定，防止群体性事件发生。

三、攻坚对象

“僵尸企业”主要是指丧失自我修复能力和自我发展能力、已停产半停产、连年亏损、资不抵债、靠政府补贴和银行续贷存在的企业。具体标准为：连续一年以上停止生产经营活动且未缴增值税，或者资产负债率超过100%且连续三年以上亏损且主要靠政府补贴维持生产经营，或者连续三年以上欠薪、欠税、欠息、欠费，或者陷入“两链”风险导致资不抵债且解套无望、长期停产且复产无望、已有投资但投产无望的规模以上工业企业。

“两链”风险企业，“两链”是指资金链和担保链。资金链是指维系企业正常生产经营运转所需要的基本循环资金链条。担保链是指为促进资金融通，由银行、借款人和担保人组成的担保链条。两链风险企业是指因为资金链发生断链或担保链发生扩散而陷入风险的企业。

四、重点任务

（一）部门联合，摸底排查。深入开展调查

摸底和风险评估，建立“僵尸企业”“两链”风险企业库，依法厘清“僵尸企业”和“两链”风险企业成因、资产权属、债权债务以及职工安置情况。区级有关部门及高新区、各乡镇、环渚街道，建立“僵尸企业”和“两链”风险企业信息共享机制，联合开展企业现状排查。根据“一企一档”要求，分年度排定“僵尸企业”和“两链”风险企业名单，形成年度工作清单，分批、分步骤有序稳步处置。

（二）妥善处置，分类出清。开展分类评估，实行兼并重组一批、管理提升一批、清理淘汰一批，重点通过“三个一批”，实行分类出清、腾笼换鸟。针对尚有一定的资源的企业，特别对产能过剩的、重复建设严重的企业进行兼并重组一批来进行盘活；针对部分企业由于人员过多、负债过多、管理不到位，企业经营状况不佳，通过加强管理提升一批，逐步走出困境；针对少数企业确实通过各种办法都扭亏无望，没有发展前景，通过破产清算或破产重整的方式退出市场。

（三）防范风险，确保稳定。加强“僵尸企业”和“两链”风险企业信息收集和梳理工作，及时汇总分析企业风险信息，有针对性地开展经济运行分析，科学研判风险形势和阶段性趋势。通过预警，企业一旦出现资金链、担保链风险，第一时间组织财务、审计等专门力量，进驻企业排摸资产负债、对外担保、生产经营情况，并通过法院查询企业司法诉讼情况，全面摸清企业财务、生产经营及诉讼风险，并进一步深入分析评估，根据评估结果，对于企业生产经营正常、市场前景好、暂时出现资金风险的企业，通过协调银行采取保持信贷规模、办理周转续贷等方式，维持企业资金链稳定，帮扶企业通过经营化解资金链风险。对于资产负债率过高、业务萎缩、生产自救无望的企业，协调法院加快诉讼及资产处置，加快风险企业处置，切断风险链条。加强工业企业风险监控，及时梳理“四欠”（欠息、欠薪、欠税、欠费）企业和重点关注企业预警名单，确保企业风险早发现、早防范、早处置。积极做好被兼并重组企业职工社会保险关系转移接续、劳动关系处理、生活保障、遗留问题等工作，鼓励劳资双方采用多种形式协商解决劳动关系，切实保障职工合法权益。对“僵尸企业”处置后的失业人员，要实施再就业帮扶，切实做好属地企业信访维稳工作。

（四）落实政策，多管齐下。严格落实国家、省、市有关“僵尸企业”和“两链”风险处置的各项政策意见，反向倒逼、正向引导。加强环保执法，对“僵尸企业”污染源日常环境严格监管，增加执法检查频次和抽查比例。加强安全执法，依法公布企业安全生产不良记录黑名单，并对经停产、停业整顿，仍不具备法律、行政法规、国家标准或者行业标准规定的安全生产条件的“僵尸企业”，依法予以关闭。加强企业综合评价，对评价结果列入最后一档企业停止各类财政补贴，依法依规加大资源要素差别化政策实施和整治淘汰力度。着力减轻税费负担，实行担保代偿损失税前扣除。规范司法拍卖交易双方纳税义务，在拍卖款中预留或扣除出卖人需要承担的相关税费。在分类处置中，着力降低资产处置难度，对符合相关要求、具有独立分宗条件的“僵尸企业”工业用地，经区处置“僵尸企业”和“两链”风险企业、闲置资产行动工作领导小组审核，报政府备案后，允许分割转让。法院进一步提高审判效率，简化破产案件审理模式，缩短破产案件审理期限。依法依规办理不动产过户，凭经债权人会议通过或法院裁定的不动产变价方案，由破产案件管理人与受让人共同提请后，国土部门按照相关规定办理过户。

（五）形成合力，联合惩戒。持续深入开展打击恶意逃废债行动，加强失信人名单库建设。把失信情节严重或有履行能力但拒不履行生效法律文书确定义务的企业和个人，纳入失信人名单库，实施联动惩戒措施，适时在媒体公布。实行法院失信人名单及金融机构逃废债黑名单联动制裁，依法采取联合惩戒措施，限制其出入境、高消费以及动产、不动产过户变更，不得享受政府财税政策，不得进入政府采购与工程招投标，防止出现“边帮扶、边逃债”现象。实行企业法人代表或股权等变更信息监测联动机制，开展对生产经营正常但有逾期欠息、资产转移等逃废债嫌疑企业的审计和约谈，切实加大恶意逃废债的防控力度。

五、保障措施

（一）加强组织领导。建立由区发改委、金融办牵头，区财政、商务、住建、环保、安监、国税、公安、地税、国土等部门协同，与法院密切联动

的机制。以区处置“僵尸企业”和“两链”风险企业、闲置资产行动工作领导小组作为领导机构，统筹协调推进“僵尸企业”和“两链”风险企业处置出清工作。对影响面较大的“僵尸企业”和“两链”风险企业提交区政府实行“一事一议”，妥善处置“僵尸企业”和“两链”风险企业引发的各类社会和经济问题。

（二）明确责任分工。高新区、各乡镇街道按照属地原则，承担主体责任，明确目标、细化责任、强化举措，切实加大“僵尸企业”处置和“两链”风险化解工作力度，积极推动各项工作落实，有效防范化解企业风险。区发改委要加强相关企业的预警机制和业务指导。区金融办要积极协调区内外银行金融机构主动服务企业。司法部门对于自愿申请司法重组的要积极予以辅导帮扶，切实形成工作合力。其他成员单位要在职责分工范围内，结合实际采取管用的措施。探索建立区域内企业兼并重组公共信息服务平台，积极引进和培育一批熟练掌握兼并重组、破产政策和业务流程的中介机构，努力为“僵尸企业”处置和“两链”风险化解营造良好的政务环境和服务氛围。

（三）注重宣传引导。加强企业破产法及相关法律的学习、宣传和普及，加强正面引导。根据供给侧结构性改革工作要求，帮助企业研究解决相关问题。通过组织召开现场推进会、编印工作简报、主流媒体宣传等多种形式，宣传有关推进“僵尸企业”和“两链”风险企业处置工作的有效做法和典型案例，营造积极稳妥推进“僵尸企业”和“两链”风险企业处置工作的良好氛围。

六、本实施方案自公布之日起施行。

吴兴区人民政府办公室
2018 年 4 月 12 日

吴兴区人民政府办公室关于印发吴兴区中心城区摩托车区域禁行工作实施方案的通知

高新区管委会，各乡镇人民政府、街道办事处，区府各部门，区直各单位：

《吴兴区中心城区摩托车区域禁行工作实施方案》已经区政府同意，现印发给你们。请结合实际，认真贯彻执行。

吴兴区人民政府办公室
2018 年 7 月 21 日

吴兴区中心城区摩托车区域禁行工作实施方案

根据《中华人民共和国道路交通安全法》《中华人民共和国大气污染防治法》《浙江省大气污染防治条例》等法律法规，按照《湖州市中心城区摩托车区域禁行工作实施方案》有关要求，结合吴兴实际，制定本实施方案。

一、目标任务

自 2018 年 8 月 1 日起，在中心城区“三区块”约 42.4 平方公里范围内［一是主城区块，即三环北路、天字圩路、二环东路、二里桥路、环城南路、杭长桥中路、杭长桥北路、同心路围合的区域；二是长田漾区块，即太湖路（含）、弁山大道、同心路、三环北路围合的区域；三是滨湖区块，即太湖路（含）、滨湖大道、长兜港、太湖围合的区域］全面实行摩托车禁行。禁行区域内除执行公务的摩托车外，一律禁止其他摩托车通行，并保持常态长效。通过此举，进一步优化交通组织、改善环境质量、保障城市安全、提升城市品质、增强民生福祉，切实推动生活方式绿色化，高水平、深层次推进生态文明建设，奋力当好践行“两山”理念的样板地、模范生。

二、组织领导

成立吴兴区中心城区摩托车区域禁行工作领导小组，由区政府主要领导任组长。领导小组下设办公室和宣传组、执法组、去化组、维稳组“一办四组”工作机构。建立定期工作例会制度，及时研究贯彻实施过程中出现的问题，提出解决方案，推动工作开展。

三、职责分工

（一）“一办四组”职责

领导小组办公室设在区府办，由分管副主任兼任办公室主任，区委宣传部、区委政法委、区商务局、区综合执法局、区公安分局等有关负责人兼任办公室副主任，负责领导小组日常工作和办公室例会的组织工作。

宣传组设在区委宣传部，相关成员单位配合，负责制定落实摩托车区域禁行宣传工作专项方案，营造积极正面的舆论氛围，

负责社会舆情引导和网络舆情管控。

执法组设在区综合执法局，区交通局、区公安分局等相关成员单位配合，负责配合落实市摩托车区域禁行执法工作专项方案，加强人行道违法停放摩托车的有效处置，确保禁行工作落实。

去化组设在区商务局，区住建局、区市场监管局、区公安分局等相关成员单位配合，负责制定禁行区域在用摩托车去化工作专项方案，会同属地街道引导摩托车主通过市场交易、置换、提前报废等形式，去化处理禁行区域在用摩托车。

维稳组设在区委政法委，区信访局、区法制办、区司法局、区公安分局等相关成员单位配合，负责做好社会稳定风险评估、信访维稳等工作，确保整个社会面稳定。

（二）成员单位职责

区委组织部：负责组织开展对全区机关党员的宣传教育、组织机关干部开展巡查劝阻。

区委宣传部：牵头宣传组工作，广泛宣传中心城区禁行工作的必要性，鼓励禁行区域内摩托车主采取公共交通等绿色出行方式，负责社会舆情引导和网络舆情管控。

区委政法委：牵头维稳组工作，依据重大决策社会稳定风险评估机制的相关要求，配合市有关责任单位及时做好风险评估等工作，并完善应对措施。

区信访局：积极做好禁行期间群众来信来访、“12345”阳光热线等来电投诉的接待，解释，协助职能部门做好矛盾调处工作。

区法制办：负责提供法律指导和保障工作。

区发改委：建立健全信用信息数据库，及时归集相关信用信息，并在公共信用信息平台予以公示。

区教育局：负责禁行区域内学校、文教机构的宣传工作，采取多种形式宣传至每一位学生家庭。

区司法局：多渠道开展禁行普法宣传，做好相关法律保障工作。

区住建局、区交通局：负责强化禁行区域内集中装修的新小区及周边建设工地等摩托车使用人群较为密集点位的管理，做好禁行宣传引导工作；负责对接协调市进一步优化调整公交车运营班次和线路，完善公交首末站、停靠站建设，指导做好禁行区内摩托车修理行业的宣传引导工作。

区商务局：牵头去化组工作，负责指导服务属地街道开展去化工作，引导摩托车主通过市场交易、置换、提前报废等形式，去化处理禁行区域在用摩托车。

区环保局：负责加强禁行后的空气质量监测，从大气污染防治层面,开展摩托车禁行的宣传引导。

区综合执法局：牵头执法组工作，加强路面巡查，负责加强对禁行区域内人行道违法停放的摩托车进行有效处置。

区市场监管局：负责指导配合属地街道做好禁行区域内摩托车销售商户的宣传引导工作；加强对摩托车检测机构的监督管理。

区总工会：负责组织开展对工会会员的宣传教育。

团区委：负责组织青年团员、青年志愿者参与宣传贯彻工作。

区妇联：负责组织开展对妇女、儿童的宣传教育。

区公安分局：参与执法组工作，加强人行道违停摩托车处置及宣传、去化等各项工作保障。

区规划分局：配合市做好摩托车换乘、停车场地的规划选址工作。

高新区、各乡镇街道：承担好属地责任。禁行区域内各街道要发挥主阵地、主战场、主力军作用，以社区为单元，认真做好禁行区域内摩托车保有量的基本情况统计，上门入户做好政策宣传和发动工作，引导做好去化处置工作，及时劝导、制止、通报违反禁行规定的行为。禁行区域外各乡镇要加强面上宣传引导，及时通知辖区内摩托车主在实施禁行后，不得将摩托车驶入禁行

区域。

四、时间步骤

（一）部署准备阶段（6月30日前）

1. 组建领导小组（6月15日前）。成立相应组织机构，拟定禁行工作实施方案及宣传、执法、去化、维稳专项方案“1+4”方案体系。（责任单位：区禁行办、区委宣传部、区委政法委、区商务局、区综合执法局）

2. 深入调查摸底（6月30日前）。在通过车管系统查询的基础上，以街道为主体、社区为单元开展上门排摸登记，准确掌握禁行区域内摩托车保有量底数。（责任单位：各街道办事处）

3. 开展风险评估（6月底前）。配合市开展重大决策社会稳定风险评估，负责做好我区有关预案（牵头单位：区委政法委；配合单位：区信访局、区法制办、区公安分局、各街道办事处）

（二）宣传实施阶段（7月31日前）

1. 广泛宣传动员（7月1日起）。组织报社、广电等新闻单位开展集中宣传，加强舆论引导；各街道（乡镇）、社区（村）通过设立专栏、流动宣传车、派发宣传单等形式，多角度、全方位宣传禁行工作意义和要求，重点宣传禁行工作的必要性。对禁行区域的摩托车设置缓冲期，畅通去化处置渠道，发动党政机关工作人员带头禁行、带头处置，争取社会各界的理解和支持。（牵头单位：区委宣传部；配合单位：区机关党工委、区教育局、区司法局、区环保局、区总工会、团区委、区妇联、区公安分局）

2. 积极有序引导车辆去化工作（7月1日起）。鼓励禁行区域内摩托车主在自愿基础上，借助社会力量市场化对摩托车去化或置换。对于从事摩托车销售、维修行业人员，加强监督管理，积极做好宣传解释工作，引导退出禁行区域。（责任单位：区商务局、各街道办事处；配合单位：区交通局、区市场监管局、区公安分局）

3. 配套设施保障（7月20日前）。对接协调优化中心城区禁行区域及东部新城的公交线网布局，优化调整运营班次和线路，改善公交设施，建设便捷完善的公共交通网络。配合做好摩托车换乘、停车场地的规划建设工作。协调配合市交警部门在摩托车禁行区域设置明显的标志、标识和标线。（责任单位：区交通局、区综合执法局、区规划分局）

4. 进行动员部署（7月25日前）。组织参加全市动员部署会议，并层层召开动员部署会（牵头单位：区禁行办）

（三）管控执法阶段（8月1日起）

全面启动中心城区禁行工作，禁行区域内除执行公务的摩托车外，禁止其他摩托车通行。对违反禁令者，市执法组负责现场执法，8月1日至8月7日开展劝告式执法，将予以警告教育并责令停止违法行为，引导车主摩托车去化或置换。8月8日至8月14日，对违反禁令者，将按照有关法律法规处以100元罚款并记3分。8月15日起开展全面严管，除罚款记分外将违规摩托车移至禁行区外统一中转点统一保管，由摩托车主凭行驶证、驾驶证自行前往领取并对其进行记分学习教育。区执法组负责加强路面巡查，牵头对禁行区域内人行道违法停放的摩托车进行有效处置。对举报反映的问题，各执法部门迅速反应、快速处置，确保“发现一起、打击一起”；对党员干部因违反禁行受到行政处罚的，执法部门书面报送所在单位并报纪委、组织部门。（责任单位：区综合执法局、区公安分局，配合单位：区交通局、各街道办事处）

（四）总结验收阶段（9月30日前）

对此次禁行工作进行总结，由领导小组办公室组织评估验收，对成绩突出的单位、个人予以表彰，对任务不落实、责任不到位的单位及个人严肃追责。进一步完善工作机制，实施长效管理。（责任单位：区禁行办、区委组织部、区综合执法局、区公安分局）

五、工作要求

（一）统一思想，加强领导

各级各有关部门要切实统一思想、深化认识，步调一致、强化协同，把中心城区摩托车区域禁行作为阶段性重点工作，坚持“一把手”负总责，分管领导具体负责，各司其职、各负其责，确保禁行工作落到实处、取得实效。

（二）精心组织，统筹安排

领导小组办公室要切实发挥“牵头拿总、统筹协调、督察考核”的作用，建立健全相应工作机制，统筹高效抓好推进；宣传组、执法组、去化组、维稳组分别制定各自专项方案，并牵头抓好执行落实。各级各有关部门要围绕目标任务和重点工作，稳妥细致推进各项工作。各级各有关部门要定期向领导小组办公室报送工作进展情况。

（三）广泛宣传，文明执法

摩托车禁行事关百姓切身利益，涉及面广量大，各级各有关部门要依据各自职责，主动对接、积极配合，与各类媒体保持紧密沟通，强化舆论正面引导，切实做到家喻户晓，最大程度争取理解和支持。在禁行工作中，执法人员要严格、公正、文明执法，避免因执法不规范引发社会矛盾和舆情炒作。

（四）关注民生，确保稳定

各级各有关部门要坚持执政为民，切实关注民生问题，优化完善有关公共配套设施，认真做好禁行区域存量摩托车的去化工作。同时要建立健全信息预警机制，及时发现、化解不稳定因素，努力为禁行工作营造稳定和谐的外部环境。

附件：1. 湖州市中心城区摩托车禁行区域范围示意图

2. 吴兴区中心城区摩托车区域禁行工作领导小组

附件 1

湖州市中心城区摩托车禁行区域范围示意图

禁行范围：一是主城区块，即三环北路、天字圩路、二环东路、二里桥路、环城南路、杭长桥中路、杭长桥北路、同心路围合的区域；二是长田漾区块，即太湖路（含）、弁山大道、同心路、三环北路围合的区域；三是滨湖区块，即太湖路（含）、滨湖大道、长兜港、太湖围合的区域。

图 23-1 湖州市中心城区摩托车禁行区域范围示意图

附件2

吴兴区中心城区摩托车区城禁行工作领导小组

组　　长：陈　江
副组长：马　骁　陈建良　费屹巍
成　　员：卢晓华（区府办）
李学林（区府办）
胡卫东（区委组织部）
孙斌义（区委宣传部）
沈　冰（区委政法委）
费　斌（区信访局）
朱建荣（区人大法制委）
杨元江（区发改委）
张志宏（区教育局）
吴坚敏（区法制办、区司法局）
沈忠明（区住建局、区交通局）
谈　波（区商务局）
周　李（区环保局）
邹德明（区综合执法局）
石建民（区市场监管局）
慎小红（区总工会）
丁百川（团区委）
陈　燕（区妇联）
吴宇昕（区公安分局）
施伟华（区规划分局）
傅　军（环渚街道）
黄永强（湖东街道）
周　晗（月河街道）
代　旻（朝阳街道）
俞海屏（爱山街道）
周振强（飞英街道）
钱宗禹（龙泉街道）

李学林兼任办公室主任，宋振强、韩翔、付文桥、周慧东兼任办公室副主任，负责领导小组日常工作。

第二十四篇　光荣榜

·中央、部、委、局、群众团体命名、表彰的先进集体·

表 24-1

荣誉称号	获奖单位	授证单位
全国巾帼文明岗	国网湖州供电公司吴兴供电营业厅	中华全国妇女联合会
全国五一巾帼标兵岗	吴兴供电营业厅	中华全国总工会
《中国统一战线》宣传先进单位	吴兴区委统战部	中央统战部
全国法院文化先进单位	吴兴区人民法院	最高人民法院
2018 年度国家现代农业产业园	吴兴区财政局	农村农业部 财政部
全国优质服务示范社区卫生服务中心	环渚龙泉街道社区卫生服务中心	国家卫计委办公室厅
2018 年全国工会职工书屋示范点	德马科技有限公司工会	中华全国总工会
全国安康杯优秀班组	湖州实华运输有限公司安全科	中华全国总工会 应急管理部
全国消防部队先进基层党组织	吴兴区消防大队党委	中国人民武装警察部队消防局
全国青少年维权岗（2016—2018）	吴兴区法院未成年人综合审判庭	共青团中央 最高人民法院

·中央、部、委、局、群众团体命名、表彰的先进个人·

表 24-2

荣誉称号	获奖个人	授证单位
全国公安部一等功奖章	陈建如（织里镇）	公安部
全国人民调解工作先进个人	林新法（八里店镇）	司法部
安全生产监管监察先进个人	吴永法（爱山街道）	国家安全生产监督管理总局 国家煤矿安全监察局
《中国统一战线》宣传先进个人	闵人杰（吴兴区委统战部）	中央统战部
全国法院司法警察先进个人	肖　斌（吴兴区法院）	最高人民法院

续表 24-2

荣誉称号	获奖个人	授证单位
全国农业行业职业技能大赛（动物检疫检验员）三等奖	谢　伟（吴兴区农村农业局）	农业农村部
2018 年全国五一劳动奖章	陈云明（吴兴区金洲集团有限公司）	中华全国总工会
全国消防部队优秀共产党员	楼国彪（吴兴区消防大队）	中国人民武装警察部队消防局
全国消防部队百名“优秀贤内助”	陈瑛瑛（吴兴区消防大队中队长助理楼国彪妻子）	中国人民武装警察部队消防局
全国消防救援队伍改革转制教育整训先进个人	楼国彪（吴兴区消防大队）	应急管理部消防救援局
优秀直播法官	王晓翔	中国法院网

·省、委、厅、局、群众团体命名、表彰的先进集体·

表 24-3

荣誉称号	获奖集体	授证单位
浙江省平安市、平安县（市、区）和社会治安综合治理优秀市、平安创建工作先进单位	湖州市吴兴区	省委　省政府
平安铜鼎	湖州市吴兴区	省委　省政府
浙江省 2017 年度“五水共治”（河长制）工作“大禹鼎”	湖州市吴兴区	省委　省政府
浙江省创建法治县（市、区）工作二星级示范单位	湖州市吴兴区	省委
浙江省在实行最严格水资源管理制度工作中成绩突出集体	湖州市吴兴区	省水利厅 省人力资源和社会保障厅
浙江省卫生计生监督工作社会成效先进单位	湖州市吴兴区	省卫计委办公室
浙江省示范文明村镇	道场乡	省委　省政府
	织里镇伍浦村	
	妙西镇妙山村	
	东林镇泉庆村	
	埭溪镇芳山村	
浙江省示范文明单位	吴兴区公安分局八里店派出所	省委　省政府
	金洲集团有限公司	
浙江省卫生村	东林镇青山村	省爱国卫生运动委员会
	东林镇保国村	
	东林镇保丰村	
	妙西镇杨湾村	
	妙西镇东边村	
	织里镇曹家簖村	

续表 24-3

荣誉称号	获奖集体	授证单位
浙江省卫生村	织里镇上林村	省爱国卫生运动委员会
	织里镇汤溇村	
	织里镇曙光村	
	织里镇常乐村	
	织里镇河西村	
	织里镇乔溇村	
	织里镇陆家湾村	
	织里镇李家坝村	
浙江省森林人家	埭溪镇芳山村	省林业厅
浙江省 2018 年生态文化基地	路村村	省生态文化协会 省林业局
浙江省指导人民调解工作先进乡镇（街道）	八里店镇	省委　省政府
中国农业普查先进集体	织里镇	省人民政府第三次农业普查领导小组
现场教学基地	织里镇义皋村	生态文明干部学院
浙江省第八批社科普及基地	八里店镇路村社科普及基地	省社会科学界联合会
浙江省省级高质量就业社区（村）	八里店镇诸墓村	省人力资源和社会保障厅
	湖东街道章家埭村	
浙江省省级民主法治社区	湖东街道铁路社区	省司法厅
浙江省节水型小区	湖东街道东柿社区	省住房和城乡建设厅
浙江省 2018 年度基层侨联先进组织	朝阳街道侨联	省归国华侨联合会
全省消防科普教育基地	织里消防教育体验馆	省公安消防总队 省科学技术协会科普部 省消防协会
浙江省文化创意街区	朝阳街道小西街文化创意街区	省委宣传部
浙江省 17 年示范数字档案室	爱山街道	省档案局
	吴兴区发改委	
	吴兴区民政局	
	吴兴区水利局	
	吴兴区机关事务管理局	
	吴兴区人大常委会办公室	

续表24-3

荣誉称号	获奖集体	授证单位
浙江省18年示范数字档案室	飞英街道	省档案局
	吴兴区环保局	
	吴兴区行政执法局	
	吴兴区农林发展局	
	吴兴区委宣传部	
	吴兴区政协办公室	
浙江省乡镇（街道）劳动纠纷多元化解机制建设成效显著单位	龙泉街道劳动人事争议调解中心	省人力资源和社会保障厅
浙江省综合减灾示范社区	龙泉街道学士府社区	省民政厅
浙江省高标准生活垃圾分类示范小区	龙泉街道华丰一小区	省住房和城乡建设厅
	龙泉街道市陌一小区	
	龙泉街道紫云小区	
浙江省2018年省级民主法治社区	龙泉街道市陌二社区	省普法教育领导小组办公室
浙江省人民调解工作先进乡镇（街道）	八里店镇	省委　省政府
浙江省剿灭劣V类水工作突出贡献集体	吴兴区环保局	省委　省政府
浙江省“千村示范、万村整治”工程和美丽浙江建设突出贡献集体	吴兴区环保局	省委　省政府
浙江省推进文化产业大数据服务平台建设工作先进单位	吴兴区委宣传部	省文化改革发展工作领导小组办公室
浙江省2018年度工商联系统先进单位	吴兴区工商联	省工商联
浙江省2018年度侨联系统“十佳”引资单位	吴兴区侨联	省侨联
浙江省“2018年度侨联系统最具影响力工作”提名奖	吴兴区侨联	省侨联
浙江省在线审委会在信息化应用“小创造、微创新”大赛最佳实践奖	吴兴区法院	省高院
浙江省智能派庭展示系统在信息化应用“小创造、微创新”大赛最佳实践奖	吴兴区法院	省高院
浙江省检察系统集体二等功	吴兴区刑事执行检察部	省人民检察院
浙江省三星级销售厅	湖州市为民路销售厅（吴兴区福利彩票销售管理中心）	省福利彩票发行中心
浙江省第二批非公有制企业、商会（协会）劳动争议预防调解示范单位	美欣达集团有限公司	省人力资源和社会保障厅办公室
	浙江金洲管道科技股份有限公司	
浙江省劳动人事争议示范仲裁庭	湖州市吴兴区劳动人事争议仲裁院埭溪派出庭	省人力资源和社会保障厅
2018年度全省劳动争议案件处理工作优秀单位	湖州市吴兴区劳动人事争议仲裁委员会	省劳动人事争议仲裁委员会

续表 24-3

荣誉称号	获奖集体	授证单位
浙江省 2018 年度劳动人事争议基层调解优秀单位	埭溪镇劳动人事争议调解中心	省劳动人事争议仲裁委员会
浙江省乡镇（街道）劳动纠纷多元化解机制建设成效显著单位	埭溪镇劳动人事争议调解中心	省人力资源和社会保障厅办公室
	八里店镇劳动人事争议调解中心	
	龙泉街道劳动人事争议调解中心	
浙江省省级大师工作室先进单位	闵黎明技能大师工作室	省人力资源和社会保障厅
浙江省级人民调解先进单位	八里店镇	省委　省政府
2018 年省级农业综合开发田园综合体建设试点项目	吴兴区农林局	省农业综合开发办公室
浙江省 2017 年度农业工作考核优秀单位	吴兴区农林局	省农业厅
浙江省 2017 年度渔船安全生产目标管理责任制考核三等奖	吴兴区农林局	省海洋渔业局
浙江省十大最美银杏村落	埭溪镇红旗村	省林学会
浙江省 2018 年度体育宣传工作贡献奖	吴兴区文体局	省体育局
浙江省巾帼文明岗	埭溪中心卫生院	省巾帼建功和双学双比活动协调小组办公室
浙江省成人烟草流行监测工作先进单位	吴兴区疾控中心	省疾病预防控制中心
浙江省“安全生产月”活动先进单位	吴兴区安全生产监督管理局	省安全生产委员会
浙江省 2018 年度区县内部审计业务指导和监督工作优胜单位	吴兴区审计局	省审计厅
浙江省青年文明号	吴兴农村合作银行城北支行	共青团省委
	国家税务局织里办税服务厅	
	湖州电力局吴兴供电营业厅	
浙江省国税系统文明单位	吴兴区国税局	省国家税务局
浙江省五星级文明规范工商所	吴兴工商分局城中中心工商所	省工商行政管理局
浙江省 2018 年工人先锋号	浙江贝盛光伏股份有限公司机修班组	省总工会
浙江省安康杯竞赛优胜单位	湖州金洁实业有限公司	省总工会 省安全生产监督管理局 省卫生和计划生育委员会
浙江省安康杯竞赛优胜班组	湖州泰仑电力器材有限公司金具一车间检验班组	省总工会 省安全生产监督管理局 省卫生和计划生育委员会
浙江省高技能人才（劳模）创新工作室	浙江德宏汽车电子科技股份有限公司	省总工会 省科技厅
	珀莱雅化妆品有限公司湖州分公司王建荣劳模创新工作室	

续表24-3

荣誉称号	获奖集体	授证单位
浙江省2018年度“亲青恋”工作优秀组织奖	共青团委	团省委宣传部 省青少年事务所
浙江省2018年度最美家庭	汪永江家庭（道场乡）	省委宣传部 省妇联
浙江省2018年度最美家庭	许丽琴家庭（朝阳街道）	省委宣传部 省妇联
浙江省2018年度绿色家庭	丁土荣家庭（八里店镇）	省妇女联合会 省生态环境厅 省住房和城乡建设厅
浙江省2018年度绿色家庭	许　羽家庭（高新区）	省妇女联合会 省生态环境厅 省住房和城乡建设厅
浙江省2018年度绿色家庭	陈玉美家庭（湖东街道）	省妇女联合会 省生态环境厅 省住房和城乡建设厅
浙江省2018年度绿色家庭	许　芸家庭（龙泉街道）	省妇女联合会 省生态环境厅 省住房和城乡建设厅
2017年度“省级先进团委”	织里镇团委	团省委
浙江省先进妇女组织	湖州市吴兴区飞英街道余家漾社区妇联	省妇女联合会
2017年度小城市培育试点考核优秀单位	织里镇	省中心镇发展改革和小城市培育试点领导小组办公室
浙江省2018年度供销合作社系统成绩突出集体	湖州市吴兴区供销合作社联合社	省供销合作社联合社
浙江省五四红旗团支部	湖州市吴兴区国家税务局团支部	团省委
浙江省“枫桥式”基层所队	爱山派出所	省公安厅
浙江省2017年度共青团员先锋岗	爱山派出所	团省委
浙江省2017-2018年度政法系统先进集体	爱山派出所	省委政法委
2017年度《平安时报》宣传工作考评优秀单位	吴兴区公安分局	省公安厅
浙江省2017年度公安机关信访县级优秀单位	吴兴区公安分局	省公安厅
2016—2017年度全省社会治安综合治理先进集体	吴兴区公安分局	省委　省政府
浙江省2017年度公安基层基础和治安防控工作考核优秀基层所队	东林派出所	省公安厅
浙江省消防部队“示范基层党组织”	吴兴消防大队党委	省消防总队
浙江省2018年度消防基层建设先进大队	吴兴区消防大队	省消防总队
省级2018年度消防基层建设标兵中队	吴兴消防中队	省消防总队
省级2018年度消防基层建设先进中队	织里消防中队	省消防总队
2018年度全省消防部队冬训工作先进大队	织里消防大队	省消防总队
2018年度全省消防救援队伍夏训工作先进中队	织里消防中队	省消防总队
第二届浙江119消防奖先进集体	埭溪消防综合应急救援队	省公安厅
“千村示范、万村整治”工程和美丽浙江建设突出贡献集体	吴兴区环保局	省委　省政府
2018年度“省级平安单位”	吴兴农商银行	省公安厅

续表 24-3

荣誉称号	获奖集体	授证单位
浙江省“妈咪暖心小屋”示范点	吴兴供电营业厅	省总工会
全省法院先进集体	吴兴区法院执行局	省高院政治部
2017—2018 年度全省政法系统先进集体	吴兴区法院	省委政法委 省人力资源和社会保障厅
2017 年度全省法院信息工作三等奖	吴兴区法院	省高院
2017 年度规范化财政所	织里镇财政局	省财政厅

·省、委、厅、局、群众团体命名、表彰的先进个人·

表 24-4

荣誉称号	获奖个人	授证单位
浙江省劳动模范	陈云明（金洲集团有限公司）	省政府
2018 年浙江省五一劳动奖章	闵黎明（浙江大东吴汽车电机股份有限公司）	省总工会
浙江省建筑业职工职业技能大赛砌筑工比赛二等奖	张永华（浙江大东吴集团建设有限公司）	省建筑业行业协会 省工程建设质量管理协会
浙江省农业职业技能大赛动物检疫检验职业技能竞赛一等奖（第一名）	谢　伟（畜牧医局）	省农业厅 省人力资源和社会保障厅 省农业与农村工作办公室 省总工会
浙江省农业职业技能大赛动物疫病防治三等奖	李　朋（畜牧医局）	省农业厅 省人力资源和社会保障厅 省农业与农村工作办公室 省总工会
浙江省农业技能大赛创新茶艺三等奖	张　叶（湖州真味茶业有限公司）	省农业厅 省人力资源和社会保障厅 省农业与农村工作办公室 省总工会
	吴弘喻（湖州真味茶业有限公司）	
第七届浙江省安全生产合理化建议三等奖	王伟强（浙江创赢新材料有限公司）	省总工会
	杨斌斌（中石化浙江湖州石油分公司苏台山油库）	
省级农村社区工作领军人才	范法林（高新区）	省民政厅
	汤水根（湖东街道）	
全省优秀妇联干部	朱国英（八里店镇）	省妇女联合会
2018 年度全省劳动人事争议基层调节优秀个人	韦旭康（八里店镇）	省劳动人事争议仲裁委员会
	莘颖峰（龙泉街道）	
第二届浙江 119 消防奖先进个人	吴永法（爱山街道）	省公安厅

续表24-4

荣誉称号	获奖个人	授证单位
《浙江对台工作》最佳用稿个人（台办系统）	杜秋枝（吴兴区委统战部）	省台湾事务办公室
个人二等功	苏丹萍（吴兴区法院）	省高院
	李元光（吴兴区法院）	
全省优秀人民调解员	宋玉健（吴兴区司法局）	省委　省政府
全省法律援助工作先进个人	范晓云（吴兴区司法局）	省司法厅
	戴水珠（吴兴区司法局）	省司法厅
第二届“浙江省优秀女律师”称号	蔡永美（吴兴区司法局）	省律师协会
2016—2017年度全省重点建设立功竞赛先进个人	叶　平（道场乡）	省政府
2017年度先进个人	陈根生（埭溪镇）	省公安消防总队
浙江省老年体育工作先进工作者	陈敬文（东林镇）	省老年体育协会
新时代浙江省“万名好党员”	沈晓新（高新区）	省委组织部
	沈水泉（高新区）	
	朱百荣（高新区）	
	朱慧珍（织里镇）	
	沈水娣（织里镇）	
	闵锦水（织里镇）	
	芮建林（八里店镇）	
	王琴英（八里店镇）	
	费震祺（八里店镇）	
	施菊芳（道场乡）	
	凌佰民（道场乡）	
	刘长林（妙西镇）	
	戴建荣（埭溪镇）	
	吴春波（埭溪镇）	
	莘灿芳（东林镇）	
	李根山（湖东街道）	
	朱柳芳（月河街道）	
	索学英（月河街道）	
	周根荣（朝阳街道）	

续表 24-4

荣誉称号	获奖个人	授证单位
新时代浙江省“万名好党员”	崔庆峰（爱山街道）	省委组织部
	朱秀芬（龙泉街道）	
	方旭丽（龙泉街道）	
	张　波（环渚街道）	
	龚小勇（吴兴区市场监管局）	
	朱晨勇（吴兴区行政执法局）	
	谢旭峰（吴兴区公安分局）	
	吴淑英（大东吴集团）	
	宋玉健（侨兴建设集团）	
	吴红利（久立有限公司）	
	陈根囡（新开元石矿）	
	郭华明（德泰恒大药房）	
新时代浙江省“千名好支书”	施汉荣（爱山街道）	省委组织部
	吴静华（飞英街道）	
	曹　蓉（朝阳街道）	
	方红斌（埭溪卫生院）	
	蔡顺山（织里镇）	
	瞿冬平（八里店镇）	
	张新芳（妙西镇）	
第二届全省“优秀网格员”	冯耀宗（月河街道）	省委政法委 省综治协会 法制报社
参与首届联合国世界地理信息大会表现突出集体和个人名单	程文秋（龙泉街道）	省政府
2019 年城乡社区治理和服务成绩突出个人	朱秀芬（龙泉街道）	省委　省政府
全省剿灭劣 V 类水工作突出贡献个人	张　韬（吴兴区治水办）	省委　省政府
浙江省非公有制经济人士新时代优秀中国特色社会主义事业建设者	吴淑英（浙江大东吴集团有限公司）	省委　省政府
“千村示范、万村整治”工程和美丽浙江建设突出贡献个人	何丹妮（吴兴区农办）	省委　省政府
	金天红（吴兴区美丽办）	
	沈忠明（吴兴区住建局）	
	黄培元（高新区）	
	邵龙斌（织里镇）	

续表24-4

荣誉称号	获奖个人	授证单位
“千村示范、万村整治”工程和美丽浙江建设突出贡献个人	朱晨勇（吴兴区综合行政执法局）	省委　省政府
	王　成（团区委）	
	周　李（吴兴区环保局）	
	金天红（吴兴区美丽办）	
浙江省成绩突出科技特派员	孟华兵（吴兴区农林发展局派驻道场乡）	中共省委办公室 省人民政府办公室
在实行最严格水资源管理制度工作中成绩突出个人	金慕雅（吴兴区水利局）	省水利厅 省人力资源和社会保障厅
浙江省水行政执法技术能手	车琦辉（吴兴区水利局）	省水利厅办公室
2018年度浙江省水利建设工程质量监督先进个人	郑忠巍（吴兴区水利局）	省水利水电工程质量与安全监督管理中心
2018年度考核全省文化市场综合执法优秀个人	程建国（吴兴区文广旅体局）	省文管办
“浙江旅游好声音”—优秀通讯员	吕建樑（吴兴区文广旅体局）	省旅游局
浙江省“最美90后”提名奖	冯安琪（环渚龙泉中心）	团省委
浙江省优秀社区卫生服务中心主任	吴旭红（环渚龙泉中心）	省基层卫生协会
首届联合国世界地理信息大会安保工作突出贡献个人	金斌斌（吴兴区应急管理局）	省政府
浙江省优秀城市美容师	范克行（吴兴区综合行政执法局）	省住房和城乡建设厅 省总工会
在个税改革中表现突出个人	倪璟璟（吴兴区税务局）	省税务局
在金三并库中表现突出个人	包青龙（吴兴区税务局）	省税务局
	唐慧杰（吴兴区税务局）	
	蒋伟斌（吴兴区税务局）	
在征管体制改革中表现突出个人	陈惠莉（吴兴区税务局）	省税务局
	张　帆（吴兴区税务局）	
	殷如荣（吴兴区税务局）	
	蒋书豪（吴兴区税务局）	
	金清照（吴兴区税务局）	
个人二等功	吴斌斌（吴兴区公安分局）	省公安厅
省卷烟打假工作成绩突出个人	陈永明（吴兴区公安分局）	省烟草专卖局 省公安厅
2017年度全省公安基层基础和治安防控工作考核优秀个人	钟　瑞（吴兴区公安分局）	省公安厅
省级教官	孙慧红（吴兴区公安分局）	省公安厅
受嘉奖的全省社会治安综合治理先进集体有关领导干部	杨晓东（吴兴区公安分局）	省公安厅

续表 24-4

荣誉称号	获奖个人	授证单位
2018 年度优秀指挥员	王彦平（吴兴区消防大队）	省消防总队
	郑　文（吴兴区消防大队）	
	孙　俊（吴兴区消防大队）	
2018 年度全省消防部队冬训工作先进个人	郑　文（吴兴区消防大队）	省消防总队
	曹恒凯（吴兴区消防大队）	
	黄永辉（吴兴区织里消防中队）	
2018 年度全省消防优秀报道员	潘虹丽（吴兴区织里消防大队）	省消防总队
	陆斌斌（吴兴区消防大队）	
2018 年度全省消防救援队伍夏训工作先进个人	黄永辉（织里消防中队）	省消防总队
	陈　阳（织里消防中队）	
	张宝全（吴兴区消防大队）	
2018 年度优秀外聘会计	吴耀虹（吴兴区消防大队）	省消防总队
第二届浙江 119 消防奖先进个人	吴永法（爱山街道）	省公安厅
2018 年度信息宣传工作优秀通讯员	吴梦刚（吴兴农商银行）	省农信联社
浙江电力行业 2018 年优秀管理论文三等奖	宋　乐（国网湖州供电公司市区供电服务中心）	省电力行业协会
2018 年浙江电力学会用电专业委员会“互联网 +”专业优秀课题二等奖	宋　乐（国网湖州供电公司市区供电服务中心）	省电力学会用电专业委员会
	张千斌（国网湖州供电公司市区供电服务中心）	
浙江省电力行业协会 2017 年度管理创新二等奖	张千斌（国网湖州供电公司市区供电服务中心）	省电力行业协会
2018 年浙江省企业管理现代化创新成果二等奖	张千斌（国网湖州供电公司市区供电服务中心）	省企业联合会 省企业家协会
2018 年浙江省电力数据价值挖掘大赛团体二等奖	宋　乐（国网湖州供电公司市区供电服务中心）	省总工会
首届浙江省青工创新创效大赛铜奖	张千斌（国网湖州供电公司市区供电服务中心）	团省委 省国资委
中国银行浙江省分行三级核心专业人才	陆梨梨（中行吴兴支行）	中国银行省分行
2018 年度中国银行浙江省分行中银卓越个人	邱如贝（中行吴兴支行）	中国银行省分行
第二批浙江省万人计划高技能领军人才	闵黎明（吴兴区人力社保局）	省委人才工作领导小组
“我与亚运”主题演讲比赛“成年组”二等奖	杨妍妍（吴兴区法院）	2022 年第 19 届亚运会组委会办公室

·中共湖州市委、市政府命名、表彰的先进集体·

表 24-5

荣誉称号	获奖集体	授证单位
2018 年重大中心工作（中国制造 2025 试点示范）先进集体	吴兴区人民政府	市委 市政府
湖州市烟花爆竹“双禁”工作集体嘉奖	吴兴区纪委监委	市委 市政府
	吴兴区委组织部	
	吴兴区委宣传部	
	吴兴区人大法制工委	
	吴兴区教育局	
	吴兴区安全监管局	
	吴兴区综合行政执法局	
	织里镇	
	环渚街道	
	月河街道	
	朝阳街道	
	龙泉街道	
	飞英街道	
	高新区管委会社管办	
	朝阳街道安监中心	
	飞英街道安监中心	
	高新园区派出所	
	八里店派出所	
	道场派出所	
	环渚派出所	
	月河派出所	
	爱山派出所	
	龙泉派出所	
	织北派出所	
	织南派出所	
	织里交巡警大队	
	月河街道东湖家园社区居委会	
	爱山街道衣裳街右营基社区居委会	

续表 24-5

荣誉称号	获奖集体	授证单位
湖州市烟花爆竹"双禁"工作集体嘉奖	爱山街道狮子巷社区居委会	市委　市政府
	龙泉街道市陌二社区居委会	
2018 年重大中心工作先进集体	吴兴区	市委　市政府
	吴兴区综合执法局	
	吴兴区人力社保局	
	爱山街道安定书院社区	
	吴兴区发改经信局	
	吴兴区科技局	
	织里镇	
	朝阳街道	
	爱山街道	
2018 年度湖州市打造实施乡村振兴战略示范区建设工作优胜单位	吴兴区	市委　市政府
2018 年重大项目建设攻坚先进集体	吴兴区	市委　市政府
老旧居住区改造先进集体	吴兴区综合执法局	市委　市政府
	爱山街道	
	爱山街道安定书院社区	
"中国制造 2025"试点示范先进集体	吴兴区发改经信局	市委　市政府
国家创新型城市创建先进集体	吴兴区科技局	市委　市政府
城市精细化管理先进集体	织里镇	市委　市政府
	朝阳街道	
招商引资先进集体	吴兴美妆小镇管委会	市委　市政府
人才招引先进集体	吴兴区人力社保局	市委　市政府
2018 年度湖州市乡村振兴示范村名单	高新区杨溇村	市委　市政府
2018 年度湖州市美丽乡村示范乡镇	道场乡	市委　市政府
湖州市美丽乡村精品村	妙西镇龙山村	市委　市政府
	妙西镇妙山村	
	道场乡菰城村	
	东林镇南山村	
湖州市美丽乡村	织里镇汤溇村	市委　市政府
	织里镇上林村	

续表24-5

荣誉称号	获奖集体	授证单位
湖州市美丽乡村	织里镇曙光村	市委 市政府
	埭溪镇东红村	
	东林镇保健村	
	东林镇东明村	
	东林镇泉心村	
	妙西镇后沈埠村	
	道场乡钱山下村	
湖州市乡村治理示范村	织里镇庙兜村	市委 市政府
	织里镇上林村	
	八里店镇路村村	
	八里店镇永福村	
	道场乡红里山村	
	妙西镇龙山村	
	埭溪镇山背村	
	埭溪镇上强村	
	东林镇星火村	
湖州市乡村经营示范村	道场乡红里山村	市委 市政府
	道场乡菰城村	
	高新区杨溇村	
	八里店镇紫金桥村	
2018年度湖州市“三农”工作突出贡献集体十佳家庭农场	吴兴清境羊园家庭农场	市委 市政府
	吴兴孙氏家庭农场	
农村综合改革突出贡献集体	妙西镇	市委 市政府
“三年强村计划”工作突出贡献集体	织里镇	市委 市政府
农村工作指导员工作突出贡献乡镇	道场乡	市委 市政府
农村生活污水运维管理突出贡献集体	吴兴区建设局	市委 市政府
2018年度平安乡镇（街道、开发区）	高新区	市委 市政府
	织里镇	
	八里店镇	
	道场乡	
	妙西镇	

续表 24-5

荣誉称号	获奖集体	授证单位
2018 年度平安乡镇（街道、开发区）	埭溪镇	市委 市政府
	东林镇	
	环渚街道	
	湖东街道	
	月河街道	
	朝阳街道	
	爱山街道	
	飞英街道	
	龙泉街道	
2018 年度平安建设优秀乡镇（街道）	东林镇	市委 市政府
	道场乡	
	八里店镇	
2018 年度市级平安建设模范单位	织里镇	市委 市政府
	湖东街道	
	吴兴区委统战部	
	吴兴区信访局	
	吴兴区人武部	
	吴兴区检察院	
	吴兴区司法局八里店司法所	
	吴兴区建设局	
	吴兴区团区委	
	吴兴区妇联	
	吴兴区消防救援大队	
	吴兴区织里消防救援大队	
平安农机模范单位	高新区树庄村	市委 市政府
湖州市承办浙江省第十六届运动会工作有功集体三等功	吴兴区组委会	市政府
城中村改造攻坚专项行动	龙溪村	市政府
2017 年度“五水共治”工作 优秀乡镇（街道）	织里镇	市委 市政府
全市人民调解工作先进集体	八里店镇	市委 市政府
湖州市城中村改造攻坚专项行动集体三等功	八里店镇	市政府

续表24-5

荣誉称号	获奖集体	授证单位
湖州市城中村改造攻坚专项行动集体三等功	道场乡	市政府
湖州市十大工业强镇	八里店镇	市政府
“低收入农民收入倍增计划”工作先进单位	东林镇	市委 市政府
第七批市美丽乡村	东林镇三合村 保永村	市委 市政府
平安湖州建设夺金鼎集体二等功	东林镇	市政府
2017年全市征兵工作先进单位	月河街道	市政府 湖州军分区
社会治安综合治理先进集体	红丰西村社区	市委 市政府
	吴兴区法律援助中心	
全国文明城市创建工作集体三等功	飞英街道	市委 市政府
法治乡镇（街道）工作先进单位	飞英街道	市委
无违建乡镇（街道）先进集体	飞英街道	市政府
无违建乡镇（街道）集体二等功	龙泉街道	市政府
集体嘉奖	龙泉街道白鱼潭社区	市政府
2018年重大中心工作（国家创新型城市创建）先进集体	吴兴区科技局	市委 市政府
2018年重大中心工作（国家创新型城市创建）先进集体	吴兴区科技局	市委 市政府
平安湖州建设夺金鼎集体三等功	吴兴区市场监督管理局	市政府
湖州市中心城区摩托车区域禁行专项工作集体二等功	吴兴区综合执法局	市政府
湖州市城市市容环境卫生工作先进集体	吴兴区公用事业管理中心	省住房和城乡建设厅 市总工会
2017年度市重点建设立功竞赛活动先进集体	中建五局华东建设有限公司（人民医院建设项目）	市政府
二等功	飞英派出所	市政府
2018年湖州市服务业优强企业（绿色金融业）	吴兴农商银行	市政府
2017年度“四新”主题实践考核二等奖	湖州市邮政分公司	市委 市政府
集体二等功	市公安消防支队吴兴大队	市政府

·中共湖州市委、市政府命名、表彰的先进个人·

表 24-6

荣誉称号	获奖个人	授证单位
2018 年重大项目建设攻坚先进个人	杨元江（吴兴区发改经信局） 陈昌来（吴兴区政府办公室）	市委　市政府
污染防治攻坚先进个人	方立鑫（吴兴区治水办）	市委　市政府
老旧居住区改造先进个人	李学林（吴兴区政府办公室）	市委　市政府
	费贤坤（吴兴区文化体育局）	
	翁利平（爱山街道安定书院社区）	
	王钰泓（月河街道南园社区）	
	吴继财（朝阳街道）	
	邱新华（飞英街道）	
	李学永（道场乡城南村）	
“最多跑一次”改革先进个人	闵　航（吴兴区政务办）	市委　市政府
“中国制造 2025”试点示范先进个人	倪海潮（吴兴区发改经信局）	市委　市政府
国家创新型城市创建先进个人	沈丰英（吴兴区科技局）	市委　市政府
城市精细化管理先进个人	邹德明（吴兴区综合执法局）	市委　市政府
	叶江华（八里店镇）	
	莘红彬（月河街道综合执法中队）	
	王　侃（爱山街道城管办）	
	胡　英（飞英街道党工委）	
	胡裕强（龙泉街道人大工委）	
招商引资先进个人	谈　波（吴兴区商务局）	市委　市政府
	李占强（高新区）	
	费一鸣（织里镇）	
小微企业质效提升先进个人	吴　晔（吴兴区市场监管局）	市委　市政府
“五未”土地处置＋标准地先进个人	郑　明（吴兴区自然资源和规划分局）	市委　市政府
湖州市 2018 年乡村振兴十大影响力人物	侯军呈（珀莱雅化妆品股份有限公司）	市委　市政府
2018 年度湖州市“美丽乡村建设优秀带头人”	侯国民（织里镇东湾兜村）	市委　市政府
	吴连琴（湖东街道谈家扇村）	
十佳新型职业农民	方道东（吴兴妙西锦丰家庭农场）	市委　市政府

续表24-6

荣誉称号	获奖个人	授证单位
农村综合改革突出贡献个人	褚屹东（高新区）	市委　市政府
	褚云江（八里店镇）	
“三年强村计划”工作突出贡献个人	朱　伟（吴兴区农业农村局）	市委　市政府
农村生活污水运维管理突出贡献个人	吴思文（埭溪镇）	市委　市政府
2018年度市级平安湖州守护者	汪起超（高新区）	市委　市政府
	邹　晖（埭溪镇）	
	徐进磊（月河街道）	
	周　鹏（飞英街道）	
	叶晓龙（东林镇）	
	褚雯洁（织里镇）	
	沈凯风（吴兴区纪委）	
	华勤德（吴兴区委政法委）	
	叶　云（吴兴区委政法委）	
	吴　玮（吴兴区委编办）	
	施新星（吴兴区水利局）	
	夏穗方（吴兴区商务局）	
	张羽雷（吴兴区文广旅体局）	
	尹建波（吴兴区应急管理局）	
	王　烨（吴兴区市场监管局）	
湖州市承办浙江省第十六届运动会工作个人二等功	王　祎（吴兴区文体局）	市政府
	冯　斌（吴兴区文体局）	
湖州市承办浙江省第十六届运动会工作个人三等功	王　青（吴兴区政府）	
湖州市承办浙江省第十六届运动会工作个人嘉奖	李　波（吴兴区卫计局）	
	钟俊英（吴兴区城投集团）	
	邵慧芳（教育局）	
	徐江舟（吴兴区公安分局八里店派出所）	
	费承忠（吴兴区公安分局）	
湖州市非公有制经济人士新时代优秀中国特色社会主义事业建设者	吴淑英（浙江大东吴集团有限公司）	市委　市政府
	沈新芳（浙江东尼电子股份有限公司）	

续表 24-6

荣誉称号	获奖个人	授证单位
湖州市非公有制经济人士新时代优秀中国特色社会主义事业建设者	单建明（美欣达集团有限公司）	市委　市政府
	侯军呈（珀莱雅化妆品股份有限公司）	
湖州市烟花爆竹“双禁”工作个人嘉奖	周秋霞（吴兴区公安分局高新园区派出所）	市委　市政府
	朱为栋（高新区公共安全局）	
	盛　舸（织里镇党委）	
	吴旭强（织里镇织里街道办事处）	
	沈建林（织里镇）	
	闵为民（织里镇振兴街道办事处）	
	沈小新（八里店镇安监中心）	
	张　涛（八里店镇消防综合应急救援队）	
	魏会杰（道场乡）	
	沈新根（妙西镇派出所）	
	陈勇杰（埭溪镇）	
	陈桂江（东林镇政府安监中心）	
	姚建中（环渚街道安监中心）	
	万　亿（环渚派出所）	
	徐进磊（月河街道党委）	
	马进军（月河街道安监中心）	
	王　婷（朝阳街道安监中心）	
	陈　雪（朝阳街道）	
	余丽琴（爱山街道安监中心）	
	王琴鸣（爱山派出所）	
	胡　英（飞英街道）	
	唐奇峰（飞英街道安监中心）	
	沈　波（龙泉街道）	
	李　超（龙泉街道安监站）	
	叶熙熙（吴兴区纪委）	
	沈凯风（吴兴区纪委）	
	孔　媛（吴兴区委办）	
	吴坚敏（吴兴区司法局、法制办）	
	李学林（吴兴区府办、应急办）	
	周　斌（吴兴区委组织部）	

续表 24-6

荣誉称号	获奖个人	授证单位
湖州市烟花爆竹“双禁”工作个人嘉奖	沈　媛（湖州吴兴时讯文化传播有限公司吴兴传媒中心）	市委　市政府
	吴　锴（吴兴区委宣传部）	
	蔡仕辉（吴兴区民宗局）	
	朱建荣（吴兴区人大法制委员会）	
	郑晓玲（吴兴区人大农业与农村工委）	
	周晓凤（吴兴区教育局）	
	倪志伟（吴兴区财政局）	
	代　茹（吴兴区旅发委）	
	章国强（吴兴区安全监管局）	
	夏穗方（吴兴区商务局）	
	凌　峰（吴兴区安全监管局）	
	丁建魏（吴兴区安全监管局）	
	朱晓芬（吴兴区综合执法局）	
	杨　斌（吴兴团区委）	
	丁　楠（吴兴区公安分局）	
	费元方（吴兴区公安分局治安大队）	
	吕　骏（吴兴区公安分局巡特警大队）	
	何则铭（织里公安分局织北派出所）	
	项　轶（织里公安分局织南派出所）	
	易发明（吴兴区广电中心）	
2018 年重大中心工作先进个人	杨元江（吴兴区发改经信局）	市委　市政府
	陈昌来（吴兴区政府办公室）	
	方立鑫（吴兴区治水办）	
	胡建松（吴兴区生态环境分局）	
	李学林（吴兴区政府办公室）	
	费贤坤（吴兴区文化体育局）	
	翁利平（爱山街道安定书院社区）	
	王钰泓（月河街道南园社区）	
	吴继财（朝阳街道）	
	邱新华（飞英街道）	
	李学永（道场乡城南村）	

续表 24-6

荣誉称号	获奖个人	授证单位
2018 年重大中心工作先进个人	闵　航（吴兴区政务办）	市委　市政府
	倪海潮（吴兴区发改委）	
	沈丰英（吴兴区科技局）	
	邹德明（吴兴区综合执法局）	
	叶江华（八里店镇）	
	莘红彬（月河街道综合执法中队）	
	王　侃（爱山街道城管办）	
	胡　英（飞英街道党工委）	
	胡裕强（龙泉街道人大工委）	
	谈　波（吴兴区商务局）	
	李占强（高新区）	
	费一鸣（织里镇）	
	吴　晔（吴兴区市场监管局）	
	郑　明（吴兴区自然资源和规划分局）	
农村综合改革突出贡献个人	褚屹东（高新区）	市委　市政府
湖州市城中村改造攻坚行动个人二等功	潘林会（织里镇）	市政府
	张　力（八里店镇）	
	厉海斌（八里店镇）	
	潘卫华（道场乡）	
	魏会杰（道场乡）	
	鲍彦雯（东林镇）	
	黄永强（湖东街道）	
	侯永胜（湖东街道）	
	侯永胜（吴兴区综合行政执法局湖东中队）	
湖州市承办联合国世界地理信息大会个人三等功	何锋锋（东林镇）	市政府
平安湖州建设夺金鼎工作个人三等功	施学文（东林镇）	市政府
湖州市烟花爆竹“双禁”先进个人	傅　军（环渚街道）	市政府
	姚建中（环渚街道）	
	徐进磊（月河街道）	
	马进军（月河街道）	

续表24-6

荣誉称号	获奖个人	授证单位
湖州市烟花爆竹“双禁”先进个人	叶熙熙（吴兴区纪委）	市政府
	沈凯风（吴兴区纪委）	
湖州市中心城区摩托车区域禁行专项工作个人二等功	杨　勇（吴兴区委宣传部）	市政府
平安湖州12连冠个人嘉奖	郭　舒（吴兴区委宣传部）	市政府
2018年重大中心工作（中国制造2025试点示范）先进个人	倪海潮（吴兴区发改经信局）	市委　市政府
2018年重大中心工作（国家创新型城市创建）先进个人	沈丰英（吴兴区科技局）	市委　市政府
湖州市创建全国文明城市工作先进个人	王其伟（吴兴区人力社保局）	市委　市政府
2018年重大中心工作（污染防治攻坚）先进个人二等功	方立鑫（吴兴区水利局）	市委　市政府
	张　韬（吴兴区水利局）	
全市“双禁”攻坚嘉奖	章国强（吴兴区应急管理局）	市委　市政府
	丁建魏（吴兴区应急管理局）	
	凌　峰（吴兴区应急管理局）	
湖州市城市市容环境卫生工作优秀城市美容师	郑　洁（吴兴区公用事业管理中心）	省住房和城乡建设厅 市总工会
	陈　岗（吴兴区公用事业管理中心）	
2017年度市重点建设立功竞赛先进个人	吴　晨（浙江中屹建设集团有限公司）	市政府
2017年度市重点建设立功竞赛先进个人三等功	钦克宁（吴兴区公安分局）	市政府
	严　飞（吴兴区公安分局）	
	俞燕超（吴兴区公安分局）	
2017年度市重点建设立功竞赛先进个人二等功、见义勇为先进分子	吴康康（吴兴区公安分局）	市政府
2017年度市重点建设立功竞赛先进个人二等功	叶　杨（吴兴区公安分局）	市政府
	陈永明（吴兴区公安分局）	
	潘雍容（吴兴区公安分局）	
见义勇为先进分子	沈　立（吴兴区公安分局）	市政府
省运会安保嘉奖	费承忠（吴兴区公安分局）	市政府
	徐江舟（吴兴区公安分局）	
省运会安保嘉奖个人二等功	郑　文（吴兴区消防救援大队）	市政府
2018年度污染防治攻坚先进个人	胡建松（吴兴区生态环境局）	市委　市政府

·中共湖州市吴兴区委、区政府命名、表彰的先进集体·

表 24-7

荣誉称号	获奖集体	授证单位
吴兴区“争当排头兵　实干大比拼”活动先进集体	高新区	区委　区政府
	织里镇	
	东林镇	
	月河街道	
	龙泉街道	
	区委组织部	
	区委宣传部	
	区委政法委	
	区人武部	
	区法院	
	区检察院	
	区发改委	
	区民政局	
	区财政局	
	区人力社保局	
	区商务局	
	区文体局	
	区卫计局	
	区税务局	
	区城投集团	
	区公安分局	
	区消防大队	
	高新区后林村	
	高新区杨溇村	
	织里镇漾西办事处	
	织里镇旧馆村	
	织里镇朱湾社区	
	八里店镇综合行政执法服务中心	
	八里店镇路村村	

续表24-7

荣誉称号	获奖集体	授证单位
吴兴区“争当排头兵　实干大比拼”活动先进集体	道场乡红里山村	区委　区政府
	妙西镇后沈埠村	
	妙西镇龙山村	
	埭溪镇小羊山村	
	埭溪镇综合行政执法服务中心	
	东林镇东林中学	
	环渚街道行政执法中队	
	湖东街道公共安全监督管理中心	
	区综合行政执法局湖东中队	
	月河街道东湖家园社区	
	朝阳街道碧浪湖社区	
	爱山街道衣裳街、右营基社区	
	飞英街道米行街社区	
	龙泉街道学士府社区	
	区法院执行局	
	区综合行政执法局织里分局	
	区综合行政执法局朝阳中队	
	区综合行政执法局东林中队	
	区市场监管局织里分局	
	区税务局织里税务分局	
	区公安分局刑侦大队	
	八里店派出所	
	妙西派出所	
	织南派出所	
2018年度平安建设七连冠工作中做出突出贡献的集体	高新园区派出所	区委　区政府
	妙西镇派出所	
	埭溪镇派出所	
	环渚街道	
	湖东街道	
	朝阳街道	

续表 24-7

荣誉称号	获奖集体	授证单位
2018 年度平安建设七连冠工作中做出突出贡献的集体	飞英街道	区委　区政府
	区纪委	
	区府办	
	区委组织部	
	区人大常委会法制（内务司法）委员会	
	区政协社会法制委员会	
	区法院埭溪法庭	
	区发展改革和经济信息化局	
	区教育局	
	区财政局	
	区农业农村局	
	区文化和广电旅游体育局	
	区卫生健康局	
	区妇联	
	织里公安分局	
	区城市投资发展集团有限公司	
2018 年度“乡村振兴”突出贡献集体	织里镇	区委　区政府
	八里店镇	
	妙西镇	
	高新区杨溇村	
	织里镇上林村	
	八里店镇移沿山村	
	道场乡菰城村	
	妙西镇龙山村	
	埭溪镇东红村	
	东林镇泉庆村	
“治水”突出贡献集体	埭溪镇	区委　区政府
	爱山街道	
	区发改经信局	
	区水利局	

续表 24-7

荣誉称号	获奖集体	授证单位
“治水”突出贡献集体	区农业农村局	区委　区政府
	织里镇伍浦村	
“治气”突出贡献集体	八里店镇	区委　区政府
	妙西镇	
	月河街道	
	区住建局	
	区综合执法局	
	区生态环境分局	
“治土”突出贡献集体	高新区	区委　区政府
	区农业农村局	
	区生态环境分局	
烟花爆竹双禁工作有功集体	道场乡	区政府
	妙西镇派出所	
	埭溪镇安监站	
	新凤鸣集团湖州中石科技有限公司	
	区市场监管局织里分局	
	区公安分局治安大队	
	八里店镇派出所	
	埭溪镇派出所	
	织里镇公安分局织东派出所	

·中共湖州市吴兴区委、区政府命名、表彰的先进个人·

表 24-8

荣誉称号	获奖个人	授证单位
吴兴区“争当排头兵　实干大比拼”活动先进个人	倪　莹（高新区）	区委　区政府
	张小强（高新区）	
	朱　滨（高新区）	
	王来建（高新区）	
	曹　骅（高新区）	
	鲁先荣（高新区）	
	周　强（高新区）	

续表 24-8

荣誉称号	获奖个人	授证单位
吴兴区“争当排头兵　实干大比拼”活动先进个人	沈哲学（高新区）	区委　区政府
	胡文龙（高新区）	
	汤雪东（织里镇）	
	周郑洁（织里镇）	
	吴旭强（织里镇）	
	潘淦荣（织里镇）	
	程明强（织里镇）	
	王远德（织里镇）	
	吴　谦（织里镇）	
	沈　泱（织里镇）	
	楼赞峰（织里镇）	
	朱乾初（织里镇）	
	华　程（织里镇）	
	费建军（织里镇）	
	谢　军（织里镇）	
	楼寅斌（织里镇）	
	张汝敏（八里店镇）	
	朱剑阳（八里店镇）	
	徐　良（八里店镇）	
	费　诚（八里店镇）	
	张国强（八里店镇）	
	林韡麒（八里店镇）	
	王立新（八里店镇）	
	严峰明（八里店镇）	
	陆利芳（八里店镇）	
	吴孝俊（道场乡）	
	曹蚕平（道场乡）	
	张　乔（道场乡）	
	王惠慧（道场乡）	
	陆巍彪（道场乡）	
	何　佳（道场乡）	

续表 24-8

荣誉称号	获奖个人	授证单位
吴兴区“争当排头兵　实干大比拼”活动先进个人	顾永强（道场乡）	区委　区政府
	严晓程（妙西镇）	
	章春霞（妙西镇）	
	陈长祯（妙西镇）	
	施维鹏（妙西镇）	
	茅泉江（妙西镇）	
	沈小亮（妙西镇）	
	方根耀（妙西镇）	
	吴建娟（吴兴西塞山旅游度假区管委会）	
	王超杰（吴兴西塞山旅游度假区管委会）	
	吴　琨（埭溪镇）	
	陆惠英（埭溪镇）	
	费云峰（埭溪镇）	
	丁宏渊（埭溪镇）	
	林　军（埭溪镇）	
	施保华（埭溪镇）	
	竺马荣（埭溪镇）	
	朱慧斌（埭溪镇）	
	陆　敏（东林镇）	
	张佩方（东林镇）	
	许　堃（东林镇）	
	陈桂江（东林镇）	
	曾兰兰（东林镇）	
	鲍彦雯（东林镇）	
	杨琦丹（东林镇）	
	费金松（东林镇）	
	张景阳（东林镇）	
	徐长风（环渚街道）	
	宋智良（环渚街道）	
	沈碧红（环渚街道）	
	蔡群美（环渚街道）	

续表 24-8

荣誉称号	获奖个人	授证单位
吴兴区“争当排头兵　实干大比拼”活动先进个人	杨　波（环渚街道）	区委　区政府
	王惠英（环渚街道）	
	费振华（环渚街道）	
	周红亮（湖东街道）	
	王　鑫（湖东街道）	
	赵　屹（湖东街道）	
	潘自强（湖东街道）	
	吴　川（湖东街道）	
	汪　凯（湖东街道）	
	孙根如（湖东街道）	
	丁小军（月河街道）	
	陈　磊（月河街道）	
	朱柳芳（月河街道）	
	孙建英（月河街道）	
	虞志强（朝阳街道）	
	李　栎（朝阳街道）	
	姚玉良（朝阳街道）	
	陈　雪（朝阳街道）	
	陈　斐（爱山街道）	
	朱珍珍（爱山街道）	
	薛敏华（爱山街道）	
	陆晓霞（爱山街道）	
	钱　丽（爱山街道）	
	蒋　涛（飞英街道）	
	唐峰芬（飞英街道）	
	王志勤（飞英街道）	
	山丹凤（飞英街道）	
	朱丁艳（飞英街道）	
	史彦廷（龙泉街道）	
	谈国琴（龙泉街道）	
	韩琴芳（龙泉街道）	

续表24-8

荣誉称号	获奖个人	授证单位
吴兴区“争当排头兵　实干大比拼”活动先进个人	郭博锋（龙泉街道）	区委　区政府
	陈　岚（龙泉街道）	
	沈　敏（龙泉街道）	
	朱　伟（龙泉街道）	
	章正军（区府办）	
	唐　晖（区纪委）	
	严晓娅（区委办）	
	朱荣国（区“12345”政府阳光热线中心）	
	王　勤（区人大）	
	朱江政（区府办）	
	陈　磊（区农整办）	
	王开成（区政协）	
	吴学丰（区委组织部）	
	朱旭艳（区委宣传部）	
	沈子昌（区委统战部）	
	付文桥（区委政法委）	
	施国斌（区委政法委）	
	吴　玮（区编委办）	
	周　慧（区人武部）	
	沈　巍（区法院）	
	韩旭康（区法院）	
	罗佳丽（区法院）	
	归建强（区法院）	
	王汝晋（区检察院）	
	林　洁（区检察院）	
	顾冶平（区发改委）	
	徐　杰（区统计局）	
	陶　静（区金融办）	
	陈明强（区教育局）	
	俞柳杰（区教育局）	
	张育明（区教育局）	

续表 24-8

荣誉称号	获奖个人	授证单位
吴兴区“争当排头兵　实干大比拼”活动先进个人	沈丰英（区科技局）	区委　区政府
	方　冲（区民政局）	
	谢和云（区司法局）	
	叶　青（区财政局）	
	朱海江（区人力社保局）	
	谷卫星（区干部培训中心）	
	王云云（区住建局）	
	虞志恒（区公路管理局）	
	朱　赟（区旅发委）	
	宋　侃（区水利局）	
	朱红明（区农林局）	
	闵俊峰（区农林局）	
	金晓薇（区商务局）	
	季禧峰（区文体局）	
	陈利强（区卫计局）	
	潘菲菲（区卫生计生行政执法大队）	
	凌　健（区疾病预防控制中心）	
	朱　豪（区审计局）	
	施　诗（区环保局）	
	金斌斌（区安监局）	
	黄少荣（区行政执法局湖东中队）	
	汤常红（区行政执法局爱山中队）	
	孙伟权（区行政执法局飞英中队）	
	莘宏斌（区行政执法局月河中队）	
	傅　鸿（区行政执法局八里店中队）	
	黄敏强（区行政执法局直属中队）	
	翁俊媛（区行政执法局督查科）	
	沈魏华（区食安办）	
	沈雪根（区市场监管局妙西所）	
	丁一岚（区市场监管局行政审批科）	
	诸葛敬垚（区市场监管局稽查大队）	

续表24-8

荣誉称号	获奖个人	授证单位
吴兴区“争当排头兵　实干大比拼”活动先进个人	姚志荣（区税务局织里税务分局）	区委　区政府
	罗国健（区税务局爱山税务所）	
	包青龙（区税务局纳税服务股）	
	陈　征（区税务局税源管理股）	
	薛跃伟（区政务办）	
	应玲素（区总工会）	
	丁百川（团区委）	
	丁建萍（区妇联）	
	唐一平（区残联）	
	陈　斌（区管理局）	
	丁家强（区管理局）	
	赵洪峰（区城投集团）	
	杨　进（区产投集团）	
	甘　珺（区公安分局经侦大队）	
	毛鑫良（区公安分局治安大队）	
	余德东（朝阳派出所）	
	沈小斌（飞英派出所）	
	吴　涛（月河派出所）	
	王东霞（高新园区派出所）	
	万　亿（环渚派出所）	
	费洪杰（织里公安交巡警大队）	
	范斌华（织里公安织北派出所）	
	陈振一（区消防大队）	
	杨海迪（织里消防大队）	
	薛文其（高新区国土分局）	
	张旭黎（区国土分局）	
	吴钰骅（区规划分局）	
	娄兆荣（吴兴农商银行）	
	沈根强（国网湖州供电公司市区供电服务中心）	
	谢　艳（区供销社）	
	吴建华（区广电中心）	

续表 24-8

荣誉称号	获奖个人	授证单位
2018 年度“吴兴好人”	王旭霞（月河街道）	区委　区政府
	王孝心（织里镇天娃绣花厂）	
	王利新（东林镇东林中学）	
	包海红（朝阳街道潮音社区）	
	包毅强（龙泉街道交警中队）	
	邬凤珠（埭溪镇上强村）	
	羊如雷（飞英街道吉山四社区）	
	闵小荣（月河街道浮星桥社区）	
	孙建英（月河街道吉山一社区）	
	朱静微（龙泉街道华丰社区）	
	陈长珍（龙泉街道紫云社区）	
	杨世芬（高新区联漾村）	
	杨玉琴（东林镇泉心村）	
	吴仲怡（月河街道文苑社区）	
	陈明江（浙江剑盾保安服务有限公司）	
	陈建如（织里公安分局织东派出所）	
	吴旻枫（中国农行湖州分公司）	
	陆春颜（织里镇漾西学校）	
	杨艳瑾（爱山街道安定书院社区）	
	吴康康（公安分局巡特警大队）	
	沈　璋（检察院）	
	郑　文（消防大队飞英中队）	
	范正昌（行政执法局朝阳中队）	
	郑胜圣（飞英街道余家漾社区）	
	罗根娥（爱山街道利民社区）	
	林景平（朝阳街道碧浪湖社区）	
	金嬉兰　杨火轮夫妇（飞英街道米行街社区）	
	费水英（朝阳街道都市家园社区）	
	施丽芬（埭溪镇茅坞社区卫生服务站）	
	胡金珍（爱山街道友谊社区）	
	费国勇（高新区塘红村）	

续表24-8

<table>
<tr><th>荣誉称号</th><th>获奖个人</th><th>授证单位</th></tr>
<tr><td rowspan="8">2018年度“吴兴好人”</td><td>柳雄虎（朝阳街道潮音社区）</td><td rowspan="8">区委　区政府</td></tr>
<tr><td>袁作华（埭溪镇卫生院）</td></tr>
<tr><td>钱建英（妙西镇汤村社区卫生服务站）</td></tr>
<tr><td>钱雪琴（湖州德泰恒大药房）</td></tr>
<tr><td>黄　洁（湖州德泰恒大药房）</td></tr>
<tr><td>黄　强（织里镇晟舍童装市场、湖州“心享吴兴”教师公益团道场派出所爱心服务队）</td></tr>
<tr><td>蒋娟英（朝阳街道闻波社区）</td></tr>
<tr><td>魏爱民（东林镇人民政府残联）</td></tr>
<tr><td rowspan="22">2018年度平安建设七连冠工作中作出突出贡献个人</td><td>姚明海（织里镇信访分局）</td><td rowspan="22">区委　区政府</td></tr>
<tr><td>黄　蓉（八里店镇综治信访办）</td></tr>
<tr><td>商庆义（道场乡司法所）</td></tr>
<tr><td>姚娟萍（东林镇综合治理中心）</td></tr>
<tr><td>唐伟杰（月河街道党工委）</td></tr>
<tr><td>陈晓华（爱山街道人大工委）</td></tr>
<tr><td>章　健（龙泉街道安监中心）</td></tr>
<tr><td>姜　斌（区委宣传部网信办）</td></tr>
<tr><td>戴国新（区委统战部）</td></tr>
<tr><td>石春伟（区委政法委执法监督科）</td></tr>
<tr><td>陶文斌（区信访局）</td></tr>
<tr><td>周　慧（区人武部）</td></tr>
<tr><td>沈巍伟（区科技局综合科）</td></tr>
<tr><td>谢和云（区司法局办公室）</td></tr>
<tr><td>卢　捷（区人力社保局办公室）</td></tr>
<tr><td>姚荣伟（区水利局）</td></tr>
<tr><td>杨泽平（区商务局）</td></tr>
<tr><td>何继东（区审计局）</td></tr>
<tr><td>施惠兴（区综合行政执法局）</td></tr>
<tr><td>唐一凡（区总工会 ）</td></tr>
<tr><td>沈佳敏（团区委）</td></tr>
<tr><td>吕　雷（织里消防大队）</td></tr>
<tr><td colspan="2">2018年度“乡村振兴”突出贡献个人</td><td>区委　区政府</td></tr>
</table>

续表24-8

荣誉称号	获奖个人	授证单位
优秀工作者	邵龙斌（织里镇）	区委　区政府
	林韡麒（八里店镇）	
	顾永强（道场乡）	
	陈建明（埭溪镇）	
	陈　伟（东林镇）	
	朱旭艳（区委宣传部）	
	陆　芸（区委政法委）	
	沈春荣（区住建局）	
	何丹妮（区农业农村局）	
	戚秋利（区文广旅体局）	
经营主体	黄桂利（湖州梦田源农业科技有限公司）	
	孙建龙（尹家圩粮油植保农机专业合作社）	
	卢瀛峰（庙港人水产有限公司）	
	蒋晓峰（浙江谷堆乡创旅游发展有限公司）	
	费志平（湖州湖旺水产养殖有限公司）	
	沈小林（湖州吴兴农邦粮油植保植保农机专业合作社）	
	盛明健（湖州老恒和酿造有限公司）	
	吴伟平（湖州钱山下粮油专业合作社）	
	吴建华（湖州原乡假日小镇实业有限公司）	
	李耀强（湖州慧心谷旅游开发有限公司）	
“垃圾分类”突出贡献个人	徐程伟（织里镇）	
	于天宝（道场乡）	
	潘晶锦（妙西镇）	
“污水运维”突出贡献个人	姚　峰（高新区）	
	周何金（埭溪镇）	
	杨万恒（东林镇）	
	徐淑媛（区住建局）	
“公厕改造”突出贡献个人	童新荣（高新区）	
	沈仁康（织里镇）	
	郑伊丽（八里店镇）	

续表24-8

荣誉称号	获奖个人	授证单位
“长效管理”突出贡献个人	唐铭辰（八里店镇）	区委　区政府
	周忠亮（埭溪镇）	
	王小明（区住建局）	
“三改一拆”突出贡献个人	吴申初（埭溪镇）	
	夏佳欢（东林镇）	
	郭宇东（区交通局）	
“农村公路建设”突出贡献个人	费国华（织里镇）	
	袁　龙（道场乡）	
	沈小亮（妙西镇）	
	李　敏（区交通局）	
“治水”突出贡献个人	胡文龙（高新区）	
	陈　强（八里店镇）	
	刘嫣婷（道场乡）	
	冯小根（妙西镇）	
	凌　志（环渚街道）	
	汪　凯（湖东街道）	
	杜颖婷（区人力社保局）	
	姚　欢（区住建局）	
	姚连华（区水利局）	
	张　韬（区水利局）	
	沈剑武（区综合执法局）	
	鲍齐琦（区生态环境分局）	
“治气”突出贡献个人	史建强（高新区）	
	李　亮（织里镇）	
	唐文彬（埭溪镇）	
	任　翔（东林镇）	
	唐　卉（朝阳街道）	
	顾国强（飞英街道）	
	黄有明（龙泉街道）	
	王旭强（区矿治办）	
	沈卫明（区交通局）	

续表 24-8

荣誉称号	获奖个人	授证单位
“治气”突出贡献个人	黄　强（区总工会）	区委　区政府
	匡　勇（区生态环境分局）	
	吴　敏（市交警直属五大队）	
“治土”突出贡献个人	芮宗璞（八里店镇）	
	林　奕（东林镇）	
	吴丽娜（区住建局）	
	陈娟华（区统计局）	
	张亚民（区自然资源和规划分局）	
	何晔波（区生态环境分局）	
区级美丽乡村建设优秀带头人	沈水泉（高新区中东村党总支）	
	吴阿新（织里镇轧村村党总支）	
	翟冬平（八里店镇升山村党支部）	
	张新芳（妙西镇后沈埠村党总支）	
	郑小兵（埭溪镇山背村党支部）	
	沈国峰（东林镇东华村党总支）	
2018 年度三等功公务员员	费学梅（高新区）	区委　区政府
	马姚靖（织里镇）	
	钱娟丽（八里店镇）	
	陆丽英（八里店镇）	
	徐　雷（八里店镇）	
	孙　毅（妙西镇）	
	吴春波（埭溪镇）	
	卢晴晴（东林镇）	
	沈玉霞（湖东街道）	
	沈旭芬（月河街道）	
	周　亮（朝阳街道）	
	章占萍（飞英街道）	
	胡利剑（区委办）	
	蔡小丰（区纪委）	
	吴利梅（区纪委）	

续表24-8

荣誉称号	获奖个人	授证单位
2018年度三等功公务员	胡卫东（区委组织部）	区委　区政府
	王宇飞（区检察院）	
	罗　英（区发改经信局）	
	王逸强（区市场监管局）	
	钱红兵（区市场监管局）	
	陆跃平（区市场监管局）	
	管健健（区市场监管局）	
	张志萍（区地名委员会办公室）	
	顾利芳（区政府非税收入管理中心）	
	杨　英（区卫生计生行政执法大队）	
	周有才（区食品药品稽查大队）	
	李　萍（区食品药品稽查大队）	
2018年度公务员嘉奖	宋建方（区委）	
	吴　旭（区人大）	
	潘永锋（区政府）	
	费屹巍（区政府）	
	潘　华（区政协）	
	费争荣（高新区）	
	蔡宏杰（高新区）	
	沈美利（高新区）	
	朱　滨（高新区）	
	毕　欢（高新区）	
	高树林（高新区）	
	郑云林（高新区）	
	丁晓鸿（高新区）	
	陈勇杰（织里镇）	
	黄　栩（织里镇）	
	刘玉军（织里镇）	
	温绿琴（织里镇）	
	蔡　梅（织里镇）	
	许海燕（织里镇）	
	周青青（织里镇）	

续表 24-8

荣誉称号	获奖个人	授证单位
2018 年度公务员嘉奖	陆阿根（织里镇）	区委　区政府
	唐小平（织里镇）	
	徐学芳（织里镇）	
	朱惠珍（织里镇）	
	巩玉虎（织里镇）	
	胡琼琼（织里镇）	
	郑钦泉（织里镇）	
	宋战华（织里镇）	
	闵为民（织里镇）	
	凌志新（织里镇）	
	于建华（八里店镇）	
	陈世杰（八里店镇）	
	王雅洁（八里店镇）	
	王宝龙（道场乡）	
	张伟伟（道场乡）	
	袁　龙（道场乡）	
	陈　鹏（道场乡）	
	沈跃伟（道场乡）	
	沈宏伟（妙西镇）	
	倪　帆（妙西镇）	
	严晓程（妙西镇）	
	张忠良（妙西镇）	
	徐　峰（妙西镇）	
	陈永祥（埭溪镇）	
	陈子龙（埭溪镇）	
	周何金（埭溪镇）	
	樊　军（埭溪镇）	
	吴玉华（埭溪镇）	
	沈培强（埭溪镇）	
	邹　晖（埭溪镇）	
	蒋泰峰（埭溪镇）	

续表24-8

荣誉称号	获奖个人	授证单位
2018年度公务员嘉奖	郎一钟（埭溪镇）	区委　区政府
	陆　敏（东林镇）	
	俞晔虹（东林镇）	
	叶桢杰（东林镇）	
	陈金学（东林镇）	
	曾兰兰（东林镇）	
	陈　伟（东林镇）	
	袁　宏（东林镇）	
	陈桂江（东林镇）	
	周颖锋（环渚街道）	
	周喜铃（环渚街道）	
	谈臻婕（环渚街道）	
	费　凡（环渚街道）	
	吴　频（湖东街道）	
	应　琦（湖东街道）	
	周　晗（月河街道）	
	张　勇（月河街道）	
	丁小军（月河街道）	
	费利强（朝阳街道）	
	周　炜（朝阳街道）	
	姚卫国（朝阳街道）	
	张新华（爱山街道）	
	马浩强（爱山街道）	
	郭琴莉（爱山街道）	
	钱宗禹（龙泉街道）	
	张　妍（龙泉街道）	
	姚荣梅（龙泉街道）	
	陆安华（区委办）	
	陈　杰（区人大办）	
	孟胜炜（区人大办）	
	王振芳（区人大办）	

续表 24-8

荣誉称号	获奖个人	授证单位
2018 年度公务员嘉奖	卢晓华（区府办）	区委　区政府
	沈秀梅（区政协办）	
	焦晨康（区政协办）	
	章正军（区纪委）	
	叶熙熙（区纪委）	
	傅一力（区纪委）	
	李　倩（区纪委）	
	黄　英（区纪委）	
	聂雁博（区纪委）	
	周茹新（区纪委）	
	柴　赟（区纪委）	
	赵　晶（区纪委）	
	孙斌义（区纪委）	
	王晨建（区委宣传部）	
	吕志荣（区委统战部）	
	丁家荣（区委政法委）	
	姚志忠（区委政法委）	
	慎小红（区委编办）	
	叶　凯（区信访局）	
	王炯明（区法院）	
	周荣良（区法院）	
	钟　越（区法院）	
	费为民（区法院）	
	郑　嫣（区法院）	
	刘佳辉（区法院）	
	韩旭康（区法院）	
	娄亚龙（区法院）	
	王晓翔（区法院）	
	吴嘉晖（区法院）	
	林哲一（区法院）	
	吴佳佳（区法院）	

续表24-8

荣誉称号	获奖个人	授证单位
2018年度公务员嘉奖	张燕华（区法院）	区委　区政府
	朱　旻（区法院）	
	黄　君（区法院）	
	杨妍妍（区法院）	
	王琼娴（区法院）	
	王振宇（区法院）	
	沈　璋（区检察院）	
	谈根源（区检察院）	
	叶　玲（区检察院）	
	王汝晋（区检察院）	
	凌云志（区检察院）	
	徐秋燕（区检察院）	
	冯　瑶（区检察院）	
	陶　静（区发改经信局）	
	嵇金鑫（区发改经信局）	
	张志宏（区教育局）	
	苏　娟（区科技局）	
	唐于建（区民政局）	
	金　俊（区民政局）	
	施荣法（区司法局）	
	杨卫华（区财政局）	
	光　晨（区财政局）	
	陆培红（区人力社保局）	
	黄　新（区人力社保局）	
	卢　捷（区人力社保局）	
	王小明（区交通局）	
	蔡滨斌（区文广旅体局）	
	席桂平（区水利局）	
	姚荣伟（区水利局）	
	周林章（区农业农村局）	
	谈　波（区商务局）	

续表 24-8

荣誉称号	获奖个人	授证单位
2018 年度公务员嘉奖	沈　佳（区商务局）	区委　区政府
	简芬芳（区卫健局）	
	吴正轩（区应急管理局）	
	姜新明（区审计局）	
	陈冠强（区市场监管局）	
	陶晓明（区市场监管局）	
	施亚旻（区市场监管局）	
	李　伟（区市场监管局）	
	佘惠敏（区市场监管局）	
	沈雪根（区市场监管局）	
	胡　俊（区市场监管局）	
	沈玮璐（区市场监管局）	
	李鑫洁（区市场监管局）	
	姚建强（区市场监管局）	
	叶百康（区市场监管局）	
	李　保（区市场监管局）	
	夏迎军（区市场监管局）	
	沈晓飞（区市场监管局）	
	谈　亮（区市场监管局）	
	孙湘山（区市场监管局）	
	王　珠（区市场监管局）	
	应　卓（区市场监管局）	
	王卫星（区市场监管局）	
	周　俊（区市场监管局）	
	曹启松（区市场监管局）	
	沈大川（区市场监管局）	
	邹德明（区综合执法局）	
	韩　翔（区综合执法局）	
	诸月芳（区综合执法局）	
	侯佳佳（区综合执法局）	
	缪振宇（区综合执法局）	

续表24-8

荣誉称号	获奖个人	授证单位
2018年度公务员嘉奖	黄敏强（区综合执法局）	区委　区政府
	顾国强（区综合执法局）	
	邱　强（区综合执法局）	
	范正昌（区综合执法局）	
	王国华（区综合执法局）	
	俞勇强（区综合执法局）	
	王　华（区综合执法局）	
	沈力行（区综合执法局）	
	庄　靖（区综合执法局）	
	管　健（区综合执法局）	
	李家焕（区综合执法局）	
	陈建宾（区综合执法局）	
	张宇亮（区综合执法局）	
	吴红新（区综合执法局）	
	薛跃伟（区政务办）	
	王　祎（区总工会）	
	朱占成（区管理中心）	
	袁春平（区管理中心）	
	胡建松（原区环保局）	
	郑焦光（原区环保局）	
	吴　昊（区人才工作指导中心）	
	彭启龙（区对外宣传中心）	
	梁元柱（区机构编制电子政务中心）	
	金　军（区能源监察大队）	
	楼　丹（区社会经济调查队）	
	周惠芳（区机关会计核算中心）	
	倪庆荣（区农业执法大队）	
	闵新明（区农业执法大队）	
	陈益娜（区畜牧兽医局）	
	王　洁（区计生协会办公室）	
	吴云霞（区卫生计生行政执法大队）	

续表 24-8

荣誉称号	获奖个人	授证单位
2018 年度公务员嘉奖	董　超（区卫生计生行政执法大队）	
	徐钟鸣（区卫生计生行政执法大队）	
	王海燕（区卫生计生行政执法大队）	
	沈　珏（区文化市场行政执法大队）	
	罗堃鹏（区安全生产行政执法大队）	
	叶怡欢（区安全生产行政执法大队）	
	杨佳宝（区食品药品稽查大队）	
	宋佳佳（区食品药品稽查大队）	
	潘凯凯（中国财贸工会湖州市委员会）	
2018 年度安全生产先进个人	高　扬（区府办）	区委　区政府
烟花爆竹双禁工作有功个人	曹　骅（高新区）	区政府
	钱黎萍（高新区）	
	沈哲学（高新区）	
	沈国强（织里镇）	
	沈　泱（织里镇）	
	俞云龙（织里镇）	
	葛迎武（织里镇）	
	沈小新（八里店镇）	
	潘震宇（八里店镇）	
	张　涛（八里店镇）	
	陈　鹏（道场乡）	
	施小龙（道场乡）	
	陈　涌（妙西镇）	
	朱小枫（妙西镇）	
	丁宏渊（埭溪镇）	
	敖伟杰（埭溪镇）	
	倪建学（东林镇）	
	张嘉涛（东林镇）	
	倪正侠（环渚街道）	
	宋智良（环渚街道）	

续表24-8

荣誉称号	获奖个人	授证单位
烟花爆竹双禁工作有功个人	邵珠良（环渚街道）	区政府
	张　云（月河街道）	
	冯耀宗（月河街道）	
	沈　珏（月河街道）	
	周　炜（朝阳街道）	
	单丹枫（朝阳街道）	
	李蓉玲（爱山街道）	
	陆晓霞（爱山街道）	
	周　鹏（飞英街道）	
	金晓月（飞英街道）	
	臧　勇（龙泉街道）	
	章　健（龙泉街道）	
	李　岩（龙泉街道）	
	张雨桐（区纪委监委）	
	叶　凯（区信访局）	
	王　凯（区委办）	
	沈荣臻（区人大）	
	陆铖伟（区府办）	
	赵振媛（区调研中心）	
	于　涛（区政协）	
	张　亮（区委组织部）	
	陈利杰（区委组织部）	
	管　斌（区委宣传部）	
	邱伟方（吴兴传媒中心）	
	戴国新（区委统战部）	
	唐建兴（区委政法委）	
	梁元柱（区编委办）	
	朱　翔（区人武部）	
	张佳骏（区法院）	
	徐希福（区检察院）	
	秦国庆（区政务办）	

续表24-8

荣誉称号	获奖个人	授证单位
烟花爆竹双禁工作有功个人	周洪伟（区发改委）	区政府
	赵　磊（区发改委）	
	杨海丽（区统计局）	
	周勤俭（区金融办）	
	邬旭初（区教育局）	
	周敏旭（区科技局）	
	俞丽颖（区民政局）	
	唐一平（区残联）	
	谢和云（区司法局）	
	施江红（区财政局）	
	郭士忠（区人力社保局）	
	黄新发（区人力社保局）	
	吴　耀（区住建局）	
	王学斌（区住建局、交通局）	
	戚秋利（区旅发委）	
	陆鸣霄（区水利局）	
	薛　剑（区农林局）	
	徐建宁（区农林局）	
	汤晋江（区商务局）	
	王　祎（区文体局）	
	邱震远（区文体局）	
	陆建兵（区卫计局）	
	沈永明（区卫计局）	
	姜新明（区审计局）	
	陈李喆（区环保局）	
	刘　超（区安监局）	
	侯佳佳（区综合执法局）	
	陈学证（区综合执法局）	
	王　商（区综合执法局）	
	陶晓明（区市场监管局）	
	王　烨（区市场监管局）	

续表 24-8

荣誉称号	获奖个人	授证单位
烟花爆竹双禁工作有功个人	于　麟（区市场监管局）	区政府
	张　帆（区国税局）	
	许　欢（区总工会）	
	史娇蓉（团区委）	
	丁建萍（区妇联）	
	袁春平（区机关事务管理局）	
	黄　莹（区公安分局）	
	王　勇（区公安分局）	
	吴慈坚（区公安分局）	
	姚敏华（区公安分局）	
	张　群（区公安分局）	
	朱文超（区公安分局）	
	陆　旻（织里公安分局）	
	沈松芳（织里公安分局）	
	陈建如（织里公安分局）	
	沈　超（区消防大队）	
	潘虹丽（织里消防大队）	
	费利雅（区地税分局）	
	芦　锋（区国土分局）	
	吴钰骅（区规划分局）	
	张步峰（区供销社）	
	叶　金（区广电中心）	

·2018 年度吴兴区教育奖项及获奖名录·

表 24-9

荣誉称号	获奖（单位）个人	授证单位
浙江省第一批艺术教育实验区	吴兴区	省教育厅
浙江省示范学习型城市	吴兴区	省教育厅
2018 年全国青少年校园足球特色学校	湖州市志和中学	国家教育部
	湖州市爱山小学教育集团	

续表 24-9

荣誉称号	获奖（单位）个人	授证单位
2018 年国防教育特色学校	白雀学校	国家教育部
全国农村优秀学习型部门	妙西成校	中国成人教育协会
第二批城乡社区教育特色学校	白雀成校	中国成人教育协会
第二届全国小学体育活力校园优秀案例征集评选活动“活力校园创新奖”	湖州市爱山小学教育集团	全国中小学体育教育指导委员会 中国教育发展基金会
浙江省示范性教师发展学校建设学校	湖州十二中	省教育厅
	湖州市爱山小学教育集团	省教育厅
浙江省数字校园示范学校	湖州四中教育集团	省教育厅
浙江省绿色学校	湖州市仁皇山小学	省教育厅
2018 年省级优秀平安学校	湖州市新风实验小学教育集团	省公安厅
2015—2018 年浙江省“三育人”先进集体	湖州市织里实验小学教育集团	省教育工会
浙江省巾帼文明岗	青山学校（小学语文组）	省巾帼建功和双学双比活动协调小组办公室
	白雀中心幼儿园	
2017 年度浙江省优秀红领巾社团	湖州市白雀学校	少先队省工作委员会
	湖州市新风实验小学教育集团	
全国青少年毒品预防教育“6.27”工程优秀教师	周　璇（东林小学）	国家禁毒办
2017-2018 年度农村成人（社区）教育科研先进工作者	杨国强（东林成校）	中国成人教育协会农村成人教育专业委员会
第十六届“全国中小学信息技术创新的与实践活动”NOC• 仿人机器人创新教育成果展评主题活动	朱　勇（环渚学校）	中央电化教育馆
浙江省优秀援疆教师	童美凤（白雀学校）	省对口支援新疆阿克苏地区指挥部
浙江省万名好党员	徐刚强（城南实验学校）	省委组织部
浙江省特级教师	朱国平（爱山小学教育集团）	省人民政府
	陈　勇（龙泉小学）	
	徐　军（吴兴实验中学）	
	卞娟娟（蓝天实验幼儿园）	
浙江省春蚕奖	余仙凤（月河小学教育集团）	省人民教育基金会
	杨依芬（弁南中学）	
浙江省中小学师德楷模	潘群风（湖州市第十一中学）	省教育厅
浙江省短式网球比赛“优秀教练员”	王凯强（龙泉小学）	省体育局 省教育厅

续表 24-9

荣誉称号	获奖（单位）个人	授证单位
第十三届宋庆龄奖学金	莫安麒（湖州十二中）	教育部 中国福利会 中国宋庆龄基金会
第五届香港国际音乐节特金奖	新风实验小学教育集团	中国艺术管弦乐协会 香港国际音乐节委员会
第十五届全国中小学校影视评比	织里实验小学教育集团（一等奖）	中国教育电视协会 中央电化教育馆
	东林小学（三等奖）	
2017 省优秀雏鹰假日小队	东风小学教育集团	省少工委
2018 年浙江省中小学生艺术节	新风实验小学教育集团（器乐节目一等奖）	省教育厅
	新风实验小学教育集团（校园剧一等奖）	
	新风实验小学教育集团（大提琴合奏一等奖）	
第 39 届世界头脑奥林匹克中国区决赛	爱山小学教育集团（二等奖）	中国上海头脑奥林匹克协会
第 32 届浙江省青少年科技创新大赛	爱山小学教育集团（二等奖）	省青少年科技活动组织工作委员会
	轧村小学（二等奖）	
2018 年浙江省青少年阳光体育短式网球比赛团体	龙泉小学（女子甲组第一名）	省教育厅 省体育局
	湖师附小教育集团（女子乙组第一名）	
ZSFL“特步杯”浙江省第九届中小学生校园足球联赛 8 人制总决赛	湖州四中教育集团（初中男子甲组一等奖）	省教育厅 省体育局
2018 年新媒体新技术教学应用研讨会暨第十一届全国中小学创新课堂教学实践观摩活动一等奖	孟　迪（湖师附小教育集团）	中央电化教育馆
第 22 届全国教师教育教师教学信息化交流活动一等奖	徐　虹　顾利荣（湖师附小教育集团）	中央电化教育馆
2018 全国第二届中旭科创教育节科技校本课程一等奖	徐莉莎（太湖小学）	中国 STEM 教育协作联盟
全国首届小学核心素养教育同课异构课堂教学一等奖	周军贝（织里实验小学教育集团）	全国众师创新教育联盟
	徐奕颖（织里实验小学教育集团）	
	李　妍（织里实验小学教育集团）	
全国优质课评比一等奖	黎作民（爱山小学教育集团）	中国教育科研究院小学科学教育研究中心
第十六届“全国中小学信息技术创新与实践活动”NOC• 仿人机器人创新教育成果展评 主题活动决赛教育论文一等奖	徐明夏（凤凰小学）	全国中小学信息技术创新与实践活动组织委员会
2018 全国小学语文名师工作室联盟年会暨统编教材研讨活动粉笔字书写比赛特等奖	安晓伟（龙泉小学）	全国小学语文名师工作室联盟
第三届中小学数字化教学研讨会课例评比二等奖	屠燕琼（龙泉小学）	人民教育出版社

续表 24-9

荣誉称号	获奖（单位）个人	授证单位
2018 年第七届中国幼儿教育论文评比一等奖	张利凤（新蕾中心幼儿园）	中国幼儿园教育学会
第五届全国初中信息技术优质课展评特等奖	马美芳（吴兴实验中学）	中国教育技术协会信息技术教育专业委员会
第十五届浙江省少先队争章技能展示活动一等奖	高佳薇（凤凰小学）	省教育厅 省少工委
2018 年度 CCTV 中学生频道（中央新影集团）“希望之星”英语风采大赛一等奖	谢有涵（东风小学教育集团）	CCTV 中学生频道
世界头脑奥林匹克中国区决赛二等奖	唐瑞麟（爱山小学教育集团）	中国上海头脑奥林匹克协会
	鲍天诚（爱山小学教育集团）	
	叶丰尔（爱山小学教育集团）	
	杨诗懿（爱山小学教育集团）	
	麻亦心（爱山小学教育集团）	
	赖可逸（爱山小学教育集团）	
	张梓航（爱山小学教育集团）	
WER2017 赛季世界锦标赛积木教育机器人赛小学组二等奖	孙昊凡（湖师附小教育集团）	世界教育机器人学会
	徐孟诚（湖师附小教育集团）	
第三届全国学生“学宪法 讲宪法”活动全国总决赛二等奖	张梦瑶（湖师附小教育集团）	教育部全国教育普法领导小组办公室
第十六届“全国中小学信息技术创新的与实践活动”NOC• 仿人机器人创新教育成果展评主题活动决赛一等奖	凌　军（环渚学校）	中央电化教育馆
	卢　煜（环渚学校）	
	王辉难（环渚学校）	
2018 年浙江省中小学艺术节平面设计（立体设计）一等奖	施逸飞（爱山小学教育集团）	省中小学生艺术节 组委会
	杨佳晨（爱山小学教育集团）	
	邱铮韬（爱山小学教育集团）	
第十五届“文星杯”全国中小学作文大赛二等奖	王　畅（龙泉小学）	中国青少年文学研究会
第 33 届全国青少年科技新大赛一等奖	张广妍（仁皇山小学）	第 33 届全国青少年科技新大赛组委会
第 15 届省少先队争章技能展示活动金章	王艺涵（文苑小学）	省教育厅
浙江省教育学会第十二届浙江省少年文学之星征文比赛获奖小学 B 组一等奖	沈裕钧（爱山小学教育集团）	省教育学会
	王珺睿（爱山小学教育集团）	
浙江省第十六届运动会空手道比赛第一名	蒋佳云（湖州十二中）	省第十六届运动会组委会
2018 年浙江省青少年阳光体育跆拳道比赛 初中男子中级品势	颜松杰（湖州十二中）	省体育局